메모리 덤프
분석과 활용 제1권

윈도우 디버깅 대가의 비법 노트

Korean-language edition copyright ⓒ 2010 by Acorn Publishing Co. All rights reserved.
Authorized translation of the English edition ⓒ 2008 OpenTask.
This translation is published and sold by permission of OpenTask, the owner of all rights to publish and sell the same.

이 책은 OpenTask와 에이콘출판주식회사가 정식 계약하여 번역한 책이므로
이 책의 일부나 전체 내용을 무단으로 복사, 복제, 전재하는 것은 저작권법에 저촉됩니다.

메모리 덤프
분석과 활용 제1권

윈도우 디버깅 대가의 비법 노트

드미트리 보스토코프 지음

황용석 옮김

에이콘

저자 소개

드미트리 보스토코프 Dmitry Vostokov

2003년 10월 14일 이전

소프트웨어 엔지니어링 분야에서 경력이 15년을 넘는 소프트웨어 개발 컨설턴트다. 다양한 분야의 40개가 넘는 소프트웨어 개발 프로젝트에 참여했으며, 세계의 많은 회사가 사용하는 소프트웨어 품질도구를 공동으로 디자인하고 구현했다. 보잉Boeing Commercial Airplanes Group에서 기업 문서 출판 애플리케이션 아키텍트였다. 그는 음성 인식과 확인, 음성 합성을 위한 윈도우 애플리케이션 분야의 선구자로 설계와 개발자로서 자신의 전문 경력을 쌓기 시작했다.

2003년 10월 14일 이후

드미트리는 시트릭스 사에 에스컬레이션escalation 개발 분석 엔지니어로 입사했다. 그 후 관리직으로 옮기기 전까지 EMEA Europe, Middle East and Africa 개발분석 팀의 리더였다. 현재 지위는 개발분석 EMEA 기술관리자이며, 아일랜드 더블린에서 일하며 살고 있다. 몇 개의 시트릭스 디버깅과 문제 해결용 툴을 개발했고, 현재는 크래시 덤프 분석과 언매니지드unmanaged 코드, 디바이스 드라이버, 문제 해결용 툴의 아키텍처와 디자인 개발에 관한 책을 쓰고 있다. 독서광인 드미트리는 현재 다음과 같은 블로그를 운영 중이다.

- 크래시 덤프 분석(http://www.DumpAnalysis.org)
- 매니지먼트 비트와 팁(http://www.ManagementBits.com)
- 교양있는 과학자(http://www.LiterateScientist.com)
- 소프트웨어 제너럴리스트(http://www.SoftwareGeneralist.com)

감사의 글

먼저 훌리오 로드리게츠Julio Rodriguez에게 감사드립니다. 기술 지원과 에스컬레이션escalation 엔지니어의 세계를 열어주셨습니다.

수많은 분이 DumpAnalysis.org의 글을 리뷰해주셨습니다. 다음 분들을 포함해 조언와 제안, 용기를 주신 모든 분께 감사드립니다.

Francisco Alves	Ivan Lorente
Andrei Belogortseff	Fatima Mansour
Tate Calhoun	Ramzy Mansour
Jeff Curless	Thomas Monahan
Volker von Einem	Mikhail Naganov
Michelle Griffin	Toby Opferman
Da-Chang Guan	Alexey Pakhunov
Laurent Falguiere	Victor Pendlebury
Roberto Farah	Kapildev Ramlal
Mario Hewardt	Jerome Reid
Ken Johnson	Tal Rosen
Lalit Kaushal	Nicolas Ruff
김희준	Marc Sherman
Martin Kulov	Konstantin Tchebotarev
Kiran Kumar	Serhat Toktamisoglu
Marc Kilduff	Hugh Tonks
John Lambert	Nicholas Vasile
이태화	

커버 디자인을 맡아준 토니 도네간Tony Donegan께 감사드립니다.

이 책을 어머니와 아내, 아이들에게 바칩니다.

옮긴이의 말

디버깅은 소프트웨어를 개발함에 있어 중요한 요소다. 종종 디버깅이 소홀히 다뤄지긴 하지만, 사실 그렇지 않다. 한 연구 결과에서는 '디버깅 등의 작업이 전체 소프트웨어 개발 주기에서 50%를 차지한다'고까지 조사됐다. 소프트웨어 구현에만 한정해 생각한다면 개발자 최고의 덕목은 개발 속도일 것이다. 요구사항에 부합하는 것은 당연하고 안정적으로 동작도 해야 한다. 개발 기간을 단축하려면 개발 기간의 50%를 차지하는 디버깅(결함을 해결하는 광의적 의미)과정을 줄이는 수밖에 없다. 이 과정을 줄이려면 애초에 결함을 만들지 않는 능력과, 결함을 발견하고 최대한 빨리 해결하는 능력이 필요하다. 이런 능력은 눈에 보이지 않지만 결국 생산성의 차이로 나타난다.

메모리 덤프 분석은 디버깅 과정 중의 하나로 고급 개발자가 갖춰야 할 여러 능력 중 하나다. 사실 메모리 덤프를 분석할 능력이 있다는 것은 많은 것을 의미한다. 스택이나 힙, 레지스터, 호출규약, 어셈블리어 같은 시스템에 대한 기본적인 내용을 이해하고 정확히 체득하고 있음을 뜻하기 때문이다. 시스템에 대해 전혀 몰라도 애플리케이션 개발자로 잘 살아갈 수는 있지만, 시스템을 이해하는 사람과 그렇지 못한 사람 간에는 많은 차이가 난다. 영화 매트릭스에 비유하면 매트릭스 내부를 알고 있는 주인공들과 매트릭스에 갇혀 사는 사람들 정도 차이가 난다고 하면 너무 큰 비약일까?

C/C++ 애플리케이션을 디버깅을 함에 있어 메모리 덤프 분석을 꼭 할 수 있어야 하는 것은 아니다. 많은 시간이 들긴 하지만 툴이 자동 분석해 주는 결과와 로그 파일, printf, 육감 등으로 문제를 해결해 나갈 수도 있다. 그러다 보니 많은 개발자가 메모리 덤프 분석에 대해 체계적인 교육을 받거나 분석 경험을 쌓을 계기가 드물다. 또한 메모리 덤프에 대해 소정의 교육을 받았더라도 막상 필요한 때에는 어찌할 줄 모르는 경우도 많다. 게다가 공부를 시작해보고 싶어도 스승이 없고, 마땅한 교재도 없고, 막막하기만 경우가 부지기수다.

이 책은 바로 이 시점, 즉 애플리케이션 개발은 어느 정도 하는데, 덤프 분석을 어디서부터 어떻게 공부해야 할지 모르는 개발자에게 아주 훌륭한 가이드가 될 것이다. 먼저, 덤프 분석에 첫 발을 디디는 사람들을 위해 많은 그림과 스크린샷으로 기본 개념을 친절하게 설명한다. 그리고 덤프를 생성하는 방법과 받았을 때 해야 할 일들을 체계적으로 정리하고, 다양한 사례와 예제로 하나하나 자세히 설명하며, 덤프 유형별로 충분한 사례를 들며 케이스 바이 케이스로 설명한다. 또한 빈번히 발생하는 덤프를 패턴화해 체계적으로 대응할 수 있도록 접근하고, 반대로 나쁜 케이스를 안티 패턴으로 정리해 오류에 빠지는 버릇을 고칠 수 있는 계기를 만들어 준다. 책의 후반부에는 저자가 행한 상식을 깨는 충격적 시도를 보여준다. 이를 통해 덤프를 바라보는 새로운 시각이 생기고 머리를 환기시킬 수 있는 계기가 될 것이다.

이 책을 번역한 덕분에 메모리 덤프 분석에 대해 갖고 있던 지식을 체계적으로 정리한 계기가 됐다. 본격적으로 디버깅의 세계로 가는 길의 이정표가 되는 주옥같은 정보가 담겨 있는 이 책은 덤프 분석의 세계에 입문하고자 하는 개발자에게 필독서가 될 거라 확신한다.

끝으로 주말에도 번역한다고 많이 못 놀아준 아들에게 미안하고, 집안일에서 열외시켜준 아내와 어머니께 감사드린다. 개발자로 그리고 인생에서 스승님이자 번역의 구렁텅이로 인도해주신 김점갑 수석님과 초벌 번역을 리뷰해준 볼트마이크로㈜ 최장욱 대표와 홍성진 선임, 신경준 선임, 김병훈 주임에게 감사드린다. 번역하는 데 거의 1년 가까이 걸리는 동안 재촉하지 않고 기다려준 김희정 부사장님과 황지영 과장님, 눈길을 헤치고 교정본을 가져다주시고 이 책을 편집해주신 박창기 실장님께 감사드린다.

황용석 beproud@gmail.com

건국대학교 항공우주공학과와 동 대학원을 졸업했다. 아버지의 지원으로 컴퓨터를 일찍 접해 국민학교 시절 친구들과 함께 MSX 메모리 덤프를 뜨기도 하였고, 중학 시절에는 C언어를 독학했다. 학부 시절 국방과학연구소의 플라이트 시뮬레이터 개발 프로젝트에 참여하면서부터 본격적으로 직업 개발자(?)의 길을 걷게 됐다. 현재는 안철수연구소 기반기술 팀에서 클라우드 컴퓨팅 기반의 보안 시스템과 사전 방역 엔진 드라이버 등을 개발 중이다.

요약 목차

일러두기 20

1장 크래시 덤프 21

2장 전문적인 크래시 덤프 분석 37

3장 크래시 덤프 분석 패턴 271

4장 크래시 덤프 분석 안티 패턴 543

5장 과학적 접근 549

6장 재미있는 크래시 덤프 559

7장 GDB와 WinDbg 603

8장 소프트웨어 트러블슈팅 631

9장 시트릭스 사 635

10장 보안 641

11장 크래시 덤프의 근원 649

12장 툴 677

13장 기타 여러 가지 691

부록 747

찾아보기 751

목차

저자 소개 4
옮긴이의 말 6
일러두기 20

감사의 글 5
옮긴이 소개 7

1장 크래시 덤프 21

크래시 덤프란? 21
올바른 크래시 덤프 22
크래시란? 23
행이란? 26
심볼 파일이란? 28
크래시와 행의 차이 30
선행적 크래시 덤프 32

2장 전문적인 크래시 덤프 분석 37

미니 덤프 분석 37
    스크립트와 WinDbg 명령 37
    컴포넌트 식별 40
    로 스택 데이터 분석 48
    심볼과 이미지 60
인터럽트와 예외에 대한 설명 65
    예외 설명에 앞서 65
    x86 인터럽트 65
    x64 인터럽트 72
    인터럽트 프레임과 스택 재구성 81

x86 트랩 명령 92

x64 트랩 명령 101

유저 모드의 예외 106

첫 번째와 두 번째 예외를 구별하는 방법 112

포스트모텀 디버거는 누가 호출하는가? 116

비스타 에러 리포팅의 구조 120

페이지 폴트에 대한 다른 시각 138

몇 가지 버그체크 140

NMI_HARDWARE_FAILURE 140

IRQL_NOT_LESS_OR_EQUAL 140

KERNEL_MODE_EXCEPTION_NOT_HANDLED 145

KMODE_EXCEPTION_NOT_HANDLED 146

SYSTEM_THREAD_EXCEPTION_NOT_HANDLED 147

CAFF 154

CF 156

스택 트레이스를 재구성하는 방법 161

WinDbg 팁과 트릭 174

덤프에서 문자열 찾기 174

프로세스를 디버깅하는 중에 Win32 API 추적 175

익스포트된 NTDLL과 커널 구조체 177

간단한 리스트 탐색 189

스레드 일시 중지 192

힙 스택 트레이스 193

하이퍼텍스트 명령 194

행 분석을 빠르게 198

삼중 역참조 198

건초 더미에서 바늘 찾기 201

스택 트레이스 추정하기 203

없는 심볼 정보 복사 210

심볼 메시지 해결 *217*

태그 검색 *218*

오래된 덤프, 새로운 익스텐션 *225*

객체 이름과 대기 중인 스레드 *227*

가상 이미지에서의 메모리 덤프 *234*

프로세스 필터링 *235*

WinDbg 스크립트 *236*

첫 번째 스크립트 *236*

기타 WinDbg 스크립트 *237*

데드락과 크리티컬 섹션 *238*

보안 문제 *238*

수백 개의 크래시 덤프 *242*

매개변수를 가진 스크립트 *244*

보안 이슈와 스크립트 *244*

모든 스레드의 로 스택 덤프(프로세스 덤프) *245*

모든 스레드의 로 스택 덤프(컴플리트 덤프) *251*

사례 연구 *256*

코드 안의 루프 탐지 *260*

크래시 덤프 분석 체크리스트 *267*

크래시 덤프 분석 포스터(HTML 버전) *270*

3장 크래시 덤프 분석 패턴 *271*

다중 예외 *271*

동적 메모리 훼손 *273*

긍정 오류 덤프 *275*

외측 손상 *280*

최적화된 코드 *280*

유효하지 않은 포인터 *282*

일치하지 않는 덤프 284

숨겨진 예외 286

데드락(크리티컬 섹션) 292

변화된 환경 301

부정확한 스택 트레이스 306

OMAP 코드 최적화 313

컴포넌트 심볼 없음 317

불충분한 메모리(커밋된 메모리) 321

스파이킹 스레드 324

모듈 다양성 330

스택 오버플로우(커널) 335

데드락(익스큐티브 리소스) 346

불충분한 메모리(핸들 릭) 350

관리된 코드 예외 355

잘려진 덤프 365

스레드 대기 시간 368

데드락(혼합된 객체들) 375

메모리 누수(프로세스 힙) 385

잃어버린 스레드 393

알려지지 않은 컴포넌트 398

메모리 누수(닷넷 힙) 403

이중 해제(프로세스 힙) 412

이중 해제(커널 풀) 422

우연히 일치하는 심볼 정보 426

스택 트레이스 432

가상화된 프로세스(WOW64) 437

스택 트레이스 모음 *448*

결합된 프로세스 *456*

극심한 경쟁 *459*

우연한 락 *461*

수동적인 스레드(유저 공간) *469*

메인 스레드 *477*

불충분한 메모리(커널 풀) *481*

분주한 시스템 *492*

역사적 정보 *503*

IRP 분포 이상 *504*

지역 버퍼 오버플로우 *506*

수동적인 시스템 스레드(커널 공간) *507*

초기 크래시 덤프 *512*

후킹된 함수 *515*

사용자 정의 예외 핸들러 *517*

데드락(LPC) *520*

특별한 스택 트레이스 *526*

수동 덤프(커널) *527*

대기 체인(일반적인) *529*

수동 덤프(프로세스) *535*

대기 체인(크리티컬 섹션) *539*

4장 크래시 덤프 분석 안티 패턴 *543*

외래 컴포넌트 *543*

ZIPPOCRICY *543*

입소문 *544*

잘못된 덤프 544

문제 기술서 무시 545

크래시 덤프가 필요한데... 546

'~이다'의 사용 546

축약어에 속다 547

5장 과학적 접근 549

메모리 덤프 - 수학적 정의 549

추상 공간에 꼬여있는 끈과 같은 스레드 550

메모리 덤프 분석이란? 553

메모릴리온과 쿼드메모릴리온 553

크래시 덤프의 네 가지 원인 554

복잡성과 메모리 덤프 555

소프트웨어 결함이란? 556

6장 재미있는 크래시 덤프 559

덤프 분석과 음성 인식 559

덤프와 함께 짧은 메시지 보내기 559

계산기도 되는 WinDbg 560

덤프와 디버거, 가상화 560

뮤지컬 덤프 562

디버거를 디버깅하기 562

뮤지컬 덤프: Dump2Wave 565

덤프 토모그래피 566

가장 작은 프로그램 566

프로세스 공간에서의 음성 570

크래시 덤프 분석 명함 *571*

컴퓨터 메모리 듣기 *572*

메모리 덤프 가시화 *575*

메모리 누수 가시화 *586*

컴퓨터 메모리 그리기 *597*

유니코드 보기 *600*

2진에서 10진으로의 변환법 가르치기 *601*

크래시 덤프와 글로벌 음모 *602*

7장 GDB와 WinDbg *603*

AT&T와 인텔 구문 *603*

설치 *605*

디스어셈블러 *608*

스택 트레이스(백 트레이스) *613*

지역변수 *623*

8장 소프트웨어 트러블슈팅 *631*

네 개의 기둥 *631*

5개의 황금 룰 *632*

비판적인 사고 *632*

디버깅할 때의 트러블슈팅 *633*

9장 시트릭스 사 *635*

풀 태그 *635*

시트릭스 사의 서비스 목록 *635*

시트릭스 사의 씬와이어 리버스 엔지니어링 *637*

10장 보안 641

메모리 시각화 641
WinDbg는 개인 정보 친화적 641
크래시 덤프와 보안 646

11장 크래시 덤프의 근원 649

JIT 서비스 디버깅 649
비스타에서의 지역 크래시 덤프 649
COM+ 크래시 덤프 650
userdump.exe에 대한 마이크로소프트 사의 기사 정정 654
어디서 발생한 크래시 덤프인가? 659
비스타의 사용자 정의 포스트모텀 디버거 661
비스타에서 닥터 왓슨의 부활 664
프로세스 충돌 – 수동으로 덤프 얻기 666
닥터 왓슨 업그레이드 670
savedump.exe와 페이지 파일 671
비스타 덤프하기 671
중단 없이 프로세스 덤프하기 673
64비트에서의 userdump.exe 673
X64 윈도우에서의 NTSD 674
덤프가 필요한가요? 공통 유스케이스 675

12장 툴 677

엑셀을 사용한 메모리 덤프 분석 677
testdefaultdebugger.net 678

심볼 서버의 단점 *679*

StressPrinters: 강제 프린터 자동 생성 *680*

인스턴트 덤프(JIT 프로세스 덤퍼) *681*

TestDefaultDebugger *683*

DumpAlerts *685*

DumpDepends *686*

덤프 모니터 슈트 *687*

SystemDump *688*

13장 기타 여러 가지 *691*

KiFastSystemCallRet이란? *691*

I/O 컴플리션 포트의 이해 *695*

심볼 파일 경고문 *698*

비스타에서 윈도우 서비스 크래시 덤프 *701*

커널 공간으로 가는 길 *708*

메모리 덤프 분석가 면접용 질문 *709*

디버깅할 때 듣기 좋은 음악 *710*

PDBFinder *711*

프로세스가 조용히 죽는 경우 *712*

ASLR: 주소 공간 레이아웃 랜덤화 *718*

비스타에서 프로세스와 스레드의 시작 *724*

단일 프로세서 머신에서의 경쟁 조건 *725*

ZW*와 NT* 함수 다시 보기 *729*

프로그래머 유니버설리스 *732*

닥터 왓슨 로그 분석 *733*

디버깅 이후의 난제 *736*

크래시 덤프 분석 스타일 *737*

비주얼 스튜디오에서 크래시 덤프 분석하기 *737*

64비트 덤프에 있는 32비트 스택 *739*

어셈피디아 *739*

WINE이 크래시 덤프 분석에 도움이 되는 이유 *740*

레거시 디버깅의 공포 *741*

UML과 디바이스 드라이버 *743*

통계학: 모든 프로세스에 걸쳐서 CPU가 100%인 경우 *746*

부록 A *747*

크래시 덤프 분석 포털 *747*

부록 B *749*

참조 스택 트레이스 *749*

찾아보기 *751*

일러두기

이 책은 2006~2007년 DumpAnalysis.org 블로그에 포스팅된 글 중 일부를 골라 교정과 편집을 하고, 그 내용을 서로 참조해 주제별로 엮은 것이다. 참고 문헌으로 사용되길 바라며 앞으로의 내 책에서도 인용할 예정이다.

이 책은 다음과 같은 경우에 유용하게 사용될 수 있다.

- 윈도우 플랫폼에서 제품을 개발하고 유지 보수하는 소프트웨어 엔지니어
- 기술 지원 부서와 복잡한 소프트웨어 이슈를 다루는 에스컬레이션escalation 엔지니어
- 또한 일반 윈도우 사용자가 흥미를 느끼는 글도 있을 것이다.

오류가 발견되면 다음 웹페이지를 통해 저자나 역자에게 연락하길 바란다.

http://www.dumpanalysis.org/contact

http://www.acornpub.co.kr/book/memorydump1

또는 저자의 이메일 주소로 개인적인 메시지를 보내도 좋다.

dmitry.vostokov@dumpanalysis.org

01 크래시 덤프

크래시 덤프란?

메모리 덤프 형식에 대해 윈도우 사용자 간 혼란이 좀 있다. 자잘한 미니 덤프를 제외하면 윈도우의 주요 덤프 형식은 컴플리트Complete와 커널, 유저 세 가지다. 다음은 컴퓨터 메모리의 여러 부분이 어떻게 덤프로 저장되는지 설명하는 그림으로, 예전에 그려둔 것이다.

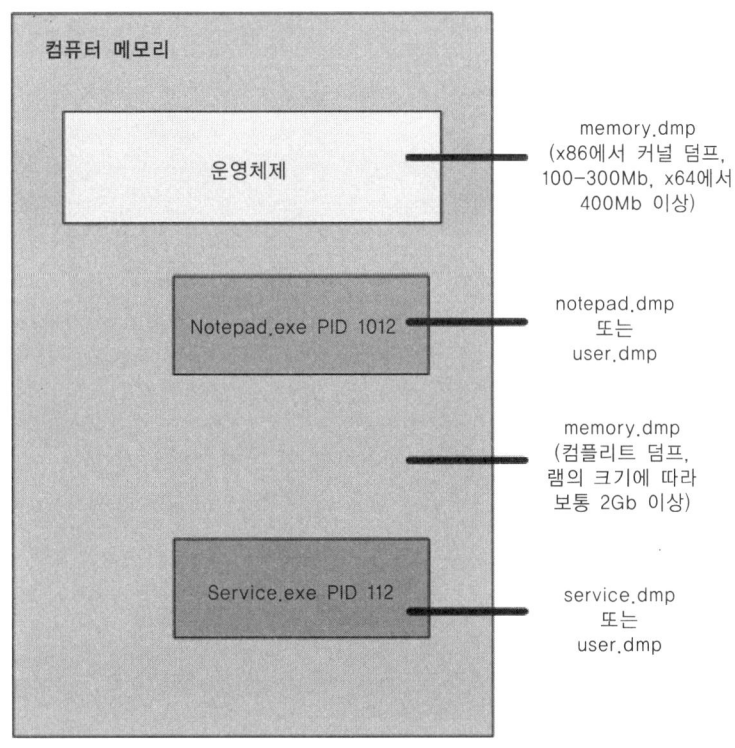

올바른 크래시 덤프

고객이 올바른 크래시 덤프를 얻었는지 어떻게 확신할 수 있을까? 고객에게 받은 덤프가 요청했던 형식이 아니라면 어떤 권고 사항을 추가로 제공해야 할까? 이런 곤란한 문제로 인해 시트릭스 사의 기술 지원부서에서 근무하던 첫 해에 경량 익스플로러 익스텐션Extension과 커맨드라인command line 버전으로 시트릭스 DumpCheck라는 덤프 점검 도구를 만들었다.

이 도구는 기본적인 유효성을 점검하고 덤프 형식을 나타낸다. 예를 들면 다음과 같다.

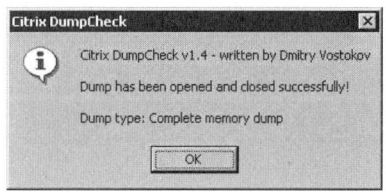

덤프 파일이 스몰 미니 덤프 타입(64k)이었다면 제어판에서 설정을 변경하라는 메시지를 출력했을 것이다. 익스텐션 버전은 다음의 시트릭스 기술 지원 링크에서 내려 받을 수 있다.

http://support.citrix.com/article/CTX108825

앞의 링크에 실려 있는 FAQ 중 몇 가지를 살펴보자.

질문 유저 덤프로부터 프로세스 이름이나 풀 페이지 힙full page heap이 설정됐는지 같은 추가 정보를 나타낼 수 있는가?

답 확실히 가능하다. 하지만 실행 시간에 운영체제 심볼 파일에 접근할 필요가 있다. 대다수의 고객은 심볼을 설치하거나 마이크로소프트의 심볼 서버에서 내려 받지 않는다. 따라서 설계상의 결정은 1.x대의 버전에선 해당 기능을 포함하지 않는다는 것이었다.

질문 고객이 익스텐션 설치로 환경이 변경되는 것을 원치 않는다. 이 도구의 커맨드라인 버전이 있는가?

답 있다. 다음 링크에서 시트릭스 덤프체크의 커맨드라인 버전을 내려 받을 수 있다.

http://support.citrix.com/article/CTX108890

질문 이 익스텐션이 64비트 윈도우에서 동작하는가?

답 동작하지 않는다. 그러나 앞서의 답에서 언급한 커맨드라인 버전을 사용할 수 있다.

크래시란?

지금부터 크래시와 덤프, 포스트모텀 디버거를 설명한다.

이따금 연산을 수행하는 명령이나 데이터 읽기, 쓰기가 잘못돼 컴퓨터(CPU, Central Processing Unit)는 본연의 업무를 수행할 수 없게 된다. 상상해보자. 편지와 전달할 주소를 받았는데, 그 주소로 찾아가 보니 그곳이 존재하지 않는다.... 다음의 이상화된 그림은 이 상황을 묘사한다(메모리 위치나 주소가 0부터 시작된다면 -1은 분명히 잘못된 주소다).

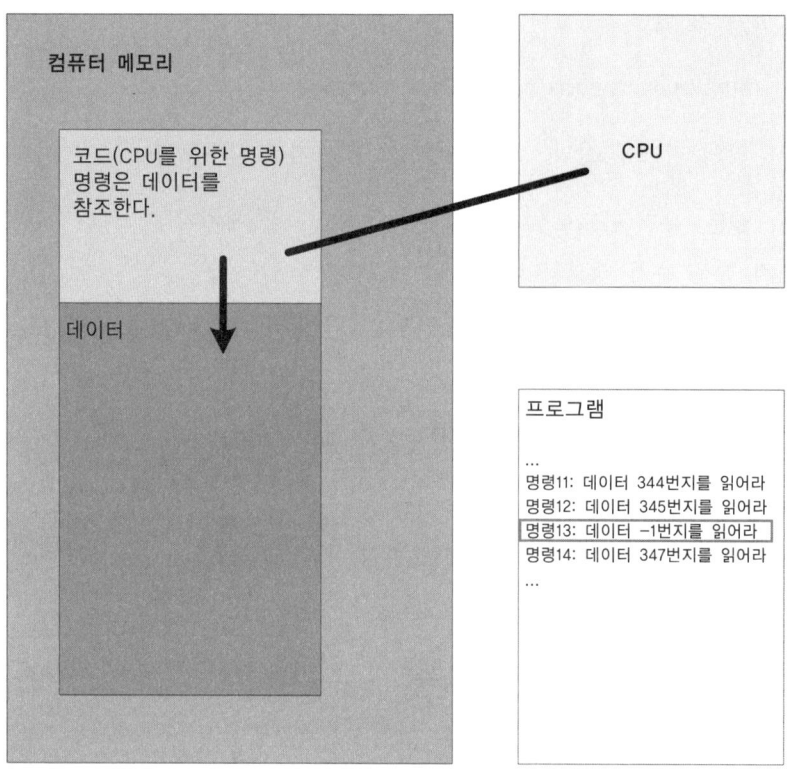

잘못된 주소를 참조하고 있을 때 CPU는 트랩이라는 특별한 절차를 수행한다. 그 결과로 메모리가 저장되며 나중에 내용을 조사하거나 잘못된 명령을 찾아낼 수 있다. 크래시가 윈도우 운영체제에서 발생했다면 블루스크린Blue Screen Of Death, BSOD이 나타난다. 그러고 나서 커널 메모리나 물리 메모리 전체가 파일에 저장된다. 이 파일을 각기 커널 메모리 덤프와 컴플리트 메모리 덤프라고 한다. 실행 중인 애플리케이션이나 서비스에서 크래시가 발생하면 그 메모리의 내용이 파일로 저장된다. 이는 유저 덤프나 포스트모텀postmortem 덤프라 하며, 이를 저장하는 프로그램을 포스트모텀 디버거라 한다. 포스트모텀 디버거는 몇 가지가 있으며, 레지스트리에 명시돼 애플리케이션이나 서비스에서 크래시가 발생할 때마다 실행되는 것을 디폴트 포스트모텀 디버거라 한다. 다음 그림은 잘못된 프린터 드라이버에 의해 크래시가 발생한 스풀러 서비스(spoolsv.exe)를 보여준다.

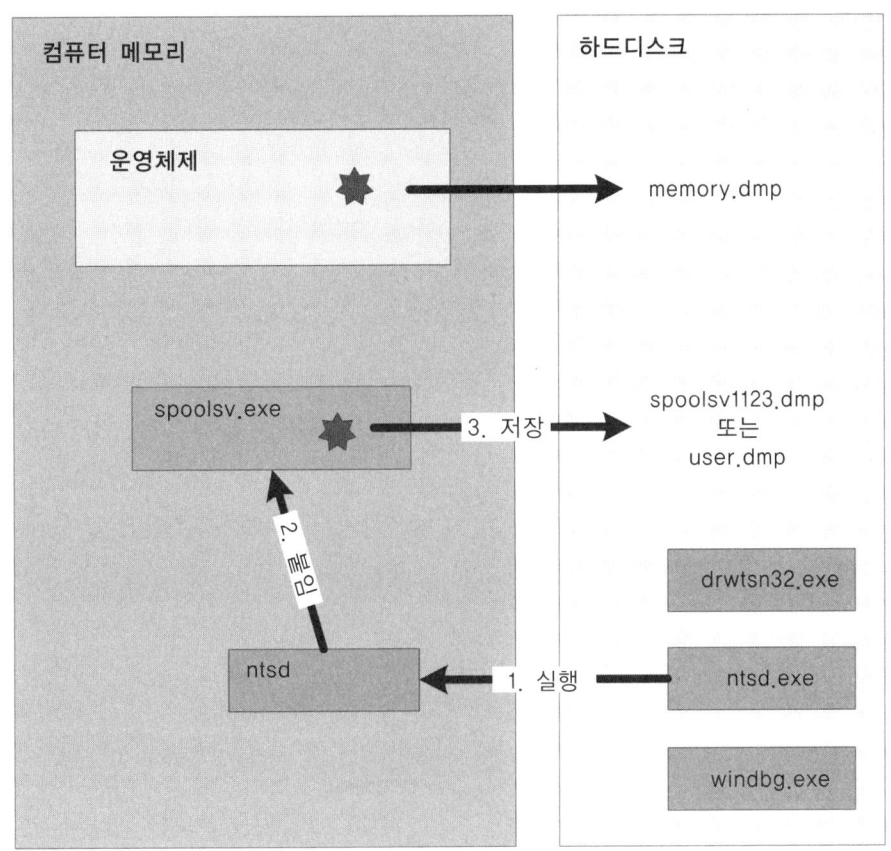

비스타 이전 버전의 윈도우에 디폴트로 설정돼 있는 포스트모텀 디버거는 닥터 왓슨(drwtsn32.exe)이다. 그러나 터미널 서비스 환경에서 동작하지 않는 경우가 있고 몇 가지 제한이 있으므로 다음 링크에 소개된 NTSD(ntsd.exe)로 설정하는 것이 좋다.

http://support.citrix.com/article/CTX105888

나는 유저와 커널, 컴플리트 메모리 덤프 모두를 포스트모텀 덤프라고 하길 좋아한다. 애플리케이션이나 서비스, 시스템이 크래시나 치명적 에러로 이미 죽은 상태에서 저장되기 때문이다. 포스트모텀 덤프는 필요할 때마다 수동으로 저장할 수 있는 라이브 메모리 덤프와 구별된다.

행이란?

비교적 자주 발생하는 행Hang을 분석할 때도 메모리 덤프가 필요하다. 가끔 크래시의 직접적인 결과가 행으로 나타날 때가 있기 때문이다. 하지만 대부분의 경우 독립적으로 발생한다. 게다가 둘 사이에 명백한 차이가 있다. 먼저 애플리케이션(프로세스)의 크래시와 행을 살펴보자. 크래시가 발생하면 해당 애플리케이션(프로세스)은 가끔 사라진다. 그러나 행이 발생해도 애플리케이션(프로세스)은 여전히 메모리에 남아 있다. 예를 들면 작업 관리자에서 프로세스를 찾을 수는 있지만 사용자 명령이나 TCP/IP 포트로의 핑Ping 같은 다른 어떤 요청에는 응답하지 않는 상태다. 운영체제에서 크래시가 발생했을 때 가장 명시적으로 나타나는 현상은 블루스크린이나 재부팅이다. 행이 발생하면 모든 것이 멈춘다.

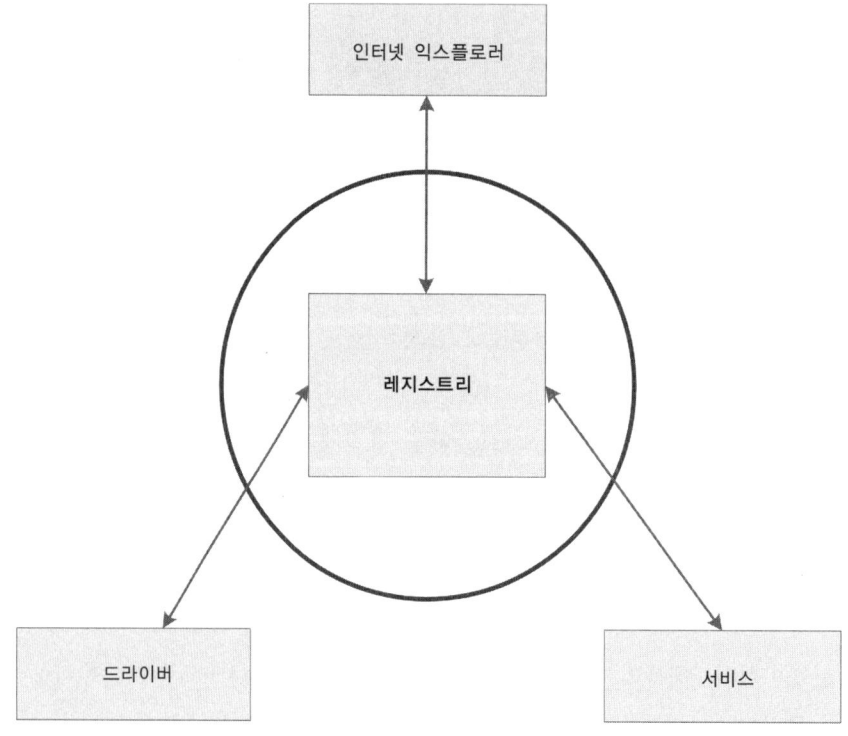

개략적으로 볼 때 애플리케이션이나 시스템에서 행이 발생하는 이유는 애플리케이션들과 운영체제 컴포넌트들(모듈들) 간에 상호작용을 '메시지' 방식으로 처

리하기 때문이다. 한 컴포넌트가 상대편에 메시지를 보내고 응답을 기다리는 것은 레지스트리 같은 컴포넌트에서 치명적이다. 앞의 그림은 레지스트리 컴포넌트가 응답을 멈췄을 때 발생하는 매우 일반적인 시스템 행 상태를 묘사한다. 이때 레지스트리에 접근하는 모든 애플리케이션(프로세스)은 행 상태가 된다.

행을 일으키는 매우 일반적인 원인으로 두 애플리케이션의 실행 경로나 스레드가 서로를 기다릴 때 발생하는 데드락Deadlock이 있다. 다음 그림은 데드락 상황을 막힌 길에 비유한 것이다.

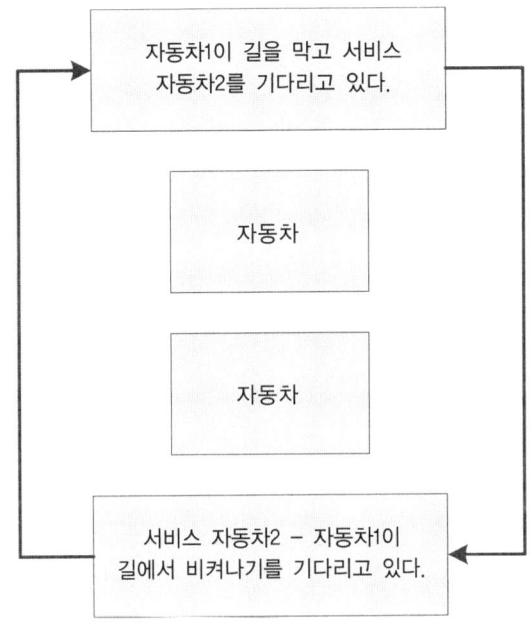

행을 일으킨 프로세스나 운영체제 안에 무엇이 있는지 보려면 메모리 덤프가 필요하다. 이 덤프도 보통 크래시 덤프라 한다. 일반적으로 덤프를 얻는 방법이 애플리케이션이나 운영체제가 크래시되고 덤프가 저장되는 원인이 되는 일종의 트랩을 만드는 것이기 때문이다. 개인적으로 나는 혼란을 피하려고 행 상태의 크래시 덤프를 그냥 메모리 덤프라 부르기를 좋아한다.

FAQ 몇 개를 소개한다.

질문 애플리케이션이나 서비스가 행일 때 어떻게 메모리 덤프를 얻을 수 있는가?

답 다양한 방법으로 가능하다.

- NTSD의 커맨드라인 옵션을 사용하는 방법(비스타 이전 시스템에는 NTSD가 항상 있다는 점을 기억하자)
- userdump.exe를 사용하는 방법
- 대화형으로 NTSD를 프로세스에 붙이고 덤프를 저장하는 방법 (http://support.citrix.com/article/CTX108173)
- 대화형으로 WinDbg를 프로세스에 붙이고 덤프를 저장하는 방법 (http://support.citrix.com/article/CTX106566)
- ADPlus를 행 모드로 사용하는 방법 (http://support.microsoft.com/default.aspx?scid=kb;en-us;286350)

질문 시스템에 행이 발생했을 때 어떻게 메모리 덤프를 얻을 수 있는가?

답 일반적으로 두 가지 방법이 있다.

- 키보드를 조작해 얻는 방법(http://support.microsoft.com/kb/244139/EN-US/)
- 시트릭스 시스템 덤프(SystemDump) 도구를 원격으로 사용하거나 일부 세션이 아직 살아있는 경우 GUI를 통해 얻는 방법 (http://support.citrix.com/article/CTX111072)

대부분의 시스템 행을 위한 덤프 설정은 제어판 ➤ 시스템 ➤ 고급 ➤ 시작 및 복구의 디버깅 정보 쓰기에서 '커널 메모리 덤프'를 선택하면 된다. 커널 메모리 덤프는 크기가 좀 더 작고 훼손이나 작은 크기의 페이지 파일로 인한 잘림에 덜 민감하다. 실행 중인 사용자 애플리케이션의 내부를 확인할 필요가 있다면 문제가 다시 발생할 때 컴플리트 덤프를 추가로 요청할 수 있다.

■■ 심볼 파일이란?

심볼 파일은 확장자가 .PDB(예전엔 .DBG였지만)이므로 보통 PDB 파일로 불린다. 덤프 파일을 읽으려면 PDB 파일이 적절히 필요하다. PDB 파일이 없는 덤프 파일의 데이터는 단지 숫자의 집합이고 메모리의 내용물일 뿐 어떤 의미도 없다. PDB 파일은 WinDbg 같은 도구가 데이터를 해석하고 사람이 읽을 수 있는 형태로 나타내게 돕는다. 간단히 말하면 PDB 파일은 숫자와 의미를 표현하는 짧은 문자열의 조합을 담고 있다.

```
덤프 데이터(메모리 내용물)
...
...
...
773f8ea4 0012f9f4 6be82f08
00000000 7e4188da 00000000
0012fa80 7fffffff 000003e8
00406258 00000000 00000001
00da00ab 00aa00f3 00dc0000
...
...
...
```

```
comctl32.pdb
...
773f8ea4 Button_WndProc
...
```

```
ProductA.pdb
...
0012f9f4 ProcessPayment
...
```

```
imgutil.pdb
...
6be82f08 DrawImage
...
```

컴퓨터에 서비스팩이 설치되거나 업데이트가 이뤄지면 이 조합이 바뀌므로 업데이트 이후에 크래시 덤프를 얻었다면 업데이트된 DLL이나 드라이버에 대한 새로운 PDB 파일을 얻어야 한다.

예전엔 마이크로소프트 사에서 심볼 파일을 직접 내려 받거나 CD로 얻어야 했다. 지금은 마이크로소프트 사가 인터넷 심볼 서버를 제공하고 있어 WinDbg를 통해 자동으로 PDB 파일을 내려 받을 수 있다. 하지만 마이크로소프트 심볼 서버의 위치를 File\Symbol 메뉴의 경로 대화상자에 입력하고 reload 항목에 체크해야 한다. 서버의 위치는 보통 다음과 같다(다음 링크를 확인해보자. http://windbg.org).

SRV*c:\websymbols*http://msdl.microsoft.com/download/symbols

WinDbg를 처음 실행하거나 새 컴퓨터여서 위치를 기억할 수 없다면 `.symfix` 명령을 입력해 마이크로소프트 심볼 서버 경로를 자동으로 설정하고 심볼 파일을 어디서 내려 받을지 지정할 수 있다. `.sympath` 명령으로 현재 설정돼 있는 심볼 검색 경로를 확인할 수 있고, `.reload` 명령을 입력해 다시 읽어 들일 수 있다.

```
0:000> .symfix
No downstream store given, using C:\Program Files\Debugging Tools for
Windows\sym

0:000> .sympath
Symbol search path is: SRV**http://msdl.microsoft.com/download/symbols

0:000> .symfix c:\websymbols

0:000> .sympath
Symbol search path is:
SRV*c:\websymbols*http://msdl.microsoft.com/download/symbols

0:000> .reload
```

크래시와 행의 차이

'크래시란?' 절과 '행이란?' 절에서 크래시와 행의 차이에 대해 핵심적인 내용을 설명했다. 이 절에선 이 두 전문용어를 좀 더 상세히 알아보자. 먼저 둘 다 기능적 실패가 일어난 것으로 합쳐 생각해 볼 필요가 있다. 컴퓨터를 어떤 기능을 가진 컴포넌트의 집합체로 보고, 실패를 시스템 실패와 컴포넌트 실패로 나눠보자. 물론 시스템 자체도 가상화의 경우에서처럼 어떤 큰 계층의 컴포넌트일 수 있다. 애플리케이션과 서비스 프로세스의 실패는 컴포넌트 실패로 분류할 수 있다. 블루스크린과 서버가 멈추는 것은 시스템 실패로 분류할 수 있다. 자, 이제 대다수의 컴퓨터 사용자가 크래시와 행을 혼동하는 이유를 알 수 있다. 결국 이것들은 단지 실패인 것이고, 사용자의 관점에서 보면 가끔 두 용어 사이의 차이가 불분명하다.

소프트웨어 개발자는 컴퓨터가 잘못된 메모리에 접근하는 상황인지 아니면 잘못된 명령을 읽고 실행하려는 상황인지 어떤지 주의를 기울이고 있으므로 크래시와 행을 섬세하게 구분하려는 경향이 있다. 그렇지만 그런 상태 이후의 컴퓨터 시스템은 문제의 애플리케이션이나 서비스를 종료할 수도 있고 하지 않을 수도 있다.

따라서 시스템이나 컴포넌트가 더 이상 보이지 않으면 크래시로 생각하길 추천한다. 예를 들면 실행되고 있던 애플리케이션이나 서비스가 작업 관리자에서 사라지거나, 블루스크린이나 재부팅이 발생하면 크래시로 생각하자. 행의 경우에는 작업 관리자에서 실패한 컴포넌트의 존재를 확인할 수 있거나 시스템이 자동으로 재부팅되지 않고 BSOD나 패닉panic 메시지와는 다른 화면이 나타난다. 느린 동작이나 긴 응답 시간도 행으로 간주할 수 있다.

다음은 제안된 용어 간의 차이를 설명하기 위해 고안한 다이어그램이다.

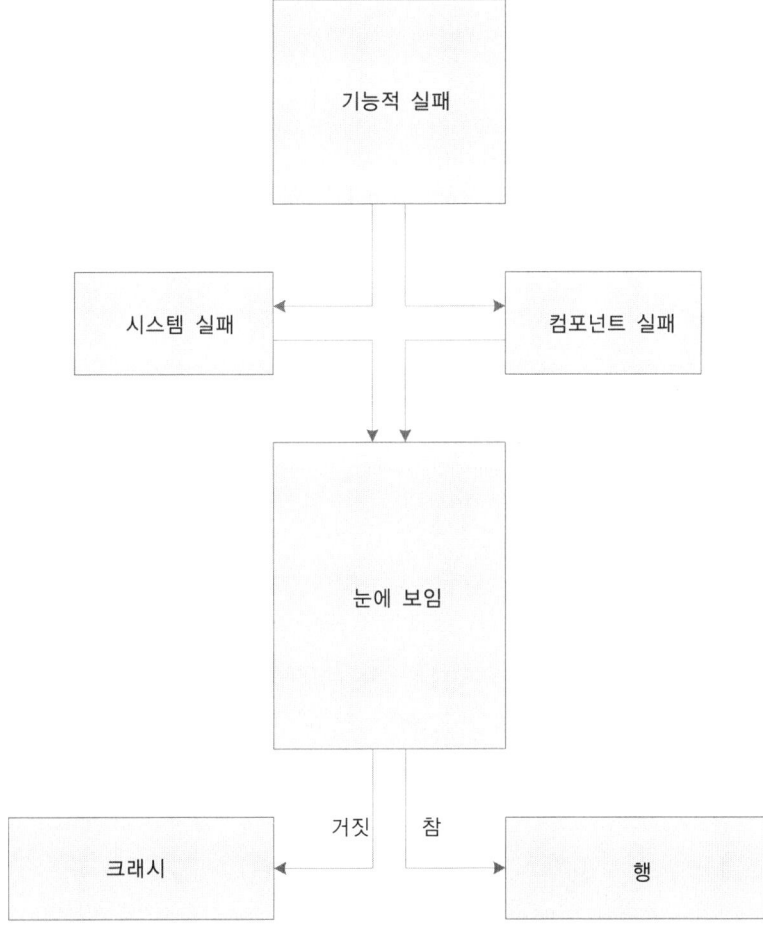

앞서의 방법으로 메모리나 크래시 덤프를 얻는 작업은 매우 단순해지고 명료해진다.

시스템 크래시나 행의 경우 **제어판**의 **고급 시스템 설정**에서 적절한 크래시 덤프 설정을 해야 한다. 그리고 컴플리트 메모리 덤프 옵션을 선택하는 경우에는 페이지 파일 크기가 적절한지 확인해야 한다. 시스템 크래시의 경우에 덤프는 자동으로 저장된다. 시스템 행일 때는 표준 키보드 방식이나 시스템 덤프(SystemDump) 도구, 라이브 시스템 디버깅을 사용해 직접 크래시 덤프 저장 절차를 수행해야 한다.

애플리케이션의 크래시인 경우에는 포스트모템 디버거를 설정하고 WER 리포트를 얻거나 컴포넌트에 디버거를 붙이고 실패가 발생할 때까지 기다려야 한다. 행의 경우에는 userdump.exe 같은 프로세스 덤프 도구를 사용하거나 디버거를 붙여 직접 메모리 덤프를 저장한다.

'크래시란?' 절과 '행이란?' 절에서 몇 가지 덤프 수집 방법에 대한 링크를 찾을 수 있다. 곧 출간될 『Windows Crash Dump Analysis』(ISBN-13: 978-0- 9558328-2-6)에서 모든 메모리 덤프 수집 방법을 철저하고 상세하게 알아볼 것이다.

선행적 크래시 덤프

'크래시와 행의 차이' 절에서 크래시와 행 사이의 명확한 구분과 구분별로 메모리 덤프를 수집하는 방법을 소개했다. 그렇지만 실패 수준이 시스템인지 컴포넌트인지에 따라 덤프를 수집하는 최상의 방법이 무엇인지 사용자에게 알려줄 필요가 있다. 컴포넌트 실패는 보통 사용자 애플리케이션이나 서비스에서 발생한다.

사용자 애플리케이션에서 메모리 덤프를 얻는 최상의 방법은 선행적으로, 또는 수동으로 얻는 것이다. 그리고 백 개의 서버 팜server farm이 있는 경우 문제가 발생한 하나의 서버엔 설정이 올바르게 돼 있지 않았을 수도 있는 포스트모템 디버거에 의존하지 않아야 한다. 애플리케이션이 작업을 멈췄거나 애플리케이션에 에러가 났음을 알리는 에러 메시지 박스가 나타났다면 userdump.exe 같은 프로세스 덤프 도구를 사용할 수 있다.

비스타 x64에서 TestDefaultDebugger 애플리케이션이 크래시돼 다음과 같은 에러 메시지가 나타났다고 하자(비스타 이전의 운영체제도 응용할 수 있다).

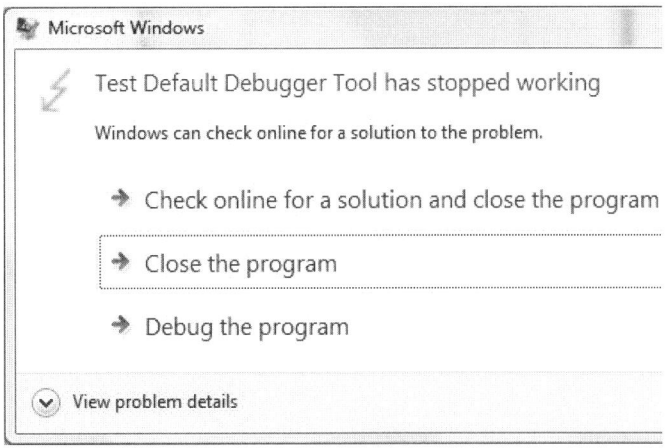

프로세스 ID를 알고 있다면 에러 메시지가 나타나고 있는 동안 프로세스를 덤프할 수 있다.

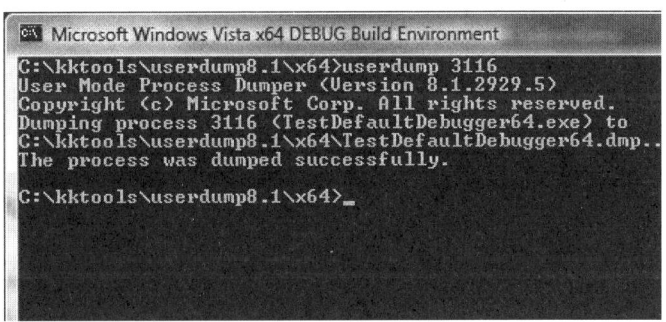

비스타에선 작업 관리자를 통해서 좀 더 쉽게 프로세스를 덤프할 수 있다.

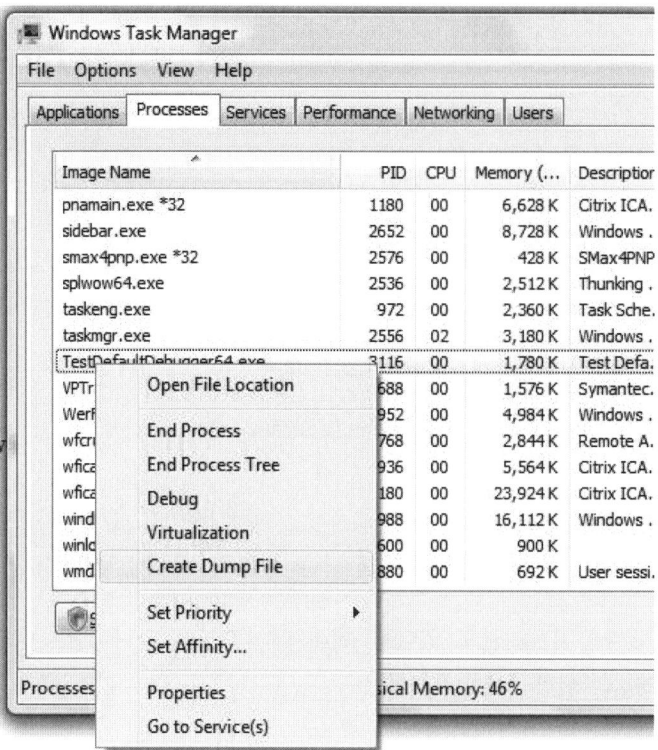

덤프 파일 생성 메뉴를 선택하면 다음의 메시지박스가 나타난다.

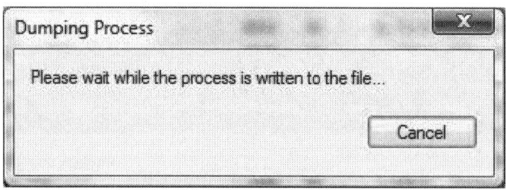

프로세스 덤프는 사용자 임시 폴더에 저장된다.

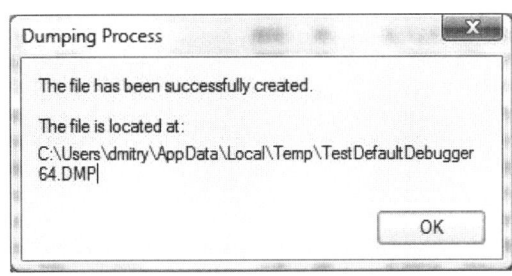

앞서의 애플리케이션은 네이티브 윈도우 애플리케이션이지만 같은 방법을 닷넷 애플리케이션에 적용할 수 있다. 예를 들어 TestDefaultDebugger.NET 애플리케이션은 Crash Me 버튼을 클릭했을 때 처리되지 않은 예외 메시지를 나타낸다. 그러면 메시지가 나타나 있는 동안 직접 프로세스를 덤프할 수 있다.

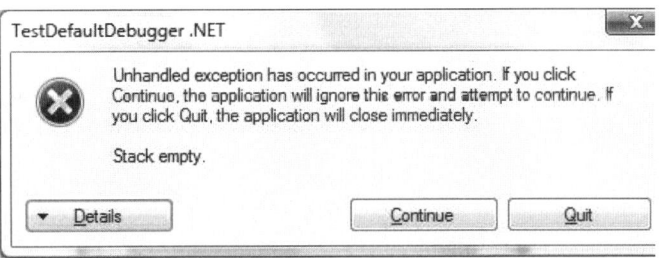

에러 메시지박스에서 **닫기**나 **종료**를 선택하면 작업 관리자에서 두 애플리케이션이 모두 사라지므로 새로 정의한 용어에 따라 크래시로 간주해야 한다. 하지만 이때 에러 메시지박스가 중지 메시지를 나타내고 있다면 애플리케이션 행 상태로 간주해야 한다. 그러므로 수동 프로세스 덤프 도구를 사용해야 한다.

02 전문적인 크래시 덤프 분석

■ 미니 덤프 분석

⊙ 스크립트와 WinDbg 명령

스몰 메모리 덤프는 버그체크bugcheck 정보와 커널 모드 스택 데이터, 로드된 드라이버 목록만을 담고 있다. **%SystemRoot%\Minidump** 폴더에 저장되므로 미니 덤프라고도 한다. 자동화된 크래시 덤프 분석을 위해 벤더vender나 서드파티3rd-party에 시스템 크래시 정보를 보낼 때 미니 덤프를 사용할 수 있다. 시스템 크래시 이력을 남기는 데도 미니 덤프가 사용된다. 특정 시스템에 저장돼 있는 모든 미니 덤프에서 정보를 추출하는 데 스크립트를 사용하는 방법을 알아보자. 스크립트는 모든 미니 덤프 파일을 처리하고, 다음 정보를 담고 있는 텍스트 로그 파일을 생성한다.

1. 크래시 덤프 이름과 유형

2. OS 정보와 크래시 시각, 시스템 가동시간

3. !analyze -v를 적용하기 전의 프로세서 컨텍스트(r)과 상세한 스택 트레이스(kv). WinDbg가 프로세서 컨텍스트를 트랩이나 예외, 오류fault가 발생했을 때의 실행 컨텍스트로 전환한 뒤 다른 스택 트레이스를 재구성할 때 이따금 유용하다.

4. !analyze -v 명령의 출력

5. !analyze -v 명령을 실행한 후의 프로세서 컨텍스트(r)와 상세한 스택 트레이스(kv)

6. 현재 실행 지점(EIP이나 x64 RIP)의 코드 디스어셈블리와 전체 함수에 대해 디스어셈블(uf)을 시도한다. 심볼 정보가 있다면 성공해야 한다.

7. 심볼 정보가 병기된 로 스택raw stack 덤프(dps)

8. 7번과 같은 로 스택 데이터를 널 문자로 종료된 유니코드 문자열Unicode zero-terminated string을 가리키는 포인터로 해석해 덤프(dpu). 스택에 있는 포인터 중 일부는 같은 스택에 있는 로컬 문자열 버퍼를 가리키고 있을 수 있다. dpu는 느린 작업이므로 잠시 WinDbg의 응답이 없을 수 있다.

9. 같은 로 스택 데이터인데, 이번엔 널문자로 종료된 ASCII 문자열ASCII zero-terminated string을 가리키는 포인터로 해석하고 덤프(dpa). 역시 느린 작업이다.

10. 로드된 드라이버에 대한 상세한 정보(lmv)

11. CPU와 머신 ID, 머신 특정 레지스터machine-specific registers, 주기판motherboard과 장치 같은 상세한 SMBIOS 정보(!sysinfo)

다음은 WinDbg 스크립트다.

```
$$
$$ MiniDmp2Txt: 미니 덤프에서 얻은 덤프 정보를 로그 파일로 저장
$$
.logopen /d /u
.echo "command> ||"
||
.echo "command> vertarget"
vertarget
.echo "command> r (before analysis)"
r
.echo "command> kv (before analysis)"
kv 100
.echo "command> !analyze -v"
!analyze -v
.echo "command> r"
r
.echo "command> kv"
kv 100
```

```
.echo "command> ub eip"
ub eip
.echo "command> u eip"
u eip
.echo "command> uf eip"
uf eip
.echo "command> dps esp-3000 esp+3000"
dps esp-3000 esp+3000
.echo "command> dpu esp-3000 esp+3000"
dpu esp-3000 esp+3000
.echo "command> dpa esp-3000 esp+3000"
dpa esp-3000 esp+3000
.echo "command> lmv"
lmv
.echo "command> !sysinfo cpuinfo"
!sysinfo cpuinfo
.echo "command> !sysinfo cpuspeed"
!sysinfo cpuspeed
.echo "command> !sysinfo cpumicrocode"
!sysinfo cpumicrocode
.echo "command> !sysinfo gbl"
!sysinfo gbl
.echo "command> !sysinfo machineid"
!sysinfo machineid
.echo "command> !sysinfo registers"
!sysinfo registers
.echo "command> !sysinfo smbios -v"
!sysinfo smbios -v
.logclose
$$
$$ MiniDmp2Txt: End of File
$$
```

다음 VB스크립트를 사용해 미니 덤프 파일(.dmp)마다 자동으로 WinDbg를 실행할 수 있다(-y 매개변수 뒤의 심볼 검색 경로를 사용 중인 심볼 폴더로 변경해야 한다).

```
'
' MiniDumps2Txt.vbs
'
Set fso = CreateObject("Scripting.FileSystemObject")
Set Folder = fso.GetFolder(".")
Set Files = Folder.Files
Set WshShell = CreateObject("WScript.Shell")
For Each File In Files
   If Mid(File.Name,Len(File.Name)-3,4) = ".dmp" Then
      Set oExec = WshShell.Exec("C:\Program Files\Debugging Tools for
Windows\WinDbg.exe -y
""srv*c:\ms*http://msdl.microsoft.com/download/symbols"" -z " + File.Name
+ " -c ""$$><c:\scripts\MiniDmp2Txt.txt;q"" -Q -QS -QY -QSY")
      Do While oExec.Status = 0
         WScript.Sleep 1000
      Loop
   End If
Next
'
' MiniDumps2Txt.vbs: End of File
'
```

WinDbg 대신 kd.exe를 사용할 수도 있다. 그러나 동일한 VB스크립트를 사용하면 윈도우가 숨겨진다.

컴포넌트 식별

시스템 크래시의 원인이 있을 수도 있는 서드파티 드라이버를 찾는 방법과 WinDbg가 올바르게 보고했는지 확인하는 방법을 알아보자.

예를 들어 로그 파일 중 하나는 다음과 같은 !analyze -v WinDbg 명령의 출력 결과를 나타낸다.

```
command> !analyze -v
*******************************************************
* *
* Bugcheck Analysis *
```

* *
****

BAD_POOL_CALLER (c2)
The current thread is making a bad pool request. Typically this is at a bad IRQL level or double freeing the same allocation, etc.
Arguments:
Arg1: 00000047, Attempt to free a non-allocated nonpaged pool address
Arg2: 85083000, Starting address
Arg3: 00005083, physical page frame
Arg4: 000bfff9, highest physical page frame

Debugging Details:

BUGCHECK_STR: 0xc2_47

CUSTOMER_CRASH_COUNT: 2

DEFAULT_BUCKET_ID: DRIVER_FAULT_SERVER_MINIDUMP

PROCESS_NAME: 3rdPartyAntivirus.exe

CURRENT_IRQL: 0

LAST_CONTROL_TRANSFER: from 8054d2eb to 805435b9
STACK_TEXT:
b325db68 8054d2eb 000000c2 00000047 85083000 nt!KeBugCheckEx+0x19
b325db94 805689c2 85083000 00080000 85083000 nt!MmGetSizeOfBigPoolAllocation+0x1cb
b325dbe4 f77c8098 00000000 00000000 00000004 nt!ExFreePoolWithTag+0x1d0
WARNING: Stack unwind information not available. Following frames may be wrong.
b325dc24 f77c8234 8599d4e0 8599d4e0 88cecf38 3rdPartyAVDrv+0x1098
b325dc3c 804f04f3 871d2cf0 00004808 8743b6a0 3rdPartyAVDrv+0x1234
b325dc4c 80585208 8599d550 872c8028 8599d4e0 nt!IofCallDriver+0x3f
b325dc60 80585fe6 871d2cf0 8599d4f0 872c8028 nt!IopSynchronousServiceTail+0x6f
b325dd00 80586028 00000468 00000614 00000000 nt!IopXxxControlFile+0x607
b325dd34 804dfd24 00000468 00000614 00000000 nt!NtDeviceIoControlFile+0x28

```
b325dd34 7ffe0304 00000468 00000614 00000000 nt!KiSystemService+0xd0
0087b6c0 00000000 00000000 00000000 00000000
SharedUserData!SystemCallStub+0x4
```

STACK_COMMAND: kb

FOLLOWUP_IP:
3rdPartyAVDrv+1098
f77c8098 ??   ???

SYMBOL_STACK_INDEX: 3

SYMBOL_NAME: 3rdPartyAVDrv+1098

FOLLOWUP_NAME: MachineOwner

MODULE_NAME: 3rdPartyAVDrv

IMAGE_NAME: 3rdPartyAVDrv.sys

DEBUG_FLR_IMAGE_TIMESTAMP: 410752c5

FAILURE_BUCKET_ID: 0xc2_47_3rdPartyAVDrv+1098

BUCKET_ID: 0xc2_47_3rdPartyAVDrv+1098
Followup: MachineOwner

MODULE_NAME과 IMAGE_NAME 항목엔 서드파티 안티바이러스 드라이버 3rdPartyAVDrv.sys가 BSOD의 책임이 있다고 돼 있다. 그러나 STACK_TEXT 항목의 첫 번째 줄엔 윈도우 NT 커널이자 시스템인 nt 모듈이 나타나 있다. lmv 명령을 사용해 로드된 모든 드라이버의 정보를 얻을 수 있다.

```
command> lmv
start    end      module name
804de000 80744000 nt          # (pdb
symbols)          c:\...\ntkrnlmp.pdb\...\ntkrnlmp.pdb
```

```
    Loaded symbol image file: ntkrnlmp.exe
    Mapped memory image file: c:\...\ntkrnlmp.exe\...\ntkrnlmp.exe
    Image path: ntkrnlmp.exe
    Image name: ntkrnlmp.exe
    Timestamp:        Tue Mar 25 08:39:34 2003 (3E8015C6)
    CheckSum:         00254553
    ImageSize:        00266000
    File version:     5.2.3790.0
    Product version:  5.2.3790.0
    File flags:       0 (Mask 3F)
    File OS:          40004 NT Win32
    File type:        1.0 App
    File date:        00000000.00000000
    Translations:     0415.04b0
    CompanyName:      Microsoft Corporation
    ProductName:      Microsoft® Windows® Operating System
    InternalName:     ntkrnlmp.exe
    OriginalFilename: ntkrnlmp.exe
    ProductVersion:   5.2.3790.0
    FileVersion:      5.2.3790.0 (srv03_rtm.030324-2048)
    FileDescription:  NT Kernel & System
    LegalCopyright:   ⓒ Microsoft Corporation. All rights reserved.
...
...
...
f77c7000 f77cf000 3rdPartyAVDrv 3rdPartyAVDrv.sys
    Loaded symbol image file: 3rdPartyAVDrv.sys
    Symbol file: 3rdPartyAVDrv.sys
    Image path: 3rdPartyAVDrv.sys
    Timestamp:        Wed Jul 28 07:15:21 2004 (410752C5)
    CheckSum:         00011518
    ImageSize:        00008000
    Translations:     0000.04b0 0000.04e0 0409.04b0 0409.04e0
...
...
...
```

왜 WinDbg는 마이크로소프트 사의 모듈은 건너뛰고 서드파티의 것을 가리킬까? WinDbg는 항상 마이크로소프트의 모듈을 만나면 건너뛰고 마이크소프트의 것이 아닌 드라이버를 만나면 문제의 가능성이 있다고 나타내기 때문이다. WinDbg는 마이크로소프트의 드라이버를 만나면 'Debugging Tools for Windows' 설치 폴더 아래의 triage 폴더에 있는 triage.ini 파일을 열어 본다. triage.ini 파일에는 다음 같이 특정 모듈과 함수에 대해 WinDbg가 취해야 할 적절한 행동이 나열돼 있다.

```
nt!KeBugCheck*=ignore
nt!ExAllocatePool=Pool_corruption
```

ini 파일의 마지막에 다음 항목을 추가해보자.

```
3rdPartyAVDrv!*=ignore
```

WinDbg에 덤프를 로드하고 심볼을 맞추고 analysis를 다시 실행해보자. 다른 결과가 나타난다.

```
3: kd> .symfix
No downstream store given, using C:\Program Files\Debugging Tools for Windows\sym
3: kd> !analyze -v
...
...
...
FOLLOWUP_NAME: MachineOwner

MODULE_NAME: nt

DEBUG_FLR_IMAGE_TIMESTAMP: 3e8015c6

SYMBOL_NAME: nt!MmGetSizeOfBigPoolAllocation+1cb

IMAGE_NAME: memory_corruption
```

```
FAILURE_BUCKET_ID: 0xc2_47_nt!MmGetSizeOfBigPoolAllocation+1cb

BUCKET_ID: 0xc2_47_nt!MmGetSizeOfBigPoolAllocation+1cb

Followup: MachineOwner
---------
```

nt!MmGetSizeOfBigPoolAllocation이 triage.ini에 없으므로 WinDbg는 nt 모듈과 메모리 훼손을 보고한다. 메모리 훼손은 BAD_POOL_CALLER 버그체크나 Mn 함수 접두어를 근거로 추측했을 것이다.

triage.ini에 몇 줄을 더 추가해보자.

```
3rdPartyAVDrv!*=ignore
nt!MmGetSizeOfBigPoolAllocation=ignore
nt!ExFreePoolWithTag=Dynamic memory corruption detected when freeing memory
```

그리고 나서 분석 결과를 보면 앞에서 추가한 사용자 정의 후속 메시지가 나타나 있는 것을 알 수 있다.

```
3: kd> !analyze -v
...
...
...
FOLLOWUP_IP:
nt!ExFreePoolWithTag+1d0
805689c2 e9c8f0ffff      jmp     nt!ExFreePoolWithTag+0x1d0 (80567a8f)

SYMBOL_STACK_INDEX: 2

FOLLOWUP_NAME:     Dynamic memory corruption detected when freeing memory

MODULE_NAME: nt

IMAGE_NAME: ntkrnlmp.exe

DEBUG_FLR_IMAGE_TIMESTAMP: 3e8015c6
```

SYMBOL_NAME: nt!ExFreePoolWithTag+1d0

FAILURE_BUCKET_ID: 0xc2_47_nt!ExFreePoolWithTag+1d0

BUCKET_ID: 0xc2_47_nt!ExFreePoolWithTag+1d0

Followup: Dynamic memory corruption detected when freeing memory
----

이제 STACK_TEXT 데이터를 살펴보자.

STACK_TEXT:
b325db68 8054d2eb 000000c2 00000047 85083000 nt!KeBugCheckEx+0x19
b325db94 805689c2 85083000 00080000 85083000 nt!MmGetSizeOfBigPoolAllocation+0x1cb
b325dbe4 f77c8098 00000000 00000000 00000004 nt!ExFreePoolWithTag+0x1d0
WARNING: Stack unwind information not available. Following frames may be wrong.
b325dc24 f77c8234 8599d4e0 8599d4e0 88cecf38 3rdPartyAVDrv+0x1098
b325dc3c 804f04f3 871d2cf0 00004808 8743b6a0 3rdPartyAVDrv+0x1234
b325dc4c 80585208 8599d550 872c8028 8599d4e0 nt!IofCallDriver+0x3f
b325dc60 80585fe6 871d2cf0 8599d4f0 872c8028 nt!IopSynchronousServiceTail+0x6f
b325dd00 80586028 00000468 00000614 00000000 nt!IopXxxControlFile+0x607
b325dd34 804dfd24 00000468 00000614 00000000 nt!NtDeviceIoControlFile+0x28
b325dd34 7ffe0304 00000468 00000614 00000000 nt!KiSystemService+0xd0
0087b6c0 00000000 00000000 00000000 00000000 SharedUserData!SystemCallStub+0x4

WinDbg가 3rdPartyAVDrv 모듈을 올바르게 식별했는지 확신하지 못함을 알 수 있다. 이것은 F77c8098에서 0x1098을 빼봄으로써 직접 확인할 수 있다. 앞의 주소는 nt!ExFreePoolWithTag가 호출될 때 저장된 리턴 주소로 두 번째 열에 있다. 계산 결과가 3rdPartyAVDrv 주소 범위에 있으므로 스택은 정확해 보인다.

3: kd> ? f77c8098-0x1098
Evaluate expression: -142839808 = **f77c7000**
3: kd> lmv m 3rdPartyAVDrv

```
f77c7000 f77cf000   3rdPartyAVDrv 3rdPartyAVDrv.sys
    Loaded symbol image file: 3rdPartyAVDrv.sys
    Symbol file: 3rdPartyAVDrv.sys
    Image path: 3rdPartyAVDrv.sys
    Browse all global symbols functions data
    Timestamp:          Wed Jul 28 07:15:21 2004 (410752C5)
    CheckSum:           00011518
    ImageSize:          00008000
    Translations:       0000.04b0 0000.04e0 0409.04b0 0409.04e0
```

타임스탬프의 날짜가 2004년 7월인 것을 볼 수 있다. 꽤 오래 전에 제작된 드라이버임을 알 수 있다. 실행되지 않게 해보거나 업데이트를 위해 벤더에게 연락해볼 수 있다. 'Timestamp'는 설치된 시각이 아닌 제작사의 소프트웨어 개발실에서 빌드된 시각을 가리킨다. 다른 정보가 없을 때 이와 같이 lmv 명령으로 소프트웨어의 버전을 식별할 수 있다.

또 분석 결과의 PROCESS_NAME 항목엔 시스템이 실패했을 때 활성화돼 있던 프로세스가 기록돼 있다. 프로세스가 속한 애플리케이션도 의심스런 드라이버와 같은 벤더에서 온 것일 수도 있지만 보통은 서로 관계가 없다. 버그가 디스플레이 드라이버에 있다면 어떤 애플리케이션이 실행되고 있을 때라도 크래시가 나타날 수 있다.

때로 스택 트레이스(STACK_TEXT)는 다음과 같은 경고 문장으로 시작한다.

```
STACK_TEXT:
WARNING: Stack unwind information not available. Following frames may be wrong.
b4f528b0 b4f52904 e24079e0 000000ab 000003cb DisplayDriver+0x21bca6
b4f528b4 e24079e0 000000ab 000003cb 43f0027f 0xb4f52904
b4f52904 00000000 000003cb 0000027a 00000135 0xe24079e0
```

이런 경우에는 크래시 지점(FAULTING_IP)을 보고 모듈을 알아낼 수 있다.

```
FAULTING_IP:
DisplayDriver+21bca6
bfbf0ca6 8b3e              mov     edi,dword ptr [esi]
```

```
0: kd> lmv m DisplayDriver
start     end       module name
bf9d5000 bff42500   DisplayDriver T (no symbols)
    Loaded symbol image file: DisplayDriver.dll
    Image path:         DisplayDriver.dll
    Image name:         DisplayDriver.dll
    Timestamp:          Fri Jun 29 09:13:08 2007 (4684BF14)
    CheckSum:           00570500
    ImageSize:          0056D500
    Translations:       0000.04b0 0000.04e0 0409.04b0 0409.04e0
```

로 스택 데이터 분석

안타깝게도 WinDbg에 의한 스택 트레이스, 특히 서드파티 컴포넌트가 포함돼 있는 것은 보통 불완전하고 정확하지 않은 경우도 있다. 인터미디엇 드라이버intermediate driver나 인터미디엇 드라이버의 조합으로 인해 손상이 천천히 누적된 후 시스템 실패system failure가 발생했다면 엉뚱하게도 안정적인 드라이버를 가리킬 수도 있다.

간혹 시스템 크래시가 일어나기 전에 !analyze -v 명령의 출력 결과에는 없는 어떤 다른 서드파티 드라이버가 문제에 개입돼 있는 경우가 있다. 그리고 단순히 그것들을 제거하거나 비활성화하거나 소프트웨어를 업그레이드함으로써 시스템은 안정된다. 그것들을 알아보기 위해 로 스택 데이터raw stack data를 살펴볼 수 있다. 커널 모드 스레드 스택은 크기가 작으므로(x86에서 12Kb나 0x3000, x64에서 24Kb) 간단히 ESP-3000과 ESP+3000 사이 영역의 메모리를 덤프하면 된다. x64 덤프에서는 RSP 레지스터를 사용할 수 있으며 결과는 같을 것이다.

앞의 미니 덤프를 다시 살펴보자. 스택 트레이스는 작고 불완전하며 DisplayDriver를 가리키고 있다. DisplayDriver.dll에 대한 심볼 정보가 없기 때문이다. 다른 드라이버나 운영체제 컴포넌트에 의해 DisplayDriver.dll이 잘못 사용되는 경우도 있을 수 있지 않을까? BSOD가 발생하기 전엔 어떤 컴포넌트가 사용됐을까? 로 스택 덤프raw stack dump를 살펴보면 DisplayDriver_ mini와 win32k, dxg 같은 추가적인 심볼을 확인할 수 있다.

전문적인 크래시 덤프 분석 • 49

```
0: kd> dps esp-3000 esp+3000
b4f4f8b4 ????????
b4f4f8b8 ????????
b4f4f8bc ????????
b4f4f8c0 ????????
...
...
...
b4f51ffc ????????
b4f52000 00001000
b4f52004 00006000
b4f52008 b4f5204c
b4f5200c 89025978
b4f52010 89139000
b4f52014 00000000
b4f52018 b4f527ec
b4f5201c b4f52840
b4f52020 bfbf0ca6 DisplayDriver+0x21bca6
b4f52024 00000000
b4f52028 89025978
...
...
...
b4f52100 e24079e0
b4f52104 bfbf0ca6 DisplayDriver+0x21bca6
b4f52108 00000008
...
...
...
b4f52364 b4f52414
b4f52368 804dc0b2 nt!ExecuteHandler+0x24
b4f5236c b4f527ec
b4f52370 b4f52d40
b4f52374 b4f524e8
b4f52378 b4f52400
b4f5237c bf9d2132 dxg!_except_handler3
b4f52380 2a2a2a0a
...
```

```
...
...
b4f523e8  b4f52408
b4f523ec  8053738a  nt!KeBugCheckEx+0x1b
b4f523f0  0000008e
b4f523f4  c0000005
b4f523f8  bfbf0ca6  DisplayDriver+0x21bca6
b4f523fc  b4f52840
b4f52400  00000000
b4f52404  00000000
b4f52408  b4f527d0
b4f5240c  80521fed  nt!KiDispatchException+0x3b1
b4f52410  0000008e
b4f52414  c0000005
b4f52418  bfbf0ca6  DisplayDriver+0x21bca6
b4f5241c  b4f52840
b4f52420  00000000
b4f52424  03a3fb4c
b4f52428  03a3fb4c
b4f5242c  b4f52800
b4f52430  00000000
b4f52434  00000000
b4f52438  00000000
b4f5243c  b9deffc6  DisplayDriver_mini+0x4bfc6
b4f52440  897c621c
b4f52444  00000086
b4f52448  0000003c
b4f5244c  b9f3af5a  DisplayDriver_mini+0x196f5a
b4f52450  897c6200
b4f52454  00000086
b4f52458  897c6200
b4f5245c  00000000
b4f52460  00000000
b4f52464  00000000
b4f52468  b9f38b4e  DisplayDriver_mini+0x194b4e
b4f5246c  00000000
...
...
...
```

```
b4f5250c 00002800
b4f52510 b9f3ac10 DisplayDriver_mini+0x196c10
b4f52514 897c6200
b4f52518 00002504
b4f5251c 00000010
b4f52520 897c6200
b4f52524 b9f2d194 DisplayDriver_mini+0x189194
b4f52528 897c6200
b4f5252c 00002504
b4f52530 00000010
b4f52534 897c6200
b4f52538 898cca80
b4f5253c 00000080
b4f52540 89654008
b4f52544 b9f358e2 DisplayDriver_mini+0x1918e2
b4f52548 897c6200
...
...
...
b4f5256c 00000000
b4f52570 b9deff5c DisplayDriver_mini+0x4bf5c
b4f52574 00000000
...
...
...
b4f5259c e24079e0
b4f525a0 bfbf0ca6 DisplayDriver+0x21bca6
b4f525a4 00000008
b4f525a8 00010246
b4f525ac b4f528b4
b4f525b0 00000010
b4f525b4 0000003c
b4f525b8 b9f3af5a DisplayDriver_mini+0x196f5a
b4f525bc 897c6200
b4f525c0 00000086
b4f525c4 89b81008
b4f525c8 897c6200
b4f525cc 00000000
b4f525d0 00007c00
```

```
b4f525d4 b9deff5c DisplayDriver_mini+0x4bf5c
b4f525d8 b9deff5c DisplayDriver_mini+0x4bf5c
b4f525dc 8988d7d8
b4f525e0 b9deff66 DisplayDriver_mini+0x4bf66
b4f525e4 b9deff5c DisplayDriver_mini+0x4bf5c
b4f525e8 8961c288
b4f525ec b9deff66 DisplayDriver_mini+0x4bf66
b4f525f0 8961c288
b4f525f4 00000000
b4f525f8 00000046
b4f525fc 00000000
b4f52600 89903000
b4f52604 b9e625a9 DisplayDriver_mini+0xbe5a9
b4f52608 8961c288
b4f5260c 00000046
b4f52610 00000000
b4f52614 b9deff5c DisplayDriver_mini+0x4bf5c
b4f52618 896ac008
...
...
...
b4f52630 898a8000
b4f52634 b9e9f220 DisplayDriver_mini+0xfb220
b4f52638 89941400
b4f5263c b9e2ffec DisplayDriver_mini+0x8bfec
b4f52640 00000000
b4f52644 00000000
b4f52648 00000050
b4f5264c b9e790d3 DisplayDriver_mini+0xd50d3
b4f52650 897c6200
...
...
...
b4f5266c 89bf6200
b4f52670 805502fa nt!ExFreePoolWithTag+0x664
b4f52674 00000000
b4f52678 88f322e0
b4f5267c 88c9d708
b4f52680 00000001
```

```
b4f52684 898cf918
b4f52688 ffdff538
b4f5268c 804dc766 nt!KiUnlockDispatcherDatabase+0x1c
b4f52690 b4f52901
b4f52694 b4f526ac
b4f52698 00000001
b4f5269c 804eaf06 nt!IopFreeIrp+0xed
b4f526a0 00000000
b4f526a4 00000000
b4f526a8 88c9d708
b4f526ac b4f52700
b4f526b0 804f2b9f nt!IopCompleteRequest+0x319
b4f526b4 804f2bb5 nt!IopCompleteRequest+0x32f
b4f526b8 88c9d748
b4f526bc 89025978
b4f526c0 890259ac
b4f526c4 897752e8
b4f526c8 89025978
b4f526cc b4f52910
b4f526d0 b4f527c8
b4f526d4 00000000
b4f526d8 b9e0d300 DisplayDriver_mini+0x69300
b4f526dc 88c9d708
b4f526e0 00000000
b4f526e4 00000086
b4f526e8 b4f526b8
b4f526ec b9f3ad28 DisplayDriver_mini+0x196d28
b4f526f0 ffffffff
b4f526f4 804e2ed8 nt!_except_handler3
b4f526f8 804f2bb8 nt!GUID_DOCK_INTERFACE+0x424
b4f526fc ffffffff
b4f52700 804f2bb5 nt!IopCompleteRequest+0x32f
b4f52704 804f2db5 nt!KiDeliverApc+0xb3
b4f52708 88c9d748
b4f5270c b4f5274c
b4f52710 b4f52728
b4f52714 890259ac
b4f52718 804dce74 nt!KiDeliverApc+0x1e0
b4f5271c 806ffae4 hal!KeReleaseQueuedSpinLock+0x3c
```

```
...
...
...
b4f52738 88e775c8
b4f5273c 804f2a72 nt!IopCompleteRequest
...
...
...
b4f52754 806ffef2 hal!HalpApcInterrupt+0xc6
b4f52758 00000000
b4f5275c 00000000
b4f52760 b4f52768
b4f52764 00000000
b4f52768 b4f527f8
b4f5276c 806ffae4 hal!KeReleaseQueuedSpinLock+0x3c
b4f52770 badb0d00
b4f52774 00000000
b4f52778 00000000
b4f5277c 806ffae4 hal!KeReleaseQueuedSpinLock+0x3c
b4f52780 00000008
b4f52784 00000246
b4f52788 804e5d2c nt!KeInsertQueueApc+0x6d
b4f5278c 88c9d748
...
...
...
b4f527c0 b4f52c10
b4f527c4 804e2ed8 nt!_except_handler3
b4f527c8 804faca0 nt!KiFindFirstSetLeft+0x120
b4f527cc ffffffff
b4f527d0 b4f52840
b4f527d4 804de403 nt!CommonDispatchException+0x4d
b4f527d8 b4f527ec
...
...
...
b4f527f4 00000000
b4f527f8 bfbf0ca6 DisplayDriver+0x21bca6
b4f527fc 00000002
```

```
...
...
...
b4f52828 b4f52840
b4f5282c 804e0944 nt!KiTrap0E+0xd0
b4f52830 00000000
b4f52834 03a3fb4c

b4f52838 00000000
b4f5283c 804de3b4 nt!Kei386EoiHelper+0x18a
b4f52840 e24079e0
b4f52844 bfbf0ca6 DisplayDriver+0x21bca6
b4f52848 badb0d00
...
...
...
b4f52884 00000000
b4f52888 bfdba6c7 DisplayDriver+0x3e56c7
b4f5288c b4f52c10
...
...
...
b4f528a4 00000000
b4f528a8 bfbf0ca6 DisplayDriver+0x21bca6
b4f528ac 00000008
...
...
...
b4f528d8 000000f3
b4f528dc bfb6269f DisplayDriver+0x18d69f
b4f528e0 9745d083
b4f528e4 00000001
b4f528e8 e9a18d4c
b4f528ec ffffffff
b4f528f0 bfb268e7 DisplayDriver+0x1518e7
b4f528f4 000000ab
...
...
...
```

```
b4f52960 0000027a
b4f52964 bfb2696c DisplayDriver+0x15196c
b4f52968 00000000
...
...
...
b4f5298c e2004308
b4f52990 bfab8ce4 DisplayDriver+0xe3ce4
b4f52994 000000ab
...
...
...
b4f52bd0 00000000
b4f52bd4 bf804779 win32k!GreReleaseFastMutex+0x14
b4f52bd8 b4f52be8
b4f52bdc bf8a04e3 win32k!dhpdevRetrieveNode+0x32
b4f52be0 89b20128
b4f52be4 b4f52c50
b4f52be8 b4f52c20
b4f52bec bf907d15 win32k!WatchdogDdBlt+0x38
b4f52bf0 b4f52c50
...
...
...
b4f52c10 b4f52d40
b4f52c14 bf9877ae win32k!_except_handler3
b4f52c18 bf995380 win32k!`string'+0x2b4
b4f52c1c 00000000
b4f52c20 b4f52d50
b4f52c24 bf9cdd78 dxg!DxDdBlt+0x374
b4f52c28 b4f52c50
b4f52c2c b4f52d64
b4f52c30 038dfaf4
b4f52c34 bf907ca3 win32k!NtGdiDdBlt
b4f52c38 00000001
...
...
...
b4f52c90 000000b0
```

```
b4f52c94 bf805b42 win32k!AllocateObject+0xaa
b4f52c98 00000001
b4f52c9c 00000006
b4f52ca0 b4f52cb0
b4f52ca4 32040ddf
b4f52ca8 bf805734 win32k!HANDLELOCK::vLockHandle+0x75
b4f52cac 00000ff4
b4f52cb0 00000000
b4f52cb4 bc40ddf0
b4f52cb8 b4f52cd0
b4f52cbc 00000001
b4f52cc0 804da3ee nt!ExAcquireResourceExclusiveLite+0x67
b4f52cc4 00000008
...
...
...
b4f52ce8 80004005
b4f52cec 804dc605 nt!ExReleaseResourceLite+0x8d
b4f52cf0 00000000
...
...
...
b4f52d08 b4f52d18
b4f52d0c bf8018bf win32k!GreReleaseSemaphore+0xa
b4f52d10 bf803d1e win32k!GreUnlockDisplay+0x24
b4f52d14 00000000
...
...
...
b4f52d40 ffffffff
b4f52d44 bf9d2132 dxg!_except_handler3
b4f52d48 bf9d2928 dxg!GUID_MiscellaneousCallbacks+0x42c
b4f52d4c ffffffff
b4f52d50 b4f52d64
b4f52d54 804dd99f nt!KiFastCallEntry+0xfc
b4f52d58 02400002
...
...
...
```

```
b4f52ddc 00000023
b4f52de0 804ec781 nt!KiThreadStartup+0x16
b4f52de4 f7849b85 NDIS!ndisWorkerThread
b4f52de8 88c9d4d0
b4f52dec 00000000
b4f52df0 0020027f
b4f52df4 011c0000
b4f52df8 bfdb97b7 DisplayDriver+0x3e47b7
b4f52dfc 00000008
...
...
...
b4f52e70 00000000
b4f52e74 f7800000 InCDPass+0x1000
b4f52e78 00004026
...
...
...
b4f52ff8 00000000
b4f52ffc 00000000
b4f53000 ????????
b4f53004 ????????
```

InCDPass와 NDIS처럼 우연히 일치하는 것들이 있다. DisplayDriver와 DisplayDriver_mini, dxg, win32k는 기능적 목적인 Display, DirectX, GDI Graphics Device Interface와 확실히 연관돼 있다. 그러면 각 모듈의 정보를 체크해보자.

```
0: kd> lmv m DisplayDriver
start     end       module name
bf9d5000 bff42500   DisplayDriver T (no symbols)
    Loaded symbol image file: DisplayDriver.dll
    Image path: DisplayDriver.dll
    Image name: DisplayDriver.dll
    Timestamp:          Fri Jun 29 09:13:08 2007 (4684BF14)
    CheckSum:           00570500
    ImageSize:          0056D500
```

```
    Translations:      0000.04b0 0000.04e0 0409.04b0 0409.04e0

0: kd> lmv m DisplayDriver_mini
start    end      module name
b9da4000 ba421f20 DisplayDriver_mini T (no symbols)
    Loaded symbol image file: DisplayDriver_mini.sys
    Image path: DisplayDriver_mini.sys
    Image name: DisplayDriver_mini.sys
    Timestamp:         Fri Jun 29 09:16:41 2007 (4684BFE9)
    CheckSum:          00680F20
    ImageSize:         0067DF20
    Translations:      0000.04b0 0000.04e0 0409.04b0 0409.04e0

0: kd> lmv m dxg
start    end      module name
bf9c3000 bf9d4580 dxg (pdb symbols)
    Loaded symbol image file: dxg.sys
    Mapped memory image file: c:\websymbols\dxg.sys\41107B9311580\dxg.sys
    Image path: dxg.sys
    Image name: dxg.sys
    Timestamp:         Wed Aug 04 07:00:51 2004 (41107B93)
    CheckSum:          0001D181
    ImageSize:         00011580
    File version:      5.1.2600.2180
    Product version:   5.1.2600.2180
    File flags:        0 (Mask 3F)
    File OS:           40004 NT Win32
    File type:         3.7 Driver
    File date:         00000000.00000000
    Translations:      0409.04b0
    CompanyName:       Microsoft Corporation
    ProductName:       Microsoft® Windows® Operating System
    InternalName:      dxg.sys
    OriginalFilename:  dxg.sys
    ProductVersion:    5.1.2600.2180
    FileVersion:       5.1.2600.2180 (xpsp_sp2_rtm.040803-2158)
    FileDescription:   DirectX Graphics Driver
    LegalCopyright:    © Microsoft Corporation. All rights reserved.
```

```
0: kd> lmv m win32k
start       end         module name
bf800000 bf9c2180   win32k # (pdb symbols)
    Loaded symbol image file: win32k.sys
    Mapped memory image file:
c:\websymbols\win32k.sys\45F013F61c2180\win32k.sys
    Image path: win32k.sys
    Image name: win32k.sys
    Timestamp:        Thu Mar 08 13:47:34 2007 (45F013F6)
    CheckSum:         001C4886
    ImageSize:        001C2180
    File version:     5.1.2600.3099
    Product version:  5.1.2600.3099
    File flags:       0 (Mask 3F)
    File OS:          40004 NT Win32
    File type:        3.7 Driver
    File date:        00000000.00000000
    Translations:     0406.04b0
    CompanyName:      Microsoft Corporation
    ProductName:      Microsoft® Windows® Operativsystem
    InternalName:     win32k.sys
    OriginalFilename: win32k.sys
    ProductVersion:   5.1.2600.3099
    FileVersion:      5.1.2600.3099 (xpsp_sp2_gdr.070308-0222)
    FileDescription:  Win32-flerbrugerdriver
    LegalCopyright:   © Microsoft Corporation. Alle rettigheder
forbeholdes.
```

심볼과 이미지

스택 트레이스에 제품 드라이버가 포함돼 있는 미니 덤프를 갖고 있다고 해보자. 어떤 이유로 인해 WinDbg는 심볼을 자동으로 로드하지 못했고, 스택 트레이스와 크래시 주소는 다음과 같이 driver.sys 모듈을 가리키고 있다.

```
1: kd> kL
ChildEBP RetAddr
```

```
WARNING: Stack unwind information not available. Following frames may be
wrong.
ba0fd0e4 bfabd64b driver+0x2df2a
ba0fd1c8 bf8b495d driver+0x1f64b
ba0fd27c bf9166ae win32k!NtGdiBitBlt+0x52d
ba0fd2d8 bf9168d0 win32k!TileWallpaper+0xd4
ba0fd2f8 bf826c83 win32k!xxxDrawWallpaper+0x50
ba0fd324 bf8651df win32k!xxxDesktopPaintCallback+0x48
ba0fd388 bf8280f3 win32k!xxxEnumDisplayMonitors+0x13a
ba0fd3d4 bf8283ab win32k!xxxInternalPaintDesktop+0x66
ba0fd3f8 80833bdf win32k!NtUserPaintDesktop+0x41
ba0fd3f8 7c9485ec nt!KiFastCallEntry+0xfc

1: kd> r
eax=000007d0 ebx=000007d0 ecx=00000086 edx=bfb371a3 esi=bc492000
edi=bfb3775b
eip=bfacbf2a esp=ba0fd0b8 ebp=ba0fd0e4 iopl=0  nv up ei pl nz na po nc
cs=0008  ss=0010  ds=0023  es=0023  fs=0030  gs=0000  efl=00010202
driver+0x2df2a:
bfacbf2a f3a5  rep movs dword ptr es:[edi],dword ptr [esi]
es:0023:bfb3775b=e4405a64 ds:0023:bc492000=????????
```

모듈의 타임스탬프를 얻어보자.

```
1: kd> lmv m driver
start    end       module name
bfa9e000 bfb42a00  driver T (no symbols)
    Loaded symbol image file: driver.sys
    Image path: driver.sys
    Image name: driver.sys
    Timestamp:        Thu Mar 01 20:50:04 2007 (45E73C7C)
    CheckSum:         000A5062
    ImageSize:        000A4A00
    Translations:     0000.04b0 0000.04e0 0409.04b0 0409.04e0
```

driver.sys의 심볼이 없는 것을 알 수 있다. 또한 함수 이름이 없고 0x2df2a 같은 큰 코드 옵셋이 존재한다. 심볼 서버가 없어 심볼 파일을 어디엔가 따로 저장해뒀기 때문일 것이다. 또는 개발자로부터 버그체크에 대한 최근의 수정 사항에 대한 심볼을 받았는데, 미처 적용하지 못했을 수도 있다. 어느 경우라도 심볼 검색 경로 대화상자(File ➤ Symbol File Path)에 경로를 추가하거나 WinDbg 명령 .sympath를 사용해 심볼 경로를 설정하면 더 나은 스택 트레이스와 충돌 지점을 얻을 수 있다.

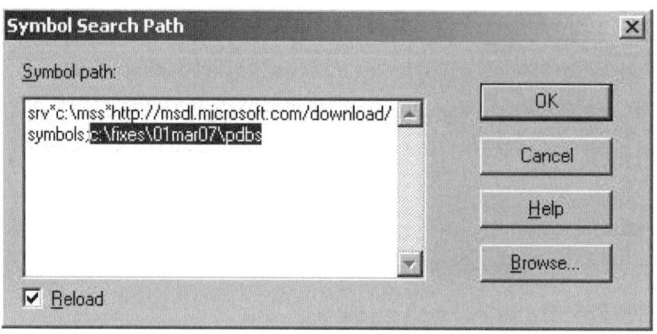

```
1: kd> .reload
Loading Kernel Symbols
...
Loading User Symbols
Loading unloaded module list
...
Unable to load image driver.sys, Win32 error 0n2
*** WARNING: Unable to verify timestamp for driver.sys

1: kd> kL
ChildEBP RetAddr
ba0fd0c0 bfabc399 driver!ProcessBytes+0x18
ba0fd0e4 bfabd64b driver!ProcessObject+0xc9
ba0fd1c8 bf8b495d driver!CacheBitBlt+0x13d
ba0fd27c bf9166ae win32k!NtGdiBitBlt+0x52d
ba0fd2d8 bf9168d0 win32k!TileWallpaper+0xd4
ba0fd2f8 bf826c83 win32k!xxxDrawWallpaper+0x50
ba0fd324 bf8651df win32k!xxxDesktopPaintCallback+0x48
ba0fd388 bf8280f3 win32k!xxxEnumDisplayMonitors+0x13a
ba0fd3d4 bf8283ab win32k!xxxInternalPaintDesktop+0x66
```

```
ba0fd3f8 80833bdf win32k!NtUserPaintDesktop+0×41
ba0fd3f8 7c9485ec nt!KiFastCallEntry+0xfc

1: kd> r
eax=000007d0 ebx=000007d0 ecx=00000086 edx=bfb371a3 esi=bc492000
edi=bfb3775b
eip=bfacbf2a esp=ba0fd0b8 ebp=ba0fd0e4 iopl=0 nv up ei pl nz na po nc
cs=0008 ss=0010 ds=0023 es=0023 fs=0030 gs=0000 efl=00010202
driver!ProcessBytes+0×18:
bfacbf2a f3a5 rep movs dword ptr es:[edi],dword ptr [esi]
es:0023:bfb3775b=e4405a64 ds:0023:bc492000=????????
```

WinDbg가 driver.sys의 타임스탬프를 확인하지 못했다. 그러므로 ProcessBytes 함수가 호출됐을 때 저장된 리턴 주소를 재확인할 필요가 있다. 심볼이 올바르다면 리턴 주소를 역으로 디스어셈블링해 ProcessObject 함수의 코드와 ProcessBytes 주소를 갖는 'call' 명령을 볼 수 있을 것이다. 그러나 안타깝게도 미니 덤프엔 현재 실행 중인 함수의 코드만 들어있다.

```
1: kd> ub bfabc399
                    ^ Unable to find valid previous instruction for 'ub
bfabc399'

1: kd> uf driver!ProcessObject
No code found, aborting
```

따라서 WinDbg가 실행 코드를 갖고 있는 driver.sys를 찾을 수 있게 할 필요가 있다. 실행 이미지 검색 경로Executable Image Search Path 대화상자에 경로를 지정하거나 .exepath WinDbg 명령을 사용할 수 있다.

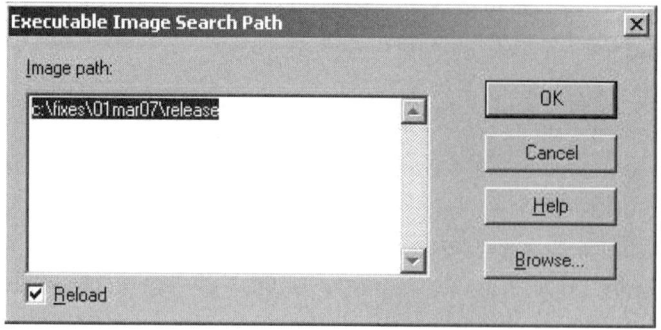

자, 이제 좀 더 완벽한 스택 트레이스를 얻을 수 있다. 그리고 리턴 주소를 재확인할 수 있다.

```
1: kd> .reload
Loading Kernel Symbols
...
Loading User Symbols
Loading unloaded module list
...

1: kd> kL
ChildEBP RetAddr
ba0fd0c0 bfabc399 driver!ProcessBytes+0x18
ba0fd0e4 bfabd64b driver!ProcessObject+0xc9
ba0fd104 bfac5aac driver!CacheBitBlt+0x13d
ba0fd114 bfac6840 driver!ProcessCommand+0x150
ba0fd140 bfac1878 driver!CheckSurface+0x258
ba0fd178 bfaba0ee driver!CopyBitsEx+0xfa
ba0fd1c8 bf8b495d driver!DrvCopyBits+0xb6
ba0fd27c bf9166ae win32k!NtGdiBitBlt+0x52d
ba0fd2d8 bf9168d0 win32k!TileWallpaper+0xd4
ba0fd2f8 bf826c83 win32k!xxxDrawWallpaper+0x50
ba0fd324 bf8651df win32k!xxxDesktopPaintCallback+0x48
ba0fd388 bf8280f3 win32k!xxxEnumDisplayMonitors+0x13a
ba0fd3d4 bf8283ab win32k!xxxInternalPaintDesktop+0x66
ba0fd3f8 80833bdf win32k!NtUserPaintDesktop+0x41
ba0fd3f8 7c9485ec nt!KiFastCallEntry+0xfc
```

```
1: kd> ub bfabc399
driver!ProcessObject+0xb7:
bfabc387 57                push    edi
bfabc388 40                inc     eax
bfabc389 50                push    eax
bfabc38a e861fb0000        call    driver!convert (bfacbef0)
bfabc38f ff7508            push    dword ptr [ebp+8]
bfabc392 57                push    edi
bfabc393 50                push    eax
bfabc394 e879fb0000        call    driver!ProcessBytes (bfacbf12)
```

인터럽트와 예외에 대한 설명

예외 설명에 앞서

네이티브 예외native exception는 어디에서 오는가? 어떻게 하드웨어에서 전파돼 크래시 덤프로 끝나는가? 나는 4년 전쯤 크래시 덤프 분석을 시작할 때 이런 의문을 가졌었고, IA-32 인텔 아키텍처 소프트웨어 개발자 매뉴얼IA-32 Intel® Architecture Software Developer's Manual과 WinDbg, 컴플리트 메모리 덤프에서 답을 찾으려 했다. 다음 몇 가지를 살펴보자.

x86 인터럽트

예외는 최초에 어떻게 발생할까? 그리고 `KiDispatchException` 함수까지 어떤 경로로 실행될까? 브레이크포인트나 0으로 나눔, 메모리 보호 위반 같은 비정상 상태가 발생할 때 정상적인 CPU의 실행 흐름code stream은 인터럽트 된다(여기선 '인터럽트interrupt'와 '예외exception'를 같은 의미로 사용한다). 인터럽트의 종류는 인터럽트 벡터 번호에 의해 구분된다. CPU는 인터럽트를 처리하기 위해 메모리상의 어떤 프로시저로 실행을 옮겨야 한다. CPU가 인터럽트를 처리할 프로시저를 찾는 방법으로는, 이론적으로 인터럽트 벡터 번호를 인자로 받아 모든 인터럽트를 처리하는 프로시저 하나를 두는 방법과 각 인터럽트 벡터에 대응하는 프로시저의 포인터를 담고 있는 테이블을 두는 방법이 있다. 인텔 x86과 x64 CPU는 다음 그림에 설명된 후자의 접근 방법을 사용한다.

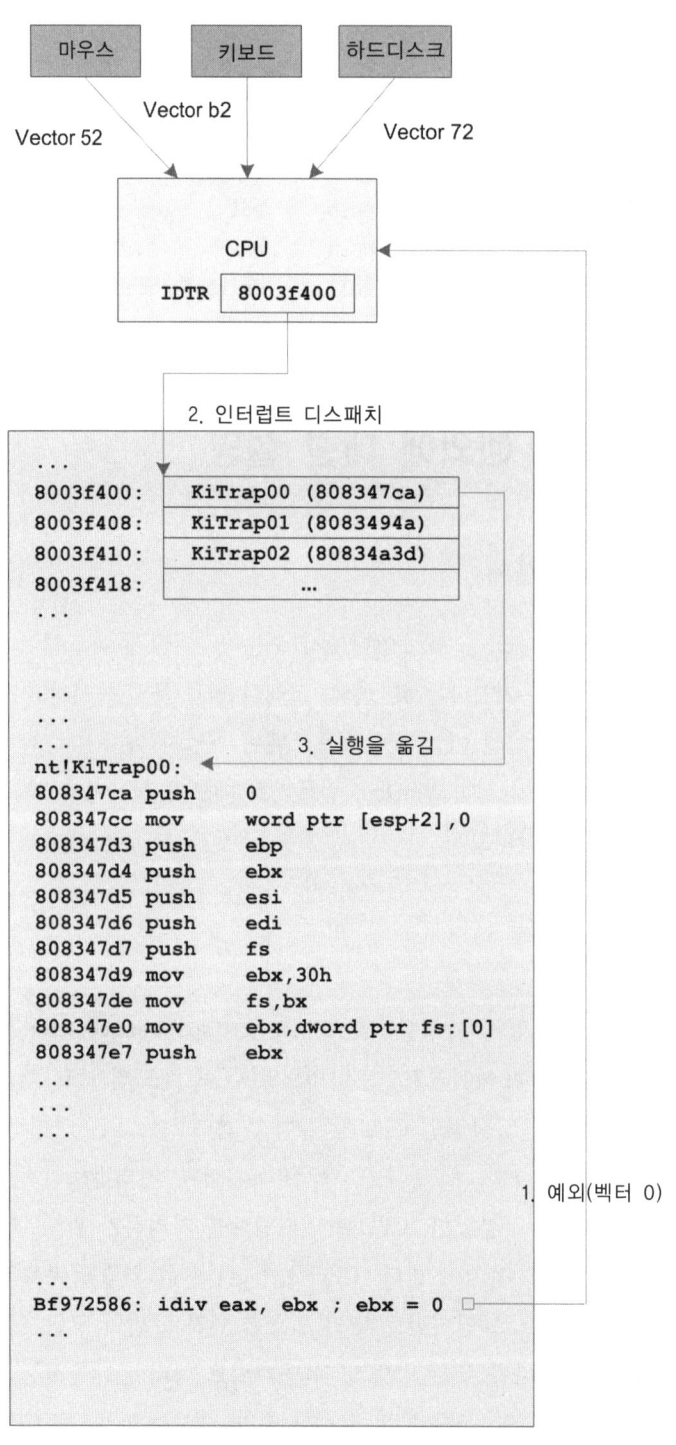

예를 들어 0으로 나눔 같은 예외가 발생하면 CPU는 인터럽트 디스크립터 테이블 레지스터Interrupt Descriptor Table Register, IDTR에서 프로시저 테이블의 주소를 얻는다. 인터럽트 디스크립터 테이블Interrupt Descriptor Table, IDT은 0부터 시작하는 8바이트(x86)나 16바이트(x64) 디스크립터descriptor배열이다. CPU는 레지스터의 저장 같은 몇 가지 필수적인 절차를 수행하고 인터럽트 벡터 번호에 해당하는 프로시저의 위치를 계산해 호출한다.

외부 I/O 장치가 인터럽트될 때도 같은 일이 발생한다. I/O 장치에는 '인터럽트'라는 용어가 좀 더 어울린다. 앞의 그림을 보면 크래시 덤프에서 I/O 하드웨어 인터럽트 벡터를 얻었다. 이는 운영체제와 사용자에 의해 정의된 번호다. 처음 32개의 벡터는 인텔에 의해 예약된 것이다. 부팅 과정이 진행되는 동안 윈도우는 CPU를 보호 모드로 전환하기 전에 메모리에 IDT 테이블을 생성하고, SIDT 명령을 사용해 IDTR이 IDT를 가리키게 한다.

CPU가 적절한 프로시저를 호출하기 전에 무엇을 하는지에 대한 의사코드pseudo-code가 있는 다음의 UML 클래스 다이어그램으로 살펴보자. 다이어그램의 의사코드는 CPU가 커널 모드에서 실행 중일 때 발생한 인터럽트와 예외인 경우의 코드다. CPU가 유저 모드에서 코드를 실행하고 있을 때 발생된 인터럽트와 예외 처리는 프로세서가 현재의 유저 모드 스택을 커널 모드 스택으로 전환해야 하므로 좀 더 복잡하다.

다음 다이어그램은 32비트 x86 프로세스일 경우다.

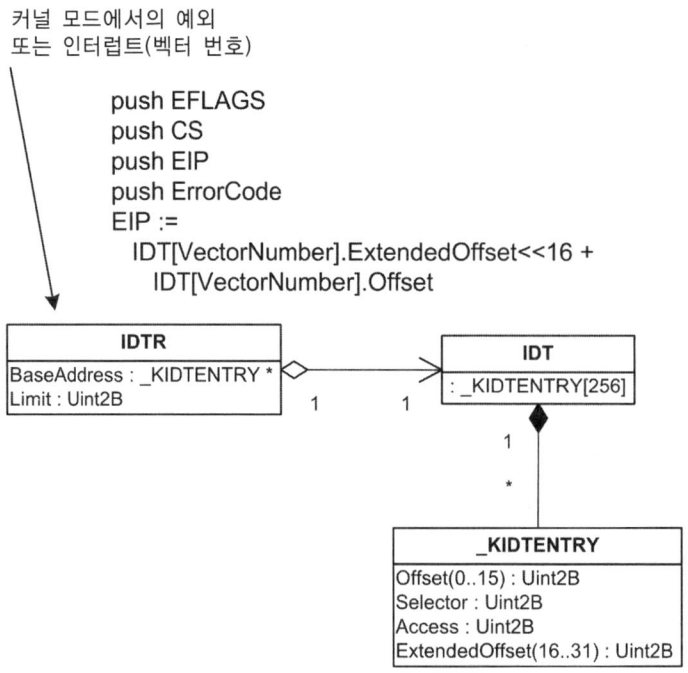

앞서 언급한 것들을 커널 모드 메모리 덤프에서 살펴보자. IDT의 주소는 !pcr [프로세스 번호] 명령을 사용해 찾을 수 있다. 멀티프로세서 머신에서는 프로세서별로 고유한 IDT가 있다.

```
0: kd> !pcr 0
KPCR for Processor 0 at ffdff000:
    Major 1 Minor 1
    NtTib.ExceptionList: f2178b8c
       NtTib.StackBase: 00000000
      NtTib.StackLimit: 00000000
     NtTib.SubSystemTib: 80042000
         NtTib.Version: 0005c645
     NtTib.UserPointer: 00000001
         NtTib.SelfTib: 7ffdf000
              SelfPcr: ffdff000
                 Prcb: ffdff120
                 Irql: 0000001f
                  IRR: 00000000
```

```
                   IDR: ffffffff
         InterruptMode: 00000000
                   IDT: 8003f400
                   GDT: 8003f000
                   TSS: 80042000
         CurrentThread: 88c1d3c0
            NextThread: 00000000
            IdleThread: 808a68c0
              DpcQueue:
```

IDT의 각 엔트리는 _KIDTENTRY형이다. 벡터 번호 0인 첫 번째 엔트리는 0으로 나눔 예외이다.

```
0: kd> dt _KIDTENTRY 8003f400
   +0x000 Offset           : 0x47ca
   +0x002 Selector         : 8
   +0x004 Access           : 0x8e00
   +0x006 ExtendedOffset   : 0x8083
```

ExtendedOffset과 Offset 필드를 합쳐 KiTrap00 인터럽트 핸들링 프로시저(0x808347ca)를 얻을 수 있다.

```
0: kd> ln 0x808347ca
(808347ca)   nt!KiTrap00   |   (808348a5)   nt!Dr_kit1_a
Exact matches:
    nt!KiTrap00
```

로 스택raw stack에서 인터럽트 트레이스를 볼 수 있다. 다음 예처럼 !analyze -v 명령의 결과에서 스택 트레이스와 레지스터 값을 확인한다.

```
ErrCode = 00000000
eax=00001b00 ebx=00001b00 ecx=00000000 edx=00000000 esi=f2178cb4
edi=bc15a838
eip=bf972586 esp=f2178c1c ebp=f2178c90 iopl=0  nv up ei ng nz ac po cy
cs=0008  ss=0010  ds=0023  es=0023  fs=0030  gs=0000  efl=00010293
driver!foo+0xf9:
```

```
bf972586 f77d10 idiv eax,dword ptr [ebp+10h] ss:0010:f2178ca0=00000000
STACK_TEXT:
f2178b44 809989be nt!KeBugCheck+0x14
f2178b9c 8083484f nt!Ki386CheckDivideByZeroTrap+0x41
f2178b9c bf972586 nt!KiTrap00+0x88
f2178c90 bf94c23c driver!foo+0xf9
f2178d54 80833bdf driver!bar+0x11c
```

ESP 값(f2178c1c) 주변의 메모리를 덤프하면 0으로 나눔 예외가 발생했을 때 프로세서가 푸시push한 값을 볼 수 있다.

```
0: kd> dds f2178c1c-100 f2178c1c+100
...
...
...
f2178b80  00000000
f2178b84  f2178b50
f2178b88  00000000
f2178b8c  f2178d44
f2178b90  8083a8cc nt!_except_handler3
f2178b94  80870828 nt!`string'+0xa4
f2178b98  ffffffff
f2178b9c  f2178ba8
f2178ba0  8083484f nt!KiTrap00+0x88
f2178ba4  f2178ba8
f2178ba8  f2178c90
f2178bac  bf972586 driver!foo+0xf9
f2178bb0  badb0d00
f2178bb4  00000000
f2178bb8  0000006d
f2178bbc  bf842315
f2178bc0  f2178c6c
...
...
...
f2178be8  00000000
f2178bec  00001b00
f2178bf0  f2178c0c
```

```
f2178bf4  f2178d44
f2178bf8  f2170030
f2178bfc  bc15a838
f2178c00  f2178cb4
f2178c04  00001b00
f2178c08  f2178c90
f2178c0c  00000000 ; ErrorCode
f2178c10  bf972586 driver!foo+0xf9 ; EIP
f2178c14  00000008 ; CS
f2178c18  00010293 ; EFLAGS
f2178c1c  00000000 ; <- 인터럽트 직전 ESP
f2178c20  0013c220
f2178c24  00000000
f2178c28  60000000
f2178c2c  00000001
f2178c30  00000000
f2178c34  00000000
...
...
...
```

여기서는 ErrorCode와 인터럽트 벡터 번호가 같은 값(0)을 갖고 있지만 서로 다른 것이다. 여기선 인터럽트 에러 코드를 다루지 않는다. 필요하다면 인텔 아키텍처 소프트웨어 개발자 매뉴얼Intel Architecture Software Developer's Manual을 참고하라.

!idt 명령은 다음과 같이 사용자 정의 하드웨어 인터럽트 벡터만을 출력한다.

```
0: kd> !idt
Dumping IDT:
37:  80a7d1ac hal!PicSpuriousService37
50:  80a7d284 hal!HalpApicRebootService
51:  89495044 serial!SerialCIsrSw (KINTERRUPT 89495008)
52:  89496044 i8042prt!I8042MouseInterruptService (KINTERRUPT 89496008)
53:  894ea044 USBPORT!USBPORT_InterruptService (KINTERRUPT 894ea008)
63:  894f2044 USBPORT!USBPORT_InterruptService (KINTERRUPT 894f2008)
72:  89f59044 atapi!IdePortInterrupt (KINTERRUPT 89f59008)
73:  89580044 NDIS!ndisMIsr (KINTERRUPT 89580008)
```

```
83: 899e7824 NDIS!ndisMIsr (KINTERRUPT 899e77e8)
92: 89f56044 atapi!IdePortInterrupt (KINTERRUPT 89f56008)
93: 89f1e044 SCSIPORT!ScsiPortInterrupt (KINTERRUPT 89f1e008)
a3: 894fa044 USBPORT!USBPORT_InterruptService (KINTERRUPT 894fa008)
a4: 894a3044 cpqcidrv+0x22AE (KINTERRUPT 894a3008)
b1: 89f697dc ACPI!ACPIInterruptServiceRoutine (KINTERRUPT 89f697a0)
b3: 89498824 i8042prt!I8042KeyboardInterruptService (KINTERRUPT 894987e8)
b4: 894a2044 cpqasm2+0x5B99 (KINTERRUPT 894a2008)
c1: 80a7d410 hal!HalpBroadcastCallService
d1: 80a7c754 hal!HalpClockInterrupt
e1: 80a7d830 hal!HalpIpiHandler
e3: 80a7d654 hal!HalpLocalApicErrorService
fd: 80a7e11c hal!HalpProfileInterrupt
```

x64 인터럽트

지금부터 64비트 윈도우에서 바뀐 부분을 알아보자. IDTR의 크기는 10바이트이고, 이 중 8바이트가 IDT의 64비트 주소로 사용된다. IDT 엔트리의 크기는 16바이트이고, 인터럽트 벡터에 대한 인터럽트 프로시저의 주소를 담고 있다. x64에선 인터럽트 프로시저의 이름이 다르다. `KiTrapXX` 같은 패턴을 따르지 않는다.

다음 UML 클래스 다이어그램은 각 데이터 간의 연관 관계를 묘사하고 어떤 레지스터 값이 저장되는지 나타낸다. 네이티브 x64 모드에선 커널이나 유저 모드에 관계없이 SS와 RSP 값이 저장된다.

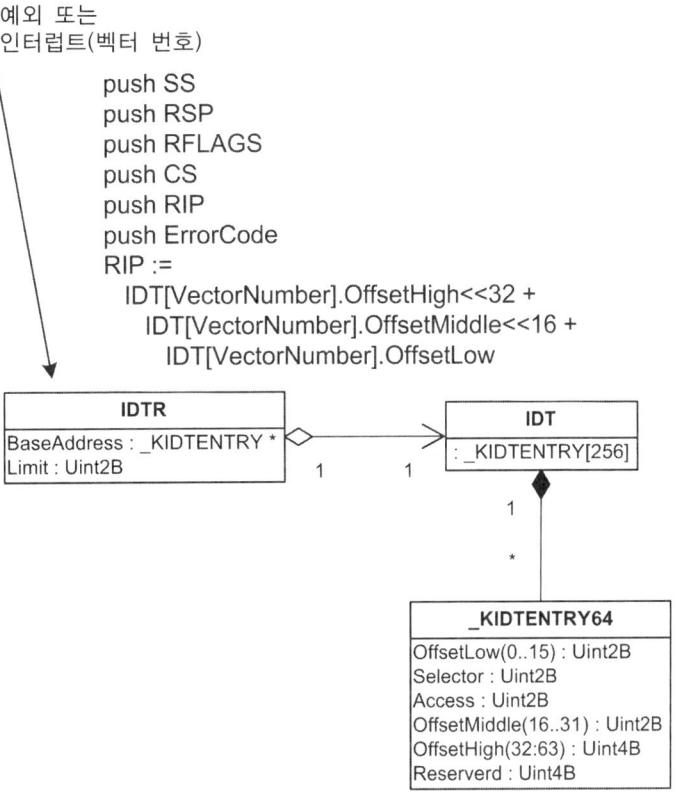

모든 아키텍처 정의 인터럽트 프로시저 이름을 덤프해보자. 앞으로 사용할 WinDbg 스크립팅에 있어 좋은 훈련이 된다. !pcr 익스텐션 명령은 잘못된 IDT 시작 주소를 보고하므로 dt 명령을 사용해야 한다.

```
kd> !pcr 0
KPCR for Processor 0 at fffff80001176000:
   Major 1 Minor 1
 NtTib.ExceptionList: fffff80000124000
      NtTib.StackBase: fffff80000125070
     NtTib.StackLimit: 0000000000000000
   NtTib.SubSystemTib: fffff80001176000
        NtTib.Version: 0000000001176180
     NtTib.UserPointer: fffff800011767f0
        NtTib.SelfTib: 000000007ef95000

              SelfPcr: 0000000000000000
                 Prcb: fffff80001176180
```

```
            Irql: 0000000000000000
             IRR: 0000000000000000
             IDR: 0000000000000000
   InterruptMode: 0000000000000000
             IDT: 0000000000000000
             GDT: 0000000000000000
             TSS: 0000000000000000
   CurrentThread: fffffadfe669f890
      NextThread: 0000000000000000
      IdleThread: fffff8000117a300
        DpcQueue:

kd> dt _KPCR fffff80001176000
nt!_KPCR
   +0x000 NtTib                      : _NT_TIB
   +0x000 GdtBase                    : 0xfffff800`00124000 _KGDTENTRY64
   +0x008 TssBase                    : 0xfffff800`00125070 _KTSS64
   +0x010 PerfGlobalGroupMask        : (null)
   +0x018 Self                       : 0xfffff800`01176000 _KPCR
   +0x020 CurrentPrcb                : 0xfffff800`01176180 _KPRCB
   +0x028 LockArray                  : 0xfffff800`011767f0 _KSPIN_LOCK_QUEUE
   +0x030 Used_Self                  : 0x00000000`7ef95000
   +0x038 IdtBase                    : 0xfffff800`00124070 _KIDTENTRY64
   +0x040 Unused                     : [2] 0
   +0x050 Irql                       : 0 ''
   +0x051 SecondLevelCacheAssociativity : 0x10 ''
   +0x052 ObsoleteNumber             : 0 ''
   +0x053 Fill0                      : 0 ''
   +0x054 Unused0                    : [3] 0
   +0x060 MajorVersion               : 1
   +0x062 MinorVersion               : 1
   +0x064 StallScaleFactor           : 0x892
   +0x068 Unused1                    : [3] (null)
   +0x080 KernelReserved             : [15] 0
   +0x0bc SecondLevelCacheSize       : 0x100000
   +0x0c0 HalReserved                : [16] 0x82c5c880
   +0x100 Unused2                    : 0
   +0x108 KdVersionBlock             : 0xfffff800`01174ca0
   +0x110 Unused3                    : (null)
```

```
    +0x118 PcrAlign1        : [24] 0
    +0x180 Prcb             : _KPRCB
```

다음으로 IDT 배열의 첫 번째 엔트리를 덤프한다. 인터럽트 벡터 0(0으로 나눔 예외)에 대응하는 인터럽트 프로시저 주소를 얻기 위해 `OffsetHigh`와 `OffsetMiddle`, `OffsetLow` 필드를 합친다.

```
kd> dt _KIDTENTRY64 0xffffff800`00124070
nt!_KIDTENTRY64
    +0x000 OffsetLow        : 0xf240
    +0x002 Selector         : 0x10
    +0x004 IstIndex         : 0y000
    +0x004 Reserved0        : 0y00000 (0)
    +0x004 Type             : 0y01110 (0xe)
    +0x004 Dpl              : 0y00
    +0x004 Present          : 0y1
    +0x006 OffsetMiddle     : 0x103
    +0x008 OffsetHigh       : 0xffffff800
    +0x00c Reserved1        : 0
    +0x000 Alignment        : 0x1038e00`0010f240

kd> u 0xffffff8000103f240
nt!KiDivideErrorFault:
fffff800`0103f240 4883ec08            sub     rsp,8
fffff800`0103f244 55                  push    rbp
fffff800`0103f245 4881ec58010000      sub     rsp,158h
fffff800`0103f24c 488dac2480000000    lea     rbp,[rsp+80h]
fffff800`0103f254 c645ab01            mov     byte ptr [rbp-55h],1
fffff800`0103f258 488945b0            mov     qword ptr [rbp-50h],rax
fffff800`0103f25c 48894db8            mov     qword ptr [rbp-48h],rcx
fffff800`0103f260 488955c0            mov     qword ptr [rbp-40h],rdx
kd> ln 0xffffff8000103f240
(fffff800`0103f240)   nt!KiDivideErrorFault   |
(fffff800`0103f300)   nt!KiDebugTrapOrFault
Exact matches:
    nt!KiDivideErrorFault = <no type information>
```

프로시저의 이름이 KiTrap00가 아니고 KiDivideErrorFault임을 알 수 있다. 옵셋으로 0x10을 더함으로써 두 번째 IDT 엔트리도 얻을 수 있다. 그러나 자동화하려고 다음과 같은 WinDbg 스크립트를 작성했다. 처음 20개의 벡터를 덤프하고 인터럽트 프로시저 이름을 출력한다.

```
r? $t0=(_KIDTENTRY64 *)0xffff800`00124070; .for (r $t1=0; @$t1 <= 13; r?
$t0=(_KIDTENTRY64 *)@$t0+1) { .printf "Interrupt vector %d (0x%x):\n", @$t1,
@$t1; ln @@c++(@$t0->OffsetHigh*0x100000000 + @$t0->OffsetMiddle*0x10000 +
@$t0->OffsetLow); r $t1=$t1+1 }
```

읽기 쉽게 다시 고쳐 쓰면 다음과 같다.

```
r? $t0=(_KIDTENTRY64 *)0xffff800`00124070;
.for (r $t1=0; @$t1 <= 13; r? $t0=(_KIDTENTRY64 *)@$t0+1)
{
    .printf "Interrupt vector %d (0x%x):\n", @$t1, @$t1;
    ln @@c++(@$t0->OffsetHigh*0x100000000 +
        @$t0->OffsetMiddle*0x10000 + @$t0->OffsetLow);
    r $t1=$t1+1
}
```

내 윈도우 2003 서버에서의 출력 결과는 다음과 같다.

```
Interrupt vector 0 (0x0):
(fffff800`0103f240) nt!KiDivideErrorFault | (fffff800`0103f300)
nt!KiDebugTrapOrFault
Exact matches:
    nt!KiDivideErrorFault = <no type information>
Interrupt vector 1 (0x1):
(fffff800`0103f300) nt!KiDebugTrapOrFault | (fffff800`0103f440)
nt!KiNmiInterrupt
Exact matches:
    nt!KiDebugTrapOrFault = <no type information>
Interrupt vector 2 (0x2):
(fffff800`0103f440) nt!KiNmiInterrupt | (fffff800`0103f680)
nt!KxNmiInterrupt
```

```
Exact matches:
    nt!KiNmiInterrupt = <no type information>
Interrupt vector 3 (0x3):
(fffff800`0103f780) nt!KiBreakpointTrap | (fffff800`0103f840)
nt!KiOverflowTrap
Exact matches:
    nt!KiBreakpointTrap = <no type information>
Interrupt vector 4 (0x4):
(fffff800`0103f840) nt!KiOverflowTrap | (fffff800`0103f900)
nt!KiBoundFault
Exact matches:
    nt!KiOverflowTrap = <no type information>
Interrupt vector 5 (0x5):
(fffff800`0103f900) nt!KiBoundFault | (fffff800`0103f9c0)
nt!KiInvalidOpcodeFault
Exact matches:
    nt!KiBoundFault = <no type information>
Interrupt vector 6 (0x6):
(fffff800`0103f9c0) nt!KiInvalidOpcodeFault | (fffff800`0103fb80)
nt!KiNpxNotAvailableFault
Exact matches:
    nt!KiInvalidOpcodeFault = <no type information>
Interrupt vector 7 (0x7):
(fffff800`0103fb80) nt!KiNpxNotAvailableFault | (fffff800`0103fc40)
nt!KiDoubleFaultAbort
Exact matches:
    nt!KiNpxNotAvailableFault = <no type information>
Interrupt vector 8 (0x8):
(fffff800`0103fc40) nt!KiDoubleFaultAbort | (fffff800`0103fd00)
nt!KiNpxSegmentOverrunAbort
Exact matches:
    nt!KiDoubleFaultAbort = <no type information>
Interrupt vector 9 (0x9):
(fffff800`0103fd00) nt!KiNpxSegmentOverrunAbort | (fffff800`0103fdc0)
nt!KiInvalidTssFault
Exact matches:
    nt!KiNpxSegmentOverrunAbort = <no type information>
Interrupt vector 10 (0xa):
(fffff800`0103fdc0) nt!KiInvalidTssFault | (fffff800`0103fe80)
```

```
nt!KiSegmentNotPresentFault
Exact matches:
    nt!KiInvalidTssFault = <no type information>
Interrupt vector 11 (0xb):
(fffff800`0103fe80) nt!KiSegmentNotPresentFault | (fffff800`0103ff80)
nt!KiStackFault
Exact matches:
    nt!KiSegmentNotPresentFault = <no type information>
Interrupt vector 12 (0xc):
(fffff800`0103ff80) nt!KiStackFault | (fffff800`01040080)
nt!KiGeneralProtectionFault
Exact matches:
    nt!KiStackFault = <no type information>
Interrupt vector 13 (0xd):
(fffff800`01040080) nt!KiGeneralProtectionFault | (fffff800`01040180)
nt!KiPageFault
Exact matches:
    nt!KiGeneralProtectionFault = <no type information>
Interrupt vector 14 (0xe):
(fffff800`01040180) nt!KiPageFault | (fffff800`010404c0)
nt!KiFloatingErrorFault
Exact matches:
    nt!KiPageFault = <no type information>
Interrupt vector 15 (0xf):
(fffff800`01179090) nt!KxUnexpectedInterrupt0+0xf0 | (fffff800`0117a0c0)
nt!KiNode0
Interrupt vector 16 (0x10):
(fffff800`010404c0) nt!KiFloatingErrorFault | (fffff800`01040600)
nt!KiAlignmentFault
Exact matches:
    nt!KiFloatingErrorFault = <no type information>
Interrupt vector 17 (0x11):
(fffff800`01040600) nt!KiAlignmentFault | (fffff800`010406c0)
nt!KiMcheckAbort
Exact matches:
    nt!KiAlignmentFault = <no type information>
Interrupt vector 18 (0x12):
(fffff800`010406c0) nt!KiMcheckAbort | (fffff800`01040900)
nt!KxMcheckAbort
```

```
Exact matches:
    nt!KiMcheckAbort = <no type information>
Interrupt vector 19 (0x13):
(fffff800`01040a00) nt!KiXmmException | (fffff800`01040b80)
nt!KiRaiseAssertion
Exact matches:
    nt!KiXmmException = <no type information>
```

다음 덤프를 보자.

```
BugCheck 1E, {ffffffffc0000005, fffffade5ba2d643, 0, 28}
```

이는 KMODE_EXCEPTION_NOT_HANDLED 버그체크다. 그리고 확실히 잘못된 메모리 접근으로 인한 것이다. 게다가 덤프를 열고 !analyze -v 명령을 입력하면 다음과 같은 WinDbg 스택을 볼 수 있다.

```
RSP
fffffade`4e88fe68 nt!KeBugCheckEx
fffffade`4e88fe70 nt!KiDispatchException+0x128
fffffade`4e8905f0 nt!KiPageFault+0x1e1
fffffade`4e890780 driver!foo+0x9b
```

다음과 같은 예외 컨텍스트를 볼 수 있다.

```
2: kd> r
Last set context:
rax=fffffade4e8907f4 rbx=fffffade6de0c2e0 rcx=fffffa8014412000
rdx=fffffade71e7e2ac rsi=0000000000000000 rdi=fffffadffff03000
rip=fffffade5ba2d643 rsp=fffffade4e890780 rbp=fffffade71e7ffff
 r8=00000000000005b0  r9=fffffade4e890a88 r10=fffffadffd077898
r11=fffffade71e7e260 r12=0000000000000000 r13=0000000000000000
r14=0000000000000000 r15=0000000000000000
iopl=0         nv up ei pl zr na po nc
cs=0010  ss=0018  ds=0950  es=4e89  fs=fade  gs=ffff             efl=00010246
driver!foo+0x9b:
```

```
fffffade`5ba2d643 8b4e28 mov ecx,dword ptr [rsi+28h] ds:0950:0028=????????
```

앞의 스택에서 KiPageFault 함수가 호출된 것을 볼 수 있다. 그리고 덤프된 IDT에서 인터럽트 벡터 14(0xE)에 대응됨을 알 수 있다. 이는 물리 메모리에 존재하지 않는 메모리가 참조될 때 호출된다.

자, 이제 fffffade`4e890780 주소 주변의 로 스택을 덤프해보면 프로세서가 KiPageFault 함수를 호출하기 전에 저장한 데이터를 볼 수 있다.

```
2: kd> dps fffffade`4e890780-50 fffffade`4e890780+50
fffffade`4e890730 fffffade`6de0c2e0
fffffade`4e890738 fffffadf`fff03000
fffffade`4e890740 00000000`00000000
fffffade`4e890748 fffffade`71e7ffff
fffffade`4e890750 00000000`00000000 ; ErrorCode
fffffade`4e890758 fffffade`5ba2d643 driver!foo+0x9b ; RIP
fffffade`4e890760 00000000`00000010 ; CS
fffffade`4e890768 00000000`00010246 ; RFLAGS
fffffade`4e890770 fffffade`4e890780 ; RSP
fffffade`4e890778 00000000`00000018 ; SS
fffffade`4e890780 00000000`00000000 ; 인터럽트 직전 RSP
fffffade`4e890788 00000000`00000000
fffffade`4e890790 00000000`00000000
fffffade`4e890798 00000000`00000000
fffffade`4e8907a0 00000000`00000000
fffffade`4e8907a8 00000000`00000000
fffffade`4e8907b0 00000000`00000000
fffffade`4e8907b8 00000000`00000000
fffffade`4e8907c0 00000000`00000000
fffffade`4e8907c8 00000000`00000000
fffffade`4e8907d0 00000000`00000000
```

앞의 값이 이전에 WinDbg가 보여준 저장된 컨텍스트와 정확히 같음을 알 수 있다. 실제로 인텔 아키텍처 소프트웨어 개발자 매뉴얼 3A권Intel Architecture Software Developer's Manual Volume 3A의 페이지 폴트 에러 코드 비트Page Fault Error Code bits에서 이처럼 에러 코드 비트가 모두 0 때를 살펴보면 다음과 같음을 알 수 있다.

- 페이지가 메모리에 존재하지 않는다.
- 읽기 접근에 의한 에러다.
- 프로세서는 커널 모드에서 실행 중이었다.
- 0이어야 할 페이지 디렉토리 내의 예약된 비트가 1로 설정됐으므로 발생한 것은 아니다.
- 인스트럭션 페치instruction fetch에 의한 것이 아니다.

인터럽트 프레임과 스택 재구성

인터럽트가 발생했을 때 x86 프로세서가 특권 보호 모드privileged protected mode(ring 0)에 있다면 다음 의사코드와 같이 인터럽트 프레임interrupt frame을 푸시push한다.

```
push EFLAGS
push CS
push EIP
push ErrorCode
EIP := IDT[VectorNumber].ExtendedOffset<<16 +
    IDT[VectorNumber].Offset
```

인터럽트 프레임은 CPU에 의해 생성된다. CPU 상태를 저장하려고 소프트웨어 인터럽트 핸들러software interrupt handler에 의해 생성되는 트랩 프레임trap frame(_KTRAP_FRAME)과는 다르다.

인터럽트가 발생했을 때 x86 프로세서가 유저 모드(ring 3)라면 프로세서가 유저 모드 스택 포인터 SS:ESP와 인터럽트 프레임의 남은 부분을 저장하기 전에 스택 전환이 발생한다. x64 프로세서에서는 현재 실행 모드가 커널이나 유저냐에 상관없이 항상 SS:RSP를 푸시한다. 다음의 x86 의사코드는 현재 스택(좀 더 정확하게는 유저 모드일 때 인터럽트가 발생하면 커널 공간의 스택)에 어떻게 인터럽트 프레임이 푸시되는지 보여준다.

```
push SS
push ESP
```

```
push EFLAGS
push CS
push EIP
push ErrorCode
EIP := IDT[VectorNumber].ExtendedOffset<<16 +
    IDT[VectorNumber].Offset
```

보통 x86 윈도우 플랫 메모리 모델flat memory model에서 CS는 **0x1b**이고 SS는 **0x23**이다. 따라서 로 스택 데이터raw stack data에서 쉽게 패턴을 알아볼 수 있다. 왜 인터럽트 프레임에 주의를 기울여야만 할까? 그것은 컴플리트 메모리 덤프에서 덤프가 저장된 시점에 유저 공간에서 발생하고 처리된 예외를 볼 수 있기 때문이다.

다음 예를 살펴보자.

```
PROCESS 89a94800 SessionId: 1 Cid: 1050 Peb: 7ffd7000 ParentCid: 08a4
DirBase: 390f5000 ObjectTable: e36ee0b8 HandleCount: 168.
Image: processA.exe
VadRoot 8981d0a0 Vads 309 Clone 0 Private 222555. Modified 10838. Locked 0.
    DeviceMap                       e37957e0
    Token                           e395b8f8
    ElapsedTime                     07:44:38.505
    UserTime                        00:54:52.906
    KernelTime                      00:00:58.109
    QuotaPoolUsage[PagedPool]       550152
    QuotaPoolUsage[NonPagedPool]    14200
    Working Set Sizes (now,min,max) (213200, 50, 345) (852800KB, 200KB,
    1380KB)
    PeakWorkingSetSize              227093
    VirtualSize                     1032 Mb
    PeakVirtualSize                 1032 Mb
    PageFaultCount                  232357
    MemoryPriority                  BACKGROUND
    BasePriority                    8
    CommitCharge                    233170
    DebugPort                       899b6a40
```

processA가 DebugPort를 갖고 있음을 알 수 있다. DebugPort가 있다는 것은 보통 예외가 발생했음을 의미한다. 그러므로 !process 0 1 명령을 입력해 모든 프로세스를 덤프해보면 처리되지 않은 예외unhandled exception를 찾을 수 있다.

실제로 processA 프로세스로 전환(XP 이상의 시스템에선 !process 89a94800 ff 명령을 사용할 수도 있다)해보면 스레드 스택 중 하나에서 KiDispatchException을 볼 수 있다.

```
0: kd> .process 89a94800

0: kd> .reload

0: kd> !process 89a94800
...
...
...
THREAD 89a93020 Cid 1050.1054 Teb: 7ffdf000 Win32Thread: bc1da760 WAIT:
(Unknown) KernelMode Non-Alertable SuspendCount 1
f44dc3a8 SynchronizationEvent
Not impersonating
DeviceMap            e37957e0
Owning Process       89a94800      Image:         processA.exe
Wait Start TickCount 4244146       Ticks: 1232980 (0:05:21:05.312)
Context Switch Count 1139234       LargeStack
UserTime             00:54:51.0531
KernelTime           00:00:53.0937
Win32 Start Address processA!WinMainCRTStartup (0x00c534c8)
Start Address kernel32!BaseProcessStartThunk (0x77e617f8)
Stack Init f44dcbd0 Current f44dc2ec Base f44dd000 Limit f44d7000 Call
f44dcbd8
Priority 12 BasePriority 8 PriorityDecrement 2
ChildEBP RetAddr
f44dc304 8083d5b1 nt!KiSwapContext+0x26
f44dc330 8083df9e nt!KiSwapThread+0x2e5
f44dc378 809c3cff nt!KeWaitForSingleObject+0x346
f44dc458 809c4f09 nt!DbgkpQueueMessage+0x178
f44dc47c 80977ad9 nt!DbgkpSendApiMessage+0x45
f44dc508 8081a94f nt!DbgkForwardException+0x90
```

```
f44dc8c4 808346b4 nt!KiDispatchException+0x1ea
f44dc92c 80834650 nt!CommonDispatchException+0x4a
f44dc9b8 80a801ae nt!Kei386EoiHelper+0x16e
0012f968 0046915d hal!HalpDispatchSoftwareInterrupt+0x5e
0012f998 0047cb72 processA!CalculateClientSizeFromPoint+0x5f
0012f9bc 0047cc1d processA!CalculateFromPoint+0x30
0012fa64 0047de83 processA!DrawUsingMemDC+0x1b9
0012fac0 0099fb43 processA!OnDraw+0x13
0012fb5c 7c17332d processA!OnPaint+0x56
0012fbe8 7c16e0b0 MFC71!CWnd::OnWndMsg+0x340
0012fc08 00c6253a MFC71!CWnd::WindowProc+0x22
0012fc24 0096cf9d processA!WindowProc+0x38
0012fcb8 7c16e1b8 MFC71!AfxCallWndProc+0x91
0012fcd8 7c16e1f6 MFC71!AfxWndProc+0x46
0012fd04 7739b6e3 MFC71!AfxWndProcBase+0x39
0012fd30 7739b874 USER32!InternalCallWinProc+0x28
0012fda8 7739c8b8 USER32!UserCallWinProcCheckWow+0x151
0012fe04 7739c9c6 USER32!DispatchClientMessage+0xd9
0012fe2c 7c828536 USER32!__fnDWORD+0x24
0012fe2c 80832dee ntdll!KiUserCallbackDispatcher+0x2e
f44dcbf0 8092d605 nt!KiCallUserMode+0x4
f44dcc48 bf8a26d3 nt!KeUserModeCallback+0x8f
f44dcccc bf89e985 win32k!SfnDWORD+0xb4
f44dcd0c bf89eb27 win32k!xxxDispatchMessage+0x223
f44dcd58 80833bdf win32k!NtUserDispatchMessage+0x4c
f44dcd58 7c8285ec nt!KiFastCallEntry+0xfc
0012fe2c 7c828536 ntdll!KiFastSystemCallRet
0012fe58 7739c57b ntdll!KiUserCallbackDispatcher+0x2e
0012fea8 773a16e5 USER32!NtUserDispatchMessage+0xc
0012feb8 7c169076 USER32!DispatchMessageA+0xf
0012fec8 7c16913e MFC71!AfxInternalPumpMessage+0x3e
0012fee4 0041cb0b MFC71!CWinThread::Run+0x54
0012ff08 7c172fc5 processA!CMain::Run+0x3b
0012ff18 00c5364d MFC71!AfxWinMain+0x68
0012ffc0 77e6f23b processA!WinMainCRTStartup+0x185
0012fff0 00000000 kernel32!BaseProcessStart+0x23
```

CalculateClientSizeFromPoint 함수에서 예외가 발생했다고 생각할 수도 있다. 하지만 nt!KiTrapXXX가 호출되지 않았고 유저 공간 리턴 주소를 갖는 커널 공간의 hal!HalpDispatchSoftwareInterrupt 함수가 있다. 이건 좀 이상하다. 로 스택 데이터raw stack data를 살펴 인터럽트 프레임을 찾아볼 필요가 있다. KiDispatchException을 찾고 KiTrap 부분 문자열을 찾는다. 마지막으로 0000001b을 찾는다. 0000001b와 00000023 사이가 더블 워드 두 개만큼 떨어져 있으면 인터럽트 프레임을 찾은 것이다.

```
0: kd> .thread 89a93020
Implicit thread is now 89a93020

0: kd> dds esp esp+1000
...
...
...
f44dc2f8 f44dc330
f44dc2fc 89a93098
f44dc300 ffdff120
f44dc304 89a93020
f44dc308 8083d5b1 nt!KiSwapThread+0x2e5
f44dc30c 89a93020
f44dc310 89a930c8
f44dc314 00000000
...
...
...
f44dc4e8 f44dcc38
f44dc4ec 8083a8cc nt!_except_handler3
f44dc4f0 80870868 nt!`string'+0xa4
f44dc4f4 ffffffff
f44dc4f8 80998bfd nt!Ki386CheckDivideByZeroTrap+0x273
f44dc4fc 8083484f nt!KiTrap00+0x88 ; 첫 번째 KiTrap00
f44dc500 00000001
f44dc504 0000bb40
f44dc508 f44dc8c4
f44dc50c 8081a94f nt!KiDispatchException+0x1ea
f44dc510 f44dc8e0
```

```
f44dc514 00000001
f44dc518 00000000
f44dc51c 00469583 processA!LPtoDP+0x19
f44dc520 16b748f0
f44dc524 00469583 processA!LPtoDP+0x19
f44dc528 00000000
f44dc52c 00000000
...
...
...
f44dc8c0 ffffffff
f44dc8c4 f44dc934
```
f44dc8c8 808346b4 nt!CommonDispatchException+0x4a
```
f44dc8cc f44dc8e0
f44dc8d0 00000000
f44dc8d4 f44dc934
f44dc8d8 00000001
f44dc8dc 00000001
f44dc8e0 c0000094
f44dc8e4 00000000
f44dc8e8 00000000
f44dc8ec 00469583 processA!LPtoDP+0x19
f44dc8f0 00000000
f44dc8f4 808a3988 nt!KiAbiosPresent+0x4
f44dc8f8 ffffffff
f44dc8fc 0000a6f2
f44dc900 00469585 processA!LPtoDP+0x1b
f44dc904 00000004
f44dc908 00000000
f44dc90c f9000001
f44dc910 f44dc8dc
f44dc914 ffffffff
f44dc918 f44dcc38
f44dc91c 8083a8cc nt!_except_handler3
f44dc920 80870868 nt!`string'+0xa4
f44dc924 ffffffff
f44dc928 80998bfd nt!Ki386CheckDivideByZeroTrap+0x273
```
f44dc92c 8083484f nt!KiTrap00+0x88 ; 두 번째 KiTrap00
```
f44dc930 80834650 nt!Kei386EoiHelper+0x16e
```

```
f44dc934 0012f968
f44dc938 00469583 processA!LPtoDP+0x19
f44dc93c badb0d00
f44dc940 00000000
f44dc944 ffffffff
f44dc948 00007fff
f44dc94c 00000000
f44dc950 fffff800
f44dc954 ffffffff
f44dc958 00007fff
f44dc95c 00000000
f44dc960 00000000
f44dc964 80a80000 hal!HalpInitIrqlAuditFlag+0x4e
f44dc968 00000023
f44dc96c 00000023
f44dc970 00000000
f44dc974 00000000
...
...
...
f44dc994 0012f968
f44dc998 00000000 ; ErrorCode
f44dc99c 00469583 processA!LPtoDP+0x19 ; EIP
f44dc9a0 0000001b ; CS
f44dc9a4 00010246 ; EFLAGS
f44dc9a8 0012f934 ; ESP
f44dc9ac 00000023 ; SS
f44dc9b0 8982e7e0
f44dc9b4 00000000
```

왜 첫 번째 KiTrap00를 건너뛰었을까? KiDispatchException이 KiTrap00보다 나중에 호출됐기 때문이다. KiDispatchException은 로 스택에서 KiTrap00 전에 나타나야 한다. 리턴 주소를 디스어셈블해 이런 호출을 모두 볼 수 있다.

```
0: kd> .asm no_code_bytes
Assembly options: no_code_bytes

0: kd> ub nt!KiTrap00+0x88
```

```
nt!KiTrap00+0x74:
8083483b test    byte ptr [ebp+6Ch],1
8083483f je      nt!KiTrap00+0x81 (80834848)
80834841 cmp     word ptr [ebp+6Ch],1Bh
80834846 jne     nt!KiTrap00+0x9e (80834865)
80834848 sti
80834849 push    ebp
8083484a call    nt!Ki386CheckDivideByZeroTrap (8099897d)
8083484f mov     ebx,dword ptr [ebp+68h]
```

nt!KiTrap00+0x88 주소가 nt!KiTrap00+0x74와 다르다. 그러므로 OMAP 코드 최적화인 경우다. 그래서 반복된 로 스택 단편화raw stack fragment에서 로 주소 raw address를 디스어셈블해야만 한다.

```
...
...
...
f44dc8c8 808346b4 nt!CommonDispatchException+0x4a
...
...
...
f44dc924 ffffffff
f44dc928 80998bfd nt!Ki386CheckDivideByZeroTrap+0x273
f44dc92c 8083484f nt!KiTrap00+0x88
f44dc930 80834650 nt!Kei386EoiHelper+0x16e
f44dc934 0012f968
...
...
...

0: kd> u 8083484f
nt!KiTrap00+0x88:
8083484f mov ebx,dword ptr [ebp+68h]
80834852 jmp nt!Kei386EoiHelper+0x167 (80834649)
80834857 sti
80834858 mov ebx,dword ptr [ebp+68h]
8083485b mov eax,0C0000094h
80834860 jmp nt!Kei386EoiHelper+0x167 (80834649)
```

```
80834865 mov    ebx,dword ptr fs:[124h]
8083486c mov    ebx,dword ptr [ebx+38h]
```

```
0: kd> u 80834649
nt!Kei386EoiHelper+0x167:
80834649 xor    ecx,ecx
8083464b call   nt!CommonDispatchException (8083466a)
80834650 xor    edx,edx ; nt!Kei386EoiHelper+0x16e
80834652 mov    ecx,1
80834657 call   nt!CommonDispatchException (8083466a)
8083465c xor    edx,edx
8083465e mov    ecx,2
80834663 call   nt!CommonDispatchException (8083466a)
```

```
0: kd> ub 808346b4
nt!CommonDispatchException+0x38:
808346a2 mov    eax,dword ptr [ebp+6Ch]
808346a5 and    eax,1
808346a8 push   1
808346aa push   eax
808346ab push   ebp
808346ac push   0
808346ae push   ecx
808346af call   nt!KiDispatchException (80852a53)
```

KiTrap00 함수가 KiDispatchException 함수를 호출하는 CommonDIspatchException 함수를 호출하는 것을 알 수 있다. 앞에서 찾은 인터럽트 프레임을 살펴보면 예외 EIP는 00469583이고 ESP는 0012f934임을 알 수 있다.

```
...
...
...
f44dc998 00000000 ; ErrorCode
f44dc99c 00469583 processA!LPtoDP+0x19 ; EIP
f44dc9a0 0000001b ; CS
f44dc9a4 00010246 ; EFLAGS
```

```
f44dc9a8 0012f934 ; ESP
f44dc9ac 00000023 ; SS
...
...
...
```

ESP와 EIP 값을 넣고 스택 트레이스를 재구성해보자.

```
0: kd> k L=0012f934 0012f934 00469583 ; EBP ESP EIP 형태
ChildEBP RetAddr
0012f930 00469a16 processA!LPtoDP+0x19
0012f934 00000000 processA!GetColumnWidth+0x45
```

스택 트레이스가 이상해 보인다. BaseProcessStart나 BaseThreadStart 함수가 없기 때문이다. EBP와 ESP 대신 ESP 값을 두 번 넣어서 일 것이다. ESP 주변의 메모리를 덤프해 EBP 값을 찾을 수 있기를 희망하자.

```
0: kd> dds 0012f934-10 0012f934+100
0012f924 00000000
0012f928 0012f934 ; ESP와 같음
0012f92c 0012f968 ; 이 값이 쓸 만해 보임
0012f930 00469572 processA!LPtoDP+0x8
0012f934 00469a16 processA!GetColumnWidth+0x45
0012f938 00005334
...
...
...
0012f964 00005334
0012f968 0012f998
0012f96c 0046915d processA!CalculateClientSizeFromPoint+0x5f
0012f970 00000000
0012f974 0012f9fc
0012f978 16b748f0
0012f97c 0012fa48
0012f980 00000000
0012f984 00000000
0012f988 000003a0
```

```
0012f98c 00000237
0012f990 00000014
0012f994 00000000
```
0012f998 0012f9bc
```
0012f99c 0047cb72 processA!CalculateFromPoint+0x30
0012f9a0 0012f9fc
0012f9a4 0012f9b4
0012f9a8 0012fa48
...
...
...
```

드디어 스택 트레이스를 얻었다.

```
0: kd> k L=0012f968 0012f934 00469583 100
ChildEBP RetAddr
0012f930 00469a16 processA!LPtoDP+0x19
0012f968 0046915d processA!GetColumnWidth+0x45
0012f998 0047cb72 processA!CalculateClientSizeFromPoint+0x5f
0012f9bc 0047cc1d processA!CalculateFromPoint+0x30
0012fa64 0047de83 processA!DrawUsingMemDC+0x1b9
0012fac0 0099fb43 processA!OnDraw+0x13
0012fb5c 7c17332d processA!OnPaint+0x56
0012fbe8 7c16e0b0 MFC71!CWnd::OnWndMsg+0x340
0012fc08 00c6253a MFC71!CWnd::WindowProc+0x22
0012fc24 0096cf9d processA!WindowProc+0x38
0012fcb8 7c16e1b8 MFC71!AfxCallWndProc+0x91
0012fcd8 7c16e1f6 MFC71!AfxWndProc+0x46
0012fd04 7739b6e3 MFC71!AfxWndProcBase+0x39
0012fd30 7739b874 USER32!InternalCallWinProc+0x28
0012fda8 7739c8b8 USER32!UserCallWinProcCheckWow+0x151
0012fe04 7739c9c6 USER32!DispatchClientMessage+0xd9
0012fe2c 7c828536 USER32!__fnDWORD+0x24
0012fe2c 80832dee ntdll!KiUserCallbackDispatcher+0x2e
f44dcbf0 8092d605 nt!KiCallUserMode+0x4
f44dcc48 bf8a26d3 nt!KeUserModeCallback+0x8f
f44dcccc bf89e985 win32k!SfnDWORD+0xb4
f44dcd0c bf89eb27 win32k!xxxDispatchMessage+0x223
```

```
f44dcd58 80833bdf win32k!NtUserDispatchMessage+0x4c
f44dcd58 7c8285ec nt!KiFastCallEntry+0xfc
0012fe2c 7c828536 ntdll!KiFastSystemCallRet
0012fe58 7739c57b ntdll!KiUserCallbackDispatcher+0x2e
0012fea8 773a16e5 USER32!NtUserDispatchMessage+0xc
0012feb8 7c169076 USER32!DispatchMessageA+0xf
0012fec8 7c16913e MFC71!AfxInternalPumpMessage+0x3e
0012fee4 0041cb0b MFC71!CWinThread::Run+0x54
0012ff08 7c172fc5 processA!CMain::Run+0x3b
0012ff18 00c5364d MFC71!AfxWinMain+0x68
0012ffc0 77e6f23b processA!WinMainCRTStartup+0x185
0012fff0 00000000 kernel32!BaseProcessStart+0x23
```

X86 트랩 명령

WinDbg의 .trap 명령을 살펴보고 어떻게 동작하는지 알아보자.

인터럽트가 발생하면 프로세서는 현재 명령 포인터를 저장하고 'x86 인터럽트' 절에서 설명한 인터럽트 핸들러로 실행을 옮긴다. 인터럽트 핸들러는 복잡한 인터럽트 처리를 수행할 함수를 호출하기 전에 스레드 컨텍스트 전체를 저장해야 한다. 예를 들어 x86 Windows 2003 크래시 덤프에서 KiTrap0E 핸들러를 디스어셈블해보면 세그먼트 레지스터를 포함해 많은 레지스터를 저장하는 것을 알 수 있다.

```
3: kd> uf nt!KiTrap0E
...
...
...
nt!KiTrap0E:
e088bb2c mov     word ptr [esp+2],0
e088bb33 push    ebp
e088bb34 push    ebx
e088bb35 push    esi
e088bb36 push    edi
e088bb37 push    fs
e088bb39 mov     ebx,30h
```

```
e088bb3e mov     fs,bx
e088bb41 mov     ebx,dword ptr fs:[0]
e088bb48 push    ebx
e088bb49 sub     esp,4
e088bb4c push    eax
e088bb4d push    ecx
e088bb4e push    edx
e088bb4f push    ds
e088bb50 push    es
e088bb51 push    gs
e088bb53 mov     ax,23h
e088bb57 sub     esp,30h
e088bb5a mov     ds,ax
e088bb5d mov     es,ax
e088bb60 mov     ebp,esp
e088bb62 test    dword ptr [esp+70h],20000h
e088bb6a jne     nt!V86_kite_a (e088bb04)
...
...
...
```

다음 형식으로 저장된 프로세서 상태 정보(컨텍스트)를 윈도우 커널 트랩 프레임이라 부른다.

```
3: kd> dt _KTRAP_FRAME
   +0x000 DbgEbp         : Uint4B
   +0x004 DbgEip         : Uint4B
   +0x008 DbgArgMark     : Uint4B
   +0x00c DbgArgPointer  : Uint4B
   +0x010 TempSegCs      : Uint4B
   +0x014 TempEsp        : Uint4B
   +0x018 Dr0            : Uint4B
   +0x01c Dr1            : Uint4B
   +0x020 Dr2            : Uint4B
   +0x024 Dr3            : Uint4B
   +0x028 Dr6            : Uint4B
   +0x02c Dr7            : Uint4B
   +0x030 SegGs          : Uint4B
```

```
   +0x034 SegEs              : Uint4B
   +0x038 SegDs              : Uint4B
   +0x03c Edx                : Uint4B
   +0x040 Ecx                : Uint4B
   +0x044 Eax                : Uint4B
   +0x048 PreviousPreviousMode : Uint4B
   +0x04c ExceptionList      : Ptr32 _EXCEPTION_REGISTRATION_RECORD
   +0x050 SegFs              : Uint4B
   +0x054 Edi                : Uint4B
   +0x058 Esi                : Uint4B
   +0x05c Ebx                : Uint4B
   +0x060 Ebp                : Uint4B
   +0x064 ErrCode            : Uint4B
   +0x068 Eip                : Uint4B
   +0x06c SegCs              : Uint4B
   +0x070 EFlags             : Uint4B
   +0x074 HardwareEsp        : Uint4B
   +0x078 HardwareSegSs      : Uint4B
   +0x07c V86Es              : Uint4B
   +0x080 V86Ds              : Uint4B
   +0x084 V86Fs              : Uint4B
   +0x088 V86Gs              : Uint4B
```

윈도우 트랩 프레임은 커널 모드에서 인터럽트가 발생했을 때 현재 스레드 스택에 프로세서가 저장하는 인터럽트 프레임과는 다르다. 인터럽트 프레임은 매우 작고 EIP와 CS, EFLAGS, ErrorCode만으로 구성돼 있다. x86 프로세서의 유저 모드에서 인터럽트가 발생될 때는 추가로 현재 스택 포인터 SS:ESP를 저장한다.

.trap 명령은 현재 스레드 스택에서 트랩 프레임을 찾고 저장된 구조체 값을 사용해 현재 스레드 레지스터 컨텍스트를 설정한다. 어떤 버그체크에 대해 !analyze -v 명령을 사용했을 때 .trap 명령이 나타나는 것을 볼 수 있다.

```
3: kd> !analyze -v
KERNEL_MODE_EXCEPTION_NOT_HANDLED (8e)
...
...
```

```
...
Arguments:
Arg1: c0000005, The exception code that was not handled
Arg2: de65190c, The address that the exception occurred at
Arg3: f24f8a74, Trap Frame
Arg4: 00000000
...
...
...
TRAP_FRAME: f24f8a74 - (.trap ffffffff24f8a74)
.trap ffffffff24f8a74
ErrCode = 00000000
eax=dbc128c0 ebx=dbe4a010 ecx=f24f8ac4 edx=00000001 esi=46525356
edi=00000000
eip=de65190c esp=f24f8ae8 ebp=f24f8b18 iopl=0  nv up ei pl nz na pe nc
cs=0008  ss=0010  ds=0023  es=0023  fs=0030  gs=0000             efl=00010206
driver!foo+0x16:
de65190c 837e1c00        cmp     dword ptr [esi+1Ch],0
ds:0023:46525372=????????
...
...
...
```

트랩 프레임을 보면 WinDbg가 보고한 값과 동일한 레지스터 값을 갖고 있음을 알 수 있다.

```
3: kd> dt _KTRAP_FRAME f24f8a74
   +0x000 DbgEbp         : 0xf24f8b18
   +0x004 DbgEip         : 0xde65190c
   +0x008 DbgArgMark     : 0xbadb0d00
   +0x00c DbgArgPointer  : 1
   +0x010 TempSegCs      : 0xb0501cd
   +0x014 TempEsp        : 0xdcc01cd0
   +0x018 Dr0            : 0xf24f8aa8
   +0x01c Dr1            : 0xde46c90a
   +0x020 Dr2            : 0
   +0x024 Dr3            : 0
   +0x028 Dr6            : 0xdbe4a000
```

```
+0x02c Dr7                  : 0
+0x030 SegGs                : 0
+0x034 SegEs                : 0x23
+0x038 SegDs                : 0x23
+0x03c Edx                  : 1
+0x040 Ecx                  : 0xf24f8ac4
+0x044 Eax                  : 0xdbc128c0
+0x048 PreviousPreviousMode : 0xdbe4a010
+0x04c ExceptionList        : 0xffffffff _EXCEPTION_REGISTRATION_RECORD
+0x050 SegFs                : 0x30
+0x054 Edi                  : 0
+0x058 Esi                  : 0x46525356
+0x05c Ebx                  : 0xdbe4a010
+0x060 Ebp                  : 0xf24f8b18
+0x064 ErrCode              : 0
+0x068 Eip                  : 0xde65190c ; driver!foo+0x16
+0x06c SegCs                : 8
+0x070 EFlags               : 0x10206
+0x074 HardwareEsp          : 0xdbc171b0
+0x078 HardwareSegSs        : 0xde667677
+0x07c V86Es                : 0xdbc128c0
+0x080 V86Ds                : 0xdbc171c4
+0x084 V86Fs                : 0xf24f8bc4
+0x088 V86Gs                : 0
```

수동으로 트랩 프레임을 찾는 방법을 알고 있으면 스택이 손상됐거나 WinDbg가 자동으로 트랩 프레임을 찾지 못할 때 유용하게 쓸 수 있다. 이 경우 윈도우 플랫 메모리 모델에서 DS와 ES 세그먼트가 같은 값을 갖는다는 이점을 활용할 수 있다.

```
+0x034 SegEs : 0x23
+0x038 SegDs : 0x23
```

스택에서 두 개의 연속적인 0x23 값을 찾아야 한다. 이 값들은 몇 군데 존재할 수도 있지만 스택의 KiTrapXX 주소와 다음 코드에서 굵게 표시된 초기 프로세서 트랩 프레임 사이에선 보통 하나만 존재한다. KiTrapXX는 인터럽트를 좀 더 처리하려고 확실히 다른 함수를 호출한다. 그러므로 리턴 주소는 스택에 저장된다.

```
3: kd> r
eax=f535713c ebx=de65190c ecx=00000000 edx=e088e1d2 esi=f5357120
edi=00000000
eip=e0827451 esp=f24f8628 ebp=f24f8640 iopl=0 nv up ei ng nz na pe nc
cs=0008 ss=0010 ds=0023 es=0023 fs=0030 gs=0000 efl=00000286
nt!KeBugCheckEx+0x1b:
e0827451 5d              pop     ebp

3: kd> dds f24f8628 f24f8628+1000
...
...
...
f24f8784  de4b2995 win32k!NtUserQueryWindow
f24f8788  00000000
f24f878c  fe76a324
f24f8790  f24f8d64
f24f8794  0006e43c
f24f8798  e087c041 nt!ExReleaseResourceAndLeaveCriticalRegion+0x5
f24f879c  83f3b801
f24f87a0  f24f8a58
f24f87a4  0000003b
f24f87a8  00000000
f24f87ac  00000030
f24f87b0  00000023
f24f87b4  00000023
f24f87b8  00000000
...
...
...
f24f8a58  00000111
f24f8a5c  f24f8a74
f24f8a60  e088bc08 nt!KiTrap0E+0xdc
f24f8a64  00000000
f24f8a68  46525372
f24f8a6c  00000000
f24f8a70  e0889686 nt!Kei386EoiHelper+0x186
```

```
f24f8a74  f24f8b18
f24f8a78  de65190c driver!foo+0x16
f24f8a7c  badb0d00
f24f8a80  00000001
f24f8a84  0b0501cd
f24f8a88  dcc01cd0
f24f8a8c  f24f8aa8
f24f8a90  de46c90a win32k!HANDLELOCK::vLockHandle+0x80
f24f8a94  00000000
f24f8a98  00000000
f24f8a9c  dbe4a000
f24f8aa0  00000000
f24f8aa4  00000000
f24f8aa8  00000023
f24f8aac  00000023
f24f8ab0  00000001
f24f8ab4  f24f8ac4
f24f8ab8  dbc128c0
f24f8abc  dbe4a010
f24f8ac0  ffffffff
f24f8ac4  00000030
f24f8ac8  00000000
f24f8acc  46525356
f24f8ad0  dbe4a010
f24f8ad4  f24f8b18
f24f8ad8  00000000
f24f8adc  de65190c driver!foo+0x16
f24f8ae0  00000008
f24f8ae4  00010206
f24f8ae8  dbc171b0
f24f8aec  de667677 driver!bar+0x173
f24f8af0  dbc128c0
f24f8af4  dbc171c4
f24f8af8  f24f8bc4
f24f8afc  00000000
...
...
...
```

00000023 값의 주소(f24f8aac)에서 옵셋 0x38을 빼고 dt 명령을 사용하면 _KTRAP_FRAME 구조체를 확인할 수 있다. 그러고 나서 .trap 명령을 적용한다.

```
3: kd> dt _KTRAP_FRAME f24f8aac-38
   +0x000 DbgEbp              : 0xf24f8b18
   +0x004 DbgEip              : 0xde65190c
   +0x008 DbgArgMark          : 0xbadb0d00
   +0x00c DbgArgPointer       : 1
   +0x010 TempSegCs           : 0xb0501cd
   +0x014 TempEsp             : 0xdcc01cd0
   +0x018 Dr0                 : 0xf24f8aa8
   +0x01c Dr1                 : 0xde46c90a
   +0x020 Dr2                 : 0
   +0x024 Dr3                 : 0
   +0x028 Dr6                 : 0xdbe4a000
   +0x02c Dr7                 : 0
   +0x030 SegGs               : 0
   +0x034 SegEs               : 0x23
   +0x038 SegDs               : 0x23
   +0x03c Edx                 : 1
   +0x040 Ecx                 : 0xf24f8ac4
   +0x044 Eax                 : 0xdbc128c0
   +0x048 PreviousPreviousMode : 0xdbe4a010
   +0x04c ExceptionList       : 0xffffffff _EXCEPTION_REGISTRATION_RECORD
   +0x050 SegFs               : 0x30
   +0x054 Edi                 : 0
   +0x058 Esi                 : 0x46525356
   +0x05c Ebx                 : 0xdbe4a010
   +0x060 Ebp                 : 0xf24f8b18
   +0x064 ErrCode             : 0
   +0x068 Eip                 : 0xde65190c
   +0x06c SegCs               : 8
   +0x070 EFlags              : 0x10206
   +0x074 HardwareEsp         : 0xdbc171b0
   +0x078 HardwareSegSs       : 0xde667677
   +0x07c V86Es               : 0xdbc128c0
   +0x080 V86Ds               : 0xdbc171c4
   +0x084 V86Fs               : 0xf24f8bc4
```

```
            +0x088 V86Gs              : 0

3: kd> ? f24f8aac-38
Evaluate expression: -229668236 = f24f8a74

3: kd> .trap f24f8a74
ErrCode = 00000000
eax=dbc128c0 ebx=dbe4a010 ecx=f24f8ac4 edx=00000001 esi=46525356
edi=00000000
eip=de65190c esp=f24f8ae8 ebp=f24f8b18 iopl=0 nv up ei pl nz na pe nc
cs=0008 ss=0010 ds=0023 es=0023 fs=0030 gs=0000 efl=00010206
driver!foo+0x16:
de65190c 837e1c00        cmp       dword ptr [esi+1Ch],0
ds:0023:46525372=????????
```

컴플리트 메모리 덤프를 보면 시스템 서비스가 호출됐을 때도 _KTRAP_FRAME 이 저장되는 것을 알 수 있다.

```
3: kd> kL
ChildEBP RetAddr
f24f8ae8 de667677 driver!foo+0x16
f24f8b18 de667799 driver!bar+0x173
f24f8b90 de4a853e win32k!GreSaveScreenBits+0x69
f24f8bd8 de4922bd win32k!CreateSpb+0x167
f24f8c40 de490bb8 win32k!zzzChangeStates+0x448
f24f8c88 de4912de win32k!zzzBltValidBits+0xe2
f24f8ce0 de4926c6 win32k!xxxEndDeferWindowPosEx+0x13a
f24f8cfc de49aa8f win32k!xxxSetWindowPos+0xb1
f24f8d34 de4acf4d win32k!xxxShowWindow+0x201
f24f8d54 e0888c6c win32k!NtUserShowWindow+0x79
f24f8d54 7c94ed54 nt!KiFastCallEntry+0xfc (TrapFrame @ f24f8d64)
0006e48c 77e34f1d ntdll!KiFastSystemCallRet
0006e53c 77e2f12f USER32!NtUserShowWindow+0xc
0006e570 77e2b0fe USER32!InternalDialogBox+0xa9
0006e590 77e29005 USER32!DialogBoxIndirectParamAorW+0x37
0006e5b4 0103d569 USER32!DialogBoxParamW+0x3f
0006e5d8 0102d2f5 winlogon!Fusion_DialogBoxParam+0x24
```

커널 모드로 전환되기 전의 스레드 컨텍스트를 얻는 것도 가능하다.

```
3: kd> .trap f24f8d64
ErrCode = 00000000
eax=7ffff000 ebx=00000000 ecx=00000000 edx=7c94ed54 esi=00532e68
edi=0002002c
eip=7c94ed54 esp=0006e490 ebp=0006e53c iopl=0   nv up ei pl zr na pe nc
cs=001b  ss=0023  ds=0023  es=0023  fs=003b  gs=0000  efl=00000246
ntdll!KiFastSystemCallRet:
001b:7c94ed54 c3              ret

3: kd> kL
ChildEBP RetAddr
0006e48c 77e34f1d ntdll!KiFastSystemCallRet
0006e53c 77e2f12f USER32!NtUserShowWindow+0xc
0006e570 77e2b0fe USER32!InternalDialogBox+0xa9
0006e590 77e29005 USER32!DialogBoxIndirectParamAorW+0x37
0006e5b4 0103d569 USER32!DialogBoxParamW+0x3f
0006e5d8 0102d2f5 winlogon!Fusion_DialogBoxParam+0x24
```

x64 트랩 명령

x64 윈도우 커널과 컴플리트 메모리 덤프에서 WinDbg의 .trap 명령을 직접 수동으로 쓰는 방법을 살펴보자.

오류fault가 발생하면 x64 프로세서는 'x64 인터럽트' 절에서 설명한 것처럼 현재 스레드 스택에 레지스터를 저장한다. 이후 인터럽트 핸들러가 스택에 _KTRAP_ FRAME을 저장한다.

```
6: kd> uf nt!KiPageFault
nt!KiPageFault:
fffff800`0102d400 push    rbp
fffff800`0102d401 sub     rsp,158h
fffff800`0102d408 lea     rbp,[rsp+80h]
fffff800`0102d410 mov     byte ptr [rbp-55h],1
fffff800`0102d414 mov     qword ptr [rbp-50h],rax
```

```
fffff800`0102d418 mov     qword ptr [rbp-48h],rcx
fffff800`0102d41c mov     qword ptr [rbp-40h],rdx
fffff800`0102d420 mov     qword ptr [rbp-38h],r8
fffff800`0102d424 mov     qword ptr [rbp-30h],r9
fffff800`0102d428 mov     qword ptr [rbp-28h],r10
fffff800`0102d42c mov     qword ptr [rbp-20h],r11
...
...
...

6: kd> dt _KTRAP_FRAME
   +0x000 P1Home           : Uint8B
   +0x008 P2Home           : Uint8B
   +0x010 P3Home           : Uint8B
   +0x018 P4Home           : Uint8B
   +0x020 P5               : Uint8B
   +0x028 PreviousMode     : Char
   +0x029 PreviousIrql     : UChar
   +0x02a FaultIndicator   : UChar
   +0x02b ExceptionActive  : UChar
   +0x02c MxCsr            : Uint4B
   +0x030 Rax              : Uint8B
   +0x038 Rcx              : Uint8B
   +0x040 Rdx              : Uint8B
   +0x048 R8               : Uint8B
   +0x050 R9               : Uint8B
   +0x058 R10              : Uint8B
   +0x060 R11              : Uint8B
   +0x068 GsBase           : Uint8B
   +0x068 GsSwap           : Uint8B
   +0x070 Xmm0             : _M128A
   +0x080 Xmm1             : _M128A
   +0x090 Xmm2             : _M128A
   +0x0a0 Xmm3             : _M128A
   +0x0b0 Xmm4             : _M128A
   +0x0c0 Xmm5             : _M128A
   +0x0d0 FaultAddress     : Uint8B
   +0x0d0 ContextRecord    : Uint8B
   +0x0d0 TimeStamp        : Uint8B
```

```
   +0x0d8 Dr0                    : Uint8B
   +0x0e0 Dr1                    : Uint8B
   +0x0e8 Dr2                    : Uint8B
   +0x0f0 Dr3                    : Uint8B
   +0x0f8 Dr6                    : Uint8B
   +0x100 Dr7                    : Uint8B
   +0x108 DebugControl           : Uint8B
   +0x110 LastBranchToRip        : Uint8B
   +0x118 LastBranchFromRip      : Uint8B
   +0x120 LastExceptionToRip     : Uint8B
   +0x128 LastExceptionFromRip   : Uint8B
   +0x108 LastBranchControl      : Uint8B
   +0x110 LastBranchMSR          : Uint4B
   +0x130 SegDs                  : Uint2B
   +0x132 SegEs                  : Uint2B
   +0x134 SegFs                  : Uint2B
   +0x136 SegGs                  : Uint2B
   +0x138 TrapFrame              : Uint8B
   +0x140 Rbx                    : Uint8B
   +0x148 Rdi                    : Uint8B
   +0x150 Rsi                    : Uint8B
   +0x158 Rbp                    : Uint8B
   +0x160 ErrorCode              : Uint8B
   +0x160 ExceptionFrame         : Uint8B
   +0x168 Rip                    : Uint8B
   +0x170 SegCs                  : Uint2B
   +0x172 Fill1                  : [3] Uint2B
   +0x178 EFlags                 : Uint4B
   +0x17c Fill2                  : Uint4B
   +0x180 Rsp                    : Uint8B
   +0x188 SegSs                  : Uint2B
   +0x18a Fill3                  : [1] Uint2B
   +0x18c CodePatchCycle         : Int4B
```

아쉽게도 트랩 프레임을 찾기 위해 x86 윈도우 크래시 덤프에서처럼 DS와 ES 쌍을 사용하는 건 불가능하다. `KiPageFault` 인터럽트 핸들러가 DS와 ES를 저장하지 않기 때문이다. 이는 `KiPageFault`의 디스어셈블리를 조사해보면 알 수 있다. 다행스러운 것은 앞에서 굵게 표시한 것처럼 x64 프로세서가 인터럽트에 대해 푸시하는 레지스터 값이 _KTRAP_FRAME의 한 부분을 차지한다는 점이다. Fill1과 Fill2, Fill3, CodePatchCycle은 64비트 슬롯을 채우는 더미 값이다. CS와 SS가 16비트 레지스터이고 64비트 RFALGS는 현재 상위 32비트 EFALGS 부분만 사용하므로 빈 공간을 채우는 데 사용된다. 64비트 모드에선 값이 16이나 32비트만 차지하고 있어도 프로세서가 64비트 값을 푸시한다는 점을 기억해두라. 그러므로 CS와 SS 값을 스택에서 찾게 시도해볼 수 있다. 이 값들이 다음과 같이 상수 값을 갖기 때문이다.

```
6: kd> r cs
cs=0010

6: kd> r ss
ss=0018

6: kd> k
Child-SP RetAddr Call Site
fffffadc`6e02b9e8 fffff800`013731b1 nt!KeBugCheckEx
...
...
...
fffffadc`6e02cd70 fffff800`010202d6 nt!PspSystemThreadStartup+0x3e
fffffadc`6e02cdd0 00000000`00000000 nt!KxStartSystemThread+0x16

6: kd> dqs fffffadc`6e02b9e8 fffffadc`6e02cd70
...
...
...
fffffadc`6e02c938 fffff800`0102d5e1 nt!KiPageFault+0x1e1
...
...
...
fffffadc`6e02ca70 fffff97f`f3937a8c
fffffadc`6e02ca78 fffff97f`ff57d28b driver+0x3028b
fffffadc`6e02ca80 00000000`00000000
fffffadc`6e02ca88 fffff97f`f3937030
fffffadc`6e02ca90 fffff97f`ff5c2990 driver+0x75990
fffffadc`6e02ca98 00000000`00000000
```

```
ffffadc`6e02caa0 00000000`00000000 ; ErrorCode
ffffadc`6e02caa8 fffff97f`ff591ed3 driver+0x44ed3 ; RIP
```
ffffadc`6e02cab0 00000000`00000010 ; CS
```
ffffadc`6e02cab8 00000000`00010282 ; RFLAGS
ffffadc`6e02cac0 ffffadc`6e02cad0 ; RSP
```
ffffadc`6e02cac8 00000000`00000018 ; SS
```
ffffadc`6e02cad0 fffff97f`f382b0e0
ffffadc`6e02cad8 ffffadc`6e02cbd0
ffffadc`6e02cae0 fffff97f`f3937a8c
ffffadc`6e02cae8 fffff97f`f3937030
ffffadc`6e02caf0 00000000`00000000
ffffadc`6e02caf8 00000000`00000001
...
...
...
```

자, 이제 fffffadc`6e02cac8 주소에서 _KTRAP_FRAME 구조체의 SegSs 옵셋 (0x188)을 빼는 것으로 트랩 프레임 주소를 계산할 수 있다.

```
6: kd> ? fffffadc`6e02cac8-188
Evaluate expression: -5650331285184 = fffffadc`6e02c940

6: kd> .trap fffffadc`6e02c940
NOTE: The trap frame does not contain all registers.
Some register values may be zeroed.
rax=fffffadcdac27298 rbx=0000000000000000 rcx=fffffadcdb45a4c0
rdx=0000000000000555 rsi=fffff97fff5c2990 rdi=fffff97ff3937030
rip=fffff97fff591ed3 rsp=fffffadc6e02cad0 rbp=0000000000000000
 r8=fffffadcdac27250  r9=fffff97ff3824030 r10=0000000000000020
r11=fffffadcdac27250 r12=0000000000000000 r13=0000000000000000
r14=0000000000000000 r15=0000000000000000
iopl=0         nv up ei ng nz na pe nc
driver+0x44ed3:
fffff97f`ff591ed3 0fb74514 movzx eax,word ptr [rbp+14h]
ss:0018:00000000`00000014=????

6: kd> k
Child-SP          RetAddr           Call Site
```

```
fffffadc`6e02cad0 fffff97f`ff5935f7 driver+0x44ed3
fffffadc`6e02cc40 fffff800`0124b972 driver+0x465f7
fffffadc`6e02cd70 fffff800`010202d6 nt!PspSystemThreadStartup+0x3e
fffffadc`6e02cdd0 00000000`00000000 nt!KxStartSystemThread+0x16
```

앞의 예제는 x64 커널이나 컴플리트 메모리 덤프에서 트랩 프레임을 직접 찾는 방법을 보여준다. 일반적으로 WinDbg는 트랩 프레임을 자동으로 찾아낸다(보기 쉽도록 상세한 스택 트레이스에서 호출 인자를 제거했다).

```
6: kd> kv
Child-SP          RetAddr           Call Site
fffffadc`6e02b9e8 fffff800`013731b1 nt!KeBugCheckEx
fffffadc`6e02b9f0 fffff800`010556ab nt!PspSystemThreadStartup+0x270
fffffadc`6e02ba40 fffff800`010549fd nt!_C_specific_handler+0x9b
fffffadc`6e02bad0 fffff800`01054f93 nt!RtlpExecuteHandlerForException+0xd
fffffadc`6e02bb00 fffff800`0100b901 nt!RtlDispatchException+0x2c0
fffffadc`6e02c1c0 fffff800`0102e76f nt!KiDispatchException+0xd9
fffffadc`6e02c7c0 fffff800`0102d5e1 nt!KiExceptionExit
fffffadc`6e02c940 fffff97f`ff591ed3 nt!KiPageFault+0x1e1 (TrapFrame @
fffffadc`6e02c940)
fffffadc`6e02cad0 fffff97f`ff5935f7 driver+0x44ed3
fffffadc`6e02cc40 fffff800`0124b972 driver+0x465f7
fffffadc`6e02cd70 fffff800`010202d6 nt!PspSystemThreadStartup+0x3e
fffffadc`6e02cdd0 00000000`00000000 nt!KxStartSystemThread+0x16
```

유저 모드의 예외

앞 절에서 커널 모드의 예외를 다뤘다. 이제 유저 모드에서의 예외 처리 흐름을 알아보자. 'x86 인터럽트' 절에서 언급했듯이 CPU가 유저 모드에 있을 때 발생한 인터럽트와 예외는 프로세서를 현재의 유저 모드 스택에서 커널 모드 스택으로 전환할 것을 요구한다. 이는 유저 디버거를 붙인 후 디버거가 첫 번째 예외first chance exception를 잡았을 때 살펴볼 수 있다. TestDefaultDebuffer64(모듈 이름을 짧게 TDD64로 줄인다)의 첫 번째 예외에서 WinDbg가 중단될 때 스택 전환으로 인해 유저 스택에선 저장된 어떤 프로세스 컨텍스트도 볼 수 없다.

전문적인 크래시 덤프 분석

```
0:000> r
rax=0000000000000000 rbx=0000000000000001 rcx=000000000012fd80
rdx=00000000000003e8 rsi=000000000012fd80 rdi=0000000140033fe0
rip=0000000140001690 rsp=000000000012f198 rbp=0000000000000111
 r8=0000000000000000  r9=0000000140001690 r10=0000000140001690
r11=000000000012f260 r12=0000000000000000 r13=00000000000003e8
r14=0000000000000110 r15=0000000000000001
iopl=0         nv up ei pl zr na po nc
cs=0033  ss=002b  ds=002b  es=002b  fs=0053  gs=002b             efl=00010246
TDD64!CTestDefaultDebuggerDlg::OnBnClickedButton1:
00000001`40001690 c704250000000000000000 mov dword ptr [0],0
ds:00000000`00000000=????????

0:000> kL 100
Child-SP          RetAddr           Call Site
00000000`0012f198 00000001`40004ba0
TDD64!CTestDefaultDebuggerDlg::OnBnClickedButton1
00000000`0012f1a0 00000001`40004de0 TDD64!_AfxDispatchCmdMsg+0xc4
00000000`0012f1d0 00000001`4000564e TDD64!CCmdTarget::OnCmdMsg+0x180
00000000`0012f230 00000001`4000c6b4 TDD64!CDialog::OnCmdMsg+0x32
00000000`0012f270 00000001`4000d4d8 TDD64!CWnd::OnCommand+0xcc
00000000`0012f300 00000001`400082e0 TDD64!CWnd::OnWndMsg+0x60
00000000`0012f440 00000001`4000b77a TDD64!CWnd::WindowProc+0x38
00000000`0012f480 00000001`4000b881 TDD64!AfxCallWndProc+0xfe
00000000`0012f520 00000000`77c43abc TDD64!AfxWndProc+0x59
00000000`0012f560 00000000`77c4337a user32!UserCallWinProcCheckWow+0x1f9
00000000`0012f630 00000000`77c4341b user32!SendMessageWorker+0x68c
00000000`0012f6d0 000007ff`7f07c89f user32!SendMessageW+0x9d
00000000`0012f720 000007ff`7f07f2e1 comctl32!Button_ReleaseCapture+0x14f
00000000`0012f750 00000000`77c43abc comctl32!Button_WndProc+0xd51
00000000`0012f8b0 00000000`77c43f5c user32!UserCallWinProcCheckWow+0x1f9
00000000`0012f980 00000000`77c3966a user32!DispatchMessageWorker+0x3af
00000000`0012f9f0 00000001`40007148 user32!IsDialogMessageW+0x256
00000000`0012fac0 00000001`400087f8 TDD64!CWnd::IsDialogMessageW+0x38
00000000`0012faf0 00000001`4000560f TDD64!CWnd::PreTranslateInput+0x28
00000000`0012fb20 00000001`4000b2ca
TDD64!CDialog::PreTranslateMessage+0xc3
00000000`0012fb50 00000001`400034a7 TDD64!CWnd::WalkPreTranslateTree+0x3a
```

```
00000000`0012fb80 00000001`40003507
TDD64!AfxInternalPreTranslateMessage+0x67
00000000`0012fbb0 00000001`400036d2 TDD64!AfxPreTranslateMessage+0x23
00000000`0012fbe0 00000001`40003717 TDD64!AfxInternalPumpMessage+0x3a
00000000`0012fc10 00000001`4000a806 TDD64!AfxPumpMessage+0x1b
00000000`0012fc40 00000001`40005ff2 TDD64!CWnd::RunModalLoop+0xea
00000000`0012fca0 00000001`40001163 TDD64!CDialog::DoModal+0x1c6
00000000`0012fd50 00000001`4002ccb1
TDD64!CTestDefaultDebuggerApp::InitInstance+0xe3
00000000`0012fe80 00000001`40016150 TDD64!AfxWinMain+0x75
00000000`0012fec0 00000000`77d5964c TDD64!__tmainCRTStartup+0x260
00000000`0012ff80 00000000`00000000 kernel32!BaseProcessStart+0x29

0:000> dqs 000000000012f198-20 000000000012f198+20
00000000`0012f178 00000001`4000bc25 TDD64!CWnd::ReflectLastMsg+0x65
00000000`0012f180 00000000`00080334
00000000`0012f188 00000000`00000006
00000000`0012f190 00000000`0000000d
00000000`0012f198 00000001`40004ba0 TDD64!_AfxDispatchCmdMsg+0xc4
00000000`0012f1a0 ffffffff`fffffffe
00000000`0012f1a8 00000000`00000000
00000000`0012f1b0 00000000`00000000
00000000`0012f1b8 00000000`00000000
```

'x64 인터럽트' 절에서는 커널 모드에서 발생한 예외에서 볼 수 있었던 스택상의 SS:RSP와 RFLAGS, CS:RIP 레지스터가 저장돼 있지 않음을 알 수 있다. 이 시점에서 컴플리트 메모리 덤프를 생성하려고 SystemDump 툴로 시스템을 버그 체크하면 나중에 유저 모드에서 예외가 발생한 전체 스레드와 그 스레드의 유저 모드와 커널 모드 스택을 살펴볼 수 있다.

```
kd> !process ffffadfe7055c20 2
PROCESS ffffadfe7055c20
    SessionId: 0  Cid: 0c64    Peb: 7ffffd7000  ParentCid: 07b0
    DirBase: 27e3d000 ObjectTable: ffffa800073a550 HandleCount: 55.
    Image: TDD64.exe

        THREAD ffffadfe78f2bf0 Cid 0c64.0c68 Teb: 000007ffffde000
Win32Thread: fffff97ff4d71010 WAIT: (Unknown) KernelMode Non-Alertable
```

```
SuspendCount 1
        fffffadfdf7b6fc0 SynchronizationEvent


        THREAD fffffadfe734c3d0 Cid 0c64.0c88 Teb: 000007fffffdc000
Win32Thread: 0000000000000000 WAIT: (Unknown) KernelMode Non-Alertable
SuspendCount 1
FreezeCount 1
        fffffadfe734c670 Semaphore Limit 0x2


kd> .thread /r /p fffffadfe78f2bf0
Implicit thread is now fffffadf`e78f2bf0
Implicit process is now fffffadf`e7055c20
Loading User Symbols


kd> kL 100
Child-SP          RetAddr           Call Site
fffffadf`df7b6d30 fffff800`0103b063 nt!KiSwapContext+0x85
fffffadf`df7b6eb0 fffff800`0103c403 nt!KiSwapThread+0xc3
fffffadf`df7b6ef0 fffff800`013a9dc1 nt!KeWaitForSingleObject+0x528
fffffadf`df7b6f80 fffff800`01336dcf nt!DbgkpQueueMessage+0x281
fffffadf`df7b7130 fffff800`01011c69 nt!DbgkForwardException+0x1c5
fffffadf`df7b74f0 fffff800`0104146f nt!KiDispatchException+0x264
fffffadf`df7b7af0 fffff800`010402e1 nt!KiExceptionExit
fffffadf`df7b7c70 00000001`40001690 nt!KiPageFault+0x1e
00000000`0012f198 00000001`40004ba0
TDD64!CTestDefaultDebuggerDlg::OnBnClickedButton1
00000000`0012f1a0 00000001`40004de0 TDD64!_AfxDispatchCmdMsg+0xc4
00000000`0012f1d0 00000001`4000564e TDD64!CCmdTarget::OnCmdMsg+0x180
00000000`0012f230 00000001`4000c6b4 TDD64!CDialog::OnCmdMsg+0x32
00000000`0012f270 00000001`4000d4d8 TDD64!CWnd::OnCommand+0xcc
00000000`0012f300 00000001`400082e0 TDD64!CWnd::OnWndMsg+0x60
00000000`0012f440 00000001`4000b77a TDD64!CWnd::WindowProc+0x38
00000000`0012f480 00000001`4000b881 TDD64!AfxCallWndProc+0xfe
00000000`0012f520 00000000`77c43abc TDD64!AfxWndProc+0x59
00000000`0012f560 00000000`77c4337a USER32!UserCallWinProcCheckWow+0x1f9
00000000`0012f630 00000000`77c4341b USER32!SendMessageWorker+0x68c
00000000`0012f6d0 000007ff`7f07c89f USER32!SendMessageW+0x9d
00000000`0012f720 000007ff`7f07f2e1 COMCTL32!Button_ReleaseCapture+0x14f
00000000`0012f750 00000000`77c43abc COMCTL32!Button_WndProc+0xd51
```

```
00000000`0012f8b0 00000000`77c43f5c USER32!UserCallWinProcCheckWow+0x1f9
00000000`0012f980 00000000`77c3966a USER32!DispatchMessageWorker+0x3af
00000000`0012f9f0 00000001`40007148 USER32!IsDialogMessageW+0x256
00000000`0012fac0 00000001`400087f8 TDD64!CWnd::IsDialogMessageW+0x38
00000000`0012faf0 00000001`4000560f TDD64!CWnd::PreTranslateInput+0x28
00000000`0012fb20 00000001`4000b2ca
TDD64!CDialog::PreTranslateMessage+0xc3
00000000`0012fb50 00000001`400034a7 TDD64!CWnd::WalkPreTranslateTree+0x3a
00000000`0012fb80 00000001`40003507
TDD64!AfxInternalPreTranslateMessage+0x67
00000000`0012fbb0 00000001`400036d2 TDD64!AfxPreTranslateMessage+0x23
00000000`0012fbe0 00000001`40003717 TDD64!AfxInternalPumpMessage+0x3a
00000000`0012fc10 00000001`4000a806 TDD64!AfxPumpMessage+0x1b
00000000`0012fc40 00000001`40005ff2 TDD64!CWnd::RunModalLoop+0xea
00000000`0012fca0 00000001`40001163 TDD64!CDialog::DoModal+0x1c6
00000000`0012fd50 00000000`00000000
TDD64!CTestDefaultDebuggerApp::InitInstance+0xe3
```

스레드의 커널 모드 스택을 덤프하면 프로세스가 저장한 레지스터를 볼 수 있다.

```
kd> dqs fffffadf`df7b7c70 fffffadf`df7b7c70+200
fffffadf`df7b7c70 fffffadf`e78f2bf0
fffffadf`df7b7c78 00000000`00000000
fffffadf`df7b7c80 fffffadf`e78f2b01
fffffadf`df7b7c88 00000000`00000020
...
...
...
fffffadf`df7b7d90 00000000`00000000
fffffadf`df7b7d98 00000000`00000000
fffffadf`df7b7da0 00000000`00000000
fffffadf`df7b7da8 00000000`00000000
fffffadf`df7b7db0 00000000`001629b0
fffffadf`df7b7db8 00000000`00000001
fffffadf`df7b7dc0 00000000`00000001
fffffadf`df7b7dc8 **00000000`00000111** ; *KiPageFault에 의해서 저장된 RBP*
fffffadf`df7b7dd0 **00000000`00000006** ; *Page-Fault Error Code*
```

```
fffffadf`df7b7dd8  00000001`40001690
TDD64!CTestDefaultDebuggerDlg::OnBnClickedButton1 ; RIP
fffffadf`df7b7de0  00000000`00000033 ; CS
fffffadf`df7b7de8  00000000`00010246 ; RFLAGS
fffffadf`df7b7df0  00000000`0012f198 ; RSP
fffffadf`df7b7df8  00000000`0000002b ; SS
fffffadf`df7b7e00  00000000`0000027f
fffffadf`df7b7e08  00000000`00000000
fffffadf`df7b7e10  00000000`00000000
fffffadf`df7b7e18  0000ffff`00001f80
fffffadf`df7b7e20  00000000`00000000
fffffadf`df7b7e28  00000000`00000000
fffffadf`df7b7e30  00000000`00000000
fffffadf`df7b7e38  00000000`00000000
...
...
...

kd> .asm no_code_bytes
Assembly options: no_code_bytes

kd> u KiPageFault
nt!KiPageFault:
fffff800`01040100 push    rbp
fffff800`01040101 sub     rsp,158h
fffff800`01040108 lea     rbp,[rsp+80h]
fffff800`01040110 mov     byte ptr [rbp-55h],1
fffff800`01040114 mov     qword ptr [rbp-50h],rax
fffff800`01040118 mov     qword ptr [rbp-48h],rcx
fffff800`0104011c mov     qword ptr [rbp-40h],rdx
fffff800`01040120 mov     qword ptr [rbp-38h],r8
```

에러 코드 6은 2진수로 110이고 인텔 매뉴얼의 볼륨 3A에는 '존재하지 않는 페이지로 인한 오류'(비트 0 클리어)라고 돼 있다. "오류를 일으킨 액세스는 쓰기다"(비트1 설정). 그리고 "오류를 일으킨 액세스는 프로세서가 유저 모드에서 실행 중일 때 시작됐다"(비트2 설정).

첫 번째와 두 번째 예외를 구별하는 방법

가끔 초기 크래시 덤프 패턴Early Crash Dump pattern인지 찾아보지만 예외가 첫 번째 것first-chance인지 두 번째 것second-chance인지 나타내는 정보가 크래시 덤프 파일 이름이나 크래시 덤프 자체에서 누락된 경우가 있다. 다음 예를 살펴보자.

```
This dump file has an exception of interest stored in it.
The stored exception information can be accessed via .ecxr.
(1254.1124): Access violation - code c0000005 (first/second chance not
available)
TDD64!CTestDefaultDebuggerDlg::OnBnClickedButton1:
00000000`00401570 c7042500000000000000 mov dword ptr [0],0
ds:00000000`00000000=????????
```

첫 번째 예외first-chance exception는 유저 공간 스레드 스택(상세한 내용은 '유저 모드 의 예외' 절을 참조)에 어떤 흔적도 남기지 않는다. 따라서 스레드 로 스택thread raw stack에서 어떤 예외 코드도 볼 수 없을 것이다.

```
0:000> !teb
TEB at 000007fffffde000
    ExceptionList:          0000000000000000
    StackBase:              0000000000130000
    StackLimit:             000000000012b000
    SubSystemTib:           0000000000000000
    FiberData:              0000000000001e00
    ArbitraryUserPointer:   0000000000000000
    Self:                   000007fffffde000
    EnvironmentPointer:     0000000000000000
    ClientId:               0000000000001254 . 0000000000001124
    RpcHandle:              0000000000000000
    Tls Storage:            000007fffffde058
    PEB Address:            000007fffffd5000
    LastErrorValue:         0
    LastStatusValue:        c0000034
    Count Owned Locks:      0
    HardErrorMode:          0
```

```
0:000> s -d 000000000012b000 0000000000130000 c0000005
```

두 번째 예외second-chance exception 크래시 덤프의 로 스택raw stack에선 확실히 예외 코드를 볼 수 있다.

```
0:000> s -d 000000000012b000 0000000000130000 c0000005
00000000`0012f000  c0000005 00000000 00000000 00000000 .
```

디버거가 두 번째 예외를 처리하다가 저장한 크래시 덤프인지 후에 포스트모템 디버거에 의해 저장된 것인지는 로 스택 데이터raw stack data를 통해 알 수 있다. 예를 들어 비스타 x64에선 다음과 같은 차이를 볼 수 있다.

두 번째 예외를 받은 후 WinDbg가 저장한 크래시 덤프의 로 스택raw stack은 다음과 같다.

```
00000000`0012e278  00000000`00000000
00000000`0012e280  00000000`00000000
00000000`0012e288  00000000`7790032c kernel32!IsDebugPortPresent+0x2c
00000000`0012e290  00000000`00000000
00000000`0012e298  00000000`00000000
00000000`0012e2a0  00000000`00000000
00000000`0012e2a8  00000000`7790032c kernel32!IsDebugPortPresent+0x2c
00000000`0012e2b0  00000001`00010000
00000000`0012e2b8  00000000`00000000
00000000`0012e2c0  00000000`00000000
00000000`0012e2c8  00000000`77b63c94 ntdll! ?? ::FNODOBFM::`string'+0xbd14
00000000`0012e2d0  00000000`00000000
00000000`0012e2d8  00000000`0012e420
00000000`0012e2e0  00000000`77b63cb0 ntdll! ?? ::FNODOBFM::`string'+0xbd30
00000000`0012e2e8  00000000`7793cf47
kernel32!UnhandledExceptionFilter+0xb7
00000000`0012e2f0  ffffffff`ffffffff
00000000`0012e2f8  00000000`00000000
00000000`0012e300  00000000`00000000
00000000`0012e308  00000000`00000000
00000000`0012e310  00000000`00318718
00000000`0012e318  00000000`7799eb89 user32!ImeWndProcWorker+0x331
```

```
00000000`0012e320  00000000`00000000
00000000`0012e328  00000000`00000000
00000000`0012e330  00000000`00000000
00000000`0012e338  00000000`004189b0 TDD64!_getptd_noexit+0x80
00000000`0012e340  00000000`01fb4b90
00000000`0012e348  00000000`0012e928
00000000`0012e350  00000000`00000000
00000000`0012e358  00000000`00418a50 TDD64!_getptd+0x80
00000000`0012e360  00000000`01fb4b90
00000000`0012e368  00000000`0041776d TDD64!_XcptFilter+0x1d
00000000`0012e370  00000000`0012e4f0
00000000`0012e378  00000000`77aa3cfa ntdll!RtlDecodePointer+0x2a
00000000`0012e380  00000000`00436fc4 TDD64!__rtc_tzz+0x1f8c
00000000`0012e388  00000000`00000001
00000000`0012e390  00000000`0012f000
00000000`0012e398  00000000`77a60000 ntdll!`string' <PERF> (ntdll+0x0)
00000000`0012e3a0  00000000`0004c6e1
00000000`0012e3a8  00000000`00000001
00000000`0012e3b0  00000000`0012ff90
00000000`0012e3b8  00000000`77afb1b5 ntdll!RtlUserThreadStart+0x95
00000000`0012e3c0  00000000`0012e420
```

디폴트 포스트모텀 디버거(WER)로 설치된 CDB에 의해 저장된 크래시 덤프의 로 스택은 다음과 같다.

```
0:000> dqs 00000000`0012e278 00000000`0012e3e8
00000000`0012e278  00000000`00000000
00000000`0012e280  00000000`00000000
00000000`0012e288  00000000`00000000
00000000`0012e290  ffffffff`ffffffff
00000000`0012e298  00000000`779257ef
kernel32!WerpReportExceptionInProcessContext+0x9f
00000000`0012e2a0  00000000`00000000
00000000`0012e2a8  00000000`0012ff90
00000000`0012e2b0  00000000`0012e420
00000000`0012e2b8  00000000`0041f4dc
TDD64!__CxxUnhandledExceptionFilter+0x5c
00000000`0012e2c0  00000000`00000000
```

```
00000000`0012e2c8  00000000`7a8b477b
00000000`0012e2d0  00000000`00000000
00000000`0012e2d8  fffff980`01000000
00000000`0012e2e0  00000000`00000001
00000000`0012e2e8  00000000`7793d07e
kernel32!UnhandledExceptionFilter+0x1ee
00000000`0012e2f0  00000000`77b63cb0 ntdll! ?? ::FNODOBFM::`string'+0xbd30
00000000`0012e2f8  000007fe`00000000
00000000`0012e300  00000000`00000000
00000000`0012e308  00000000`00000001
00000000`0012e310  00000000`00000000
00000000`0012e318  00000000`00000000
00000000`0012e320  000007ff`00000000
00000000`0012e328  00000000`00000000
00000000`0012e330  00000000`00000000
00000000`0012e338  00000000`004189b0 TDD64!_getptd_noexit+0x80
00000000`0012e340  00000000`023f4b90
00000000`0012e348  00000000`77ab8cf8
ntdll!RtlpFindNextActivationContextSection+0xaa
00000000`0012e350  00000000`00000000
00000000`0012e358  00000000`00418a50 TDD64!_getptd+0x80
00000000`0012e360  00000000`023f4b90
00000000`0012e368  00000000`0041776d TDD64!_XcptFilter+0x1d
00000000`0012e370  00000000`0012e4f0
00000000`0012e378  00000000`77aa3cfa ntdll!RtlDecodePointer+0x2a
00000000`0012e380  00000000`00436fc4 TDD64!__rtc_tzz+0x1f8c
00000000`0012e388  00000000`00000001
00000000`0012e390  00000000`0012f000
00000000`0012e398  00000000`77a60000 ntdll!`string' <PERF> (ntdll+0x0)
00000000`0012e3a0  00000000`0004c6e1
00000000`0012e3a8  00000000`00000001
00000000`0012e3b0  00000000`0012ff90
00000000`0012e3b8  00000000`77afb1b5 ntdll!RtlUserThreadStart+0x95
00000000`0012e3c0  00000000`0012e420
00000000`0012e3c8  00000000`7a8b477b
00000000`0012e3d0  00000000`00000000
```

포스트모텀 디버거는 누가 호출하는가?

크래시가 발생했을 때 누가 dwwin.exe(윈도우 XP의 윈도우 에러 리포팅 기능의 한 부분)을 호출하는지 알아보려 했었다. 답을 알아내려고 TestDefaultDebugger 애플리케이션을 실행하고 크래시 버튼을 클릭하니 다음과 같은 친숙한 WER 대화상자가 나타났다.

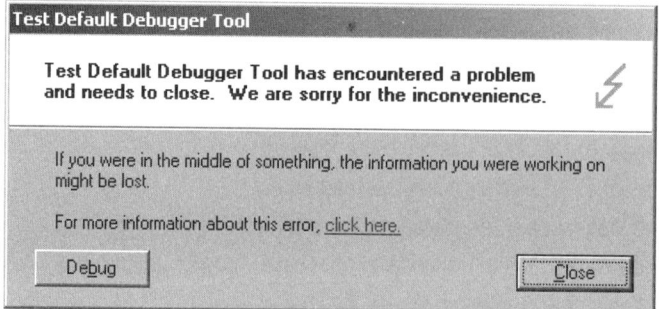

백그라운드로 ProcessHistory 툴을 실행하고 같은 절차를 반복했다. 로그에서 dwwin.exe와 포스트모텀 디버거(디버그 버튼을 클릭했다면)의 부모 프로세스가 TestDefaultDebugger.exe임을 발견했다. 더 파보기 위해 WER 대화상자가 나타났을 때 TestDefaultDebugger 프로세스에 WinDbg를 붙이고 다음의 스택 트레이스를 얻어냈다.

```
0:000> k
ChildEBP RetAddr
0012d318 7c90e9ab ntdll!KiFastSystemCallRet
0012d31c 7c8094e2 ntdll!ZwWaitForMultipleObjects+0xc
0012d3b8 7c80a075 kernel32!WaitForMultipleObjectsEx+0x12c
0012d3d4 6945763c kernel32!WaitForMultipleObjects+0x18
0012dd68 694582b1 faultrep!StartDWException+0x5df
0012eddc 7c8633e9 faultrep!ReportFault+0x533
0012f47c 00411eaa kernel32!UnhandledExceptionFilter+0x587
0012f49c 0040e879 TestDefaultDebugger+0x11eaa
0012ffc0 7c816fd7 TestDefaultDebugger+0xe879
0012fff0 00000000 kernel32!BaseProcessStart+0x23
```

StartDWException과 WaitForMultipleObjects의 조합은 dwwin.exe 프로세스가 거기서 시작됐음을 암시한다. 게다가 StartDWException 함수를 디스어셈블했더니 wait 호출 바로 전에 CreateProcess를 호출하는 것을 볼 수 있었다.

```
0:000> uf faultrep!StartDWException
...
...
...
69457585 8d8568f7ffff     lea     eax,[ebp-898h]
6945758b 50               push    eax
6945758c 8d8524f7ffff     lea     eax,[ebp-8DCh]
69457592 50               push    eax
69457593 8d85d4fbffff     lea     eax,[ebp-42Ch]
69457599 50               push    eax
6945759a 33c0             xor     eax,eax
6945759c 50               push    eax
6945759d 6820000004       push    4000020h
694575a2 6a01             push    1
694575a4 50               push    eax
694575a5 50               push    eax
694575a6 ffb5a4f7ffff     push    dword ptr [ebp-85Ch] ; second parameter
694575ac 50               push    eax ; first parameter
694575ad ff1558114569     call    dword ptr [faultrep!_imp__CreateProcessW
(69451158)]
...
...
...
```

CreateProcess의 두 번째 인자 [ebp-85Ch]는 프로세스 커맨드라인의 주소다. 그리고 콜 스택에서 EBP 값 0012dd68을 알고 있고, 커맨드라인으로 직접 얻을 수 있다.

```
0:000> dpu 0012dd68-85Ch l1
0012d50c 0012d3ec "C:\WINDOWS\system32\dwwin.exe -x -s 208"
```

WER 대화상자에서 디버그 버튼을 클릭했다면 포스트모텀 디버거가 실행된다. 미리 faultrep.dll의 이름을 바꿔놓았다면 WER 대화상자가 나타나지 않고 바로 포스트모텀 디버거가 실행된다. 그러므로 포스트모텀 디버거를 실행하는 위치는 확실히 UnhandledExceptionFilter 함수다. 실제로 거기서 포스트모텀 디버거를 실행하는 코드를 볼 수 있다.

```
0:000> uf kernel32!UnhandledExceptionFilter
...
...
...
7c8636a8 8d850cfaffff    lea     eax,[ebp-5F4h]
7c8636ae 50              push    eax
7c8636af 8d857cf9ffff    lea     eax,[ebp-684h]
7c8636b5 50              push    eax
7c8636b6 33c0            xor     eax,eax
7c8636b8 50              push    eax
7c8636b9 50              push    eax
7c8636ba 50              push    eax
7c8636bb 6a01            push    1
7c8636bd 50              push    eax
7c8636be 50              push    eax
7c8636bf 53              push    ebx ; 두 번째 인자
7c8636c0 50              push    eax ; 첫 번째 인자
7c8636c1 e86cecf9ff      call    kernel32!CreateProcessW (7c802332)
```

이 코드는 아직 실행되기 전이므로 7c8636c1 주소에 중단점breakpoint을 설정할 필요가 있다. 실행을 계속해 중단점에 도달했을 때 EBX가 가리키는 메모리인 CreateProcess의 두 번째 인자를 덤프한다.

```
0:000> bp 7c8636c1

0:000> g
Breakpoint 0 hit
eax=00000000 ebx=0012ed78 ecx=0012ec70 edx=7c90eb94 esi=0000003a
edi=00000000
eip=7c8636c1 esp=0012ed50 ebp=0012f47c iopl=0  nv up ei pl zr na pe nc
cs=001b  ss=0023  ds=0023  es=0023  fs=003b  gs=0000  efl=00000246
```

```
kernel32!UnhandledExceptionFilter+0x84b:
7c8636c1 e86cecf9ff        call       kernel32!CreateProcessW (7c802332)

0:000> du @ebx
0012ed78 "c:\drwatson\drwtsn32 -p 656 -e 1"
0012edb8 "72 -g"
```

UnhandledExceptionFilter가 내가 설정한 닥터 왓슨 포스트모텀 디버거를 실행하려는 것을 볼 수 있다.

UnhandledExceptionFilter의 디스어셈블된 코드를 좀 더 살펴보면 포스트모텀 디버거 프로세스를 실행한 뒤 디버거가 프로세스 덤프 저장을 종료하기 기다렸다가 NtTerminateProcess를 호출하는 것을 볼 수 있다.

그러므로 모든 에러 리포팅과 포스트모텀 디버거를 호출하고 프로세스를 종료시키는 것이 예외가 발생한 프로세스에서 이뤄진다는 점을 알 수 있다. 뒤의 두 부분은 다음 주소의 Matt Pietrek의 글에 설명돼 있다.

http://www.microsoft.com/msj/0197/exception/exception.aspx

윈도우 XP UnhandledExceptionFilter 함수는 에러를 보고하는 dwwin.exe을 실행하는 faultrep.dll을 찾고 로드한다.

```
kernel32!UnhandledExceptionFilter+0x4f7:
7c863359 8d85acfaffff      lea        eax,[ebp-554h]
7c86335f 50                push       eax
7c863360 8d8570faffff      lea        eax,[ebp-590h]
7c863366 50                push       eax
7c863367 56                push       esi
7c863368 56                push       esi
7c863369 e8fbacfaff        call       kernel32!LdrLoadDll (7c80e069)

0:000> dt _UNICODE_STRING 0012f47c-590
"C:\WINDOWS\system32\faultrep.dll"
   +0x000 Length           : 0x40
   +0x002 MaximumLength    : 0x100
   +0x004 Buffer           :
0x0012f360 "C:\WINDOWS\system32\faultrep.dll"
```

또한 모든 작업 처리는 같은 스레드 스택을 이용해 이뤄짐을 알 수 있다. 따라서 해당 스택에서 뭔가 잘못된다면 프로세스가 조용히 종료되고 에러는 보고되지 않는다. 비스타에서는 약간 개선됐는데, 다음 절에서 다룬다.

비스타 에러 리포팅의 구조

자, 이제 비스타의 에러 리포팅 메커니즘을 살펴보자. `TestDefaultDebugger` 애플리케이션을 실행한 후 크래시 버튼을 누르면 다음 윈도우 에러 리포팅 대화상자가 나타난다.

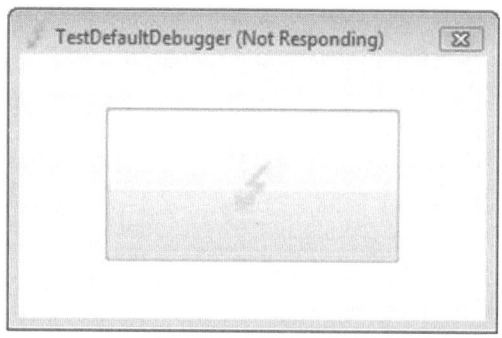

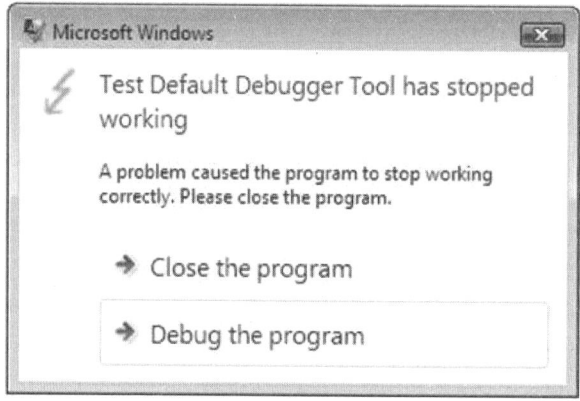

WinDbg를 `TestDefaultDebugger` 프로세스에 붙여보면 에러 리포팅 프로세스를 기다리고 있어야 할 처리되지 않은 예외 디폴트 필터default unhandled exception filter가 더 이상 존재하지 않음을 알 수 있다.

Windows XP

```
0:000> k
ChildEBP RetAddr
0012d318 7c90e9ab ntdll!KiFastSystemCallRet
0012d31c 7c8094e2 ntdll!ZwWaitForMultipleObjects+0xc
0012d3b8 7c80a075 kernel32!WaitForMultipleObjectsEx+0x12c
```
0012d3d4 6945763c kernel32!WaitForMultipleObjects+0x18
0012dd68 694582b1 faultrep!StartDWException+0x5df
```
0012eddc 7c8633e9 faultrep!ReportFault+0x533
0012f47c 00411eaa kernel32!UnhandledExceptionFilter+0x587
```
0012f8a4 00403263
TestDefaultDebugger!CTestDefaultDebuggerDlg::OnBnClickedButton1
```
0012f8b4 00403470 TestDefaultDebugger!_AfxDispatchCmdMsg+0x43
...
...
...
0012fff0 00000000 kernel32!BaseProcessStart+0x23
```

Windows Vista

```
0:001> ~*kL 100

0 Id: 120c.148c Suspend: 1 Teb: 7ffdf000 Unfrozen
ChildEBP RetAddr
```
0012f8a4 00403263
TestDefaultDebugger!CTestDefaultDebuggerDlg::OnBnClickedButton1
```
0012f8b4 00403470 TestDefaultDebugger!_AfxDispatchCmdMsg+0x43
0012f8e4 00402a27 TestDefaultDebugger!CCmdTarget::OnCmdMsg+0x118
0012f908 00408e69 TestDefaultDebugger!CDialog::OnCmdMsg+0x1b
0012f958 004098d9 TestDefaultDebugger!CWnd::OnCommand+0x90
0012f9f4 00406258 TestDefaultDebugger!CWnd::OnWndMsg+0x36
0012fa14 0040836d TestDefaultDebugger!CWnd::WindowProc+0x22
0012fa7c 004083f4 TestDefaultDebugger!AfxCallWndProc+0x9a
0012fa9c 77b71a10 TestDefaultDebugger!AfxWndProc+0x34
0012fac8 77b71ae8 USER32!InternalCallWinProc+0x23
0012fb40 77b7286a USER32!UserCallWinProcCheckWow+0x14b
0012fb80 77b72bba USER32!SendMessageWorker+0x4b7
```

```
0012fba0 7504e5cc USER32!SendMessageW+0x7c
0012fbc0 7504e583 COMCTL32!Button_NotifyParent+0x3d
0012fbdc 7504e680 COMCTL32!Button_ReleaseCapture+0x112
0012fc34 77b71a10 COMCTL32!Button_WndProc+0xa4b
0012fc60 77b71ae8 USER32!InternalCallWinProc+0x23
0012fcd8 77b72a47 USER32!UserCallWinProcCheckWow+0x14b
0012fd3c 77b72a98 USER32!DispatchMessageWorker+0x322
0012fd4c 77b6120c USER32!DispatchMessageW+0xf
0012fd70 0040568b USER32!IsDialogMessageW+0x586
0012fd80 004065d8 TestDefaultDebugger!CWnd::IsDialogMessageW+0x2e
0012fd88 00402a07 TestDefaultDebugger!CWnd::PreTranslateInput+0x29
0012fd98 00408041 TestDefaultDebugger!CDialog::PreTranslateMessage+0x96
0012fda8 00403ae3 TestDefaultDebugger!CWnd::WalkPreTranslateTree+0x1f
0012fdbc 00403c1e TestDefaultDebugger!AfxInternalPreTranslateMessage+0x3b
0012fdc4 00403b29 TestDefaultDebugger!CWinThread::PreTranslateMessage+0x9
0012fdcc 00403c68 TestDefaultDebugger!AfxPreTranslateMessage+0x15
0012fddc 00407920 TestDefaultDebugger!AfxInternalPumpMessage+0x2b
0012fe00 004030a1 TestDefaultDebugger!CWnd::RunModalLoop+0xca
0012fe4c 0040110d TestDefaultDebugger!CDialog::DoModal+0x12c
0012fef8 004206fb
TestDefaultDebugger!CTestDefaultDebuggerApp::InitInstance+0xdd
0012ff08 0040e852 TestDefaultDebugger!AfxWinMain+0x47
0012ffa0 77603833 TestDefaultDebugger!__tmainCRTStartup+0x176
0012ffac 779ea9bd kernel32!BaseThreadInitThunk+0xe
0012ffec 00000000 ntdll!_RtlUserThreadStart+0x23

# 1 Id: 120c.17e4 Suspend: 1 Teb: 7ffde000 Unfrozen
ChildEBP RetAddr
011cff70 77a3f0a9 ntdll!DbgBreakPoint
011cffa0 77603833 ntdll!DbgUiRemoteBreakin+0x3c
011cffac 779ea9bd kernel32!BaseThreadInitThunk+0xe
011cffec 00000000 ntdll!_RtlUserThreadStart+0x23
```

오류가 발생한 스레드의 로 스택 데이터raw stack data를 살펴보자.

```
0:001> ~0 s
eax=00000000 ebx=00000001 ecx=0012fe70 edx=00000000 esi=00425ae8
edi=0012fe70
```

```
eip=004014f0 esp=0012f8a8 ebp=0012f8b4 iopl=0    nv up ei ng nz ac pe cy
cs=001b ss=0023 ds=0023 es=0023 fs=003b gs=0000  efl=00010297
TestDefaultDebugger!CTestDefaultDebuggerDlg::OnBnClickedButton1:
004014f0 mov dword ptr ds:[0],0 ds:0023:00000000=????????


0:000> !teb
TEB at 7ffdf000
    ExceptionList:         0012f9e8
    StackBase:             00130000
    StackLimit:            0012d000
    SubSystemTib:          00000000
    FiberData:             00001e00
    ArbitraryUserPointer:  00000000
    Self:                  7ffdf000
    EnvironmentPointer:    00000000
    ClientId:              0000120c . 0000148c
    RpcHandle:             00000000
    Tls Storage:           7ffdf02c
    PEB Address:           7ffda000
    LastErrorValue:        0
    LastStatusValue:       c000008a
    Count Owned Locks:     0
    HardErrorMode:         0

0:000>dds 0012d000 00130000
...
...
...
0012f368 0012f3c0
0012f36c 7760fb01 kernel32!GetApplicationRecoveryCallback+0x33
0012f370 ffffffff
0012f374 0012f380
0012f378 00000001
0012f37c 00000000
0012f380 00000000
0012f384 00000000
0012f388 00000000
0012f38c 00000000
0012f390 00000000
```

```
0012f394 00000000
0012f398 00000000
0012f39c 00000000
0012f3a0 00000000
0012f3a4 00000000
0012f3a8 00000000
0012f3ac 00000000
0012f3b0 00000000
0012f3b4 00000000
0012f3b8 00000000
0012f3bc 00000000
0012f3c0 0012f410
0012f3c4 7767aa88 kernel32!WerpReportExceptionInProcessContext+0x82
0012f3c8 ffffffff
0012f3cc 0012f3ec
0012f3d0 00000000
0012f3d4 00000000
0012f3d8 7767aab7 kernel32!WerpReportExceptionInProcessContext+0xa7
0012f3dc 001257b9
0012f3e0 00000001
0012f3e4 00000000
0012f3e8 0012f4c8
0012f3ec 00000000
0012f3f0 00000000
0012f3f4 00000000
0012f3f8 0012f3dc
0012f3fc ffffffff
0012f400 0012f488
0012f404 775d5ac9 kernel32!_except_handler4
0012f408 77670969 kernel32!Internal_NotifyUILanguageChange+0x4a6
0012f40c fffffffe
0012f410 7767aab7 kernel32!WerpReportExceptionInProcessContext+0xa7
0012f414 77655b41 **kernel32!UnhandledExceptionFilter+0x1b2**
0012f418 77655cbd **kernel32!UnhandledExceptionFilter+0x32e**
0012f41c 00125731
0012f420 00000000
0012f424 0012f4c8
0012f428 00000000
0012f42c 00000000
```

```
0012f430 00000000
0012f434 00000000
0012f438 00000000
0012f43c 00000800
0012f440 00000000
0012f444 00000000
0012f448 00000000
0012f44c 00000000
0012f450 00000000
0012f454 00000005
0012f458 994ac7c4
0012f45c 00000011
0012f460 00000000
0012f464 0012f5c0
0012f468 775d5ac9 kernel32!_except_handler4
0012f46c 00000001
0012f470 00000000
0012f474 77655cbd **kernel32!UnhandledExceptionFilter+0x32e**
0012f478 00000000
0012f47c 00000000
0012f480 0012f41c
0012f484 00000024
0012f488 0012f4f4
0012f48c 775d5ac9 kernel32!_except_handler4
0012f490 7765ff59 kernel32!PEWriteResource<_IMAGE_NT_HEADERS>+0x50a
0012f494 fffffffe
0012f498 77655cbd **kernel32!UnhandledExceptionFilter+0x32e**
0012f49c 77a29f8e ntdll!_RtlUserThreadStart+0x6f
0012f4a0 00000000
0012f4a4 779b8dd4 ntdll!_EH4_CallFilterFunc+0x12
0012f4a8 00000000
0012f4ac 0012ffec
0012f4b0 779ff108 ntdll! ?? ::FNODOBFM::`string'+0xb6e
0012f4b4 0012f4dc
0012f4b8 779b40e4 ntdll!_except_handler4+0xcc
0012f4bc 00000000
0012f4c0 00000000
0012f4c4 00000000
0012f4c8 0012f5c0
```

```
0012f4cc 0012f5dc
0012f4d0 779ff118 ntdll! ?? ::FNODOBFM::`string'+0xb7e
0012f4d4 00000001
0012f4d8 0112f5c0
0012f4dc 0012f500
0012f4e0 77a11039 ntdll!ExecuteHandler2+0x26
0012f4e4 fffffffe
0012f4e8 0012ffdc
0012f4ec 0012f5dc
0012f4f0 0012f59c
0012f4f4 0012f9e8
0012f4f8 77a1104d ntdll!ExecuteHandler2+0x3a
0012f4fc 0012ffdc
0012f500 0012f5a8
0012f504 77a1100b ntdll!ExecuteHandler+0x24
0012f508 0012f5c0
0012f50c 0012ffdc
0012f510 0012fe70
0012f514 0012f59c
0012f518 779b8bf2 ntdll!_except_handler4
0012f51c 00000000
0012f520 0012f5c0
0012f524 0012f538
0012f528 779b94e3 ntdll!RtlCallVectoredContinueHandlers+0x15
0012f52c 0012f5c0
0012f530 0012f5dc
0012f534 77a754c0 ntdll!RtlpCallbackEntryList
0012f538 0012f5a8
0012f53c 779b94c1 ntdll!RtlDispatchException+0x11f
0012f540 0012f5c0
0012f544 0012f5dc
0012f548 00425ae8
TestDefaultDebugger!CTestDefaultDebuggerApp::`vftable'+0x154
0012f54c 00000000
0012f550 00000502
0012f554 00000000
0012f558 00a460e0
0012f55c 00000000
0012f560 00000000
```

```
0012f564 00000070
0012f568 ffffffff
0012f56c ffffffff
0012f570 77b60dba USER32!UserCallDlgProcCheckWow+0x5f
0012f574 77b60e63 USER32!UserCallDlgProcCheckWow+0x16e
0012f578 0000006c
0012f57c 00000000
0012f580 00000000
0012f584 00000000
0012f588 00000000
0012f58c 0000004e
0012f590 00000000
0012f594 0012f634
0012f598 77bb76cc USER32!_except_handler4
0012f59c 0012f634
0012f5a0 00130000
0012f5a4 00000000
0012f5a8 0012f8b4
0012f5ac 77a10060 ntdll!NtRaiseException+0xc
0012f5b0 77a10eb2 ntdll!KiUserExceptionDispatcher+0x2a
0012f5b4 0012f5c0
...
...
...
```

kernel32!UnhandledExceptionFilter를 호출함을 알 수 있다. WinDbg에서 TestDefaultDebugger.exe를 열고 UnhandledExceptionFilter 함수에 중단점을 설치한 후 실행을 추적해보자. 디버거가 붙지 않았을 때의 표준 오류 처리 로직처럼 동작되게 하려면 IsDebugPortPresent의 리턴 값을 변경할 필요가 있다.

```
0:000> bp kernel32!UnhandledExceptionFilter

0:000> g
(fb0.1190): Access violation - code c0000005 (first chance)
First chance exceptions are reported before any exception handling.
This exception may be expected and handled.
eax=00000000 ebx=00000001 ecx=0012fe70 edx=00000000 esi=00425ae8
```

```
edi=0012fe70
eip=004014f0 esp=0012f8a8 ebp=0012f8b4 iopl=0 nv up ei ng nz ac pe cy
cs=001b ss=0023 ds=0023 es=0023 fs=003b gs=0000 efl=00010297
TestDefaultDebugger!CTestDefaultDebuggerDlg::OnBnClickedButton1:
004014f0 mov dword ptr ds:[0],0 ds:0023:00000000=????????

0:000> g
Breakpoint 0 hit
eax=0042ae58 ebx=00000000 ecx=0042ae58 edx=0042ae58 esi=003b07d8
edi=c0000005
eip=77655984 esp=0012f478 ebp=0012f494 iopl=0 nv up ei pl zr na pe nc
cs=001b ss=0023 ds=0023 es=0023 fs=003b gs=0000 efl=00000246
kernel32!UnhandledExceptionFilter:
77655984 push 5Ch

0:000> g $$ skip first chance exception
Breakpoint 0 hit
eax=77655984 ebx=00000000 ecx=0012f404 edx=77a10f34 esi=0012f4c8
edi=00000000
eip=77655984 esp=0012f49c ebp=0012ffec iopl=0 nv up ei pl nz na pe nc
cs=001b ss=0023 ds=0023 es=0023 fs=003b gs=0000 efl=00000206
kernel32!UnhandledExceptionFilter:
77655984 push 5Ch

0:000> p
eax=77655984 ebx=00000000 ecx=0012f404 edx=77a10f34 esi=0012f4c8
edi=00000000
eip=77655986 esp=0012f498 ebp=0012ffec iopl=0 nv up ei pl nz na pe nc
cs=001b ss=0023 ds=0023 es=0023 fs=003b gs=0000 efl=00000206
kernel32!UnhandledExceptionFilter+0x2:
77655986 push offset kernel32!strcat_s+0x128d (77655cf0)
...
...
...

0:000> p
eax=00000000 ebx=0012f4c8 ecx=776558e5 edx=77a10f34 esi=00000000
edi=00000000
eip=77655a33 esp=0012f41c ebp=0012f498 iopl=0 nv up ei pl nz ac po cy
```

```
cs=001b  ss=0023  ds=0023  es=0023  fs=003b  gs=0000  efl=00000213
kernel32!UnhandledExceptionFilter+0xa5:
77655a33 call kernel32!IsDebugPortPresent (7765594c)


0:000> p
eax=00000001 ebx=0012f4c8 ecx=0012f3f4 edx=77a10f34 esi=00000000
edi=00000000
eip=77655a38 esp=0012f41c ebp=0012f498 iopl=0   nv up ei pl nz na po nc
cs=001b  ss=0023  ds=0023  es=0023  fs=003b  gs=0000  efl=00000202
kernel32!UnhandledExceptionFilter+0xaa:
77655a38 test eax,eax


0:000> r eax=0


0:000> p
eax=00000000 ebx=0012f4c8 ecx=0012f3f4 edx=77a10f34 esi=00000000
edi=00000000
eip=77655a3a esp=0012f41c ebp=0012f498 iopl=0   nv up ei pl zr na pe nc
cs=001b  ss=0023  ds=0023  es=0023  fs=003b  gs=0000  efl=00000246
kernel32!UnhandledExceptionFilter+0xac:
77655a3a jne kernel32!UnhandledExceptionFilter+0x22 (776559a6) [br=0]
```

다음으로 p 명령으로 WerpReportExceptionInProcessContext 함수까지 진행(step over)한 후 함수 안으로 진입(step into)한다.

```
0:000> p
eax=c0000022 ebx=0012f4c8 ecx=0012f400 edx=77a10f34 esi=00000000
edi=00000001
eip=77655b3c esp=0012f418 ebp=0012f498 iopl=0   nv up ei pl nz na po nc
cs=001b  ss=0023  ds=0023  es=0023  fs=003b  gs=0000  efl=00000202
kernel32!UnhandledExceptionFilter+0x1ad:
77655b3c call kernel32!WerpReportExceptionInProcessContext (7767aa06)


0:000> t
eax=c0000022 ebx=0012f4c8 ecx=0012f400 edx=77a10f34 esi=00000000
edi=00000001
eip=7767aa06 esp=0012f414 ebp=0012f498 iopl=0   nv up ei pl nz na po nc
cs=001b  ss=0023  ds=0023  es=0023  fs=003b  gs=0000  efl=00000202
```

```
kernel32!WerpReportExceptionInProcessContext:
7767aa06 push 14h
```

이 지점에서 스택 트레이스를 보면 다음과 같다.

```
0:000> kL 100
ChildEBP RetAddr
0012f410 77655b41 kernel32!WerpReportExceptionInProcessContext
0012f498 77a29f8e kernel32!UnhandledExceptionFilter+0x1b2
0012f4a0 779b8dd4 ntdll!_RtlUserThreadStart+0x6f
0012f4b4 779b40f0 ntdll!_EH4_CallFilterFunc+0x12
0012f4dc 77a11039 ntdll!_except_handler4+0x8e
0012f500 77a1100b ntdll!ExecuteHandler2+0x26
0012f5a8 77a10e97 ntdll!ExecuteHandler+0x24
0012f5a8 004014f0 ntdll!KiUserExceptionDispatcher+0xf
0012f8a4 00403263 TestDefaultDebugger!CTestDefaultDebuggerDlg::OnBnClickedButton1
0012f8b4 00403470 TestDefaultDebugger!_AfxDispatchCmdMsg+0x43
...
...
...
```

KiUserExceptionDispatcher 함수가 다시 예외를 일으키려 ZwRaiseException을 호출할 때까지 다시 진행(step over)해 모든 예외 핸들러에서 리턴되는 코드 흐름을 찾는다.

이는 단지 예외를 보고하기만 하고 에러 대화상자를 나타내는 에러 리포팅 프로세스(WerFault.exe)를 실행하지 않는 비스타의 처리되지 않은 예외 디폴트 필터 default unhandled exception filter처럼 보인다.

포스트모텀 디버거(내 경우 AeDebug\Debugger 레지스트리 키에 Visual Studio Just-In-Time 디버거가 설정돼 있다)를 실행하기 위해 에러 보고 대화상자의 디버그 버튼을 클릭하고 프로세서 탐색기 Process Explorer 등으로 부모 프로세스를 보면 디버거의 부모 프로세스가 svchost.exe를 부모로 갖는 WerFault.exe라는 점을 알 수 있다.

```
□ ■ svchost.exe              3980   Host Process for Windows Services
    □ ■ WerFault.exe          7164   Windows Problem Reporting
        ■ vsjitdebugger.exe   6360   Visual Studio Just-In-Time Debugger
```

WinDbg를 닫고 `TestDefaultDebugger` 애플리케이션을 다시 실행한다. 커다란 크래시 버튼을 누르고 에러 리포팅 대화상자가 나타날 때 윈도우 에러 리포팅 서비스Windows Error Reporting Service(wersvc.dll)를 호스팅하는 svchost.exe 프로세스에 WinDbg의 다른 인스턴스를 붙인다.

다음 스레드를 살펴보자.

```
0:000> ~*k

. 0 Id: f8c.f90 Suspend: 1 Teb: 7ffdf000 Unfrozen
ChildEBP RetAddr
0008f5b4 77a10080 ntdll!KiFastSystemCallRet
0008f5b8 7760853f ntdll!ZwReadFile+0xc
0008f630 7709ffe2 kernel32!ReadFile+0x20e
0008f65c 7709fdfb ADVAPI32!ScGetPipeInput+0x2a
0008f6c4 7709bdd2 ADVAPI32!ScDispatcherLoop+0x6c
0008f93c 004a241d ADVAPI32!StartServiceCtrlDispatcherW+0xce
0008f944 004a2401 svchost!SvcHostMain+0x12
0008f948 004a2183 svchost!wmain+0x5
0008f98c 77603833 svchost!_initterm_e+0x163
0008f998 779ea9bd kernel32!BaseThreadInitThunk+0xe
0008f9d8 00000000 ntdll!_RtlUserThreadStart+0x23

1 Id: f8c.fa4 Suspend: 1 Teb: 7ffdd000 Unfrozen
ChildEBP RetAddr
0086f6d0 77a10690 ntdll!KiFastSystemCallRet
0086f6d4 779cb65b ntdll!ZwWaitForMultipleObjects+0xc
0086f870 77603833 ntdll!TppWaiterpThread+0x294
0086f87c 779ea9bd kernel32!BaseThreadInitThunk+0xe
0086f8bc 00000000 ntdll!_RtlUserThreadStart+0x23

2 Id: f8c.fa8 Suspend: 1 Teb: 7ffdc000 Unfrozen
ChildEBP RetAddr
0031f81c 77a0f2c0 ntdll!KiFastSystemCallRet
```

```
0031f820 71cb1545 ntdll!NtAlpcSendWaitReceivePort+0xc
0031fd3c 71cb63c4 wersvc!CWerService::LpcServerThread+0x9c
0031fd44 77603833 wersvc!CWerService::StaticLpcServerThread+0xd
0031fd50 779ea9bd kernel32!BaseThreadInitThunk+0xe
0031fd90 00000000 ntdll!_RtlUserThreadStart+0x23


3 Id: f8c.2cc Suspend: 1 Teb: 7ffde000 Unfrozen
ChildEBP RetAddr
00f8f768 77a106a0 ntdll!KiFastSystemCallRet
00f8f76c 776077d4 ntdll!NtWaitForSingleObject+0xc
00f8f7dc 77607742 kernel32!WaitForSingleObjectEx+0xbe
00f8f7f0 71cb6f4b kernel32!WaitForSingleObject+0x12
00f8f858 71cb6803 wersvc!CWerService::ReportCrashKernelMsg+0x256
00f8fb7c 71cb6770 wersvc!CWerService::DispatchPortRequestWorkItem+0x70a
00f8fb90 779c1fbb
wersvc!CWerService::StaticDispatchPortRequestWorkItem+0x17
00f8fbb4 77a1a2b8 ntdll!TppSimplepExecuteCallback+0x10c
00f8fcdc 77603833 ntdll!TppWorkerThread+0x522
00f8fce8 779ea9bd kernel32!BaseThreadInitThunk+0xe
00f8fd28 00000000 ntdll!_RtlUserThreadStart+0x23


4 Id: f8c.1b38 Suspend: 1 Teb: 7ffdb000 Unfrozen
ChildEBP RetAddr
00d3fe08 77a10850 ntdll!KiFastSystemCallRet
00d3fe0c 77a1a1b4 ntdll!NtWaitForWorkViaWorkerFactory+0xc
00d3ff34 77603833 ntdll!TppWorkerThread+0x1f6
00d3ff40 779ea9bd kernel32!BaseThreadInitThunk+0xe
00d3ff80 00000000 ntdll!_RtlUserThreadStart+0x23
```

먼저 어떤 LPC 통지 메커니즘이 존재하는 것처럼 보인다(CWerService::LpcServerThread). 그 다음에 CWerService::ReportCrashKernelMsg 코드를 보면 faultrep.dll을 로드하는 CWerService::ReportCrash를 호출하는 것을 볼 수 있다.

```
0:000> .asm no_code_bytes
Assembly options: no_code_bytes

0:000> uf wersvc!CWerService::ReportCrashKernelMsg
...
```

...

...

wersvc!CWerService::ReportCrashKernelMsg+0x226:

71cb6f13 lea eax,[ebp-20h]

71cb6f16 push eax

71cb6f17 push dword ptr [ebp-34h]

71cb6f1a push dword ptr [ebp-2Ch]

71cb6f1d call dword ptr [wersvc!_imp__GetCurrentProcessId (71cb1120)]

71cb6f23 push eax

71cb6f24 mov ecx,dword ptr [ebp-38h]

71cb6f27 call wersvc!CWerService::ReportCrash (71cb7008)

71cb6f2c mov dword ptr [ebp-1Ch],eax

71cb6f2f cmp eax,ebx

71cb6f31 jl wersvc!CWerService::ReportCrashKernelMsg+0x279 (71cb6a10)

...

...

...

0:000> uf wersvc!CWerService::ReportCrash

...

...

...

wersvc!CWerService::ReportCrash+0x3d:

71cb7045 mov dword ptr [ebp-4],edi

71cb7048 push offset wersvc!`string' (71cb711c)

71cb704d call dword ptr [wersvc!_imp__LoadLibraryW (71cb1144)]

71cb7053 mov dword ptr [ebp-2Ch],eax

71cb7056 cmp eax,edi

71cb7058 je wersvc!CWerService::ReportCrash+0x52 (71cb9b47)

wersvc!CWerService::ReportCrash+0x88:

71cb705e push offset wersvc!`string' (71cb7100)

71cb7063 push eax

71cb7064 call dword ptr [wersvc!_imp__GetProcAddress (71cb1140)]

71cb706a mov ebx,eax

71cb706c cmp ebx,edi

71cb706e je wersvc!CWerService::ReportCrash+0x9a (71cb9b7d)

...

...

...

```
0:000> du 71cb711c
71cb711c  "faultrep.dll"

0:000> da 71cb7100
71cb7100  "WerpInitiateCrashReporting"
```

WerFault.exe에 WinDbg의 새로운 인스턴스를 붙이고 스레드를 살펴보면 다음을 볼 수 있다.

```
0:003> ~*k

0 Id: 1bfc.16c4 Suspend: 1 Teb: 7ffdf000 Unfrozen
ChildEBP RetAddr
0015de60 77a10690 ntdll!KiFastSystemCallRet
0015de64 77607e09 ntdll!ZwWaitForMultipleObjects+0xc
0015df00 77b6c4b7 kernel32!WaitForMultipleObjectsEx+0x11d
0015df54 77b68b83 USER32!RealMsgWaitForMultipleObjectsEx+0x13c
0015df70 6d46d90d USER32!MsgWaitForMultipleObjects+0x1f
0015dfc0 6d4acd77 wer!UtilMsgWaitForMultipleObjects+0x8a
0015dff4 6d4a7694 wer!CInitialConsentUI::Show+0x133
0015e040 6d4a9a69 wer!CEventUI::GetInitialDialogSelection+0xc6
0015e104 6d46df18 wer!CEventUI::Start+0x32
0015e39c 6d46b743 wer!CWatson::ReportProblem+0x438
0015e3ac 6d46b708 wer!WatsonReportSend+0x1e
0015e3c8 6d46b682 wer!CDWInstance::WatsonReportStub+0x17
0015e3ec 6d472a7f wer!CDWInstance::SubmitReport+0x21e
0015e410 730b6d0d wer!WerReportSubmit+0x5d
0015f33c 730b73c1 faultrep!CCrashWatson::GenerateCrashReport+0x5c4
0015f5d4 730b4de1 faultrep!CCrashWatson::ReportCrash+0x374
0015fad4 009bd895 faultrep!WerpInitiateCrashReporting+0x304
0015fb0c 009b60cd WerFault!UserCrashMain+0x14e
0015fb30 009b644a WerFault!wmain+0xbf
0015fb74 77603833 WerFault!_initterm_e+0x163

1 Id: 1bfc.894 Suspend: 1 Teb: 7ffde000 Unfrozen
ChildEBP RetAddr
024afbf8 77a10690 ntdll!KiFastSystemCallRet
024afbfc 77607e09 ntdll!ZwWaitForMultipleObjects+0xc
```

```
024afc98 77b6c4b7 kernel32!WaitForMultipleObjectsEx+0x11d
024afcec 74fa161a USER32!RealMsgWaitForMultipleObjectsEx+0x13c
024afd0c 74fa2cb6 DUser!CoreSC::Wait+0x59
024afd34 74fa2c55 DUser!CoreSC::WaitMessage+0x54
024afd44 77b615c0 DUser!MphWaitMessageEx+0x22
024afd60 77a10e6e USER32!__ClientWaitMessageExMPH+0x1e
024afd7c 77b6b5bc ntdll!KiUserCallbackDispatcher+0x2e
024afd80 77b61598 USER32!NtUserWaitMessage+0xc
024afdb4 77b61460 USER32!DialogBox2+0x202
024afddc 77b614a2 USER32!InternalDialogBox+0xd0
024afdfc 77b61505 USER32!DialogBoxIndirectParamAorW+0x37
024afe1c 75036c51 USER32!DialogBoxIndirectParamW+0x1b
024afe40 75036beb comctl32!SHFusionDialogBoxIndirectParam+0x2d
024afe74 6d4a65a4 comctl32!CTaskDialog::Show+0x100
024afebc 6d4acb72 wer!IsolationAwareTaskDialogIndirect+0x64
024aff4c 6d4acc39 wer!CInitialConsentUI::InitialDlgThreadRoutine+0x369
024aff54 77603833
wer!CInitialConsentUI::Static_InitialDlgThreadRoutine+0xd
024aff60 779ea9bd kernel32!BaseThreadInitThunk+0xe

2  Id: 1bfc.1a04 Suspend: 1 Teb: 7ffdc000 Unfrozen
ChildEBP RetAddr
012bf998 77a10690 ntdll!KiFastSystemCallRet
012bf99c 77607e09 ntdll!ZwWaitForMultipleObjects+0xc
012bfa38 77b6c4b7 kernel32!WaitForMultipleObjectsEx+0x11d
012bfa8c 74fa161a USER32!RealMsgWaitForMultipleObjectsEx+0x13c
012bfaac 74fa1642 DUser!CoreSC::Wait+0x59
012bfae0 74fac442 DUser!CoreSC::xwProcessNL+0xaa
012bfb00 74fac3a2 DUser!GetMessageExA+0x44
012bfb54 779262b6 DUser!ResourceManager::SharedThreadProc+0xb6
012bfb8c 779263de msvcrt!_endthreadex+0x44
012bfb94 77603833 msvcrt!_endthreadex+0xce
012bfba0 779ea9bd kernel32!BaseThreadInitThunk+0xe
012bfbe0 00000000 ntdll!_RtlUserThreadStart+0x23

# 3  Id: 1bfc.14a4 Suspend: 1 Teb: 7ffdb000 Unfrozen
ChildEBP RetAddr
02a1fc40 77a3f0a9 ntdll!DbgBreakPoint
02a1fc70 77603833 ntdll!DbgUiRemoteBreakin+0x3c
```

```
02a1fc7c 779ea9bd kernel32!BaseThreadInitThunk+0xe
02a1fcbc 00000000 ntdll!_RtlUserThreadStart+0x23
```

CreateProcess에 중단점을 설정하고 에러 리포팅 대화상자의 디버그 버튼을 누른다. 중단점에 도달하면 CreateProcess 인자를 살펴본다.

```
0:003> .asm no_code_bytes
Assembly options: no_code_bytes

0:003> bp kernel32!CreateProcessW

0:003> g
Breakpoint 0 hit
eax=00000000 ebx=00000000 ecx=7ffdf000 edx=0015db30 esi=00000001
edi=00000000
eip=775c1d27 esp=0015dfe0 ebp=0015e408 iopl=0  nv up ei pl nz na po nc
cs=001b  ss=0023  ds=0023  es=0023  fs=003b  gs=0000             efl=00000202
kernel32!CreateProcessW:
775c1d27 mov edi,edi

0:000> ddu esp+8 l1
0015dfe8 008b0000 ""C:\WINDOWS\system32\vsjitdebugger.exe" -p 8064 -e 312"
```

ESP는 리턴 주소를 가리키고 ESP+4는 CreateProcess의 첫 번째 인자를, ESP+8은 두 번째 인자를 가리킨다. 이제 스레드 스택은 faultrep.dll을 포함한다.

```
0:000> k
ChildEBP RetAddr
0020dde0 730bb2b5 kernel32!CreateProcessW
0020e20c 730b6dae faultrep!WerpLaunchAeDebug+0x384
0020f140 730b73c1 faultrep!CCrashWatson::GenerateCrashReport+0x665
0020f3d8 730b4de1 faultrep!CCrashWatson::ReportCrash+0x374
0020f8d8 009bd895 faultrep!WerpInitiateCrashReporting+0x304
0020f910 009b60cd WerFault!UserCrashMain+0x14e
0020f934 009b644a WerFault!wmain+0xbf
0020f978 77603833 WerFault!__initterm_e+0x163
0020f984 779ea9bd kernel32!BaseThreadInitThunk+0xe
```

```
0020f9c4 00000000 ntdll!_RtlUserThreadStart+0x23
```

에러를 보고하려 faultrep.dll를 호출하고 포스트모템 디버거를 실행하는 것이 UnhandledExceptionFilter에서 WerFault.exe로 옮겨진 것 같다.

마지막으로 UnhandledExceptionFilter 함수로 되돌아가보자. 디스어셈블해보면 kernel32!WerpLaunchAeDebug도 호출함을 알 수 있다.

```
0:000> .asm no_code_bytes
Assembly options: no_code_bytes

0:000> uf kernel32!UnhandledExceptionFilter
...
...
...
kernel32!UnhandledExceptionFilter+0x2d0:
77655c5f push dword ptr [ebp-28h]
77655c62 push dword ptr [ebp-1Ch]
77655c65 push dword ptr [ebx+4]
77655c68 push dword ptr [ebx]
77655c6a push 0FFFFFFFEh
77655c6c call kernel32!GetCurrentProcess (775e9145)
77655c71 push eax
77655c72 call kernel32!WerpLaunchAeDebug (7767baaf)
77655c77 test eax,eax
77655c79 jge kernel32!UnhandledExceptionFilter+0x2f3 (77655c82)
...
...
...
kernel32!UnhandledExceptionFilter+0x303:
77655c92 mov eax,dword ptr [ebx]
77655c94 push dword ptr [eax]
77655c96 push 0FFFFFFFFh
77655c98 call dword ptr [kernel32!_imp__NtTerminateProcess (775c14bc)]
```

WerpLaunchAeDebug 코드를 살펴보면 역시 CreateProcess를 호출하고 그 코드가 faultrep.dll과 같음을 알 수 있다. 이것은 faultrep.dll이 kernel32.dll의 함수

를 임포트import한다는 의미처럼 보인다. 그러므로 호환성이나 WER가 동작하지 않거나 무력화돼 있는 경우를 대비해 포스트모텀 디버거를 실행하는 어떤 코드가 여전히 처리되지 않은 예외 디폴트 필터에 존재한다.

다음 마크 루시노비치Mark Russinovich의 글에서 윈도우 XP와 비스타 간의 애플리케이션 크래시 지원 차이에 대한 고차원적 설명을 찾아 볼 수 있다.

Inside the Windows Vista Kernel: Part 3(Enhanced Crash Support)
(http://www.microsoft.com/technet/technetmag/issues/2007/04/VistaKernel/)

페이지 폴트에 대한 다른 시각

얼마 전 '유효한' 주소(굵게 표시)를 보고하는 다음의 버그체크를 살펴봤다.

```
DRIVER_IRQL_NOT_LESS_OR_EQUAL (d1)
An attempt was made to access a pageable (or completely invalid) address at an
interrupt request level (IRQL) that is too high. This is usually
caused by drivers using improper addresses.
If kernel debugger is available get stack backtrace.
Arguments:
Arg1: e16623fc, memory referenced
Arg2: 00000002, IRQL
Arg3: 00000000, value 0 = read operation, 1 = write operation
Arg4: ae2b222e, address which referenced memory

TRAP_FRAME: a54a4a40 -- (.trap 0xffffffffa54a4a40)
ErrCode = 00000000
eax=00000000 ebx=00000000 ecx=e16623f0 edx=00000000 esi=ae2ce428
edi=a54a4b4c
eip=ae2b222e esp=a54a4ab4 ebp=a54a4ac4 iopl=0  nv up ei pl nz ac po nc
cs=0008 ss=0010 ds=0023 es=0023 fs=0030 gs=0000 efl=00010212
driver!ProcessCommand+0x44:
ae2b222e 39590c  cmp dword ptr [ecx+0Ch],ebx ds:0023:e16623fc=00000000

1: kd> dd e16623fc l4
e16623fc 00000000 00790000 004c4c44 00010204
```

이 주소는 페이지된 풀에 속해 있다.

```
1: kd> !pool e16623fc
Pool page e16623fc region is Paged pool
 e1662000 size:    3a8 previous size:    0  (Allocated)  NtfF
 e16623a8 size:     10 previous size:  3a8  (Free)       ....
 e16623b8 size:     28 previous size:   10  (Allocated)  Ntfo
 e16623e0 size:      8 previous size:   28  (Free)       CMDa
*e16623e8 size:     20 previous size:    8  (Allocated) *DRV
```

메모리가 페이지 아웃되지 않았다면 왜 여기서 버그체크가 발생했을까? 페이지들이 디스크로 페이지 아웃됐을 때뿐만 아니라 페이지 테이블에 유효하지 않음(invalid)으로 표시됐을 때도 페이지 폴트가 발생하기 때문이다. !pte 명령을 사용해 어떤 주소가 유효한지 아닌지를 확인할 수 있다.

```
1: kd> !pte e16623fc
               VA e16623fc
PDE at 00000000C0603858     PTE at 00000000C070B310
contains 00000000F5434863   contains 00000000E817A8C2
pfn f5434 ---DA--KWEV                          not valid
                             Transition: e817a
                             Protect: 6 - ReadWriteExecute
```

앞의 PTE_{page table entry}를 점검해보자.

```
1: kd> .formats 00000000E817A8C2
Evaluate expression:
Hex: e817a8c2
Decimal: -401102654
Octal: 35005724302

Binary: 11101000 00010111 10101000 11000010
```

0번째 비트(유효함, valid)가 클리어돼 있는 것을 알 수 있다. 이는 PTE에서 페이지가 유효하지 않다는 의미다. 그리고 11번째 비트(천이, transition)가 설정돼 있다.

이것은 페이지가가 대기하고 있거나 수정된 리스트modified list라고 표시한 것이다. 참조돼 있고 IRQL이 2보다 작을 때 페이지는 유효하게 설정될 것이다. 그리고 프로세스 워킹 셋process working set에 추가된다. 앞의 예를 보면 WinDbg에서 주소가 '유효한'으로 표시돼 있음을 알 수 있다. 해당 페이지가 페이지 아웃되지 않았고 크래시 덤프에 존재하기 때문이다. 그러나 해당 페이지는 PTE에 유효하지 않음으로 표시돼 있다. 따라서 페이지 폴트가 발생했다. 페이지 폴트 핸들러는 `IRQL == 2`인 것을 안다. 그리고 D1 버그체크를 발생시킨다.

몇 가지 버그체크

NMI_HARDWARE_FAILURE

WinDbg는 `NMI_HARDWARE_FAILURE(0x80)` 버그체크로 하드웨어 오류를 나타낸다. 이는 고객으로부터 지금 막 받는 커널이나 컴플리트 크래시 덤프가 평가한 가치가 없음을 판단할 수 있게 도와준다. 그러나 항상 하드웨어 오류인 것은 아니다. 특히 고객이 시스템에 응답이 없어 강제로 수동 덤프를 얻었을 때가 그렇다. 그러므로 디버깅을 목적으로 한 어떤 특별한 하드웨어를 고객이 갖고 있는지 어떤지 확인해보는 것이 좋다. 예를 들면 원격 서버 관리용 카드나 통합된 iLO chipIntegrated Lights-Out 같은 것들이 있다. 둘 다 온디맨드on demand로 NMINon Maskable Interrupt를 발생시킬 수 있다. 따라서 이 경우 시스템이 버그체크된다. 이런 경우라면 왜 시스템의 응답이 없었는지 한번 확인해볼 가치가 있다.

IRQL_NOT_LESS_OR_EQUAL

오래전에 커널 디버깅 연습을 하던 중 아이디어가 하나 떠올랐었다. 버그체크가 포함된 다양한 윈도우 커널 동작을 UML 시퀀스 다이어그램을 사용해 묘사하는 것이다. 버그체크 A부터 시작해봤다. 이 버그체크가 왜 필요한지 다음 다이어그램으로 스레드 스케줄링과 IRQL의 차이부터 설명해봤다.

스레드 스케줄링과 인터럽트

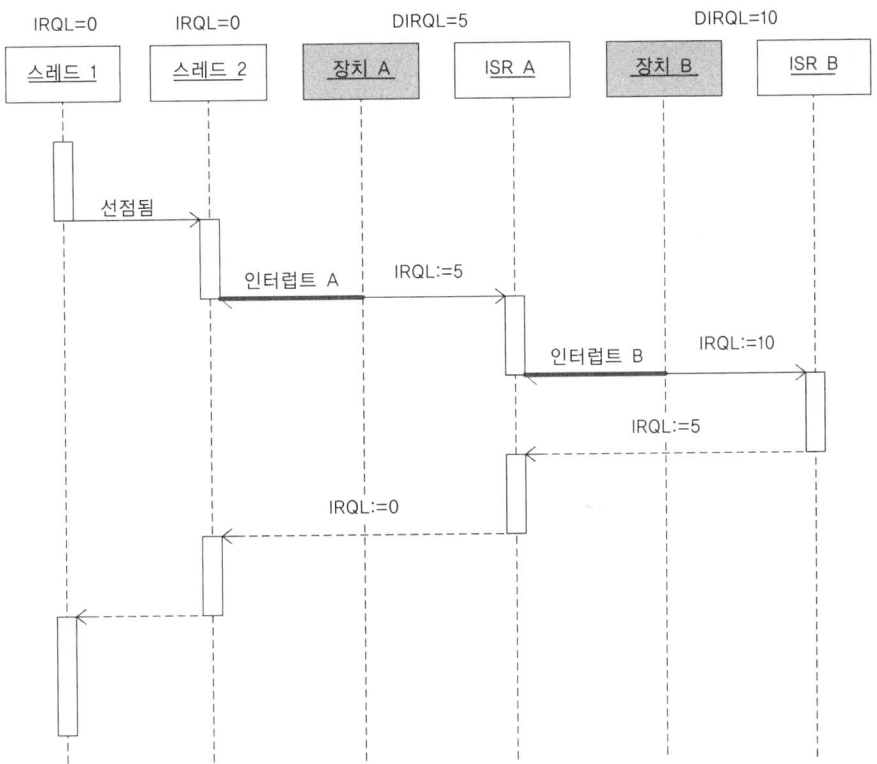

그러고 나서 인터럽트 마스킹interrupt masking을 설명했다.

IRQL과 인터럽트 마스킹

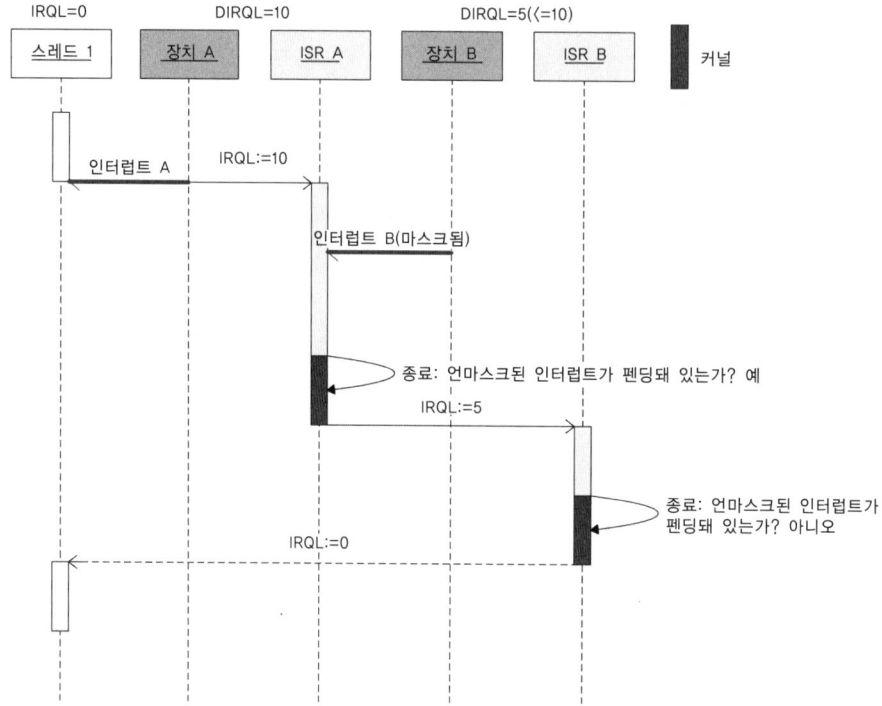

그러고 나서 스레드 스케줄링을 설명했다(스레드 디스패처, thread dispatcher).

스레드 스케줄링과 DISPATCH_LEVEL

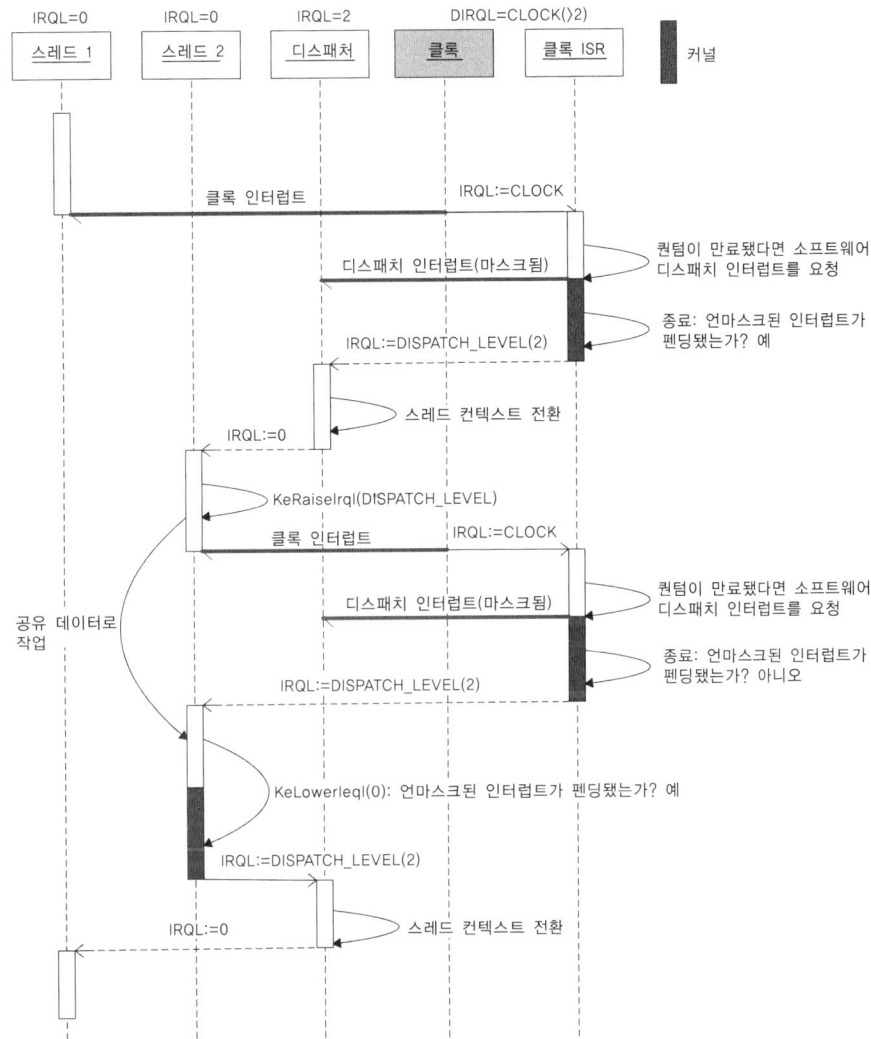

그리고 마지막으로 왜 버그체크 A가 발생했는지, 그것이 없었을 때 어떤 일이 일어나는지 보여주는 다이어그램을 제시했다.

Bugcheck A(IRQL_NOT_LESS_OR_EQUAL)

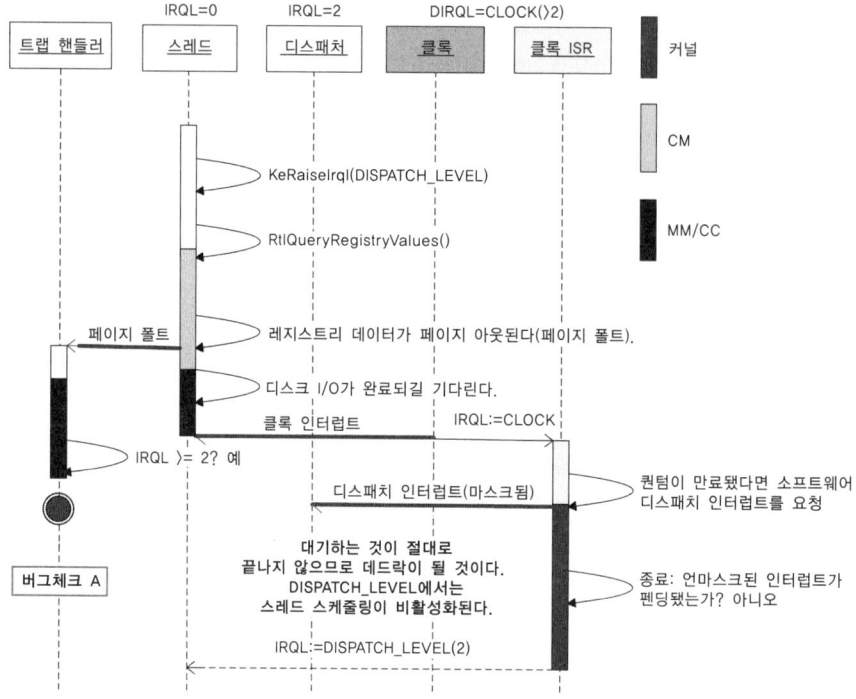

다음의 덤프 사례에서 볼 수 있듯이 이 버그체크는 트랩 핸들러에서 발생하고 버그체크를 발생시키기 전의 IRQL 점검은 메모리 매니저에서 수행된다. 디스어셈블된 핸들러에서는 IRQL을 점검하는 부분을 찾을 수 없었다. 따라서 이 부분은 Mm 함수 중 하나에 들어 있음이 틀림없다.

```
BugCheck A, {3, 1c, 1, 8042d8f9}

0: kd> k
nt!KiTrap0E+0x210
driver!foo+0x209

0: kd> u nt!KiTrap0E nt!KiTrap0E+0x210
```

```
nt!KiTrap0E:
...
8046b05e call    nt!MmAccessFault (8044bfba)
...
8046b189 call    dword ptr [nt!_imp__KeGetCurrentIrql (8040063c)]
8046b18f lock    inc dword ptr [nt!KiHardwareTrigger (80470cc0)]
8046b196 mov     ecx,[ebp+0x64]
8046b199 and     ecx,0x2
8046b19c shr     ecx,1
8046b19e mov     esi,[ebp+0x68]
8046b1a1 push    esi
8046b1a2 push    ecx
8046b1a3 push    eax
8046b1a4 push    edi
8046b1a5 push    0xa
8046b1a7 call    nt!KeBugCheckEx (8042c1e2)
```

KERNEL_MODE_EXCEPTION_NOT_HANDLED

버그체크 0x8E를 알아보자. 커널 크래시 덤프에서 자주 볼 수 있으며, 그 의미는 다음과 같다.

1. 접근 위반 예외가 발생했다면 읽기나 쓰기 주소는 유저 공간이었다.

2. 프레임 기반 예외 처리frame-based exception handling가 허용됐고 커널 디버거(있다면)는 예외를 처리하지 않았다(첫 번째 예외). 그 후에 예외를 처리하려는 핸들러가 없었고, 마지막으로 커널 디버거(있다 하더라도)는 예외를 처리하지 않았다(두 번째 예외).

3. 프레임 기반 예외 처리는 허용되지 않았고 커널 디버거(있다 하더라도)는 예외를 처리하지 않았다.

다음 UML 시퀀스 다이어그램에 두 번째 옵션이 묘사돼 있다.

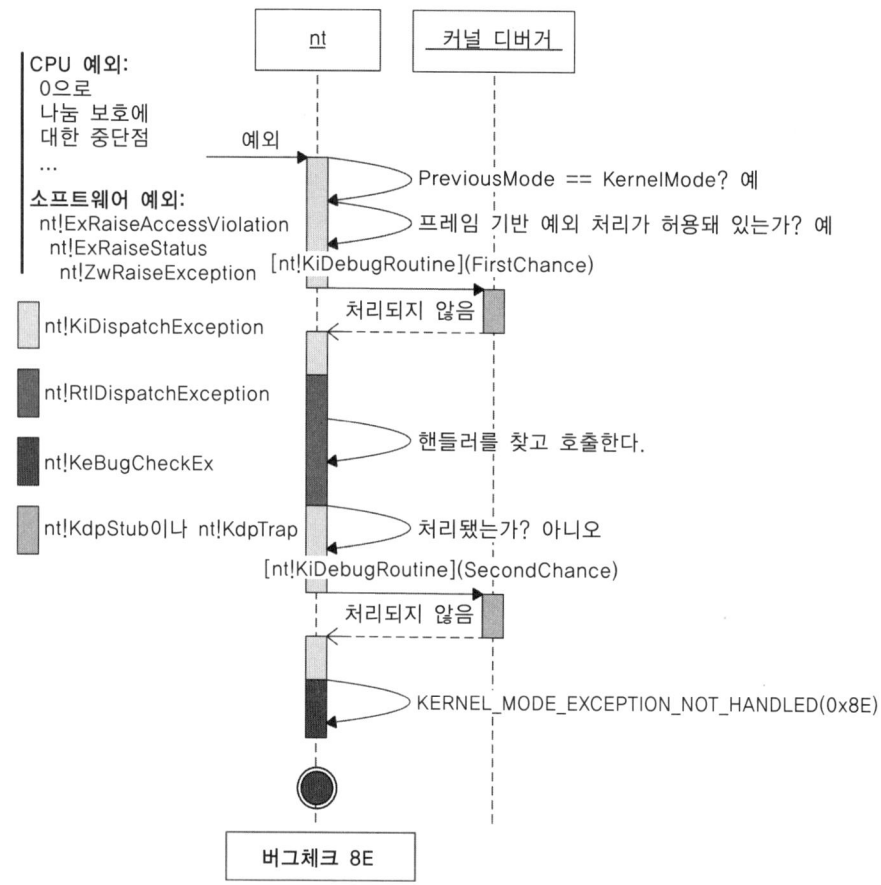

> **참고** 접근 위반이 발생했는데 읽기 주소나 쓰기 주소가 커널 공간이라면 3장의 '유효하지 않은 포인터' 절에서 설명할 버그체크가 발생한다.

KMODE_EXCEPTION_NOT_HANDLED

인자는 다르지만 이 버그체크(0x1E)는 KERNEL_MODE_EXCEPTION_NOT_HANDLED (0x8E) 버그체크와 본질적으로 동일하다.

KMODE_EXCEPTION_NOT_HANDLED (1e)
This is a very common bugcheck. Usually the exception address pinpoints the driver/function that caused the problem. Always note this address as

well as the link date of the driver/image that contains this address.
Arguments:
Arg1: c0000005, The exception code that was not handled
Arg2: 8046ce72, The address that the exception occurred at
Arg3: 00000000, Parameter 0 of the exception
Arg4: 00000000, Parameter 1 of the exception

KERNEL_MODE_EXCEPTION_NOT_HANDLED (8e)
This is a very common bugcheck. Usually the exception address pinpoints the driver/function that caused the problem. Always note this address as well as the link date of the driver/image that contains this address. Some common problems are exception code 0x80000003. This means a hard coded breakpoint or assertion was hit, but this system was booted /NODEBUG. This is not supposed to happen as developers should never have hardcoded breakpoints in retail code, but ... If this happens, make sure a debugger gets connected, and the system is booted /DEBUG. This will let us see why this breakpoint is happening.
Arguments:
Arg1: c0000005, The exception code that was not handled
Arg2: 808cbb8d, The address that the exception occurred at
Arg3: f5a84638, Trap Frame
Arg4: 00000000

두 버그체크는 같은 KiDispatchException 루틴으로부터 호출되는데, 0x1E는 x64 윈도우 서버 2003과 x86 윈도우 2000 플랫폼에서 호출되고, 0x8E는 x86 윈도우 서버 2003과 비스타 플랫폼에서 호출된다.

SYSTEM_THREAD_EXCEPTION_NOT_HANDLED

KMODE_EXCEPTION_NOT_HANDLED, KERNEL_MODE_EXCEPTION_NOT_HANDLED와 유사한 버그체크로 SYSTEM_THREAD_EXCEPTION_NOT_HANDLED(0x7E)이 있다.

이 버그체크는 시스템 스레드에서 예외가 발생했을 때 __try/__except 핸들러 같은 예외를 처리할 핸들러가 없으면 발생한다. 시스템 스레드는 PsCreateSystemThread에 의해 생성된다. DDK의 설명을 보자.

PsCreateSystemThread 루틴은 커널 모드에서 실행되는 시스템 스레드 하나를 생성하고 그 스레드의 핸들을 리턴한다.

기본적으로 PspUnhandledExceptionInSystemThread 함수가 기본 예외 핸들러로 설정돼 있다. 목적은 KeBugCheckEx를 호출하는 것이다.

전형적인 7E 버그체크 덤프의 콜 스택call stack은 다음과 같다.

```
1: kd> k
ChildEBP RetAddr
f70703cc 809a1eb2 nt!KeBugCheckEx+0x1b
f70703e8 80964a94 nt!PspUnhandledExceptionInSystemThread+0x1a
f7070ddc 80841a96 nt!PspSystemThreadStartup+0x56
00000000 00000000 nt!KiThreadStartup+0x16
```

프로세서 트랩processor trap에서 이 버그체크가 어떻게 생성되는지 알아보려면 로 스택raw stack을 살펴볼 필요가 있다. 몇 가지 예를 살펴보자. !analyze -v 명령은 다음과 같은 결과를 나타낸다.

```
SYSTEM_THREAD_EXCEPTION_NOT_HANDLED (7e)
This is a very common bugcheck. Usually the exception address pinpoints
the driver/function that caused the problem. Always note this address as
well as the link date of the driver/image that contains this address.
Arguments:
Arg1: 80000003, The exception code that was not handled
Arg2: f69d9dd7, The address that the exception occurred at
Arg3: f70708c0, Exception Record Address
Arg4: f70705bc, Context Record Address
EXCEPTION_RECORD: f70708c0 -- (.exr ffffffff70708c0)
ExceptionAddress: f69d9dd7 (driver+0x00014dd7)
   ExceptionCode: 80000003 (Break instruction exception)
  ExceptionFlags: 00000000
NumberParameters: 3
   Parameter[0]: 00000000
   Parameter[1]: 8a784020
   Parameter[2]: 00000044
CONTEXT: f70705bc -- (.cxr ffffffff70705bc)
eax=00000001 ebx=00000032 ecx=8a37c000 edx=00000044 esi=8a37c000
edi=000000c7
eip=f69d9dd7 esp=f7070988 ebp=00004000 iopl=0 nv up ei pl zr na pe nc
cs=0008  ss=0010  ds=0023  es=0023  fs=0030  gs=0000  efl=00000246
```

```
driver+0x14dd7:
f69d9dd7 cc                    int             3
STACK_TEXT:
WARNING: Stack unwind information not available. Following frames may be
wrong.
f7070998 f69dfbd1 80800000 00000000 8a37c000 driver+0x14dd7
00000000 00000000 00000000 00000000 00000000 driver+0x1abd1
```

스레드가 브레이크포인트 명령을 만났음을 알 수 있다. 그리고 브레이크포인트 예외가 발생한 콜 스택이 불완전한 것을 볼 수 있다. 여기서 반드시 로 스택raw stack을 덤프하고 수동으로 스택 재구성을 시도해봐야 한다. 시스템 스레드는 `KiThreadStartup` 함수의 실행으로 시작된다. 따라서 ESP 레지스터에서 얼마간 떨어진 곳까지 덤프를 하고 시작 함수를 찾아보자. 그리고 나서 EBP 체인을 따라가 보자.

```
1: kd> dds esp esp+1000
...
...
...
f7070a04  f7070a40
f7070a08  f71172ec NDIS!ndisMCommonHaltMiniport+0x375
f7070a0c  8a37c000
f7070a10  8a60f5c0
f7070a14  8a610748
f7070a18  8a610748
f7070a1c  00000058
f7070a20  00000005
f7070a24  00000004
f7070a28  f7527000
f7070a2c  00000685
f7070a30  f710943a NDIS!ndisMDummyIndicatePacket
f7070a34  00000000
f7070a38  8a610778
f7070a3c  00010748
f7070a40  f7070b74
f7070a44  f7117640 NDIS!ndisMHaltMiniport+0x21
f7070a48  8a610990
```

...
... (공간을 절약하기 위해 가운데 프레임을 제거했다)
...

```
f7070d7c  e104a338
f7070d80  f7070dac
f7070d84  8083f72e nt!ExpWorkerThread+0xeb
f7070d88  894d0ed8
f7070d8c  00000000
f7070d90  8a784020
f7070d94  00000000
f7070d98  00000000
f7070d9c  00000000
f7070da0  00000001
f7070da4  00000000
f7070da8  808f0cb7 nt!PiWalkDeviceList
f7070dac  f7070ddc
f7070db0  8092ccff nt!PspSystemThreadStartup+0x2e
f7070db4  894d0ed8
f7070db8  00000000
f7070dbc  00000000
f7070dc0  00000000
f7070dc4  f7070db8
f7070dc8  f7070410
f7070dcc  ffffffff
f7070dd0  8083b9bc nt!_except_handler3
f7070dd4  808408f8 nt!ObWatchHandles+0x5f4
f7070dd8  00000000
f7070ddc  00000000
f7070de0  80841a96 nt!KiThreadStartup+0x16
f7070de4  8083f671 nt!ExpWorkerThread
```

얻을 수 있는 마지막 EBP 값은 `f7070a04`다. 그리고 충돌 지점의 ESP와 EIP 값을 k 명령의 인자로 넣어볼 수 있다.

```
1: kd> k L=f7070a04 f7070988 f69d9dd7
ChildEBP RetAddr
f7070998 f69dfbd1 driver+0x14dd7
f7070a40 f7117640 NDIS!ndisMCommonHaltMiniport+0x375
```

```
f7070a48 f711891a NDIS!ndisMHaltMiniport+0x21
f7070b74 f71196e5 NDIS!ndisPnPRemoveDevice+0x189
f7070ba4 8083f9d0 NDIS!ndisPnPDispatch+0x15d
f7070bb8 808f6a25 nt!IofCallDriver+0x45
f7070be4 808e20b5 nt!IopSynchronousCall+0xbe
f7070c38 8080beae nt!IopRemoveDevice+0x97
f7070c60 808e149b nt!IopRemoveLockedDeviceNode+0x160
f7070c78 808e18cc nt!IopDeleteLockedDeviceNode+0x50
f7070cac 808e1732 nt!IopDeleteLockedDeviceNodes+0x3f
f7070d40 808e19b6 nt!PiProcessQueryRemoveAndEject+0x7ad
f7070d5c 808e7879 nt!PiProcessTargetDeviceEvent+0x2a
f7070d80 8083f72e nt!PiWalkDeviceList+0x1d2
f7070dac 8092ccff nt!ExpWorkerThread+0xeb
f7070ddc 80841a96 nt!PspSystemThreadStartup+0x2e
00000000 00000000 nt!KiThreadStartup+0x16
```

이것이 바로 예외가 발생하기 전의 실행 경로다. 그렇지만 int 3 명령에 도달했었을 때 프로세서가 인터럽트 벡터 3(0부터 시작하는 인터럽트 디스크립터 테이블의 4번째 엔트리)으로 트랩을 발생시켰었고 그에 대응하는 IDT의 함수 KiTrap03을 호출했었다. 그러므로 이 함수를 같은 로 스택에서 찾아볼 필요가 있다. 그리고 예외 핸들링 코드 경로에 대한 스택 트레이스 생성을 시도해보자.

```
1: kd> dds esp esp+1000
f70703b4  0000007e
f70703b8  80000003
f70703bc  f69d9dd7 driver+0x14dd7
f70703c0  f70708c0
f70703c4  f70705bc
f70703c8  00000000
f70703cc  f70703e8
f70703d0  809a1eb2 nt!PspUnhandledExceptionInSystemThread+0x1a
f70703d4  0000007e
...
...
...
f7070418  f707043c
f707041c  8083b578 nt!ExecuteHandler2+0x26
```

```
f7070420  f70708c0
f7070424  f7070dcc
f7070428  f70705bc
f707042c  f70704d8
f7070430  f7070894
f7070434  8083b58c nt!ExecuteHandler2+0x3a
f7070438  f7070dcc
f707043c  f70704ec
f7070440  8083b54a nt!ExecuteHandler+0x24
f7070444  f70708c0
...
... (공간을 절약하기 위해 가운데 프레임을 제거했다)
...
f7070890  f7070410
f7070894  f7070dcc
f7070898  8083b9bc nt!_except_handler3
f707089c  80850c10 nt!`string'+0x10c
f70708a0  ffffffff
f70708a4  f7070914
f70708a8  808357a4 nt!CommonDispatchException+0x4a
f70708ac  f70708c0
f70708b0  00000000
f70708b4  f7070914
f70708b8  00000000
f70708bc  00000001
f70708c0  80000003
f70708c4  00000000
f70708c8  00000000
f70708cc  f69d9dd7 driver+0x14dd7
f70708d0  00000003
f70708d4  00000000
f70708d8  8a784020
f70708dc  00000044
f70708e0  ffffffff
f70708e4  00000001
f70708e8  f7737a7c
f70708ec  f7070934
f70708f0  8083f164 nt!KeWaitForSingleObject+0x346
f70708f4  000000c7
```

```
f70708f8  00000000
f70708fc  00000031
f7070900  00000000
f7070904  f707091c
f7070908  80840569 nt!KeSetTimerEx+0x179
f707090c  000000c7
f7070910  80835f39 nt!KiTrap03+0xb0
f7070914  00004000
```

얻을 수 있는 마지막 EBP 값은 `f7070418`이다. 그리고 다음 스택 트레이스는 디스어셈블리에 있는 `PspUnhandledExceptionInSystemThread`에서 호출된 `KeBugCheckEx`가 보이지 않아 정확하다곤 할 수 없다. 그렇지만 스택 언와인딩stack unwinding을 총괄하는 메인 함수가 `KiDispatchException`이라는 점은 나타낸다.

```
1: kd> k L=f7070418
ChildEBP RetAddr
f7070418 8083b578 nt!KeBugCheckEx+0x1b
f707043c 8083b54a nt!ExecuteHandler2+0x26
f70704ec 80810664 nt!ExecuteHandler+0x24
f70708a4 808357a4 nt!KiDispatchException+0x131
f707090c 80835f39 nt!CommonDispatchException+0x4a
f707090c f69d9dd8 nt!KiTrap03+0xb0

1: kd> uf nt!PspUnhandledExceptionInSystemThread
nt!PspUnhandledExceptionInSystemThread:
809a1e98 8bff            mov     edi,edi
809a1e9a 55              push    ebp
809a1e9b 8bec            mov     ebp,esp
809a1e9d 8b4d08          mov     ecx,dword ptr [ebp+8]
809a1ea0 ff7104          push    dword ptr [ecx+4]
809a1ea3 8b01            mov     eax,dword ptr [ecx]
809a1ea5 50              push    eax
809a1ea6 ff700c          push    dword ptr [eax+0Ch]
809a1ea9 ff30            push    dword ptr [eax]
809a1eab 6a7e            push    7Eh
809a1ead e8f197edff      call    nt!KeBugCheckEx (8087b6a3)
```

끝으로 이 버그체크를 UML 시퀀스 다이어그램으로 나타내면 다음과 같다
(`KiDispatchException`을 이끄는 트랩 처리는 다른 글에서 설명할 것이다).

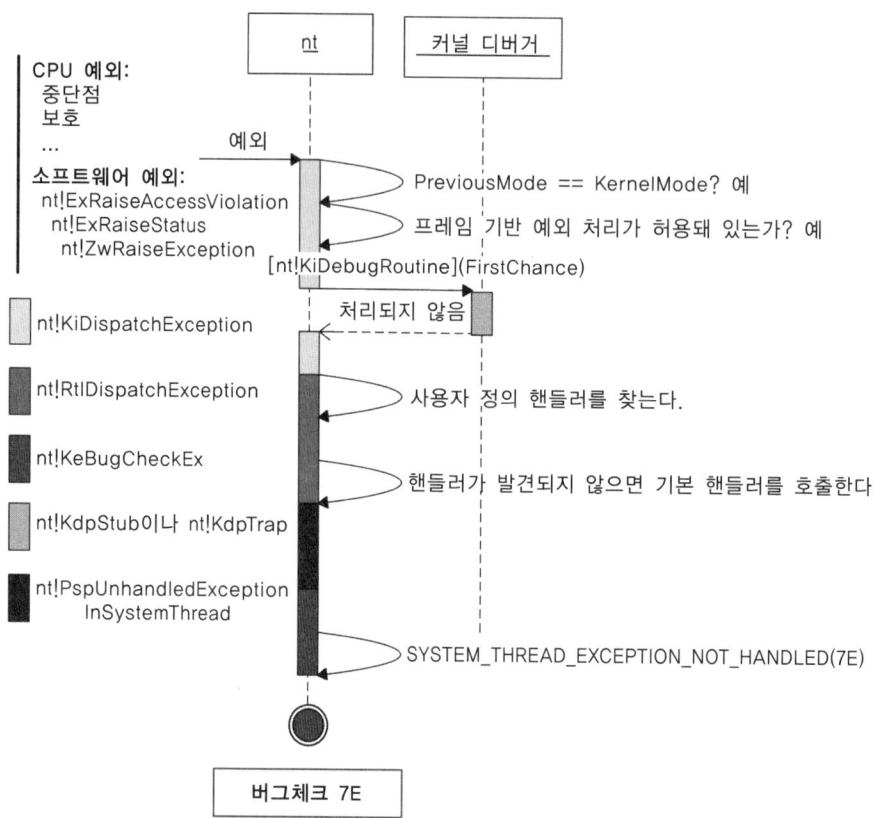

CAFF

마이크로소프트 유저 덤프 패키지에 있는 Process Dumper의 프로세스 모니터링 규칙이 'Bugcheck after dumping'으로 설정돼 있을 때 userdump.sys는 userdump.exe의 요청을 받아 CAFF를 생성한다.

전문적인 크래시 덤프 분석 ● 155

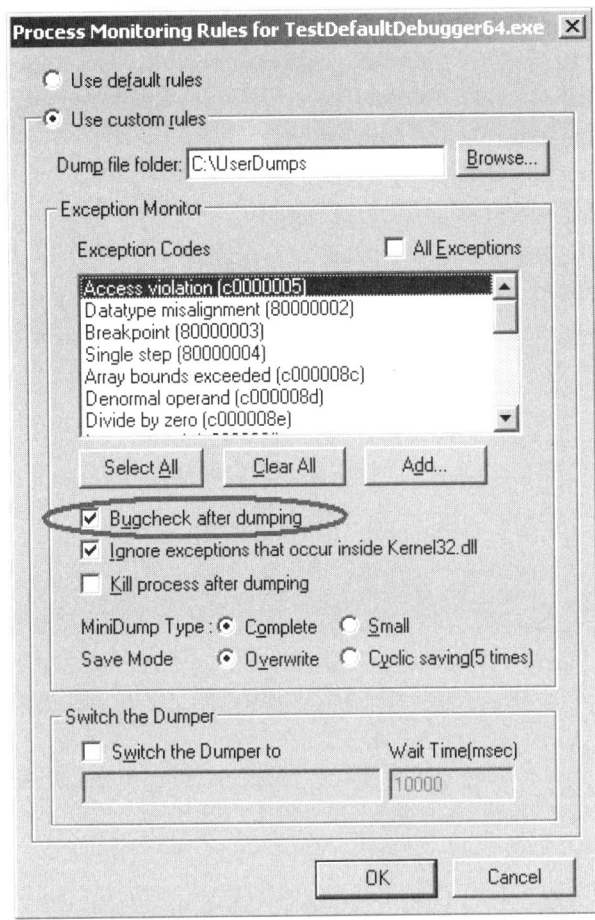

```
BUGCHECK_STR: 0xCAFF

PROCESS_NAME: userdump.exe

kd> kL
Child-SP          RetAddr           Call Site
fffffadf`dfcf19b8 fffffadf`dfee38c4 nt!KeBugCheck
fffffadf`dfcf19c0 fffff800`012ce9cf userdump!UdIoctl+0x104
fffffadf`dfcf1a70 fffff800`012df026 nt!IopXxxControlFile+0xa5a
fffffadf`dfcf1b90 fffff800`010410fd nt!NtDeviceIoControlFile+0x56
fffffadf`dfcf1c00 00000000`77ef0a5a nt!KiSystemServiceCopyEnd+0x3
00000000`01eadd58 00000001`0000a755 ntdll!NtDeviceIoControlFile+0xa
00000000`01eadd60 00000000`77ef30a5
```

```
userdump_100000000!UdServiceWorkerAPC+0x1005
00000000`01eaf970 00000000`77ef0a2a ntdll!KiUserApcDispatcher+0x15
00000000`01eafe68 00000001`00007fe2 ntdll!NtWaitForSingleObject+0xa
00000000`01eafe70 00000001`00008a39
userdump_100000000!UdServiceWorker+0xb2
00000000`01eaff20 000007ff`7fee4db6
userdump_100000000!UdServiceStart+0x139
00000000`01eaff50 00000000`77d6b6da ADVAPI32!ScSvcctrlThreadW+0x25
00000000`01eaff80 00000000`00000000 kernel32!BaseThreadStart+0x3a
```

이것은 예외가 발생했을 시점의 커널 데이터를 조회하려 할 때 유용하다. 이 경우 물리 메모리 전체에 대한 컴플리트 메모리 덤프는 요청하지 못하고 유저 덤프와 함께 커널 메모리 덤프만 요구할 수 있다.

> **참고** 확실하지 않을 땐 이 옵션을 설정하지 마라. 생산 라인의 서버에서 긍정 오류 덤프false positive dump로 인한 블루스크린을 보게 될 수도 있다.

CF

버그체크 CF의 이름은 두 번째로 길다.

```
TERMINAL_SERVER_DRIVER_MADE_INCORRECT_MEMORY_REFERENCE (cf)
Arguments:
Arg1: a020b1d4, memory referenced
Arg2: 00000000, value 0 = read operation, 1 = write operation
Arg3: a020b1d4, If non-zero, the instruction address which referenced the
bad memory
 address.
Arg4: 00000000, Mm internal code.
 A driver has been incorrectly ported to Terminal Server. It is
referencing session space addresses from the system process
context. Probably from queueing an item to a system worker thread. The
broken driver's name is displayed on the screen.
```

버그체크 설명은 시스템 프로세스 컨텍스트만 언급하고 있지만 임의의 프로세스 컨텍스트에서도 발생할 수 있다. 커널 공간 주소 매핑kernel space address mapping 은 보통 지속적인 것으로 간주됨을 상기하자. 커널 주소의 가상-물리 메모리 간 매핑은 각기 다른 프로세스에 속한 스레드 전환에도 변하지 않는다. 그러나 멀티유저 터미널 서비스 환경의 세션 공간에서 개별 유저는 개별 디스플레이 드라이버를 사용할 수 있다. 다음 예를 살펴보자.

- **MS RDP 유저**   RDPDD.DLL

- **시트릭스 ICA 유저**   VDTW30.DLL

- **비스타 유저**   TSDDD.DLL

- **콘솔 유저**   ATI나 NVIDIA 같은 하드웨어와 연결된 비디오 드라이버

이들 드라이버의 모듈 주소가 고정될지라도 운영체제가 부팅된 이후 동시에 영구적으로 커밋되지는 않는다. 새로운 사용자 세션이 생성되면 터미널 서비스 프로토콜에 대응되는 적절한 디스플레이 드라이버가 로드되고 세션 공간에 매핑된다. 세션 공간은 win32k.sys 주소 범위 뒤인 A0000000(x86)나 FFFFF90000000000(x64)에서 시작된다. 그리고 나서 프로세스 페이지 테이블의 적당한 PTE 엔트리에 의해 커밋된다. 스레드가 전환되는 동안 새로운 프로세스의 컨텍스트가 다른 디스플레이 드라이버와 연결된 다른 세션에 속한다면 현재의 디스플레이 드라이버는 그것의 PTE를 클리어함으로써 디커밋되고, 새로운 드라이버는 적당한 PTE 엔트리를 설정함으로써 커밋된다.

그러므로 작업 스레드 같은 시스템 프로세스 컨텍스트에서는 디바이스 드라이버 코드와 데이터에 대응되는 가상 주소를 알 수 없다. 또한 이것은 현재 세션 프로토콜과 대응되지 않는 디스플레이 드라이버에 속한 코드에 접근하려 한다면 임의의 프로세스 컨텍스트에서 발생할 수도 있다. 이 상황은 TSDD는 RDP나 ICA 디스플레이 드라이버가 될 수도 있는 다음 예로 설명될 수 있다.

로드된 모듈 목록에서 ATI와 TSDD 드라이버가 로드돼 있음을 볼 수 있다.

```
0: kd> lm
start end         module       name
...
...
```

```
...
77d30000 77d9f000   RPCRT4      (deferred)
77e10000 77e6f000   USER32      (deferred)
77f40000 77f7c000   GDI32       (deferred)
77f80000 77ffc000   ntdll       (pdb symbols)
78000000 78045000   MSVCRT      (deferred)
7c2d0000 7c335000   ADVAPI32    (deferred)
7c340000 7c34f000   Secur32     (deferred)
7c570000 7c624000   KERNEL32    (deferred)
7cc30000 7cc70000   winsrv      (deferred)
80062000 80076f80   hal         (deferred)
80400000 805a2940   nt          (pdb symbols)
a0000000 a0190ce0   win32k      (pdb symbols)
a0191000 a01e8000   ati2drad    (deferred)
a01f0000 a0296000   tsdd        (no symbols)
b4a60000 b4a72320   naveng      (deferred)
b4a73000 b4b44c40   navex15     (deferred)
...
...
...
```

버그체크는 터미널 세션에서 실행 중인 3rd-partyApp 프로세스 컨텍스트에서 발생했다.

```
PROCESS_NAME: 3rd-partyApp.exe

TRAP_FRAME: b475f84c -- (.trap 0xffffffffb475f84c)
ErrCode = 00000000
eax=a020b1d4 ebx=00000000 ecx=04e0443b edx=ffffffff esi=a21b6778
edi=a201b018
eip=a020b1d4 esp=b475f8c0 ebp=b475f900 iopl=3 nv up ei pl zr na pe nc
cs=0008 ss=0010 ds=0023 es=0023 fs=0030 gs=0000 efl=00013246
TSDD+0x1b1d4:
a020b1d4 ??              ???
```

디스플레이 드라이버 가상 주소를 조사해보면 '알 수 없음(PTE가 NULL이다)'으로 나온다.

```
0: kd> !pte a020b1d4
A020B1D4 - PDE at C0300A00            PTE at C028082C
          contains 14AB6863           contains 00000000
       pfn 14ab6 .DA.KWV              not valid
```

ATI 디스플레이 드라이버 주소도 알 수 없다고 나온다.

```
0: kd> !pte a0191000
A0191000 - PDE at C0300A00            PTE at C0280644
          contains 3E301863           contains 00000000
       pfn 3e301 .DA.KWV              not valid
```

다른 터미널 세션으로 전환해보자.

```
PROCESS 87540a60  SessionId: 45   Cid: 3954   Peb: 7ffdf000
ParentCid: 0164
    DirBase: 2473d000 ObjectTable: 889b2c48 TableSize: 182.
    Image: csrss.exe

0: kd> .process /r /p 87540a60
Implicit process is now 87540a60
Loading User Symbols
................
```

이제 TSDD 디스플레이 드라이버 주소가 유효하다.

```
0: kd> !pte a020b1d4
A020B1D4 - PDE at C0300A00            PTE at C028082C
          contains 5D2C2863           contains 20985863
       pfn 5d2c2 .DA.KWV              pfn 20985 .DA.KWV
```

그러나 ATI 드라이버 주소는 그렇지 않다. '알 수 없음'으로 나타나는데, 실제 디스플레이 하드웨어가 사용되지 않았기 때문으로 예상된다.

```
0: kd> !pte a0191000
A0191000 - PDE at C0300A00            PTE at C0280644
          contains 5D2C2863            contains 00000000
        pfn 5d2c2 .DA.KWV             not valid
```

디스플레이를 '물리적'인 세션 0으로 전환해보자.

```
PROCESS 8898a5e0  SessionId: 0   Cid: 0180   Peb: 7ffdf000
ParentCid: 0164
    DirBase: 14c58000 ObjectTable: 8898b948 TableSize: 1322.
    Image: csrss.exe

0: kd> .process /r /p 8898a5e0
Implicit process is now 8898a5e0
Loading User Symbols
..............
```

TSDD 드라이버 주소가 '알 수 없음'이다. 더 이상 터미널 서비스 프로토콜을 사용하지 않기 때문으로 이것도 예상된 것이다.

```
0: kd> !pte a020b1d4
A020B1D4 - PDE at C0300A00            PTE at C028082C
          contains 14AB6863            contains 00000000
        pfn 14ab6 .DA.KWV             not valid
```

그렇지만 ATI 디스플레이 드라이버 주소는 '알 수 없음not NULL'이 아니다. 그리고 그들(ATI 드라이버의 주소들)의 선택된 2개 페이지는 천이transition되거나 페이지 파일에 있다.

```
0: kd> !pte a0191000
A0191000 - PDE at C0300A00            PTE at C0280644
          contains 14AB6863            contains 156DD882
        pfn 14ab6 .DA.KWV             not valid
                                       Transition:   156dd
                                       Protect:      4
```

```
0: kd> !pte a0198000
A0198000 - PDE at C0300A00          PTE at C0280660
          contains 14AB6863         contains 000B9060
      pfn 14ab6 .DA.KWV            not valid
                                    PageFile   0
                                    Offset b9
                                    Protect:   3
```

스택 트레이스를 재구성하는 방법

이 절은 유효하지 않은 스택 트레이스 패턴을 보충하기 위한 작은 사례 연구다. 완전한 소스코드 샘플로 어떻게 스택 트레이스를 재구성하는지를 설명한다. 이를 위해 다음과 같은 작은 멀티스레드 프로그램을 작성했다.

```
#include "stdafx.h"
#include <stdio.h>
#include <process.h>

typedef void (*REQ_JUMP)();
typedef void (*REQ_RETURN)();

const char str[] = "\0\0\0\0\0\0\0";

bool loop = true;

void return_func()
{
  puts("Return Func");
  loop = false;
  _endthread();
}

void jump_func()
{
  puts("Jump Func");
```

```c
}

void internal_func_2(void *param_jump,void *param_return)
{
    REQ_JUMP f_jmp = (REQ_JUMP)param_jump;
    REQ_RETURN f_ret = (REQ_RETURN)param_return;

    puts("Internal Func 2");
    // 프로그램을 충돌시키려면 주석을 해제한다.
    // f_jmp와 f_ret를 NULL로 덮어 쓴다.
    // memcpy(&f_ret, str, sizeof(str));
    __asm
    {
        push    f_ret;
        mov     eax, f_jmp
        mov     ebp, 0 // ebp를 범용 레지스터로 사용한다.
        jmp     eax
    }
}

void internal_func_1(void *param)
{
    puts("Internal Func 1");
    internal_func_2(param, &return_func);
}

void thread_request(void *param)
{
    puts("Request");
    internal_func_1(param);
}

int _tmain(int argc, _TCHAR* argv[])
{
    _beginthread(thread_request, 0, (void *)jump_func);
    while (loop);
    return 0;
}
```

프로그램이 매우 작고 코드 최적화되기 쉬워 대부분의 코드가 제거됐으므로 비주얼 C++ 컴파일러의 최적화 기능을 꺼야 한다. 프로그램을 실행하면 다음과 같이 출력된다.

```
Request
Internal Func 1
Internal Func 2
Jump Func
Return Func
```

Internal_func_2는 인자 두 개를 받는다. 점프할 함수의 주소와 리턴으로 호출 할 주소다. 후자는 메인 스레드의 무한루프를 중지시키고 _endthread를 호출하려고 loop 변수를 false로 설정한다. 짧은 프로그램이 왜 이렇게 복잡해야만 할까? 내부 함수 호출에서 FPO 최적화를 흉내 내려 했기 때문이다. 그리고 리턴 주소를 넘어 통제를 획득하길 원했다. 이것이 내가 점프하기 전에 EBP를 0으로 설정하고 언제든지 변경할 수 있는 커스텀 리턴 주소를 푸시push한 이유다. call 명령을 사용했었다면 프로세서는 리턴 주소를 다음 명령 주소로 정했을 것이다.

또 코드는 두 개의 internal_func_2 인자를 지역변수 f_jmp와 f_ret에 복사한다. 코멘트돼 있는 memcpy 호출이 그것들을 0으로 덮어써도 저장된 EBP와 리턴 주소, 함수 인자는 건드리지 않기 때문이다. 이 모든 것은 예제에서 스택 트레이스를 부정확하게 만드는 반면 동시에 수동 스택 재구성은 가능한 한 쉽게 한다.

지역변수를 덮어쓰는 memcpy 호출이 버그라 가정해보자. 그러면 확실히 크래시가 발생한다. EAX가 0이고 0번지로의 점프는 접근 위반의 원인이 된다. 명시적으로 0을 할당했으므로 EBP도 0이다. EBP를 통해 어떤 상수 값이 전달되길 원하는 체 해보자. 그리고 그 값은 0이다.

그러면 다음과 같이 된다.

- EBP는 0
- EIP는 0
- 리턴 주소는 0

크래시 덤프를 로드하면 WinDbg는 완전히 혼란에 빠진다. 스택 트레이스 재구성에 대한 단서가 없기 때문이다.

```
This dump file has an exception of interest stored in it.
The stored exception information can be accessed via .ecxr.
(bd0.ec8): Access violation . code c0000005 (first/second chance not
available)
eax=00000000 ebx=00595620 ecx=00000002 edx=00000000 esi=00000000
edi=00000000
eip=00000000 esp=0069ff54 ebp=00000000 iopl=0 nv up ei pl nz ac po nc
cs=0023 ss=002b ds=002b es=002b fs=0053 gs=002b efl=00010212
00000000 ??              ???


0:001> kv
ChildEBP RetAddr  Args to Child
WARNING: Frame IP not in any known module. Following frames may be wrong.
0069ff50 00000000 00000000 00000000 0069ff70 0x0
```

다행스럽게 ESP는 0이 아니어서 로 스택raw stack을 조사해볼 수 있다.

```
0:001> dds esp
0069ff54  00000000
0069ff58  00000000
0069ff5c  00000000
0069ff60  0069ff70
0069ff64  0040187f WrongIP!internal_func_1+0x1f
0069ff68  00401830 WrongIP!jump_func
0069ff6c  00401840 WrongIP!return_func
0069ff70  0069ff7c
0069ff74  0040189c WrongIP!thread_request+0xc
0069ff78  00401830 WrongIP!jump_func
0069ff7c  0069ffb4
0069ff80  78132848 msvcr80!_endthread+0x4b
0069ff84  00401830 WrongIP!jump_func
0069ff88  aa75565b
0069ff8c  00000000
0069ff90  00000000
0069ff94  00595620
0069ff98  c0000005
0069ff9c  0069ff88
```

```
0069ffa0  0069fb34
0069ffa4  0069ffdc
0069ffa8  78138cd9 msvcr80!_except_handler4
0069ffac  d207e277
0069ffb0  00000000
0069ffb4  0069ffec
0069ffb8  781328c8 msvcr80!_endthread+0xcb
0069ffbc  7d4dfe21 kernel32!BaseThreadStart+0x34
0069ffc0  00595620
0069ffc4  00000000
0069ffc8  00000000
0069ffcc  00595620
0069ffd0  c0000005
```

다음과 같은 짝을 찾는 것부터 시작해 볼 수 있다.

EBP:	**PreviousEBP**
	함수 리턴 주소
...	
...	
...	
PreviousEBP:	PrePreviousEBP
	함수 리턴 주소
...	
...	
...	

예를 들면 다음과 같다.

```
0:001> dds esp
0069ff54 00000000
0069ff58 00000000
0069ff5c 00000000
0069ff60 0069ff70
0069ff64 0040187f WrongIP!internal_func_1+0x1f
0069ff68 00401830 WrongIP!jump_func
0069ff6c 00401840 WrongIP!return_func
```

```
0069ff70 0069ff7c
0069ff74 0040189c WrongIP!thread_request+0xc
0069ff78 00401830 WrongIP!jump_func
0069ff7c 0069ffb4
```

이렇게 하는 것은 함수 호출이 함수의 리턴 주소를 저장하고 표준 함수 프롤로그가 이전 EBP 값을 저장하고 EBP를 ESP 값으로 설정한다는 사실에 기반한다.

```
push    ebp
mov     ebp, esp
```

그러므로 스택은 다음과 같이 보인다.

```
0:001> dds esp
0069ff54 00000000
0069ff58 00000000
0069ff5c 00000000
0069ff60 0069ff70
0069ff64 0040187f WrongIP!internal_func_1+0x1f
0069ff68 00401830 WrongIP!jump_func
0069ff6c 00401840 WrongIP!return_func
0069ff70 0069ff7c
0069ff74 0040189c WrongIP!thread_request+0xc
0069ff78 00401830 WrongIP!jump_func
0069ff7c 0069ffb4
0069ff80 78132848 msvcr80!_endthread+0x4b
0069ff84 00401830 WrongIP!jump_func
0069ff88 aa75565b
0069ff8c 00000000
0069ff90 00000000
0069ff94 00595620
0069ff98 c0000005
0069ff9c 0069ff88
0069ffa0 0069fb34
0069ffa4 0069ffdc
0069ffa8 78138cd9 msvcr80!_except_handler4
0069ffac d207e277
```

```
0069ffb0 00000000
0069ffb4 0069ffec
0069ffb8 781328c8 msvcr80!_endthread+0xcb
0069ffbc 7d4dfe21 kernel32!BaseThreadStart+0x34
0069ffc0 00595620
0069ffc4 00000000
0069ffc8 00000000
0069ffcc 00595620
0069ffd0 c0000005
```

정말 유효한 코드인지 확인하려면 리턴 주소를 더블 체크한다. 가장 좋은 방법은 후위로 디스어셈블하는 것이다. 이때 저장된 리턴 주소로 끝나는 call 명령이 나타나야 한다.

```
0:001> ub WrongIP!internal_func_1+0x1f
WrongIP!internal_func_1+0x1:
00401871 mov     ebp,esp
00401873 push    offset WrongIP!GS_ExceptionPointers+0x38 (00402124)
00401878 call    dword ptr [WrongIP!_imp__puts (004020ac)]
0040187e add     esp,4
00401881 push    offset WrongIP!return_func (00401850)
00401886 mov     eax,dword ptr [ebp+8]
00401889 push    eax
0040188a call    WrongIP!internal_func_2 (004017e0)


0:001> ub WrongIP!thread_request+0xc
WrongIP!internal_func_1+0x2d:
0040189d int     3
0040189e int     3
0040189f int     3
WrongIP!thread_request:
004018a0 push    ebp
004018a1 mov     ebp,esp
004018a3 mov     eax,dword ptr [ebp+8]
004018a6 push    eax
004018a7 call    WrongIP!internal_func_1 (00401870)


0:001> ub msvcr80!_endthread+0x4b
```

```
msvcr80!_endthread+0x2f:
7813282c pop     esi
7813282d push    0Ch
7813282f push    offset msvcr80!__rtc_tzz+0x64 (781b4b98)
78132834 call    msvcr80!_SEH_prolog4 (78138c80)
78132839 call    msvcr80!_getptd (78132e29)
7813283e and     dword ptr [ebp-4],0
78132842 push    dword ptr [eax+58h]
78132845 call    dword ptr [eax+54h]


0:001> ub msvcr80!_endthread+0xcb
msvcr80!_endthread+0xaf:
781328ac mov     edx,dword ptr [ecx+58h]
781328af mov     dword ptr [eax+58h],edx
781328b2 mov     edx,dword ptr [ecx+4]
781328b5 push    ecx
781328b6 mov     dword ptr [eax+4],edx
781328b9 call    msvcr80!_freefls (78132e41)
781328be call    msvcr80!_initp_misc_winxfltr (781493c1)
781328c3 call    msvcr80!_endthread+0x30 (7813282d)


0:001> ub BaseThreadStart+0x34
kernel32!BaseThreadStart+0x10:
7d4dfdfd mov     eax,dword ptr fs:[00000018h]
7d4dfe03 cmp     dword ptr [eax+10h],1E00h
7d4dfe0a jne     kernel32!BaseThreadStart+0x2e (7d4dfe1b)
7d4dfe0c cmp     byte ptr [kernel32!BaseRunningInServerProcess
(7d560008)],0
7d4dfe13 jne     kernel32!BaseThreadStart+0x2e (7d4dfe1b)
7d4dfe15 call    dword ptr [kernel32!_imp__CsrNewThread (7d4d0310)]
7d4dfe1b push    dword ptr [ebp+0Ch]
7d4dfe1e call    dword ptr [ebp+8]
```

이제 k 명령의 익스텐션 버전을 사용해 커스텀 EBP와 ESP, EIP 값을 넣어보자. EBP를 EBP:PreviousEBP 짝 중에서 첫 번째 발견된 주소로 설정하고 EIP를 0으로 설정하자.

```
0:001> k L=0069ff60 0069ff60 0
ChildEBP RetAddr
WARNING: Frame IP not in any known module. Following frames may be wrong.
0069ff5c 0069ff70 0x0
0069ff60 0040188f 0x69ff70
0069ff70 004018ac WrongIP!internal_func_1+0x1f
0069ff7c 78132848 WrongIP!thread_request+0xc
0069ffb4 781328c8 msvcr80!_endthread+0x4b
0069ffb8 7d4dfe21 msvcr80!_endthread+0xcb
0069ffec 00000000 kernel32!BaseThreadStart+0x34
```

스택 트레이스는 괜찮아 보인다. BaseThreadStart가 보이기 때문이다. WrongIP!internal_func_1+0x1f 리턴 주소의 후위 디스어셈블리에서 internal_func_1이 internal_func_2를 호출하는 것을 볼 수 있다. 따라서 후자의 함수를 디스어셈블할 수 있다.

```
0:001> uf internal_func_2
Flow analysis was incomplete, some code may be missing
WrongIP!internal_func_2:
28 004017e0 push      ebp
28 004017e1 mov       ebp,esp
28 004017e3 sub       esp,8
29 004017e6 mov       eax,dword ptr [ebp+8]
29 004017e9 mov       dword ptr [ebp-4],eax
30 004017ec mov       ecx,dword ptr [ebp+0Ch]
30 004017ef mov       dword ptr [ebp-8],ecx
32 004017f2 push      offset WrongIP!GS_ExceptionPointers+0x28 (00402114)
32 004017f7 call      dword ptr [WrongIP!_imp__puts (004020ac)]
32 004017fd add       esp,4
33 00401800 push      8
33 00401802 push      offset WrongIP!GS_ExceptionPointers+0x8 (004020f4)
33 00401807 lea       edx,[ebp-8]
33 0040180a push      edx
33 0040180b call      WrongIP!memcpy (00401010)
33 00401810 add       esp,0Ch
35 00401813 push      dword ptr [ebp-8]
36 00401816 mov       eax,dword ptr [ebp-4]
```

```
37 00401819 mov     ebp,0
38 0040181e jmp     eax
```

[ebp-4]에서 어떤 값을 취해 EAX에 넣고 그 주소로 점프하는 것을 알 수 있다. 함수가 표준 프롤로그를 사용하므로 EBP-4는 지역변수다. 코드를 보면 그것은 [EBP+8]로 들어오는 첫 번째 함수 인자임을 알 수 있다.

```
EBP+C: second parameter
EBP+8: first parameter
EBP+4: return address
EBP: previous EBP
EBP-4: local variable
EBP-8: local variable
```

첫 번째 인자를 조사해보면 호출하려 했던 유효한 함수 주소임을 알 수 있다.

```
0:001> kv L=0069ff60 0069ff60 0
ChildEBP RetAddr Args to Child
WARNING: Frame IP not in any known module. Following frames may be wrong.
0069ff5c 0069ff70 0040188f 00401830 00401850 0x0
0069ff60 0040188f 00401830 00401850 0069ff7c 0x69ff70
0069ff70 004018ac 00401830 0069ffb4 78132848 WrongIP!internal_func_1+0x1f
0069ff7c 78132848 00401830 6d5ba283 00000000 WrongIP!thread_request+0xc
0069ffb4 781328c8 7d4dfe21 00595620 00000000 msvcr80!_endthread+0x4b
0069ffb8 7d4dfe21 00595620 00000000 00000000 msvcr80!_endthread+0xcb
0069ffec 00000000 7813286e 00595620 00000000 kernel32!BaseThreadStart+0x34

0:001> u 00401830
WrongIP!jump_func:
00401830 push    ebp
00401831 mov     ebp,esp
00401833 push    offset WrongIP!GS_ExceptionPointers+0x1c (00402108)
00401838 call    dword ptr [WrongIP!_imp__puts (004020ac)]
0040183e add     esp,4
00401841 pop     ebp
00401842 ret
```

```
00401843 int      3
```

그렇지만 코드를 보면 EBP-8 주소와 복사할 크기로 8바이트를 인자로 해 memcpy를 호출하는 것을 알 수 있다. 의사코드는 다음과 같을 것이다.

```
memcpy(ebp-8, 004020f4, 8);

  33 00401800 push    8
  33 00401802 push    offset WrongIP!GS_ExceptionPointers+0x8 (004020f4)
  33 00401807 lea     edx,[ebp-8]
  33 0040180a push    edx
  33 0040180b call    WrongIP!memcpy (00401010)
  33 00401810 add     esp,0Ch
```

004020f4 주소를 조사해보면 0이 8개 들어 있음을 알 수 있다.

```
0:001> db 004020f4 l8
004020f4  00 00 00 00 00 00 00 00
```

그러므로 memcpy는 점프 주소를 담고 있는 로컬 변수를 0으로 덮어쓴다. 이것으로 왜 0번지로 점프했고 EIP가 0인지가 설명된다.

최종적으로 재구성된 스택 트레이스는 다음과 같다.

```
WrongIP!internal_func_2+offset ; here we jump
WrongIP!internal_func_1+0x1f
WrongIP!thread_request+0xc
msvcr80!_endthread+0x4b
msvcr80!_endthread+0xcb
kernel32!BaseThreadStart+0x34
```

이것은 ESP가 유효하다는 점을 전제로 한다. 0이거나 잘못된 ESP를 갖고 있다면 스레드 환경 블록(TEB)에서 전체 로 스택 영역을 조사해 볼 수 있다. !teb 명령을 사용해 스레드 스택 영역을 얻을 수 있다. 예제에선 적당한 MS 심볼이 없으므로 이 명령은 동작하지 않는다. 하지만 TEB 주소는 얻을 수 있고 그것을 덤프해볼 수 있다.

```
0:001> !teb
TEB at 7efda000
error InitTypeRead( TEB )...


0:001> dd 7efda000 l3
7efda000 0069ffa4 006a0000 0069e000
```

보통 두 번째 더블워드가 스택 한계치stack limit고 세 번째가 스택 베이스 주소 stack base address다. 따라서 둘 사이를 덤프할 수 있고 스택의 바닥(BaseThreadStart) 부터 스택 트레이스 재구성을 시작하거나 예외 핸들링 호출 이후(굵은 글자 부분)를 살펴볼 수 있다.

```
0:001> dds 0069e000 006a0000
0069e000  00000000
0069e004  00000000
...
...
...
0069fb24  7d535b43 kernel32!UnhandledExceptionFilter+0x851
...
...
...
0069fbb0  0069fc20
0069fbb4  7d6354c9 ntdll!RtlDispatchException+0x11f
0069fbb8  0069fc38
0069fbbc  0069fc88
0069fc1c  00000000
0069fc20  00000000
0069fc24  7d61dd26 ntdll!NtRaiseException+0x12
0069fc28  7d61ea51 ntdll!KiUserExceptionDispatcher+0x29
0069fc2c  0069fc38
...
...
...
0069ff38  00000000
```

```
0069ff3c  00000000
0069ff40  00000000
0069ff44  00000000
0069ff48  00000000
0069ff4c  00000000
0069ff50  00000000
0069ff54  00000000
0069ff58  00000000
0069ff5c  00000000
0069ff60  0069ff70
0069ff64  0040188f WrongIP!internal_func_1+0x1f
0069ff68  00401830 WrongIP!jump_func
0069ff6c  00401850 WrongIP!return_func
0069ff70  0069ff7c
0069ff74  004018ac WrongIP!thread_request+0xc
0069ff78  00401830 WrongIP!jump_func
0069ff7c  0069ffb4
0069ff80  78132848 msvcr80!_endthread+0x4b
0069ff84  00401830 WrongIP!jump_func
0069ff88  6d5ba283
0069ff8c  00000000
0069ff90  00000000
0069ff94  00595620
0069ff98  c0000005
0069ff9c  0069ff88
0069ffa0  0069fb34
0069ffa4  0069ffdc
0069ffa8  78138cd9 msvcr80!_except_handler4
0069ffac  152916af
0069ffb0  00000000
0069ffb4  0069ffec
0069ffb8  781328c8 msvcr80!_endthread+0xcb
0069ffbc  7d4dfe21 kernel32!BaseThreadStart+0x34
0069ffc0  00595620
0069ffc4  00000000
...
...
...
```

WinDbg 팁과 트릭

덤프에서 문자열 찾기

dpu(유니코드 문자열)와 dpa(아스키 문자열), dpp 같은 멋진 d** WinDbg 명령이 있다. 예를 들어 스택상의 어떤 포인터가 문자열을 가리키고 있다면 로 스택 데이터raw stack data를 조사하고 검증할 수 있다. 다음 예를 살펴보자.

```
0:143> !teb
TEB at 7ff2b000
...
   StackBase:              05e90000
   StackLimit:             05e89000
...
...
...
0:143> dpu 05e89000 05e90000
05e8f58c  00120010 ""
...
...
...
05e8f590  77e7723c "Debugger"
05e8f594  00000000
05e8f598  08dc0154
05e8f59c  01000040
05e8f5a0  05e8f5dc "G:\WINDOWS\system32\faultrep.dll"
05e8f5a4  0633adf0 ""
05e8f5a8  00000000
05e8f5ac  00000001
05e8f5b0  00000012
05e8f5b4  7c8723e0
05e8f5b8  ffffffff
05e8f5bc  00000004
05e8f5c0  69500000
05e8f5c4  00000000
05e8f5c8  00000aac
05e8f5cc  00000002
```

```
05e8f5d0  05e8f740
05e8f5d4  0633adfc "drwtsn32 -p %ld -e %ld -g"
05e8f5d8  00000000
...
...
...
```

당연히 스택뿐만 아니라 다른 어떤 메모리 범위에도 이 명령들을 사용할 수 있다.

프로세스를 디버깅하는 중에 Win32 API 추적

실행 파일을 로드하거나 이미 있는 프로세스에 WinDbg를 붙이면 API 호출을 추적하는 데 `logexts` 디버깅 익스텐션 명령을 사용할 수 있다(보기 편하게 다음 출력에서 모든 API 인자와 리턴 주소를 생략했다).

```
0:001> !logexts.loge

0:001> !logc e *
All categories enabled.

0:001> !logo e d
    Debugger            Enabled
    Text file           Disabled
    Verbose log         Enabled

0:001> g
Thrd 7c0 77555B59 BeginPaint( 0x001103AA) ...
Thrd 7c0 77555B65 GetClientRect( 0x001103AA) ...
Thrd 7c0 77555B96 DrawEdge( 0x01010072 ...) ...
Thrd 7c0 77555C8A DrawFrameControl( 0x01010072 ...) ...
Thrd 7c0 77555CE1 EndPaint( 0x001103AA ... ) ...
Thrd 7c0 004165F2 TlsGetValue( 0x00000006) ...
Thrd 7c0 4B8D54B5 CallNextHookEx( ... ) ...
Thrd 7c0 0040D7CC GetMessageW( ... ) ...
```

그러고 나서 멈추고 리턴 주소에 중단점을 설정할 수 있다.

```
0:001> bp 0040D7CC

0:001> g
Thrd 7c0 0040D7CC GetMessageW( ... ) ...
Breakpoint 0 hit
ProcessHistory+0xd7cc:
0040d7cc 85c0            test    eax,eax


0:000> u 0040D7C0 0040D7CC
ProcessHistory+0xd7c0:
0040d7c0 50              push    eax
0040d7c1 50              push    eax
0040d7c2 8d7730          lea     esi,[edi+30h]
0040d7c5 56              push    esi
0040d7c6 ff15f8434300    call    dword ptr
[ProcessHistory+0x343f8 (004343f8)]

0:000> dd 004343f8
004343f8 3c001950 3c0018c4 3c00193c 3c0014dc

0:000> u 3c001950
3c001950 b889020000      mov     eax,289h
3c001955 e98e410014      jmp     logexts!LogHook
(50005ae8)
3c00195a b88a020000      mov     eax,28Ah
3c00195f e984410014      jmp     logexts!LogHook
(50005ae8)
3c001964 b88b020000      mov     eax,28Bh
3c001969 e97a410014      jmp     logexts!LogHook
(50005ae8)
3c00196e b88c020000      mov     eax,28Ch
3c001973 e970410014      jmp     logexts!LogHook
(50005ae8)
```

여기서 logexts가 패치한 임포트 테이블import table을 볼 수 있다.

다른 종류의 API도 추적할 수 있다.

```
0:001> !logexts.logc
Categories:
   1 AdvApi32                          Enabled
   2 AtomFunctions                     Enabled
   3 AVIFileExports                    Enabled
   4 Clipboard                         Enabled
   5 ComponentObjectModel              Enabled
   6 DebuggingAndErrorHandling         Enabled
   7 DeviceFunctions                   Enabled
   8 Direct3D                          Enabled
   9 DirectDraw                        Enabled
  10 DirectPlay                        Enabled
  11 DirectSound                       Enabled
  12 GDI                               Enabled
  13 HandleAndObjectFunctions          Enabled
  14 HookingFunctions                  Enabled
  15 IOFunctions                       Enabled
  16 MemoryManagementFunctions         Enabled
  17 Multimedia                        Enabled
  18 Printing                          Enabled
  19 ProcessesAndThreads               Enabled
  20 RegistryFunctions                 Enabled
  21 Shell                             Enabled
  22 StringManipulation                Enabled
  23 ThreadLocalStorage                Enabled
  24 User32                            Enabled
  25 User32StringExports               Enabled
  26 Version                           Enabled
  27 WinSock2                          Enabled
```

익스포트된 NTDLL과 커널 구조체

크래시 덤프 분석이나 디버깅 세션에서 WinDbg 명령 dt를 사용하려 할 때 정확한 구조체 이름이 기억나지 않을 때가 있다. 이럴 땐 dt module!*처럼 와일드카드를 사용할 수 있다. 다음 예를 살펴보자.

```
0:000> dt ntdll!*
          ntdll!LIST_ENTRY64
          ntdll!LIST_ENTRY32
          ntdll!_ULARGE_INTEGER
          ntdll!_LIST_ENTRY
          ntdll!_IMAGE_NT_HEADERS
          ntdll!_IMAGE_FILE_HEADER
          ntdll!_IMAGE_OPTIONAL_HEADER
          ntdll!_IMAGE_NT_HEADERS
          ntdll!_LARGE_INTEGER
          ntdll!_LUID
          ntdll!_KPRCB
          ntdll!_KTHREAD
          ntdll!_KPROCESSOR_STATE
          ntdll!_KSPIN_LOCK_QUEUE
          ntdll!_KNODE
          ntdll!_PP_LOOKASIDE_LIST
          ntdll!_KPRCB
          ntdll!_KDPC_DATA
          ntdll!_KEVENT
          ntdll!_KDPC
          ntdll!_SINGLE_LIST_ENTRY
          ntdll!_FX_SAVE_AREA
          ntdll!_PROCESSOR_POWER_STATE
          ntdll!_KPRCB
          ntdll!_KPCR
          ntdll!_NT_TIB
          ntdll!_EXCEPTION_REGISTRATION_RECORD
          ntdll!_KIDTENTRY
          ntdll!_KGDTENTRY
          ntdll!_KTSS
          ntdll!_KPCR
          ntdll!_KAPC
          ntdll!_SINGLE_LIST_ENTRY
          ntdll!_KDPC_IMPORTANCE
          ntdll!_KDPC
```

ntdll!_DISPATCHER_HEADER
ntdll!_KAPC_STATE
ntdll!_KWAIT_BLOCK
ntdll!_KGATE
ntdll!_KQUEUE
ntdll!_KTIMER
ntdll!_KTRAP_FRAME
ntdll!_KPROCESS
ntdll!_KSEMAPHORE
ntdll!_KTHREAD
ntdll!_KSPIN_LOCK_QUEUE_NUMBER
ntdll!_FAST_MUTEX
ntdll!_SLIST_HEADER
ntdll!_NPAGED_LOOKASIDE_LIST
ntdll!_GENERAL_LOOKASIDE
ntdll!_NPAGED_LOOKASIDE_LIST
ntdll!_PAGED_LOOKASIDE_LIST
ntdll!_PP_NPAGED_LOOKASIDE_NUMBER
ntdll!_POOL_TYPE
ntdll!_GENERAL_LOOKASIDE
ntdll!_EX_RUNDOWN_REF
ntdll!_EX_FAST_REF
ntdll!_EX_PUSH_LOCK
ntdll!_EX_PUSH_LOCK_WAIT_BLOCK
ntdll!_EX_PUSH_LOCK_CACHE_AWARE
ntdll!_ETHREAD
ntdll!_TERMINATION_PORT
ntdll!_CLIENT_ID
ntdll!_PS_IMPERSONATION_INFORMATION
ntdll!_DEVICE_OBJECT
ntdll!_EPROCESS
ntdll!_ETHREAD
ntdll!_HANDLE_TABLE
ntdll!_KGUARDED_MUTEX
ntdll!_MM_AVL_TABLE
ntdll!_EJOB
ntdll!_EPROCESS_QUOTA_BLOCK
ntdll!_PAGEFAULT_HISTORY
ntdll!_HARDWARE_PTE_X86

ntdll!_PEB
ntdll!_SE_AUDIT_PROCESS_CREATION_INFO
ntdll!_MMSUPPORT
ntdll!_EPROCESS
ntdll!_OBJECT_HEADER
ntdll!_OBJECT_TYPE
ntdll!_OBJECT_CREATE_INFORMATION
ntdll!_QUAD
ntdll!_OBJECT_HEADER
ntdll!_OBJECT_HEADER_QUOTA_INFO
ntdll!_OBJECT_HEADER_HANDLE_INFO
ntdll!_OBJECT_HANDLE_COUNT_DATABASE
ntdll!_OBJECT_HANDLE_COUNT_ENTRY
ntdll!_OBJECT_HEADER_HANDLE_INFO
ntdll!_OBJECT_HEADER_NAME_INFO
ntdll!_OBJECT_DIRECTORY
ntdll!_UNICODE_STRING
ntdll!_OBJECT_HEADER_NAME_INFO
ntdll!_OBJECT_HEADER_CREATOR_INFO
ntdll!_OBJECT_ATTRIBUTES
ntdll!_ERESOURCE
ntdll!_OBJECT_TYPE_INITIALIZER
ntdll!_OBJECT_TYPE
ntdll!_OBJECT_HANDLE_INFORMATION
ntdll!_PERFINFO_GROUPMASK
ntdll!_KGUARDED_MUTEX
ntdll!_DISPATCHER_HEADER
ntdll!_PF_SCENARIO_TYPE
ntdll!_HANDLE_TRACE_DEBUG_INFO
ntdll!_HANDLE_TABLE
ntdll!_KWAIT_BLOCK
ntdll!_MMSUPPORT_FLAGS
ntdll!_MMWSL
ntdll!_MMSUPPORT
ntdll!_EPROCESS_QUOTA_ENTRY
ntdll!_EPROCESS_QUOTA_BLOCK
ntdll!_UNICODE_STRING
ntdll!_NT_TIB
ntdll!_PS_JOB_TOKEN_FILTER

ntdll!_IO_COUNTERS
ntdll!_EJOB
ntdll!_PEB_LDR_DATA
ntdll!_RTL_USER_PROCESS_PARAMETERS
ntdll!_RTL_CRITICAL_SECTION
ntdll!_PEB_FREE_BLOCK
ntdll!_ACTIVATION_CONTEXT_DATA
ntdll!_ASSEMBLY_STORAGE_MAP
ntdll!_PEB
ntdll!_KGATE
ntdll!_IMAGE_FILE_HEADER
ntdll!_RTL_STACK_TRACE_ENTRY
ntdll!_PEB_FREE_BLOCK
ntdll!_KSPIN_LOCK_QUEUE
ntdll!_PP_LOOKASIDE_LIST
ntdll!_KEXECUTE_OPTIONS
ntdll!_KPROCESS
ntdll!_PEB_LDR_DATA
ntdll!_DPH_BLOCK_INFORMATION
ntdll!_SECURITY_IMPERSONATION_LEVEL
ntdll!_PS_IMPERSONATION_INFORMATION
ntdll!_EPROCESS_QUOTA_ENTRY
ntdll!_FNSAVE_FORMAT
ntdll!_FX_SAVE_AREA
ntdll!PROCESSOR_IDLE_TIMES
ntdll!PROCESSOR_PERF_STATE
ntdll!_PROCESSOR_POWER_STATE
ntdll!_IO_COUNTERS
ntdll!_KiIoAccessMap
ntdll!_KTSS
ntdll!_KIDTENTRY
ntdll!_MMSUPPORT_FLAGS
ntdll!_HEAP
ntdll!_HEAP_ENTRY
ntdll!_HEAP_TAG_ENTRY
ntdll!_HEAP_UCR_SEGMENT
ntdll!_HEAP_UNCOMMMTTED_RANGE
ntdll!_HEAP_SEGMENT
ntdll!_HFAP_PSEUDO_TAG ENTRY

```
ntdll!_HEAP_LOCK
ntdll!_HEAP
ntdll!_TERMINATION_PORT
ntdll!LSA_FOREST_TRUST_RECORD_TYPE
ntdll!_HEAP_UNCOMMMTTED_RANGE
ntdll!_OBJECT_HANDLE_COUNT_DATABASE
ntdll!_FNSAVE_FORMAT
ntdll!PROCESSOR_PERF_STATE
ntdll!PROCESSOR_IDLE_TIMES
ntdll!_HANDLE_TRACE_DB_ENTRY
ntdll!_HANDLE_TRACE_DEBUG_INFO
ntdll!_PROCESS_WS_WATCH_INFORMATION
ntdll!_PAGEFAULT_HISTORY
ntdll!_SECURITY_QUALITY_OF_SERVICE
ntdll!_OBJECT_CREATE_INFORMATION
ntdll!_MMADDRESS_NODE
ntdll!_MM_AVL_TABLE
ntdll!_HARDWARE_PTE_X86
ntdll!_HEAP_ENTRY
ntdll!_GENERIC_MAPPING
ntdll!_OBJECT_DUMP_CONTROL
ntdll!_OB_OPEN_REASON
ntdll!_ACCESS_STATE
ntdll!_SECURITY_OPERATION_CODE
ntdll!_OBJECT_NAME_INFORMATION
ntdll!_OBJECT_TYPE_INITIALIZER
ntdll!_LARGE_INTEGER
ntdll!_RTL_TRACE_BLOCK
ntdll!_HEAP_UCR_SEGMENT
ntdll!_KEXECUTE_OPTIONS
ntdll!_OWNER_ENTRY
ntdll!_ERESOURCE
ntdll!_GENERIC_MAPPING
ntdll!_SID_AND_ATTRIBUTES
ntdll!_LUID_AND_ATTRIBUTES
ntdll!_PS_JOB_TOKEN_FILTER
ntdll!_MEMORY_CACHING_TYPE_ORIG
ntdll!_KiIoAccessMap
ntdll!_EXCEPTION_DISPOSITION
```

ntdll!_EXCEPTION_RECORD
ntdll!_CONTEXT
ntdll!_EXCEPTION_REGISTRATION_RECORD
ntdll!_DRIVER_OBJECT
ntdll!_IRP
ntdll!_IO_TIMER
ntdll!_VPB
ntdll!_WAIT_CONTEXT_BLOCK
ntdll!_KDEVICE_QUEUE
ntdll!_DEVOBJ_EXTENSION
ntdll!_DEVICE_OBJECT
ntdll!_PROCESS_WS_WATCH_INFORMATION
ntdll!_SECURITY_QUALITY_OF_SERVICE
ntdll!_FLOATING_SAVE_AREA
ntdll!_CONTEXT
ntdll!_IMAGE_DATA_DIRECTORY
ntdll!_IMAGE_OPTIONAL_HEADER
ntdll!_KUSER_SHARED_DATA
ntdll!_KSYSTEM_TIME
ntdll!_NT_PRODUCT_TYPE
ntdll!_ALTERNATIVE_ARCHITECTURE_TYPE
ntdll!_KUSER_SHARED_DATA
ntdll!_QUAD
ntdll!_KAPC_STATE
ntdll!_MODE
ntdll!_HEAP_PSEUDO_TAG_ENTRY
ntdll!_RTL_CRITICAL_SECTION_DEBUG
ntdll!_RTL_CRITICAL_SECTION
ntdll!_HEAP_SEGMENT
ntdll!_KTRAP_FRAME
ntdll!_KGDTENTRY
ntdll!_KDEVICE_QUEUE_ENTRY
ntdll!_IO_ALLOCATION_ACTION
ntdll!_WAIT_CONTEXT_BLOCK
ntdll!_KTIMER
ntdll!_MDL
ntdll!_IO_STATUS_BLOCK
ntdll!_IO_STACK_LOCATION
ntdll!_FILE_OBJECT

ntdll!_IRP
ntdll!_VPB
ntdll!_KOBJECTS
ntdll!_KSEMAPHORE
ntdll!_MMADDRESS_NODE
ntdll!_CURDIR
ntdll!_RTL_DRIVE_LETTER_CURDIR
ntdll!_RTL_USER_PROCESS_PARAMETERS
ntdll!_OWNER_ENTRY
ntdll!_SE_AUDIT_PROCESS_CREATION_INFO
ntdll!_OBJECT_HANDLE_COUNT_ENTRY
ntdll!_CLIENT_ID
ntdll!_RTL_TRACE_DATABASE
ntdll!_RTL_TRACE_SEGMENT
ntdll!_RTL_TRACE_DATABASE
ntdll!_HEAP_LOCK
ntdll!_HANDLE_TRACE_DB_ENTRY
ntdll!ReplacesCorHdrNumericDefines
ntdll!_MEMORY_TYPE
ntdll!_IO_TIMER
ntdll!_FXSAVE_FORMAT
ntdll!_OBJECT_DIRECTORY_ENTRY
ntdll!_DEVICE_MAP
ntdll!_OBJECT_DIRECTORY
ntdll!_STACK_TRACE_DATABASE
ntdll!_KDPC_DATA
ntdll!_STRING
ntdll!_RTL_DRIVE_LETTER_CURDIR
ntdll!_SID_AND_ATTRIBUTES
ntdll!_DPH_HEAP_ROOT
ntdll!_DPH_HEAP_BLOCK
ntdll!_RTL_AVL_TABLE
ntdll!_DPH_HEAP_ROOT
ntdll!_DEVICE_OBJECT_POWER_EXTENSION
ntdll!_DEVOBJ_EXTENSION
ntdll!_FLOATING_SAVE_AREA
ntdll!_KSYSTEM_TIME
ntdll!_KQUEUE
ntdll!_RTL_BALANCED_LINKS

ntdll!_RTL_GENERIC_COMPARE_RESULTS
ntdll!_RTL_AVL_TABLE
ntdll!_HEAP_TAG_ENTRY
ntdll!_RTL_CRITICAL_SECTION_DEBUG
ntdll!_MDL
ntdll!_DPH_HEAP_BLOCK
ntdll!_PS_QUOTA_TYPE
ntdll!_flags
ntdll!_KNODE
ntdll!_LDR_DATA_TABLE_ENTRY
ntdll!_ACTIVATION_CONTEXT
ntdll!_LDR_DATA_TABLE_ENTRY
ntdll!_TEB
ntdll!_ACTIVATION_CONTEXT_STACK
ntdll!_GDI_TEB_BATCH
ntdll!_TEB_ACTIVE_FRAME
ntdll!_TEB
ntdll!_KEVENT
ntdll!_IO_STATUS_BLOCK
ntdll!_RTL_TRACE_SEGMENT
ntdll!_SECURITY_SUBJECT_CONTEXT
ntdll!_INITIAL_PRIVILEGE_SET
ntdll!_PRIVILEGE_SET
ntdll!_ACCESS_STATE
ntdll!_KSPECIAL_REGISTERS
ntdll!_KPROCESSOR_STATE
ntdll!_STRING
ntdll!_flags
ntdll!_REG_NOTIFY_CLASS
ntdll!_OBJECT_DUMP_CONTROL
ntdll!_SECURITY_SUBJECT_CONTEXT
ntdll!_RTL_ACTIVATION_CONTEXT_STACK_FRAME
ntdll!_ACTIVATION_CONTEXT_STACK
ntdll!_MMSYSTEM_PTE_POOL_TYPE
ntdll!_KDEVICE_QUEUE
ntdll!_LUID_AND_ATTRIBUTES
ntdll!_EXCEPTION_RECORD
ntdll!_INITIAL_PRIVILEGE_SET
ntdll!_TEB_ACTIVE_FRAME_CONTEXT

ntdll!_TEB_ACTIVE_FRAME
ntdll!_OBJECT_NAME_INFORMATION
ntdll!_SECTION_OBJECT_POINTERS
ntdll!_IO_COMPLETION_CONTEXT
ntdll!_FILE_OBJECT
ntdll!_IO_COMPLETION_CONTEXT
ntdll!_DRIVER_EXTENSION
ntdll!_FAST_IO_DISPATCH
ntdll!_DRIVER_OBJECT
ntdll!_IO_CLIENT_EXTENSION
ntdll!_FS_FILTER_CALLBACKS
ntdll!_DRIVER_EXTENSION
ntdll!_TEB_ACTIVE_FRAME_CONTEXT
ntdll!_IMAGE_DATA_DIRECTORY
ntdll!_CURDIR
ntdll!_GDI_TEB_BATCH
ntdll!_RTL_BALANCED_LINKS
ntdll!_KDEVICE_QUEUE_ENTRY
ntdll!_SECTION_OBJECT_POINTERS
ntdll!_IO_CLIENT_EXTENSION
ntdll!_IO_SECURITY_CONTEXT
ntdll!_NAMED_PIPE_CREATE_PARAMETERS
ntdll!_MAILSLOT_CREATE_PARAMETERS
ntdll!_FILE_INFORMATION_CLASS
ntdll!_FSINFOCLASS
ntdll!_SCSI_REQUEST_BLOCK
ntdll!_FILE_GET_QUOTA_INFORMATION
ntdll!_DEVICE_RELATION_TYPE
ntdll!_GUID
ntdll!_INTERFACE
ntdll!_DEVICE_CAPABILITIES
ntdll!_IO_RESOURCE_REQUIREMENTS_LIST
ntdll!BUS_QUERY_ID_TYPE
ntdll!DEVICE_TEXT_TYPE
ntdll!_DEVICE_USAGE_NOTIFICATION_TYPE
ntdll!_SYSTEM_POWER_STATE
ntdll!_POWER_SEQUENCE
ntdll!_POWER_STATE_TYPE
ntdll!_POWER_STATE

ntdll!POWER_ACTION
ntdll!_CM_RESOURCE_LIST
ntdll!_IO_STACK_LOCATION
ntdll!_INTERFACE
ntdll!_DEVICE_POWER_STATE
ntdll!_POWER_STATE
ntdll!_FS_FILTER_CALLBACK_DATA
ntdll!_FS_FILTER_CALLBACKS
ntdll!_DEVICE_MAP
ntdll!_INTERFACE_TYPE
ntdll!_IO_RESOURCE_LIST
ntdll!_IO_RESOURCE_REQUIREMENTS_LIST
ntdll!_SID
ntdll!_FILE_GET_QUOTA_INFORMATION
ntdll!_FS_FILTER_PARAMETERS
ntdll!_FS_FILTER_CALLBACK_DATA
ntdll!_FILE_BASIC_INFORMATION
ntdll!_FILE_STANDARD_INFORMATION
ntdll!_FILE_NETWORK_OPEN_INFORMATION
ntdll!_COMPRESSED_DATA_INFO
ntdll!_FAST_IO_DISPATCH
ntdll!_FILE_BASIC_INFORMATION
ntdll!_PRIVILEGE_SET
ntdll!_DESCRIPTOR
ntdll!_KSPECIAL_REGISTERS
ntdll!_RTL_ACTIVATION_CONTEXT_STACK_FRAME
ntdll!_MAILSLOT_CREATE_PARAMETERS
ntdll!_NAMED_PIPE_CREATE_PARAMETERS
ntdll!_IO_RESOURCE_DESCRIPTOR
ntdll!_IO_RESOURCE_LIST
ntdll!_FILE_NETWORK_OPEN_INFORMATION
ntdll!_CM_FULL_RESOURCE_DESCRIPTOR
ntdll!_CM_RESOURCE_LIST
ntdll!_POWER_SEQUENCE
ntdll!_IO_RESOURCE_DESCRIPTOR
ntdll!_FS_FILTER_SECTION_SYNC_TYPE
ntdll!_FS_FILTER_PARAMETERS
ntdll!_COMPRESSED_DATA_INFO
ntdll!_FILE_STANDARD_INFORMATION

```
ntdll!_DESCRIPTOR
ntdll!_GUID
ntdll!_SID_IDENTIFIER_AUTHORITY
ntdll!_SID
ntdll!_SID_IDENTIFIER_AUTHORITY
ntdll!_CM_PARTIAL_RESOURCE_LIST
ntdll!_CM_FULL_RESOURCE_DESCRIPTOR
ntdll!_DEVICE_CAPABILITIES
ntdll!_CM_PARTIAL_RESOURCE_DESCRIPTOR
ntdll!_CM_PARTIAL_RESOURCE_LIST
ntdll!_CM_PARTIAL_RESOURCE_DESCRIPTOR
ntdll!__unnamed
```

출력 결과에 많은 구조체가 두 번씩 열거돼 있다. 사실 그것들 모두는 두 번씩 나타나고 많은 __unnamed(출력을 편집해 제거했다)가 있다. 비주얼 스튜디오는 DIA SDK_{Debug Interface Access SDK}를 포함하고 PDB 파일을 덤프하려고 DIA2Dump 샘플을 빌드할 수도 있다. 유감스럽게도 이 툴 역시 어떤 힌트도 없이 두 번씩 보여준다.

```
UDT      : LIST_ENTRY32
Data     : this+0x0, Member, Type: unsigned long, Flink
Data     : this+0x4, Member, Type: unsigned long, Blink
UDT      : LIST_ENTRY32
Data     : this+0x0, Member, Type: unsigned long, Flink
Data     : this+0x4, Member, Type: unsigned long, Blink
```

__unnamed 데이터 타입은 공용체union 형식이다. 다음 예를 보자.

```
0:000> dt -r _ULARGE_INTEGER
   +0x000 LowPart        : Uint4B
   +0x004 HighPart       : Uint4B
   +0x000 u              : __unnamed
      +0x000 LowPart        : Uint4B
      +0x004 HighPart       : Uint4B
   +0x000 QuadPart  : Uint8B
```

winnt.h에 있는 정의와 비교해보자.

```
typedef union _ULARGE_INTEGER
{
   struct
   {
      DWORD LowPart;
      DWORD HighPart;
   };
   struct
   {
      DWORD LowPart;
      DWORD HighPart;
   } u;
   ULONGLONG QuadPart;
} ULARGE_INTEGER, *PULARGE_INTEGER;
```

간단한 리스트 탐색

WinDbg의 dt 명령을 링크드 리스트linked list 탐색에 사용할 수도 있다. 많은 구조체가 LIST_ENTRY를 첫 번째 멤버로 갖고 있고 !list 명령보다 dt 명령이 사용하기 더 쉽다. 다음 예를 살펴보자.

```
0:000> dt _MYBIGSTRUCTURE
   +0x000 Links : _LIST_ENTRY
   ...
   +0x080 SomeName : [33] Uint2B

0:000> dd component!MyBigStructureListHead l1
01022cd0    0007fe58

0:000> .enable_unicode 1
```

다음 명령은 구조체의 전체 리스트를 출력한다.

```
0:000> dt _MYBIGSTRUCTURE -l Links.Flink 0007fe58
```

다음 명령은 SomeName 멤버의 목록을 출력한다.

```
0:000> dt _MYBIGSTRUCTURE -l Links.Flink -y SomeName 0007fe58
Links.Flink at 0x7fe58
   +0x000 Links    :  [ 0x8e090 - 0x1022cd0 ]
   +0x080 SomeName :  [33] "Foo"
Links.Flink at 0x8e090
   +0x000 Links    :  [ 0x913f8 - 0x7fe58 ]
   +0x080 SomeName :  [33] "Bar"
```

정확한 멤버 이름을 기억하지 못한다면 이름의 일부만을 지정할 수도 있다. 어떤 멤버라도 매치되면 나타날 것이다.

```
0:000> dt _MYBIGSTRUCTURE -l Links.Flink -y S 0007fe58
```

그렇지만 LIST_ENTRY가 구조체의 첫 번째 멤버가 아니라면 옵셋을 빼줄 필요가 있다. 다음 예를 살펴보자.

```
kd> dd nt!PsActiveProcessHead l1
808af068  85fa48b0

kd> dt _EPROCESS
   +0x000 Pcb                : _KPROCESS
   +0x078 ProcessLock        : _EX_PUSH_LOCK
   +0x080 CreateTime         : _LARGE_INTEGER
   +0x088 ExitTime           : _LARGE_INTEGER
   +0x090 RundownProtect     : _EX_RUNDOWN_REF
   +0x094 UniqueProcessId    : Ptr32 Void
   +0x098 ActiveProcessLinks : _LIST_ENTRY

kd> dt _EPROCESS -l ActiveProcessLinks.Flink -y ImageFileName 85fa48b0-0x98
ActiveProcessLinks.Flink at 0x85fa4818
   +0x098 ActiveProcessLinks : [ 0x85d1ce20 - 0x808af068 ]
```

```
        +0x164 ImageFileName : [16] "System"
ActiveProcessLinks.Flink at 0x85d1cd88
        +0x098 ActiveProcessLinks : [ 0x85dba6b8 - 0x85fa48b0 ]
        +0x164 ImageFileName : [16] "smss.exe"
ActiveProcessLinks.Flink at 0x85dba620
        +0x098 ActiveProcessLinks : [ 0x858d20b8 - 0x85d1ce20 ]
        +0x164 ImageFileName : [16] "csrss.exe"
ActiveProcessLinks.Flink at 0x858d2020
        +0x098 ActiveProcessLinks : [ 0x858c20b8 - 0x85dba6b8 ]
        +0x164 ImageFileName : [16] "winlogon.exe"
ActiveProcessLinks.Flink at 0x858c2020
        +0x098 ActiveProcessLinks : [ 0x8589f0b8 - 0x858d20b8 ]
        +0x164 ImageFileName : [16] "services.exe"
```

LIST_ENTRY 대신 전형적인 싱글 리스트 전위 포인터가 포함돼 있는 다른 예를 살펴보자.

```
0:000> !teb
TEB at 7FFDE000
    ExceptionList:      6fc54
    Stack Base:         70000
    Stack Limit:        6d000
    SubSystemTib:       0
    FiberData:          1e00
    ArbitraryUser:      0
    Self:               7ffde000
    EnvironmentPtr:     0
    ClientId:           22c.228
    Real ClientId:      22c.228
    RpcHandle:          0
    Tls Storage:        742b8
    PEB Address:        7ffdf000
    LastErrorValue:     997
    LastStatusValue:    103
    Count Owned Locks:  0
    HardErrorsMode:     0

0:000> dt -r _TEB
```

```
   +0x000 NtTib : _NT_TIB
      +0x000 ExceptionList : Ptr32 _EXCEPTION_REGISTRATION_RECORD
         +0x000 Next : Ptr32 _EXCEPTION_REGISTRATION_RECORD
         +0x004 Handler : Ptr32
      +0x004 StackBase : Ptr32 Void
      +0x008 StackLimit : Ptr32 Void
      +0x00c SubSystemTib : Ptr32 Void
      +0x010 FiberData : Ptr32 Void
      +0x010 Version : Uint4B
      +0x014 ArbitraryUserPointer : Ptr32 Void
      +0x018 Self : Ptr32 _NT_TIB

0:000> dt _EXCEPTION_REGISTRATION_RECORD -l Next 7FFDE000
Next at 0x7ffde000
   +0x000 Next : 0x0006fc54 _EXCEPTION_REGISTRATION_RECORD
   +0x004 Handler : 0x00070000 +70000
Next at 0x6fc54
   +0x000 Next : 0x0006fcfc _EXCEPTION_REGISTRATION_RECORD
   +0x004 Handler : 0x7c5c1f44 KERNEL32!_except_handler3+0
Next at 0x6fcfc
   +0x000 Next : 0x0006ff5c _EXCEPTION_REGISTRATION_RECORD
   +0x004 Handler : 0x7c2e5649 ADVAPI32!_except_handler3+0
Next at 0x6ff5c
   +0x000 Next : 0x0006ffb0 _EXCEPTION_REGISTRATION_RECORD
   +0x004 Handler : 0x7c2e5649 ADVAPI32!_except_handler3+0
Next at 0x6ffb0
   +0x000 Next : 0x0006ffe0 _EXCEPTION_REGISTRATION_RECORD
   +0x004 Handler : 0x01015878 component!_except_handler3+0
Next at 0x6ffe0
   +0x000 Next : 0xffffffff _EXCEPTION_REGISTRATION_RECORD
   +0x004 Handler : 0x7c5c1f44 KERNEL32!_except_handler3+0
```

스레드 일시 중지

라이브 커널 디버깅 세션에서 스레드를 일시 중지하면 디버깅이나 경쟁 조건 이슈race condition issue를 재생산하는 데 유용하다. 예를 들어 다른 스레드가 작업을 조기 종료하는 것에 의존하는 스레드가 있다고 하자. 가끔씩 매우 드물게 첫 번째 스레드가 기대하고 있는 시점 이후에 종료된다.

이 경쟁 조건을 모형으로 만들려면 단순히 두 번째 스레드 작업 함수의 프롤로그 코드를 ret 인스트럭션으로 패치하기만 하면 된다. 이것은 스레드를 일시 중지시키는 것과 동일한 효과를 가진다. 따라서 스레드는 필요한 데이터를 생산할 수가 없다.

> 참고 ~n(일시 중지)와 ~f(멈춤)은 유저 모드 라이브 디버깅에서만 가능하다.

힙 스택 트레이스

어떤 서비스나 애플리케이션을 위해 윈도우 2003 서버에서 유저 모드 스택 트레이스 DB를 활성화하고 크래시 덤프를 얻은 후 !heap 익스텐션 명령을 사용해 저장된 스택 트레이스를 얻으려 하면 다음과 같은 에러가 나타날 것이다.

```
0:000> !heap -k -h 000a0000
    Heap entries for Segment00 in Heap 000a0000
        000a0c50: 00c50 . 00040 [01] - busy (40)
        000a0c90: 00040 . 01818 [07] - busy (1800), tail fill - unable to read
heap entry extra at 000a24a0
        000a24a8: 01818 . 00030 [07] - busy (18), tail fill - unable to read heap
entry extra at 000a24d0
        000a24d8: 00030 . 005a0 [07] - busy (588), tail fill - unable to read
heap entry extra at 000a2a70
```

해결 방법은 윈도우 2000의 익스텐션 명령인 ntsdexts.dll을 사용하는 것이다.

```
0:000> !.\w2kfre\ntsdexts.heap -k -h 000a0000
Stack trace (12) at 1021bfc:
    7c85fc22: ntdll!RtlAllocateHeapSlowly+0×00000041
    7c81d4df: ntdll!RtlAllocateHeap+0×00000E9F
    7c83467a: ntdll!LdrpAllocateUnicodeString+0×00000035
    7c8354f4: ntdll!LdrpCopyUnicodeString+0×00000031
```

```
7c83517b: ntdll!LdrpResolveDllName+0x00000195
7c834b2a: ntdll!LdrpMapDll+0x0000014F
7c837474: ntdll!LdrpLoadImportModule+0x0000017C
7c837368: ntdll!LdrpHandleOneNewFormatImportDescriptor+0x0000004D
7c837317: ntdll!LdrpHandleNewFormatImportDescriptors+0x0000001D
7c837441: ntdll!LdrpWalkImportDescriptor+0x00000195
7c80f560: ntdll!LdrpInitializeProcess+0x00000E3E
7c80ea0b: ntdll!_LdrpInitialize+0x000000D0
7c82ec2d: ntdll!KiUserApcDispatcher+0x00000025
```

> **참고** 다음 주소에 유저 모드 스택 트레이스 DB를 활성화하는 사례가 있다.
>
> http://support.citrix.com/article/CTX106970

⊕ 하이퍼텍스트 명령

WinDbg의 최근 버전은 RichEdit 커맨드 윈도우에서 구문 강조syntax highlighting와 일종의 하이퍼링크를 제공한다.

WindowHistory의 툴팁은 윈도우 클래스를 보여준다.

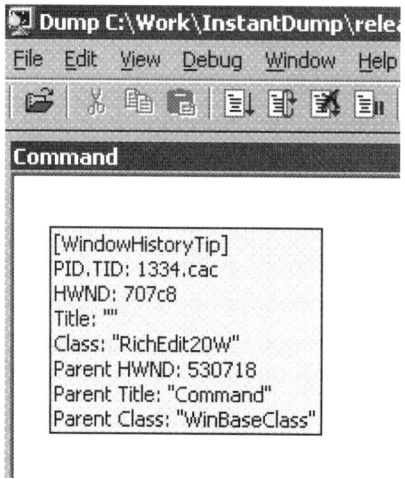

또 디버거 마크업 랭귀지(DML)와 장점을 활용할 수 있는 새로운 명령이 있다. 자세한 내용은 Debugging Tools for Windows 폴더에 있는 dml.doc를 참조하라. 몇 가지 명령의 출력을 살펴보자(WinDbg는 포맷팅 정보의 복사/붙여넣기를 허용하지 않는 RichEdit의 변형을 사용하므로 스크린샷으로 넣었다).

!dml_proc

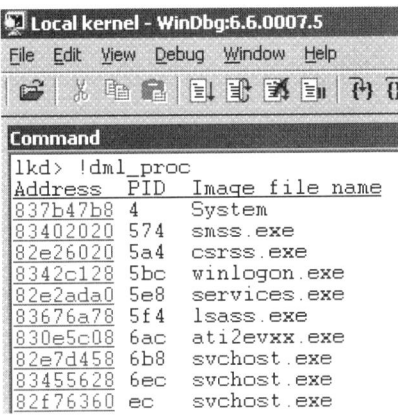

프로세스 링크를 클릭해 스레드 목록을 얻을 수 있다.

콜 스택call stack을 보기 위해 Full details 링크를 클릭하거나 개별 스레드 링크를 클릭할 수 있다. user-mode state 링크를 선택하면 자동으로 프로세스 컨텍스트로 전환할 수 있다(컴플리트 메모리 덤프를 분석할 때 유용하다).

```
kd> .process /p /r 0x8342c128
Implicit process is now 8342c128
Loading User Symbols
```

또 프레임과 지역변수를 매우 쉽게 살펴볼 수 있다.

```
0:000> !dml_proc
DbgId  PID    Image file name
0      15c4   C:\WINDOWS\system32\notepad.exe
0:000> !dml_proc 0x0
DbgId  PID    Image file name
0      15c4   C:\WINDOWS\system32\notepad.exe

Threads:
   DbgId  TID    Name (if available)
   0      b80    <No name>
```

스레드 이름(여기선 <No name>)을 클릭하면 그것의 컨텍스트를 얻을 수 있다.

```
0:000> ~[0x0]s;kM
eax=00000000 ebx=0005076c ecx=0007fefc edx=7c90eb94
eip=7c90eb94 esp=0007febc ebp=0007fed8 iopl=0
cs=001b  ss=0023  ds=0023  es=0023  fs=003b  gs=0000
ntdll!KiFastSystemCallRet:
7c90eb94 c3              ret
 # ChildEBP RetAddr
00 0007feb8 77d491be ntdll!KiFastSystemCallRet
01 0007fed8 01002a1b USER32!NtUserGetMessage+0xc
02 0007ff1c 01007511 notepad!WinMain+0xe5
03 0007ffc0 7c816fd7 notepad!WinMainCRTStartup+0x174
04 0007fff0 00000000 kernel32!BaseProcessStart+0x23
```

숫자를 클릭해 영역을 설정하면 지역변수를 보여준다(전체 PDB 파일이 있는 경우).

```
0:000> .frame 1;dv
01 0007fed8 01002a1b USER32!NtUserGetMessage+0xc
0:000> .frame 3;dv
03 0007ffc0 7c816fd7 notepad!WinMainCRTStartup+0x174
```

비슷한 명령으로 kM이 있다.

```
0:000> kM
 # ChildEBP RetAddr
00 0007feb8 77d491be ntdll!KiFastSystemCallRet
01 0007fed8 01002a1b USER32!NtUserGetMessage+0xc
02 0007ff1c 01007511 notepad!WinMain+0xe5
03 0007ffc0 7c816fd7 notepad!WinMainCRTStartup+0x174
04 0007fff0 00000000 kernel32!BaseProcessStart+0x23
```

유용한 명령으로 쉽게 모듈을 살필 수 있는 lmD도 있다.

```
0:000> lmD
start    end      module name
01000000 01014000 notepad    (pdb symbols)
20000000 2000d000 LvHook     (deferred)
5ad70000 5ada8000 UxTheme    (deferred)
5cb70000 5cb96000 ShimEng    (deferred)
63000000 63014000 SynTPFcs   (deferred)
6f880000 6fa4a000 AcGenral   (deferred)
73000000 73026000 WINSPOOL   (deferred)
74720000 7476b000 MSCTF      (deferred)
763b0000 763f9000 comdlg32   (deferred)
769c0000 76a73000 USERENV    (deferred)
76b40000 76b6d000 WINMM      (deferred)
77120000 771ac000 OLEAUT32   (deferred)
773d0000 774d3000 COMCTL32   (deferred)
774e0000 7761d000 ole32      (deferred)
77be0000 77bf5000 MSACM32    (deferred)
77c00000 77c08000 VERSION    (deferred)
77c10000 77c68000 msvcrt     (deferred)
77d40000 77dd0000 USER32     (pdb symbols)
77dd0000 77e6b000 ADVAPI32   (deferred)
77e70000 77f01000 RPCRT4     (deferred)
77f10000 77f57000 GDI32      (deferred)
77f60000 77fd6000 SHLWAPI    (deferred)
7c800000 7c8f4000 kernel32   (pdb symbols)
7c900000 7c9b0000 ntdll      (pdb symbols)
7c9c0000 7d1d5000 SHELL32    (deferred)
0:000> lmvmShimEng
start    end      module name
5cb70000 5cb96000 ShimEng    (deferred)
    Image path: C:\WINDOWS\system32\ShimEng.dll
    Image name: ShimEng.dll
    Timestamp:        Wed Aug 04 08:56:42 2004
    CheckSum:         00018581
    ImageSize:        00026000
    File version:     5.1.2600.2180
    Product version:  5.1.2600.2180
    File flags:       0 (Mask 3F)
    File OS:          40004 NT Win32
    File type:        2.0 Dll
    File date:        00000000.00000000
    Translations:     0409.04b0
    CompanyName:      Microsoft Corporation
    ProductName:      Microsoft® Windows® Opera
    InternalName:     Shim Engine DLL (IAT)
```

행 분석을 빠르게

구글 검색 결과는 훌륭한 !analyze -v 명령에 추가 인자(-hang)가 가끔 사용됨을 보여준다. 이것은 덤프를 수동으로 생성했는데, !analyze -v 명령이 어떤 예외도 보고하지 않을 때와 이어지는 ~*kv 출력 결과를 눈으로 쭉 살펴봤을 때 어떤 의심스러운 점도 보이지 않을 때 숨겨진 예외를 이끌어내는 데 사용할 수 있다.

```
!analyze -hang -v
```

크래시 덤프에 복합적인 행 조건hang condition이 있을 수 있으므로 명령을 실행하고 난 후 !locks 명령으로 더블 체크해야만 한다.

같은 인자를 커널 메모리 덤프에도 사용할 수 있다. 그러나 ERESOURCE 락(!locks)과 커널 스레드(!stacks), DPC 큐(!dpcs)를 수동으로 더블 체크할 것을 강력하게 권한다.

삼중 역참조

dpp 같은 WinDbg 명령은 다음과 같은 이중 역참조double dereference를 허용한다.

```
pointer *pointer **pointer
```

예를 들면 다음과 같다.

```
0:000> dpp 004015a2
004015a2 00405068 7c80929c kernel32!GetTickCount
```

가끔씩 메모리 범위에서 삼중(또는 사중) 역참조가 필요한 경우가 있다. 이땐 WinDbg 스크립트를 사용할 수 있다. 핵심은 d* 명령(dd, dps 등)의 마지막 값을 나타내는 $p 의사 레지스터를 사용하는 것이다.

```
.for (r $t0=00000000`004015a2, $t1=4; @$t1 >= 0; r $t1=$t1-1,
$t0=$t0+$ptrsize) { dps @$t0 l1; dps $p l1; dps $p l1; .printf "\n" }
```

$t0와 $t1은 메모리 블록의 시작 주소(64비트 포맷을 사용)와 표시할 삼중 역참조 개수를 저장하는 의사 레지스터다. $ptrsize는 포인터 크기다. 스크립트는 플랫폼 독립적이다(32비트/64비트 양쪽에 모두 사용될 수 있다).

```
004015a2  00405068 component!_imp__GetTickCount
00405068  7c80929c kernel32!GetTickCount
7c80929c  fe0000ba

004015a6  458df033
458df033  ????????
458df033  ????????

004015aa  15ff50f0
15ff50f0  ????????
15ff50f0  ????????

004015ae  00405064 component!_imp__QueryPerformanceCounter
00405064  7c80a427 kernel32!QueryPerformanceCounter
7c80a427  8b55ff8b

004015b2  33f4458b
33f4458b  ????????
33f4458b  ????????
```

사중 메모리 역참조가 필요하다면 dps @$t0 l1;을 .for 루프에 추가한다. dpp 명령이 단지 이중 역참조의 심볼 이름만 보여주는 것에 반해 이 스크립트는 첫 번째 역참조의 심볼 정보도 보여주므로 더 나아 보인다.

$p 의사 레지스터없이 poi 연산자를 사용하는 덜 우아한 버전도 있다. 그러나 유효하지 않은 메모리 참조로 인해 스크립트가 종료되는 것을 막기 위해 .catch 블록이 필요하다.

```
0:000> .for (r $t0=00000000`004015a2, $t1=4; @$t1 >= 0; r $t1=$t1-1,
$t0=$t0+$ptrsize) { .catch { dds $t0 l1; dds poi($t0) l1; dds
poi(poi($t0)) l1; }; .printf "\n" }

004015a2  00405068 component!_imp__GetTickCount
00405068  7c80929c kernel32!GetTickCount
7c80929c  fe0000ba

004015a6  458df033
```

```
458df033  ????????
Memory access error at ') '

004015aa  15ff50f0
15ff50f0  ????????
Memory access error at ') '

004015ae  00405064 component!_imp__QueryPerformanceCounter
00405064  7c80a427 kernel32!QueryPerformanceCounter
7c80a427  8b55ff8b

004015b2  33f4458b
33f4458b  ????????
Memory access error at ') '
```

!list 익스텐션 명령을 사용할 수도 있지만 포맷팅을 좀 더 해야 한다.

```
0:000> .for (r $t0=00000000`004015a2, $t1=4; @$t1 >= 0; r $t1=$t1-1,
$t0=$t0+$ptrsize) { .printf "%p:\n--------\n\n", $t0; !list -x "dds
@$extret l1" $t0; .printf "\n" }
004015a2:
---------
004015a2  00405068 component!_imp__GetTickCount
00405068  7c80929c kernel32!GetTickCount
7c80929c  fe0000ba
fe0000ba  ????????
Cannot read next element at fe0000ba
004015a6:
---------
004015a6  458df033
458df033  ????????

Cannot read next element at 458df033
004015aa:
---------
004015aa  15ff50f0
15ff50f0  ????????
Cannot read next element at 15ff50f0
```

```
004015ae:
---------
004015ae  00405064  component!_imp__QueryPerformanceCounter
00405064  7c80a427  kernel32!QueryPerformanceCounter
7c80a427  8b55ff8b
8b55ff8b  ????????
Cannot read next element at 8b55ff8b
004015b2:
---------
004015b2  33f4458b
33f4458b  ????????
Cannot read next element at 33f4458b
```

!list의 장점은 유효하지 않은 주소에 도달할 때까지 무한대로 포인터 역참조가 된다는 점이다.

건초 더미에서 바늘 찾기

프로세스의 고유한 스레드의 목록을 출력하기에 적당한 WinDbg 명령이 있다. 어떤 프로세스들은 ~*kv 명령으로 예외 항목을 찾아내기엔 스레드를 너무 많이 갖고 있다. 특히 대부분의 스레드가 LPC 응답을 기다리는 경우엔 더욱 그렇다. 이런 경우엔 !uniqstack 명령을 사용할 수 있다. 이 명령은 중복되지 않은 콜 스택을 가진 스레드를 열거한 후 중복된 스레드 번호를 열거한다.

```
0:046> !uniqstack
Processing 51 threads, please wait

.  0  Id: 1d50.1dc0 Suspend: 1 Teb: 7fffe000 Unfrozen
      Priority: 0 Priority class: 32
ChildEBP RetAddr
0012fbcc 7c821b84 ntdll!KiFastSystemCallRet
0012fbd0 77e4189f ntdll!NtReadFile+0xc
0012fc38 77f795ab kernel32!ReadFile+0x16c
0012fc64 77f7943c ADVAPI32!ScGetPipeInput+0x2a
0012fcd8 77f796c1 ADVAPI32!ScDispatcherLoop+0x51
0012ff3c 004018fb ADVAPI32!StartServiceCtrlDispatcherW+0xe3
```

```
...
...
...


.  26  Id: 1d50.44ec Suspend: 1 Teb: 7ffaf000 Unfrozen
       Priority: 1 Priority class: 32
ChildEBP RetAddr
0752fea0 7c822124 ntdll!KiFastSystemCallRet
0752fea4 77e6bad8 ntdll!NtWaitForSingleObject+0xc
0752ff14 77e6ba42 kernel32!WaitForSingleObjectEx+0xac
0752ff28 1b00999e kernel32!WaitForSingleObject+0x12
0752ff34 1b009966 msjet40!Semaphore::Wait+0xe
0752ff5c 1b00358c msjet40!Queue::GetMessageW+0xc9
0752ffb8 77e6608b msjet40!System::WorkerThread+0x41
0752ffec 00000000 kernel32!BaseThreadStart+0x34
...
...
...


Total threads: 51
Duplicate callstacks: 31 (windbg thread #s follow):
3, 4, 5, 7, 8, 9, 10, 11, 12, 13, 14, 15, 16, 17, 19, 21, 22, 23, 27, 28,
29, 33, 39, 40, 41, 42, 43, 44, 47, 49, 50

0:046> ~49kL
ChildEBP RetAddr
0c58fe18 7c821c54 ntdll!KiFastSystemCallRet
0c58fe1c 77c7538c ntdll!ZwReplyWaitReceivePortEx+0xc
0c58ff84 77c5778f RPCRT4!LRPC_ADDRESS::ReceiveLotsaCalls+0x198
0c58ff8c 77c5f7dd RPCRT4!RecvLotsaCallsWrapper+0xd
0c58ffac 77c5de88 RPCRT4!BaseCachedThreadRoutine+0x9d
0c58ffb8 77e6608b RPCRT4!ThreadStartRoutine+0x1b
0c58ffec 00000000 kernel32!BaseThreadStart+0x34

0:046> ~47kL
ChildEBP RetAddr
0b65fe18 7c821c54 ntdll!KiFastSystemCallRet
0b65fe1c 77c7538c ntdll!ZwReplyWaitReceivePortEx+0xc
```

```
0b65ff84 77c5778f RPCRT4!LRPC_ADDRESS::ReceiveLotsaCalls+0x198
0b65ff8c 77c5f7dd RPCRT4!RecvLotsaCallsWrapper+0xd
0b65ffac 77c5de88 RPCRT4!BaseCachedThreadRoutine+0x9d
0b65ffb8 77e6608b RPCRT4!ThreadStartRoutine+0x1b
0b65ffec 00000000 kernel32!BaseThreadStart+0x34
```

스택 트레이스 추정하기

때로 문제 스레드에 개입한 모든 모듈을 식별하기 위해 로 스택 데이터raw stack data를 살펴보는 대신 이전의 윈도우 2000 kdex2x86 WinDbg 익스텐션 명령을 사용할 수 있다. 이는 윈도우 2003이나 XP 커널 메모리 덤프에서도 동작한다.

```
4: kd> !w2kfre\kdex2x86.stack -?
!stack - Do stack trace for specified thread
Usage : !stack [-?ha[0|1]] [address]
Arguments :
 -?,-h - display help information.
 -a - specifies display mode. This option is off, in default. If this
option is specified, output stack trace in detail.
 -0,-1 - specifies filter level for display. Default filter level is 0. In
level 0, display stackframes that are guessed return-adresses for reason
of its value and previous mnemonic. In level 1, display stackframes that
call other stackframe or is called by other stackframe, besides level 0.
 address - specifies thread address. When address is omitted, do stack
trace for the current thread.
```

예를 들면 다음과 같다.

```
Loading Dump File [MEMORY.DMP]
Kernel Summary Dump File: Only kernel address space is available
Windows Server 2003 Kernel Version 3790 (Service Pack 2) MP (8 procs) Free
x86 compatible
Product: Server, suite: Enterprise TerminalServer
Built by: 3790.srv03_sp2_gdr.070304-2240
Kernel base = 0x80800000 PsLoadedModuleList = 0x808a6ea8
```

```
Debug session time: Mon Jun 11 14:49:21.541 2007 (GMT+1)
System Uptime: 0 days 2:10:11.877

4: kd> k
ChildEBP RetAddr
b7a24e84 80949b48 nt!KeBugCheckEx+0x1b
b7a24ea0 80949ba4 nt!PspUnhandledExceptionInSystemThread+0x1a
b7a25ddc 8088e062 nt!PspSystemThreadStartup+0x56
00000000 00000000 nt!KiThreadStartup+0x16

4: kd> !w2kfre\kdex2x86.stack
T. Address RetAddr Called Procedure
*2 B7A24E68 80827C63 nt!KeBugCheck2(0000007E, C0000005, BFE5FEEA,...);
*2 B7A24E88 80949B48 nt!KeBugCheckEx(0000007E, C0000005, BFE5FEEA,...);
*2 B7A24EA4 80949BA4 nt!PspUnhandledExceptionInSystemThread(B7A24EC8,
80881801, B7A24ED0,...);
*0 B7A24EAC 80881801 dword ptr EAX(B7A24ED0, 00000000, B7A24ED0,...);
*1 B7A24ED4 8088ED4E dword ptr ECX(B7A25378, B7A25DCC, B7A25074,...);
*1 B7A24EF8 8088ED20 nt!ExecuteHandler2(B7A25378, B7A25DCC, B7A25074,...);
*1 B7A24F1C 80877C0C nt!RtlpExecuteHandlerForException(B7A25378, B7A25DCC,
B7A25074,...);
*0 B7A24F5C 808914F7 nt!RtlClearBits(893E3BF8, 0000014A, 00000001,...);
*1 B7A24FA8 8082D58F nt!RtlDispatchException(B7A25378, B7A25074,
00000008,...);
*1 B7A2501C 80A5C456 hal!HalpCheckForSoftwareInterrupt(89267D08, 00000000,
89267D00,...);
*1 B7A25030 80A5C456 hal!HalpCheckForSoftwareInterrupt(00000000, 89267D00,
B7A25060,...);
*1 B7A25040 80A5A56D hal!KfLowerIrql(8087C9C0, BC910000, 00000018,...);
*1 B7A25044 8087C9C0 hal!KeReleaseInStackQueuedSpinLock(BC910000,
00000018, BFEBC0A0,...);
*1 B7A25064 8087CA95 nt!ExReleaseResourceLite(B7A253CC, B7A25078,
B7A25378,...);
*0 B7A250F4 F346C646 termdd!IcaCallNextDriver(88F9E2A4, 00000002,
00000000,...);
*1 B7A25140 F764C20E termdd!_IcaCallSd(88F9E290, 00000002, B7A251EC,...);
*1 B7A25154 F3464959 termdd!IcaCallNextDriver(88F876B4, 00000002,
B7A251EC,...);
*1 B7A25174 F346632D component2+00000830(88F4F990, B7A251EC, 88F876B0,...);
```

```
*1 B7A25188 F764C1C7 dword ptr EAX(88F4F990, B7A251EC, 88DFB000,...);
*1 B7A251A4 F764C20E termdd!_IcaCallSd(88F876A0, 00000002, B7A251EC,...);
*1 B7A251B8 F36C9928 termdd!IcaCallNextDriver(88EAEC6C, F773F120,
F773F120,...);
*0 B7A251D0 80892853 nt!RtlpInterlockedPushEntrySList(00000000, 00000000,
808B4900,...);
*0 B7A251E8 8081C3DA nt!RtlpInterlockedPushEntrySList(89586178, 00000000,
00000000,...);
*0 B7A251FC 80821967 nt!ObDereferenceObjectDeferDelete(8082196C, 894E8648,
898B0020,...);
*0 B7A25200 8082196C nt!_SEH_epilog(894E8648, 898B0020, 80A5A530,...);
*0 B7A25248 8082196C nt!_SEH_epilog(8082DFC3, 894E8648, B7A25294,...);
*1 B7A2524C 8082DFC3 dword ptr [EBP-14](894E8648, B7A25294, B7A25288,...);
*1 B7A2529C 80A5C199 nt!KiDeliverApc(00000000, 00000000, 00000000,...);
*1 B7A252BC 80A5C3D9 hal!HalpDispatchSoftwareInterrupt(898B0001, 00000000,
00000000,...);
*1 B7A252D8 80A5C456 hal!HalpCheckForSoftwareInterrupt(00000001, 898B0000,
B7A25300,...);
*1 B7A252E8 8083129E hal!KfLowerIrql(898B0020, 894E8648, 89468504,...);
*1 B7A25304 8082AB7B nt!KiExitDispatcher(894E8648, 894E8608, 00000000,...);
*1 B7A25318 80864E45 nt!MiFindNodeOrParent(893F8E00, 00000000,
B7A2532C,...);
*1 B7A25334 8084D308 nt!MiLocateAddress(C0000000, C0600000, 0000BB40,...);
*1 B7A25360 8088A262 nt!KiDispatchException(B7A25378, 00000000,
B7A253CC,...);
*0 B7A253A0 F7648BFE termdd!_SEH_epilog(00000000, C0000005, 00000018,...);
*0 B7A253B8 8088C798 nt!MmAccessFault(00000000, 00000008, 00000000,...);
*1 B7A253C8 8088A216 nt!CommonDispatchException(B7A25488, BFE5FEEA,
BADB0D00,...);
*1 B7A25450 BFE7B854 component+0003D5D0(BC048FE0, 00000000, 00000003,...);
*1 B7A2548C BFE6C043 component+00021B70(04048FE0, BC912820, BFEBC0A0,...);
*1 B7A254A8 BFE6CCBD component+0002DFD0(BC912820, BC14A2B4, BC14A018,...);
*1 B7A254CC BFE6FCB6 component+0002EBE0(BFEBC0A0, BFEBC038, BFEBBF80,...);
*1 B7A255C8 80A5C456 hal!HalpCheckForSoftwareInterrupt(00000000, 8CE03500,
B7A255F8,...);
*1 B7A255D8 80A5A56D hal!KfLowerIrql(8087C9C0, 88F93F24, E1681348,...);
*1 B7A255DC 8087C9C0 hal!KeReleaseInStackQueuedSpinLock(88F93F24,
E1681348, 00000000,...);
*1 B7A255FC F7134586 nt!ExReleaseResourceLite(88F93EF8, B7A2561C,
```

```
                  F7134640,...);
*1 B7A25608 F7134640 Ntfs!NtfsReleaseFcb(88F93EF8, 88F93EF8, 00000000,...);
*1 B7A2561C F7133091 Ntfs!NtfsFreeSnapshotsForFcb(88F93EF8, 00000014,
                  88F93EF8,...);
*1 B7A25638 F7133177 Ntfs!NtfsCleanupIrpContext(88F93EF8, 00000001,
                  00000000,...);
*1 B7A25650 F7174936 Ntfs!NtfsCompleteRequest(88F93EF8, 00000000,
                  F7174943,...);
*0 B7A2565C F7174943 Ntfs!_SEH_epilog(00000000, B7A257A0, 88F103D8,...);
*1 B7A2568C 80A5C456 hal!HalpCheckForSoftwareInterrupt(00000000, 00000001,
                  00000001,...);
*1 B7A256D4 80A5C456 hal!HalpCheckForSoftwareInterrupt(00000001, 808B4300,
                  B7A256FC,...);
*1 B7A256E4 8083129E hal!KfLowerIrql(00000000, B7A25C90, 00000000,...);
*1 B7A25700 808281D6 nt!KiExitDispatcher(88F103D8, 00000000, 00000000,...);
*1 B7A25714 8081E1E9 nt!KeSetEvent(00A25C90, 00000001, 00000000,...);
*1 B7A2573C F7133177 Ntfs!NtfsCleanupIrpContext(B7A25750, B7A257A4,
                  00000000,...);
*1 B7A25780 80A5C456 hal!HalpCheckForSoftwareInterrupt(0000026C, 808B4900,
                  B7A25828,...);
*1 B7A25790 80A5A56D hal!KfLowerIrql(8085712D, 00000000, 00180000,...);
*1 B7A25794 8085712D hal!KeReleaseQueuedSpinLock(00000000, 00180000,
                  00181000,...);
*1 B7A2582C 8085755D nt!MiProcessValidPteList(B7A25844, 00000002,
                  C0000C08,...);
*1 B7A25890 80A5C456 hal!HalpCheckForSoftwareInterrupt(00000001, 808B4300,
                  F7747120,...);
*0 B7A258C4 F724DA0D fltmgr!FltDecodeParameters(88E3BD2C, B7A25924,
                  88E62020,...);
*0 B7A258E8 8082CD1F nt!KiEspFromTrapFrame(B7A25D64, 894CA9C8,
                  7FFDA000,...);
*0 B7A258F8 8082CF40 nt!__security_check_cookie(B7A25D64, 01A5C456,
                  892373F8,...);
*1 B7A25914 80A5C456 hal!HalpCheckForSoftwareInterrupt(8081C585, B7A25944,
                  B7A25948,...);
*1 B7A25918 8081C585 nt!RtlpGetStackLimits(B7A25944, B7A25948,
                  00000000,...);
*1 B7A25934 F713320E nt!IoGetStackLimits(000015ED, B7A25764, B7A25A78,...);
*1 B7A25970 80A5C456 hal!HalpCheckForSoftwareInterrupt(8CE03598, 00000000,
```

8CE03500,...);
*0 B7A2598C 808347E4 nt!ProbeForWrite(0032FD14, 000002E4, 808348C6,...);
*0 B7A25998 808348C6 nt!_SEH_epilog(7FFDA000, 894CA9C8, 00000000,...);
*0 B7A259A8 F713435F Ntfs!ExFreeToNPagedLookasideList(F7150420, 88F93EF8, B7A25ACC,...);
*0 B7A259D8 8082CBCF nt!KiEspFromTrapFrame(C0001978, 83F251EC, 00000000,...);
*0 B7A259F0 80865C32 nt!MiInsertPageInFreeList(C0001978, 00000000, 83F251EC,...);
*1 B7A25A30 80A5C456 hal!HalpCheckForSoftwareInterrupt(C0001980, C0600000, 808B4900,...);
*1 B7A25A44 80A5C456 hal!HalpCheckForSoftwareInterrupt(C0600008, 808B4900, B7A25B2C,...);
*1 B7A25A54 80A5A56D hal!KfLowerIrql(808658FB, 0032FFFF, 890D4198,...);
*1 B7A25A58 808658FB hal!KeReleaseQueuedSpinLock(0032FFFF, 890D4198, 8CB0B7B0,...);
*1 B7A25A7C 80A5C456 hal!HalpCheckForSoftwareInterrupt(C0600018, 808B4900, B7A25B44,...);
*1 B7A25A8C 80A5A56D hal!KfLowerIrql(808658FB, 88E62020, 89293DF0,...);
*1 B7A25A90 808658FB hal!KeReleaseQueuedSpinLock(88E62020, 89293DF0, 88F87718,...);
*0 B7A25AC4 80945FEA nt!ObReferenceObjectByHandle(00000000, 00000018, 0032FE64,...);
*0 B7A25AE0 80892853 nt!RtlpInterlockedPushEntrySList(8CB0B890, 890D4198, 8CB0B7B0,...);
*1 B7A25AF4 80A5C1AE nt!KiDispatchInterrupt(00000000, 00000000, 00000202,...);
*1 B7A25B08 80A5C3D9 hal!HalpDispatchSoftwareInterrupt(00000002, 00000000, 80A5C3F4,...);
*0 B7A25B20 8081C3DA nt!RtlpInterlockedPushEntrySList(89586178, 00000000, 00000000,...);
*0 B7A25B34 80821967 nt!ObDereferenceObjectDeferDelete(8082196C, 8C22B848, 898B0020,...);
*0 B7A25B38 8082196C nt!_SEH_epilog(8C22B848, 898B0020, 80A5A530,...);
*0 B7A25B4C 8081C3DA nt!RtlpInterlockedPushEntrySList(00000000, 00000000, 8C22B808,...);
*0 B7A25B80 8082196C nt!_SEH_epilog(8082DFC3, 8C22B848, B7A25BCC,...);
*1 B7A25B84 8082DFC3 dword ptr [EBP-14](8C22B848, B7A25BCC, B7A25BC0,...);
*1 B7A25BD4 80A5C199 nt!KiDeliverApc(00000000, 00000000, 00000000,...);

```
*1 B7A25BF4 80A5C3D9 hal!HalpDispatchSoftwareInterrupt(898B0001, 00000000,
00000000,...);
*1 B7A25C10 80A5C456 hal!HalpCheckForSoftwareInterrupt(00000001, 898B0000,
B7A25C38,...);
*1 B7A25C20 8083129E hal!KfLowerIrql(898B0020, 8C22B848, 00000010,...);
*1 B7A25C54 80A5C456 hal!HalpCheckForSoftwareInterrupt(F7757000, 00000002,
893F8BB0,...);
*1 B7A25C64 8088DBAC hal!KfLowerIrql(B7A25C88, BFE6BA78, 00000000,...);
*1 B7A25C78 80A5C1AE nt!KiDispatchInterrupt(B7A25CC0, B7A25D00,
00000002,...);
*1 B7A25C8C 80A5C3D9 hal!HalpDispatchSoftwareInterrupt(00000002, B7A25CC0,
B7A25CC0,...);
*1 B7A25CA8 80A5C57E nt!KiCheckForSListAddress(BC845018, B7A25CC0,
80A59902,...);
*1 B7A25CB4 80A59902 hal!HalEndSystemInterrupt(898B0000, 000000E1,
B7A25D40,...);
*1 B7A25CE0 80A5C456 hal!HalpCheckForSoftwareInterrupt(00000001, 894890F0,
894890D8,...);
*0 B7A25CF4 8087CDDC hal!KeReleaseInStackQueuedSpinLock(894890D8,
00000000, 89489100,...);
*1 B7A25D18 80A5A56D hal!KfLowerIrql(00000001, BC14A018, BC5F9003,...);
*1 B7A25D44 BFE708D4 component+000312D0(BFEBBF80, 00000000, 00000000,...);
```

다른 스레드 스택의 예를 보면 다음과 같다.

```
4: kd> ~1

1: kd> k
ChildEBP RetAddr
f37fe9b4 f57e8407 tcpip!_IPTransmit+0x172c
f37fea24 f57e861a tcpip!TCPSend+0x604
f37fea54 f57e6edd tcpip!TdiSend+0x242
f37fea90 f57e1d13 tcpip!TCPSendData+0xbf
f37feaac 8081df65 tcpip!TCPDispatchInternalDeviceControl+0x19a
f37feac0 f57305dc nt!IofCallDriver+0x45
8cde7030 8c297030 afd!AfdFastConnectionSend+0x238
WARNING: Frame IP not in any known module. Following frames may be wrong.
8cde7044 8cde70d8 0x8c297030
```

```
8cde7048 001a001a 0x8cde70d8
8cde70d8 00000000 0x1a001a


1: kd> !w2kfre\kdex2x86.stack
T. Address RetAddr Called Procedure
*1 F37FE8D4 80A5C456 hal!HalpCheckForSoftwareInterrupt(00000000, 00000000,
F37FE904,...);
*0 F37FE984 F57DE006 NDIS!NdisCopyBuffer(F37FE9AC, F37FE9B0, 00000000,...);
*2 F37FE9B8 F57E8407 tcpip!IPTransmitBeforeSym(F58224D8, 8C396348,
8C3962E0,...);
*0 F37FE9F0 F5815DB6 tcpip!NeedToOffloadConnection(88EBC720, 00000B55,
00000001,...);
*2 F37FEA28 F57E861A tcpip!TCPSend(8AF6F701, 7FEA6000, 001673CE,...);
*2 F37FEA58 F57E6EDD tcpip!TdiSend(00000000, 00000000, 00000B55,...);
*0 F37FEA88 F5722126 dword ptr [ESI+28](F58203C0, F37FEAAC, F57E1D13,...);
*2 F37FEA94 F57E1D13 tcpip!TCPSendData(88FEE99C, 00EE5FA0, 88EE5EB0,...);
*2 F37FEAB0 8081DF65
tcpip!TCPDispatchInternalDeviceControl+0000019A(8C2D7030, 88EE5EE8,
89242378,...);
*2 F37FEAC4 F57305DC nt!IofCallDriver(F37FEBB8, 00000002, F37FEB1C,...);
*2 F37FEB14 F5726191 afd!AfdFastConnectionSend(89315008, 00000000,
F5726191,...);
*1 F37FEB20 F5726191 afd!AfdFastConnectionSend(89315008, F37FEBA8,
00000B55,...);
*1 F37FEB68 80A5C456 hal!HalpCheckForSoftwareInterrupt(8908AE01, 808B4301,
F37FEB90,...);
*1 F37FEB78 8083129E hal!KfLowerIrql(88F24A58, 00000000, 8908AE01,...);
*1 F37FEB94 8082B96B nt!KiExitDispatcher(00000000, 8908AE30, 00000000,...);
*0 F37FEBF4 8082196C nt!_SEH_epilog(8082DFC3, 8908AE18, F37FEC40,...);
*0 F37FEBF8 8082DFC3 dword ptr [EBP-14](8908AE18, F37FEC40, F37FEC34,...);
*0 F37FEC2C 8098AA4A nt!ExpLookupHandleTableEntry(E18D5E38, 00000B55,
89315008,...);
*2 F37FEC60 808F5E2F afd!AfdFastIoDeviceControl+000003A3(89435340,
00000001, 00ECFDC4,...);
*1 F37FEC9C 80933491 nt!ExUnlockHandleTableEntry(E18D5E38, 00000001,
00000000,...);
*0 F37FECBC 8081C3DA nt!RtlpInterlockedPushEntrySList(0336E6D8, 0336E6EC,
00000000,...);
*1 F37FECD4 808ED600 nt!ObReferenceObjectByHandle(F37FED01, 89435340,
```

```
00000000,...);
*2 F37FED04 808EED08 nt!IopXxxControlFile(00000124, 00000000,
00000000,...);
*2 F37FED38 8088978C nt!NtDeviceIoControlFile+0000002A(00000124, 00000000,
00000000,...);
```

이 명령은 커널 공간에서의 스택 오버플로우 패턴에 대한 OSR NT Insider 기사에서 '휴리스틱 스택 워커'라 불리고 있다.

없는 심볼 정보 복사

가끔 크래시 덤프에 있는 모듈에 대해 프라이빗 PDB 파일이 없는 경우가 있다. 그러나 대신 같은 모듈의 다른 버전이 있을 때가 있다. 전형적인 사례는 다음과 같다. 자동으로 로드된 퍼블릭 PDB가 있고 _TEB나 _PEB 같은 구조체의 정의를 이용해야 할 필요가 있다. 이 경우 WinDbg가 이들 구조체의 정의를 사용할 수 있게 하는 추가적인 PDB 파일을 강제로 로드하게 해야 할 필요가 있다. 이는 다른 주소에 추가적인 모듈을 로드하고 그것이 다른 프라이빗 PDB 파일을 사용하게 강제함으로써 가능해진다. 동시에 프라이빗이긴 하지만 정확한 PDB 파일을 참조하기 위해 원본 모듈을 보존할 필요가 있다. 구체적인 예를 살펴보자.

예를 들어 !teb 명령을 사용해 스레드의 스택 한계stack limits를 얻으려고 시도할 것이다. 그러나 에러가 발생한다.

```
0:000> !teb
TEB at 7efdd000
*** Your debugger is not using the correct symbols
***
*** In order for this command to work properly, your symbol path
*** must point to .pdb files that have full type information.
***
*** Certain .pdb files (such as the public OS symbols) do not
*** contain the required information. Contact the group that
*** provided you with these symbols if you need this command to
*** work.
***
*** Type referenced: ntdll!_TEB
```

```
***
error InitTypeRead( TEB )...
0:000> dt ntdll!*
```

lm 명령은 심볼 파일이 로드됐고 정확하다는 것을 나타낸다. 따라서 그것이 퍼블릭 심볼 파일이거나 거기서 _TEB 정의가 행방불명된 것으로 보인다.

```
0:000> lm m ntdll
start    end      module name
7d600000 7d6f0000 ntdll (pdb symbols) c:\websymbols\wntdll.pdb\
40B574C84D5C42708465A7E4A1E4D7CC2\wntdll.pdb
```

wntdll.pdb의 크기는 1,091Kb다. 다른 ntdll.pdb를 검색해 1,187Kb로 크기가 더 큰 것을 하나 발견했고, 이것을 심볼 검색 경로에 추가할 수 있다.

```
0:000> .sympath+ C:\websymbols\ntdll.pdb\
DCE823FCF71A4BF5AA489994520EA18F2
Symbol search path is:
SRV*c:\websymbols*http://msdl.microsoft.com/download/symbols;
C:\websymbols\ntdll.pdb\DCE823FCF71A4BF5AA489994520EA18F2
```

그리고 나서 심볼 캐시 폴더에서 ntdll.dll에 해당하는 심볼 파일 경로를 아무거나 하나 찾아 불일치하는 부분을 무시하고 다른 모듈이 점유하고 있지 않은 영역에 강제로 로드할 수 있다.

```
0:000> .reload /f /i
C:\websymbols\ntdll.dll\45D709FFf0000\ntdll.dll=7E000000

0:000> lm
start    end      module name
...
...
...
7d600000 7d6f0000 ntdll     (pdb symbols)
c:\websymbols\wntdll.pdb\40B574C84D5C42708465A7E4A1E4D7CC2\wntdll.pdb
```

```
7d800000 7d890000   GDI32      (deferred)
7d8d0000 7d920000   Secur32    (deferred)
7d930000 7da00000   USER32     (deferred)
7da20000 7db00000   RPCRT4     (deferred)
7e000000 7e000000   ntdll_7e000000   (pdb symbols)
C:\websymbols\ntdll.pdb\DCE823FCF71A4BF5AA489994520EA18F2\ntdll.pdb
```

자, 이제 추가적인 ntdll.dll은 7e000000 주소에 ntdll_7e000000이란 이름으로 로드됐다. TEB 주소를 알고 있으므로 _TEB 구조체 필드 값을 즉시 확인할 수 있다.

```
0:000> dt -r1 ntdll_7e000000!_TEB 7efdd000
   +0x000 NtTib            : _NT_TIB
      +0x000 ExceptionList    : 0x0012fec0 _EXCEPTION_REGISTRATION_RECORD
      +0x004 StackBase        : 0x00130000
      +0x008 StackLimit       : 0x0011c000
      +0x00c SubSystemTib     : (null)
      +0x010 FiberData        : 0x00001e00
      +0x010 Version          : 0x1e00
      +0x014 ArbitraryUserPointer : (null)
      +0x018 Self             : 0x7efdd000 _NT_TIB
   +0x01c EnvironmentPointer : (null)
   +0x020 ClientId         : _CLIENT_ID
      +0x000 UniqueProcess    : 0x00000e0c
      +0x004 UniqueThread     : 0x000013dc
   +0x028 ActiveRpcHandle  : (null)
   +0x02c ThreadLocalStoragePointer : (null)
   +0x030 ProcessEnvironmentBlock : 0x7efde000 _PEB
      +0x000 InheritedAddressSpace : 0 ''
      +0x001 ReadImageFileExecOptions : 0x1 ''
      +0x002 BeingDebugged    : 0x1 ''
      +0x003 BitField         : 0 ''
      +0x003 ImageUsesLargePages : 0y0
      +0x003 SpareBits        : 0y0000000 (0)
      +0x004 Mutant           : 0xffffffff
      +0x008 ImageBaseAddress : 0x00400000
      +0x00c Ldr              : 0x7d6a01e0 _PEB_LDR_DATA
      +0x010 ProcessParameters : 0x00020000 _RTL_USER_PROCESS_PARAMETERS
```

```
+0x014 SubSystemData      : (null)
+0x018 ProcessHeap        : 0x00210000
+0x01c FastPebLock        : 0x7d6a00e0 _RTL_CRITICAL_SECTION
+0x020 AtlThunkSListPtr   : (null)
+0x024 SparePtr2          : (null)
+0x028 EnvironmentUpdateCount : 1
+0x02c KernelCallbackTable : 0x7d9419f0
+0x030 SystemReserved     : [1] 0
+0x034 SpareUlong         : 0
+0x038 FreeList           : (null)
+0x03c TlsExpansionCounter : 0
+0x040 TlsBitmap          : 0x7d6a2058
+0x044 TlsBitmapBits      : [2] 0xf
+0x04c ReadOnlySharedMemoryBase : 0x7efe0000
+0x050 ReadOnlySharedMemoryHeap : 0x7efe0000
+0x054 ReadOnlyStaticServerData : 0x7efe0cd0 -> (null)
+0x058 AnsiCodePageData   : 0x7efb0000
+0x05c OemCodePageData    : 0x7efc1000
+0x060 UnicodeCaseTableData : 0x7efd2000
+0x064 NumberOfProcessors : 8
+0x068 NtGlobalFlag       : 0x70
+0x070 CriticalSectionTimeout : _LARGE_INTEGER 0xffffe86d`079b8000
+0x078 HeapSegmentReserve : 0x100000
+0x07c HeapSegmentCommit  : 0x2000
+0x080 HeapDeCommitTotalFreeThreshold : 0x10000
+0x084 HeapDeCommitFreeBlockThreshold : 0x1000
+0x088 NumberOfHeaps      : 5
+0x08c MaximumNumberOfHeaps : 0x10
+0x090 ProcessHeaps       : 0x7d6a06a0 -> 0x00210000
+0x094 GdiSharedHandleTable : (null)
+0x098 ProcessStarterHelper : (null)
+0x09c GdiDCAttributeList : 0
+0x0a0 LoaderLock         : 0x7d6a0180 _RTL_CRITICAL_SECTION
+0x0a4 OSMajorVersion     : 5
+0x0a8 OSMinorVersion     : 2
+0x0ac OSBuildNumber      : 0xece
+0x0ae OSCSDVersion       : 0x200
+0x0b0 OSPlatformId       : 2
+0x0b4 ImageSubsystem     : 2
```

```
            +0x0b8 ImageSubsystemMajorVersion : 4
            +0x0bc ImageSubsystemMinorVersion : 0
            +0x0c0 ImageProcessAffinityMask : 0
            +0x0c4 GdiHandleBuffer    : [34] 0
            +0x14c PostProcessInitRoutine : (null)
            +0x150 TlsExpansionBitmap : 0x7d6a2050
            +0x154 TlsExpansionBitmapBits : [32] 1
            +0x1d4 SessionId          : 1
            +0x1d8 AppCompatFlags     : _ULARGE_INTEGER 0x0
            +0x1e0 AppCompatFlagsUser : _ULARGE_INTEGER 0x0
            +0x1e8 pShimData          : (null)
            +0x1ec AppCompatInfo      : (null)
            +0x1f0 CSDVersion         : _UNICODE_STRING "Service Pack 2"
            +0x1f8 ActivationContextData : (null)
            +0x1fc ProcessAssemblyStorageMap : (null)
            +0x200 SystemDefaultActivationContextData : 0x00180000
   _ACTIVATION_CONTEXT_DATA
            +0x204 SystemAssemblyStorageMap : (null)
            +0x208 MinimumStackCommit : 0
            +0x20c FlsCallback        : 0x002137b0 -> (null)
            +0x210 FlsListHead        : _LIST_ENTRY [ 0x2139c8 - 0x2139c8 ]
            +0x218 FlsBitmap          : 0x7d6a2040
            +0x21c FlsBitmapBits      : [4] 0x33
            +0x22c FlsHighIndex       : 5
      +0x034 LastErrorValue          : 0
      +0x038 CountOfOwnedCriticalSections : 0
      +0x03c CsrClientThread         : (null)
      +0x040 Win32ThreadInfo         : (null)
      +0x044 User32Reserved          : [26] 0
      +0x0ac UserReserved            : [5] 0
      +0x0c0 WOW32Reserved           : 0x78b81910
      +0x0c4 CurrentLocale           : 0x409
      +0x0c8 FpSoftwareStatusRegister : 0
      +0x0cc SystemReserved1         : [54] (null)
      +0x1a4 ExceptionCode           : 0
      +0x1a8 ActivationContextStackPointer : 0x00211ea0 _ACTIVATION_CONTEXT_STACK
         +0x000 ActiveFrame          : (null)
         +0x004 FrameListCache       : _LIST_ENTRY [ 0x211ea4 - 0x211ea4 ]
         +0x00c Flags                : 0
```

```
   +0x010 NextCookieSequenceNumber : 1
   +0x014 StackId          : 0x9444f8
+0x1ac SpareBytes1         : [40] ""
+0x1d4 GdiTebBatch         : _GDI_TEB_BATCH
   +0x000 Offset           : 0
   +0x004 HDC              : 0
   +0x008 Buffer           : [310] 0
+0x6b4 RealClientId        : _CLIENT_ID
   +0x000 UniqueProcess    : 0x00000e0c
   +0x004 UniqueThread     : 0x000013dc
+0x6bc GdiCachedProcessHandle : (null)
+0x6c0 GdiClientPID        : 0
+0x6c4 GdiClientTID        : 0
+0x6c8 GdiThreadLocalInfo  : (null)
+0x6cc Win32ClientInfo     : [62] 0
+0x7c4 glDispatchTable     : [233] (null)
+0xb68 glReserved1         : [29] 0
+0xbdc glReserved2         : (null)
+0xbe0 glSectionInfo       : (null)
+0xbe4 glSection           : (null)
+0xbe8 glTable             : (null)
+0xbec glCurrentRC         : (null)
+0xbf0 glContext           : (null)
+0xbf4 LastStatusValue     : 0xc0000135
+0xbf8 StaticUnicodeString : _UNICODE_STRING "mscoree.dll"
   +0x000 Length           : 0x16
   +0x002 MaximumLength    : 0x20a
   +0x004 Buffer           : 0x7efddc00 "mscoree.dll"
+0xc00 StaticUnicodeBuffer : [261] 0x6d
+0xe0c DeallocationStack   : 0x00030000
+0xe10 TlsSlots            : [64] (null)
+0xf10 TlsLinks            : _LIST_ENTRY [ 0x0 - 0x0 ]
   +0x000 Flink            : (null)
   +0x004 Blink            : (null)
+0xf18 Vdm                 : (null)
+0xf1c ReservedForNtRpc    : (null)
+0xf20 DbgSsReserved       : [2] (null)
+0xf28 HardErrorMode       : 0
+0xf2c Instrumentation     : [14] (null)
```

```
   +0xf64 SubProcessTag       : (null)
   +0xf68 EtwTraceData        : (null)
   +0xf6c WinSockData         : (null)
   +0xf70 GdiBatchCount       : 0x7efdb000
   +0xf74 InDbgPrint          : 0 "
   +0xf75 FreeStackOnTermination : 0 "
   +0xf76 HasFiberData        : 0 "
   +0xf77 IdealProcessor      : 0x3 "
   +0xf78 GuaranteedStackBytes : 0
   +0xf7c ReservedForPerf     : (null)
   +0xf80 ReservedForOle      : (null)
   +0xf84 WaitingOnLoaderLock : 0
   +0xf88 SparePointer1       : 0
   +0xf8c SoftPatchPtr1       : 0
   +0xf90 SoftPatchPtr2       : 0
   +0xf94 TlsExpansionSlots   : (null)
   +0xf98 ImpersonationLocale : 0
   +0xf9c IsImpersonating     : 0
   +0xfa0 NlsCache            : (null)
   +0xfa4 pShimData           : (null)
   +0xfa8 HeapVirtualAffinity : 0
   +0xfac CurrentTransactionHandle : (null)
   +0xfb0 ActiveFrame         : (null)
   +0xfb4 FlsData             : 0x002139c8
   +0xfb8 SafeThunkCall       : 0 "
   +0xfb9 BooleanSpare        : [3] ""
```

StackBase와 StackLimit가 두 번째와 세 번째 더블워드 값이므로 TEB 주소에서 처음 3개의 더블워드 값만 덤프해도 된다.

```
0:000> dd 7efdd000 l3
7efdd000  0012fec0 00130000 0011c000
```

심볼 메시지 해결

내 디버깅 워크스테이션 중 하나에서 윈도우 2003 서버 R02 버전의 커널과 컴플리트 메모리 덤프를 분석할 수 없었다. 항상 다음과 같은 메시지가 나왔었다.

```
*** ERROR: Symbol file could not be found. Defaulted to export symbols
for ntkrnlmp.exe -
```

.reload /o /f 명령을 사용해 심볼 파일을 다시 로드해 덮어쓰는 것으로 이 문제가 해결되지 않았다. 그러나 다음 WinDbg 명령이 트러블 슈팅에 도움이 됐었다.

```
1: kd> !sym noisy
noisy mode - symbol prompts on
```

심볼 파일을 다시 로드해봤더니 기본 심볼 경로가 손상된 ntkrnlmp.pdb를 포함한다고 나타났다.

```
1: kd> .reload
DBGHELP: C:\Program Files\Debugging Tools for
Windows\sym\ntkrnlmp.pdb\A91CA63E49A840F4A50509F90ADE10D52\ntkrnlmp.pdb -
E_PDB_CORRUPT
DBGHELP: ntkrnlmp.pdb - file not found
*** ERROR: Symbol file could not be found. Defaulted to export symbols for
ntkrnlmp.exe -
DBGHELP: nt - export symbol
```

그걸 지우고 심볼을 다시 한번 리로드했는데, 역시 MS 심볼 서버에서 다운로드된 파일에 문제가 있다고 나타났다(언팩된 것이 남겨진 것 같다).

```
1: kd> .reload
SYMSRV: c:\symdownstream\ntkrnlmp.pdb\A91CA63E49A840F4A50509F90ADE10D52\
ntkrnlmp.pd_
       The file or directory is corrupted and unreadable.
DBGHELP: ntkrnlmp.pdb - file not found
```

```
*** ERROR: Symbol file could not be found. Defaulted to export symbols for
ntkrnlmp.exe -
DBGHELP: nt - export symbols
```

폴더를 지우고 다시 심볼을 리로드해 마침내 문제를 해결했다.

```
1: kd> .reload
DBGHELP: nt - public symbols
c:\symdownstream\ntkrnlmp.pdb\A91CA63E49A840F4A50509F90ADE10D52\
ntkrnlmp.pdb
```

자, 이제 noisy mode를 끄면 된다.

```
1: kd> !sym quiet
quiet mode - symbol prompts on
```

태그 검색

가끔 드라이버의 태그tag가 'Ddk'인 풀 할당 오류pool allocation failure를 만난다.

```
0: kd> !vm

*** Virtual Memory Usage ***
Physical Memory:        851775 ( 3407100 Kb)
Page File: \??\C:\pagefile.sys
   Current:   4190208 Kb   Free Space:   4175708 Kb
   Minimum:   4190208 Kb   Maximum:      4190208 Kb
Available Pages:        147274 ( 589096 Kb)
ResAvail Pages:         769287 ( 3077148 Kb)
Locked IO Pages:           118 ( 472 Kb)
Free System PTEs:       184910 ( 739640 Kb)
Free NP PTEs:              110 ( 440 Kb)
Free Special NP:             0 ( 0 Kb)
Modified Pages:            168 ( 672 Kb)
Modified PF Pages:         168 ( 672 Kb)
```

```
NonPagedPool Usage:     64445 ( 257780 Kb)
NonPagedPool Max:       64640 ( 258560 Kb)
********** Excessive NonPaged Pool Usage *****
PagedPool 0 Usage:      21912 ( 87648 Kb)
PagedPool 1 Usage:        691 ( 2764 Kb)
PagedPool 2 Usage:        706 ( 2824 Kb)
PagedPool 3 Usage:        704 ( 2816 Kb)
PagedPool 4 Usage:        708 ( 2832 Kb)
PagedPool Usage:        24721 ( 98884 Kb)
PagedPool Maximum:     134144 ( 536576 Kb)

********** 429 pool allocations have failed **********

Shared Commit:           5274 ( 21096 Kb)
Special Pool:               0 ( 0 Kb)
Shared Process:          3958 ( 15832 Kb)
PagedPool Commit:       24785 ( 99140 Kb)
Driver Commit:          19289 ( 77156 Kb)
Committed pages:       646282 ( 2585128 Kb)
Commit limit:         1860990 ( 7443960 Kb)

0: kd> !poolused 3
   Sorting by NonPaged Pool Consumed

 Pool Used:
         NonPaged
 Tag    Allocs     Frees     Diff      Used
 Ddk   9074558   3859522   5215036   225708304 Default for driver allocated memory (user's of ntddk.h)
```

어떤 드라이버가 메모리 누수의 원인인지 어떻게 알아 낼 수 있을까? 다음 명령으로 드라이버들을 찾을 수 있다.

```
C:\>findstr /S /m /l hDdk *.sys
```

또는 오래 전에 ExAllocatePool이 ExAllocatePoolWithTag(, ... 'Ddk ')로 정의돼 있었다는 점을 사용해 드라이버를 추정해볼 수 있다. 지금은 모든 DDK

샘플은 각기 개별적인 드라이버 태그를 사용하고 `ExAllocatePool`은 'None'를 사용한다.

```
0: kd> .asm no_code_bytes
Assembly options: no_code_bytes

0: kd> uf ExAllocatePool
nt!ExAllocatePool:
80894d1f mov     edi,edi
80894d21 push    ebp
80894d22 mov     ebp,esp
80894d24 push    656E6F4Eh
80894d29 push    dword ptr [ebp+0Ch]
80894d2c push    dword ptr [ebp+8]
80894d2f call    nt!ExAllocatePoolWithTag (8089b93f)
80894d34 pop     ebp
80894d35 ret     8

0: kd> .formats 656E6F4Eh
Evaluate expression:
  Hex:      656e6f4e
  Decimal:  1701736270
  Octal:    14533467516
  Binary:   01100101 01101110 01101111 01001110
  Chars:    enoN
  Time:     Tue Dec 05 00:31:10 2023
  Float:    low 7.03735e+022 high 0
  Double:   8.40769e-315
```

참고 'None'를 푸시했지만 바이트 순서가 리틀 엔디안이므로 메모리에는 'enoN'으로 나타난다.

최근의 드라이버는 대부분 고유한 태그를 사용하므로 일반적으로 'None'를 볼 일은 거의 없다.

```
kd> !poolused
   Sorting by Tag

 Pool Used:
              NonPaged            Paged
   Tag     Allocs    Used    Allocs    Used
   ...
   ...
   ...
   None       0        0        1      8192 call to ExAllocatePool
   ...
   ...
```

그러므로 문제의 드라이버는 오래된 것임에 틀림없다. 대부분의 드라이버가 2006~2007년도 사이의 것이고, 일부가 1998~2001 사이라면 2001년 전의 드라이버에 메모리 누수의 책임이 있을 가능성이 있다.

```
b9840000 b9842980   newdriver       Sat Feb 10 00:33:41 2007 (45CD12E5)
b8cfa000 b8d39e00   olddriver       Tue Aug 21 12:18:35 2001 (3B82438B)
f79e5000 f79e6400   veryolddriver   Wed Sep 23 13:09:52 1998 (3608E510)
```

그러나 veryolddriver.sys는 ExAllocatePoolWithTag를 사용하지 않으므로 olddriver.sys가 의심스럽다.

```
0: kd> !dh f79e5000
 ...
 ...
 ...
      A00 [     33] address [size] of Export Directory
      C00 [     3C] address [size] of Import Directory
      E00 [    3A4] address [size] of Resource Directory
        0 [      0] address [size] of Exception Directory
        0 [      0] address [size] of Security Directory
     1200 [     34] address [size] of Base Relocation Directory
      440 [     54] address [size] of Debug Directory
        0 [      0] address [size] of Description Directory
```

```
             0 [            0] address [size] of Special Directory
             0 [            0] address [size] of Thread Storage Directory
             0 [            0] address [size] of Load Configuration Directory
             0 [            0] address [size] of Bound Import Directory
           400 [           34] address [size] of Import Address Table Directory
             0 [            0] address [size] of Delay Import Directory
             0 [            0] address [size] of COR20 Header Directory
             0 [            0] address [size] of Reserved Directory
...
...
...

0: kd> dds f79e5000+400
f79e5400  80a82264 hal!HalTranslateBusAddress
f79e5404  80a84358 hal!READ_PORT_BUFFER_UCHAR
f79e5408  00000000
f79e540c  80840bd9 nt!IofCompleteRequest
f79e5410  808e8f01 nt!IoCreateSymbolicLink
f79e5414  80838035 nt!RtlInitUnicodeString
f79e5418  808fbe85 nt!IoDeleteSymbolicLink
f79e541c  80816a6e nt!MmUnmapIoSpace
f79e5420  808ef1f1 nt!IoCreateDevice
f79e5424  80837e3a nt!READ_REGISTER_BUFFER_UCHAR
f79e5428  80815fc8 nt!IoDeleteDevice
f79e542c  80816814 nt!MmMapIoSpace
f79e5430  00000000
f79e5434  00000000
```

olddriver.sys가 'Ddk' 태그를 사용하는지 검증하려고 ExAllocatePoolWithTag를 호출하는 코드의 주소 공간을 검색할 수 있다.

```
0: kd> !dh b8cfa000
...
...
...
             0 [            0] address [size] of Export Directory
         3D330 [           50] address [size] of Import Directory
         3DE00 [          380] address [size] of Resource Directory
```

```
               0 [         0] address [size] of Exception Directory
            3FE00 [        88] address [size] of Security Directory
            3E180 [      1BE8] address [size] of Base Relocation Directory
            3B640 [        1C] address [size] of Debug Directory
               0 [         0] address [size] of Description Directory
               0 [         0] address [size] of Special Directory
               0 [         0] address [size] of Thread Storage Directory
               0 [         0] address [size] of Load Configuration Directory
               0 [         0] address [size] of Bound Import Directory
            3B480 [       1B4] address [size] of Import Address Table Directory
               0 [         0] address [size] of Delay Import Directory
               0 [         0] address [size] of COR20 Header Directory
               0 [         0] address [size] of Reserved Directory
...
...
...


0: kd> dds b8cfa000+3B480 b8cfa000+3B480+1B4
b8d35480  80a83dba hal!KeQueryPerformanceCounter
b8d35484  80a7e3c0 hal!KfAcquireSpinLock
b8d35488  80a7e440 hal!KfReleaseSpinLock
b8d3548c  00000000
...
...
...
b8d35544  80812b1a nt!IoWriteErrorLogEntry
b8d35548  8081287b nt!IoAllocateErrorLogEntry
b8d3554c  8082f12f nt!swprintf
b8d35550  8089b93f nt!ExAllocatePoolWithTag
b8d35554  8087c465 nt!KeBugCheckEx
b8d35558  80815407 nt!wcsncat
b8d3555c  8083bc54 nt!ZwQueryValueKey
b8d35560  8083affb nt!ZwClose
b8d35564  80841a14 nt!_wcsicmp
b8d35568  80928d30 nt!ObReferenceObjectByHandle
...
...
...
```

```
0: kd> s-d b8cfa000 b8d39e00 b8d35550
b8d19f08  b8d35550 555425ff 25ffb8d3 b8d35480  PU...%TU...%.T..
b8d1a068  b8d35550 ff85f88b 75fc7d89 b85e5f0c  PU.......}.u._^.
b8d2c4e4  b8d35550 0375c085 89c35d5e 04c08330  PU....u.^]..0...

0: kd> u b8d19f08-2
olddriver!ExAllocatePoolWithTag:
b8d19f06 jmp     dword ptr [olddriver!_imp__ExAllocatePoolWithTag (b8d35550)]

0: kd> u b8d2c4e4-2
olddriver!malloc+0x12
b8d2c4e2 call    dword ptr [olddriver!_imp__ExAllocatePoolWithTag (b8d35550)]
b8d2c4e8 test    eax,eax
b8d2c4ea jne     olddriver!malloc+0x1f (b8d2c4ef)
b8d2c4ec pop     esi
b8d2c4ed pop     ebp
b8d2c4ee ret
b8d2c4ef mov     dword ptr [eax],esi
b8d2c4f1 add     eax,4

0: kd> ub b8d1a068-2
olddriver!TraceRoutine+0xc1
b8d1a051 mov     esp,ebp
b8d1a053 pop     ebp
b8d1a054 ret
b8d1a055 cmp     edi,8
b8d1a058 jbe     olddriver!TraceRoutine+0x157 (b8d1a0e7)
b8d1a05e push    206b6444h
b8d1a063 push    edx
b8d1a064 push    0

0: kd> .formats 206b6444
Evaluate expression:
Hex:      206b6444
Decimal:  543908932
Octal:    04032662104
Binary:   00100000 01101011 01100100 01000100
Chars:    kdD
Time:     Sat Mar 28 05:48:52 1987
```

```
Float: low 1.99384e-019 high 0
Double: 2.68727e-315
```

오래된 덤프, 새로운 익스텐션

때로 윈도우 2003과 XP 크래시 덤프에서 본래의 익스텐션이 실패하면 예전 윈도우 2000 WinDbg 익스텐션을 사용해 정보를 추출할 수 있다. 또 거꾸로 예전 윈도우 2000 크래시 덤프에서 정보를 추출하는 데 윈도우 XP 이후 버전용으로 개발된 WinDbg 익스텐션을 사용할 수도 있다. 다음 사례를 살펴보자. WinDbg의 !stacks 명령은 다음과 같이 윈도우 2000 컴플리트 메모리 덤프에서 아무런 도움이 되지 않는다.

```
2: kd> !stacks
Proc.Thread  Thread    Ticks     ThreadState  Blocker
                                 [System]
   8.000004  89df8220  0000000   BLOCKED      nt!KiSwapThread+0x1b1
   8.00000c  89dc1860  0003734   BLOCKED      nt!KiSwapThread+0x1b1
   8.000010  89dc15e0  0003734   BLOCKED      nt!KiSwapThread+0x1b1
   8.000014  89dc1360  00003b4   BLOCKED      nt!KiSwapThread+0x1b1
   8.000018  89dc10e0  0003734   BLOCKED      nt!KiSwapThread+0x1b1
   8.00001c  89dc0020  0000381   BLOCKED      nt!KiSwapThread+0x1b1
   8.000020  89dc0da0  00066f6   BLOCKED      nt!KiSwapThread+0x1b1
   8.000024  89dc0b20  00025b4   BLOCKED      nt!KiSwapThread+0x1b1
   8.000028  89dc08a0  00025b4   BLOCKED      nt!KiSwapThread+0x1b1
   8.00002c  89dc0620  0003734   BLOCKED      nt!KiSwapThread+0x1b1
   8.000030  89dc03a0  0003734   BLOCKED      nt!KiSwapThread+0x1b1
   8.000034  89dbf020  00025b4   BLOCKED      nt!KiSwapThread+0x1b1
   8.000038  89dbfda0  00025b4   BLOCKED      nt!KiSwapThread+0x1b1
   8.00003c  89dbfb20  00007b4   BLOCKED      nt!KiSwapThread+0x1b1
   8.000040  89dbf8a0  00007b4   BLOCKED      nt!KiSwapThread+0x1b1
   8.000044  89dbf620  0000074   BLOCKED      nt!KiSwapThread+0x1b1
   8.000048  89dbf3a0  00007b4   BLOCKED      nt!KiSwapThread+0x1b1
...
...
...
```

이 명령은 다음과 같이 여러 WinDbg 익스텐션 DLL에 들어 있다(WinDbg 도움말에서 발췌).

```
Windows NT 4.0          Unavailable
Windows 2000            Kdextx86.dll
Windows XP and later    Kdexts.dll
```

좀 더 최근의 kdexts.dll로 시도해보면 더 나은 결과를 얻을 수 있다.

```
2: kd> !winxp\kdexts.stacks
Proc.Thread .Thread   Ticks    ThreadState Blocker
                   [89df84a0 System]
   8.0000c8  89db77c0 0000000  Blocked    nt!MiRemoveUnusedSegments+0xf4
   8.0000f0  89c8a020 0019607  Blocked    cpqasm2+0x1ef0
   8.000108  89881900 0000085  Blocked    CPQCISSE+0x3ae8
   8.000110  8982cda0 000000a  Blocked    cpqasm2+0x2a523
   8.00013c  8974a9a0 00007d7
Blocked    rdbss!RxSetMinirdrCancelRoutine+0x3d
   8.000148  89747b20 000010a  Blocked    rdbss!RxIsOkToPurgeFcb+0x3f
   8.00014c  89758a80 0019493
Blocked nt!NtNotifyChangeMultipleKeys+0x434
   8.0002dc  89620680 000000e  Blocked    cpqasm2+0x5523
   8.0002e0  89620400 00000d2  Blocked    cpqasm2+0x584d
   8.0004ac  895ae9c0 000955b  Blocked    srv!SrvOemStringTo8dot3+0xb7
   8.0004c0  8937b4e0 0018fea  Blocked    srv!SrvOemStringTo8dot3+0xb7
   8.0004a0  895b09e0 0018fe9  Blocked    srv!SrvOemStringTo8dot3+0xb7
   8.0004cc  893784e0 0018fe8  Blocked    srv!SrvOemStringTo8dot3+0xb7
   8.0004d0  893774e0 000955b  Blocked    srv!SrvOemStringTo8dot3+0xb7
   8.0004d4  893764e0 0018fe8  Blocked    srv!SrvOemStringTo8dot3+0xb7
   8.003d68  87abb580 00000b7
Blocked    rdbss!RxSearchForCollapsibleOpen+0x17c
   8.002b94  88e4f180 00000b9
Blocked    rdbss!RxSearchForCollapsibleOpen+0x17c

                   [89736940 smss.exe]


                   [896d3b20 csrss.exe]
```

```
178.000180  896c8020  0000012   Blocked   ntdll!NtReplyWaitReceivePort+0xb
178.00018c  896c5320  0000012   Blocked   ntdll!NtReplyWaitReceivePort+0xb
178.001260  88fbcb20  0000060   Blocked   ntdll!NtReplyWaitReceivePort+0xb
178.001268  88fbbda0  0000060   Blocked   ntdll!NtReplyWaitReceivePort+0xb

               [896c8740 WINLOGON.EXE]
174.00019c  896b7740  0000299   Blocked   ntdll!ZwDelayExecution+0xb
174.0001a0  896b6020  00015dd   Blocked   ntdll!NtRemoveIoCompletion+0xb
174.000f08  8913eda0  00000b0
Blocked    ntdll!ZwWaitForMultipleObjects+0xb
174.000f0c  8901b020  00000b0   Blocked   ntdll!ZwWaitForSingleObject+0xb
```

객체 이름과 대기 중인 스레드

때로 이벤트 같은 동기화 객체를 대기 중인 스레드가 있다. 특정 스레드와 객체가 문제와 연관돼 있는지 아닌지에 대한 단서를 제공할지도 모르므로 동기화 객체나 스레드의 이름을 아는 것은 도움이 된다. 예를 들어 컴플리트 메모리 덤프에 !process 0 ff WinDbg 명령을 적용했을 때 나타나는 스레드 중 하나를 살펴보자.

```
THREAD 86047968  Cid 01e8.04d4  Teb: 7ffaa000 Win32Thread: 00000000 WAIT:
(Unknown) UserMode Non-Alertable
    8604b750  NotificationEvent
    86013070  NotificationEvent
Not impersonating
DeviceMap              e1007d00
Owning Process         86014ba0      Image:       winlogon.exe
Wait Start TickCount   997           Ticks: 788709   (0:03:25:23.578)
Context Switch Count   1
UserTime               00:00:00.000
KernelTime             00:00:00.000
Win32 Start Address USERENV!NotificationThread (0x76929dd9)
Start Address kernel32!BaseThreadStartThunk (0x77e617ec)
Stack Init f5d48000 Current f5d47914 Base f5d48000 Limit f5d45000 Call 0
Priority 10 BasePriority 10 PriorityDecrement 0
Kernel stack not resident.
```

```
ChildEBP RetAddr
f5d4792c 8082ffb7 nt!KiSwapContext+0x25
f5d47944 808282b0 nt!KiSwapThread+0x83
f5d47978 80930d34 nt!KeWaitForMultipleObjects+0x320
f5d47bf4 80930e96 nt!ObpWaitForMultipleObjects+0x202
f5d47d48 80883908 nt!NtWaitForMultipleObjects+0xc8
f5d47d48 7c8285ec nt!KiFastCallEntry+0xf8
00f1fec0 7c827cfb ntdll!KiFastSystemCallRet
00f1fec4 77e6202c ntdll!NtWaitForMultipleObjects+0xc
00f1ff6c 77e62fbe kernel32!WaitForMultipleObjectsEx+0x11a
00f1ff88 76929e35 kernel32!WaitForMultipleObjects+0x18
00f1ffb8 77e64829 USERENV!NotificationThread+0x5f
00f1ffec 00000000 kernel32!BaseThreadStart+0x34
```

또는 winlogon.exe 프로세스로 전환하고 이 스레드를 살펴보자.

```
kd> .process 86014ba0
Implicit process is now 86014ba0

kd> .reload /user
Loading User Symbols

kd> .thread 86047968
Implicit thread is now 86047968

kd> kv
*** Stack trace for last set context - .thread/.cxr resets it
ChildEBP RetAddr Args to Child
f5d4792c 8082ffb7 86047968 ffdff120 00002700 nt!KiSwapContext+0x25
f5d47944 808282b0 86047968 00000002 00000000 nt!KiSwapThread+0x83
f5d47978 80930d34 00000002 f5d47aac 00000001 nt!KeWaitForMultipleObjects+0x320
f5d47bf4 80930e96 00000002 f5d47c1c 00000001 nt!ObpWaitForMultipleObjects+0x202
f5d47d48 80883908 00000002 00f1ff10 00000001 nt!NtWaitForMultipleObjects+0xc8
f5d47d48 7c8285ec 00000002 00f1ff10 00000001 nt!KiFastCallEntry+0xf8
00f1fec0 7c827cfb 77e6202c 00000002 00f1ff10 ntdll!KiFastSystemCallRet
```

```
00f1fec4 77e6202c 00000002 00f1ff10 00000001
ntdll!NtWaitForMultipleObjects+0xc
00f1ff6c 77e62fbe 00000002 769cd34c 00000000
kernel32!WaitForMultipleObjectsEx+0x11a
00f1ff88 76929e35 00000002 769cd34c 00000000
kernel32!WaitForMultipleObjects+0x18
00f1ffb8 77e64829 00000000 00000000 00000000
USERENV!NotificationThread+0x5f
00f1ffec 00000000 76929dd9 00000000 00000000 kernel32!BaseThreadStart+0x34

kd> dd f5d47aac l2
f5d47aac 8604b750 86013070
```

WinDbg의 !object 명령은 명명된Named 동기화 객체의 이름을 보여준다.

```
kd> !object 8604b750
Object: 8604b750  Type: (86598990) Event
   ObjectHeader:   8604b738 (old version)
   HandleCount: 1   PointerCount: 2

kd> !object 86013070
Object: 86013070  Type: (86598990) Event
   ObjectHeader:   86013058 (old version)
   HandleCount: 10   PointerCount: 18
   Directory Object: e19b61c0  Name: userenv: Machine Group Policy has been applied
```

이름이 붙어있고 그룹 정책에 연관된 객체 하나가 있다. 반대의 경우도 같은 방법을 적용할 수 있다. 예를 들면 `85efb848` 이벤트를 기다리고 있는 스레드를 찾으려 한다고 가정해보자.

```
kd> !object \BaseNamedObjects
Object: e19b61c0  Type: (865cab50) Directory
   ObjectHeader:   e19b61a8 (old version)
   HandleCount: 75   PointerCount: 259
   Directory Object: e10012c8 Name: BaseNamedObjects
```

```
    Hash    Address    Type         Name
    ----    -------    ----         ----
    ...
    ...
    ...
            861697f0   Event        COM+ Tracker Push Event
            85f6fbb0   Event        WMI_ProcessIdleTasksComplete
            85efb848   Event        **VMwareToolsServiceEvent**
    ...
    ...
    ...
```

!process 0 ff 명령의 출력에서 스레드를 살펴보면 WMwareService.exe가 그것을 쓰고 있음을 알 수 있다.

```
THREAD 8633bd40 Cid 0664.0680 Teb: 7ffde000 Win32Thread: 00000000 WAIT:
(Unknown) UserMode Alertable
    85efb848 SynchronizationEvent
    8633bdb8 NotificationTimer
Not impersonating
DeviceMap                e1007d00
Owning Process           862fa938       Image:      VMwareService.exe
Wait Start TickCount     789703         Ticks: 3 (0:00:00:00.046)
Context Switch Count     120485
UserTime                 00:00:00.093
KernelTime               00:00:00.062
Win32 Start Address ADVAPI32!ScSvcctrlThreadA (0x77f65e70)
Start Address kernel32!BaseThreadStartThunk (0x77e617ec)
Stack Init f5cc8000 Current f5cc7914 Base f5cc8000 Limit f5cc5000 Call 0
Priority 15 BasePriority 15 PriorityDecrement 0
ChildEBP RetAddr
f5cc792c 8082ffb7 nt!KiSwapContext+0x25
f5cc7944 808282b0 nt!KiSwapThread+0x83
f5cc7978 80930d34 nt!KeWaitForMultipleObjects+0x320
f5cc7bf4 80930e96 nt!ObpWaitForMultipleObjects+0x202
f5cc7d48 80883908 nt!NtWaitForMultipleObjects+0xc8
f5cc7d48 7c8285ec nt!KiFastCallEntry+0xf8
00a5fe4c 7c827cfb ntdll!KiFastSystemCallRet
```

```
00a5fe50 77e6202c ntdll!NtWaitForMultipleObjects+0xc
00a5fef8 0040158e kernel32!WaitForMultipleObjectsEx+0x11a
WARNING: Stack unwind information not available. Following frames may be
wrong.
00a5ff18 00402390 VMwareService+0x158e
00a5ff84 00402f5a VMwareService+0x2390
00a5ffa4 77f65e91 VMwareService+0x2f5a
00a5ffb8 77e64829 ADVAPI32!ScSvcctrlThreadW+0x21
00a5ffec 00000000 kernel32!BaseThreadStart+0x34
```

!object 명령은 WinObj 툴(http://technet.microsoft.com/en-us/sysinternals/bb896657.aspx) 같은 것으로 메모리 덤프가 저장됐을 때 존재했던 윈도우 객체 매니저 네임스페이스를 자세히 살리는 데 사용한다. 다음은 내 x64 비스타 워크스테이션의 루트 디렉토리를 출력한 것이다.

```
kd> !object \
Object: fffff880000056c0  Type: (fffffa800183fde0) Directory
    ObjectHeader: fffff88000005690 (old version)
    HandleCount: 0  PointerCount: 50
    Directory Object: 00000000  Name: \

    Hash  Address           Type          Name
    ----  -------           ----          ----
    01    fffff88000005510  Directory     ObjectTypes
    03    fffffa80047574e0  Event         NETLOGON_SERVICE_STARTED
    05    fffff8800156fb00  SymbolicLink  SystemRoot
    06    fffff880018bfeb0  Directory     Sessions
    07    fffffa800448eb90  ALPC Port     MmcssApiPort
    08    fffff8800000a060  Directory     ArcName
    09    fffff88000081e10  Directory     NLS
          fffffa80047523c0  ALPC Port     XactSrvLpcPort
    10    fffffa8004504e60  ALPC Port     ThemeApiPort
          fffff880018efce0  Directory     Windows
          fffff88000007bd0  Directory     GLOBAL??
          fffffa8004199de0  Event         LanmanServerAnnounceEvent
          fffffa80043027d0  Event         DSYSDBG.Debug.Trace.Memory.2a4
    11    fffff8800189feb0  Directory     RPC Control
```

```
13    ffffffa8003ed6490    Event         EFSInitEvent
14    ffffffa8002746bd0    Device        clfs
      fffff88000fb6b10 -
15    ffffffa8003dd5060    ALPC Port     SeRmCommandPort
      ffffffa80040c7210    Event         CsrSbSyncEvent
16    fffff880000052e0     SymbolicLink  DosDevices
      ffffffa8004626c70    Device        Cdfs
17    fffff8800471c210     Directory     KnownDlls32
      ffffffa8004770490    ALPC Port     AELPort
      ffffffa8004342680    Event         EFSSrvInitEvent
18    fffff8800000a2b0     Key           \REGISTRY
      ffffffa8004851900    ALPC Port     WindowsErrorReportingServicePort
19    fffff88004732380     Directory     BaseNamedObjects
21    fffff88000072d00     Directory     UMDFCommunicationPorts
      ffffffa8004182120    ALPC Port     SmSsWinStationApiPort
      ffffffa8003ddbe60    Event         UniqueInteractiveSessionIdEvent
22    fffff88000875a00     Directory     KnownDlls
      ffffffa8003ece330    Device        FatCdrom
      ffffffa8003a16720    Device        Fat
23    fffff88000005120     Directory     KernelObjects
      fffff88000081ab0     Directory     FileSystem
      ffffffa8002a5f620    Device        Ntfs
26    fffff88000007300     Directory     Callback
      ffffffa80042e14c0    ALPC Port     SeLsaCommandPort
28    fffff880000095f0     Directory     Security
29    ffffffa8004574e60    ALPC Port     UxSmsApiPort
30    fffff88000013060     Directory     Device
      ffffffa8004342700    Event         EFSSmbInitEvent
32    ffffffa8004342260    ALPC Port     LsaAuthenticationPort
34    ffffffa8003dd7e60    ALPC Port     SmApiPort
      fffff88004bf5080     Section       LsaPerformance
      ffffffa8003f65160    Event         UniqueSessionIdEvent
36    fffff88000081c60     Directory     Driver
      ffffffa8004308c00    Event         SAM_SERVICE_STARTED
```

다른 어떤 디렉토리나 객체도 조사할 수 있다. 예를 들면 다음과 같다.

```
lkd> !object \FileSystem
   Object: fffff88000081ab0  Type: (fffffa800183fde0) Directory
   ObjectHeader: fffff88000081a80 (old version)
   HandleCount: 0    PointerCount: 31
   Directory Object: fffff880000056c0    Name: FileSystem

   Hash  Address            Type       Name
   ----  -------            ----       ----
    02   Unable to read directory entry at fffff88004d46ca0
    03   fffffa80041a9bc0   Driver     mrxsmb20
    04   fffffa8004371450   Driver     luafv
    11   fffffa8003e3b530   Driver     rdbss
         fffffa8003c6e470   Device     CdfsRecognizer
    12   fffffa800261c300   Device     UdfsDiskRecognizer
         fffffa8003c6e680   Driver     Fs_Rec
    13   fffffa8002626e70   Driver     Msfs
    15   fffffa8003edc7e0   Driver     DfsC
    16   fffffa8004640e70   Driver     cdfs
    17   fffffa800410ed90   Driver     srvnet
    19   fffffa80046f9420   Driver     srv
         fffffa800468cc90   Driver     MRxDAV
         fffff88000072eb0   Directory  Filters
    21   fffffa80046be400   Driver     bowser
         fffffa8001c92c40   Driver     FltMgr
    22   fffffa800261cc40   Device     FatCdRomRecognizer
    23   fffffa8002756e70   Driver     Ntfs
    24   fffffa8003dc0530   Driver     Npfs
         fffffa80027abd20   Driver     Mup
         fffffa80018476a0   Driver     RAW
    27   fffffa8003f04270   Driver     fastfat
    28   fffffa8002745060   Driver     FileInfo
    31   fffffa800261ce50   Device     FatDiskRecognizer
    33   fffffa80046c4650   Driver     srv2
         fffffa8003eaf470   Driver     NetBIOS
         fffffa800261ca30   Device     ExFatRecognizer
    34   fffffa8003ce3610   Driver     SRTSP
    35   fffffa800261c060   Device     UdfsCdRomRecognizer
```

가상 이미지에서의 메모리 덤프

물리적 머신에서 얻은 프로세스 덤프와 가상 머신에서 얻은 덤프를 구별할 순 없지만 게스트 윈도우 운영체제에 VMware Tools가 설치돼 있었다면 커널과 컴플리트 메모리 덤프에서 그것을 알아볼 수 있는 방법이 있다.

```
kd> !vm
...
...
...
        1098 VMwareUser.exe      350 (    1400 Kb)
...
        14e4 VMwareTray.exe      317 (    1268 Kb)
...
        0664 VMwareService.e     190 (     760 Kb)
...
...
...
```

커널 미니 덤프의 경우에는 VMware 드라이버를 확인해볼 수 있다(당연히 커널과 컴플리트 덤프에서도 동일하게 할 수 있다).

```
kd> lmt m vm*
start    end       module name
bf9e6000 bf9faa80  vmx_fb      Tue Oct 04 08:13:32 2005
f6e8b000 f6e8ed80  vmx_svga    Tue Oct 04 08:13:02 2005
f77e7000 f77ede80  vmxnet      Sat Apr 22 23:13:11 2006
f7997000 f7998200  vmmouse     Tue Aug 02 20:07:49 2005
f79c9000 f79ca5c0  vmmemctl    Thu Jul 26 21:50:03 2007
```

VMware Tools이 설치돼 있지 않다면 머신 ID를 확인해볼 수 있다.

```
kd> !sysinfo machineid
Machine ID Information [From Smbios 2.31, DMIVersion 0, Size=1642]
BiosVendor = Phoenix Technologies LTD
BiosVersion = 6.00
```

```
BiosReleaseDate = 04/17/2006
SystemManufacturer = VMware, Inc.
SystemProductName = VMware Virtual Platform
SystemVersion = None
BaseBoardManufacturer = Intel Corporation
BaseBoardProduct = 440BX Desktop Reference Platform
BaseBoardVersion = None
```

프로세스 필터링

마이크로소프트나 시트릭스 터미널 서비스 환경의 메모리 덤프를 분석할 때 가끔 터미널 서비스 호스팅 프로세스를 찾을 필요가 있다. 윈도우 2000에서는 termsrv.exe로 분리된 프로세스였다. 그러나 지금은 termsrv.dll로 svchost.exe의 여러 인스턴스 중 하나에 로드된다. 컴플리트 메모리 덤프를 갖고 있을 때 어떤 svchost.exe인지 범위를 좁히는 가장 간단한 방법은 WinDbg !process 명령의 모듈 옵션을 사용하는 것이다.

```
!process /m termsrv.dll 0

!process /m wsxica.dll 0

!process /m ctxrdpwsx.dll 0
```

> 참고 이 옵션은 W2K3와 XP 이후의 OS에서만 동작한다.

주어진 이미지 이름과 같은 이미지를 가진 모든 프로세스를 유저 공간 스택과 함께 열거하려면 다음 명령을 사용할 수 있다.

```
!process 0 ff msiexec.exe
```

또는

```
!process 0 ff svchost.exe
```

> **참고** 이 명령은 세션 옵션(/s)과 마찬가지로 W2K에서도 동작한다.

WinDbg 스크립트

첫 번째 스크립트

때때로 디버깅 익스텐션을 작성하는 것보다 스크립트를 만드는 편이 좀 더 빠르다. 몇 시간을 들여 컴플리트 메모리 덤프의 프로세스를 열거하고 커맨드라인을 출력하는 내 생애 첫 번째 스크립트의 최종 버전을 작성했다(WinDbg 도움말의 샘플을 기반으로 했다).

스크립트를 텍스트 파일로 저장하고 WinDbg 명령 프롬프트에서 `$$><script.txt` 명령으로 실행시켰다.

```
$$ 컴플리트 메모리 덤프 내에 있는 모든 프로세스의 커맨드라인을 얻기 위한 WinDbg
스크립트
r $t0 = nt!PsActiveProcessHead
.for (r $t1 = poi(@$t0); (@$t1 != 0) & (@$t1 != @$t0);
      r $t1 = poi(@$t1))
{
   r? $t2 = #CONTAINING_RECORD(@$t1,
      nt!_EPROCESS, ActiveProcessLinks);
   .process @$t2
   .if (@$peb != 0)
   {
      .catch
      {
         r $t3 = @@c++(@$peb->ProcessParameters)
```

```
            r? $t4 =
                @@c++(&((_RTL_USER_PROCESS_PARAMETERS *) @$t3)->CommandLine)
            .printf "_EPROCESS: %N Command Line: %msu\n", @$t2, @$t4
        }
    }
}
```

기타 WinDbg 스크립트

하루는 30개의 IE 프로세스가 실행 중인 윈도우 2000 서버 크래시 덤프를 받았다. 그리고 특정 함수를 기다리는 단 하나의 함수를 찾길 원했다. 그런 함수가 하나 있다는 것을 알고 있었고, 모든 프로세스와 그 스택을 열거하려고 다음의 스크립트를 작성했다(물론 많은 양의 출력을 저장하려고 이미 WinDbg 로그 파일을 열어 뒀다).

```
$$
$$ 유저 프로세스와 스택 목록 출력
$$
r $t0 = nt!PsActiveProcessHead
.for (r $t1 = poi(@$t0); (@$t1 != 0) & (@$t1 != @$t0); r $t1 = poi(@$t1))
{
    r? $t2 = #CONTAINING_RECORD(@$t1, nt!_EPROCESS, ActiveProcessLinks);
    .process @$t2
    .reload
    !process @$t2
}
```

XP/W2K3와 그 이상의 시스템에서 얻은 메모리 덤프에선 WinDbg 명령 !process 0 ff를 사용해 앞의 정보와 모든 프로세스에 대해 PEB와 모듈 정보까지 추가로 얻을 수 있다. 이 명령과 플래그는 각 프로세스에 프로세스 컨텍스트를 설정하고 개별적으로 유저 심볼을 리로드한다.

또 다른 대안은 스크립트 대신 다음 명령을 사용하는 것이다.

```
!for_each_process ".process /r /p @#Process; !process @#Process"
```

데드락과 크리티컬 섹션

다음 스크립트를 컴플리트 메모리 덤프에서 실행하면 서비스를 포함한 유저 모드 프로세스에서 데드락과 크리티컬 섹션의 원인이 드러난다.

```
$$
$$ 크리티컬 섹션을 소유하고 있는 유저 프로세스 목록
$$
r $t0 = nt!PsActiveProcessHead
.for (r $t1 = poi(@$t0); (@$t1 != 0) & (@$t1 != @$t0); r $t1 = poi(@$t1))
{
   r? $t2 = #CONTAINING_RECORD(@$t1, nt!_EPROCESS, ActiveProcessLinks);
   .process @$t2
   .reload
   !ntsdexts.locks
}
```

파일로 저장한 후 WinDbg에서 다음 명령으로 실행시킬 수 있다.

```
$$><script.txt
```

다른 방법으로 스크립트 대신 다음 명령을 사용할 수 있다.

```
!for_each_process ".process /r /p @#Process; !ntsdexts.locks"
```

보안 문제

크래시 덤프는 잠재적으로 메모리에 저장된 기밀 정보를 노출할 가능성이 있다 (10장의 '크래시 덤프와 보안' 절 참조). 컴플리트나 커널 메모리 덤프를 보내지 않고 크래시 덤프 분석을 허용하거나 최소한 문제 컴포넌트를 식별할 수 있는 솔루션이 있는지 알아보자.

이 솔루션은 WinDbg가 임의의 복잡한 스크립트를 실행할 수 있는 능력이 있다는 점을 활용한다. 예를 들면 자주 사용되는 명령을 합친 스크립트는 메모리

덤프의 잠재적인 문제를 식별하는 데 사용될 수 있다.

- !analyze -v
- !vm 4
- lmv
- !locks
- !poolused 3
- !poolused 4
- !exqueue f
- !irpfind
- !stacks
- 모든 프로세스의 스레드 스택과 로드된 모듈, 크리티컬 섹션(컴플리트 메모리 덤프에 대해) 리스트

필요하다면 다른 명령도 추가할 수 있다.

이것들은 어떻게 동작하는 것일까? 고객은 마이크로소프트 사의 Debugging Tools for Windows를 설치해야 한다. 꼭 제품 생산 환경이 아니더라도 아무 워크 스테이션에나 설치해도 된다. 그리고 나서 심볼에 대한 경로(-y)와 메모리 덤프의 경로(-z), 스크립트 경로(-c)가 포함된 인자를 더해 WinDbg.exe를 실행해야 한다.

```
C:\Program Files\Debugging Tools for Windows>WinDbg.exe -y
"srv*c:\mss*http://msdl.microsoft.com/download/symbols" -z MEMORY.DMP -c
"$$><c:\WinDbgScripts\Dmp2Txt.txt;q" -Q -QS -QY .QSY
```

WinDbg가 메모리 덤프 처리(컴플리트 메모리 덤프에 프로세스가 많다면 몇 시간이 걸릴 수도 있다)를 마치면 'C:\Program Files\Debugging Tools for Windows'에 생긴 .log 파일을 복사해 보관하고 분석을 지원하기 위해 외부로 보낼 수 있다. 커널과 프로세스의 데이터와 캐시 파일은 로그 파일에 노출되지 않는다! 그리고 로그는 텍스트 파일이므로 보내기 전에 중요 정보가 포함돼 있지는 않은지 고객이 검사해볼 수 있다.

Dmp2Txt.txt 파일의 내용은 다음과 같다.

```
$$
$$ Dmp2Txt: 컴플리트 풀 메모리 덤프에서 필요한 모든 정보를 추출한다.
into log
$$
.logopen /d
!analyze -v
!vm 4
lmv
!locks
!poolused 3
!poolused 4
!exqueue f
!irpfind
!stacks
r $t0 = nt!PsActiveProcessHead
.for (r $t1 = poi(@$t0); (@$t1 != 0) & (@$t1 != @$t0); r $t1 = poi(@$t1))
{
   r? $t2 = #CONTAINING_RECORD(@$t1, nt!_EPROCESS, ActiveProcessLinks);
   .process @$t2
   .reload
   !process @$t2
   !ntsdexts.locks
   lmv
}
.logclose
$$ Dmp2Txt: End of File
```

커널 덤프를 위한 스크립트는 좀 더 간단하다.

```
$$
$$ KeDmp2Txt: 커널 메모리 덤프에서 필요한 모든 정보를 추출한다.
$$
.logopen /d
!analyze -v
!vm 4
lmv
```

```
!locks
!poolused 3
!poolused 4
!exqueue f
!irpfind
!stacks
!process 0 7
.logclose
$$ KeDmp2Txt: End of File
```

> 참고 LiveKd.exe가 생성한 덤프라면 스크립트가 맞지 않아서 영원히 실행될지도 모른다.

XP/W2K3와 그 이상에서는 프로세스의 크리티컬 섹션 락을 얻는 부분을 제거해 스크립트를 간략화할 수 있다.

```
$$
$$ Dmp2Txt: 컴플리트 풀 메모리 덤프에서 필요한 모든 정보를 추출한다.
into log
$$
.logopen /d
!analyze -v
!vm 4
lmv
!locks
!poolused 3
!poolused 4
!exqueue f
!irpfind
!stacks
!process 0 ff
.logclose
$$
$$ Dmp2Txt: End of File
```

```
$$
```

또는 .for 루프 대신 다음 명령을 사용한다.

```
!for_each_process ".process /r /p @#Process; !process @#Process; !ntsdexts.locks; lmv"
```

수백 개의 크래시 덤프

시스템의 다양한 유저 프로세스에서 얻는 100~200개의 유저 덤프를 갖고 있고, 빠르게 스레드 스택과 락을 체크하거나 뭔가 제품과 연관된 의심스러운 것이나 고객이 불평하는 것에 대한 환경을 확인해보기 원한다고 가정해보자. 그런 정보를 텍스트 파일에 모으고 쭉 훑어보는 편이 각 크래시 덤프를 WinDbg에서 열어보는 것보다 훨씬 빠르다. 셸 스크립트(VBScript)를 사용해 WinDbg에 덤프를 로딩하고, WinDbg 스크립트를 사용해 로드된 덤프에 복잡한 명령을 실행하는 것을 자동화할 수 있다. 예를 들어 다음의 셸 스크립트를 사용할 수 있다.

```
'
' UDumps2Txt.vbs
'
Set fso = CreateObject("Scripting.FileSystemObject")
Set Folder = fso.GetFolder(".")
Set Files = Folder.Files
Set WshShell = CreateObject("WScript.Shell")
For Each File In Files
    Set oExec = WshShell.Exec("C:\Program Files\Debugging Tools for Windows\WinDbg.exe -y
""srv*c:\mss*http://msdl.microsoft.com/download/symbols"" -z " + File.Name
+ " -c ""$$><c:\scripts\UDmp2Txt.txt;q"" -Q -QS -QY .QSY")
    Do While oExec.Status = 0
        WScript.Sleep 1000
    Loop
Next
'
```

```
' UDumps2Txt.vbs: End of File
'
```

그리고 다음은 WinDbg 스크립트이다.

```
$$
$$ UDmp2Txt: Dump information from user dump into log
$$
.logopen /d
!analyze -v
!locks
~*kv
lmv
.logclose
$$
$$ UDmp2Txt: End of File
$$
```

다음 명령은 다중 Dmp2Txt 변환을 시작한다.

```
C:\UserDumps>cscript /nologo c:\scripts\UDumps2Txt.vbs
```

WinDbg 대신 Debugging Tools for Windows에 있는 CDB(콘솔 디버거)를 사용할 수도 있다. 나는 유저 프로세스 덤프엔 CDB로, 커널과 컴플리트 메모리 덤프엔 KD로 각기 나눠 사용하는 것보다 공통으로 WinDbg를 사용하는 편을 선호한다.

텍스트 파일을 얻었으므로 정규 표현을 이용해 패턴을 검색하거나 텍스트 파일을 더 처리해볼 수 있고, 자동화된 크래시 덤프 분석 시스템의 일부분인 데이터베이스에 넣을 수도 있다.

매개변수를 가진 스크립트

WinDbg 스크립트에 인자를 넘기는 데 다음의 WinDbg 명령을 사용할 수 있다.

```
$$>a< Filename arg1 arg2 arg3 ... argn
```

argn은 디버거가 스크립트로 전달하는 인자를 나타낸다. 이 인자는 따옴표나 공백으로 나눠진 문자열이다. 모든 인자는 옵션optional이다(WinDbg 도움말에서).

스크립트 내에선 $arg1, ..., $argn으로 각 인자를 참조할 수 있다. 이 방법으로 멋진 스크립트를 작성하거나 구조화된 프로그래밍을 사용할 수 있다. 로베르토 알렉시스 파라의 블로그(http://blogs.msdn.com/debuggingtoolbox/)에서 많은 스크립트 예제를 참조할 수 있다.

보안 이슈와 스크립트

크래시 덤프가 민감하고 개인적인 정보를 담고 있을 수도 있음은 잘 알려진 사실이다. 바이너리 프로세스 추출물을 담고 있는 크래시 리포트도 마찬가지다. 디버깅을 목적으로 전체 메모리 컨텐츠를 얻으려는 것과 데이터 유출 가능성을 막으려는 것이 상충된다. 해결책은 포스트모텀 디버거와 유저 모드 프로세스 덤퍼에 스택 트레이스 같은 활동적인 데이터만을 텍스트 형태로 저장하는 옵션을 구현하면 될 것으로 보인다. 시스템 레벨의 어떤 문제는 스레드 스택 트레이스와 크리티컬 섹션 목록, 전체 모듈 정보, 스레드 시간만을 살펴봄으로써 수정될 수도 있다. 이것은 프로세스 크래시나 행, CPU를 망치는 원인이 되는 컴포넌트를 식별하는 데 도움을 줄 수 있다.

사용자나 시스템 관리자는 텍스트 데이터를 외부로 보내기 전에 검열할 수 있다. 이는 닥터 왓슨 로그에 이미 구현돼 있다. 그렇지만 이 로그로는 WinDbg를 사용해 얻는 덤프에서 추출할 수 있는 정보와 비교할 때 일반적으로 크래시 덤프 분석에 요구되는 정보를 충분히 얻지 못한다. 예를 들면 커널과 모든 프로세스 활동을 분석할 필요가 있다고 했을 때 스크립트를 사용해 커널과 컴플리트 메모리 덤프를 텍스트 파일로 저장할 수 있다. 유사한 스크립트를 유저 덤프에 적용할 수 있다.

제품 생산 환경에 적용해도 될 만한 스크립트를 작성하는 데엔 문제가 하나

있다. 변환 툴이나 디버거는 심볼에 대해 알 필요가 있다. 마이크로소프트 사는 퍼블릭 심볼 서버를 제공하므로 마이크로소프트의 모듈로 이 문제는 쉽게 해결된다. 시트릭스 사 같은 다른 회사는 퍼블릭 심볼을 다운로드할 수 있게 한다. 시트릭스 프리젠테이션 서버의 디버그 심볼는 다음 주소에서 다운할 수 있다.

http://support.citrix.com/article/CTX113339

다른 방법으로 적절한 모듈 이미지와 스택 트레이스가 있는 텍스트 파일을 로드하고 적절한 PDB 파일을 찾고 완전한 심볼 정보로 스택 트레이스를 제공하는 WinDbg 익스텐션을 작성할 수 있다. 이는 고객으로부터 텍스트 파일을 받은 후 PDB 파일에 접근하기 위해 비주얼 스튜디오 DIA_{Debug Interface Access} SDK를 사용해 별도의 분리된 프로그램으로도 작성할 수 있다.

모든 스레드의 로 스택 덤프(프로세스 덤프)

가끔 훅 트레이스_{trace of hooks}나 프린터 드라이버, 문자열 조각을 찾기 위해 전체 스레드 스택을 덤프할 필요가 있다. 보통 적절한 TEB를 찾고 StackLimit와 StackBase 주소 사이의 데이터를 덤프하면 된다. 다음 예를 살펴보자.

```
0:000> ~
.  0 Id: 106c.4e4 Suspend: 1 Teb: 7ffde000 Unfrozen
   1 Id: 106c.4e0 Suspend: 1 Teb: 7ffdc000 Unfrozen
   2 Id: 106c.1158 Suspend: 1 Teb: 7ffdb000 Unfrozen
   3 Id: 106c.c3c Suspend: 1 Teb: 7ffd9000 Unfrozen
   4 Id: 106c.1174 Suspend: 1 Teb: 7ffd8000 Unfrozen
   5 Id: 106c.1168 Suspend: 1 Teb: 7ffd4000 Unfrozen
   6 Id: 106c.1568 Suspend: 1 Teb: 7ffaf000 Unfrozen
   7 Id: 106c.1574 Suspend: 1 Teb: 7ffad000 Unfrozen
   8 Id: 106c.964 Suspend: 1 Teb: 7ffac000 Unfrozen
   9 Id: 106c.1164 Suspend: 1 Teb: 7ffab000 Unfrozen
  10 Id: 106c.d84 Suspend: 1 Teb: 7ffaa000 Unfrozen
  11 Id: 106c.bf4 Suspend: 1 Teb: 7ffa9000 Unfrozen
  12 Id: 106c.eac Suspend: 1 Teb: 7ffa8000 Unfrozen
  13 Id: 106c.614 Suspend: 1 Teb: 7ffd5000 Unfrozen
  14 Id: 106c.cd8 Suspend: 1 Teb: 7ffa7000 Unfrozen
```

```
   15 Id: 106c.1248 Suspend: 1 Teb: 7ffa6000 Unfrozen
   16 Id: 106c.12d4 Suspend: 1 Teb: 7ffa4000 Unfrozen
   17 Id: 106c.390  Suspend: 1 Teb: 7ffa3000 Unfrozen
   18 Id: 106c.764  Suspend: 1 Teb: 7ffa1000 Unfrozen
   19 Id: 106c.f48  Suspend: 1 Teb: 7ff5f000 Unfrozen
   20 Id: 106c.14a8 Suspend: 1 Teb: 7ff53000 Unfrozen
   21 Id: 106c.464  Suspend: 1 Teb: 7ff4d000 Unfrozen
   22 Id: 106c.1250 Suspend: 1 Teb: 7ffa5000 Unfrozen
   23 Id: 106c.fac  Suspend: 1 Teb: 7ff5c000 Unfrozen
   24 Id: 106c.1740 Suspend: 1 Teb: 7ffd7000 Unfrozen
   25 Id: 106c.ae4  Suspend: 1 Teb: 7ffd6000 Unfrozen
   26 Id: 106c.a4c  Suspend: 1 Teb: 7ffdd000 Unfrozen
   27 Id: 106c.1710 Suspend: 1 Teb: 7ffda000 Unfrozen
   28 Id: 106c.1430 Suspend: 1 Teb: 7ffa2000 Unfrozen
   29 Id: 106c.1404 Suspend: 1 Teb: 7ff4e000 Unfrozen
   30 Id: 106c.9a8  Suspend: 1 Teb: 7ff4c000 Unfrozen
   31 Id: 106c.434  Suspend: 1 Teb: 7ff4b000 Unfrozen
   32 Id: 106c.c8c  Suspend: 1 Teb: 7ff4a000 Unfrozen
   33 Id: 106c.4f0  Suspend: 1 Teb: 7ff49000 Unfrozen
   34 Id: 106c.be8  Suspend: 1 Teb: 7ffae000 Unfrozen
   35 Id: 106c.14e0 Suspend: 1 Teb: 7ff5d000 Unfrozen
   36 Id: 106c.fe0  Suspend: 1 Teb: 7ff5b000 Unfrozen
   37 Id: 106c.1470 Suspend: 1 Teb: 7ff57000 Unfrozen
   38 Id: 106c.16c4 Suspend: 1 Teb: 7ff5e000 Unfrozen

0:000> !teb 7ffad000
TEB at 7ffad000
    ExceptionList:        0181ff0c
    StackBase:            01820000
    StackLimit:           0181c000
    SubSystemTib:         00000000
    FiberData:            00001e00
    ArbitraryUserPointer: 00000000
    Self:                 7ffad000
    EnvironmentPointer:   00000000
    ClientId:             0000106c . 00001574
    RpcHandle:            00000000
    Tls Storage:          00000000
    PEB Address:          7ffdf000
```

```
        LastErrorValue:         0
        LastStatusValue:        c000000d
        Count Owned Locks:      0
        HardErrorMode:          0

0:000> dps 0181c000 01820000
0181c000  00000000
0181c004  00000000
0181c008  00000000
0181c00c  00000000
0181c010  00000000
0181c014  00000000
0181c018  00000000
0181c01c  00000000
0181c020  00000000
0181c024  00000000
...
...
...
0181ffb8  0181ffec
0181ffbc  77e6608b kernel32!BaseThreadStart+0x34
0181ffc0  00f31eb0
0181ffc4  00000000
0181ffc8  00000000
0181ffcc  00f31eb0
0181ffd0  8a38f7a8
0181ffd4  0181ffc4
0181ffd8  88a474b8
0181ffdc  ffffffff
0181ffe0  77e6b7d0 kernel32!_except_handler3
0181ffe4  77e66098 kernel32!`string'+0x98
0181ffe8  00000000
0181ffec  00000000
0181fff0  00000000
0181fff4  7923a709
0181fff8  00f31eb0
0181fffc  00000000
01820000  ????????
```

그렇지만 프로세스가 앞의 예처럼 많은 스레드를 갖고 있고 전체의 스택 데이터를 덤프하기 원한다면 이 절차를 자동화할 필요가 있다. 몇 가지 시도 끝에 WinDbg 명령 윈도우에 복사 ➤ 붙여넣기하거나 텍스트 파일로 자장하고 나중에 WinDbg $$>< 명령으로 로드하고 실행할 수 있는 간단한 스크립트를 만들었다. 이 스크립트는 다음 명령을 활용한다.

~e (Thread-Specific Command)

~e 명령은 하나 이상의 명령을 타켓 프로세스의 특정한 스레드나 전체 스레드를 대상으로 실행할 수 있다(WinDbg 도움말에서).

다음은 스크립트다.

~*e r? $t1 = ((ntdll!_NT_TIB *)@$teb)->StackLimit; r? $t2 = ((ntdll!_NT_TIB *)@$teb)->StackBase; !teb; dps @$t1 @$t2

개별 스택의 로 스택 데이터raw stack data는 !teb 명령의 출력으로 명확히 구분된다. 다음 예를 살펴보자.

```
0:000> .logopen rawdata.log

0:000> ~*e r? $t1 = ((ntdll!_NT_TIB *)@$teb)->StackLimit; r? $t2 =
((ntdll!_NT_TIB *)@$teb)->StackBase; !teb; dps @$t1 @$t2
TEB at 7ffde000
    ExceptionList:      0007fd38
    StackBase:          00080000
    StackLimit:         0007c000
    SubSystemTib:       00000000
    FiberData:          00001e00
    ArbitraryUserPointer: 00000000
    Self:               7ffde000
    EnvironmentPointer: 00000000
    ClientId:           0000106c . 000004e4
    RpcHandle:          00000000
    Tls Storage:        00000000
    PEB Address:        7ffdf000
```

```
        LastErrorValue:         0
        LastStatusValue:        c0000034
        Count Owned Locks:      0
        HardErrorMode:          0
0007c000  00000000
0007c004  00000000
0007c008  00000000
0007c00c  00000000
0007c010  00000000
0007c014  00000000
0007c018  00000000
0007c01c  00000000
0007c020  00000000
0007c024  00000000
...
...
...
...
...
...
0977ffb4  00000000
0977ffb8  0977ffec
0977ffbc  77e6608b kernel32!BaseThreadStart+0x34
0977ffc0  025c3728
0977ffc4  00000000
0977ffc8  00000000
0977ffcc  025c3728
0977ffd0  a50c4963
0977ffd4  0977ffc4
0977ffd8  000a5285
0977ffdc  ffffffff
0977ffe0  77e6b7d0 kernel32!_except_handler3
0977ffe4  77e66098 kernel32!`string'+0x98
0977ffe8  00000000
0977ffec  00000000
0977fff0  00000000
0977fff4  77bcb4bc msvcrt!_endthreadex+0x2f
0977fff8  025c3728
```

```
0977fffc  00000000
09780000  ????????
TEB at 7ffae000
    ExceptionList:         0071ff64
    StackBase:             00720000
    StackLimit:            0071c000
    SubSystemTib:          00000000
    FiberData:             00001e00
    ArbitraryUserPointer:  00000000
    Self:                  7ffae000
    EnvironmentPointer:    00000000
    ClientId:              0000106c . 00000be8
    RpcHandle:             00000000
    Tls Storage:           00000000
    PEB Address:           7ffdf000
    LastErrorValue:        0
    LastStatusValue:       c000000d
    Count Owned Locks:     0
    HardErrorMode:         0
0071c000  00000000
0071c004  00000000
0071c008  00000000
0071c00c  00000000
0071c010  00000000
0071c014  00000000
0071c018  00000000
0071c01c  00000000
0071c020  00000000
0071c024  00000000
0071c028  00000000
0071c02c  00000000
0071c030  00000000
0071c034  00000000
0071c038  00000000
0071c03c  00000000
0071c040  00000000
0071c044  00000000
0071c048  00000000
0071c04c  00000000
```

```
0071c050  00000000
0071c054  00000000
...
...
...
...
...

0:000> .logclose
```

스크립트 안의 dps 명령 대신(또는 추가해서) 스택 데이터가 가리키는 모든 문자열을 덤프하는 데 dpu나 dpa 명령을 사용하거나 삼중 역참조를 하는 복잡한 스크립트를 만들 수도 있다.

모든 스레드의 로 스택 덤프(컴플리트 덤프)

시스템 스레드를 제외한 모든 스레드의 스택 트레이스stack trace와 유저 공간 로 스택 데이터user space raw stack data를 덤프하는 데 WinDbg의 !for_each_thread 익스텐션 명령을 사용할 수 있다. 시스템 스레드는 유저 공간 스택에 해당하는 부분이 없고 TEB 주소가 NULL이므로 덤프할 수 없다.

```
!for_each_thread ".thread /r /p @#Thread; .if (@$teb != 0) {!thread
@#Thread; r? $t1 = ((ntdll!_NT_TIB *)@$teb)->StackLimit; r? $t2 =
((ntdll!_NT_TIB *)@$teb)->StackBase; !teb; dps @$t1 @$t2}"
```

로그 파일을 열 필요가 있다. 출력물이 거대할 것이고 단지 특정 프로세스의 로 스택 컨텐츠를 덤프하기 원할지도 모른다. 이런 경우 EPROCESS의 주소인 $proc 의사 레지스터를 사용해 스크립트의 출력물을 걸러낼 수 있다.

```
!for_each_thread ".thread /r /p @#Thread; .if (@$teb != 0 & @$proc ==
<EPROCESS>) {!thread @#Thread; r? $t1 = ((ntdll!_NT_TIB *)@$teb)-
>StackLimit; r? $t2 = ((ntdll!_NT_TIB *)@$teb)->StackBase; !teb; dps @$t1
@$t2}"
```

예를 들면 다음과 같다.

```
1: kd>!process 0 0
...
...
...
PROCESS 8596f9c8    SessionId: 0    Cid: 0fac    Peb: 7ffde000 ParentCid: 0f3c
    DirBase: 3fba6520   ObjectTable: d6654e28 HandleCount: 389.
    Image: explorer.exe
...
...
...

1: kd> !for_each_thread ".thread /r /p @#Thread; .if (@$teb != 0 & @$proc
== 8596f9c8) {!thread @#Thread; r? $t1 = ((ntdll!_NT_TIB *)@$teb)-
>StackLimit; r? $t2 = ((ntdll!_NT_TIB *)@$teb)->StackBase; !teb; dps @$t1
@$t2}"
Implicit thread is now 8659b208
Implicit process is now 8659b478
Loading User Symbols

Implicit thread is now 86599db0
Implicit process is now 8659b478
Loading User Symbols

...
...
...
Implicit thread is now 85b32db0
Implicit process is now 8596f9c8
Loading User Symbols

THREAD 85b32db0 Cid 0fac.0fb0 Teb: 7ffdd000 Win32Thread: bc0a6be8 WAIT:
(Unknown) UserMode Non-Alertable
    859bda20 SynchronizationEvent
Not impersonating
DeviceMap                 d743e440
```

```
Owning Process            8596f9c8          Image:           explorer.exe
Wait Start TickCount      376275            Ticks: 102 (0:00:00:01.593)
Context Switch Count      3509                               LargeStack
UserTime                  00:00:00.078
KernelTime                00:00:00.203
Win32 Start Address Explorer!ModuleEntry (0x010148a4)
Start Address kernel32!BaseProcessStartThunk (0x77e617f8)
Stack Init ba5fe000 Current ba5fdc50 Base ba5fe000 Limit ba5f9000 Call 0
Priority 10 BasePriority 8 PriorityDecrement 0
ChildEBP RetAddr  Args to Child
ba5fdc68 80833465 85b32db0 85b32e58 00000000 nt!KiSwapContext+0x26
ba5fdc94 80829a62 00000000 bc0a6be8 00000000 nt!KiSwapThread+0x2e5
ba5fdcdc bf89abe3 859bda20 0000000d 00000001 nt!KeWaitForSingleObject+0x346
ba5fdd38 bf89da53 000024ff 00000000 00000001 win32k!xxxSleepThread+0x1be
ba5fdd4c bf89e411 000024ff 00000000 0007fef8
win32k!xxxRealWaitMessageEx+0x12
ba5fdd5c 8088978c 0007ff08 7c8285ec badb0d00 win32k!NtUserWaitMessage+0x14
ba5fdd5c 7c8285ec 0007ff08 7c8285ec badb0d00 nt!KiFastCallEntry+0xfc
(TrapFrame @ ba5fdd64)
0007feec 7739bf53 7c92addc 77e619d1 000d9298 ntdll!KiFastSystemCallRet
0007ff08 7c8fadbd 00000000 0007ff5c 0100fff1 USER32!NtUserWaitMessage+0xc
0007ff14 0100fff1 000d9298 7ffde000 0007ffc0
SHELL32!SHDesktopMessageLoop+0x24
0007ff5c 0101490c 00000000 00000000 000207fa Explorer!ExplorerWinMain+0x2c4
0007ffc0 77e6f23b 00000000 00000000 7ffde000 Explorer!ModuleEntry+0x6d
0007fff0 00000000 010148a4 00000000 78746341 kernel32!BaseProcessStart+0x23

Last set context:
TEB at 7ffdd000
    ExceptionList:         0007ffe0
    StackBase:             00080000
    StackLimit:            00072000
    SubSystemTib:          00000000
    FiberData:             00001e00
    ArbitraryUserPointer:  00000000
    Self:                  7ffdd000
    EnvironmentPointer:    00000000
    ClientId:              00000fac . 00000fb0
    RpcHandle:             00000000
```

```
           Tls Storage:          00000000
           PEB Address:          7ffde000
           LastErrorValue:       6
           LastStatusValue:      c0000008
           Count Owned Locks:    0
           HardErrorMode:        0
00072000  ????????
00072004  ????????
00072008  ????????
0007200c  ????????
00072010  ????????
00072014  ????????
00072018  ????????
0007201c  ????????
...
...
...
00079ff8  ????????
00079ffc  ????????
0007a000  00000000
0007a004  00000000
0007a008  00000000
0007a00c  00000000
0007a010  00000000
0007a014  00000000
0007a018  00000000
0007a01c  00000000
0007a020  00000000
0007a024  00000000
0007a028  00000000
0007a02c  00000000
...
...
...
0007ff04  0007ff14
0007ff08  0007ff14
0007ff0c  7c8fadbd SHELL32!SHDesktopMessageLoop+0x24
0007ff10  00000000
0007ff14  0007ff5c
```

```
0007ff18    0100fff1 Explorer!ExplorerWinMain+0x2c4
0007ff1c    000d9298
0007ff20    7ffde000
0007ff24    0007ffc0
0007ff28    00000000
0007ff2c    0007fd28
0007ff30    0007ff50
0007ff34    7ffde000
0007ff38    7c82758b ntdll!ZwQueryInformationProcess+0xc
0007ff3c    77e6c336 kernel32!GetErrorMode+0x18
0007ff40    ffffffff
0007ff44    0000000c
0007ff48    00000000
0007ff4c    00018fb8
0007ff50    000000ec
0007ff54    00000001
0007ff58    000d9298
0007ff5c    0007ffc0
0007ff60    0101490c Explorer!ModuleEntry+0x6d
0007ff64    00000000
0007ff68    00000000
0007ff6c    000207fa
0007ff70    00000001
0007ff74    00000000
0007ff78    00000000
0007ff7c    00000044
0007ff80    0002084c
0007ff84    0002082c
0007ff88    000207fc
0007ff8c    00000000
0007ff90    00000000
0007ff94    00000000
0007ff98    00000000
0007ff9c    f60e87fc
0007ffa0    00000002
0007ffa4    021a006a
0007ffa8    00000001
0007ffac    00000001
0007ffb0    00000000
```

```
0007ffb4  00000000
0007ffb8  00000000
0007ffbc  00000000
0007ffc0  0007fff0
0007ffc4  77e6f23b kernel32!BaseProcessStart+0x23
0007ffc8  00000000
0007ffcc  00000000
0007ffd0  7ffde000
0007ffd4  00000000
0007ffd8  0007ffc8
0007ffdc  b9a94ce4
0007ffe0  ffffffff
0007ffe4  77e61a60 kernel32!_except_handler3
0007ffe8  77e6f248 kernel32!`string'+0x88
0007ffec  00000000
0007fff0  00000000
0007fff4  00000000
0007fff8  010148a4 Explorer!ModuleEntry
0007fffc  00000000
00080000  78746341
...
...
...
```

컴플리트 메모리 덤프는 물리적 메모리의 내용물만을 담고 있으므로 로 스택 데이터의 몇 페이지는 페이지 파일에 있을 수 있다. 그러므로 그 부분은 사용할 수 없다.

사례 연구

크래시 덤프를 오픈한 후 WinDbg 안에서 강조된 다음의 레거시 C++/Win32 코드를 생각해보자.

```
1: HANDLE hFile = CreateFile(str.GetBuffer(), GENERIC_READ,
FILE_SHARE_READ, NULL, OPEN_EXISTING, FILE_ATTRIBUTE_NORMAL, NULL);
2: if (hFile != INVALID_HANDLE_VALUE)
```

```
 3: {
 4:     DWORD dwSize = GetFileSize(hFile, NULL);
 5:     DWORD dwRead = 0;
 6:     CHAR *bufferA = new CHAR[dwSize+2];
 7:     memset(bufferA, 0, dwSize+2);
 8:     if (ReadFile(hFile, bufferA, dwSize, &dwRead, NULL))
 9:     {
10:         DWORD i = 0, j = 0;
11:         for (; i < dwSize+2-7; ++i)
12:         {
13:             if (bufferA[i] == 0xD && bufferA[i+1] != 0xA)
```

얼핏 보기에 코드는 올바른 것처럼 보인다. 파일을 열고, 크기를 얻고, 읽기를 위한 버퍼를 할당한다. 모든 루프 인덱스도 배열의 범위 안에 있다. 디스어셈블리와 충돌 지점을 살펴보자.

```
0:000> uf component!CMyDlg::OnTimer
...
...
...
004021bc push    0
004021be push    esi
004021bf call    dword ptr [component!_imp__GetFileSize (0042e26c)]
004021c5 mov     edi,eax ; dwSize
004021c7 lea     ebx,[edi+2] ; dwSize+2
004021ca push    ebx
004021cb mov     dword ptr [esp+34h],0
004021d3 call    component!operator new[] (00408e35)
004021d8 push    ebx
004021d9 mov     ebp,eax ; bufferA
004021db push    0
004021dd push    ebp
004021de call    component!memset (00418500)
004021e3 add     esp,10h
004021e6 push    0
004021e8 lea     edx,[esp+34h]
004021ec push    edx
004021ed push    edi
```

```
004021ee push    ebp
004021ef push    esi
004021f0 call    dword ptr [component!_imp__ReadFile (0042e264)]
004021f6 test    eax,eax
004021f8 jne     component!CMyDlg::OnTimer+0x3b1 (00402331)
...
...
...
00402331 xor     esi,esi ; i
00402333 add     edi,0FFFFFFFBh ; +2-7 (edi contains dwSize)
00402336 cmp     edi,esi ; loop condition
00402338 mov     dword ptr [esp+24h],esi
0040233c jbe     component!CMyDlg::OnTimer+0x43e (004023be)
00402342 mov     al,byte ptr [esi+ebp] ; bufferA[i]

0:000> r
eax=00002b00 ebx=00000002 ecx=00431000 edx=00000000 esi=00002b28
edi=fffffffb
eip=00402342 esp=0012efd4 ebp=0095b4d8 iopl=0 nv up ei pl nz ac pe cy
cs=001b ss=0023 ds=0023 es=0023 fs=003b gs=0000 efl=00000217
component!CMyDlg::OnTimer+0x3c2:
00402342 8a042e mov al,byte ptr [esi+ebp] ds:0023:0095e000=??
```

bbx(dwSize+2)와 edi 레지스터(배열의 상한 dwSize+2-7)을 본다면 dwSize가 0임을 쉽게 알 수 있다. 배열의 상한이 0+2-7=FFFFFFFB(루프 인덱스가 부호 없는 정수 DWORD이다)로 계산됐으므로 명확하게 버퍼 오버런buffer overrun이다. 인덱스가 부호 있는 정수 변수(int)였다면 0<0+2-7은 항상 거짓이고 루프의 본체는 절대로 실행되지 않았을 것이므로 어떤 문제도 없었을 것이다.

앞의 내용에 근거해 다음과 같은 수정안이 제안됐다.

```
1: HANDLE hFile = CreateFile(str.GetBuffer(), GENERIC_READ,
FILE_SHARE_READ, NULL, OPEN_EXISTING, FILE_ATTRIBUTE_NORMAL, NULL);
2: if (hFile != INVALID_HANDLE_VALUE)
3: {
4:     DWORD dwSize = GetFileSize(hFile, NULL);
5:     DWORD dwRead = 0;
6:     CHAR *bufferA = new CHAR[dwSize+2];
```

```
7:     memset(bufferA, 0, dwSize+2);
8:     if (ReadFile(hFile, bufferA, dwSize, &dwRead, NULL))
9:     {
10:        DWORD i = 0, j = 0;
10:        int i = 0, j = 0;
11:        for (; i < dwSize+2-7; ++i)
11:        for (; i < (int)dwSize+2-7; ++i)
12:        {
```

GetFileSize는 INVALID_FILE_SIZE(0xFFFFFFFF)를 리턴할 수 있고 new 연산자는 이론적으로 실패할 수 있다(사이즈가 너무 크면). 따라서 코드는 다음과 같이 수정할 수 있다.

```
1: HANDLE hFile = CreateFile(str.GetBuffer(), GENERIC_READ,
FILE_SHARE_READ, NULL, OPEN_EXISTING, FILE_ATTRIBUTE_NORMAL, NULL);
2: if (hFile != INVALID_HANDLE_VALUE)
3: {
4:     DWORD dwSize = GetFileSize(hFile, NULL);
4a:    if (dwSize != INVALID_FILE_SIZE)
4b:    {
5:         DWORD dwRead = 0;
6:         CHAR *bufferA = new CHAR[dwSize+2];
6a:        if (bufferA)
6b:        {
7:             memset(bufferA, 0, dwSize+2);
8:             if (ReadFile(hFile, bufferA, dwSize, &dwRead, NULL))
9:             {
10:                int i = 0, j = 0;
11:                for (; i < (int)dwSize+2-7; ++i)
12:                {
```

코드 안의 루프 탐지

가끔 스택 트레이스와 디스어셈블된 코드를 살펴볼 때 코드 경로가 선형적이었으면 크래시가 발생하지 않음을 볼 수 있다. 이런 경우 어떤 변수를 바꾸는 어떤 루프가 있는지 살펴볼 필요가 있다. 소스코드가 있다면 엄청나게 간단하겠지만 다음 예의 경우에는 소스코드에 접근할 수 없다. 그러나 루프를 탐지할 수 있는 가능성이 아직 남아있다. 단지 다음 의사코드 같은 충돌 지점 전의 루프 시작으로 향하는 충돌 지점 뒤의 분기로 직접 점프 명령(JMP)이나 조건 점프 명령(Jxxx 예를 들어 JE)을 찾기만 하면 된다.

```
set the pointer value
...
label:
...
>>> crash when dereferencing the pointer
...
change the pointer value
...
jmp label
```

비주얼 C++ 컴파일러에 의해 생성된 C++ 코드용 __thiscall 호출 규약을 보여주는 매우 흥미 있는 사례 하나를 보자. 덤프를 살펴보기 전에 어떻게 C++ 비정적non-static 클래스 메소드가 호출되는지 간단히 살펴보자. 비가상 메소드 호출non-virtual method call을 살펴보자.

```
class A
{
public:
        int foo()    { return i; }
virtual int bar()    { return i; }
private:
        int i;
};
```

내부적으로 클래스 멤버는 암시적인 this 포인터(ECX로 전달된다)를 통해 접근한다.

```
int A::foo() { return this->i; }
```

클래스 A의 객체 인스턴스로 foo 메소드를 호출한다고 가정해보자.

```
A obj;
obj.foo();
```

컴파일러는 foo 함수를 호출하는 코드를 생성해야 하고, 함수 내의 코드는 어떤 객체가 연결돼 있는지 알아야 한다. 따라서 내부적으로 컴파일러는 암시적 인자(그 객체를 가리키는 포인터)를 전달한다. 다음은 의사코드다.

```
int foo_impl(A *this)
{
return this->i;
}

A obj;
foo_impl(&obj);
```

x86 어셈블리 언어에서는 다음과 비슷하다.

```
lea ecx, obj
call foo_impl
```

obj를 지역변수로 선언했다면 코드는 다음과 비슷하다.

```
lea ecx, [ebp-N]
call foo_impl
```

obj에 대한 포인터를 갖고 있다면 컴파일러는 보통 LEA 명령 대신 MOVE 명령을 생성한다.

```
A *pobj;
pobj->foo();

mov ecx, [ebp-N]
call foo_impl
```

다른 함수 인자가 있다면 오른쪽에서 왼쪽의 순서로 스택에 푸시된다. 이것은 __thiscall 호출 규약이다. 가상 함수 호출은 가상 함수 테이블을 통해 간접 호출한다. 이에 대한 포인터는 객체 구조체의 첫 번째 멤버다. 그리고 후자의 경우 obj를 가리키는 포인터는 지역변수로 선언됐다. x86 코드는 다음과 같다.

```
A *pobj;
pobj->bar();

mov ecx, [ebp-N]
mov eax, [ecx]
call [eax]
```

이제 충돌 지점과 스택 트레이스를 살펴보자.

```
0:021> r
eax=020864ee ebx=00000000 ecx=0000005c edx=7518005c esi=020864dc
edi=00000000
eip=67dc5dda esp=075de820 ebp=075dea78 iopl=0  nv up ei pl nz na po nc
cs=001b  ss=0023  ds=0023  es=0023  fs=003b  gs=0000             efl=00010202
component!CDirectory::GetDirectory+0x8a:
67dc5dda 8b03            mov     eax,dword ptr [ebx] ds:0023:00000000=????????

0:021> k
ChildEBP RetAddr
075dea78 004074f0 component!CDirectory::GetDirectory+0x8a
075deaac 0040e4fc component!CDirectory::FindFirstFileW+0xd0
075dffb8 77e64829 component!MonitorThread+0x13
075dffec 00000000 kernel32!BaseThreadStart+0x34
```

전문적인 크래시 덤프 분석 ● 263

`GetDirectory` 코드를 살펴보면 다음과 같다.

```
0:021> .asm no_code_bytes
Assembly options: no_code_bytes

0:021> uf component!CDirectory::GetDirectory
component!CDirectory::GetDirectory:
67dc5d50 push    ebp
67dc5d51 mov     ebp,esp
67dc5d53 push    0FFFFFFFFh
67dc5d55 push    offset component!CreateErrorInfo+0x553 (67ded93b)
67dc5d5a mov     eax,dword ptr fs:[00000000h]
67dc5d60 push    eax
67dc5d61 mov     dword ptr fs:[0],esp
67dc5d68 sub     esp,240h
67dc5d6e mov     eax,dword ptr [component!__security_cookie (67e0113c)]
67dc5d73 mov     dword ptr [ebp-10h],eax
67dc5d76 mov     eax,dword ptr [ebp+8]
67dc5d79 test    eax,eax
67dc5d7b push    ebx
**67dc5d7c mov     ebx,ecx**
**67dc5d7e mov     dword ptr [ebp-238h],ebx**
67dc5d84 je      component!CDirectory::GetDirectory+0x2a1 (67dc5ff1)

component!CDirectory::GetDirectory+0x3a:
67dc5d8a cmp     word ptr [eax],0
67dc5d8e je      component!CDirectory::GetDirectory+0x2a1 (67dc5ff1)

component!CDirectory::GetDirectory+0x44:
67dc5d94 push    esi
67dc5d95 push    eax
67dc5d96 call    dword ptr [component!_imp__wcsdup (67df050c)]
67dc5d9c add     esp,4
67dc5d9f mov     dword ptr [ebp-244h],eax
67dc5da5 mov     dword ptr [ebp-240h],eax
67dc5dab push    5Ch
67dc5dad lea     ecx,[ebp-244h]
67dc5db3 mov     dword ptr [ebp-4],0
```

```
67dc5dba call    component!CStrToken::Next (67dc4f80)
67dc5dbf mov     esi,eax
67dc5dc1 test    esi,esi
67dc5dc3 je      component!CDirectory::GetDirectory+0x28c (67dc5fdc)

component!CDirectory::GetDirectory+0x79:
67dc5dc9 push    edi
67dc5dca lea     ebx,[ebx]

component!CDirectory::GetDirectory+0x80:
67dc5dd0 cmp     word ptr [esi],0
67dc5dd4 je      component!CDirectory::GetDirectory+0x28b (67dc5fdb)

component!CDirectory::GetDirectory+0x8a:
>>> 67dc5dda mov     eax,dword ptr [ebx]
67dc5ddc mov     ecx,ebx
...
```

EBX를 역으로 추적하면 그것이 ECX에서 나온다는 점을 알 수 있다. 따라서 ECX는 __thiscall 호출 규약에 따른 암시적 this 포인터로 간주될 수 있다. 그러므로 호출자는 ECX를 통한 this 포인터로 NULL을 전달한 것으로 보인다.

호출자를 살펴보자. 코드를 보기 위해 FindFirstFileW를 디스어셈블하거나 GetDirectory 리턴 주소에서 역으로 디스어셈블할 수 있다. 후자의 방법으로 해보자.

```
0:021> k
ChildEBP RetAddr
075dea78 004074f0 component!CDirectory::GetDirectory+0x8a
075deaac 0040e4fc component!CDirectory::FindFirstFileW+0xd0
075dffb8 77e64829 component!MonitorThread+0x13
075dffec 00000000 kernel32!BaseThreadStart+0x34

0:021> ub 004074f0
component!CDirectory::FindFirstFileW+0xbe:
004074de pop     ebp
004074df clc
004074e0 mov     ecx,dword ptr [esi+8E4h]
```

```
004074e6 mov     eax,dword ptr [ecx]
004074e8 push    0
004074ea push    0
004074ec push    edx
004074ed call    dword ptr [eax+10h]
```

앞의 ECX가 this 포인터임을 알 수 있다. 그러나 가상 테이블 포인터는 그것이 참조하는 메모리에서 얻어진다.

```
004074e6 mov     eax,dword ptr [ecx]
...
...
004074ed call    dword ptr [eax+10h]
```

ECX가 NULL이었다면 이 시점에 크래시가 발생했다. 그러나 크래시는 호출된 함수 안에서 발생했다. 따라서 이건 NULL이 아니다. 여기에 모순이 있다. 타당한 설명은 GetDirectory 함수 안에 EBX(앞의 GetDirectory 함수 코드에서 굵게 표시된)를 변경하는 루프가 있다는 것뿐이다. 다시 코드를 보면 EBX가 사용되기 전에 [ebp-238h] 지역변수를 저장함을 알 수 있다.

```
0:021> uf component!CDirectory::GetDirectory
component!CDirectory::GetDirectory:
67dc5d50 push    ebp
67dc5d51 mov     ebp,esp
67dc5d53 push    0FFFFFFFFh
67dc5d55 push    offset component!CreateErrorInfo+0x553 (67ded93b)
67dc5d5a mov     eax,dword ptr fs:[00000000h]
67dc5d60 push    eax
67dc5d61 mov     dword ptr fs:[0],esp
67dc5d68 sub     esp,240h
67dc5d6e mov     eax,dword ptr [component!__security_cookie (67e0113c)]
67dc5d73 mov     dword ptr [ebp-10h],eax
67dc5d76 mov     eax,dword ptr [ebp+8]
67dc5d79 test    eax,eax
67dc5d7b push    ebx
67dc5d7c mov     **ebx**,ecx
```

```
67dc5d7e mov     dword ptr [ebp-238h],ebx
67dc5d84 je      component!CDirectory::GetDirectory+0x2a1 (67dc5ff1)

component!CDirectory::GetDirectory+0x3a:
67dc5d8a cmp     word ptr [eax],0
67dc5d8e je      component!CDirectory::GetDirectory+0x2a1 (67dc5ff1)

component!CDirectory::GetDirectory+0x44:
67dc5d94 push    esi
67dc5d95 push    eax
67dc5d96 call    dword ptr [component!_imp__wcsdup (67df050c)]
67dc5d9c add     esp,4
67dc5d9f mov     dword ptr [ebp-244h],eax
67dc5da5 mov     dword ptr [ebp-240h],eax
67dc5dab push    5Ch
67dc5dad lea     ecx,[ebp-244h]
67dc5db3 mov     dword ptr [ebp-4],0
67dc5dba call    component!CStrToken::Next (67dc4f80)
67dc5dbf mov     esi,eax
67dc5dc1 test    esi,esi
67dc5dc3 je      component!CDirectory::GetDirectory+0x28c (67dc5fdc)

component!CDirectory::GetDirectory+0x79:
67dc5dc9 push    edi
67dc5dca lea     ebx,[ebx]

component!CDirectory::GetDirectory+0x80:
67dc5dd0 cmp     word ptr [esi],0
67dc5dd4 je      component!CDirectory::GetDirectory+0x28b (67dc5fdb)

component!CDirectory::GetDirectory+0x8a:
>>> 67dc5dda mov eax,dword ptr [ebx]
67dc5ddc mov     ecx,ebx
...
```

크래시 지점을 이후를 살펴보면 [ebp-238h] 값이 변경된 후 다시 EBX를 변경하는 데 사용됨을 알 수 있다.

```
component!CDirectory::GetDirectory+0x80:
67dc5dd0 cmp     word ptr [esi],0
67dc5dd4 je      component!CDirectory::GetDirectory+0x28b (67dc5fdb)

component!CDirectory::GetDirectory+0x8a:
>>> 67dc5dda mov     eax,dword ptr [ebx]
67dc5ddc mov     ecx,ebx
...
...
...
component!CDirectory::GetDirectory+0x11e:
67dc5e6e mov     eax,dword ptr [ebp-23Ch]
67dc5e74 mov     ecx,dword ptr [eax]
67dc5e76 mov     dword ptr [ebp-238h],ecx
67dc5e7c jmp     component!CDirectory::GetDirectory+0x20e (67dc5f5e)
...
...
...
component!CDirectory::GetDirectory+0x23e:
67dc5f8e cmp     esi,edi
67dc5f90 mov     ebx,dword ptr [ebp-238h]
67dc5f96 jne     component!CDirectory::GetDirectory+0x80 (67dc5dd0)
```

EBX를 변경하고 나서 코드는 `67dc5dd0` 주소로 점프한다. 그리고 이 주소는 충돌 지점 앞에 있다. 이것은 루프처럼 보인다. 그러므로 여기엔 모순이 없다. this 포인터로서 ECX는 NULL 값이 아닌 유용한 포인터로 전달됐다. 루프가 시작하기 전에 그 값은 EBX로 전달됐다. 루프 안에서 EBX는 변경됐고 몇 번의 되풀이 끝에 새 값이 NULL이 됐다. 루프 코드에서 NULL 포인터를 검증하지 않았을 수 있다.

크래시 덤프 분석 체크리스트

메모리 덤프에서 문제의 근본 원인은 가끔 분명치 않다. 다음은 경험 있는 엔지니어가 어떤 중요 정보도 놓치지 않게 돕기 위한 크래시 덤프 분석 체크리스트의 첫 번째 버전이다. 체크리스트는 어떤 상세한 절차도 규정하지 않고 단지 메모리 덤프를 살펴볼 때 더블 체크하기 위한 가능한 모든 지점을 열거한다.

일반:

- 내부 데이터베이스 검색
- 의심스런 컴포넌트가 이미 알려진 이슈인지 구글이나 마이크로소프트 검색. 가끔 간단한 검색은 벤더 사이트의 패치를 즉시 가리킨다.
- 덤프를 저장하는 데 사용된 도구(긍정 오류 덤프나 불완전 덤프, 불일치 덤프를 배제하기 위함)
- 운영체제 버전과 서비스팩 버전
- 언어
- 디버그 시간
- 시스템 가동 시간
- 컴퓨터 이름

애플리케이션 크래시나 행:

- 기본 분석(!analyze -v, 행의 경우에 !analyze -v -hang)
- 크래시와 행 모두의 경우에 크리티컬섹션(!locks)
- 컴포넌트 타임스탬프. DLL 지옥?
- 어떤 새로운 컴포넌트가 있는가?
- 프로세스 스레드(~*kv나 !uniqstack)
- 프로세스 가동 시간
- 문제 스레드의 전체 로 스택raw stack에 있는 자신의 컴포넌트
- 메인 애플리케이션 스레드의 전체 로 스택에 있는 자신의 컴포넌트
- 프로세스 크기
- 스레드 개수

- Gfalgs 값(!gflag)
- 스레드에 의한 시간 소비(!runaway)
- 환경(!peb)
- 임포트 테이블(!dh)
- 훅킹된 함수(!chkimg)
- 예외 핸들러(!exchain)

시스템 행:

- 기본 분석(!analyze -v -hang)
- ERESOURCE 경합(!locks)
- 세션 공간을 포함하는 프로세스와 가상 메모리(!vm 4)
- 풀(!poolused)
- 대기 중인 스레드(!stacks)
- 크리티컬 시스템 큐(!exqueue f)
- I/O(!irpfind)
- 모든 스레드 스택 트레이스(W2K3/XP/비스타는 !process 0 ff, 윈도우 2000은 ListProcessStacks 스크립트)
- 의심스런 스레드에 대한 LPC 체인(!lpc message)
- 의심스런 프로세스에 대한 크리티컬 섹션(!ntsdexts.locks)
- 세션, 세션 프로세스(!session, !sprocess)
- 프로세스(크기, 핸들 테이블 크기)(!process 0 0)
- 실행 중인 스레드(!running)
- DPC 큐(!dpcs)
- APC 리스트(!apc)

BSOD:

- 기본 분석(!analyze -v)
- 풀 주소(!pool)
- 컴포넌트 타임스탬프
- 프로세스와 가상 메모리(!vm 4)
- 다른 프로세서상의 현재 스레드
- 로 스택raw stack
- 버그체크 설명(손상되거나 잘린 덤프에 대한 예외 주소 포함)

크래시 덤프 분석 포스터(HTML 버전)

하이퍼링크가 있는 크래시 덤프 분석 포스터의 HTML 버전이 있다. 각 명령의 링크는 WinDbg 도움말을 띄우고 해당 토픽을 나타낸다. 예를 들어 !heap을 클릭하면 해당 명령에 대한 WinDbg 도움말 윈도우가 열릴 것이다. 이 기능을 사용하려면 다음 HTML 파일의 소스코드를 로컬 디스크에 저장하고 실행해야 한다. 링크는 http://www.dumpanalysis.org/CDAPoster.html이다. 또는 단순히 windbg.org로 이동한다.

> **참고** WinDbg 도움말 파일은 반드시 다음과 같은 기본 설치 경로에 있어야 한다.
> C:\Program Files\Debugging Tools for Windows\debugger.chm

WinDbg를 다른 폴더에 설치했다면 간단하게 기본 폴더를 생성하고 debugger.chm을 거기에 복사하면 된다.

나는 이 HTML 파일을 로컬로 열어 세컨드 모니터에 둔다. 그리고 적절한 명령에 대한 인자의 설명이 필요할 때 점프해 매우 쉽게 찾는다.

03 크래시 덤프 분석 패턴

■ 다중 예외

꽤 오랫동안 크래시 덤프 분석을 해본 후 내 지식을 패턴으로 만들어보기로 했다(이를 테면 메모리 덤프 분석 패턴 언어라 할 수 있을 것이다. 그리고 공통 용어 사용을 촉진해보려 한다).

패턴이란 무엇인가? 흔히 반복되는 특정한 상황에 적용할 수 있는 일반적인 솔루션이다.

첫 번째로 소개할 패턴은 다중 예외Multiple Exception다. 이 패턴은 프로세스 안의 스레드 개수만큼 많은 예외(크래시)가 있을 수 있다는 알려진 사실에서 기인한다. 다음 UML 다이어그램은 프로세스와 스레드, 예외 엔티티entity 간의 관계를 나타낸다.

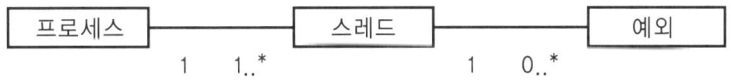

윈도우의 모든 프로세스는 적어도 하나의 스레드를 가진다. 따라서 무엇인가 잘못됐다면 스레드당 하나의 예외(유효하지 않은 메모리 참조처럼)가 있을 수 있다. 예외 처리 코드에서 다른 예외가 발생하거나 첫 번째 예외가 처리됐는데 다른 예외가 하나 더 발생하는 등의 이유로 두 번째 예외가 발생할 수도 있다.

애플리케이션이나 서비스가 충돌했을 때와 고객(특정 상황)으로부터 크래시 덤프 파일(공통적으로 반복되는 문제)을 받았을 때 같은 흔한 문제에 대한 일반적인 해결책은 무엇일까? 일반적인 해결책은 툴이 뭐라고 하던지 간에 모든 스레드와 스택을 살펴보는 것이다.

덤프 파일에서 구체적인 예를 살펴보자. 인터넷 익스플로러가 충돌해 WinDbg로 덤프를 열어 !analyze -v 명령을 실행했다. 다음은 WinDbg의 출력 결과다.

```
ExceptionAddress: 7c822583 (ntdll!DbgBreakPoint)
    ExceptionCode: 80000003 (Break instruction exception)
    ExceptionFlags: 00000000
NumberParameters: 3
    Parameter[0]: 00000000
    Parameter[1]: 8fb834b8
    Parameter[2]: 00000003
```

브레이크 인스트럭션 예외로 생각할 수도 있을 것이다. 실행 중인 애플리케이션에서 수동으로 덤프 파일을 생성했고 충돌은 발생하지 않았다. 고객이 잘못된 덤프를 보냈거나 문제 해결 설명서를 잘못 이해했을지도 모른다. 그렇지만 모든 스레드를 살펴봤을 때 다음의 두 스택(스레드 15와 16)을 발견할 수 있었다.

```
0:016>~*kL
...
15 Id: 1734.8f4 Suspend: 1 Teb: 7ffab000 Unfrozen
ntdll!KiFastSystemCallRet
ntdll!NtRaiseHardError+0xc
kernel32!UnhandledExceptionFilter+0x54b
kernel32!BaseThreadStart+0x4a
kernel32!_except_handler3+0x61
ntdll!ExecuteHandler2+0x26
ntdll!ExecuteHandler+0x24
ntdll!KiUserExceptionDispatcher+0xe
componentA!xxx
componentB!xxx
mshtml!xxx
kernel32!BaseThreadStart+0x34

# 16 Id: 1734.11a4 Suspend: 1 Teb: 7ffaa000 Unfrozen
ntdll!DbgBreakPoint
ntdll!DbgUiRemoteBreakin+0x36
```

앞의 스택을 보면 진짜 충돌은 componentA.dll에서 발생했고 component.dll이나 mshtml.dll이 영향을 끼쳤을 수도 있음을 알 수 있다. 왜 이런 일이 발생했을까? 고객이 예외 대화상자가 나타난 동안 수동으로 인터넷 익스플로러를 덤프했을 수 있다. NtRaiseHardError는 에러 메시지를 담고 있는 대화상자를 나타낸다.

또는 뭔가 다른 일이 발생했을지도 모른다. 많은 경우에 단일 프로세스 덤프에서 다중 스레드 예외가 발생함을 볼 수 있다. 충돌한 스레드가 비주얼 C++ 디버그 대화상자 같은 대화상자를 나타내고 프로세스가 종료되는 것을 막고 있기 때문이다. 앞에서 설명한 덤프에서 WinDbg 자동 분석 명령은 마지막 중단점 예외만을 인식한 것이다(스레드 16번에 나타난). 어찌됐든 '자동 분석'에 의존해서는 안 된다.

동적 메모리 훼손

다음 패턴으로 동적 메모리 훼손Dynamic Memory 3Corruption(그리고 유저와 커널 쪽의 다른 말로 힙 훼손과 풀 훼손이 있음)을 설명하려 한다. 이는 유비쿼터스적이다. 랜덤하게 발생하며 보통 최초 손상 지점에서 한참 떨어져 충돌이 발생한다. 유저 모드와 예외 스레드 부분(다중 예외 패턴을 상기하라)에서 다음과 같은 것을 볼 수 있다.

```
ntdll!RtlpCoalesceFreeBlocks+0x10c
ntdll!RtlFreeHeap+0x142
MSVCRT!free+0xda
componentA!xxx
```

또는 다음과 같은 스택 트레이스 조각을 볼 수 있다.

```
ntdll!RtlpCoalesceFreeBlocks+0x10c
ntdll!RtlpExtendHeap+0x1c1
ntdll!RtlAllocateHeap+0x3b6
componentA!xxx
```

또는 어떤 비슷한 유형을 볼 수 있다. 정확히 어떤 컴포넌트가 애플리케이션 힙(보통 충돌된 스레드 스택에서 볼 수 있는 componentA.dll과 다르다)을 손상시켰는지 알아내야 한다.

이와 같은 공통적으로 반복되는 문제에 대한 힙 점검 활성화enable heap checking 같은 일반적인 솔루션이 있다. 이 일반적인 솔루션은 특정 상황에 따라 여러 변형이 있다.

- 힙 함수에 대한 인자 값 검사

- 어떤 체크포인트('malloc'/'new'나 'free'/'delete' 호출) 앞이나 뒤에서 유저 공간 소프트웨어 힙 검사는 보통 다양한 채움 패턴fill pattern을 검증해 구현한다.

- 하드웨어/운영체제가 지원하는 힙 검사(버퍼 오버런을 트랩하기 위해 가드guard와 액세스 불가능한 페이지를 사용하는 것과 유사)

후자의 변형이 주로 사용되는데, 경험상 그리고 대부분의 힙 훼손이 버퍼 오버플로우buffer overflow에 기반한다는 사실에 기인한다. 채움 패턴 검증fill pattern checking보다 인스턴트 MMU 지원instant MMU support에 의존하는 것이 좀 더 쉽다. 시트릭스 기술 지원 웹사이트에 풀 페이지 힙full page heap을 활성화하는 방법이 있다. 다음 예에서는 시트릭스Citrix 인디펜던트 매니지먼트 아키텍처Independent Management Architecture, IMA 서비스라는 특정 이름을 사용한다. 그러나 디버깅할 어떤 애플리케이션 이름으로든 대체할 수 있다.

풀 페이지 힙 활성화 방법은 다음 주소에 있다.

http://support.citrix.com/article/CTX104633

시트릭스 기술 지원의 다른 글로 풀 페이지 힙이 활성화된 유저 덤프를 검사하는 방법은 다음 주소에 있다.

http://support.citrix.com/article/CTX105955

마이크로소프트 사의 다음 글은 다양한 힙 관련 검사 방법을 설명한다.

윈도우 XP와 윈도우 2000에서 Pageheap.exe을 사용하는 방법은 다음 주소에 있다.

http://support.microsoft.com/kb/286470

유저 모드와 공간 힙 훼손과 같은 의미로 커널에서 사용되는 용어는 페이지와 넌페이지드 풀 훼손nonpaged pool corruption이다. 윈도우 커널 풀을 힙 변형의 일종으로 생각한다면 같은 방법을 적용할 수 있다. 예를 들어 드라이버 베리파이어Driver Verifier에 의해 활성화된 스페셜 풀은 비액세스 페이지nonaccessible pages로 구현돼 있다. 좀 더 자세한 내용은 다음의 마이크로소프트 글을 참조하라.

'풀 훼손을 고립시키기 위해 스페셜 풀 기능special pool feature을 사용하는 방법' 으로 다음 주소에 있다.

http://support.microsoft.com/kb/188831

■ 긍정 오류 덤프

자주 발생하는 또 다른 패턴은 긍정 오류 덤프false positive dump이다. 잘못된 지점이나 분석에 도움이 되지 않는 부분을 가리키는 크래시 덤프는 보통 잘못된 도구를 선택했거나 크래시 덤프가 올바로 저장될 수 있게 적절히 설정되지 않아 발생한다. 다음 예를 자세히 살펴보자.

고객의 윈도우 서버 2003에서 스풀러가 자주 충돌 한다. 문제가 되는 컴포넌트를 찾기 위해 덤프가 보내졌다. 보통 그것은 프린터 드라이버다. WinDbg는 다음과 같이 예외 스레드 스택을 나타냈다.

```
KERNEL32!RaiseException+0x56
KERNEL32!OutputDebugStringA+0x55
KERNEL32!OutputDebugStringW+0x39
PRINTER!ConvertTicket+0x3c90
PRINTER!DllGetClassObject+0x5d9b
PRINTER!DllGetClassObject+0x11bb
```

직접 PRINTER.DLL을 가리킨다. 그러나 KERNEL32!OutputDebugStringA에 대한 인자를 살펴보면 널 종료된 올바른 문자열이 전달됐음을 알 수 있다.

```
0:010> da 000d0040
000d0040    ".Lower DWORD of elapsed time = 3"
000d0060    "750000."
```

RaiseException이 나타날 때까지 OutputDebugStringA를 디스어셈블해보자.

```
0:010> u KERNEL32!OutputDebugStringA
KERNEL32!OutputDebugStringA+0x55
KERNEL32!OutputDebugStringA:
push    ebp
mov     ebp,esp
push    0FFFFFFFFh
push    offset KERNEL32!'string'+0x10
push    offset KERNEL32!_except_handler3
mov     eax,dword ptr fs:[00000000h]
push    eax
mov     dword ptr fs:[0],esp
push    ecx
push    ecx
sub     esp,228h
push    ebx
push    esi
push    edi
mov     dword ptr [ebp-18h],esp
and     dword ptr [ebp-4],0
mov     edx,dword ptr [ebp+8]
mov     edi,edx
or      ecx,0FFFFFFFFh
xor     eax,eax
repne scas byte ptr es:[edi]
not     ecx
mov     dword ptr [ebp-20h],ecx
mov     dword ptr [ebp-1Ch],edx
lea     eax,[ebp-20h]
push    eax
push    2
push    0
push    40010006h
call    KERNEL32!RaiseException
```

KERNEL32!RaiseException을 호출하는 명령 앞에 jump 명령이 존재하지 않는다. 이것은 무조건 예외를 발생시키게 만들어졌음을 의미한다. 또 MSDN 문서에는 다음과 같이 나와 있다.

> 애플리케이션이 디버거를 갖고 있지 않다면 시스템 디버거가 문자열을 나타낸다. 애플리케이션이 디버거를 갖고 있지 않고 시스템 디버거도 활성화되지 않았다면 OutputDebugString은 아무 일도 하지 않는다.

따라서 spoolsv.exe는 스풀러 프로세스를 덤프하는 것을 거부하는 대신 앞의 예외를 잡는 디버거로 관찰되고 있었을지도 모른다.

!analyze -v 출력을 살펴보면 다음과 같음을 알 수 있다.

```
Comment: 'Userdump generated complete user-mode minidump
with Exception Monitor function on WS002E00-01-MFP'ERROR_CODE: (NTSTATUS)
0x40010006 -
Debugger printed exception on control C.
```

자, 이제 디버거가 마이크로소프트 사 웹사이트에 다운받을 수 있는 유저 모드 프로세스 덤퍼User Mode Process Dumper였음을 알았다.

Userdump.exe 도구를 사용해 덤프 파일을 생성하는 방법은 다음 주소에 있다.

http://support.microsoft.com/kb/241215

충돌을 재현하려면 다운로드하고 설치하고 비주얼 C++로 작은 콘솔 프로그램을 작성한다.

```
#include "stdafx.h"
#include
int _tmain(int argc, _TCHAR* argv[])
{
    OutputDebugString(_T("Sample string"));
    return 0;
}
```

릴리즈 모드로 컴파일하고 TestOutputDebugString.exe을 포함시키려면 다음 그림과 같은 속성으로 제어판의 프로세스 덤퍼 애플릿Process Dumper applet을 설정한다.

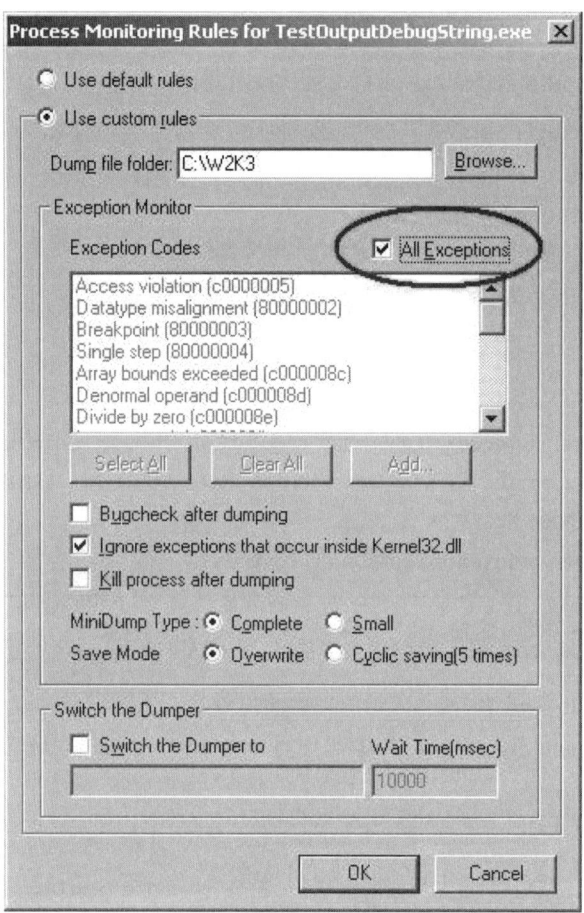

　그리고 나서 프로그램을 실행하면 KERNEL32!RaiseExceptionfunction가 던진 예외를 프로세스 덤퍼가 잡고 덤프를 저장하는 것을 볼 것이다.
　심지어 kernel32.dll 내부에서 발생한 예외를 무시하게 선택해도 이 도구는 계속 덤프를 만들어낸다. 자, 이제 고객이 'All Exceptions' 체크박스를 활성화했을 것이라는 점을 알 수 있다. 다음 그림에서 보여지는 것처럼 디폴트 규칙을 사용하게 해야 한다.

크래시 덤프 분석 패턴 ● 279

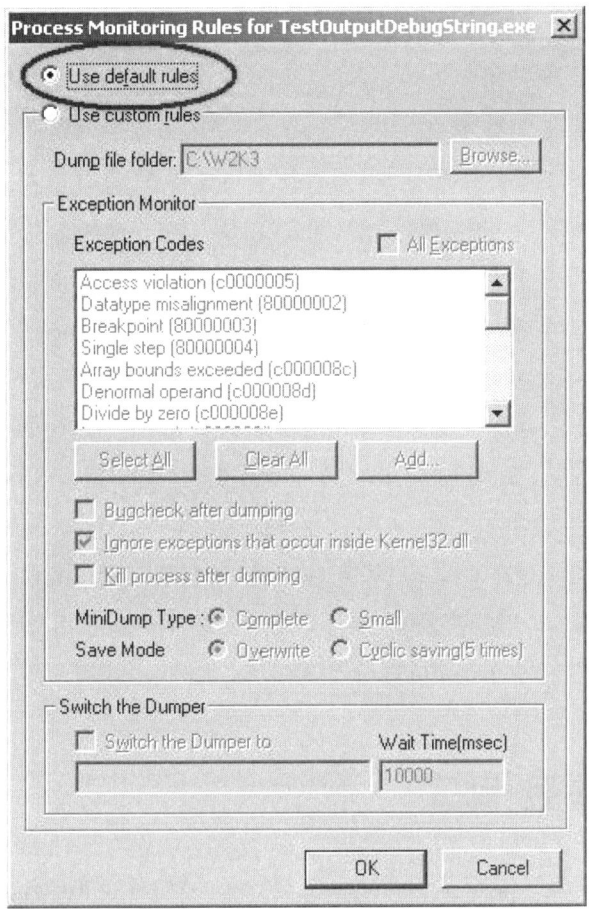

또한 예외 코드를 수동으로 선택할 수도 있다. 이 경우엔 수동으로 모든 예외를 선택해도 크래시 덤프가 생성되지 않는다. 뒤의 설정 방법이 여전히 접근 위반을 잡아냄을 확인하려면 널 포인터를 역참조하는 한 줄의 코드를 추가한다. 그러면 프로세스 덤퍼는 그것을 잡고 덤프를 저장할 것이다.

고객은 NTSD를 기본 포스트모텀 디버거로 사용해야 한다. 그러면 충돌이 발생했을 때 진짜 문제가 되는 컴포넌트를 알 수 있거나 다른 패턴을 적용할 수 있다. 또한 추가적인 덤프를 요청할 수도 있다.

■ 외측 손상

모든 스레드 환경 블록thread environment block이 0으로 채워져 있고 임포트 테이블 import table이 훼손돼 있는 한 덤프를 살펴봤었다. 그리곤 이전에 봤었던 유사한 경우가 떠올라 다음 패턴으로 외측 손상Lateral Damage을 다루기로 했다.

이 문제가 발생하면 대체 방법이 별로 없다. 모듈 리스트가 훼손됐음에도 불구하고 우선 외래 컴포넌트 안티 패턴Alien Component anti-pattern을 적용해보자는 유혹을 받는다. 그리고 다른 일반 패턴인 훼손된 덤프의 징후manifestation가 있다.

추가적인 검증이 보완되고 경험이 뒷받침된다면 안티 패턴이 항상 나쁜 해결책은 아니다. 프로세스와 스레드 구조체가 손상돼있어도 의심스러운 컴포넌트를 지적할 수 있다(로 스택 분석과 경험을 바탕으로). 그러고 나서 프로세스 영역이 덜 손상돼 있거나 문제의 컴포넌트를 다시 볼 수 있을 거란 희망을 갖고 추가적인 크래시 덤프를 요구할 수 있다. 결국 최종적으로 의심스런 컴포넌트를 제거함으로써 고객의 환경이 안정된다면 해결책이 맞았음이 증명될 것이다.

■ 최적화된 코드

다음 패턴은 최적화된 코드Optimized Code다. 이 경우엔 WinDbg 같은 크래시 덤프 분석 도구를 믿으면 안 된다. 툴이 의심스럽거나 이상한 행위를 하는 것처럼 보이면 컴파일러가 생성한 코드가 최적화돼 있는 건 아닌지 항상 의심하라. 다음 스택 트레이스 조각을 살펴보자.

```
Args to Child
77e44c24 000001ac 00000000 ntdll!KiFastSystemCallRet
000001ac 00000000 00000000 ntdll!NtFsControlFile+0xc
00000034 00000bb8 0013e3f4 kernel32!WaitNamedPipeW+0x2c3
0016fc60 00000000 67c14804 MyModule!PipeCreate+0x48
```

MyModule에 있는 서드파티 함수 PipeCreate는 명명된 파이프named pipe를 오픈한다. 그리고 첫 번째 인자는 파이프 이름인 L\\.\pipe\MyPipe를 가리킨다. 소스코드에선 Win32 API 함수인 WaitNamedPipeW(연결이 가능해질 때까지 대기하기 위해)

를 호출하고 같은 파이프 이름을 전달한다. 그러나 WaitNamedPipeW의 첫 번째 인자가 유효한 유니코드 문자열을 가리킬 수 없는 00000034임을 알 수 있다. 00000034가 포인터 값이었다면 프로그램은 충돌됐어야 한다.

WaitNamedPipeW를 디스어셈블해보면 모든 것이 명확해진다.

```
0:000> uf kernel32!WaitNamedPipeW
mov        edi,edi
push       ebp
mov        ebp,esp
sub        esp,50h
push       dword ptr [ebp+8] ; 파이프 이름 사용
lea        eax,[ebp-18h]
push       eax
call       dword ptr [kernel32!_imp__RtlCreateUnicodeString (77e411c8)]
...
...
...
...
call       dword ptr [kernel32!_imp__NtOpenFile (77e41014)]
cmp        dword ptr [ebp-4],edi
mov        esi,eax
jne        kernel32!WaitNamedPipeW+0x1d5 (77e93316)
cmp        esi,edi
jl         kernel32!WaitNamedPipeW+0x1ef (77e93331)
movzx      eax,word ptr [ebp-10h]
mov        ecx,dword ptr fs:[18h]
add        eax,0Eh
push       eax
push       dword ptr [kernel32!BaseDllTag (77ecd14c)]
mov        dword ptr [ebp+8],eax ; 인자 공간 재사용
```

알다시피 [ebp+8]은 non-FPO 호출에서 첫 번째 인자다. 그리고 LPWSTR을 UNICODE_STRING으로 변환하고 핸들을 얻기 위해 NtOpenFile을 호출한 후 인자 공간이 더 이상 필요하지 않아 컴파일러가 다른 정보를 저장하는 데 사용할 수 있으므로 재사용되는 것을 볼 수 있다.

조심해야 할 다른 컴파일러 최적화로 OMAP이 있다. 이는 코드 섹션 내의 코드를 이동해 가장 빈번하게 접근되는 코드 조각을 모아 둔다. 이 경우 다음과 같이 WinDbg에 입력해 보자.

```
0:000> uf nt!someFunction
```

위와 같이 입력하면 다음과 같이 입력했을 때와는 다른 코드를 얻는다(f4795100이 스택 트레이스나 디스어셈블로부터 얻는 함수 주소라고 가정하자).

```
0:000> uf f4794100
```

결론은 크래시 덤프를 분석하는 동안 항상 경계하고 깨어있으라는 것과 어떤 불일치가 있다면 더욱 깊이 조사하라는 것이다.

유효하지 않은 포인터

유효하지 않은 포인터 패턴을 소개한다. 레지스터나 메모리에 저장된 그냥 단순한 숫자를 메모리 주소로 잘못 해석하고 주소가 가리키는 메모리 컨텐츠(값)를 가져오려고 역참조할 때 운영체제는 하드웨어의 도움을 받아 그 주소가 존재하지 않거나 보안 제약에 의해 접근 불가능하다고 알려 준다.

윈도우에서 프로세스 메모리는 두 개의 큰 영역(커널 공간과 프로세스 공간)으로 분할돼있다. 공간 분할은 프로세서 상태인 실행 모드(커널이나 유저, 링0이나 링3)와는 다른 개념이다. 커널 모드(예를 들면 드라이버나 운영체제)에서의 코드 실행은 유저 공간에 속한 메모리에 접근할 수 있다.

이에 기초해 커널 공간 주소(x86, /3Gb 스위치가 없을 때 `0x80000000`부터 시작)를 담고 있는 유효하지 않은 포인터와 유저 공간 주소(`0x7fffffff` 아래)를 담고 있는 유효하지 않은 포인터를 구별할 수 있다.

윈도우 x64 유저 공간 주소는 `0x0000070000000000` 아래고, 커널 공간 주소는 `0xFFFF080000000000`부터 시작한다.

유효하지 않은 커널 공간 주소를 역참조하는 즉시 버그체크가 발생한다.

UNEXPECTED_KERNEL_MODE_TRAP (7F)

PAGE_FAULT_IN_NONPAGED_AREA (50)

코드에서 이것을 잡아낼 방법은 없다(SEH를 사용해서).

그렇지만 유저 공간 주소를 역참조할 땐 프로세서가 커널 모드(링0)인지 유저 모드(링3)인지에 따라 달리 동작한다. 어떤 모드에서든 적절한 SEH 핸들러로 예외를 잡거나 운영체제나 디버거로 넘길 수 있다. 예외를 처리할 컴포넌트가 없다면 유저 모드에선 프로세스가 충돌하고, 커널 모드에선 다음과 같은 버그체크가 발생한다.

SYSTEM_THREAD_EXCEPTION_NOT_HANDLED (7E)

KERNEL_MODE_EXCEPTION_NOT_HANDLED (8E)

지금까지의 내용을 다음과 같이 UML 클래스 다이어그램으로 요약했다.

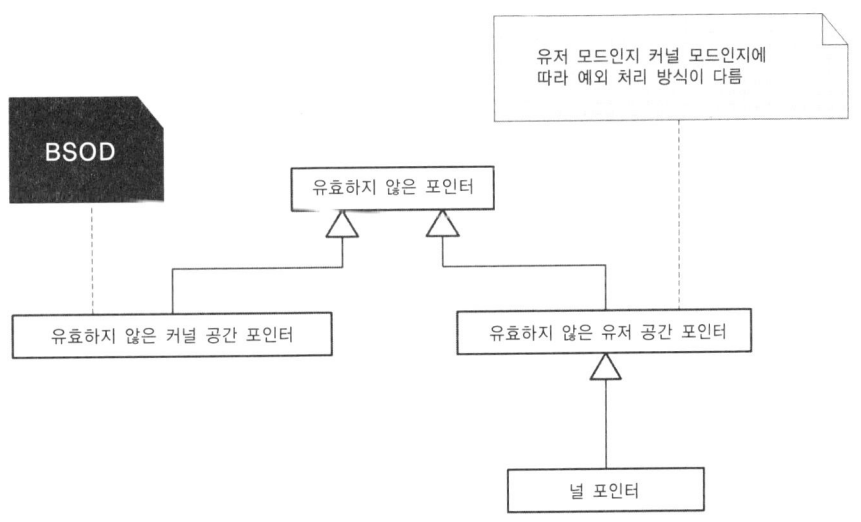

NULL 포인터는 유저 공간 포인터의 특별한 종류다. 보통 이 값은 0x00000000 ~ 0x0000FFFF의 범위에 있다. 명령에서 다음과 같은 사용되는 것을 볼 수 있다.

```
mov esi, dword ptr [ecx+0x10]
```

위 명령은 ecx 값이 `0x00000000`이고 `0x00000010` 메모리 번지에 위치한 값에 접근하려 시도한다.

크래시 덤프에서 유효하지 않은 포인터 패턴을 발견했을 때의 다음 단계는 충돌을 이끌 수 있는 가능한 스텝을 이해하는 데 도움이 될 만한 포인터 값을 해석하는 것이다.

일치하지 않는 덤프

일치하지 않는 덤프Inconsistent Dump를 만들어내는 툴을 사용할 수밖에 없는 경우도 있다. 예를 들면 마이크로소프트 사와 시트릭스 사의 기술지원 팀에서 폭넓게 사용되는 sysinternals.com의 LiveKd.exe는 서버 재부팅 없이 컴플리트 덤프를 저장한다. 시트릭스 사의 고객을 대상으로 다음과 같은 글이 있다.

세션이나 시스템 행system hang 시 컴플리트 메모리 덤프를 저장하기 위한 LiveKD 사용법은 다음 주소에서 볼 수 있다.

http://support.citrix.com/article/CTX107717

링크의 글을 읽어보면 다음과 같은 중요한 사항을 발견할 것이다.

LiveKd.exe가 생성한 덤프는 항상 일치하지 않고 리소스 경쟁을 살펴보는 것 같은 덤프 분석에선 신뢰할 수 있는 소스로 사용할 수 없다. 라이브 시스템에서 덤프를 저장할 때 꽤 오랜 시간이 걸리고 그동안 시스템이 계속 변경되기 때문이다. 즉각 덤프를 생성하는 전통의 `CrashOnCtrlScroll` 방법이나 `SystemDump` 툴은 항상 신뢰할 수 있고 일치하는 덤프를 저장한다. 이는 먼저 시스템을 멈추고 나서 (모든 프로세스와 커널 동작이 비활성화된다) 덤프를 페이지 파일로 저장하기 때문이다.

이런 일치하지 않는 덤프를 살펴본다면 ERESOURCE 리스트(!locks) 같은 많은 유용한 커널 구조체가 깨져있고 심지어 원형 참조되고 있는 것을 발견할 것이다. 따라서 WinDbg 명령은 이상한 결과를 출력한다.

고객 입장에서 보면 라이브 툴로 쉽고 간편하게 크래시 덤프를 생성할 수 있다는 점은 이들 툴이 좀 더 폭넓게 사용되고 있다는 의미다. 그리고 고객이 보낸 이런 도구로 저장한 메모리 덤프를 분석해야만 한다는 의미다. 그래서 크래시 덤프 분석 패턴으로 일치하지 않는 덤프Inconsistent Dump가 나오게 됐다.

이런 덤프가 있다면 근본 원인을 확인하는 데 도움을 주거나 추가 지시사항을 줄 유용한 정보를 최대한 뽑아내기 위해 잘 살펴봐야 한다. 이런 덤프라 하더라도 모든 정보가 불일치하는 것은 아니다. 예를 들어 드라이버와 프로세스, 스레드 스택, IRP 리스트는 동작에 대해 몇 가지 단서를 줄 수 있다. 일치하는 덤프에서는 볼 수 없는 정보조차 불일치한 덤프에서는 드러나기도 한다.

예를 들면 윈도우 서버 2003의 LiveKd 메모리 덤프가 하나 있었다. 프로세스 스택을 조사하면서 프로세스가 원래 갖고 있던 스레드에 더해 완전히 다른 프로세스에 속해 있는 종료된 스레드를 가진 프로세스를 발견했다.

```
THREAD 8a665db0  Cid 16a8.16ac  Teb: 00000000 Win32Thread: 00000000 TERMINATED
Not impersonating
Owning Process         89d97d88     Image:              winlogon.exe
Wait Start TickCount   995838       Ticks: 2275 (0:00:00:35.546)
Context Switch Count   2287                     LargeStack
UserTime               00:00:00.0468
KernelTime             00:00:00.0781
Start Address 0x0103d90f
Stack Init 0 Current f47fcc18 Base f47fd000 Limit f47f8000 Call 0
Priority 11 BasePriority 10 PriorityDecrement 0
```

프로세스 89d97d88은 액티브 프로세스 리스트(!process 0 0 명령)에선 볼 수 없다. 그렇지만 이 메모리 주소를 !process 명령(또는 dt 명령을 사용해 _EPROCESS 구조체를 탐색)에 넣었을 때 다음과 같은 내용을 얻을 수 있었다.

```
0: kd> !process 89d97d88
PROCESS 89d97d88  SessionId: 2 Cid: 16a8    Peb: 7ffdf000  ParentCid: 0278
    DirBase: cc869000  ObjectTable: 00000000  HandleCount:   0.
    Image: winlogon.exe
    VadRoot 00000000 Vads 0 Clone 0 Private 0. Modified 1635. Locked 0.
    DeviceMap 00000000
    Token                              00000000
    ElapsedTime                        00:01:49.812
    UserTime                           00:00:00.531
    KernelTime                         00:00:01.171
    QuotaPoolUsage[PagedPool]          0
    QuotaPoolUsage[NonPagedPool]       0
    Working Set Sizes (now,min,max)  (4, 50, 345) (16KB, 200KB, 1380KB)
    PeakWorkingSetSize                 3259
    VirtualSize                        63 Mb
    PeakVirtualSize                    63 Mb
    PageFaultCount                     8048
    MemoryPriority                     BACKGROUND
    BasePriority                       8
    CommitCharge                       0
```

어떤 일이 일어날 수 있었을까? 종료된 프로세스 89d97d88은 액티브 프로세스 리스트에서 제외됐었다. 그러나 구조체는 메모리에 남겨졌고 불일치로 인해 스레드 리스트도한 깨졌다. 그 결과 다른 프로세스와 그에 속한 스레드가 열거될 때 종료된 스레드가 드러났다.

    세션 2의 winlogon.exe가 죽었고 고객이 보고 불평한 빈 데스크톱 윈도우가 남겨진 게 아닌가 하는 의심이 들었다. 세션 2에서 남아있고 보이는 유일한 프로세스는 csrss.exe이다. 결론은 다음번엔 winlogon.exe가 충돌하는 것을 잡을 수 있게 NTSD를 기본 포스트모텀 디버거로 설정하는 것이었다.

숨겨진 예외

자주 발생하는 또 다른 패턴으로 숨겨진 예외Hidden Exception가 있다. !analyze -v 명령을 실행했을 때 어떤 예외도 보이지 않거나 중단점만 보인다. 이런 경우 수동 분석이 필요하다. 이는 때로 다중 예외Multiple Exceptions로 인해 발생하기도 한다. 다른 경우에는 예외가 발생하고 예외 핸들러에 의해 처리된다. 그리고 프로세스는 계속 실행되면서 천천히 데이터 내부에 새로운 크래시나 행hang을 이끌어 낼 훼손corruption을 누적한다. 때로 다음 경우와 같이 프로세스가 종료되던 중에 행이 된 것을 볼 수 있다.

    스레드가 한 개뿐인 프로세스의 덤프가 있다.

```
0:000> kv
ChildEBP RetAddr
0096fcdc 7c822124 ntdll!KiFastSystemCallRet
0096fce0 77e6baa8 ntdll!NtWaitForSingleObject+0xc
0096fd50 77e6ba12 kernel32!WaitForSingleObjectEx+0xac
0096fd64 67f016ce kernel32!WaitForSingleObject+0x12
0096fd78 7c82257a component!DllInitialize+0xc2
0096fd98 7c8118b0 ntdll!LdrpCallInitRoutine+0x14
0096fe34 77e52fea ntdll!LdrShutdownProcess+0x130
0096ff20 77e5304d kernel32!_ExitProcess+0x43
0096ff34 77bcade4 kernel32!ExitProcess+0x14
0096ff40 77bcaefb msvcrt!__crtExitProcess+0x32
0096ff70 77bcaf6d msvcrt!_cinit+0xd2
0096ff84 77bcb555 msvcrt!_exit+0x11
0096ffb8 77e66063 msvcrt!_endthreadex+0xc8
0096ffec 00000000 kernel32!BaseThreadStart+0x34
```

로 스택을 살펴보고 다음 주소를 찾게 시도할 수 있다.

KiUserExceptionDispatcher

이 함수는 RtlDispatchException를 호출한다.

```
0:000> !teb
   TEB at 7ffdc000
     ExceptionList:        0096fd40
     StackBase:            00970000
     StackLimit:           0096a000
     SubSystemTib:         00000000
     FiberData:            00001e00
     ArbitraryUserPointer: 00000000
     Self:                 7ffdc000
     EnvironmentPointer:   00000000
     ClientId:             00000858 . 000008c0
     RpcHandle:            00000000
     Tls Storage:          00000000
     PEB Address:          7ffdd000
     LastErrorValue:       0
     LastStatusValue:      c0000135
     Count Owned Locks:    0
     HardErrorMode:        0

0:000>dds 0096a000 00970000
...
...
...
0096c770  7c8140cc ntdll!RtlDispatchException+0x91
0096c774  0096c808
0096c778  0096ffa8
0096c77c  0096c824
0096c780  0096c7e4
0096c784  77bc6c74 msvcrt!_except_handler3
0096c788  00000000
0096c78c  0096c808
0096c790  01030064
```

```
0096c794  00000000
0096c798  00000000
0096c79c  00000000
0096c7a0  00000000
0096c7a4  00000000
0096c7a8  00000000
0096c7ac  00000000
0096c7b0  00000000
0096c7b4  00000000
0096c7b8  00000000
0096c7bc  00000000
0096c7c0  00000000
0096c7c4  00000000
0096c7c8  00000000
0096c7cc  00000000
0096c7d0  00000000
0096c7d4  00000000
0096c7d8  00000000
0096c7dc  00000000
0096c7e0  00000000
0096c7e4  00000000
0096c7e8  00970000
0096c7ec  00000000
0096c7f0  0096caf0
0096c7f4  7c82ecc6 ntdll!KiUserExceptionDispatcher+0xe
0096c7f8  0096c000
0096c7fc  0096c824 ; a pointer to an exception context
0096c800  0096c808
0096c804  0096c824
0096c808  c0000005
0096c80c  00000000
0096c810  00000000
0096c814  77bd8df3 msvcrt!wcschr+0x15
0096c818  00000002
0096c81c  00000000
0096c820  01031000
0096c824  0001003f
0096c828  00000000
0096c82c  00000000
```

```
0096c830  00000000
0096c834  00000000
0096c838  00000000
0096c83c  00000000
```

두 함수 모두 두 번째 인자가 예외 컨텍스트(예외가 발생했을 때의 프로세스 상태) 포인터다. 스레드 실행 컨텍스트를 예외가 발생했을 때의 시점으로 바꾸는 데 .cxr 명령을 사용할 수 있다.

```
0:000> .cxr 0096c824
eax=01031000 ebx=0096eb70 ecx=01035000 edx=0000005b esi=01030064 edi=00000000
eip=77bd8df3 esp=0096caf0 ebp=0096caf0 iopl=0         nv up ei pl nz ac pe nc
cs=001b  ss=0023  ds=0023  es=0023  fs=003b  gs=0000              efl=00010216
msvcrt!wcschr+0x15:
77bd8df3 668b08          mov     cx,word ptr [eax]          ds:0023:01031000=????
```

컨텍스트를 변경한 후 예외가 발생하기 전의 스레드 스택을 볼 수 있다.

```
0:000> kL
ChildEBP RetAddr
0096caf0 67b11808 msvcrt!wcschr+0x15
0096cb10 67b1194d component2!function1+0x50
0096cb24 67b11afb component2!function2+0x1a
0096eb5c 67b11e10 component2!function3+0x39
0096ed94 67b14426 component2!function4+0x155
0096fdc0 67b164b7 component2!function5+0x3b
0096fdcc 00402831 component2!function6+0x5b
0096feec 0096ff14 program!function+0x1d1
0096ffec 00000000 kernel32!BaseThreadStart+0x34
```

컴포넌트2에서 캐릭터 하나를 찾기 위해 유니코드 문자열을 검색(wcsshr)할 때 예외가 발생함을 알 수 있다. 대부분 문자열이 0으로 종료돼 있지 않아 발생한다.

```
0:000> r
Last set context:
eax=01031000 ebx=0096eb70 ecx=01035000 edx=0000005b esi=01030064 edi=00000000
eip=77bd8df3 esp=0096caf0 ebp=0096caf0 iopl=0         nv up ei pl nz ac pe nc
cs=001b  ss=0023  ds=0023  es=0023  fs=003b  gs=0000              efl=00010216
msvcrt!wcschr+0x15:
77bd8df3 668b08          mov     cx,word ptr [eax]          ds:0023:01031000=????

0:000> kv
ChildEBP RetAddr  Args to Child
0096caf0 67b11808 01030064 0000005b 00000000 msvcrt!wcschr+0x15
```

유저 공간에서의 일반적인 예외 처리 경로를 요약해보기 위해 다른 덤프에서 가져온 스레드 스택을 살펴보자.

```
hiddenexception2.gif
ntdll!KiFastSystemCallRet
ntdll!NtWaitForMultipleObjects+0xc
kernel32!UnhandledExceptionFilter+0x746
kernel32!_except_handler3+0x61
ntdll!ExecuteHandler2+0x26
ntdll!ExecuteHandler+0x24
ntdll!RtlDispatchException+0x91
ntdll!KiUserExceptionDispatcher+0xe
ntdll!RtlpCoalesceFreeBlocks+0x36e ; crash is here
ntdll!RtlFreeHeap+0x38e
msvcrt!free+0xc3
msvcrt!_freefls+0x124
msvcrt!_freeptd+0x27
msvcrt!__CRTDLL_INIT+0x1da
ntdll!LdrpCallInitRoutine+0x14
ntdll!LdrShutdownThread+0xd2
kernel32!ExitThread+0x2f
kernel32!BaseThreadStart+0x39
```

`RtlpCoalesceFreeBlocks`(이 함수는 힙을 연속적으로 꽉 채운다. 그리고 `RtlFreeHeap`에서 호출된다)가 금지된 메모리에 접근하면 이 예외는 커널에서 첫 번째로 처리된다. 유저 공간과 모드에서 발생했으므로 실행이 예외 핸들러를 검색하는 `RtlDispatchException`으로 옮겨진다. 그리고 이 경우 디폴트로 `UnhandledExceptionFilter`가 설치돼 있다.

이 함수를 콜 스택call stack에서 보게 되면 다른 덤프에서 얻은 다음 예에서처럼 수동으로 예외 컨텍스트와 스레드 스택을 얻을 수도 있다.

```
   16  Id: 3354.37d8 Suspend: 1 Teb: 7ffdc000 Unfrozen
ChildEBP RetAddr  Args to Child
042be0d0 7c59c1f5 00000410 00000001 00000000 NTDLL!ZwWaitForSingleObject+0xb
042be8c 7c57b3a9 042be834 7c5c21b3 042be83c KERNEL32!UnhandledExceptionFilter+0x3a8
042bffec 00000000 77d37dd0 01effaf8 00000000 KERNEL32!BaseThreadStart+0x65

0:000> dt EXCEPTION_POINTERS 042be834
   +0x000 ExceptionRecord  : 0x042be900 _EXCEPTION_RECORD
   +0x004 ContextRecord    : 0x042be91c _CONTEXT

0:000> .cxr 042be91c
eax=00000000 ebx=002f0000 ecx=00000000 edx=002fe0e8 esi=002fdb50 edi=002fe0e8
eip=77fcc8e1 esp=042bebe8 ebp=042bebf4 iopl=0         nv up ei pl zr na pe nc
cs=001b  ss=0023  ds=0023  es=0023  fs=0038  gs=0000              efl=00010246
NTDLL!RtlpCoalesceFreeBlocks+0x2fb:
77fcc8e1 8901            mov     dword ptr [ecx],eax ds:0023:00000000=????????
```

대부분의 경우 이런 충돌의 이유는 동적 메모리 훼손 패턴(힙 훼손)의 경우다. 로 스택 데이터에 스크립트를 적용해 c0000005 같은 예외 코드를 찾을 수도 있다. 예를 들면 다음과 같다.

```
007cfa40 017d0000
007cfa44 007cfd90
007cfa48 7c82855e ntdll!KiUserExceptionDispatcher+0xe
007cfa4c 7c826d9b ntdll!NtContinue+0xc
007cfa50 7c82856c ntdll!KiUserExceptionDispatcher+0x1c
007cfa54 007cfa78
007cfa58 00000000
007cfa5c c0000005
007cfa60 00000000
007cfa64 00000000
007cfa68 0100e076 component!foo+0x1c4
007cfa6c 00000002
007cfa70 00000001
007cfa74 00000000
007cfa78 0001003f
007cfa7c 00000003
007cfa80 000000b0
007cfa84 00000001
007cfa88 00000000
007cfa8c 00000000
007cfa90 00000155
007cfa94 ffff027f
007cfa98 ffff0000
007cfa9c ffffffff
007cfaa0 00000000
```

```
007cfaa4 00000000
007cfaa8 00000000
007cfaac ffff0000
007cfab0 00000000
007cfab4 00000000
007cfab8 00000000

1: kd> .cxr 007cfa78
eax=01073bb0 ebx=7ffd9000 ecx=00000050 edx=01073bb0 esi=000003e5
edi=00000000
eip=0100e076 esp=007cfd44 ebp=007cfd90 iopl=0   nv up ei pl zr na pe nc
cs=001b  ss=0023  ds=0023  es=0023  fs=003b  gs=0000   efl=00000246
component!foo+0x1c4:
001b:0100e076 891a mov dword ptr [edx],ebx ds:0023:01073bb0=????????
```

언로드된 오류 처리 모듈의 존재도 숨겨진 예외Hidden Exception 패턴의 징후일 수 있다.

```
Unloaded modules:
697b0000 697c7000 faultrep.dll
    Timestamp: Fri Mar 25 02:11:44 2005 (42437360)
    Checksum: 0001DC38
```

데드락(크리티컬 섹션)

다음 패턴은 데드락이다. 데드락이 무엇인지 모른다면 1장의 '행이란?'절을 참조하라. 데드락은 뮤텍스나 이벤트 같은 동기화 원형synchronization primitive, 크리티컬 섹션이나 익스큐티브 리소스Executive resource(ERESOURCE) 같은 좀 더 복잡한 객체(동기화 원형으로 만들어진)에서만 발생하는 것이 아니다. 고수준이나 시스템 측면에서도 발생할 수 있다. 예를 들면 GUI 윈도우 메시지, LPC 메시지, RPC 호출 같은 메시지의 상호 배타적 대기처럼 프로세스 간이나 컴포넌트 간 통신에서도 발생할 수 있다.

메모리 덤프에서 데드락을 어떻게 확인할 수 있을까? 유저 덤프와 크리티컬 섹션부터 알아보자.

먼저 크리티컬 섹션 구조체의 다양한 멤버를 이해하려면 MSDN에 있는 다음의 글을 읽을 것을 추천한다.

Break Free of Code Deadlocks in Critical Sections Under Windows
(msdn.microsoft.com/msdnmag/issues/03/12/CriticalSections/default.aspx)

WinDbg !locks 명령은 프로세스 크리티컬 섹션 리스트를 조사하고 잠겨진 모든 크리티컬 섹션과 잠긴 횟수, 현재 크리티컬 섹션 소유자의 스레드 아이디를 나타낸다. 다음은 행돼 있는 윈도우 프린트 스풀러 프로세스Windows print spooler process(spoolsv.exe)의 메모리 덤프에서 얻은 출력 결과다.

```
0:000> !locks
CritSec NTDLL!LoaderLock+0 at 784B0348
    LockCount          4
    RecursionCount     1
    OwningThread       624
    EntryCount         6c3
    ContentionCount    6c3
*** Locked

CritSec LOCALSPL!SpoolerSection+0 at 76AB8070
    LockCount          3
    RecursionCount     1
    OwningThread       1c48
    EntryCount         646
    ContentionCount    646
*** Locked
```

스레드 #624와 #1c48을 살펴보면 서로 상호배타적으로 대기 중임을 알 수 있다.

- TID#624는 CritSec 784B0348을 소유하고 CritSec 76AB8070을 기다리는 중이다.

- TID#1c48은 CritSec 76AB8070을 소유하고 CritSec 784B0348을 기다리는 중이다.

```
0:000>~*kv


.  12 Id: bc0.624 Suspend: 1 Teb: 7ffd3000 Unfrozen
0000024c 00000000 00000000 NTDLL!ZwWaitForSingleObject+0xb
76ab8000 76a815ef 76ab8070 NTDLL!RtlpWaitForCriticalSection+0x9e
76ab8070 76a844f8 00cd1f38 NTDLL!RtlEnterCriticalSection+0x46
00cd1f38 76a8a1d7 00000000 LOCALSPL!EnterSplSem+0xb
00000000 00000000 00cd1f38 LOCALSPL!FindSpoolerByNameIncRef+0x1f
00000000 777f19bc 00000001 LOCALSPL!LocalGetPrinterDriverDirectory+0xe
00000000 777f19bc 00000001 spoolss!GetPrinterDriverDirectoryW+0x59
00000000 777f19bc 00000001 spoolsv!YGetPrinterDriverDirectory+0x27
00000000 777f19bc 00000001 WINSPOOL!GetPrinterDriverDirectoryW+0x7b
50000000 00000001 00000000 BRHLUI04+0x14ea
50002ea0 50000000 00000001 BRHLUI04!DllGetClassObject+0x1705
00000000 00000000 000cb570 NTDLL!LdrpRunInitializeRoutines+0x1df
000cc8f8 0288ea30 0288ea38 NTDLL!LdrpLoadDll+0x2e6
000cc8f8 0288ea30 0288ea38 NTDLL!LdrLoadDll+0x17)
000c1258 00000000 00000008 KERNEL32!LoadLibraryExW+0x231
000c150c 0288efd8 00000000 UNIDRVUI!PLoadCommonInfo+0x17e
000c150c 0288efd8 00000007 UNIDRVUI!DwDeviceCapabilities+0x1a
00070000 00071378 00000045 UNIDRVUI!DrvDeviceCapabilities+0x19


.  13 Id: bc0.1c48 Suspend: 1 Teb: 7ffd2000 Unfrozen
0000010c 00000000 00000000 NTDLL!ZwWaitForSingleObject+0xb
784b0301 78468d38 784b0348 NTDLL!RtlpWaitForCriticalSection+0x9e
784b0348 74fb4344 00000000 NTDLL!RtlEnterCriticalSection+0x46
74fb0000 02c0f2a8 00000000 NTDLL!LdrpGetProcedureAddress+0x122
74fb0000 02c0f2a8 00000000 NTDLL!LdrGetProcedureAddress+0x17
74fb0000 74fb4344 02c0f449 KERNEL32!GetProcAddress+0x41
017924b0 00000000 00000001 ws2_32!CheckForHookersOrChainers+0x1f
00000101 02c0f344 017924b0 ws2_32!WSAStartup+0x10f
00cdf79c 02c0f4f4 76a8c9bc LOCALSPL!GetDNSMachineName+0x1e
00000000 76a8c9bc 780276a2 LOCALSPL!GetPrinterUrl+0x2c
0176f570 ffffffff 01000000 LOCALSPL!UpdateDsSpoolerKey+0x322
0176f570 76a8c9bc 01792b90 LOCALSPL!RecreateDsKey+0x50
00000000 00000002 01792b90 LOCALSPL!SplAddPrinter+0x521
01791faa 0176a684 76a5cd34 WIN32SPL!InternalAddPrinterConnection+0x1b4
01791faa 02c0fa00 02c0fabc WIN32SPL!AddPrinterConnectionW+0x15
```

```
00076f1c 02c0fabc 01006873 spoolss!AddPrinterConnectionW+0x49
00076f1c 00000001 77107fb0 spoolsv!YAddPrinterConnection+0x17
00076f1c 02020202 00000001 spoolsv!RpcAddPrinterConnection+0xb
01006868 02c0fac0 00000001 rpcrt4!Invoke+0x30
00000000 00000000 000d22c8 rpcrt4!NdrStubCall2+0x655
000d22c8 00076fe0 000d22c8 rpcrt4!NdrServerCall2+0x17
010045fc 000d22c8 02c0fe0c rpcrt4!DispatchToStubInC+0x32
0000002b 00000000 02c0fe0c
rpcrt4!RPC_INTERFACE::DispatchToStubWorker+0x100
000d22c8 00000000 02c0fe0c rpcrt4!RPC_INTERFACE::DispatchToStub+0x5e
000d3210 00076608 813b0013 rpcrt4!LRPC_SCALL::DealWithRequestMessage+0x1dd
000d21d0 02c0fe50 000d3210 rpcrt4!LRPC_ADDRESS::DealWithLRPCRequest+0x10c
770c9ad0 00076608 770cb6d8 rpcrt4!LRPC_ADDRESS::ReceiveLotsaCalls+0x229
00076608 770cb6d8 0288f9a8 rpcrt4!RecvLotsaCallsWrapper+0x9
00074a50 02c0ffec 77e7438b rpcrt4!BaseCachedThreadRoutine+0x11f
00076e68 770cb6d8 0288f9a8 rpcrt4!ThreadStartRoutine+0x18
770d1c54 00076e68 00000000 KERNEL32!BaseThreadStart+0x52
```

앞의 분석은 꽤 단순하고 쉬워 보인다. 커널과 컴플리트 메모리 덤프에 대해선 어떨까? 물론 커널 메모리 덤프에선 유저 공간 크리티컬 섹션을 볼 수는 없다. 그러나 컴플리트 메모리 덤프에선 적절한 프로세스 컨택스트로 전환한 후 !ntsdexts.locks을 사용할 수 있다. 이것은 debugger.chm에서 적절히 변경된 단순한 스크립트로도 가능하다(debugger.chm의 '데드락과 크리티컬 섹션' 절을 살펴보라).

크리티컬 섹션이 관련된 데드락을 살펴보는 것이 왜 이렇게 쉬운 걸까? 크리티컬 섹션의 구조체가 자신의 소유자를 기록하는 멤버를 갖고 있기 때문이다. 따라서 크리티컬 섹션에 대응하는 스레드를 매우 쉽게 맞춰 볼 수 있다. 커널의 ERESOURCE 동기화 객체도 동일하다. 그러나 다른 객체는 소유자 정보를 갖지 않는다. 예를 들어 이벤트의 경우엔 이벤트 객체를 살펴보는 것만으로는 소유자를 쉽게 찾을 수 없다. 스레드 콜 스택과 다른 구조체를 조사하거나 소스코드를 살펴봐야만 한다.

WinDbg !cs 익스텐션 명령이 있다. !cs -l 명령은 스택 트레이스와 함께 모든 잠긴 섹션을 열거하고 !cs ?t는 크리티컬 섹션 트리를 나타낸다. 후자를 사용하려면 gflags.exe나 레지스트리에서 이미지에 0x100을 설정해 애플리케이션 베리파이어Application Verifier를 활성화해야 한다.

```
HKEY_LOCAL_MACHINE\SOFTWARE\Microsoft\Windows NT\CurrentVersion
\Image File Execution Options
GlobalFlag=0×00000100
```

행hang 상태인 IE 프로세스에 대한 데드락 사례가 있다(스택 트레이스가 명료하게 보이게 작은 폰트를 사용했다).

```
0:000> !locks
CritSec ntdll!LdrpLoaderLock+0 at 7c8877a0
WaiterWoken     No
LockCount       3
RecursionCount  2
OwningThread    d5a8
EntryCount      0
ContentionCount 5a
*** Locked

CritSec shell32!CMountPoint::_csDL+0 at 7cae42d0
WaiterWoken     No
LockCount       1
RecursionCount  1
OwningThread    b7b4
EntryCount      0
ContentionCount 7
*** Locked

Scanned 1024 critical sections

0:000> ~*kb 100
.  0  Id: c068.b7b4 Suspend: 1 Teb: 7ffdd000 Unfrozen
ChildEBP RetAddr  Args to Child
0013bd0c 7c827d0b 7c83d236 000001d0 00000000 ntdll!KiFastSystemCallRet
0013bd10 7c83d236 000001d0 00000000 00000000 ntdll!NtWaitForSingleObject+0xc
0013bd4c 7c83d281 000001d0 00000004 00000001 ntdll!RtlpWaitOnCriticalSection+0x1a3
0013bd6c 7c82f20c 7c8877a0 00000000 0013be68 ntdll!RtlEnterCriticalSection+0xa8
0013bda0 7c82f336 00000000 00000000 0013bde8 ntdll!LdrLockLoaderLock+0x133
0013be1c 7c82f2a3 00000001 00000001 00000000 ntdll!LdrGetDllHandleEx+0x94
0013be38 77e65185 00000001 00000000 0013bea0 ntdll!LdrGetDllHandle+0x18
0013be84 77e6528f 0013bea0 00000000 7cae2f60 kernel32!GetModuleHandleForUnicodeString+0x20
```

크래시 덤프 분석 패턴 ● 297

```
0013c2fc 77e65155 00000001 00000002 7c8d8828 kernel32!BasepGetModuleHandleExW+0x17f
0013c314 7c91079e 7c8d8828 7c9107b8 0013c350 kernel32!GetModuleHandleW+0x29
0013c31c 7c9107b8 0013c350 7c91078d 00000001 shell32!IsProcessAnExplorer+0xb
0013c324 7c91078d 00000001 7c91373b 00000018 shell32!IsMainShellProcess2+0x46
0013c32c 7c91373b 00000018 00000000 7cae42d0 shell32!_Shell32LoadedInDesktop+0x7
0013c350 7c913776 00000018 00000000 7cae42d0 shell32!CMountPoint::_IsNetDriveLazyLoadNetDLLs+0x7b
0013c37c 7c9136dc 00000018 00000001 0013c634 shell32!CMountPoint::_GetMountPointDL+0x1c
0013c398 7c96dfd7 00000018 00000001 00000001 shell32!CMountPoint::GetMountPoint+0x46
0013c5e4 7c90f37d 0018e988 00000001 001a0ea8 shell32!CDrivesFolder::GetAttributesOf+0x7b
0013c624 779cc875 0018e9b0 00000001 04002000 shell32!CRegFolder::GetAttributesOf+0x122
0013c648 779cc917 0018e9b0 001e4dc8 04002000 shdocvw!SHGetAttributes+0x53
0013d728 779cd9c8 0013ddac 00193a50 80004005 shdocvw!CNscTree::_OnCDNotify+0x85
0013d754 779cd964 0013ddac 001a06c8 11281f2a shdocvw!CNscTree::_OnNotify+0x2e1
0013d768 779cd8ff 001a06c8 00010090 0000004e shdocvw!CNscTree::OnWinEvent+0x51
0013d798 75eba756 00193a50 00010090 0000004e shdocvw!CNSCBand::OnWinEvent+0x70
0013d7b8 75eba2a2 00193a50 00010090 0000004e browseui!_FwdWinEvent+0x1d
0013d7ec 75eba357 00010090 0000004e 00000064 browseui!CBandSite::_SendToToolband+0x44
0013d818 75ee2a72 0017de98 00010088 00000000 browseui!CBandSite::OnWinEvent+0x143
0013d864 75ee2b32 0017de98 00010088 0000004e browseui!CBrowserBandSite::OnWinEvent+0x14c
0013d890 75ee2a9a 0000004e 00000064 0013ddac browseui!CBaseBar::_CheckForwardWinEvent+0x88
0013d8ac 75ee29dc 0000004e 00000064 0013ddac browseui!CBaseBar::_OnNotify+0x1c
0013d8c8 75ee2965 00010088 0000004e 00000064 browseui!CBaseBar::v_WndProc+0xd4
0013d918 75ee28fa 00010088 0000004e 00000064 browseui!CDockingBar::v_WndProc+0x447
0013d948 75ee2880 00010088 0000004e 00000064 browseui!CBrowserBar::v_WndProc+0x99
0013d96c 7739b6e3 00010088 0000004e 00000064 browseui!CImpWndProc::s_WndProc+0x65
0013d998 7739b874 75ee2841 00010088 0000004e user32!InternalCallWinProc+0x28
0013da10 7739c2d3 00172e34 75ee2841 00010088 user32!UserCallWinProcCheckWow+0x151
0013da4c 7739c337 006172a0 00618f18 00000064 user32!SendMessageWorker+0x4bd
0013da6c 7743b07f 00010088 0000004e 00000064 user32!SendMessageW+0x7f
0013db04 7743b1ef 0013db1c ffffff4 0013ddac comctl32!CCSendNotify+0xc24
0013db40 774a5ab0 00010088 ffffffff ffffff4 comctl32!SendNotifyEx+0x57
0013dbac 774a652d 0001008a 0000004e 00000064 comctl32!CReBar::_WndProc+0x257
0013dbd0 7739b6e3 0001008a 0000004e 00000064 comctl32!CReBar::s_WndProc+0x2c
0013dbfc 7739b874 774a6501 0001008a 0000004e user32!InternalCallWinProc+0x28
0013dc74 7739c2d3 00172e34 774a6501 0001008a user32!UserCallWinProcCheckWow+0x151
0013dcb0 7739c337 00617350 0060a9c0 00000064 user32!SendMessageWorker+0x4bd
0013dcd0 7743b07f 0001008a 0000004e 00000064 user32!SendMessageW+0x7f
0013dd68 7743b10d 001c8900 ffffff4 0013ddac comctl32!CCSendNotify+0xc24
0013dd7c 7748a032 001c8900 00010001 0013ddac comctl32!CICustomDrawNotify+0x2c
0013e070 7748a8bb 001c8900 001d2aa8 01010060 comctl32!TV_DrawItem+0x356
0013e0f4 7748a9ac 00000154 01010060 00000000 comctl32!TV_DrawTree+0x136
0013e158 7745bdd0 001c8900 00000000 0013e21c comctl32!TV_Paint+0x65
0013e1a4 7739b6e3 00010090 0000000f 00000000 comctl32!TV_WndProc+0x6ea
0013e1d0 7739b874 7745b6e6 00010090 0000000f user32!InternalCallWinProc+0x28
```

```
0013e248 7739bfce 0015fce4 7745b6e6 00010090 user32!UserCallWinProcCheckWow+0x151
0013e278 7739bf74 7745b6e6 00010090 0000000f user32!CallWindowProcAorW+0x98
0013e298 77431848 7745b6e6 00010090 0000000f user32!CallWindowProcW+0x1b
0013e2b4 77431b9b 00010090 0000000f 00000000 comctl32!CallOriginalWndProc+0x1a
0013e310 77431d5d 001cf0f8 00010090 0000000f comctl32!CallNextSubclassProc+0x3c
0013e334 779cd761 00010090 0000000f 00000000 comctl32!DefSubclassProc+0x46
0013e350 77431b9b 00010090 0000000f 00000000 shdocvw!CNotifySubclassWndProc::_SubclassWndProc+0xa7
0013e3ac 77431d5d 001cf0f8 00010090 0000000f comctl32!CallNextSubclassProc+0x3c
0013e3d0 779cd86f 00010090 0000000f 00000000 comctl32!DefSubclassProc+0x46
0013e41c 779cd7e4 00010090 0000000f 00000000 shdocvw!CNscTree::_SubClassTreeWndProc+0x3ae
0013e43c 77431b9b 00010090 0000000f 00000000 shdocvw!CNscTree::s_SubClassTreeWndProc+0x34
0013e498 77431dc0 001cf0f8 00010090 0000000f comctl32!CallNextSubclassProc+0x3c
0013e4ec 7739b6e3 00010090 0000000f 00000000 comctl32!MasterSubclassProc+0x54
0013e518 7739b874 77431d6c 00010090 0000000f user32!InternalCallWinProc+0x28
0013e590 7739c8b8 0015fce4 77431d6c 00010090 user32!UserCallWinProcCheckWow+0x151
0013e5ec 7739c9c6 00617618 0000000f 00000000 user32!DispatchClientMessage+0xd9
0013e614 7c828536 0013e62c 00000018 0013e750 user32!__fnDWORD+0x24
0013e640 7739cbb2 7739cb75 00010090 0000005e ntdll!KiUserCallbackDispatcher+0x2e
0013e654 77459d14 00010090 00000200 001c8900 user32!NtUserCallHwndLock+0xc
0013e66c 7745bd2d 00000004 016b0055 00000000 comctl32!TV_OnMouseMove+0x62
0013e6bc 7739b6e3 00010090 00000200 00000000 comctl32!TV_WndProc+0x647
0013e6e8 7739b874 7745b6e6 00010090 00000200 user32!InternalCallWinProc+0x28
0013e760 7739bfce 0015fce4 7745b6e6 00010090 user32!UserCallWinProcCheckWow+0x151
0013e790 7739bf74 7745b6e6 00010090 00000200 user32!CallWindowProcAorW+0x98
0013e7b0 77431848 7745b6e6 00010090 00000200 user32!CallWindowProcW+0x1b
0013e7cc 77431b9b 00010090 00000200 00000000 comctl32!CallOriginalWndProc+0x1a
0013e828 77431d5d 001cf0f8 00010090 00000200 comctl32!CallNextSubclassProc+0x3c
0013e84c 779cd761 00010090 00000200 00000000 comctl32!DefSubclassProc+0x46
0013e868 77431b9b 00010090 00000200 00000000 shdocvw!CNotifySubclassWndProc::_SubclassWndProc+0xa7
0013e8c4 77431d5d 001cf0f8 00010090 00000200 comctl32!CallNextSubclassProc+0x3c
0013e8e8 779cd86f 00010090 00000200 00000000 comctl32!DefSubclassProc+0x46
0013e934 779cd7e4 00010090 00000200 00000000 shdocvw!CNscTree::_SubClassTreeWndProc+0x3ae
0013e954 77431b9b 00010090 00000200 00000000 shdocvw!CNscTree::s_SubClassTreeWndProc+0x34
0013e9b0 77431dc0 001cf0f8 00010090 00000200 comctl32!CallNextSubclassProc+0x3c
0013ea04 7739b6e3 00010090 00000200 00000000 comctl32!MasterSubclassProc+0x54
0013ea30 7739b874 77431d6c 00010090 00000200 user32!InternalCallWinProc+0x28
0013eaa8 7739ba92 0015fce4 77431d6c 00010090 user32!UserCallWinProcCheckWow+0x151
0013eb10 7739bad0 0013eb50 00000000 0013eb38 user32!DispatchMessageWorker+0x327
0013eb20 75ed1410 0013eb50 00000000 00176388 user32!DispatchMessageW+0xf
0013eb38 75ed14fc 0013eb50 0013ee50 00000000 browseui!TimedDispatchMessage+0x33
0013ed98 75ec1c83 0015f7e8 0013ee50 0015f7e8 browseui!BrowserThreadProc+0x336
0013ee24 75ec61ef 0015f7e8 0015f7e8 00000000 browseui!BrowserProtectedThreadProc+0x44
0013fea8 779ba3a6 0015f7e8 00000001 00000000 browseui!SHOpenFolderWindow+0x22c
0013fec8 0040243d 00152552 00020d02 ffffffff shdocvw!IEWinMain+0x129
```

```
0013ff1c 00402744 00400000 00000000 00152552 iexplore!WinMain+0x316
0013ffc0 77e6f23b 00000000 00000000 7ffde000 iexplore!WinMainCRTStartup+0x182
0013fff0 00000000 004025c2 00000000 78746341 kernel32!BaseProcessStart+0x23


 1  Id: c068.d71c Suspend: 1 Teb: 7ffdc000 Unfrozen
ChildEBP RetAddr Args to Child
00d4fea0 7c827cfb 7c80e5bb 00000002 00d4fef0 ntdll!KiFastSystemCallRet
00d4fea4 7c80e5bb 00000002 00d4fef0 00000001 ntdll!NtWaitForMultipleObjects+0xc
00d4ff48 7c80e4a2 00000002 00d4ff70 00000000 ntdll!EtwpWaitForMultipleObjectsEx+0xf7
00d4ffb8 77e64829 00000000 00000000 00000000 ntdll!EtwpEventPump+0x27f
00d4ffec 00000000 7c80e1fa 00000000 00000000 kernel32!BaseThreadStart+0x34


 2  Id: c068.cba4 Suspend: 1 Teb: 7ffdb000 Unfrozen
ChildEBP RetAddr Args to Child
012bfe18 7c82783b 77c885ac 000001c4 012bff74 ntdll!KiFastSystemCallRet
012bfe1c 77c885ac 000001c4 012bff74 00000000 ntdll!NtReplyWaitReceivePortEx+0xc
012bff84 77c88792 012bffac 77c8872d 00153cf0 rpcrt4!LRPC_ADDRESS::ReceiveLotsaCalls+0x198
012bff8c 77c8872d 00153cf0 00000000 00000000 rpcrt4!RecvLotsaCallsWrapper+0xd
012bffac 77c7b110 00167030 012bffec 77e64829 rpcrt4!BaseCachedThreadRoutine+0x9d
012bffb8 77e64829 00172088 00000000 00000000 rpcrt4!ThreadStartRoutine+0x1b
012bffec 00000000 77c7b0f5 00172088 00000000 kernel32!BaseThreadStart+0x34


 3  Id: c068.8604 Suspend: 1 Teb: 7ffda000 Unfrozen
ChildEBP RetAddr Args to Child
013bfe28 7c827d0b 7c83d236 000001d0 00000000 ntdll!KiFastSystemCallRet
013bfe2c 7c83d236 000001d0 00000000 00000000 ntdll!NtWaitForSingleObject+0xc
013bfe68 7c83d281 000001d0 00000004 00000000 ntdll!RtlpWaitOnCriticalSection+0x1a3
013bfe88 7c839844 7c8877a0 00000000 77670000 ntdll!RtlEnterCriticalSection+0xa8
013bff90 77e52860 77670000 77670000 00171698 ntdll!LdrUnloadDll+0x35
013bffa4 776b171d 77670000 00000000 00000000 kernel32!FreeLibraryAndExitThread+0x38
013bffb8 77e64829 00171698 00000000 00000000 ole32!CRpcThreadCache::RpcWorkerThreadEntry+0x39
013bffec 00000000 776b16e4 00171698 00000000 kernel32!BaseThreadStart+0x34


 4  Id: c068.d6dc Suspend: 1 Teb: 7ffd9000 Unfrozen
ChildEBP RetAddr Args to Child
016dfd24 7c827cfb 77e6202c 00000005 016dfd74 ntdll!KiFastSystemCallRet
016dfd28 77e6202c 00000005 016dfd74 00000001 ntdll!NtWaitForMultipleObjects+0xc
016dfdd0 7739bbd1 00000005 016dfdf8 00000000 kernel32!WaitForMultipleObjectsEx+0x11a
016dfe2c 7c919b2e 00000004 016dfe54 ffffffff user32!RealMsgWaitForMultipleObjectsEx+0x141
016dff50 7c8f7ada 77da3f12 00000000 00000000 shell32!CChangeNotify::_MessagePump+0x3b
016dff54 77da3f12 00000000 00000000 00000000 shell32!CChangeNotify::ThreadProc+0x1e
016dffb8 77e64829 00000000 00000000 00000000 shlwapi!WrapperThreadProc+0x94
016dffec 00000000 77da3ea5 0013dea8 00000000 kernel32!BaseThreadStart+0x34
```

```
   5  Id: c068.caf4 Suspend: 1 Teb: 7ffd8000 Unfrozen
ChildEBP RetAddr  Args to Child
01b1fdb4 7c827cfb 77e6202c 00000002 01b1fe04 ntdll!KiFastSystemCallRet
01b1fdb8 77e6202c 00000002 01b1fe04 00000001 ntdll!NtWaitForMultipleObjects+0xc
01b1fe60 7739bbd1 00000002 01b1fe88 00000000 kernel32!WaitForMultipleObjectsEx+0x11a
01b1febc 6c296601 00000001 01b1fef0 ffffffff user32!RealMsgWaitForMultipleObjectsEx+0x141
01b1fedc 6c29684b 000004ff ffffffff 00000001 duser!CoreSC::Wait+0x3a
01b1ff10 6c28f9e6 01b1ff50 00000000 00000000 duser!CoreSC::xwProcessNL+0xab
01b1ff30 6c28bce1 01b1ff50 00000000 00000000 duser!GetMessageExA+0x44
01b1ff84 77bcb530 00000000 00000000 00000000 duser!ResourceManager::SharedThreadProc+0xb6
01b1ffb8 77e64829 000385f0 00000000 00000000 msvcrt!_endthreadex+0xa3
01b1ffec 00000000 77bcb4bc 000385f0 00000000 kernel32!BaseThreadStart+0x34

   6  Id: c068.d624 Suspend: 1 Teb: 7ffd7000 Unfrozen
ChildEBP RetAddr  Args to Child
01c9ff9c 7c826f4b 7c83d424 00000001 01c9ffb0 ntdll!KiFastSystemCallRet
01c9ffa0 7c83d424 00000001 01c9ffb0 00000000 ntdll!NtDelayExecution+0xc
01c9ffb8 77e64829 00000000 00000000 00000000 ntdll!RtlpTimerThread+0x47
01c9ffec 00000000 7c83d3dd 00000000 00000000 kernel32!BaseThreadStart+0x34

   7  Id: c068.b4e0 Suspend: 1 Teb: 7ffd6000 Unfrozen
ChildEBP RetAddr  Args to Child
01d9fd58 7c827d0b 7c83d236 000001d0 00000000 ntdll!KiFastSystemCallRet
01d9fd5c 7c83d236 000001d0 00000000 00000000 ntdll!NtWaitForSingleObject+0xc
01d9fd98 7c83d281 000001d0 00000004 00000000 ntdll!RtlpWaitOnCriticalSection+0x1a3
01d9fdb8 7c839844 7c8877a0 75eb8b7c 75eb0000 ntdll!RtlEnterCriticalSection+0xa8
01d9fec0 77e6b1bb 75eb0000 75eb0000 001e2f98 ntdll!LdrUnloadDll+0x35
01d9fed4 77da4c1c 75eb0000 0020eec8 77da591b kernel32!FreeLibrary+0x41
01d9feec 7c83a827 0020eec8 7c889080 001e4ec0 shlwapi!ExecuteWorkItem+0x28
01d9ff44 7c83aa0b 77da591b 0020eec8 00000000 ntdll!RtlpWorkerCallout+0x71
01d9ff64 7c83aa82 00000000 0020eec8 001e4ec0 ntdll!RtlpExecuteWorkerRequest+0x4f
01d9ff78 7c839f60 7c83a9ca 00000000 0020eec8 ntdll!RtlpApcCallout+0x11
01d9ffb8 77e64829 00000000 00000000 00000000 ntdll!RtlpWorkerThread+0x61
01d9ffec 00000000 7c839efb 00000000 00000000 kernel32!BaseThreadStart+0x34

   8  Id: c068.d5a8 Suspend: 1 Teb: 7ffd5000 Unfrozen
ChildEBP RetAddr  Args to Child
01fbb41c 7c827d0b 7c83d236 00000468 00000000 ntdll!KiFastSystemCallRet
01fbb420 7c83d236 00000468 00000000 00000000 ntdll!NtWaitForSingleObject+0xc
01fbb45c 7c83d281 00000468 00000004 00000000 ntdll!RtlpWaitOnCriticalSection+0x1a3
01fbb47c 7c9136c9 7cae42d0 001c97b0 80070003 ntdll!RtlEnterCriticalSection+0xa8
01fbb494 7c913b75 0000000c 00000000 00000001 shell32!CMountPoint::GetMountPoint+0x33
01fbb4c8 7c91358d 01fbb4fc 0000000c 00000000 shell32!CDrivesFolder::_FillIDDrive+0x5c
01fbb52c 7c9109e7 0018e988 00000000 001c97b0 shell32!CDrivesFolder::ParseDisplayName+0x9f
```

```
01fbb594 7c9119ff 0018e9b0 00000000 001c97b0 shell32!CRegFolder::ParseDisplayName+0x93
01fbb5bc 7c910bb8 00000000 001a8e30 00000000 shell32!CDesktopFolder::_ChildParseDisplayName+0x22
01fbb60c 7c9109e7 0017cde0 00000000 001c97b0 shell32!CDesktopFolder::ParseDisplayName+0x7e
01fbb674 7c910a9b 0015f058 00000000 001c97b0 shell32!CRegFolder::ParseDisplayName+0x93
01fbb6ac 7c911ab4 00000000 00000000 00000000 shell32!SHParseDisplayName+0xa3
01fbb6d0 7c911a6e 01fbbe60 00000000 00000002 shell32!ILCreateFromPathEx+0x3d
01fbb6ec 7c911a4b 01fbbe60 01fbb700 00000000 shell32!SHILCreateFromPath+0x17
01fbb704 7c95e055 01fbbe60 00000104 01fbc0a0 shell32!ILCreateFromPathW+0x18
01fbbb84 7c9ef49d 01fbbe60 00000000 01fbbbac shell32!SHGetFileInfoW+0x117
01fbc06c 01b4d195 01fbc200 00000000 01fbc0a0 shell32!SHGetFileInfoA+0x6a
WARNING: Stack unwind information not available. Following frames may be wrong.
01fbc0a4 01b54a20 0000073c 02541f28 00000000 issftran!SSCopyFile+0x27ad
00000000 00000000 00000000 00000000 00000000 issftran!DllUnregisterServer+0x70ad


9 Id: c068.d750 Suspend: 1 Teb: 7ffd4000 Unfrozen
ChildEBP RetAddr Args to Child
0228ff7c 7c8277db 71b25914 000004b4 0228ffc0 ntdll!KiFastSystemCallRet
0228ff80 71b25914 000004b4 0228ffc0 0228ffb4 ntdll!ZwRemoveIoCompletion+0xc
0228ffb8 77e64829 71b259de 00000000 00000000 mswsock!SockAsyncThread+0x69
0228ffec 00000000 71b258ab 001fcd20 00000000 kernel32!BaseThreadStart+0x34


0:000> du 7c8d8828
7c8d8828  "EXPLORER.EXE"


0:000> da 01fbc200
01fbc200  "M:\WINDOWS"
```

변화된 환경

이따금 운영체제 버전을 바꾸거나 침습적intrusive인 제품을 설치하는 경우 이전에는 완벽하게 동작하던 소프트웨어의 숨겨진 버그가 드러나는 경우가 있다.

새로운 소프트웨어를 설치한 후 어떤 일이 일어났는가? 프로세스 덤프를 살펴보면 많은 DLL이 그들만의 특정한 가상 주소에 로드돼 있는 것을 볼 수 있다. 다음은 윈도우XP SP2 워크스테이션에서 실행 중인 iexplore.exe 프로세스에 WinDbg를 붙인 후 1m 명령을 실행한 결과다.

```
0:000> lm
start    end      module name
00400000 00419000 iexplore
01c80000 01d08000 shdoclc
01d10000 01fd5000 xpsp2res
022b0000 022cd000 xpsp3res
02680000 02946000 msi
031f0000 031fd000 LvHook
03520000 03578000 PortableDeviceApi
037e0000 037f7000 odbcint
0ffd0000 0fff8000 rsaenh
20000000 20012000 browselc
30000000 302ee000 Flash9b
325c0000 325d2000 msohev
4d4f0000 4d548000 WINHTTP
5ad70000 5ada8000 UxTheme
5b860000 5b8b4000 NETAPI32
5d090000 5d12a000 comctl32_5d090000
5e310000 5e31c000 pngfilt
63000000 63014000 SynTPFcs
662b0000 66308000 hnetcfg
66880000 6688c000 ImgUtil
6bdd0000 6be06000 dxtrans
6be10000 6be6a000 dxtmsft
6d430000 6d43a000 ddrawex
71a50000 71a8f000 mswsock
71a90000 71a98000 wshtcpip
71aa0000 71aa8000 WS2HELP
71ab0000 71ac7000 WS2_32
71ad0000 71ad9000 wsock32
71b20000 71b32000 MPR
71bf0000 71c03000 SAMLIB
71c10000 71c1e000 ntlanman
71c80000 71c87000 NETRAP
71c90000 71cd0000 NETUI1
71cd0000 71ce7000 NETUI0
71d40000 71d5c000 actxprxy
722b0000 722b5000 sensapi
```

```
72d10000 72d18000 msacm32
72d20000 72d29000 wdmaud
73300000 73367000 vbscript
73760000 737a9000 DDRAW
73bc0000 73bc6000 DCIMAN32
73dd0000 73ece000 MFC42
74320000 7435d000 ODBC32
746c0000 746e7000 msls31
746f0000 7471a000 msimtf
74720000 7476b000 MSCTF
754d0000 75550000 CRYPTUI
75970000 75a67000 MSGINA
75c50000 75cbe000 jscript
75cf0000 75d81000 mlang
75e90000 75f40000 SXS
75f60000 75f67000 drprov
75f70000 75f79000 davclnt
75f80000 7607d000 BROWSEUI
76200000 76271000 mshtmled
76360000 76370000 WINSTA
76390000 763ad000 IMM32
763b0000 763f9000 comdlg32
76600000 7661d000 CSCDLL
767f0000 76817000 schannel
769c0000 76a73000 USERENV
76b20000 76b31000 ATL
76b40000 76b6d000 WINMM
76bf0000 76bfb000 PSAPI
76c30000 76c5e000 WINTRUST
76c90000 76cb8000 IMAGEHLP
76d60000 76d79000 iphlpapi
76e80000 76e8e000 rtutils
76e90000 76ea2000 rasman
76eb0000 76edf000 TAPI32
76ee0000 76f1c000 RASAPI32
76f20000 76f47000 DNSAPI
76f60000 76f8c000 WLDAP32
76fc0000 76fc6000 rasadhlp
76fd0000 7704f000 CLBCATQ
```

```
77050000 77115000 COMRes
77120000 771ac000 OLEAUT32
771b0000 77256000 WININET
773d0000 774d3000 comctl32
774e0000 7761d000 ole32
77920000 77a13000 SETUPAPI
77a20000 77a74000 cscui
77a80000 77b14000 CRYPT32
77b20000 77b32000 MSASN1
77b40000 77b62000 appHelp
77bd0000 77bd7000 midimap
77be0000 77bf5000 MSACM32_77be0000
77c00000 77c08000 VERSION
77c10000 77c68000 msvcrt
77c70000 77c93000 msv1_0
77d40000 77dd0000 USER32
77dd0000 77e6b000 ADVAPI32
77e70000 77f01000 RPCRT4
77f10000 77f57000 GDI32
77f60000 77fd6000 SHLWAPI
77fe0000 77ff1000 Secur32
7c800000 7c8f4000 kernel32
7c900000 7c9b0000 ntdll
7c9c0000 7d1d5000 SHELL32
7dc30000 7df20000 mshtml
7e1e0000 7e280000 urlmon
7e290000 7e3ff000 SHDOCVW
```

소프트웨어를 설치하거나 업그레이드하면 로드된 DLL의 배치와 주소가 변경될 수 있다. 또한 모든 프로세스에 자신의 DLL을 주입하는 어떤 모니터링 소프트웨어를 설치하는 경우에도 마찬가지다. 결과적으로 어떤 DLL이 재배치되거나 새로운 것이 로드되면 서드파티 프로그램의 동작에 영향을 미칠 수도 있다. 그러므로 이전의 환경에서 프로세스가 실행될 때는 잠복돼 있던 숨겨진 버그가 노출된다. 이것을 변화된 환경Changed Environment 패턴이라 하기로 한다.

다음과 같은 가상의 예를 생각해보자. 프로그램이 다음과 같은 코드를 갖고 있다고 가정하자.

```
if (*p)
{
    // 할일
}
```

포인터 p가 유효하지 않고 댕글링dangling 상태이며 그 값은 덮어써졌고 이 일은 어떤 버그로 인해 발생했다고 가정하자. 그럼에도 불구하고 유효하지 않은 포인터는 유효한 메모리 주소를 가리키고 있을 수 있다. 그리고 그 값은 보통 0이 아니다. 그러므로 if문 안쪽의 코드는 실행될 것이다. 프로그램을 실행할 때마다 항상 이 일이 발생하고 포인터의 값이 매번 같다고 가정하자.

다음 그림은 이 포인터를 묘사한다.

```
           ComponentA 0x20000000 – 0x2FFFFFFF
                         ...
0x20484444  |            0                    |
0x20484448  |   0x40010024 (dangling)         |
0x2048444C  |            0                    |
                         ...
           ComponentB 0x30000000 – 0x3FFFFFFF
                         ...
            |            0                    |
            |            0                    |
            |            0                    |
                         ...
           ComponentC 0x40000000 – 0x4FFFFFFF
                         ...
0x40010020  |       0x00BADBAD                |
0x40010024  |       0x00BADBAD                |▶
0x40010028  |       0x00BADBAD                |
                         ...
```

포인터 값 0x40010024는 어떤 이유로 인해 항상 0x00BADBAD 값을 가리킨다. 예를 들어 올바른 프로그램에서 포인터는 완전히 다른 값을 갖고 0x1을 가리키지만 현재 역참조된 유효하지 않은 값은 프로세스를 충돌시키지는 않는다.

새로운 소프트웨어가 설치된 후 NewComponent DLL은 이전에 ComponentC에 의해 점유됐던 주소 영역에 로드됐다.

```
                    ComponentA 0x20000000 – 0x2FFFFFFF
                                  ...
    0x20484444  |              0                       |
    0x20484448  |       0x40010024 (dangling)          |
    0x2048444C  |              0                       |
                                  ...
                    ComponentB 0x30000000 – 0x3FFFFFFF
                                  ...
                |              0                       |
                |              0                       |
                |              0                       |
                                  ...
                    NewComponent 0x40000000 – 0x4FFFFFFF
                                  ...
    0x40010020  |         ??? (invalid)                |
    0x40010024  |         ??? (invalid)                |
    0x40010028  |         ??? (invalid)                |
                    ComponentC 0x50000000 – 0x5FFFFFFF
    0x50010020  |         0x00BADBAD                   |
    0x50010024  |         0x00BADBAD                   |
    0x50010028  |         0x00BADBAD                   |
                                  ...
```

이제 주소 `0x40010024`는 완벽하게 유효하지 않으며 접근 위반과 크래시 덤프가 발생한다.

■ 부정확한 스택 트레이스

초보자가 흔히 범하는 실수 중 하나는 WinDbg의 !analyze나 스택 트레이스를 나타내는 kv 명령을 신뢰하는 것이다. WinDbg는 툴일 뿐이며 때로 올바른 스택 케이스를 위한 필수 정보를 놓치기도 한다. 그러므로 올바른 스택 트레이스와 부정확한 스택 트레이스를 구별하려면 어떤 비판적인 생각이 필요하다. 이 패턴을 부정확한 스택 트레이스Incorrect Stack Trace라 칭한다. 부정확한 스택 트레이스는 일반적으로 다음과 같다.

- "다음 프레임은 잘못됐을 것이다"라는 WinDbg 경고를 수반한다.

- `kernel32!BaseThreadStart` 같은 올바른 기저 프레임bottom frame이 아니다 (유저 모드의 경우).

- 함수 호출이 전혀 말이 되지 않는다.

- 이상하게 보이는 디스어셈블된 함수 코드가 있거나 컴파일러의 관점에서 전혀 말이 되지 않는 코드가 있다.

- 말이 되지 않는 ChildEBP와 RetAddr 주소가 있다.

다음 스택 트레이스를 살펴보자.

```
0:011> k
ChildEBP RetAddr
WARNING: Frame IP not in any known module. Following frames may be wrong.
0184e434 7c830b10 0x184e5bf
0184e51c 7c81f832 ntdll!RtlGetFullPathName_Ustr+0x15b
0184e5f8 7c83b1dd ntdll!RtlpLowFragHeapAlloc+0xc6a
00099d30 00000000 ntdll!RtlpLowFragHeapFree+0xa7
```

부정확한 스택 트레이스의 거의 모든 속성을 갖고 있다. 언뜻 보기에 어떤 힙 훼손heap corruption이 발생한 것처럼 보인다(스택상에 런타임 힙 할당과 해제 함수가 동시에 존재한다). 그러나 좀 더 생각해보면 저수준의 힙 해제 함수는 저수준의 힙 할당 함수를 호출하진 않는다. 그리고 후자는 전체 경로 이름을 질의하진 않는다. 이 건 완전히 말이 안 된다.

여기서 뭘 해야 할까? 로 스택을 살펴보고 직접 올바른 스택 트레이스를 만들어 보자. 이것은 매우 쉽다. `BaseThreadStart+0x34`부터 어떤 함수도 찾을 수 없거나 꼭대기에 도달할 때까지 스택 프레임을 지그재그로 따라가면 된다. 함수가 호출되면(대부분의 컴파일러의 경우 최적화 없음) EBP 레지스터들은 나의 디버깅 실용 기초 세미나에서 가져온 다음 슬라이드에서 설명한 것처럼 서로 연결돼 있다.

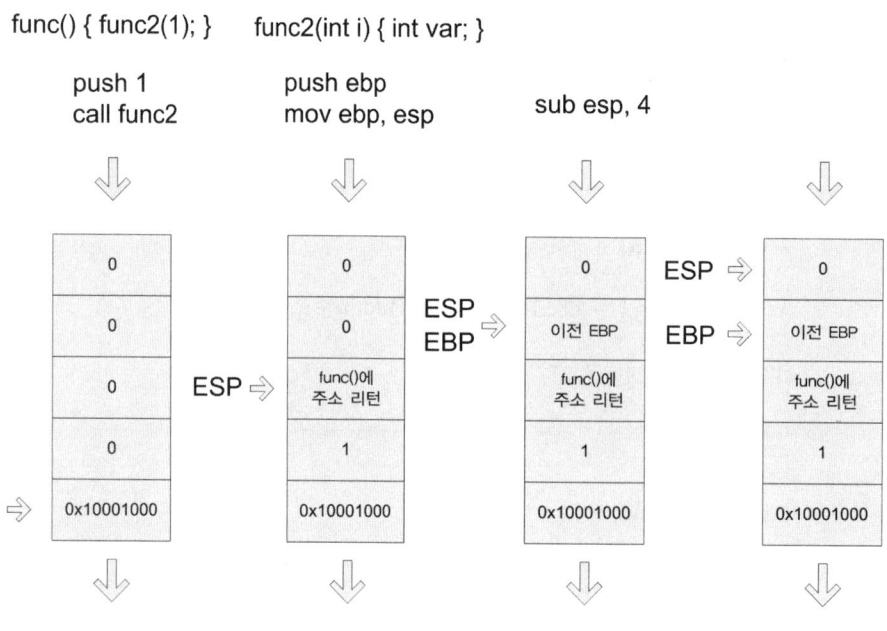

```
0:011> !teb
TEB at 7ffd8000
    ExceptionList:        0184ebdc
    StackBase:            01850000
    StackLimit:           01841000
    SubSystemTib:         00000000
    FiberData:            00001e00
    ArbitraryUserPointer: 00000000
    Self:                 7ffd8000
    EnvironmentPointer:   00000000
    ClientId:             0000061c . 00001b60
    RpcHandle:            00000000
    Tls Storage:          00000000
    PEB Address:          7ffdf000
    LastErrorValue:       0
    LastStatusValue:      c0000034
    Count Owned Locks:    0
    HardErrorMode:        0

0:011> dds 01841000 01850000
```

```
01841000  00000000
...
...
...
0184eef0  0184ef0c
0184eef4  7615dff2 localspl!SplDriverEvent+0×21
0184eef8  00bc3e08
0184eefc  00000003
0184ef00  00000001
0184ef04  00000000
0184ef08  0184efb0
0184ef0c  0184ef30
0184ef10  7615f9d0 localspl!PrinterDriverEvent+0×46
0184ef14  00bc3e08
0184ef18  00000003
0184ef1c  00000000
0184ef20  0184efb0
0184ef24  00b852a8
0184ef28  00c3ec58
0184ef2c  00bafcc0
0184ef30  0184f3f8
0184ef34  7614a9b4 localspl!SplAddPrinter+0×5f3
0184ef38  00c3ec58
0184ef3c  00000003
0184ef40  00000000
0184ef44  0184efb0
0184ef48  00c117f8
...
...
...
0184ff28  00000000
0184ff2c  00000000
0184ff30  0184ff84
0184ff34  77c75286 RPCRT4!LRPC_ADDRESS::ReceiveLotsaCalls+0×3a
0184ff38  0184ff4c
0184ff3c  77c75296 RPCRT4!LRPC_ADDRESS::ReceiveLotsaCalls+0×4a
0184ff40  7c82f2fc ntdll!RtlLeaveCriticalSection
0184ff44  000de378
0184ff48  00097df0
```

```
0184ff4c  4d2fa200
0184ff50  ffffffff
0184ff54  ca5b1700
0184ff58  ffffffff
0184ff5c  8082d821
0184ff60  0184fe38
0184ff64  00097df0
0184ff68  000000aa
0184ff6c  80020000
0184ff70  0184ff54
0184ff74  80020000
0184ff78  000b0c78
0184ff7c  00a50180
0184ff80  0184fe38
0184ff84  0184ff8c
0184ff88  77c5778f RPCRT4!RecvLotsaCallsWrapper+0xd
0184ff8c  0184ffac
0184ff90  77c5f7dd RPCRT4!BaseCachedThreadRoutine+0x9d
0184ff94  0009c410
0184ff98  00000000
0184ff9c  00000000
0184ffa0  00097df0
0184ffa4  00097df0
0184ffa8  00015f90
0184ffac  0184ffb8
0184ffb0  77c5de88 RPCRT4!ThreadStartRoutine+0x1b
0184ffb4  00088258
0184ffb8  0184ffec
0184ffbc  77e6608b kernel32!BaseThreadStart+0x34
0184ffc0  00097df0
0184ffc4  00000000
0184ffc8  00000000
0184ffcc  00097df0
0184ffd0  8ad84818
0184ffd4  0184ffc4
0184ffd8  8980a700
0184ffdc  ffffffff
0184ffe0  77e6b7d0 kernel32!_except_handler3
0184ffe4  77e66098 kernel32!`string'+0x98
```

```
0184ffe8  00000000
0184ffec  00000000
0184fff0  00000000
77c5de6d  RPCRT4!ThreadStartRoutine
0184fff8  00097df0
0184fffc  00000000
01850000  00000008
```

다음으로 베이스 포인터를 지정해 k 명령을 사용한다. 이 경우 마지막으로 찾은 EBP 포인터와 연결된 스택 주소는 `0184eef0`이다.

```
0:011> k L=0184eef0
ChildEBP RetAddr
WARNING: Frame IP not in any known module. Following frames may be wrong.
0184eef0 7615dff2 0x184e5bf
0184ef0c 7615f9d0 localspl!SplDriverEvent+0x21
0184ef30 7614a9b4 localspl!PrinterDriverEvent+0x46
0184f3f8 761482de localspl!SplAddPrinter+0x5f3
0184f424 74067c8f localspl!LocalAddPrinterEx+0x2e
0184f874 74067b76 SPOOLSS!AddPrinterExW+0x151
0184f890 01007e29 SPOOLSS!AddPrinterW+0x17
0184f8ac 01006ec3 spoolsv!YAddPrinter+0x75
0184f8d0 77c70f3b spoolsv!RpcAddPrinter+0x37
0184f8f8 77ce23f7 RPCRT4!Invoke+0x30
0184fcf8 77ce26ed RPCRT4!NdrStubCall2+0x299
0184fd14 77c709be RPCRT4!NdrServerCall2+0x19
0184fd48 77c7093f RPCRT4!DispatchToStubInCNoAvrf+0x38
0184fd9c 77c70865 RPCRT4!RPC_INTERFACE::DispatchToStubWorker+0x117
0184fdc0 77c734b1 RPCRT4!RPC_INTERFACE::DispatchToStub+0xa3
0184fdfc 77c71bb3 RPCRT4!LRPC_SCALL::DealWithRequestMessage+0x42c
0184fe20 77c75458 RPCRT4!LRPC_ADDRESS::DealWithLRPCRequest+0x127
0184ff84 77c5778f RPCRT4!LRPC_ADDRESS::ReceiveLotsaCalls+0x430
0184ff8c 77c5f7dd RPCRT4!RecvLotsaCallsWrapper+0xd
```

스택 트레이스가 좀 더 그럴듯해졌지만 BaseThreadStart+0x34를 볼 수 없다. WinDbg는 기본적으로 함수 호출(스택 프레임)의 일정한 양만 나타내므로 스택 프레임 카운트를 좀 더 크게 예를 들면 100으로 지정할 필요가 있다.

```
0:011> k L=0184eef0 100
ChildEBP RetAddr
WARNING: Frame IP not in any known module. Following frames may be wrong.
0184eef0 7615dff2 0x184e5bf
0184ef0c 7615f9d0 localspl!SplDriverEvent+0x21
0184ef30 7614a9b4 localspl!PrinterDriverEvent+0x46
0184f3f8 761482de localspl!SplAddPrinter+0x5f3
0184f424 74067c8f localspl!LocalAddPrinterEx+0x2e
0184f874 74067b76 SPOOLSS!AddPrinterExW+0x151
0184f890 01007e29 SPOOLSS!AddPrinterW+0x17
0184f8ac 01006ec3 spoolsv!YAddPrinter+0x75
0184f8d0 77c70f3b spoolsv!RpcAddPrinter+0x37
0184f8f8 77ce23f7 RPCRT4!Invoke+0x30
0184fcf8 77ce26ed RPCRT4!NdrStubCall2+0x299
0184fd14 77c709be RPCRT4!NdrServerCall2+0x19
0184fd48 77c7093f RPCRT4!DispatchToStubInCNoAvrf+0x38
0184fd9c 77c70865 RPCRT4!RPC_INTERFACE::DispatchToStubWorker+0x117
0184fdc0 77c734b1 RPCRT4!RPC_INTERFACE::DispatchToStub+0xa3
0184fdfc 77c71bb3 RPCRT4!LRPC_SCALL::DealWithRequestMessage+0x42c
0184fe20 77c75458 RPCRT4!LRPC_ADDRESS::DealWithLRPCRequest+0x127
0184ff84 77c5778f RPCRT4!LRPC_ADDRESS::ReceiveLotsaCalls+0x430
0184ff8c 77c5f7dd RPCRT4!RecvLotsaCallsWrapper+0xd
0184ffac 77c5de88 RPCRT4!BaseCachedThreadRoutine+0x9d
0184ffb8 77e6608b RPCRT4!ThreadStartRoutine+0x1b
0184ffec 00000000 kernel32!BaseThreadStart+0x34
```

스택 트레이스가 훨씬 나아졌다. 다른 완전한 사례로 2장의 '스택 트레이스를 재구성하는 방법' 절을 참조하라.

이따금 심볼이 적용되지 않았을 때 올바르지 않은 스택 트레이스가 보고된다. 스택 트레이스에 심볼이 없는 부분이 있으면 역시 이 패턴일 가능성이 있다.

```
STACK_TEXT:
WARNING: Stack unwind information not available. Following frames may be wrong.
00b2f42c 091607aa mydll!foo+0x8338
00b2f4cc 7c83ab9e mydll!foo+0x8fe3
00b2f4ec 7c832d06 ntdll!RtlFindNextActivationContextSection+0x46
```

```
00b2f538 001a5574 ntdll!RtlFindActivationContextSectionString+0xe1
00b2f554 7c8302b3 0x1a5574
00b2f560 7c82f9c1 ntdll!RtlpFreeToHeapLookaside+0x22
00b2f640 7c832b7f ntdll!RtlFreeHeap+0x20e
001dd000 00080040 ntdll!LdrUnlockLoaderLock+0xad
001dd00c 0052005c 0x80040
001dd010 00470045 0x52005c
0052005c 00000000 0x470045
```

OMAP 코드 최적화

'최적화된 코드' 절에 이어지는 내용이다. 가끔 초보자를 당황하게 하는 다음 기능을 알아보자. 이것은 OMAP 코드 최적화OMAP Code Optimization라 불린다. 메모리상에 좀 더 작게 자리를 차지하는 코드를 만들 때 사용되곤 한다. 따라서 컴파일된 함수는 플랫 주소 공간flat address space 대신 여기저기 흩어진 코드 조각을 갖는다. 이는 해당 주소의 OMAP 코드를 디스어셈블할 때 모호하게 한다. WinDbg가 주소 범위를 함수 옵셋(함수 소스코드의 첫 머리에서 시작)으로 다뤄야 할지 메모리 레이아웃 옵셋(함수의 주소에서 시작)으로 다뤄야 할지 모르기 때문이다. 다음의 `IoCreateDevice` 함수 코드로 자세히 설명하겠다.

함수의 첫 번째 주소에서 시작(메모리 레이아웃 옵셋)하는 임의의 주소를 평가해 보자.

```
kd> ? nt!IoCreateDevice
Evaluate expression: -8796073668256 = fffff800`01275160

kd> ? nt!IoCreateDevice+0x144
Evaluate expression: -8796073667932 = fffff800`012752a4

kd> ? fffff800`012752a4-fffff800`01275160
Evaluate expression: 324 = 00000000`00000144
```

같은 주소의 코드를 디스어셈블하려 하면 표현식도 메모리 레이아웃 옵셋으로 평가된다.

```
kd> u nt!IoCreateDevice+0x144
nt!IoCreateDevice+0x1a3:
fffff800`012752a4 or      eax,10h
fffff800`012752a7 mov     dword ptr [rsp+0B0h],eax
fffff800`012752ae test    ebp,ebp
fffff800`012752b0 mov     ebx,ebp
fffff800`012752b2 jne     nt!IoCreateDevice+0x1b3
fffff800`012752b8 add     ebx,dword ptr [rsp+54h]
fffff800`012752bc mov     rdx,qword ptr [nt!IoDeviceObjectType]
fffff800`012752c3 lea     rcx,[rsp+88h]
```

차이를 알 수 있다. +0x144 옵셋을 주었는데 나타난 코드는 +0x1a3부터 시작한다. 이는 OMAP 최적화가 코드를 함수 옵셋 +0x1a3에서 +0x144로 시작하는 메모리 위치로 이동시켰기 때문이다. 다음 그림은 이를 보여준다.

소스코드 레이아웃	가상 메모리 레이아웃
IoCreateDevice: ... ... IoCreateDevice+0x144: ... ... IoCreateDevice+0x1a3:	IoCreateDevice: ... ... IoCreateDevice+0x1a3: ... ... IoCreateDevice+0x144: ... ...

스레드 스택 트레이스에서 함수 이름+옵셋 주소로 디스어셈블했을 때 이렇게 돼 있는 것을 발견하면 로 주소raw address를 대신 사용하면 된다.

```
kd> k
Child-SP             RetAddr              Call Site
fffffadf`e3a18d30    fffff800`012b331e    component!function+0x72
fffffadf`e3a18d70    fffff800`01044196    nt!PspSystemThreadStartup+0x3e
fffffadf`e3a18dd0    00000000`00000000    nt!KxStartSystemThread+0x16

kd> u fffff800`012b331e
nt!PspSystemThreadStartup+0x3e:
fffff800`012b331e nop
fffff800`012b331f test    byte ptr [rbx+3FCh],40h
fffff800`012b3326 jne     nt!PspSystemThreadStartup+0x4c
fffff800`012b332c mov     rax,qword ptr gs:[188h]
fffff800`012b3335 cmp     rbx,rax
fffff800`012b3338 jne     nt!PspSystemThreadStartup+0x10c
fffff800`012b333e or      dword ptr [rbx+3FCh],1
fffff800`012b3345 xor     ecx,ecx
```

uf 명령을 사용해 함수 본체를 디스어셈블하려 할 때 역시 OMAP으로 돼 있는 것을 볼 수 있다.

```
kd> uf nt!IoCreateDevice
nt!IoCreateDevice+0x34d:
fffff800`0123907d or      dword ptr [rdi+30h],8
fffff800`01239081 jmp     nt!IoCreateDevice+0x351
...
...
...
nt!IoCreateDevice+0x14c:
fffff800`0126f320 mov     r14w,200h
fffff800`0126f325 jmp     nt!IoCreateDevice+0x158
nt!IoCreateDevice+0x3cc:
fffff800`01270bd0 lea     rax,[rdi+50h]
fffff800`01270bd4 mov     qword ptr [rax+8],rax
fffff800`01270bd8 mov     qword ptr [rax],rax
```

```
fffff800`01270bdb jmp     nt!IoCreateDevice+0x3d7
nt!IoCreateDevice+0xa4:
fffff800`01273eb9 mov     r8d,1
fffff800`01273ebf lea     rdx,[nt!`string']
fffff800`01273ec6 lea     rcx,[rsp+0D8h]
fffff800`01273ece xadd    dword ptr [nt!IopUniqueDeviceObjectNumber],r8d
fffff800`01273ed6 inc     r8d
fffff800`01273ed9 call    nt!swprintf
fffff800`01273ede test    r13b,r13b
fffff800`01273ee1 jne     nt!IoCreateDevice+0xce
...
...
...
```

후위로 디스어셈블을 시도할 때 OMAP 최적화돼 있는 다른 예는 다음과 같다.

```
ChildEBP RetAddr Args to Child
0006f87c 01034efb application!MultiUserLogonAttempt+0x5ba
0006fee4 01037120 application!LogonAttempt+0x406


1: kd> ub application!LogonAttempt+0x406
^ Unable to find valid previous instruction for .ub
application!LogonAttempt+0x406'

1: kd> u application!LogonAttempt+0x406
application!LogonAttempt+0x20b:
010348d5 add dword ptr [edx+10h],ebp
```

MultiUserLogonAttempt의 리턴 주소를 지정해야 한다. 그러면 다음과 같은 결과가 나타난다.

```
1: kd> ub 01034efb
application!LogonAttempt+0x3e4:
01034ed9 mov      dword ptr [ebp-628h],ecx
01034edf mov      ecx,dword ptr [ebp-61Ch]
01034ee5 mov      dword ptr [eax+24h],ecx
01034ee8 push     dword ptr [ebp-61Ch]
```

```
01034eee lea     eax,[ebp-638h]
01034ef4 push    eax
01034ef5 push    ebx
01034ef6 call    application!MultiUserLogonAttempt (0102c822)

1: kd> u 01034efb
application!LogonAttempt+0x406:
01034efb mov     ecx,dword ptr [ebp-628h]
01034f01 mov     dword ptr [ebp-608h],eax
01034f07 mov     eax,dword ptr [ebx+8]
01034f0a mov     dword ptr [eax+24h],ecx
01034f0d cmp     dword ptr [application!g_SessionId (010742dc)],0
01034f14 je      application!LogonAttempt+0x47e (01034f73)
01034f16 lea     eax,[ebx+1078h]
01034f1c push    eax
```

컴포넌트 심볼 없음

크래시 덤프에서 가끔 발생하는 다른 패턴으로 컴포넌트 심볼 없음No Component Symbols이 있다. 이 경우엔 이름과 컴포넌트를 호출하는 전체 스레드 스택과 임포트 테이블을 살펴보고 컴포넌트가 무엇을 하는지 추측할 수 있다. 예를 들어 커널 덤프에서 어떤 스레드 스택에 component.sys 드라이버가 보인다. 그러나 컴포넌트가 잠재적으로 무엇을 할 수 있는지는 모른다. 심볼을 갖고 있지 않고 임포트된 함수를 알 수 없기 때문이다.

```
kd> x component!*
kd>
```

이미지 헤더를 덤프하려면 !dh 명령을 사용하자.

```
kd> lmv m component
start              end                module name
fffffadf`e0eb5000  fffffadf`e0ebc000  component  (no symbols)
    Loaded symbol image file: component.sys
```

```
            Image path: \??\C:\Component\x64\component.sys
            Image name: component.sys
            Timestamp:        Sat Jul 01 19:06:16 2006 (44A6B998)
            CheckSum:         000074EF
            ImageSize:        00007000
            Translations:     0000.04b0 0000.04e0 0409.04b0 0409.04e0


kd> !dh fffffadf`e0eb5000
File Type: EXECUTABLE IMAGE
FILE HEADER VALUES
     8664 machine (X64)
        6 number of sections
 44A6B998 time date stamp Sat Jul 01 19:06:16 2006
        0 file pointer to symbol table
        0 number of symbols
       F0 size of optional header
       22 characteristics
            Executable
            App can handle >2gb addresses
OPTIONAL HEADER VALUES
      20B magic #
     8.00 linker version
      C00 size of code
      A00 size of initialized data
        0 size of uninitialized data
     5100 address of entry point
     1000 base of code
         ----- new -----
 0000000000010000 image base
     1000 section alignment
      200 file alignment
        1 subsystem (Native)
     5.02 operating system version
     5.02 image version
     5.02 subsystem version
     7000 size of image
      400 size of headers
     74EF checksum
 0000000000040000 size of stack reserve
```

```
0000000000001000 size of stack commit
0000000000100000 size of heap reserve
0000000000001000 size of heap commit
       0 [       0] address [size] of Export Directory
    51B0 [      28] address [size] of Import Directory
    6000 [     3B8] address [size] of Resource Directory
    4000 [      6C] address [size] of Exception Directory
       0 [       0] address [size] of Security Directory
       0 [       0] address [size] of Base Relocation Directory
    2090 [      1C] address [size] of Debug Directory
       0 [       0] address [size] of Description Directory
       0 [       0] address [size] of Special Directory
       0 [       0] address [size] of Thread Storage Directory
       0 [       0] address [size] of Load Configuration Directory
       0 [       0] address [size] of Bound Import Directory
    2000 [      88] address [size] of Import Address Table Directory
       0 [       0] address [size] of Delay Import Directory
       0 [       0] address [size] of COR20 Header Directory
       0 [       0] address [size] of Reserved Directory
...
...
...
```

그리고 나서 dps 명령을 사용해 임포트 주소 테이블 디렉토리Import Address Table Directory의 내용을 조회한다.

```
kd> dps fffffadf`e0eb5000+2000 fffffadf`e0eb5000+2000+88
fffffadf`e0eb7000  fffff800`01044370 nt!IoCompleteRequest
fffffadf`e0eb7008  fffff800`01019700 nt!IoDeleteDevice
fffffadf`e0eb7010  fffff800`012551a0 nt!IoDeleteSymbolicLink
fffffadf`e0eb7018  fffff800`01056a90 nt!MiResolveTransitionFault+0x7c2
fffffadf`e0eb7020  fffff800`0103a380 nt!ObDereferenceObject
fffffadf`e0eb7028  fffff800`0103ace0 nt!KeWaitForSingleObject
fffffadf`e0eb7030  fffff800`0103c570 nt!KeSetTimer
fffffadf`e0eb7038  fffff800`0102d070 nt!IoBuildPartialMdl+0x3
fffffadf`e0eb7040  fffff800`012d4480 nt!PsTerminateSystemThread
fffffadf`e0eb7048  fffff800`01041690 nt!KeBugCheckEx
fffffadf`e0eb7050  fffff800`010381b0 nt!KeInitializeTimer
```

```
fffffadf`e0eb7058  fffff800`0103ceb0 nt!ZwClose
fffffadf`e0eb7060  fffff800`012b39f0 nt!ObReferenceObjectByHandle
fffffadf`e0eb7068  fffff800`012b7380 nt!PsCreateSystemThread
fffffadf`e0eb7070  fffff800`01251f90 nt!FsRtlpIsDfsEnabled+0x114
fffffadf`e0eb7078  fffff800`01275160 nt!IoCreateDevice
fffffadf`e0eb7080  00000000`00000000
fffffadf`e0eb7088  00000000`00000000
```

이 드라이버는 어떤 상황에서 KeBugCheckEx를 사용해 시스템을 버그체크할 수 있고, 시스템 스레드를 생성(PsCreateSystemThread)하며 타이머를 사용(KeInitializeTimer, KeSetTimer)한다는 것을 알 수 있다.

임포트 테이블에서 name+offset(OMAP 코드 최적화의 영향이라고 생각됨)을 보게 된다면 ln 명령(가장 가까이 있는 심볼을 열거)을 사용해 함수를 얻을 수 있다.

```
kd> ln fffff800`01056a90
(fffff800`01056760)   nt!MiResolveTransitionFault+0x7c2   |
(fffff800`01056a92)   nt!RtlInitUnicodeString
kd> ln fffff800`01251f90
(fffff800`01251e90)   nt!FsRtlpIsDfsEnabled+0x114   |   (fffff800`01251f92)
nt!IoCreateSymbolicLink
```

이 기법은 어떤 함수를 호출하거나 버그체크 0x20 같이 어떤 함수를 쌍으로 호출해야만 할 때 발생한 버그체크가 있는 경우 유용하다.

```
kd> !analyze -show 0x20
KERNEL_APC_PENDING_DURING_EXIT (20)
The key data item is the thread's APC disable count. If this is non-zero,
then this is the source of the problem. The APC disable count is
decremented each time a driver calls KeEnterCriticalRegion,
KeInitializeMutex, or FsRtlEnterFileSystem. The APC disable count is
incremented each time a driver calls KeLeaveCriticalRegion,
KeReleaseMutex, or FsRtlExitFileSystem. Since these calls should always be
in pairs, this value should be zero when a thread exits. A negative value
indicates that a driver has disabled APC calls without re-enabling them. A
positive value indicates that the reverse is true. If you ever see this
error, be very suspicious of all drivers installed on the machine .
```

especially unusual or non-standard drivers. Third party file system
redirectors are especially suspicious since they do not generally receive
the heavy duty testing that NTFS, FAT, RDR, etc receive. This current IRQL
should also be 0. If it is not, that a driver's cancelation routine can
cause this bugcheck by returning at an elevated IRQL. Always attempt to
note what you were doing/closing at the time of the crash, and note all of
the installed drivers at the time of the crash. This symptom is usually a
severe bug in a third party driver.

그러면 적어도 의심스런 드라이버가 그런 함수를 잠재적으로 사용했는지 아닌지 알 수 있다. 그리고 그들 중 하나를 임포트한다면 대응되는 함수를 임포트했는지 안 했는지도 알 수 있다.

컴포넌트 심볼 없음 패턴은 다음과 같이 커다란 함수 옵셋이 있거나 익스포트된 함수가 전혀 없으므로 스택 트레이스에서 쉽게 확인할 수 있다.

```
STACK_TEXT:
WARNING: Stack unwind information not available. Following frames may be
wrong.
00b2f42c 091607aa mydll!foo+0x8338
00b2f4cc 7c83ab9e mydll2+0x8fe3
```

■ 불충분한 메모리(커밋된 메모리)

불충분한 메모리Insufficient Memory 패턴은 많은 컴플리트와 커널 메모리 덤프에서 볼 수 있다. 이 상태는 시스템이 크래시되거나 느려짐, 행, 터미널 서버 연결이 거부되는 것 같은 예상되는 기능 거부의 원인이 될 수 있다. 메모리 리소스에는 여러 유형이 있고 다음과 같이 분류할 수도 있다.

- 커밋된 메모리Committed memory
- 가상 메모리
  - 커널 공간
    - 페이지된 풀Paged pool

- 넌페이지드 풀Non-paged pool
- 세션 풀Session Pool
- PTE 한계PTE limits
- 데스크톱 힙Desktop heap
- GDI 한계GDI limits

○ 유저 공간
- 가상 영역Virtual regions
- 프로세스 힙Process heap

커밋된 메모리 소진에 대해 개략적으로 알아보자. 커밋된 메모리는 어떤 물리적 메모리나 페이지 파일의 예약된 공간에 올려진 할당된 메모리다. 공간을 유보하는 것은 메모리 데이터가 사용되지 않고 다른 프로세스를 위한 물리적 메모리가 충분하지 않을 때 운영체제가 메모리 데이터를 디스크로 교체해 내보기를 원하는 경우에 이뤄진다. 데이터가 다시 요구되면 운영체제는 물리적 메모리로 다시 가져온다. 페이지 파일에 공간이 없으면 물리적 메모리가 채워진다. 커밋된 메모리가 소진되면 대부분의 경우 시스템은 응답이 없거나 버그체크가 발생한다. 따라서 커널이나 컴플리트 덤프를 얻었을 때 항상 메모리 통계를 점검해야 한다. 접근 위반 버그체크조차도 불충분한 메모리의 결과일 수 있다. 어떤 메모리 할당 작업이 실패했을 때 커널 모드 컴포넌트가 리턴 값이 NULL 인지를 체크하지 않았다면 버그체크가 발생한다. 다음 예를 살펴보자.

```
BugCheck 8E, {c0000005, 809203af, aa647c0c, 0}

0: kd> !analyze -v
...
...
...
TRAP_FRAME: aa647c0c -- (.trap ffffffffaa647c0c)
...
...
...


0: kd> .trap ffffffffaa647c0c
```

```
ErrCode = 00000000
eax=00000000 ebx=bc1f3cfc ecx=89589250 edx=000018c1 esi=bc1f3ce0
edi=aa647d14
eip=809203af esp=aa647c80 ebp=aa647c80 iopl=0 nv up ei pl zr na pe nc
cs=0008 ss=0010 ds=0023 es=0023 fs=0030 gs=0000 efl=00010246
nt!SeTokenType+0x8:
809203af 8b8080000000 mov eax,dword ptr [eax+80h]
ds:0023:00000080=????????

0: kd> k
ChildEBP RetAddr
aa647c80 bf8173c5 nt!SeTokenType+0x8
aa647cdc bf81713b win32k!GreGetSpoolMessage+0xb0
aa647d4c 80834d3f win32k!NtGdiGetSpoolMessage+0x96
aa647d4c 7c82ed54 nt!KiFastCallEntry+0xfc
```

메모리 통계를 나타내려고 !vm을 입력하면 모든 커밋된 메모리가 채워져 있음을 볼 수 있다.

```
0: kd> !vm
*** Virtual Memory Usage ***
 Physical Memory:     999294 ( 3997176 Kb)
 Page File: \??\C:\pagefile.sys
   Current:     4193280 Kb  Free Space:     533744 Kb
   Minimum:     4193280 Kb  Maximum:       4193280 Kb
 Available Pages:       18698 (     74792 Kb)
 ResAvail Pages:       865019 (   3460076 Kb)
 Locked IO Pages:         290 (      1160 Kb)
 Free System PTEs:     155265 (    621060 Kb)
 Free NP PTEs:          32766 (    131064 Kb)
 Free Special NP:           0 (         0 Kb)
 Modified Pages:          113 (       452 Kb)
 Modified PF Pages:        61 (       244 Kb)
 NonPagedPool Usage:    12380 (     49520 Kb)
 NonPagedPool Max:      64799 (    259196 Kb)
 PagedPool 0 Usage:     40291 (    161164 Kb)
 PagedPool 1 Usage:      2463 (      9852 Kb)
 PagedPool 2 Usage:      2455 (      9820 Kb)
```

```
PagedPool 3 Usage:        2453 (          9812 Kb)
PagedPool 4 Usage:        2488 (          9952 Kb)
PagedPool Usage:         50150 (        200600 Kb)
PagedPool Maximum:       67584 (        270336 Kb)

********** 18 pool allocations have failed **********

Shared Commit:           87304 (        349216 Kb)
Special Pool:                0 (             0 Kb)
Shared Process:          56241 (        224964 Kb)
PagedPool Commit:        50198 (        200792 Kb)
Driver Commit:            1892 (          7568 Kb)
Committed pages:       2006945 (       8027780 Kb)
Commit limit:          2008205 (       8032820 Kb)

********** 1216024 commit requests have failed **********
```

메모리 누수leak가 있었거나 물리 메모리와 페이지 파일을 채우는 덩치 큰 애플리케이션을 가진 터미널 세션 연결이 너무 많이 있었을 수도 있다.

스파이킹 스레드

다음 패턴은 스파이킹 스레드spiking Thread다. 스레드가 많은 프로세스 덤프에서는 어떤 스레드가 CPU를 엄청나게 사용하고 있었는지 알기 어려울 때가 있다. 이것이 바로 항상 어떤 스크린샷이나 QSlice에서의 노트나 프로세스 탐색기Process Explorer가 나타내는 스파이킹 스레드 ID와 프로세스 ID를 갖는 편이 좋은 이유다. 후자의 ID는 올바른 프로세스의 프로세스 덤프인지를 확실하게 확인해준다. 마이크로소프트 사의 새로운 프로세스 덤퍼와 툴(예를 들면 userdump.exe)은 스레드 시간 정보를 저장한다. 따라서 덤프를 열고 !runaway 명령을 입력하면 스레드가 커널과 유저 모드에서 소비한 시간을 볼 수 있다. 그렇지만 비슷하게 CPU를 소비한 스레드를 많이 나타낸다면 크래시 덤프가 저장될 시점에 스파이킹 중이었던 특정 스레드를 강조할 수 없으므로 이런 경우 스크린샷은 여전히 유용하다.

CPU를 많이 사용하는 스레드가 없다면 어떻게 해야 할까? 모든 스레드를 살펴보고 대기하지 않고 있는 것을 찾을 필요가 있다. 거의 모든 스레드는 대부분의 시간 동안 대기한다. 따라서 정상적인 프로세스를 덤프해보면 활성화된 스레드가 매우 적음을 알 수 있다. 스레드가 대기 중이라면 스택상의 최상단 함수는 보통 다음과 같다(XP/W2K3/비스타의 경우).

```
ntdll!KiFastSystemCallRet
```

그리고 그 아래로 어떤 동기화 객체를 기다리는 블록킹 호출이나 Sleep API, IO 완료, LPC 응답을 볼 수 있다.

```
0:085> ~*kv
...
...
...
64 Id: 1b0.120c Suspend: -1 Teb: 7ff69000 Unfrozen
ChildEBP RetAddr Args to Child
02defe18 7c90e399 ntdll!KiFastSystemCallRet
02defe1c 77e76703 ntdll!NtReplyWaitReceivePortEx+0xc
02deff80 77e76c22 rpcrt4!LRPC_ADDRESS::ReceiveLotsaCalls+0xf4
02deff88 77e76a3b rpcrt4!RecvLotsaCallsWrapper+0xd
02deffa8 77e76c0a rpcrt4!BaseCachedThreadRoutine+0x79
02deffb4 7c80b683 rpcrt4!ThreadStartRoutine+0x1a
02deffec 00000000 kernel32!BaseThreadStart+0x37

65 Id: 1b0.740 Suspend: -1 Teb: 7ff67000 Unfrozen
ChildEBP RetAddr Args to Child
02edff44 7c90d85c ntdll!KiFastSystemCallRet
02edff48 7c8023ed ntdll!NtDelayExecution+0xc
02edffa0 57cde2dd kernel32!SleepEx+0x61
02edffb4 7c80b683 component!foo+0x35
02edffec 00000000 kernel32!BaseThreadStart+0x37
66 Id: 1b0.131c Suspend: -1 Teb: 7ff66000 Unfrozen
ChildEBP RetAddr Args to Child
02f4ff38 7c90e9c0 ntdll!KiFastSystemCallRet
02f4ff3c 7c8025cb ntdll!ZwWaitForSingleObject+0xc
02f4ffa0 72001f65 kernel32!WaitForSingleObjectEx+0xa8
02f4ffb4 7c80b683 component!WorkerThread+0x15
02f4ffec 00000000 kernel32!BaseThreadStart+0x37
```

```
  67  Id: 1b0.1320 Suspend: -1 Teb: 7ff65000 Unfrozen
ChildEBP RetAddr Args to Child
02f8fe1c 7c90e9ab ntdll!KiFastSystemCallRet
02f8fe20 7c8094e2 ntdll!ZwWaitForMultipleObjects+0xc
02f8febc 7e4195f9 kernel32!WaitForMultipleObjectsEx+0x12c
02f8ff18 7e4196a8 user32!RealMsgWaitForMultipleObjectsEx+0x13e
02f8ff34 720019f6 user32!MsgWaitForMultipleObjects+0x1f
02f8ffa0 72001a29 component!bar+0xd9
02f8ffb4 7c80b683 component!MonitorWorkerThread+0x11
02f8ffec 00000000 kernel32!BaseThreadStart+0x37

  68  Id: 1b0.1340 Suspend: -1 Teb: 7ff63000 Unfrozen
ChildEBP RetAddr Args to Child
0301ff1c 7c90e31b ntdll!KiFastSystemCallRet
0301ff20 7c80a746 ntdll!ZwRemoveIoCompletion+0xc
0301ff4c 57d46e65 kernel32!GetQueuedCompletionStatus+0x29
0301ffb4 7c80b683 component!AsyncEventsThread+0x91
0301ffec 00000000 kernel32!BaseThreadStart+0x37
...
...
...
# 85  Id: 1b0.17b4 Suspend: -1 Teb: 7ffd4000 Unfrozen
ChildEBP RetAddr Args to Child
00daffc8 7c9507a8 ntdll!DbgBreakPoint
00dafff4 00000000 ntdll!DbgUiRemoteBreakin+0x2d
```

그러므로 다음과 같은 다른 스레드가 있다면 스파이킹하고 있을 가능성이 크다.

```
  58  Id: 1b0.9f4 Suspend: -1 Teb: 7ff75000 Unfrozen
ChildEBP RetAddr Args to Child
0280f64c 500af723 componentB!DoSomething+32
0280f85c 500b5391 componentB!CheckSomething+231
0280f884 500b7a3f componentB!ProcessWorkIteme+9f
0301ffec 00000000 kernel32!BaseThreadStart+0x37
```

상단에 KiFastSystemCallRet가 없고 현재 실행 중인 인스트럭션을 살펴보면 어떤 복사 작업을 수행함을 알 수 있다.

```
0:085> ~58r
eax=00000000 ebx=0280fdd4 ecx=0000005f edx=00000000 esi=03d30444
edi=0280f6dc
eip=500a4024 esp=0280f644 ebp=0280f64c iopl=0 nv up ei pl nz na po nc
cs=001b ss=0023 ds=0023 es=0023 fs=003b gs=0000 efl=00010202
componentB!DoSomething+32:
500a4024 f3a5 rep movs dword ptr es:[edi],dword ptr [esi]
es:0023:0280f6dc=00000409 ds:0023:03d30444=00000409
```

커널이나 컴플리트 덤프에선 KernelTime과 UserTime을 점검함으로써 CPU를 스파이킹하는 스레드를 알아볼 수 있다.

```
0: kd> !thread 88b66768
THREAD 88b66768 Cid 01fc.1550 Teb: 7ffad000 Win32Thread: bc18f240 RUNNING on processor 1
IRP List:
89716008: (0006,0094) Flags: 00000a00 Mdl: 00000000
Impersonation token: e423a030 (Level Impersonation)
DeviceMap e3712480
Owning Process 8a0a56a0 Image: SomeSvc.exe
Wait Start TickCount 1782229 Ticks: 0
Context Switch Count 877610 LargeStack
UserTime 00:00:01.0078
KernelTime 02:23:21.0718
```

디폴트로 !runaway는 유저 모드 시간만 나타낸다. 추가적인 플래그를 설정함으로써 커널과 유저 양쪽 시간을 볼 수 있다.

```
0:000> !runaway 3
 User Mode Time
 Thread Time
  8:15a4 0 days 0:12:32.812
  0:1c00 0 days 0:00:00.312
  9:1b50 0 days 0:00:00.296
```

22:2698 0 days 0:00:00.046
17:22b8 0 days 0:00:00.031
14:2034 0 days 0:00:00.031
21:21b4 0 days 0:00:00.000
20:27b0 0 days 0:00:00.000
19:278c 0 days 0:00:00.000
18:2788 0 days 0:00:00.000
16:2194 0 days 0:00:00.000
15:2064 0 days 0:00:00.000
13:2014 0 days 0:00:00.000
12:1e38 0 days 0:00:00.000
11:1c54 0 days 0:00:00.000
10:1d40 0 days 0:00:00.000
7:1994 0 days 0:00:00.000
6:1740 0 days 0:00:00.000
5:1c18 0 days 0:00:00.000
4:c10 0 days 0:00:00.000
3:1774 0 days 0:00:00.000
2:1a08 0 days 0:00:00.000
1:fb8 0 days 0:00:00.000
Kernel Mode Time
Thread Time
9:1b50 0 days 1:21:54.125
8:15a4 0 days 0:02:48.390
0:1c00 0 days 0:00:00.328
14:2034 0 days 0:00:00.234
22:2698 0 days 0:00:00.156
17:22b8 0 days 0:00:00.015
21:21b4 0 days 0:00:00.000
20:27b0 0 days 0:00:00.000
19:278c 0 days 0:00:00.000
18:2788 0 days 0:00:00.000
16:2194 0 days 0:00:00.000
15:2064 0 days 0:00:00.000
13:2014 0 days 0:00:00.000
12:1e38 0 days 0:00:00.000
11:1c54 0 days 0:00:00.000
10:1d40 0 days 0:00:00.000
7:1994 0 days 0:00:00.000

```
6:1740 0 days 0:00:00.000
5:1c18 0 days 0:00:00.000
4:c10 0 days 0:00:00.000
3:1774 0 days 0:00:00.000
2:1a08 0 days 0:00:00.000
1:fb8 0 days 0:00:00.000
```

유저 모드에선 스레드 #15a4가 대부분 스파이크하지만 커널 모드에선 스레드 #1b50이 대부분 스파이크함을 볼 수 있다.

커널과 컴플리트 메모리 덤프에서는 커널과 유저 시간을 점검하려고 `Ticks: 0`이나 `Elapsed Ticks: 0`으로 모든 스레드를 스캔할 수 있다.

```
PROCESS 8782cd60 SessionId: 52 Cid: 4a58 Peb: 7ffdf000 ParentCid: 1ea4
DirBase: 0a0260c0 ObjectTable: 88ab33a8 TableSize: 486.
Image: IEXPLORE.EXE
VadRoot 87f59ea8 Clone 0 Private 2077. Modified 123. Locked 0.
DeviceMap 880f6828
Token e8217cd0
ElapsedTime 0:03:09.0765
UserTime 0:00:00.0890
KernelTime 0:00:10.0171
QuotaPoolUsage[PagedPool] 100320
QuotaPoolUsage[NonPagedPool] 58100
Working Set Sizes (now,min,max) (4944, 50, 345) (19776KB, 200KB, 1380KB)
PeakWorkingSetSize 4974
VirtualSize 83 Mb
PeakVirtualSize 83 Mb
PageFaultCount 8544
MemoryPriority FOREGROUND
BasePriority 8
CommitCharge 2262

THREAD 87836580 Cid 4a58.57cc Teb: 7ffde000 Win32Thread: a224f1d8 WAIT:
(Executive) KernelMode Non-Alertable
    89dee788 Semaphore Limit 0x7fffffff
    87836668 NotificationTimer
Not impersonating
```

```
Owning Process 8782cd60
Wait Start TickCount 123758 Elapsed Ticks: 0
Context Switch Count 97636 LargeStack
UserTime 0:00:00.0593
KernelTime 0:00:08.0359
Start Address 0x7c57b70c
Win32 Start Address 0x00401ee6
Stack Init ac154770 Current ac154320 Base ac155000 Limit ac14d000 Call
ac15477c
Priority 11 BasePriority 8 PriorityDecrement 0 DecrementCount 0

ChildEBP RetAddr Args to Child
ac154338 8042d8d7 00000000 8047bd00 00000001 nt!KiSwapThread+0x1b1
ac154360 80415d61 89dee788 00000000 00000000 nt!KeWaitForSingleObject+0x1a3
ac15439c 8041547c 00000000 00000001 8051c501 nt!ExpWaitForResource+0x2d
ac1543b4 8046907a 8047bd00 00000001 805225e9
nt!ExAcquireResourceSharedLite+0xc6
ac1543c0 805225e9 00000000 00000001 8051c501 nt!CmpLockRegistry+0x18
ac154430 8051c718 e7c5fd08 ac15448c 00000001 nt!CmSetValueKey+0x31
ac1544b4 8046b2a9 00000798 00125c04 00000000 nt!NtSetValueKey+0x196
ac1544b4 77f88de7 00000798 00125c04 00000000 nt!KiSystemService+0xc9
00125bb0 00000000 00000000 00000000 00000000 +0x77f88de7
```

컴플리트와 커널 덤프에 대해 !running 명령의 출력 결과와 !stacks 명령의 출력 결과(Ticks와 ThreadState 열)에도 역시 주의를 기울일 수 있다.

■ 모듈 다양성

프로세스 주소 공간에 로드된 모듈의 리스트를 살펴볼 때 때로 내가 모듈 다양성 Module Variety이라 부르는 패턴을 볼 수 있다. 이것은 문자 그대로 공존해 문제를 일으킨다고 생각하기 시작해야 할 엄청나게 많은 모듈이 로드돼 있음을 의미한다. 또한 이 패턴을 컴포넌트 다양성이나 DLL 다양성이라 부를 수도 있다. 그러나 나는 전자로 부르기를 좋아한다. WinDbg가 로드된 실행 파일, dll, 드라이버, ActiveX 컨트롤을 모두 모듈이라 칭하기 때문이다.

모듈은 대략 4개의 큰 범주로 분류할 수 있다.

- **애플리케이션 모듈** 특별히 이 애플리케이션만을 위해 개발된 컴포넌트, 이들 중 하나는 메인 애플리케이션 모듈이다.

- **서드파티 모듈** 회사 이름과 WinDbg lmv 명령의 출력 결과와 같다면 쉽게 식별할 수 있다.

- **공통 시스템 모듈** 운영체제에 의해 제공되고 운영체제 호출과 윈도우 API, C/C++ 런타임 함수를 구현한 윈도우 dll, 예를 들면 ntdll.dll, kernel32.dll, user32.dll, gdi32.dll, advapi32.dll, msvcrt.dll

- **특정 시스템 모듈** 마이크로소프트 사가 제공한 선택적인 윈도우 dll, MFC dll이나 닷넷 런타임, tapi32.dll 같이 애플리케이션의 기능과 구현

컴포넌트 타임스탬프를 빠르게 검사하기엔 lmv 명령의 출력 결과가 좀 장황하다. 대신 WinDbg 명령 lmt를 사용할 수 있다. 다음은 윈도우 서버 2003에서 엄청난 모듈 다양성이 있는 한 사례다.

```
Loading Dump File [application.dmp]
...
...
...
Windows Server 2003 Version 3790 (Service Pack 1)
...
...
...


0:001> lmt
start    end      module name
00400000 030ba000 app_main       Mon Dec 04 21:22:42 2006
04120000 04193000 Dformd         Mon Jan 31 02:27:58 2000
041a0000 04382000 sqllib2        Mon May 29 22:50:11 2006
04490000 044d3000 udNet          Mon May 29 23:22:43 2006
04e30000 04f10000 abchook        Wed Aug 01 20:47:17 2006
05e10000 05e15000 token_manager  Fri Mar 12 11:54:17 1999
06030000 06044000 ODBCINT        Thu Mar 24 22:59:58 2005
06150000 0618d000 sgl5NET        Mon May 29 23:25:22 2006
06190000 0622f000 OPENGL32       Mon Nov 06 21:30:52 2006
```

```
06230000 06240000   pwrpc32         Thu Oct 22 16:22:40 1998
06240000 07411000   app_dll_1       Tue Aug 08 12:14:39 2006
07420000 07633000   app_dll_2       Mon Dec 04 22:11:59 2006
07640000 07652000   zlib Fri        Aug 30 08:12:24 2002
07660000 07f23000   app_dll_3       Wed Oct 19 11:43:34 2005
0dec0000 0dedc000   app_dll_4       Mon Dec 04 22:11:36 2006
10000000 110be000   des Tue         Jul 18 20:42:02 2006
129c0000 12f1b000   xpsp2res        Fri Mar 25 00:26:47 2005
1b000000 1b170000   msjet40         Tue Jul 06 19:16:05 2004
1b2c0000 1b2cd000   msjter40        Thu May 09 19:09:53 2002
1b2d0000 1b2ea000   msjint40        Thu May 09 19:09:53 2002
1b570000 1b5c5000   msjetoledb40 Thu Nov 13 23:40:06 2003
1b5d0000 1b665000   mswstr10        Thu May 09 19:09:56 2002
1e000000 1e0f0000   python23        Fri Jan 30 13:03:24 2004
4b070000 4b0c1000   MSCTF           Fri Mar 25 02:10:36 2005
4b610000 4b64d000   ODBC32          Fri Mar 25 02:09:33 2005
4b9e0000 4ba59000   OLEDB32         Fri Mar 25 02:09:56 2005
4c310000 4c31d000   OLEDB32R        Fri Mar 25 02:09:57 2005
4c3b0000 4c3de000   MSCTFIME        Fri Mar 25 02:10:37 2005
5f400000 5f4f2000   mfc42           Wed Oct 27 22:35:22 1999
62130000 6213d000   mfc42loc        Wed Mar 26 03:35:58 2003
62460000 6246e000   msadrh15        Fri Mar 25 02:10:29 2005
63050000 63059000   lpk Fri         Mar 25 02:09:21 2005
63270000 632c7000   hnetcfg         Fri Mar 25 02:09:11 2005
65340000 653d2000   OLEAUT32        Wed Sep 01 00:15:11 1999
68000000 6802f000   rsaenh          Fri Mar 25 00:30:55 2005
68a50000 68a70000   glu32           Fri Mar 25 02:09:03 2005
71990000 71998000   wshtcpip        Wed Mar 26 03:34:24 2003
719d0000 71a11000   mswsock         Fri Mar 25 02:12:06 2005
71a60000 71a6b000   wsock32         Wed Mar 26 03:34:24 2003
71a80000 71a91000   mpr Wed         Mar 26 03:34:24 2003
71aa0000 71aa8000   ws2help         Fri Mar 25 02:10:19 2005
71ab0000 71ac7000   ws2_32          Fri Mar 25 02:10:18 2005
71ad0000 71ae2000   tsappcmp        Fri Mar 25 02:09:56 2005
71af0000 71b48000   netapi32        Fri Aug 11 11:00:07 2006
72ec0000 72ee7000   winspool        Fri Mar 25 02:09:48 2005
73290000 73295000   riched32        Wed Mar 26 03:34:14 2003
73ee0000 73ee5000   icmp Wed        Mar 26 03:34:09 2003
74920000 7493a000   msdart          Fri Mar 25 02:10:48 2005
```

```
74b10000 74b80000   riched20           Fri Mar 25 02:09:36 2005
75220000 75281000   usp10              Fri Mar 25 02:09:51 2005
75810000 758d0000   userenv            Fri Mar 25 02:09:50 2005
75d00000 75d27000   apphelp            Fri Mar 25 02:09:21 2005
76120000 7613d000   imm32              Fri Mar 25 02:09:37 2005
76140000 76188000   comdlg32           Fri Mar 25 02:10:11 2005
76810000 76949000   comsvcs            Fri Aug 26 23:19:45 2005
76a60000 76a6b000   psapi              Fri Mar 25 02:09:57 2005
76c00000 76c1a000   iphlpapi           Fri May 19 04:21:07 2006
76de0000 76e0f000   dnsapi             Wed Jul 12 20:02:12 2006
76e20000 76e4e000   wldap32            Fri Mar 25 02:09:59 2005
76e60000 76e73000   secur32            Fri Mar 25 02:10:01 2005
76e80000 76e87000   winrnr             Fri Mar 25 02:09:45 2005
76e90000 76e98000   rasadhlp           Wed Jul 12 20:02:15 2006
76f20000 77087000   comres             Wed Mar 26 03:33:48 2003
77330000 773c7000   comctl32           Mon Aug 28 09:26:02 2006
77470000 775a4000   ole32              Thu Jul 21 04:25:12 2005
77640000 776c3000   clbcatq            Thu Jul 21 04:25:13 2005
77b30000 77b38000   version            Fri Mar 25 02:09:50 2005
77b40000 77b9a000   msvcrt             Fri Mar 25 02:11:59 2005
77ba0000 77be8000   gdi32              Tue Mar 07 03:55:05 2006
77bf0000 77c8f000   rpcrt4             Fri Mar 25 02:09:42 2005
77ca0000 77da3000   comctl32_77ca0000 Mon Aug 28 09:25:59 2006
77db0000 77dc1000   winsta             Fri Mar 25 02:09:51 2005
77de0000 77e71000   user32             Fri Mar 25 02:09:49 2005
77e80000 77ed2000   shlwapi            Wed Sep 20 01:33:12 2006
77ee0000 77ef1000   regapi             Fri Mar 25 02:09:51 2005
77f20000 77fcb000   advapi32           Fri Mar 25 02:09:06 2005
780a0000 780b2000   MSVCIRT            Wed Jun 17 19:45:46 1998
780c0000 78121000   MSVCP60            Wed Jun 17 19:52:10 1998
79040000 79085000   fusion             Fri Feb 18 20:57:41 2005
79170000 79198000   mscoree            Fri Feb 18 20:57:48 2005
791b0000 79417000   mscorwks           Fri Feb 18 20:59:56 2005
79510000 79523000   mscorsn            Fri Feb 18 20:30:38 2005
79780000 7998c000   mscorlib           Fri Feb 18 20:48:36 2005
79990000 79cce000   mscorlib_79990000 Thu Nov 02 04:53:27 2006
7c340000 7c396000   msvcr71            Fri Feb 21 12:42:20 2003
7c800000 7c93e000   kernel32           Tue Jul 25 13:37:16 2006
7c940000 7ca19000   ntdll              Fri Mar 25 02:09:53 2005
```

```
7ca20000 7d20a000   shell32        Thu Jul 13 13:58:56 2006
```

> **참고** WinDbg 하이퍼텍스트의 이점을 얻기 위해 lmtD 명령을 사용할 수 있다. 이 경우 상세한 정보를 보기 위해 모듈 이름을 신속히 클릭할 수 있다.

어떤 컴포넌트는 매우 오래된 것(1998~1999년)임을 알 수 있다. 그리고 어떤 것은 2006년의 것이다. 또한 서드파티 라이브러리 OpenGL, 비주얼 포트란 RTL, 파이선 랭귀지 런타임도 볼 수 있다. 공통 시스템 모듈은 6.0과 7.0 두 가지 버전의 C/C++ 런타임 라이브러리를 포함한다. 특정 시스템 모듈은 MFC와 닷넷, MSJET, ODBC, OLE DB 지원을 포함한다. 여기에도 DLL 지옥의 조짐이 있다 (http://msdn2.microsoft.com/en-us/library/ms811694.aspx). System32 폴더의 OLE 자동화 DLL은 매우 오래된 것처럼 보인다. 그리고 윈도우 2003 SP1에 대응되지도 않는다. 파일 버전은 5.2.3790.1830이어야 한다.

```
0:001> lmv m OLEAUT32
start    end        module name
65340000 653d2000   OLEAUT32   (deferred)
    Image path: C:\WINDOWS\system32\OLEAUT32.DLL
    Image name: OLEAUT32.DLL
    Timestamp:        Wed Sep 01 00:15:11 1999 (37CC61FF)
    CheckSum:         0009475A
    ImageSize:        00092000
    File version:     2.40.4277.1
    Product version:  2.40.4277.1
    File flags:       2 (Mask 3F) Pre-release
    File OS:          40004 NT Win32
    File type:        2.0 Dll
    File date:        00000000.00000000
    Translations:     0409.04e4
    CompanyName:      Microsoft Corporation
    ProductName:      Microsoft OLE 2.40 for Windows NT(TM) and
Windows 95(TM) Operating Systems
```

```
    InternalName:      OLEAUT32.DLL
    ProductVersion:    2.40.4277
    FileVersion:       2.40.4277
    FileDescription:   Microsoft OLE 2.40 for Windows NT(TM) and
Windows 95(TM) Operating Systems
    LegalCopyright:    Copyright ⓒ Microsoft Corp. 1993-1998.
    LegalTrademarks:   Microsoft® is a registered trademark
of Microsoft Corporation. Windows NT(TM) and Windows 95(TM) are
trademarks of Microsoft Corporation.
    Comments:          Microsoft OLE 2.40 for Windows NT(TM) and
Windows 95(TM) Operating Systems
```

스택 오버플로우(커널)

x86 윈도우 커널에서 스택 오버플로우Stack Overflow 패턴의 한 예를 살펴보자. 커널 모드에서 발생했을 때는 보통 첫 번째 인자가 EXCEPTION_DOUBLE_FAULT(8)인 버그체크 7F이다.

```
UNEXPECTED_KERNEL_MODE_TRAP (7f)
This means a trap occurred in kernel mode, and it's a trap of a kind that
the kernel isn't allowed to have/catch (bound trap) or that is always
instant death (double fault). The first number in the bugcheck params is
the number of the trap (8 = double fault, etc). Consult an Intel x86
family manual to learn more about what these traps are. Here is a
*portion* of those codes:
If kv shows a taskGate
   use .tss on the part before the colon, then kv.
Else if kv shows a trapframe
   use .trap on that value
Else
   .trap on the appropriate frame will show where the trap was taken (on
x86, this will be the ebp that goes with the procedure KiTrap)
Endif
kb will then show the corrected stack.
Arguments:
```

```
Arg1: 00000008, EXCEPTION_DOUBLE_FAULT
Arg2: f7747fe0
Arg3: 00000000
Arg4: 00000000
```

x86 플랫폼에서 한 스레드의 커널 스택 크기는 12Kb로 제한돼 있다(x64 플랫폼에선 24kb). 그리고 유효하지 않은 페이지로 감시되고 있다. 그러므로 페이지의 유효하지 않은 주소에 도달하면 프로세서는 페이지 폴트를 발생시키고 레지스터 푸시push를 시도하다가 두 번째 페이지 폴트를 발생시킨다. 이것이 바로 더블 폴트의 의미다. 이 시나리오에서 프로세스는 TSS(태스크 전환 세그먼트) 태스크 전환 메커니즘을 통해 다른 스택으로 전환된다. 트랩 8을 위한 IDT 엔트리가 인터럽트 핸들러 주소가 아닌 TSS 세그먼트 셀렉터라 불리는 것을 담고 있기 때문이다. 이 셀렉터는 새로운 커널 스택 포인터를 담고 있는 메모리 세그먼트를 가리킨다. 일반 IDT 엔트리와 더블 폴트 엔트리의 차이는 IDT를 조사해봄으로써 알 수 있다.

```
5: kd> !pcr 5
KPCR for Processor 5 at f7747000:
    Major 1 Minor 1
  NtTib.ExceptionList: b044e0b8
      NtTib.StackBase: 00000000
     NtTib.StackLimit: 00000000
   NtTib.SubSystemTib: f7747fe0
        NtTib.Version: 00ae1064
    NtTib.UserPointer: 00000020
       NtTib.SelfTib: 7ffdf000
              SelfPcr: f7747000
                 Prcb: f7747120
                 Irql: 00000000
                  IRR: 00000000
                  IDR: ffffffff
        nterruptMode: 00000000
                  IDT: f774d800
                  GDT: f774d400
                  TSS: f774a2e0
         urrentThread: 8834c020
```

```
            NextThread: 00000000
            IdleThread: f774a090


5: kd> dt _KIDTENTRY f774d800
   +0x000 Offset          : 0x97e8
   +0x002 Selector        : 8
   +0x004 Access          : 0x8e00
   +0x006 ExtendedOffset  : 0x8088


5: kd> ln 0x808897e8
(808897e8)  nt!KiTrap00   |  (808898c0)   nt!Dr_kit1_a
Exact matches:
    nt!KiTrap00


5: kd> dt _KIDTENTRY f774d800+7*8
   +0x000 Offset          : 0xa880
   +0x002 Selector        : 8
   +0x004 Access          : 0x8e00
   +0x006 ExtendedOffset  : 0x8088


5: kd> ln 8088a880
(8088a880)  nt!KiTrap07   |  (8088ab72)   nt!KiTrap08
Exact matches:
    nt!KiTrap07


5: kd> dt _KIDTENTRY f774d800+8*8
   +0x000 Offset          : 0x1238
   +0x002 Selector        : 0x50
   +0x004 Access          : 0x8500
   +0x006 ExtendedOffset  : 0


5: kd> dt _KIDTENTRY f774d800+9*8
   +0x000 Offset          : 0xac94
   +0x002 Selector        : 8
   +0x004 Access          : 0x8e00
   +0x006 ExtendedOffset  : 0x8088


5: kd> ln 8088ac94
(8088ac94)  nt!KiTrap09   |  (8088ad10)   nt!Dr_kita_a
```

```
Exact matches:
    nt!KiTrap09
```

명시적으로 셀렉터 50으로 전환하면 KeBugCheck2 함수에서 버그체크를 일으키고 크래시 덤프를 저장한 nt!KiTrap08 함수를 볼 수 있다.

```
5: kd> .tss 50
eax=00000000 ebx=00000000 ecx=00000000 edx=00000000 esi=00000000
edi=00000000
eip=8088ab72 esp=f774d3c0 ebp=00000000 iopl=0  nv up di pl nz na po nc
cs=0008  ss=0010  ds=0023  es=0023  fs=0030  gs=0000             efl=00000000
nt!KiTrap08:
8088ab72 fa              cli


5: kd> .asm no_code_bytes
Assembly options: no_code_bytes


5: kd> uf nt!KiTrap08
nt!KiTrap08:
8088ab72 cli
8088ab73 mov        eax,dword ptr fs:[00000040h]
8088ab79 mov        ecx,dword ptr fs:[124h]
8088ab80 mov        edi,dword ptr [ecx+38h]
8088ab83 mov        ecx,dword ptr [edi+18h]
8088ab86 mov        dword ptr [eax+1Ch],ecx
8088ab89 mov        cx,word ptr [edi+30h]
8088ab8d mov        word ptr [eax+66h],cx
8088ab91 mov        ecx,dword ptr [edi+20h]
8088ab94 test       ecx,ecx
8088ab96 je         nt!KiTrap08+0x2a (8088ab9c)

nt!KiTrap08+0x26:
8088ab98 mov        cx,48h

nt!KiTrap08+0x2a:
8088ab9c mov        word ptr [eax+60h],cx
8088aba0 mov        ecx,dword ptr fs:[3Ch]
```

```
8088aba7 lea        eax,[ecx+50h]
8088abaa mov        byte ptr [eax+5],89h
8088abae pushfd
8088abaf and        dword ptr [esp],0FFFFBFFFh
8088abb6 popfd
8088abb7 mov        eax,dword ptr fs:[0000003Ch]
8088abbd mov        ch,byte ptr [eax+57h]
8088abc0 mov        cl,byte ptr [eax+54h]
8088abc3 shl        ecx,10h
8088abc6 mov        cx,word ptr [eax+52h]
8088abca mov        eax,dword ptr fs:[00000040h]
8088abd0 mov        dword ptr fs:[40h],ecx

nt!KiTrap08+0x65:
8088abd7 push       0
8088abd9 push       0
8088abdb push       0
8088abdd push       eax
8088abde push       8
8088abe0 push       7Fh
8088abe2 call       nt!KeBugCheck2 (80826a92)
8088abe7 jmp        nt!KiTrap08+0x65 (8088abd7)
```

다음 !pcr 명령의 출력 결과에서 보이는 TSS 주소를 조사할 수 있다.

```
5: kd> dt _KTSS f//4a2e0
   +0x000 Backlink     : 0x28
   +0x002 Reserved0    : 0
   +0x004 Esp0         : 0xf774d3c0
   +0x008 Ss0          : 0x10
   +0x00a Reserved1    : 0
   +0x00c NotUsed1     : [4] 0
   +0x01c CR3          : 0x646000
   +0x020 Eip          : 0x8088ab72
   +0x024 EFlags       : 0
   +0x028 Eax          : 0
   +0x02c Ecx          : 0
   +0x030 Edx          : 0
```

```
+0×034 Ebx                  : 0
+0×038 Esp                  : 0xf774d3c0
+0×03c Ebp                  : 0
+0×040 Esi                  : 0
+0×044 Edi                  : 0
+0×048 Es                   : 0×23
+0×04a Reserved2            : 0
+0×04c Cs                   : 8
+0×04e Reserved3            : 0
+0×050 Ss                   : 0×10
+0×052 Reserved4            : 0
+0×054 Ds                   : 0×23
+0×056 Reserved5            : 0
+0×058 Fs                   : 0×30
+0×05a Reserved6            : 0
+0×05c Gs                   : 0
+0×05e Reserved7            : 0
+0×060 LDT                  : 0
+0×062 Reserved8            : 0
+0×064 Flags                : 0
+0×066 IoMapBase            : 0×20ac
+0×068 IoMaps               : [1] _KiIoAccessMap
+0×208c IntDirectionMap     : [32] "???"
```

Nt!KiTrap08을 가리키는 EIP를 볼 수 있다. 그리고 Backlink 값이 더블 폴트 트랩 이전의 TSS 셀렉터인 28임을 볼 수 있다.

```
5: kd> .tss 28
eax=00000020 ebx=8bef5100 ecx=01404800 edx=8bee4aa8 esi=01404400
edi=00000000
eip=80882e4b esp=b044e000 ebp=b044e034 iopl=0 nv up ei ng nz na po nc
cs=0008 ss=0010 ds=0023 es=0023 fs=0030 gs=0000 efl=00010282
nt!_SEH_prolog+0x1b:
80882e4b push    esi

5: kd> k 100
ChildEBP RetAddr
b044e034 f7b840ac nt!_SEH_prolog+0x1b
```

```
b044e054  f7b846e6 Ntfs!NtfsMapStream+0x4b
b044e0c8  f7b84045 Ntfs!NtfsReadMftRecord+0x86
b044e100  f7b840f4 Ntfs!NtfsReadFileRecord+0x7a
b044e138  f7b7cdb5 Ntfs!NtfsLookupInFileRecord+0x37
b044e210  f7b6efef Ntfs!NtfsWriteFileSizes+0x76
b044e260  f7b6eead Ntfs!NtfsFlushAndPurgeScb+0xd4
b044e464  f7b7e302 Ntfs!NtfsCommonCleanup+0x1ca8
b044e5d4  8081dce5 Ntfs!NtfsFsdCleanup+0xcf
b044e5e8  f70fac53 nt!IofCallDriver+0x45
b044e610  8081dce5 fltMgr!FltpDispatch+0x6f
b044e624  f420576a nt!IofCallDriver+0x45
b044e634  f4202621 component2!DispatchEx+0xa4
b044e640  8081dce5 component2!Dispatch+0x53
b044e654  f4e998c7 nt!IofCallDriver+0x45
b044e67c  f4e9997c component!PassThrough+0xbb
b044e688  8081dce5 component!Dispatch+0x78
b044e69c  f41e72ff nt!IofCallDriver+0x45
WARNING: Stack unwind information not available. Following frames may be
wrong.
b044e6c0  f41e71ed driver+0xc2ff
00000000  00000000 driver+0xc1ed
```

이것이 바로 !analyze -v가 이 덤프에 수행한 것이다.

```
STACK_COMMAND:  .tss 0x28 ; kb
```

이 경우에 NTFS는 예외를 처리하려고 시도한다. 그리고 SEH 예외 핸들러는 스택에 레지스터를 저장하려고 시도할 때 더블 폴트의 원인이 된다. 스택 트레이스와 충돌 시점을 살펴보자. ESP가 유효한 스택 페이지를 가리킴을 알 수 있다. 그러나 메모리 접근 전의 푸시push 명령은 ESP를 감소시킨다. 그리고 앞의 페이지는 확실히 유효하지 않다.

```
TSS:   00000028 -- (.tss 28)
eax=00000020 ebx=8bef5100 ecx=01404800 edx=8bee4aa8 esi=01404400
edi=00000000
eip=80882e4b esp=b044e000 ebp=b044e034 iopl=0  nv up ei ng nz na po nc
```

```
cs=0008  ss=0010  ds=0023  es=0023  fs=0030  gs=0000  efl=00010282
nt!_SEH_prolog+0x1b:
80882e4b 56              push    esi


5: kd> dd b044e000-4
b044dffc  ????????  8bef5100  00000000  00000000
b044e00c  00000000  00000000  00000000  00000000
b044e01c  00000000  00000000  b044e0b8  80880c80
b044e02c  808b6426  80801300  b044e054  f7b840ac
b044e03c  8bece5e0  b044e064  00000400  00000001
b044e04c  b044e134  b044e164  b044e0c8  f7b846e6
b044e05c  b044e480  8bee4aa8  01404400  00000000
b044e06c  00000400  b044e134  b044e164  e143db08


5: kd>  !pte b044e000-4
                   VA b044dffc
PDE at 00000000C0602C10     PTE at 00000000C0582268
contains 000000010AA3C863   contains 0000000000000000
pfn 10aa3c .DA.KWEV
```

WinDbg로 모든 스택 프레임을 가져오지 못했다. 그리고 큰 프레임 값이 보이지 않는다('Memory' 열 아래에).

```
5: kd> knf 100
   *** Stack trace for last set context - .thread/.cxr resets it
  # Memory  ChildEBP RetAddr
00           b044e034 f7b840ac nt!_SEH_prolog+0x1b
01       20 b044e054 f7b846e6 Ntfs!NtfsMapStream+0x4b
02       74 b044e0c8 f7b84045 Ntfs!NtfsReadMftRecord+0x86
03       38 b044e100 f7b840f4 Ntfs!NtfsReadFileRecord+0x7a
04       38 b044e138 f7b7cdb5 Ntfs!NtfsLookupInFileRecord+0x37
05       d8 b044e210 f7b6efef Ntfs!NtfsWriteFileSizes+0x76
06       50 b044e260 f7b6eead Ntfs!NtfsFlushAndPurgeScb+0xd4
07      204 b044e464 f7b7e302 Ntfs!NtfsCommonCleanup+0x1ca8
08      170 b044e5d4 8081dce5 Ntfs!NtfsFsdCleanup+0xcf
09       14 b044e5e8 f70fac53 nt!IofCallDriver+0x45
0a       28 b044e610 8081dce5 fltMgr!FltpDispatch+0x6f
0b       14 b044e624 f420576a nt!IofCallDriver+0x45
```

```
0c        10 b044e634 f4202621 component2!DispatchEx+0xa4
0d         c b044e640 8081dce5 component2!Dispatch+0x53
0e        14 b044e654 f4e998c7 nt!IofCallDriver+0x45
0f        28 b044e67c f4e9997c component!PassThrough+0xbb
10         c b044e688 8081dce5 component!Dispatch+0x78
11        14 b044e69c f41e72ff nt!IofCallDriver+0x45
WARNING: Stack unwind information not available. Following frames may be
wrong.
12        24   b044e6c0  f41e71ed driver+0xc2ff
13 00000000 00000000 driver+0xc1ed
```

관련된 모든 컴포넌트를 보려면 로 스택 데이터raw stack data를 덤프할 필요가 있다(12Kb는 `0x3000`이다). 거기서 어떤 처리된 소프트웨어 예외를 볼 수도 있을 것이다. 그리고 어떤 부분적인 스택 트레이스를 얻을 수도 있다. 스택 트레이스가 불완전하고 스택 데이터가 덮어써져 잘못된 곳으로 이끌지도 모르므로 주의가 필요하다.

```
5: kd> dds b044e000 b044e000+3000
...
...
...
...
b044ebc4  b044ec74
b044ebc8  b044ec50
b044ebcc  f41f9458 driver+0x1c458
b044ebd0  b044f140
b044ebd4  b044ef44
b044ebd8  b044f138
b044ebdc  80877290 nt!RtlDispatchException+0x8c
b044ebe0  b044ef44
b044ebe4  b044f138
b044ebe8  b044ec74
b044ebec  b044ec50
b044ebf0  f41f9458 driver+0x1e458
b044ebf4  8a7668c0
b044ebf8  e16c2e80
b044ebfc  00000000
```

```
b044ec00  00000000
b044ec04  00000002
b044ec08  01000000
b044ec0c  00000000
b044ec10  00000000
...
...
...
b044ec60  00000000
b044ec64  b044ef94
b044ec68  8088e13f nt!RtlRaiseStatus+0x47
b044ec6c  b044ef44
b044ec70  b044ec74
b044ec74  00010007
...
...
...
b0450fe8  00000000
b0450fec  00000000
b0450ff0  00000000
b0450ff4  00000000
b0450ff8  00000000
b0450ffc  00000000
b0451000  ????????

5: kd> .exr b044ef44
ExceptionAddress: f41dde6d (driver+0x00002e6d)
   ExceptionCode: c0000043
  ExceptionFlags: 00000001
NumberParameters: 0

5: kd> .cxr b044ec74
eax=c0000043 ebx=00000000 ecx=89fe1bc0 edx=b044f084 esi=e16c2e80
edi=8a7668c0
eip=f41dde6d esp=b044efa0 ebp=b044f010 iopl=0 nv up ei pl zr na pe nc
cs=0008 ss=0010 ds=0023 es=0023 fs=0030 gs=0000 efl=00000246
driver+0x2e6d:
f41dde6d e92f010000      jmp     driver+0x2fa1 (f41ddfa1)
```

```
5: kd> knf
 *** Stack trace for last set context - .thread/.cxr resets it
 # Memory  ChildEBP RetAddr
WARNING: Stack unwind information not available. Following frames may be
wrong.
00         b044f010 f41ddce6 driver+0x2e6d
01      b0 b044f0c0 f41dd930 driver+0x2ce6
02      38 b044f0f8 f41e88eb driver+0x2930
03      2c b044f124 f6598eba driver+0xd8eb
04      24 b044f148 f41dcd40 driver2!AllocData+0x84da
05      18 b044f160 8081dce5 driver+0x1d40
06      14 b044f174 f6596741 nt!IofCallDriver+0x45
07      28 b044f19c f659dd70 driver2!AllocData+0x5d61
08      1c b044f1b8 f65967b9 driver2!EventObjectCreate+0xa60
09      40 b044f1f8 8081dce5 driver2!AllocData+0x5dd9
0a      14 b044f20c 808f8255 nt!IofCallDriver+0x45
0b      e8 b044f2f4 80936af5 nt!IopParseDevice+0xa35
0c      80 b044f374 80932de6 nt!ObpLookupObjectName+0x5a9
0d      54 b044f3c8 808ea211 nt!ObOpenObjectByName+0xea
0e      7c b044f444 808eb4ab nt!IopCreateFile+0x447
0f      5c b044f4a0 808edf2a nt!IoCreateFile+0xa3
10      40 b044f4e0 80888c6c nt!NtCreateFile+0x30
11       0 b044f4e0 8082e105 nt!KiFastCallEntry+0xfc
12      a4 b044f584 f657f20d nt!ZwCreateFile+0x11
13      54 b044f5d8 f65570f6 driver3+0x2e20d
```

그 결과 로 스택raw stack상에서 의심스러워 보이는 다음의 컴포넌트를 찾았다.

driver.sys, driver2.sys, driver3.sys

lmv 명령으로 이들의 타임스탬프를 확인하고 벤더에 연락해 어떤 업데이트가 있는지 알아봐야 한다. 차선책은 이들 제품을 제거하는 것일 것이다. 나머지는 마이크로소프트 사의 모듈과 component.sys와 component2.sys 드라이버다.

나머지 두 개는 함수 안에서 어떤 의미 있는 지역변수를 갖지 않는다.

다음 주소에 있는 OSR NT Insider의 글은 다른 예를 제공한다.

http://www.osronline.com/article.cfm?article=254

다음 주소에 있는 시트릭스사의 글은 ICA 프로토콜 스택에서 스택 오버플로우의 사례를 설명한다.

http://support.citrix.com/article/CTX106209

데드락(익스큐티브 리소스)

앞서의 '데드락' 절과 이어지는 내용이다. 윈도우 커널의 ERESOURCE 데드락의 한 예를 살펴보자.

ERESOURCE(익스큐티브 리소스)는 소유권 개념을 가진 윈도우 동기화 객체다. 익스큐티브 리소스Executive resource는 배타적으로 소유되거나 공유된 소유권을 가질 수 있다. 이는 다음과 같은 파일 공유와 유사하다. 한 파일이 쓰기를 위해 열리면 다른 것들은 읽거나 쓸 수 없다; 파일이 읽기를 위해 열렸다면 다른 것들은 읽을 수는 있지만 쓸 수는 없다.

ERESOURCE 구조체는 리스트로 연결돼 있다. 그리고 스레드를 오너로 한다. 이는 커널과 컴플리트 덤프에서 !locks 명령으로 데드락을 빠르게 찾을 수 있다. 다음은 x86과 x64 윈도우에서의 _RESOURCE 정의다.

```
0: kd> dt -r1 _ERESOURCE
   +0x000 SystemResourcesList : _LIST_ENTRY
      +0x000 Flink            : Ptr32 _LIST_ENTRY
      +0x004 Blink            : Ptr32 _LIST_ENTRY
   +0x008 OwnerTable          : Ptr32 _OWNER_ENTRY
      +0x000 OwnerThread      : Uint4B
      +0x004 OwnerCount       : Int4B
      +0x004 TableSize        : Uint4B
   +0x00c ActiveCount         : Int2B
   +0x00e Flag                : Uint2B
   +0x010 SharedWaiters       : Ptr32 _KSEMAPHORE
      +0x000 Header           : _DISPATCHER_HEADER
      +0x010 Limit            : Int4B
   +0x014 ExclusiveWaiters    : Ptr32 _KEVENT
      +0x000 Header           : _DISPATCHER_HEADER
   +0x018 OwnerThreads        : [2] _OWNER_ENTRY
```

```
   +0x000 OwnerThread      : Uint4B
   +0x004 OwnerCount       : Int4B
   +0x004 TableSize        : Uint4B
+0x028 ContentionCount     : Uint4B
+0x02c NumberOfSharedWaiters : Uint2B
+0x02e NumberOfExclusiveWaiters : Uint2B
+0x030 Address             : Ptr32 Void
+0x030 CreatorBackTraceIndex : Uint4B
+0x034 SpinLock            : Uint4B

0: kd> dt -r1 _ERESOURCE
nt!_ERESOURCE
   +0x000 SystemResourcesList : _LIST_ENTRY
      +0x000 Flink           : Ptr64 _LIST_ENTRY
      +0x008 Blink           : Ptr64 _LIST_ENTRY
   +0x010 OwnerTable          : Ptr64 _OWNER_ENTRY
      +0x000 OwnerThread     : Uint8B
      +0x008 OwnerCount      : Int4B
      +0x008 TableSize       : Uint4B
   +0x018 ActiveCount         : Int2B
   +0x01a Flag                : Uint2B
   +0x020 SharedWaiters       : Ptr64 _KSEMAPHORE
      +0x000 Header          : _DISPATCHER_HEADER
      +0x018 Limit           : Int4B
   +0x028 ExclusiveWaiters    : Ptr64 _KEVENT
      +0x000 Header          : _DISPATCHER_HEADER
   +0x030 OwnerThreads        : [2] _OWNER_ENTRY
      +0x000 OwnerThread     : Uint8B
      +0x008 OwnerCount      : Int4B
      +0x008 TableSize       : Uint4B
   +0x050 ContentionCount     : Uint4B
   +0x054 NumberOfSharedWaiters : Uint2B
   +0x056 NumberOfExclusiveWaiters : Uint2B
   +0x058 Address             : Ptr64 Void
   +0x058 CreatorBackTraceIndex : Uint8B
   +0x060 SpinLock            : Uint8B
```

!locks의 출력 결과에 리소스의 리스트가 있다면 리소스를 소유하고 있는 스레드 추적을 시작할 수 있다. 리소스를 소유한 스레드는 스타 기호(*)로 표시돼 있다.

```
0: kd> !locks
**** DUMP OF ALL RESOURCE OBJECTS ****
KD: Scanning for held locks......

Resource @ 0x8815b928    Exclusively owned
   Contention Count = 6234751
   NumberOfExclusiveWaiters = 53
   Threads: 89ab8db0-01<*>
   Threads Waiting On Exclusive Access:
       8810fa08    880f5b40    88831020    87e33020
       880353f0    88115020    88131678    880f5db0
       89295420    88255378    880f8b40    8940d020
       880f58d0    893ee500    880edac8    880f8db0
       89172938    879b3020    88091510    88038020
       880407b8    88051020    89511db0    8921f020
       880e9db0    87c33020    88064cc0    88044730
       8803f020    87a2a020    89529380    8802d330
       89a53020    89231b28    880285b8    88106b90
       8803cbc8    88aa3020    88093400    8809aab0
       880ea540    87d46948    88036020    8806e198
       8802d020    88038b40    8826b020    88231020
       890a2020    8807f5d0
```

_KTHREAD 89ab8db0가 _ERESOURCE 8815b928를 해제하기를 53개의 스레드가 기다리고 있음을 알 수 있다. 이 스레드 주소를 검색해보면 다음이 드러난다.

```
Resource @ 0x88159560    Exclusively owned
   Contention Count = 166896
   NumberOfExclusiveWaiters = 1
   Threads: 8802a790-01<*>
   Threads Waiting On Exclusive Access:
       89ab8db0
```

스레드 89ab8db0은 스레드 8802a790이 리소스 88159560을 해제하기를 기다리고 있음을 알 수 있다. 다른 스레드를 대기하고 있지만 스레드 8802a790을 계속 검색해본다. 그러나 이 스레드가 대기하고 있지 않다면 넘어간다.

```
Resource @ 0x881f7b60 Exclusively owned
    Threads: 8802a790-01<*>

Resource @ 0x8824b418 Exclusively owned
   Contention Count = 34
    Threads: 8802a790-01<*>

Resource @ 0x8825e5a0 Exclusively owned
    Threads: 8802a790-01<*>

Resource @ 0x88172428 Exclusively owned
   Contention Count = 5
   NumberOfExclusiveWaiters = 1
    Threads: 8802a790-01<*>
    Threads Waiting On Exclusive Access:
          880f5020
```

검색을 계속하면 스레드 8802a790은 스레드 880f5020이 리소스 89bd7bf0을 해제하기를 기다리고 있음을 알 수 있다.

```
Resource @ 0x89bd7bf0 Exclusively owned
   Contention Count = 1
   NumberOfExclusiveWaiters = 1
    Threads: 880f5020-01<*>
    Threads Waiting On Exclusive Access:
          8802a790
```

주의 깊게 살펴보면 스레드 880f5020을 위에서 이미 봤음을 알 수 있다. 그 부분을 반복한다.

```
Resource @ 0x88172428 Exclusively owned
   Contention Count = 5
```

```
      NumberOfExclusiveWaiters = 1
    Threads: 8802a790-01<*>
    Threads Waiting On Exclusive Access:
              880f5020
```

스레드 880f5020은 스레드 8802a790을 기다리고, 스레드 8802a790은 스레드 880f5020을 기다림을 알 수 있다.

그 결과 전형적인 데드락을 찾아냈다. 이제 어떤 컴포넌트가 관련됐는지 알아보려면 스택 트레이스를 살펴봐야 한다.

불충분한 메모리(핸들 릭)

때로 핸들 릭handle leak은 불충분한 메모리insufficient memory로 이어진다. 특히 핸들이 운영체제가 할당한 구조체를 가리키고 있을 때 그렇다. 서버 몇 개를 얼려버린 전형적인 핸들 릭 예제가 다음에 있다. 다음 컴플리트 메모리 덤프는 넌페이지드 풀의 소진을 보인다.

```
0: kd> !vm

*** Virtual Memory Usage ***
    Physical Memory:    1048352  ( 4193408 Kb)
    Page File: \??\C:\pagefile.sys
      Current:    4190208 Kb   Free Space:   3749732 Kb
      Minimum:    4190208 Kb   Maximum:      4190208 Kb
    Available Pages:        697734  (  2790936 Kb)
    ResAvail Pages:         958085  (  3832340 Kb)
    Locked IO Pages:            95  (      380 Kb)
    Free System PTEs:       199971  (   799884 Kb)
    Free NP PTEs:              105  (      420 Kb)
    Free Special NP:             0  (        0 Kb)
    Modified Pages:            195  (      780 Kb)
    Modified PF Pages:         195  (      780 Kb)
    NonPagedPool Usage:      65244  (   260976 Kb)
    NonPagedPool Max:        65503  (   262012 Kb)
    ********** Excessive NonPaged Pool Usage *****
```

```
PagedPool 0 Usage:        6576 (          26304 Kb)
PagedPool 1 Usage:         629 (           2516 Kb)
PagedPool 2 Usage:         624 (           2496 Kb)
PagedPool 3 Usage:         608 (           2432 Kb)
PagedPool 4 Usage:         625 (           2500 Kb)
PagedPool Usage:          9062 (          36248 Kb)
PagedPool Maximum:       66560 (         266240 Kb)

********** 184 pool allocations have failed **********

Shared Commit:            7711 (          30844 Kb)
Special Pool:                0 (              0 Kb)
Shared Process:          10625 (          42500 Kb)
PagedPool Commit:         9102 (          36408 Kb)
Driver Commit:            1759 (           7036 Kb)
Committed pages:        425816 (        1703264 Kb)
Commit limit:          2052560 (        8210240 Kb)
```

넌페이지드 풀 소비량을 살펴보면 스레드 객체가 지나치게 많음이 드러난다.

```
0: kd> !poolused 3
Sorting by NonPaged Pool Consumed

 Pool Used:
            NonPaged
 Tag      Allocs     Frees    Diff       Used
 Thre     772672    463590  309082  192867168  Thread objects , Binary: nt!ps
 MmCm         42         9      33   12153104  Calls made to
MmAllocateContiguousMemory , Binary: nt!mm
...
...
...
```

다음 단계는 프로세스를 열거하고 핸들 사용량을 찾아보는 것이 될 것이다. 게다가 그런 프로세스가 있다.

```
0: kd> !process 0 0
...
...
...
PROCESS 88b75020  SessionId: 7  Cid: 172e4  Peb: 7ffdf000 ParentCid: 17238
    DirBase: c7fb6bc0 ObjectTable: e17f50a0    HandleCount: 143428.
    Image: iexplore.exe
...
...
...
```

문제의 프로세스를 현재 컨텍스트로 만들고 핸들을 열거하면 스레드 객체에 할당된 핸들이 끊임없이 나타난다.

```
0: kd> .process 88b75020
Implicit process is now 88b75020

0: kd> .reload /user

0: kd> !handle
...
...
...
0d94: Object: 88a6b020 GrantedAccess: 001f03ff Entry: e35e1b28
Object: 88a6b020   Type: (8b780c68) Thread
    ObjectHeader: 88a6b008
        HandleCount: 1  PointerCount: 1

0d98: Object: 88a97320 GrantedAccess: 001f03ff Entry: e35e1b30
Object: 88a97320   Type: (8b780c68) Thread
    ObjectHeader: 88a97308
        HandleCount: 1  PointerCount: 1

0d9c: Object: 88b2b020 GrantedAccess: 001f03ff Entry: e35e1b38
Object: 88b2b020   Type: (8b780c68) Thread
    ObjectHeader: 88b2b008
```

        HandleCount: 1 PointerCount: 1

0da0: Object: 88b2a730 GrantedAccess: 001f03ff Entry: e35e1b40
Object: 88b2a730   Type: (8b780c68) Thread
    ObjectHeader: 88b2a718
        HandleCount: 1 PointerCount: 1

0da4: Object: 88b929a0 GrantedAccess: 001f03ff Entry: e35e1b48
Object: 88b929a0   Type: (8b780c68) Thread
    ObjectHeader: 88b92988
        HandleCount: 1 PointerCount: 1

0da8: Object: 88a57db0 GrantedAccess: 001f03ff Entry: e35e1b50
Object: 88a57db0   Type: (8b780c68) Thread
    ObjectHeader: 88a57d98
        HandleCount: 1 PointerCount: 1

0dac: Object: 88b92db0 GrantedAccess: 001f03ff Entry: e35e1b58
Object: 88b92db0   Type: (8b780c68) Thread
    ObjectHeader: 88b92d98
        HandleCount: 1 PointerCount: 1

0db0: Object: 88b4a730 GrantedAccess: 001f03ff Entry: e35e1b60
Object: 88b4a730   Type: (8b780c68) Thread
    ObjectHeader: 88b4a718
        HandleCount: 1 PointerCount: 1

0db4: Object: 88a7e730 GrantedAccess: 001f03ff Entry: e35e1b68
Object: 88a7e730   Type: (8b780c68) Thread
    ObjectHeader: 88a7e718
        HandleCount: 1 PointerCount: 1

0db8: Object: 88a349a0 GrantedAccess: 001f03ff Entry: e35e1b70
Object: 88a349a0   Type: (8b780c68) Thread
    ObjectHeader: 88a34988
        HandleCount: 1 PointerCount: 1

0dbc: **Object: 88a554c0** GrantedAccess: 001f03ff Entry: e35e1b78
Object: 88a554c0   Type: (8b780c68) Thread

```
        ObjectHeader: 88a554a8
            HandleCount: 1  PointerCount: 1
    ...
```

이들 스레드를 조사해보면 스택 트레이스와 시작 주소가 나타난다.

```
0: kd> !thread 88b4a730
THREAD 88b4a730 Cid 0004.1885c Teb: 00000000 Win32Thread: 00000000
TERMINATED
Not impersonating
DeviceMap              e1000930
Owning Process         8b7807a8         Image:         System
Wait Start TickCount   975361           Ticks: 980987 (0:04:15:27.921)
Context Switch Count   1
UserTime               00:00:00.0000
KernelTime             00:00:00.0000
Start Address mydriver!StatusWaitThread (0xf5c5d128)
Stack Init 0 Current f3c4cc98 Base f3c4d000 Limit f3c4a000 Call 0
Priority 8 BasePriority 8 PriorityDecrement 0
ChildEBP RetAddr Args to Child
f3c4ccac 8083129e ffdff5f0 8697ba00 a674c913 hal!KfLowerIrql+0x62
f3c4ccc8 00000000 808ae498 8697ba00 00000000 nt!KiExitDispatcher+0x130


0: kd> !thread 88a554c0
THREAD 88a554c0 Cid 0004.1888c Teb: 00000000 Win32Thread: 00000000
TERMINATED
Not impersonating
DeviceMap              e1000930
Owning Process         8b7807a8         Image:         System
Wait Start TickCount   975380           Ticks: 980968 (0:04:15:27.625)
Context Switch Count   1
UserTime               00:00:00.0000
KernelTime             00:00:00.0000
Start Address mydriver!StatusWaitThread (0xf5c5d128)
Stack Init 0 Current f3c4cc98 Base f3c4d000 Limit f3c4a000 Call 0
Priority 8 BasePriority 8 PriorityDecrement 0
ChildEBP RetAddr Args to Child
f3c4ccac 8083129e ffdff5f0 8697ba00 a674c913 hal!KfLowerIrql+0x62
```

```
f3c4ccc8 00000000 808ae498 8697ba00 00000000 nt!KiExitDispatcher+0x130
```

이들 스레드가 종료됐고 시작 주소는 mydriver.sys에 속해 있음을 알 수 있다. 그러므로 핸들 릭의 원인을 찾으려면 mydriver 코드는 조사해야 한다고 볼 수 있다.

관리된 코드 예외

닷넷 프로그램도 공통 언어 런타임Common Language Runtime, CLR 내의 결함이나 닷넷 가상머신에 의해 실행되는 관리된 코드 내의 처리되지 않은 런타임 예외로 인해 충돌한다. 후자의 예외는 운영체제에서 처리되거나 네이티브 디버거에서 해석될 수 있게 닷넷 런타임에 의해 다시 던져진다. 그러므로 다음 크래시 덤프 해석 패턴은 관리된 코드 예외라 부른다.

닷넷 애플리케이션의 크래시 덤프를 얻어보면 네이티브 프로세스 덤프임을 알 수 있다. !analyze -v 출력 결과는 일반적으로 발생한 예외가 실제론 CLR 예외임을 알려준다. 그리고 관리된 코드 스택(CLR 스택)을 살펴보기 위한 다른 힌트를 줄 수 있다.

```
FAULTING_IP:
kernel32!RaiseException+53
77e4bee7 5e              pop     esi

EXCEPTION_RECORD:  ffffffff -- (.exr 0xffffffffffffffff)
ExceptionAddress: 77e4bee7 (kernel32!RaiseException+0x00000053)
   ExceptionCode: e0434f4d (CLR exception)
  ExceptionFlags: 00000001
NumberParameters: 1
   Parameter[0]: 80131604


DEFAULT_BUCKET_ID:  CLR_EXCEPTION

PROCESS_NAME:  mmc.exe

ERROR_CODE: (NTSTATUS) 0xe0434f4d - <Unable to get error code text>
```

```
MANAGED_STACK: !dumpstack -EE
No export dumpstack found

STACK_TEXT:
05faf3d8 79f97065 e0434f4d 00000001 00000001 kernel32!RaiseException+0x53
WARNING: Stack unwind information not available. Following frames may be
wrong.
05faf438 7a0945a4 023f31e0 00000000 00000000
mscorwks!DllCanUnloadNowInternal+0x37a9
05faf4fc 00f2f00a 02066be4 02085ee8 023d0df0
mscorwks!CorLaunchApplication+0x12005
05faf500 02066be4 02085ee8 023d0df0 023d0e2c 0xf2f00a
05faf504 02085ee8 023d0df0 023d0e2c 05e00dfa 0x2066be4
05faf508 023d0df0 023d0e2c 05e00dfa 023d0e10 0x2085ee8
05faf50c 023d0e2c 05e00dfa 023d0e10 05351d30 0x23d0df0
05faf510 05e00dfa 023d0e10 05351d30 023d0e10 0x23d0e2c

FOLLOWUP_IP:
mscorwks!DllCanUnloadNowInternal+37a9
79f97065 c745fcfeffffff    mov       dword ptr [ebp-4],0FFFFFFFEh

SYMBOL_NAME: mscorwks!DllCanUnloadNowInternal+37a9

MODULE_NAME: mscorwks

IMAGE_NAME: mscorwks.dll

PRIMARY_PROBLEM_CLASS: **CLR_EXCEPTION**

BUGCHECK_STR: **APPLICATION_FAULT_CLR_EXCEPTION**
```

때로 로 스택raw stack에서 mscorwks.dll를 볼 수 있거나 로드된 것을 볼 수 있다. 그리고 현재의 스레드 대신 다른 스레드 스택에서 찾을 수도 있다.

이런 힌트를 얻을 때 관리된 코드 스택도 마찬가지로 원할 수 있다. 먼저 닷넷 런타임 버전에 맞는 적절한 WinDbg SOSSon of Strike 익스텐션을 로드할 필요가 있다. 이는 다음 명령에 의해 이뤄진다.

```
0:015> .loadby sos mscorwks
```

.chain 명령으로 SOS 익스텐션 버전을 확인할 수 있다.

```
0:015> .chain
Extension DLL search Path:
    ...
    ...
    ...
Extension DLL chain:
    C:\WINDOWS\Microsoft.NET\Framework\v2.0.50727\sos: image 2.0.50727.42,
API 1.0.0, built Fri Sep 23 08:27:26 2005
        [path: C:\WINDOWS\Microsoft.NET\Framework\v2.0.50727\sos.dll]
    dbghelp: image 6.6.0007.5, API 6.0.6, built Sat Jul 08 21:11:32 2006
        [path: C:\Program Files\Debugging Tools for Windows\dbghelp.dll]
    ext: image 6.6.0007.5, API 1.0.0, built Sat Jul 08 21:10:52 2006
        [path: C:\Program Files\Debugging Tools for
Windows\winext\ext.dll]
    exts: image 6.6.0007.5, API 1.0.0, built Sat Jul 08 21:10:48 2006
        [path: C:\Program Files\Debugging Tools for
Windows\WINXP\exts.dll]
    uext: image 6.6.0007.5, API 1.0.0, built Sat Jul 08 21:11:02 2006
        [path: C:\Program Files\Debugging Tools for
Windows\winext\uext.dll]
    ntsdexts: image 6.0.5457.0, API 1.0.0, built Sat Jul 08 21:29:38 2006
        [path: C:\Program Files\Debugging Tools for
Windows\WINXP\ntsdexts.dll]
```

그리고 나서 현재 스택을 덤프하는 데 !dumpstack을 사용하거나 모든 스레드 스택을 덤프하는 데 !EEStack 명령을 사용할 수 있다. 네이티브 스택 트레이스가 관리된 스택 트레이스와 섞여 나올 수 있다.

```
0:015> !dumpstack
OS Thread Id: 0x16e8 (15)
Current frame: kernel32!RaiseException+0x53
ChildEBP RetAddr Caller,Callee
```

```
05faf390 77e4bee7 kernel32!RaiseException+0x53, calling
ntdll!RtlRaiseException
05faf3a8 79e814da mscorwks!Binder::RawGetClass+0x23, calling
mscorwks!Module::LookupTypeDef
05faf3bc 79e87ff4 mscorwks!Binder::IsClass+0x21, calling
mscorwks!Binder::RawGetClass
05faf3c8 79f958b8 mscorwks!Binder::IsException+0x13, calling
mscorwks!Binder::IsClass
05faf3d8 79f97065 mscorwks!RaiseTheExceptionInternalOnly+0x226, calling
kernel32!RaiseException
05faf438 7a0945a4 mscorwks!JIT_Throw+0xd0, calling
mscorwks!RaiseTheExceptionInternalOnly
05faf4ac 7a0944ea mscorwks!JIT_Throw+0x1e, calling
mscorwks!LazyMachStateCaptureState
05faf4c8 793d424e (MethodDesc 0x7924ad68 +0x2e
System.Threading.WaitHandle.WaitOne(Int64, Boolean)), calling
mscorwks!WaitHandleNative::CorWaitOneNative
05faf4fc 00f2f00a (MethodDesc 0x4f97500 +0x9a
Ironring.Management.MMC.SnapinBase+MmcWindow.Invoke(System.Delegate,
System.Object[])), calling mscorwks!JIT_Throw
```
05faf510 05e00dfa (MethodDesc 0x4f98fd8 +0xca
MyNamespace.MyClass.MyMethod(Boolean)), calling 05fc7124
05faf55c 00f62fbc (MethodDesc 0x4f95f90 +0x16f4
MyNamespace.MyClass.MyMethod.Initialise(System.Object))
```
05faf740 793d912f (MethodDesc 0x7925fc70 +0x2f
System.Threading._ThreadPoolWaitCallback.WaitCallback_Context(System.Obje
ct))
05faf748 793683dd (MethodDesc 0x7913f3d0 +0x81
System.Threading.ExecutionContext.Run(System.Threading.ExecutionContext,
System.Threading.ContextCallback, System.Object))
05faf75c 793d9218 (MethodDesc 0x7925fc80 +0x6c
System.Threading._ThreadPoolWaitCallback.PerformWaitCallback(System.Objec
t)), calling (MethodDesc 0x7913f3d0 +0
System.Threading.ExecutionContext.Run(System.Threading.ExecutionContext,
System.Threading.ContextCallback, System.Object))
05faf774 79e88f63 mscorwks!CallDescrWorker+0x33
05faf784 79e88ee4 mscorwks!CallDescrWorkerWithHandler+0xa3, calling
mscorwks!CallDescrWorker
05faf804 79f20212 mscorwks!DispatchCallBody+0x1e, calling
```

mscorwks!CallDescrWorkerWithHandler
05faf824 79f201bc mscorwks!DispatchCallDebuggerWrapper+0x3d, calling mscorwks!DispatchCallBody
05faf888 79f2024b mscorwks!DispatchCallNoEH+0x51, calling mscorwks!DispatchCallDebuggerWrapper
05faf8bc 7a07bdf0 mscorwks!Holder,2>::~Holder,2>+0xbb, calling mscorwks!DispatchCallNoEH
05faf90c 77e61d1e kernel32!WaitForSingleObjectEx+0xac, calling ntdll!ZwWaitForSingleObject
05faf91c 79ecb4a4 mscorwks!Thread::UserResumeThread+0xfb
05faf92c 79ecb442 mscorwks!Thread::DoADCallBack+0x355, calling mscorwks!Thread::UserResumeThread+0xae
05faf950 79e74afe mscorwks!Thread::EnterRuntimeNoThrow+0x9b, calling mscorwks!_EH_epilog3
05faf988 79e77fe8 mscorwks!PEImage::LoadImage+0x1e1, calling mscorwks!_SEH_epilog4
05faf9c0 79ecb364 mscorwks!Thread::DoADCallBack+0x541, calling mscorwks!Thread::DoADCallBack+0x2a5
05faf9fc 7a0e1b7e mscorwks!Thread::DoADCallBack+0x575, calling mscorwks!Thread::DoADCallBack+0x4d4
05fafa24 7a0e1bab mscorwks!ManagedThreadBase::ThreadPool+0x13, calling mscorwks!Thread::DoADCallBack+0x550
05fafa38 7a07cae8 mscorwks!QueueUserWorkItemCallback+0x9d, calling mscorwks!ManagedThreadBase::ThreadPool
05fafa54 7a07ca48 mscorwks!QueueUserWorkItemCallback, calling mscorwks!UnwindAndContinueRethrowHelperAfterCatch
05fafa90 7a110f08 mscorwks!ThreadpoolMgr::ExecuteWorkRequest+0x40
05fafaa8 7a112328 mscorwks!ThreadpoolMgr::WorkerThreadStart+0x1f2, calling mscorwks!ThreadpoolMgr::ExecuteWorkRequest
05fafad0 79e7839d mscorwks!EEHeapFreeInProcessHeap+0x21, calling mscorwks!EEHeapFree
05fafae0 79e782dc mscorwks!operator delete[]+0x30, calling mscorwks!EEHeapFreeInProcessHeap
05fafb14 79ecb00b mscorwks!Thread::intermediateThreadProc+0x49
05fafb48 77e65512 kernel32!FlsSetValue+0xc7, calling kernel32!_SEH_epilog
05fafb6c 75da14d0 sxs!_calloc_crt+0x19, calling sxs!calloc
05fafb80 77e65512 kernel32!FlsSetValue+0xc7, calling kernel32!_SEH_epilog
05fafb88 75da1401 sxs!_CRT_INIT+0x17e, calling sxs!_initptd
05fafb8c 75da1408 sxs!_CRT_INIT+0x185, calling kernel32!GetCurrentThreadId

```
05fafb9c 30403805 MMCFormsShim!DllMain+0x15, calling
MMCFormsShim!PrxDllMain
05fafbb0 30418b69 MMCFormsShim!__DllMainCRTStartup+0x7a, calling
MMCFormsShim!DllMain
05fafbdc 75de0e4c sxs!_SxsDllMain+0x87, calling sxs!DllStartup_CrtInit
05fafbf0 30418bf9 MMCFormsShim!__DllMainCRTStartup+0x10a, calling
MMCFormsShim!__SEH_epilog4
05fafbf4 30418c22 MMCFormsShim!_DllMainCRTStartup+0x1d, calling
MMCFormsShim!__DllMainCRTStartup
05fafbfc 7c81a352 ntdll!LdrpCallInitRoutine+0x14
05fafc24 7c82ee8b ntdll!LdrpInitializeThread+0x1a5, calling
ntdll!RtlLeaveCriticalSection
05fafc2c 7c82edec ntdll!LdrpInitializeThread+0x18f, calling
ntdll!_SEH_epilog
05fafc7c 7c82ed71 ntdll!LdrpInitializeThread+0xd8, calling
ntdll!RtlActivateActivationContextUnsafeFast
05fafc80 7c82ed35 ntdll!LdrpInitializeThread+0x12c, calling
ntdll!RtlDeactivateActivationContextUnsafeFast
05fafcb4 7c82edec ntdll!LdrpInitializeThread+0x18f, calling
ntdll!_SEH_epilog
05fafcb8 7c827c3b ntdll!NtTestAlert+0xc
05fafcbc 7c82ecb1 ntdll!_LdrpInitialize+0x1de, calling ntdll!_SEH_epilog
05fafd10 7c82ecb1 ntdll!_LdrpInitialize+0x1de, calling ntdll!_SEH_epilog
05fafd14 7c826d9b ntdll!NtContinue+0xc
05fafd18 7c8284da ntdll!KiUserApcDispatcher+0x3a, calling ntdll!NtContinue
05faffa4 79ecaff9 mscorwks!Thread::intermediateThreadProc+0x37, calling
mscorwks!_alloca_probe_16
05faffb8 77e64829 kernel32!BaseThreadStart+0x34
```

닷넷 언어 심볼릭 이름은 보통 닷넷 어셈블리 메타 데이터에서 재구성된다. !PrintException과 !CLRStack 명령으로 CLR 예외를 검토하고 관리된 스택 트레이스를 얻을 수 있다. 예를 들면 다음과 같다.

```
0:014> !PrintException
Exception object: 02320314
Exception type: System.Reflection.TargetInvocationException
Message: Exception has been thrown by the target of an invocation.
InnerException: System.Runtime.InteropServices.COMException, use
```

```
!PrintException 023201a8 to see more
StackTrace (generated):
    SP       IP       Function
  075AF4FC 016BFD9A
Ironring.Management.MMC.SnapinBase+MmcWindow.Invoke(System.Delegate, System.Object[])
    ...
    ...
    ...
  075AF740 793D87AF
System.Threading._ThreadPoolWaitCallback.WaitCallback_Context(System.Object)
  075AF748 793608FD
System.Threading.ExecutionContext.Run(System.Threading.ExecutionContext, System.Threading.ContextCallback, System.Object)
  075AF760 793D8898
System.Threading._ThreadPoolWaitCallback.PerformWaitCallback(System.Object)

StackTraceString: <none>
HResult: 80131604

0:014> !PrintException 023201a8
Exception object: 023201a8
Exception type: System.Runtime.InteropServices.COMException
Message: Error HRESULT E_FAIL has been returned from a call to a COM component.
InnerException: <none>
StackTrace (generated):
    SP       IP       Function
  00000000 00000001
Ironring.Management.MMC.IMMCFormsShim.HostUserControl3(System.Object, System.Object, System.String, System.String, Int32, Int32)
  0007F724 073875B9
Ironring.Management.MMC.FormNode.SetShimControl(System.Object)
  0007F738 053D9DDE
Ironring.Management.MMC.FormNode.set_ControlType(System.Type)
    ...
    ...
```

```
...
StackTraceString: <none>
HResult: 80004005

0:014> !CLRStack
OS Thread Id: 0x11ec (14)
ESP        EIP
075af4fc   016bfd9a
Ironring.Management.MMC.SnapinBase+MmcWindow.Invoke(System.Delegate,
System.Object[])
...
...
...
075af740   793d87af
System.Threading._ThreadPoolWaitCallback.WaitCallback_Context(System.Obje
ct)
075af748   793608fd
System.Threading.ExecutionContext.Run(System.Threading.ExecutionContext,
System.Threading.ContextCallback, System.Object)
075af760   793d8898
System.Threading._ThreadPoolWaitCallback.PerformWaitCallback(System.Objec
t)
075af8f0   79e7be1b [GCFrame: 075af8f0]
```

!help 명령으로 다른 가능한 SOS 익스텐션 명령 목록을 얻을 수 있다.

```
0:014> !help

Object Inspection

DumpObj (do)
DumpArray (da)
DumpStackObjects (dso)
DumpHeap
DumpVC
GCRoot
ObjSize
```

FinalizeQueue
PrintException (pe)
TraverseHeap

Examining code and stacks

Threads
CLRStack
IP2MD
U
DumpStack
EEStack
GCInfo
EHInfo
COMState
BPMD

Examining CLR data structures

DumpDomain
EEHeap
Name2EE
SyncBlk
DumpMT
DumpClass
DumpMD
Token2EE
EEVersion
DumpModule
ThreadPool
DumpAssembly
DumpMethodSig
DumpRuntimeTypes
DumpSig
RCWCleanupList
DumpIL

Diagnostic Utilities

VerifyHeap
DumpLog
FindAppDomain
SaveModule
GCHandles
GCHandleLeaks
VMMap
VMStat
ProcInfo
StopOnException (soe)
MinidumpMode

Other

FAQ

닷넷 CLR 런타임의 버전이 1.x인 경우에는 어떤 닷넷 DLL을 가리키는 메시지를 얻을 수도 있다. 그리고 이것은 일부 스레드가 관리된 코드를 갖고 있다는 의미다.

```
*** WARNING: Unable to verify checksum for mscorlib.dll
*** ERROR: Module load completed but symbols could not be loaded for mscorlib.dll
```

어떤 경우에는 자동으로 적절한 SOS 익스텐션을 로드하지 못할 수 있다.

```
0:000> .loadby sos mscorwks
Unable to find module "mscorwks"
```

그럴 때는 SOS 버전 1.0을 시도해볼 수 있다.

```
0:000> !clr10\sos.EEStack
Loaded Son of Strike data table version 5 from
-C:\WINDOWS\Microsoft.NET\Framework\v1.1.4322\mscorsvr.dll.
```

다음 메시지는 CLR의 서버 버전이 사용되고 있다는 의미다.

```
0:000> .loadby sos mscorwks
Unable to find module –mscorwks.

0:000> .loadby sos mscorsvr

0:000> !help
SOS : Help
```

어떤 크래시 덤프에선 다음과 같이 sos.dll을 찾을 수 없다는 내용의 메시지를 볼 수 있다.

```
0:000> .loadby sos mscorwks
The call to LoadLibrary(C:\WIN_NO_SP\Microsoft.NET
\Framework\v2.0.50727\sos) failed, Win32 error 0n126
–The specified module could not be found..
Please check your debugger configuration and/or network access
```

여기서 Microsoft.NET\Framework\v2.0.50727\sos.dll이 크래시 덤프 분석 컴퓨터에 설치돼 있는지 체크할 필요가 있다. 그리고 .load 명령을 사용해야 한다.

```
.load C:\WINDOWS\Microsoft.NET\Framework\v2.0.50727\sos.dll
```

6.8.4.0 버전 이후의 WinDbg !analyze -v 명령은 닷넷 64비트 애플리케이션 메모리 덤프에서 네이티브와 관리되는 스택 트레이스를 모두 보여준다. 따라서 이 경우엔 SOS를 수동으로 로드할 필요가 없다.

잘려진 덤프

페이지 파일 크기가 전체 메모리양보다 작을 때가 있다. 이때 제어판의 시작 및 복구 설정에 전체 메모리 덤프가 설정돼 있다면 끝이 잘린 메모리 덤프가 만들어 진다. 따라서 다음 패턴은 잘려진 덤프Truncated Dump라 한다. 이런 덤프 파일을 열면 WinDbg는 다음과 같은 경고문을 출력한다.

```
*************************************************************
WARNING: Dump file has been truncated. Data may be missing.
*************************************************************
```

!vm 명령으로 더블 체크할 수 있다.

```
kd> !vm

*** Virtual Memory Usage ***
        Physical Memory:  511859 ( 2047436 Kb)
        Paging File Name paged out
           Current:     1536000 Kb   Free Space:    1522732 Kb
           Minimum:     1536000 Kb   Maximum:       1536000 Kb
```

페이지 파일 크기가 1.5Gb인 것을 알 수 있다. 그러나 물리 메모리의 양은 2Gb이다. BSOD가 발생했을 때 물리 메모리 내용은 페이지 파일에 저장될 것이다. 그리고 크래시 덤프 분석에 필요한 데이터는 잘려나가게 되고 그 덤프 파일의 크기는 1.5Gb를 넘지 않을 것이다.

때로는 잘려진 덤프에서 여전히 어떤 데이터에 접근할 수 있다. 그러나 WinDbg가 뭐라 하는지 주의를 기울일 필요가 있다. 예를 들어 잘려진 덤프에서 스택의 윗부분은 보이는데, 드라이버 코드는 없는 경우가 있다.

```
kd> kv
ChildEBP RetAddr Args to Child
WARNING: Stack unwind information not available. Following frames may be
wrong.
f408b004 00000000 00000000 00000000 00000000 driver+0x19237

kd> r
Last set context:
eax=89d55230 ebx=89d21130 ecx=89d21130 edx=89c8cc20 esi=89e24ac0
edi=89c8cc20
eip=f7242237 esp=f408afec ebp=f408b004 iopl=0  nv up ei ng nz ac po nc
cs=0008  ss=0010  ds=0023  es=0023  fs=0030  gs=0000             efl=00010292
driver+0x19237:
```

```
f7242237 ??              ???

kd> dds esp
f408afec  ????????
f408aff0  ????????
f408aff4  ????????
f408aff8  ????????
f408affc  ????????
f408b000  ????????
f408b004  ????????
f408b008  ????????
f408b00c  ????????
f408b010  ????????
f408b014  ????????
f408b018  ????????
f408b01c  ????????
f408b020  ????????
f408b024  ????????
f408b028  ????????
f408b02c  ????????
f408b030  ????????
f408b034  ????????
f408b038  ????????
f408b03c  ????????
f408b040  ????????
f408b044  ????????
f408b048  ????????
f408b04c  ????????
f408b050  ????????
f408b054  ????????
f408b058  ????????
f408b05c  ????????
f408b060  ????????
f408b064  ????????
f408b068  ????????

kd> lmv m driver
start    end         module name
f7229000 f725f000    driver   T (no symbols)
```

```
Loaded symbol image file: driver.sys
Image path: driver.sys
Image name: driver.sys
Timestamp:            unavailable (FFFFFFFE)
CheckSum:             missing
ImageSize:            00036000

kd> dd f7229000
f7229000  ???????? ???????? ???????? ????????
f7229010  ???????? ???????? ???????? ????????
f7229020  ???????? ???????? ???????? ????????
f7229030  ???????? ???????? ???????? ????????
f7229040  ???????? ???????? ???????? ????????
f7229050  ???????? ???????? ???????? ????????
f7229060  ???????? ???????? ???????? ????????
f7229070  ???????? ???????? ???????? ????????
```

어떤 이유로 인해 페이지 파일의 크기를 키울 수 없다면 제어판의 시작 및 복구에서 '커널 메모리 덤프'로 설정해야만 한다. 유저 프로세스 공간을 조사할 필요가 있어 수동으로 크래시 덤프를 얻을 때를 제외하면 대부분의 버그체크는 커널 메모리 덤프로 충분하다.

스레드 대기 시간

모든 시스템에서 거의 모든 스레드는 리소스를 대기하거나 실행 대기 큐 ready-to-run queue에서 스케줄되기를 기다린다. 어떤 순간에든 실행 중인 스레드의 개수는 프로세서의 개수와 동일하다. 나머지 수백 수천의 스레드는 그냥 기다린다. 커널과 컴플리트 메모리 덤프에서 이들 스레드의 대기 시간을 살펴보는 것은 스레드 대기 시간Waiting Thread Time이란 패턴으로 지정할 만한 흥미로운 결과를 제공한다.

스레드가 대기를 시작할 때 그 시각이 _KTHREAD 구조체의 WaitTime 필드에 기록된다.

크래시 덤프 분석 패턴

```
1: kd> dt _KTHREAD 8728a020
   +0x000 Header            : _DISPATCHER_HEADER
   +0x010 MutantListHead    : _LIST_ENTRY [ 0x8728a030 - 0x8728a030 ]
   +0x018 InitialStack      : 0xa3a1f000
   +0x01c StackLimit        : 0xa3a1a000
   +0x020 KernelStack       : 0xa3a1ec08
   +0x024 ThreadLock        : 0
   +0x028 ApcState          : _KAPC_STATE
   +0x028 ApcStateFill      : [23] "H???"
   +0x03f ApcQueueable      : 0x1 ''
   +0x040 NextProcessor     : 0x3 ''
   +0x041 DeferredProcessor : 0x3 ''
   +0x042 AdjustReason      : 0 ''
   +0x043 AdjustIncrement   : 1 ''
   +0x044 ApcQueueLock      : 0
   +0x048 ContextSwitches   : 0x6b7
   +0x04c State             : 0x5 ''
   +0x04d NpxState          : 0xa ''
   +0x04e WaitIrql          : 0 ''
   +0x04f WaitMode          : 1 ''
   +0x050 WaitStatus        : 0
   +0x054 WaitBlockList     : 0x8728a0c8 _KWAIT_BLOCK
   +0x054 GateObject        : 0x8728a0c8 _KGATE
   +0x058 Alertable         : 0 ''
   +0x059 WaitNext          : 0 ''
   +0x05a WaitReason        : 0x11 ''
   +0x05b Priority          : 12 ''
   +0x05c EnableStackSwap   : 0x1 ''
   +0x05d SwapBusy          : 0 ''
   +0x05e Alerted           : [2] ""
   +0x060 WaitListEntry     : _LIST_ENTRY [ 0x88091e10 - 0x88029ce0 ]
   +0x060 SwapListEntry     : _SINGLE_LIST_ENTRY
   +0x068 Queue             : (null)
   +0x06c WaitTime          : 0x82de9b
   +0x070 KernelApcDisable  : 0
   ...
```

이 값은 스레드를 열거하거나 !thread 명령을 사용할 때 10진수로 Wait Start TickCount 항목에 표시된다.

```
0: kd> ? 0x82de9b
Evaluate expression: 8576667 = 0082de9b

1: kd> !thread 8728a020
THREAD 8728a020 Cid 4c9c.59a4 Teb: 7ffdf000 Win32Thread: bc012008 WAIT:
(Unknown) UserMode Non-Alertable
    8728a20c Semaphore Limit 0x1
Waiting for reply to LPC MessageId 017db413:
Current LPC port e5fcff68
Impersonation token:  e2b07028 (Level Impersonation)
DeviceMap                 e1da6518
Owning Process            89d20740       Image:           winlogon.exe
Wait Start TickCount      8576667        Ticks: 7256 (0:00:01:53.375)
Context Switch Count      1719                            LargeStack
UserTime                  00:00:00.0359
KernelTime                00:00:00.0375
```

틱Tick은 시간의 시스템 단위다. 그리고 KeTimeIncrement 더블 워드 값은 100 나노초 값을 담고 있다.

```
0: kd> dd KeTimeIncrement l1
808a6304 0002625a

0: kd> ? 0002625a
Evaluate expression: 156250 = 0002625a

0: kd> ?? 156250.0/10000000.0
double 0.015625
```

따라서 시스템의 한 틱은 0.015625초다.
현재 틱 카운트Tick Count는 KeTickCount 변수로 알 수 있다.

```
0: kd> dd KeTickCount l1
8089c180  0082faf3
```

현재 틱 카운트에서 기록된 대기 시작 시각을 빼면 스레드가 대기하기 시작한 때로부터 지난 틱의 수를 얻을 수 있다.

```
0: kd> ? 0082faf3-82de9b
Evaluate expression: 7256 = 00001c58
```

앞서 계산한 틱당 초의 상수 값(0.015625)을 사용해 몇 초가 흘렀는지 알 수 있다.

```
0: kd> ?? 7256.0 * 0.015625
double 113.37499999999999
```

113.375초는 1분 53초 375밀리초다.

```
0: kd> ?? 113.375-60.0
double 53.374999999999986
```

WinDbg가 스레드에서 나타내는 Ticks 값에서 이 값을 볼 수 있다.

```
Wait Start TickCount 8576667   Ticks: 7256 (0:00:01:53.375)
```

왜 이 틱을 알아봐야 하는 것일까? 어떤 활동이 15분간 멈춰있다면 어떤 시각에서 두드러지게 낮은 틱 수를 갖고 실행 중이었던 스레드와 15분 간 대기하지 않은 스레드를 검색 대상에서 제거할 수 있다.

적은 틱 수를 가진 스레드는 최근에 실행 중이었던 것이다.

```
THREAD 86ced020  Cid 0004.3908  Teb: 00000000 Win32Thread: 00000000 WAIT:
(Unknown) KernelMode Non-Alertable
    b99cb7d0   QueueObject
    86ced098   NotificationTimer
```

```
Not impersonating
DeviceMap               e10038e0
Owning Process          8ad842a8        Image:          System
Wait Start TickCount    8583871         Ticks: 52 (0:00:00:00.812)
Context Switch Count    208
UserTime                00:00:00.0000
KernelTime              00:00:00.0000
Start Address rdbss!RxWorkerThreadDispatcher (0xb99cdc2e)
Stack Init ad21d000 Current ad21ccd8 Base ad21d000 Limit ad21a000 Call 0
Priority 8 BasePriority 8 PriorityDecrement
ChildEBP RetAddr
ad21ccf0 808330c6 nt!KiSwapContext+0x26
ad21cd1c 8082af7f nt!KiSwapThread+0x284
ad21cd64 b99c00e9 nt!KeRemoveQueue+0x417
ad21cd9c b99cdc48 rdbss!RxpWorkerThreadDispatcher+0x4b
ad21cdac 80948e74 rdbss!RxWorkerThreadDispatcher+0x1a
ad21cddc 8088d632 nt!PspSystemThreadStartup+0x2e
00000000 00000000 nt!KiThreadStartup+0x16
```

다른 응용법은 서로 다른 프로세스에서 대기 시간이 15분 정도되는 모든 스레드를 찾는 것이다. 이 스레드들도 멈춰버린 동작과 관련돼 있을지 모른다. 예를 들면 아래의 각기 다른 프로세스의 RPC 스레드는 연관돼 있다. 하나가 RPC 클라이언트 스레드고 다른 것은 어떤 객체를 기다리고 있는 RPC 서버 스레드다. 그리고 두 스레드의 틱 값은 15131로 같다.

```
THREAD 89cc9750 Cid 0f1c.0f60  Teb: 7ffd6000  Win32Thread: 00000000  WAIT:
(Unknown) UserMode Non-Alertable
    89cc993c        Semaphore Limit 0x1
Waiting for reply to LPC MessageId 0000a7e7:
Current LPC port e18fcae8
Not impersonating
DeviceMap               e10018a8
Owning Process          88d3b938        Image:          svchost.exe
Wait Start TickCount    29614           Ticks: 15131 (0:00:03:56.421)
Context Switch Count    45
UserTime                00:00:00.0000
KernelTime              00:00:00.0000
```

```
Win32 Start Address 0x0000a7e6
LPC Server thread working on message Id a7e6
Start Address kernel32!BaseThreadStartThunk (0x7c82b5bb)
Stack Init f29a6000 Current f29a5c08 Base f29a6000 Limit f29a3000 Call 0
Priority 11 BasePriority 10 PriorityDecrement 0
Kernel stack not resident.
ChildEBP RetAddr
f29a5c20 80832f7a nt!KiSwapContext+0x26
f29a5c4c 8082927a nt!KiSwapThread+0x284
f29a5c94 8091df86 nt!KeWaitForSingleObject+0x346
f29a5d50 80888c6c nt!NtRequestWaitReplyPort+0x776
f29a5d50 7c94ed54 nt!KiFastCallEntry+0xfc
0090f6b8 7c941c94 ntdll!KiFastSystemCallRet
0090f6bc 77c42700 ntdll!NtRequestWaitReplyPort+0xc
0090f708 77c413ba RPCRT4!LRPC_CCALL::SendReceive+0x230
0090f714 77c42c7f RPCRT4!I_RpcSendReceive+0x24
0090f728 77cb5d63 RPCRT4!NdrSendReceive+0x2b
0090f9cc 67b610ca RPCRT4!NdrClientCall+0x334
0090f9dc 67b61c07 component!NotifyOfEvent+0x14
...
...
...
0090ffec 00000000 kernel32!BaseThreadStart+0x34


THREAD 89b49590 Cid 098c.01dc Teb: 7ff92000 Win32Thread: 00000000 WAIT:
(Unknown) UserMode Non-Alertable
        88c4e020    Thread
        89b49608    NotificationTimer
Not impersonating
DeviceMap               e10018a8
Owning Process          89d399c0        Image:          MyService.exe
Wait Start TickCount    29614           Ticks: 15131 (0:00:03:56.421)
Context Switch Count    310
UserTime                00:00:00.0015
KernelTime              00:00:00.0000
Win32 Start Address 0x0000a7e7
LPC Server thread working on message Id a7e7
Start Address kernel32!BaseThreadStartThunk (0x7c82b5bb)
Stack Init f2862000 Current f2861c60 Base f2862000 Limit f285f000 Call 0
```

Priority 11 BasePriority 10 PriorityDecrement 0
Kernel stack not resident.
ChildEBP RetAddr
f2861c78 80832f7a nt!KiSwapContext+0x26
f2861ca4 8082927a nt!KiSwapThread+0x284
f2861cec 80937e4c nt!KeWaitForSingleObject+0x346
f2861d50 80888c6c nt!NtWaitForSingleObject+0x9a
f2861d50 7c94ed54 nt!KiFastCallEntry+0xfc
0a6cf590 7c942124 ntdll!KiFastSystemCallRet
0a6cf594 7c82baa8 ntdll!NtWaitForSingleObject+0xc
0a6cf604 7c82ba12 kernel32!WaitForSingleObjectEx+0xac
0a6cf618 3f691c11 kernel32!WaitForSingleObject+0x12
0a6cf658 09734436 component2!WaitForResponse+0x75
...
...
...
0a6cf8b4 77cb23f7 RPCRT4!Invoke+0x30
0a6cfcb4 77cb26ed RPCRT4!NdrStubCall2+0x299
0a6cfcd0 77c409be RPCRT4!NdrServerCall2+0x19
0a6cfd04 77c4093f RPCRT4!DispatchToStubInCNoAvrf+0x38
0a6cfd58 77c40865 RPCRT4!RPC_INTERFACE::DispatchToStubWorker+0x117
0a6cfd7c 77c357eb RPCRT4!RPC_INTERFACE::DispatchToStub+0xa3
0a6cfdbc 77c41e26 RPCRT4!RPC_INTERFACE::DispatchToStubWithObject+0xc0
0a6cfdfc 77c41bb3 RPCRT4!LRPC_SCALL::DealWithRequestMessage+0x42c
0a6cfe20 77c45458 RPCRT4!LRPC_ADDRESS::DealWithLRPCRequest+0x127
0a6cff84 77c2778f RPCRT4!LRPC_ADDRESS::ReceiveLotsaCalls+0x430
0a6cff8c 77c2f7dd RPCRT4!RecvLotsaCallsWrapper+0xd
0a6cffac 77c2de88 RPCRT4!BaseCachedThreadRoutine+0x9d
0a6cffb8 7c826063 RPCRT4!ThreadStartRoutine+0x1b
0a6cffec 00000000 kernel32!BaseThreadStart+0x34
```

틱을 경과 시간으로 변환하는 데 !whattime 명령을 사용할 수 있다.

```
3: kd> !whattime 0n7256
7256 Ticks in Standard Time: 01:53.375s
```

또한 !stacks 명령은 스레드의 틱 데이터를 나타낸다.
```

데드락(혼합된 객체들)

데드락 패턴의 다른 형태는 이벤트와 크리티컬 섹션 같은 동기화 객체가 뒤섞여 있는 것이다. 이벤트는 큐가 비어있지 않음 같이 처리할 어떤 작업이 있음을 알리는 데 사용될 수 있고, 크리티컬 섹션은 어떤 공유 데이터를 보호하는 데 사용될 수 있다.

전형적인 데드락 시나리오는 다음과 같다. 한 스레드가 WaitForSingleObject를 호출해 이벤트를 리셋하고 크리티컬 섹션을 소유하려고 시도한다. 그 동안 두 번째 스레드는 이미 크리티컬 섹션을 소유하고 앞서의 이벤트가 설정되기를 기다리고 있다.

```
Thread A       | Thread B
..             | ..
reset Event    | ..
..             | acquire CS
wait for CS    | ..
               | wait for Event
```

이 버그를 수정하는 고전적인 방법은 두 스레드 모두 크리티컬 섹션을 소유하고 이벤트를 대기하는 것을 같은 순서로 하는 것이다.

다음 예의 크래시 덤프에서 크리티컬 섹션을 얻고 나서 이벤트 0x480을 대기하고 있는 두 번째 스레드를 쉽게 찾을 수 있다(명확하게 보이게 스택 트레이스에 작은 폰트를 사용했다).

```
0:000> !locks

CritSec ntdll!LdrpLoaderLock+0 at 7c889d94
WaiterWoken          No
LockCount            9
RecursionCount       1
OwningThread         2038
EntryCount           0
ContentionCount      164
*** Locked
   13   Id: 590.2038 Suspend: 1 Teb: 7ffaa000 Unfrozen
```

```
ChildEBP    RetAddr   Args to Child
0483fd5c 7c822124 77e6bad8 00000480 00000000 ntdll!KiFastSystemCallRet
0483fd60 77e6bad8 00000480 00000000 00000000 ntdll!NtWaitForSingleObject+0xc
0483fdd0 77e6ba42 00000480 ffffffff 00000000 kernel32!WaitForSingleObjectEx+0xac
0483fde4 776cfb30 00000480 ffffffff 777904f8 kernel32!WaitForSingleObject+0x12
0483fe00 776adfaa 00000480 00000000 00000080 ole32!CDllHost::ClientCleanupFinish+0x2a
0483fe2c 776adf1a 00000000 0483fe7c 77790828 ole32!DllHostProcessUninitialize+0x80
0483fe4c 776b063f 00000000 00000000 0c9ecee0 ole32!ApartmentUninitialize+0xf8
0483fe64 776b06e3 0483fe7c 00000000 00000001 ole32!wCoUninitialize+0x48
0483fe80 776e43f5 00000001 77670000 776afef0 ole32!CoUninitialize+0x65
0483fe8c 776afef0 0483feb4 776b5cb8 77670000 ole32!DoThreadSpecificCleanup+0x63
0483fe94 776b5cb8 77670000 00000003 00000000 ole32!ThreadNotification+0x37
0483feb4 776b5c1b 77670000 00000003 00000000 ole32!DllMain+0x176
0483fed4 7c82257a 77670000 00000003 00000000 ole32!_DllMainCRTStartup+0x52
0483fef4 7c83c195 776b5bd3 77670000 00000003 ntdll!LdrpCallInitRoutine+0x14
0483ffa8 77e661d6 00000000 00000000 0483ffec ntdll!LdrShutdownThread+0xd2
0483ffb8 77e66090 00000000 00000000 00000000 kernel32!ExitThread+0x2f
0483ffec 00000000 77c5de6d 0ab24f68 00000000 kernel32!BaseThreadStart+0x39

0:000> !handle 480 ff
Handle 00000480
  Type         Event
  Attributes   0
  GrantedAccess 0x1f0003:
      Delete,ReadControl,WriteDac,WriteOwner,Synch
      QueryState,ModifyState
  HandleCount  2
  PointerCount 4
  Name         <none>
  No object specific information available
```

이벤트를 리셋하고 크리티컬 섹션을 기다리는 첫 번째 스레드를 찾긴 어렵다. 앞의 덤프에서 !lock 명령은 이런 스레드가 9개가 있다는 것을 알려준다.

```
LockCount 9
```

동기화 프리미티브synchronization primitive로서 이벤트는 소유자owner를 갖지 않는다. 그럼에도 불구하고 정보가 덮어 쓰여지지 않았다면 다른 스레드 스택에서 0x480과 WaitForSingleObject 주소 근처를 찾아 볼 수 있다. 가상 메모리를 검색해보자.

```
0:000> s -d 0 L4000000 00000480
000726ec 00000480 00000022 000004a4 00000056
008512a0 00000480 00000480 00000000 00000000
008512a4 00000480 00000000 00000000 01014220
0085ab68 00000480 00000480 00000092 00000000
0085ab6c 00000480 00000092 00000000 01014234
00eb12a0 00000480 00000480 00000000 00000000
00eb12a4 00000480 00000000 00000000 0101e614
00ebeb68 00000480 00000480 00000323 00000000
00ebeb6c 00000480 00000323 00000000 0101e644
03ffb4fc 00000480 d772c13b ce753966 00fa840f
040212a0 00000480 00000480 00000000 00000000
040212a4 00000480 00000000 00000000 01063afc
0402ab68 00000480 00000480 00000fb6 00000000
0402ab6c 00000480 00000fb6 00000000 01063b5c
041312a0 00000480 00000480 00000000 00000000
041312a4 00000480 00000000 00000000 01065b28
0413eb68 00000480 00000480 00001007 00000000
0413eb6c 00000480 00001007 00000000 01065b7c
043412a0 00000480 00000480 00000000 00000000
043412a4 00000480 00000000 00000000 01066b44
0434ab68 00000480 00000480 00001033 00000000
0434ab6c 00000480 00001033 00000000 01066b9c
```
0483fd68 00000480 00000000 00000000 00000000
0483fdd8 00000480 ffffffff 00000000 0483fe00
0483fdec 00000480 ffffffff 777904f8 77790738
0483fe08 00000480 00000000 00000080 776b0070
0483fe20 00000480 00000000 00000000 0483fe4c
```
05296f58 00000480 ffffffff ffffffff ffffffff
05297eb0 00000480 00000494 000004a4 000004c0
0557cf9c 00000480 00000000 00000000 00000000
05580adc 00000480 00000000 00000000 00000000
0558715c 00000480 00000000 00000000 00000000
0558d3cc 00000480 00000000 00000000 00000000
0559363c 00000480 00000000 00000000 00000000
0559ee0c 00000480 00000000 00000000 00000000
```

```
055a507c 00000480 00000000 00000000 00000000
056768ec 00000480 00000000 00000000 00000000
0568ef14 00000480 00000000 00000000 00000000
0581ff88 00000480 07ca7ee0 0581ff98 776cf2a3
05ed1260 00000480 00000480 00000000 00000000
05ed1264 00000480 00000000 00000000 01276efc
05ed8b68 00000480 00000480 00005c18 00000000
05ed8b6c 00000480 00005c18 00000000 01276f74
08f112a0 00000480 00000480 00000000 00000000
08f112a4 00000480 00000000 00000000 00000000
08f1ab68 00000480 00000480 00007732 00000000
08f1ab6c 00000480 00007732 00000000 01352db0
```

이탤릭체로 굵게 강조한 부분은 스레드 #13의 로 스택raw stack 부분이다. 그리고 굵게 강조한 부분은 다른 스레드로 스택에 속한 메모리 주소이다. 사실 이것들은 검색 결과에서 코드 관점code 3perspective으로 이해가 되는 유일한 메모리 주소이다. 가장 의미 있는 스택 트레이스는 위에 굵게 강조한 부분에서 찾을 수 있다.

이것은 검색 결과를 WinDbg의 dds 명령에 넣어보면 알 수 있다.

```
0:000> .foreach (place { s-[1]d 0 L4000000 00000480 }) { dds place -30;
.printf "\n" }
000726bc  00000390
000726c0  00000022
000726c4  000003b4
000726c8  00000056
000726cc  00000004
000726d0  6dc3f6fd
000726d4  0000040c
000726d8  0000001e
000726dc  0000042c
000726e0  00000052
000726e4  00000004
000726e8  eacb0f6d
000726ec  00000480
000726f0  00000022
000726f4  000004a4
```

```
000726f8    00000056
000726fc    00000004
00072700    62b796d2
00072704    000004fc
00072708    0000001e
0007270c    0000051c
00072710    00000052
00072714    00000004
00072718    2a615cff
0007271c    00000570
00072720    00000024
00072724    00000598
00072728    00000058
0007272c    00000004
00072730    51913e59
00072734    000005f0
00072738    00000016
...
...
...
0568eee4    05680008 xpsp2res+0x1b0008
0568eee8    01200000
0568eeec    00001010
0568eef0    00200001
0568eef4    00000468
0568eef8    00000121
0568eefc    00000000
0568ef00    00000028
0568ef04    00000030
0568ef08    00000060
0568ef0c    00040001
0568ef10    00000000
0568ef14    00000480
0568ef18    00000000
0568ef1c    00000000
0568ef20    00000000
0568ef24    00000000
0568ef28    00000000
0568ef2c    00800000
```

```
0568ef30  00008000
0568ef34  00808000
0568ef38  00000080
0568ef3c  00800080
0568ef40  00008080
0568ef44  00808080
0568ef48  00c0c0c0
0568ef4c  00ff0000
0568ef50  0000ff00
0568ef54  00ffff00
0568ef58  000000ff
0568ef5c  00ff00ff
0568ef60  0000ffff
0581ff58  0581ff70
0581ff5c  776b063f ole32!wCoUninitialize+0x48
0581ff60  00000001
0581ff64  00007530
0581ff68  77790438 ole32!gATHost
0581ff6c  00000000
0581ff70  0581ff90
0581ff74  776cf370 ole32!CDllHost::WorkerThread+0xdd
0581ff78  0581ff8c
0581ff7c  00000001
0581ff80  77e6ba50 kernel32!WaitForSingleObjectEx
0581ff84  0657cfe8
0581ff88  000004 80
0581ff8c  07ca7ee0
0581ff90  0581ff98
0581ff94  776cf2a3 ole32!DLLHostThreadEntry+0xd
0581ff98  0581ffb8
0581ff9c  776b2307 ole32!CRpcThread::WorkerLoop+0x1e
0581ffa0  77790438 ole32!gATHost
0581ffa4  00000000
0581ffa8  0657cfe8
0581ffac  77670000 ole32!_imp__InstallApplication <PERF> (ole32+0x0)
0581ffb0  776b2374 ole32!CRpcThreadCache::RpcWorkerThreadEntry+0x20
0581ffb4  00000000
0581ffb8  0581ffec
0581ffbc  77e6608b kernel32!BaseThreadStart+0x34
```

```
0581ffc0  0657cfe8
0581ffc4  00000000
0581ffc8  00000000
0581ffcc  0657cfe8
0581ffd0  3cfb5963
0581ffd4  0581ffc4
05ed1230  0101f070
05ed1234  05ed1274
05ed1238  05ed1174
05ed123c  05ed0000
05ed1240  05ed1280
05ed1244  00000000
05ed1248  00000000
05ed124c  00000000
05ed1250  05ed8b80
05ed1254  05ed8000
05ed1258  00002000
05ed125c  00001000
05ed1260  00000480
05ed1264  00000480
05ed1268  00000000
05ed126c  00000000
05ed1270  01276efc
05ed1274  05ed12b4
05ed1278  05ed1234
05ed127c  05ed0000
05ed1280  05ed2d00
05ed1284  05ed1240
05ed1288  05ed1400
05ed128c  00000000
05ed1290  05edade0
05ed1294  05eda000
05ed1298  00002000
05ed129c  00001000
05ed12a0  00000220
05ed12a4  00000220
05ed12a8  00000000
05ed12ac  00000000
...
```

```
...
...
08f1ab3c  00000000
08f1ab40  00000000
08f1ab44  00000000
08f1ab48  00000000
08f1ab4c  00000000
08f1ab50  00000000
08f1ab54  00000000
08f1ab58  00000000
08f1ab5c  00000000
08f1ab60  abcdbbbb
08f1ab64  08f11000
08f1ab68  00000480
08f1ab6c  00000480
08f1ab70  00007732
08f1ab74  00000000
08f1ab78  01352db0
08f1ab7c  dcbabbbb
08f1ab80  ffffffff
08f1ab84  c0c00ac1
08f1ab88  00000000
08f1ab8c  c0c0c0c0
08f1ab90  c0c0c0c0
08f1ab94  c0c0c0c0
08f1ab98  c0c0c0c0
08f1ab9c  c0c0c0c0
08f1aba0  c0c0c0c0
08f1aba4  ffffffff
08f1aba8  c0c00ac1
08f1abac  00000000
08f1abb0  c0c0c0c0
08f1abb4  c0c0c0c0
08f1abb8  c0c0c0c0
```

0581ff88 주소가 가장 의미 있는 주소란 점을 알 수 있다. 또한 가까운 곳에 WaitForSingleObjectEx가 있다. 이 주소는 다음과 같은 스레드 #16의 로 스택 raw stack에 속한다.

```
 16  Id: 590.1a00 Suspend: 1 Teb: 7ffa9000 Unfrozen
ChildEBP RetAddr
0581fc98 7c822124 ntdll!KiFastSystemCallRet
0581fc9c 7c83970f ntdll!NtWaitForSingleObject+0xc
0581fcd8 7c839620 ntdll!RtlpWaitOnCriticalSection+0x19c
0581fcf8 7c83a023 ntdll!RtlEnterCriticalSection+0xa8
0581fe00 77e67bcd ntdll!LdrUnloadDll+0x35
0581fe14 776b46fb kernel32!FreeLibrary+0x41
0581fe20 776b470f
ole32!CClassCache::CDllPathEntry::CFinishObject::Finish+0x2f
0581fe34 776b44a0 ole32!CClassCache::CFinishComposite::Finish+0x1d
0581ff0c 776b0bfd ole32!CClassCache::CleanUpDllsForApartment+0x1d0
0581ff38 776b0b1f ole32!FinishShutdown+0xd7
0581ff58 776b063f ole32!ApartmentUninitialize+0x94
0581ff70 776cf370 ole32!wCoUninitialize+0x48
0581ff90 776cf2a3 ole32!CDllHost::WorkerThread+0xdd
0581ff98 776b2307 ole32!DLLHostThreadEntry+0xd
0581ffac 776b2374 ole32!CRpcThread::WorkerLoop+0x1e
0581ffb8 77e6608b ole32!CRpcThreadCache::RpcWorkerThreadEntry+0x20
0581ffec 00000000 kernel32!BaseThreadStart+0x34
```

실제로 스택 트레이스와 로 스택 검색 결과 양쪽의 WaitForSingleObjectEx 함수 아래에서 발견된 ole32!CRpcThread::WorkerLoop 함수를 디스어셈블해보면 함수 내에서 WaitForSingleObjectEx를 호출하는 것을 확인할 수 있다.

```
0:000> uf ole32!CRpcThread::WorkerLoop
ole32!CRpcThread::WorkerLoop:
776b22e9 mov     edi,edi
776b22eb push    esi
776b22ec mov     esi,ecx
776b22ee cmp     dword ptr [esi+4],0
776b22f2 jne     ole32!CRpcThread::WorkerLoop+0x67 (776b234d)

ole32!CRpcThread::WorkerLoop+0xb:
776b22f4 push    ebx
776b22f5 push    edi
776b22f6 mov     edi,dword ptr [ole32!_imp__WaitForSingleObjectEx
```

```
                (77671304)]
    776b22fc mov     ebx,7530h

    ole32!CRpcThread::WorkerLoop+0x18:
    776b2301 push    dword ptr [esi+0Ch]
    776b2304 call    dword ptr [esi+8]
    776b2307 call    dword ptr [ole32!_imp__GetCurrentThread (7767130c)]
    776b230d push    eax
    776b230e call    dword ptr
    [ole32!_imp__RtlCheckForOrphanedCriticalSections (77671564)]
    776b2314 xor     eax,eax
    776b2316 cmp     dword ptr [esi],eax
    776b2318 mov     dword ptr [esi+8],eax
    776b231b mov     dword ptr [esi+0Ch],eax
    776b231e je      ole32!CRpcThread::WorkerLoop+0x65 (776b234b)

    ole32!CRpcThread::WorkerLoop+0x37:
    776b2320 push    esi
    776b2321 mov     ecx,offset ole32!gRpcThreadCache (7778fc28)
    776b2326 call    ole32!CRpcThreadCache::AddToFreeList (776de78d)

    ole32!CRpcThread::WorkerLoop+0x55:
    776b232b push    0
    776b232d push    ebx
    776b232e push    dword ptr [esi]
    776b2330 call    edi
    776b2332 test    eax,eax
    776b2334 je      ole32!CRpcThread::WorkerLoop+0x60 (776cf3be)

    ole32!CRpcThread::WorkerLoop+0x44:
    776b233a push    esi
    776b233b mov     ecx,offset ole32!gRpcThreadCache (7778fc28)
    776b2340 call    ole32!CRpcThreadCache::RemoveFromFreeList (776e42de)
    776b2345 cmp     dword ptr [esi+4],0
    776b2349 je      ole32!CRpcThread::WorkerLoop+0x55 (776b232b)

    ole32!CRpcThread::WorkerLoop+0x65:
    776b234b pop     edi
    776b234c pop     ebx
```

```
ole32!CRpcThread::WorkerLoop+0x67:
776b234d pop     esi
776b234e ret

ole32!CRpcThread::WorkerLoop+0x60:
776cf3be cmp     dword ptr [esi+4],eax
776cf3c1 je      ole32!CRpcThread::WorkerLoop+0x18 (776b2301)

ole32!CRpcThread::WorkerLoop+0x69:
776cf3c7 jmp     ole32!CRpcThread::WorkerLoop+0x65 (776b234b)
```

따라서 스레드 #16이 WaitForSingleObjectEx를 호출해 이벤트를 리셋하고 크리티컬 섹션을 얻으려 했음을 확인할 수 있다. 또한 두 번째 스레드 #13이 크리티컬 섹션을 이미 소유하고 이벤트가 시그널되기를 기다리고 있음도 알 수 있다.

메모리 누수(프로세스 힙)

메모리 누수Memory Leak는 크래시 덤프에서 최종적으로 불충분한 메모리 패턴이 발생되게 하는 또 하나의 패턴이다. 여기선 프로세스 힙 메모리 누수process heap memory leak를 다룬다. 보통 프로세스 가상 메모리가 지속적으로 늘어날 때 알아채게 된다. 메모리 사용량이 80Mb에서 시작해 100Mb 아래에서는 정상적으로 오르내리다가 갑자기 150Mb로 늘어난다. 그리고 나서 때로는 300Mb로 늘어나고 다음 날에는 600Mb로 늘어나기까지 한다.

이 경우 보통 프로세스 힙을 의심한다. 이를 확인하기 위해 2~3개의 연속적인 유저 메모리 덤프(예를 들어 프로세스 크기가 100Mb와 200Mb, 300Mb일 때의 덤프)가 필요하다. 마이크로소프트 사의 userdump.exe 커맨드라인 툴로 덤프를 얻을 수 있다. 그리고 나서 WinDbg !heap -s 명령으로 어떤 힙 증가가 있는지 확인할 수 있다.

첫 번째 덤프

```
0:000> !heap -s
Heap      Flags      Reserv   Commit   Virt
                     (k)      (k)      (k)
-----------------------------------------
```

00140000	00000002	2048	1048	1112
00240000	00008000	64	12	12
00310000	00001002	7232	4308	4600
00420000	00001002	1024	520	520
00340000	00001002	256	40	40
00720000	00001002	64	32	32
00760000	00001002	64	48	48
01020000	00001002	256	24	24
02060000	00001002	64	16	16
02070000	00001003	256	120	120
020b0000	00001003	256	4	4
020f0000	00001003	256	4	4
02130000	00001003	256	4	4
02170000	00001003	256	4	4
021f0000	00001002	1088	76	76
021e0000	00001002	64	16	16
02330000	00001002	1088	428	428
02340000	00011002	256	12	12
02380000	00001002	64	12	12
024c0000	00001003	64	8	8
028d0000	00001002	7232	3756	6188
02ce0000	00001003	64	8	8
07710000	00001002	64	20	20
07b20000	00001002	64	16	16
07f30000	00001002	64	16	16
09050000	00001002	256	12	12
09c80000	00001002	130304	102340	102684
007d0000	00001003	256	192	192
00810000	00001003	256	4	4
0bdd0000	00001003	256	4	4
0be10000	00001003	256	4	4
0be50000	00001003	256	4	4
0be90000	00001003	256	56	56
0bed0000	00001003	256	4	4
0bf10000	00001003	256	4	4
0bf50000	00001003	256	4	4
0bf90000	00001003	256	4	4
00860000	00001002	64	20	20
00870000	00001002	64	20	20

```
0d760000 00001002      256      12      12
0dc60000 00001002     1088     220     220
0c3a0000 00001002       64      12      12
0c3d0000 00001002     1088     160     364
08420000 00001002       64      64      64
```

두 번째 덤프

```
0:000> !heap -s
Heap     Flags    Reserv  Commit  Virt
                  (k)     (k)     (k)
----------------------------------------
00140000 00000002  8192    4600    4600
00240000 00008000    64      12      12
00310000 00001002  7232    4516    4600
00420000 00001002  1024     520     520
00340000 00001002   256      44      44
00720000 00001002    64      32      32
00760000 00001002    64      48      48
01020000 00001002   256      24      24
02060000 00001002    64      16      16
02070000 00001003   256     124     124
020b0000 00001003   256       4       4
020f0000 00001003   256       4       4
02130000 00001003   256       4       4
02170000 00001003   256       4       4
021f0000 00001002  1088      76      76
021e0000 00001002    64      16      16
02330000 00001002  1088     428     428
02340000 00011002   256      12      12
02380000 00001002    64      12      12
024c0000 00001003    64       8       8
028d0000 00001002  7232    3796    6768
02ce0000 00001003    64       8       8
07710000 00001002    64      20      20
07b20000 00001002    64      16      16
07f30000 00001002    64      16      16
09050000 00001002   256      12      12
```

```
09c80000 00001002    261376   221152   221928
007d0000 00001003       256      192      192
00810000 00001003       256        4        4
0bdd0000 00001003       256        4        4
0be10000 00001003       256        4        4
0be50000 00001003       256        4        4
0be90000 00001003       256       60       60
0bed0000 00001003       256        4        4
0bf10000 00001003       256        4        4
0bf50000 00001003       256        4        4
0bf90000 00001003       256        4        4
00860000 00001002        64       20       20
00870000 00001002        64       20       20
0d760000 00001002       256       12       12
0dc60000 00001002      1088      228      228
0c3a0000 00001002        64       12       12
0c3d0000 00001002      1088      168      224
08450000 00001002        64       64       64
```

09c80000 주소의 힙만 130Mb에서 260Mb로 현저하게 증가했음을 알 수 있다. 그렇지만 어떤 코드가 힙을 사용했는지 알려주지는 않는다. 코드를 찾으려면 유저 모드 스택 트레이스 데이터베이스를 활성화시킬 필요가 있다. 다음 링크에 있는 시트릭스 사의 글을 읽어보자.

http://support.citrix.com/article/CTX106970

글에 있는 예제는 시트릭스 IMA 서비스에 대한 것이지만 ImaSrv.exe를 임의의 실행 파일 이름으로 바꿀 수 있다.

유저 모드 스택 트레이스 데이터베이스를 활성화하고 프로그램이나 서비스를 재시작하면 증대를 알 수 있고 다음의 굵게 강조된 의심스런 힙이 있는 메모리 덤프를 얻는다.

```
0:000> !gflag
Current NtGlobalFlag contents: 0x00001000
ust - Create user mode stack trace database

0:000> !heap -s
```

```
NtGlobalFlag enables following debugging aids for new heaps:
    stack back traces
LFH Key: 0x2687ed29
   Heap     Flags   Reserv   Commit    Virt
                     (k)       (k)      (k)
-----------------------------------------
00140000 58000062   4096      488      676
00240000 58008060     64       12       12
00360000 58001062   3136     1152     1216
003b0000 58001062     64       32       32
01690000 58001062    256       32       32
016d0000 58001062   1024      520      520
003e0000 58001062     64       48       48
02310000 58001062    256       24       24
02b30000 58001062     64       16       16
02b40000 58001063    256       64       64
02b80000 58001063    256        4        4
02bc0000 58001063    256        4        4
02c00000 58001063    256        4        4
02c40000 58001063    256        4        4
02c80000 58001063    256        4        4
02cc0000 58001063    256        4        4
02d30000 58001063     64        4        4
03140000 58001062   7232     4160     4896
03550000 58001063     64        4        4
07f70000 58001062     64       12       12
08380000 58001062     64       12       12
08790000 58001062     64       12       12
091d0000 58011062    256       12       12
09210000 58001062     64       16       16
09220000 58001062     64       12       12
092a0000 58001062     64       12       12
09740000 58001062    256       12       12
0b1a0000 58001062     64       12       12
0b670000 58001062  64768    39508    39700
0b7b0000 58001062     64       12       12
0c650000 58001062   1088      192      192
```

모든 힙은 여러 세그먼트로 세분화돼 있다. 그리고 어떤 세그먼트가 가장 증가 했는지 !heap -m <heap address> 명령으로 알아 볼 수 있다.

```
0:000> !heap -m 0b670000
Index   Address   Name   Debugging options enabled
29:     0b670000
  Segment at 0b670000 to 0b6b0000 (00040000 bytes committed)
  Segment at 0c760000 to 0c860000 (00100000 bytes committed)
  Segment at 0c980000 to 0cb80000 (001fe000 bytes committed)
  Segment at 0cb80000 to 0cf80000 (003cc000 bytes committed)
  Segment at 0dc30000 to 0e430000 (00800000 bytes committed)
  Segment at 12330000 to 13330000 (01000000 bytes committed)
  Segment at 13330000 to 15330000 (0078b000 bytes committed)
  ...
  ...
  ...
```

힙 세그먼트 리스트에 덧붙여 !heap -a <heap address> 명령을 사용하면 각 힙 할당 엔트리heap alloc entry를 덤프할 수 있다. 이 명령의 출력 결과는 매우 길기 때문에 .logopen <fiile name> 명령을 사용해 로그 파일을 열어야 한다.

출력 결과는 다음과 같다(다른 덤프에서 얻은 것임).

```
0:000> !heap -a 000a0000
  ...
  ...
  ...
  Segment00 at 000a0000:
      Flags:                00000000
      Base:                 000a0000
      First Entry:          000a0580
      Last Entry:           000b0000
      Total Pages:          00000010
      Total UnCommit:       00000002
      Largest UnCommit:     00000000
      UnCommitted Ranges: (1)
```

```
Heap entries for Segment00 in Heap 000a0000
    000a0000: 00000 . 00580 [101] - busy (57f)
    000a0580: 00580 . 00240 [101] - busy (23f)
    000a07c0: 00240 . 00248 [101] - busy (22c)
    000a0a08: 00248 . 00218 [101] - busy (200)
    000a0c20: 00218 . 00ce0 [100]
    000a1900: 00ce0 . 00f88 [101] - busy (f6a)
    000a2888: 00f88 . 04418 [101] - busy (4400)
    000a6ca0: 04418 . 05958 [101] - busy (5940)
    000ac5f8: 05958 . 00928 [101] - busy (90c)
    000acf20: 00928 . 010c0 [100]
    000adfe0: 010c0 . 00020 [111] - busy (1d)
    000ae000:         00002000      - uncommitted bytes.
```

이를 할당한 스택 트레이스를 보려면 !heap -p -a <heap entry address> 명령으로 각 엔트리를 조사할 수 있다.

```
0:000> !heap -p -a 000a6ca0
    address 000a6ca0 found in
    _HEAP @ a0000
        HEAP_ENTRY Size Prev Flags UserPtr UserSize - state
            000a6ca0 0b2b 0000 [00] 000a6cb8 05940 - (busy)
            Trace: 2156ac
            7704dab4 ntdll!RtlAllocateHeap+0x0000021d
            75c59b12 USP10!UspAllocCache+0x0000002b
            75c62381 USP10!AllocSizeCache+0x00000048
            75c61c74
USP10!FindOrCreateSizeCacheWithoutRealizationID+0x00000124
            75c61bc0
USP10!FindOrCreateSizeCacheUsingRealizationID+0x00000070
            75c59a97 USP10!UpdateCache+0x0000002b
            75c59a61 USP10!ScriptCheckCache+0x0000005c
            75c59d04 USP10!ScriptStringAnalyse+0x0000012a
            7711140f LPK!LpkStringAnalyse+0x00000114
            7711159e LPK!LpkCharsetDraw+0x00000302
            77111488 LPK!LpkDrawTextEx+0x00000044
            76a4beb3 USER32!DT_DrawStr+0x0000013a
            76a4be45 USER32!DT_DrawJustifiedLine+0x0000005f
```

```
76a49d68 USER32!AddEllipsisAndDrawLine+0x00000186
76a4bc31 USER32!DrawTextExWorker+0x000001b1
76a4bedc USER32!DrawTextExW+0x0000001e
746051d8 uxtheme!CTextDraw::GetTextExtent+0x000000be
7460515a uxtheme!GetThemeTextExtent+0x00000065
74611ed4 uxtheme!CThemeMenuBar::MeasureItem+0x00000124
746119c1 uxtheme!CThemeMenu::OnMeasureItem+0x0000003f
74611978 uxtheme!CThemeWnd::_PreDefWindowProc+0x00000117
74601ea5 uxtheme!_ThemeDefWindowProc+0x00000090
74601f61 uxtheme!ThemeDefWindowProcW+0x00000018
76a4a09e USER32!DefWindowProcW+0x00000068
931406   notepad!NPWndProc+0x00000084
76a51a10 USER32!InternalCallWinProc+0x00000023
76a51ae8 USER32!UserCallWinProcCheckWow+0x0000014b
76a51c03 USER32!DispatchClientMessage+0x000000da
76a3bc24 USER32!__fnINOUTLPUAHMEASUREMENUITEM+0x00000027
77040e6e ntdll!KiUserCallbackDispatcher+0x0000002e
76a51d87 USER32!RealDefWindowProcW+0x00000047
74601f2f uxtheme!_ThemeDefWindowProc+0x000001b8
```

스택 트레이스와 함께 모든 힙 엔트리를 덤프하려면 `!heap -k -h <heap address>` 명령을 사용할 수 있다.

> **참고** 가끔 이들 명령 모두가 동작하지 않는다. 이 경우에는 이전의 Windows 2000 익스텐션을 사용할 수 있다.

umdh.exe를 사용하고 텍스트 로그 파일을 얻기 좋아하는 사람들도 있다. 그러나 크래시 덤프에 내장된 힙 할당 스택 트레이스의 장점은 고객 사이트에서 심볼 파일을 전송하고 설정하는 것을 고려하지 않아도 된다는 점이다.

힙을 분석할 때 다음과 같은 `!heap -p`의 다양한 페이지 힙 옵션이 유용하게 사용된다(WinDbg 도움말에서 발췌).

-t[c|s] [Traces]

디버거가 수집된 헤비 힙 유저heavy heap user의 트레이스를 나타낸다. 지정된 개수를 나타내는 데 기본은 4개다. 지정된 수보다 많은 트레이스가 있다면 앞쪽의 것이 나타난다. -t나 -tc가 사용되면 사용된 횟수로 정렬된다. -ts가 사용되면 크기로 정렬된다.

다음과 같은 마이크로소프트 디버그 진단 도구도 사용할 수 있다.

http://blogs.msdn.com/debugdiag/

잃어버린 스레드

때로 프로세스 크래시 덤프가 스레드를 모두 갖고 있지 않는 경우가 있다. 예를 들면 메인 프로세스 스레드를 포함해 적어도 4개의 스레드가 있을 것으로 생각했는데, 덤프에는 스레드가 3개만 있는 경우다. 이벤트 로그에 어떤 액세스 위반이 보고된 것이 있다면(PID가 같을 필요는 없다) 어떤 이유로 인해 한 스레드가 종료되진 않았는지 의심해볼 수 있다. 나는 이 패턴을 잃어버린 스레드Missing Thread라 부르기로 했다.

문제를 시뮬레이션하려고 비주얼 C++로 작은 멀티스레드 프로그램을 작성했다.

```
#include "stdafx.h"
#include <process.h>

void thread_request(void *param)
{
   while (true);
}

int _tmain(int argc, _TCHAR* argv[])
{
   _beginthread(thread_request, 0, NULL);

   try
```

```
    {
        if (argc == 2)
        {
            *(int *)NULL = 0;
        }
    }
    catch (...)
    {
    _endthread();
    }

    while (true);

    return 0;
}
```

커맨드라인 인자가 있으면 메인 스레드는 접근 위반을 생성하고 예외 핸들러에서 종료된다. SEH 예외를 C++ try/catch 구문과 함께 사용하기 위해 C++ 코드 생성 속성에서 /EHa 옵션을 활성화해야 한다.

Enable String Pooling	No
Enable Minimal Rebuild	No
Enable C++ Exceptions	**Yes With SEH Exceptions (/EHa)**
Smaller Type Check	No
Basic Runtime Checks	Default
Runtime Library	**Multi-threaded (/MT)**
Struct Member Alignment	Default
Buffer Security Check	Yes
Enable Function-Level Linking	No
Enable Enhanced Instruction Set	Not Set
Floating Point Model	Precise (/fp:precise)
Enable Floating Point Exceptions	No

커맨드라인 파라미터없이 프로그램을 실행하고 수동으로 덤프를 만들면 스레드 2개를 볼 수 있다.

```
0:000> ~*kL
```

```
. 0  Id: 1208.fdc  Suspend: 1  Teb: 7efdd000  Unfrozen
ChildEBP RetAddr
0012ff70 00401403 MissingThread!wmain+0x58
0012ffc0 7d4e7d2a MissingThread!__tmainCRTStartup+0x15e
0012fff0 00000000 kernel32!BaseProcessStart+0x28

  1  Id: 1208.102c  Suspend: 1  Teb: 7efda000  Unfrozen
ChildEBP RetAddr
005dff7c 004010ef MissingThread!thread_request
005dffb4 00401188 MissingThread!_callthreadstart+0x1b
005dffb8 7d4dfe21 MissingThread!_threadstart+0x73
005dffec 00000000 kernel32!BaseThreadStart+0x34

0:000> ~

. 0  Id: 1208.fdc  Suspend: 1  Teb: 7efdd000  Unfrozen
  1  Id: 1208.102c Suspend: 1  Teb: 7efda000  Unfrozen

0:000> dd 7efdd000 l4
7efdd000 0012ff64 00130000 0012e000 00000000
```

메인 스레드의 TEB도 덤프했다. 그렇지만 임의의 커맨드라인 인자를 주고 프로그램을 실행하면 덤프에선 메인 스레드는 사라지고 단 하나의 스레드만 볼 수 있다.

```
0:000> ~*kL

. 0  Id: 1004.12e8  Suspend: 1  Teb: 7efda000  Unfrozen
ChildEBP RetAddr
005dff7c 004010ef MissingThread!thread_request
005dffb4 00401188 MissingThread!_callthreadstart+0x1b
005dffb8 7d4dfe21 MissingThread!_threadstart+0x73
005dffec 00000000 kernel32!BaseThreadStart+0x34

0:000> ~

. 0  Id: 1004.12e8  Suspend: 1  Teb: 7efda000  Unfrozen
```

사라진 메인 스레드의 TEB 주소와 스택 데이터를 덤프하려고 하면 메모리가 이미 해제된 것을 알 수 있다.

```
0:000> dd 7efdd000 l4
7efdd000 ???????? ???????? ???????? ????????

0:000> dds 0012e000 00130000
0012e000 ????????
0012e004 ????????
0012e008 ????????
0012e00c ????????
0012e010 ????????
0012e014 ????????
0012e018 ????????
0012e01c ????????
0012e020 ????????
0012e024 ????????
```

처리되지 않은 예외 사용자 정의 필터custom unhandled exception filter 안에서 스레드가 종료되는 프로그램에서도 같은 일이 나타날 수 있다.

```
#include "stdafx.h"
#include <process.h>
#include <windows.h>

LONG WINAPI CustomUnhandledExceptionFilter(struct _EXCEPTION_POINTERS* ExceptionInfo)
{
   ExitThread(-1);
}

void thread_request(void *param)
{
   while (true);
}

int _tmain(int argc, _TCHAR* argv[])
{
```

```
    _beginthread(thread_request, 0, NULL);
    SetUnhandledExceptionFilter(CustomUnhandledExceptionFilter);

    *(int *)NULL = 0;

    while (true);

    return 0;
}
```

스레드 종료를 일으키는 예외를 잡는 방법은 WinDbg나 기타 다른 디버거에서 프로그램을 실행하는 것이다.

```
CommandLine: C:\MissingThread\MissingThread.exe 1
Symbol search path is:
SRV*c:\websymbols*http://msdl.microsoft.com/download/symbols
Executable search path is:
ModLoad: 00400000 0040f000   MissingThread.exe
ModLoad: 7d4c0000 7d5f0000   NOT_AN_IMAGE
ModLoad: 7d600000 7d6f0000   C:\W2K3\SysWOW64\ntdll32.dll
ModLoad: 7d4c0000 7d5f0000   C:\W2K3\syswow64\kernel32.dll
(df0.12f0): Break instruction exception - code 80000003 (first chance)
eax=7d600000 ebx=7efde000 ecx=00000005 edx=00000020 esi=7d6a01f4
edi=00221f38
eip=7d61002d esp=0012fb4c ebp=0012fcac iopl=0         nv up ei pl nz na po nc
cs=0023 ss=002b ds=002b es=002b fs=0053 gs=002b             efl=00000202
ntdll32!DbgBreakPoint:
7d61002d cc              int     3

0:000> g
ModLoad: 71c20000 71c32000   C:\W2K3\SysWOW64\tsappcmp.dll
ModLoad: 77ba0000 77bfa000   C:\W2K3\syswow64\msvcrt.dll
ModLoad: 00410000 004ab000   C:\W2K3\syswow64\ADVAPI32.dll
ModLoad: 7da20000 7db00000   C:\W2K3\syswow64\RPCRT4.dll
ModLoad: 7d8d0000 7d920000   C:\W2K3\syswow64\Secur32.dll
(df0.12f0): Access violation - code c0000005 (first chance)
First chance exceptions are reported before any exception handling.
This exception may be expected and handled.
```

```
eax=000007a0 ebx=7d4d8df9 ecx=78b842d9 edx=00000000 esi=00000002
edi=00000ece
eip=00401057 esp=0012ff50 ebp=0012ff70 iopl=0  nv up ei pl zr na pe nc
cs=0023  ss=002b  ds=002b  es=002b  fs=0053  gs=002b  efl=00010246
MissingThread!wmain+0x47:
00401057 c70500000000000000000 mov  dword ptr
ds:[0],0 ds:002b:00000000=????????

0:000> kL
ChildEBP RetAddr
0012ff70 00401403 MissingThread!wmain+0x47
0012ffc0 7d4e7d2a MissingThread!__tmainCRTStartup+0x15e
0012fff0 00000000 kernel32!BaseProcessStart+0x28
```

라이브 디버깅이 불가능하고 예외 핸들러에서 처리되기 전인 첫 번째 예외first chance exception에서 저장된 크래시 덤프에 관심이 있다면 MS 유저 덤프 툴을 사용해볼 수도 있다. MS 유저 덤프 툴을 설치하고 프로세스 모니터링 규칙 대화상자에서 모든 예외를 활성화한 후 사용하면 된다. 사용해볼 수 있는 또 다른 툴은 Debugging Tools for Windows에 있는 ADPlus다.

알려지지 않은 컴포넌트

가끔 어떤 모듈이 문제를 일으켰다고 의심할 때가 있다. 그러나 WinDbg lmv 명령은 회사 이름이나 어떤 정보도 나타내지 않는다. 그리고 파일 이름으로 구글 검색을 해도 결과가 없다. 나는 이 패턴을 알려지지 않은 컴포넌트Unknown Component라 부른다.

이런 경우에 모듈 리소스 섹션이나 전체 모듈 주소 범위를 덤프하고 아스키나 유니코드 문자열을 살펴 추가적인 정보를 얻을 수 있다. 예를 들면 다음과 같다 (명료하게 보이게 db 출력 결과의 바이트 값을 제거했다).

```
2: kd> lmv m driver
start    end       module name
f5022000 f503e400  driver   (deferred)
    Image path: \SystemRoot\System32\drivers\driver.sys
```

```
    Image name: driver.sys
    Timestamp:          Tue Jun 12 11:33:16 2007 (466E766C)
    CheckSum:           00021A2C
    ImageSize:          0001C400
    Translations:       0000.04b0 0000.04e0 0409.04b0 0409.04e0

2: kd> db f5022000 f503e400
f5022000  MZ..............
f5022010  ........@.......
f5022020  ................
f5022030  ................
f5022040  ........!..L.!Th
f5022050  is program canno
f5022060  t be run in DOS
f5022070  mode....$.......
f5022080  .g,._.B._.B._.B.
f5022090  _.C.=.B..%Q.X.B.
f50220a0  _.B.].B.Y%H.|.B.
f50220b0  ..D.^.B.Rich_.B.
f50220c0  ........PE..L...
f50220d0  lvnF............
...
...
...
f503ce30  ................
f503ce40  ................
f503ce50  ................
f503ce60  ............0...
f503ce70  ................
f503ce80  ....H...........
f503ce90  ..........4...V.
f503cea0  S._.V.E.R.S.I.O.
f503ceb0  N._.I.N.F.O.....
f503cec0  ................
f503ced0  ........?.......
f503cee0  ................
f503cef0  ....P.....S.t.r.
f503cf00  i.n.g.F.i.l.e.I.
f503cf10  n.f.o...,.....0.
```

```
f503cf20  4.0.9.0.4.b.0...
f503cf30  4.....C.o.m.p.a.
f503cf40  n.y.N.a.m.e.....
f503cf50  M.y.C.o.m.p. .A.
f503cf60  G...p.$...F.i.l.
f503cf70  e.D.e.s.c.r.i.p.
f503cf80  t.i.o.n.....M.y.
f503cf90  .B.i.g. .P.r.o.
f503cfa0  d.u.c.t. .H.o.o.
f503cfb0  k...............
f503cfc0  ................
f503cfd0  ....4.....F.i.l.
f503cfe0  e.V.e.r.s.i.o.n.
f503cff0  ....5...1...0...
f503d000  ????????????????
f503d010  ????????????????
f503d020  ????????????????
f503d030  ????????????????
...
...
...
```

CompanyName이 MyComp AG고, FileDescription이 My Big Product Hook이고, FileVersion이 5.0.1인 것을 볼 수 있다.

본 예제에서는 이미지 파일 헤더를 덤프하고 리소스 섹션을 찾아 덤프하는 것으로도 같은 정보를 검색할 수 있다.

```
2: kd> lmv m driver
start    end      module name
f5022000 f503e400 driver (deferred)
    Image path: \SystemRoot\System32\drivers\driver.sys
    Image name: driver.sys
    Timestamp:          Tue Jun 12 11:33:16 2007 (466E766C)
    CheckSum:           00021A2C
    ImageSize:          0001C400
    Translations:       0000.04b0 0000.04e0 0409.04b0 0409.04e0
```

```
2: kd> !dh f5022000 -f

File Type: EXECUTABLE IMAGE
FILE HEADER VALUES
     14C machine (i386)
       6 number of sections
466E766C time date stamp Tue Jun 12 11:33:16 2007

       0 file pointer to symbol table
       0 number of symbols
      E0 size of optional header
     10E characteristics
            Executable
            Line numbers stripped
            Symbols stripped
            32 bit word machine

OPTIONAL HEADER VALUES
     10B magic #
    6.00 linker version
   190A0 size of code
    30A0 size of initialized data
       0 size of uninitialized data
   1A340 address of entry point
     2C0 base of code
         ----- new -----
00010000 image base
      20 section alignment
      20 file alignment
       1 subsystem (Native)
    4.00 operating system version
    0.00 image version
    4.00 subsystem version
   1C400 size of image
     2C0 size of headers
   21A2C checksum
00100000 size of stack reserve
00001000 size of stack commit
00100000 size of heap reserve
```

```
00001000 size of heap commit
        0 [         0] address [size] of Export Directory
    1A580 [        50] address [size] of Import Directory
    1AE40 [       348] address [size] of Resource Directory
        0 [         0] address [size] of Exception Directory
        0 [         0] address [size] of Security Directory
    1B1A0 [      1084] address [size] of Base Relocation Directory
      420 [        1C] address [size] of Debug Directory
        0 [         0] address [size] of Description Directory
        0 [         0] address [size] of Special Directory
        0 [         0] address [size] of Thread Storage Directory
        0 [         0] address [size] of Load Configuration Directory
        0 [         0] address [size] of Bound Import Directory
      2C0 [       15C] address [size] of Import Address Table Directory
        0 [         0] address [size] of Delay Import Directory
        0 [         0] address [size] of COR20 Header Directory
        0 [         0] address [size] of Reserved Directory

2: kd> db f5022000+1AE40 f5022000+1AE40+348
f503ce40  ................
f503ce50  ................
f503ce60  ...........0...
f503ce70  ................
f503ce80  ....H...........
f503ce90  ..........4...V.
f503cea0  S._.V.E.R.S.I.O.
f503ceb0  N._.I.N.F.O.....
f503cec0  ................
f503ced0  ........?.......
f503cee0  ................
f503cef0  ....P.....S.t.r.
f503cf00  i.n.g.F.i.l.e.I.
f503cf10  n.f.o...,.....0.
f503cf20  4.0.9.0.4.b.0...
f503cf30  4.....C.o.m.p.a.
f503cf40  n.y.N.a.m.e.....
f503cf50  M.y.C.o.m.p. .A.
f503cf60  G...p.$...F.i.l.
f503cf70  e.D.e.s.c.r.i.p.
```

```
f503cf80  t.i.o.n.....M.y.
f503cf90  .B.i.g. .P.r.o.
f503cfa0  d.u.c.t. .H.o.o.
f503cfb0  k...............
f503cfc0  ................
f503cfd0  ....4.....F.i.l.
f503cfe0  e.V.e.r.s.i.o.n.
f503cff0  ....5...1...0...
f503d000  ????????????????
f503d010  ????????????????
...
...
...
```

메모리 누수(닷넷 힙)

간혹 프로세스의 크기가 일정하게 증가하는데 프로세스 힙 크기는 변함이 없는 경우가 있다. 이런 경우에 프로세스가 마이크로소프트 닷넷 런타임(CLR)을 사용하는지 체크해봐야 할 필요가 있다. 로드된 모듈 중 하나가 mscorwks.dll이나 mscorsvr.dll이면 그럴 가능성이 크다. 그러면 CLR 힙 통계를 체크해봐야만 한다.

닷넷 세계에선 동적으로 할당된 객체는 가비지 컬렉트(GC)된다. 그러므로 단순히 할당하고 해제하지 않고 잊은 것이 원인인 메모리 누수Memory Leak일 가능성은 없다. 이를 시뮬레이션하려 다음과 같은 C# 프로그램을 작성했다.

```
using System;

namespace CLRHeapLeak
{
   class Leak
   {
      private byte[] m_data;

      public Leak()
      {
```

```
            m_data = new byte[1024];
        }
    }

    class Program
    {
        static void Main(string[] args)
        {
            Leak leak = new Leak();

            while (true)
            {
                leak = new Leak();
                System.Threading.Thread.Sleep(100);
            }
        }
    }
}
```

실행해보면 프로세스 크기가 전혀 늘어나지 않을 것이다. GC 스레드가 참조되지 않은 릭 클래스를 수집하고 해제할 것이다. userdump.exe로 실행시킨 지 2분, 6분, 12분에 얻은 메모리 덤프를 조사해보면 알 수 있다. GC 힙은 절대로 1Mb 이상 커지지 않는다. 그리고 **CLRHeapLeak.Leak**과 **System.Byte[]** 객체의 수는 항상 100에서 500 사이에 움직인다.

```
0:000> .loadby sos mscorwks

0:000> !eeheap -gc
Number of GC Heaps: 1
generation 0 starts at 0x0147160c
generation 1 starts at 0x0147100c
generation 2 starts at 0x01471000
ephemeral segment allocation context: (0x014dc53c, 0x014dd618)
 segment    begin    allocated      size
004aedb8   790d7ae4   790f7064 0x0001f580(128384)
01470000   01471000   014dd618 0x0006c618(443928)
Large object heap starts at 0x02471000
```

```
       segment     begin  allocated         size
      02470000  02471000     02473250 0x00002250(8784)
Total Size        0x8dde8(581096)
------------------------------
GC Heap Size      0x8dde8(581096)

0:000> !dumpheap -stat
total 2901 objects
Statistics:
   Count    TotalSize Class Name
       1           12 System.Security.Permissions.SecurityPermission
       1           24 System.OperatingSystem
       1           24 System.Version
       1           24 System.Reflection.Assembly
       1           28 System.SharedStatics
       1           36 System.Int64[]
       1           40 System.AppDomainSetup
       3           60 System.RuntimeType
       5           60 System.Object
       2           72 System.Security.PermissionSet
       1           72 System.ExecutionEngineException
       1           72 System.StackOverflowException
       1           72 System.OutOfMemoryException
       1          100 System.AppDomain
       7          100 Free
       2          144 System.Threading.ThreadAbortException
       4          328 System.Char[]
     418         5016 CLRHeapLeak.Leak
       5         8816 System.Object[]
    2026       128632 System.String
     418       433048 System.Byte[]
Total 2901 objects
```

프로그램을 다음과 같이 수정해 릭 객체가 항상 참조되게 할 수 있다.

```
using System;

namespace CLRHeapLeak
```

```csharp
{
    class Leak
    {
        private byte[] m_data;
        private Leak m_prevLeak;

        public Leak()
        {
            m_data = new byte[1024];
        }

        public Leak(Leak prevLeak)
        {
            m_prevLeak = prevLeak;
            m_data = new byte[1024];
        }
    }

    class Program
    {
        static void Main(string[] args)
        {
            Leak leak = new Leak();

            while (true)
            {
                leak = new Leak(leak);
                System.Threading.Thread.Sleep(100);
            }
        }
    }
}
```

그리고 나서 프로그램을 실행해보면 작업 관리자에서 계속 증가함을 볼 수 있다. 시작 시점과 10분, 16분에서 연속적으로 메모리 덤프를 얻어보면 Win32 힙 세그먼트는 크기가 항상 같음을 알 수 있다.

```
0:000> !heap 0 0
Index   Address  Name      Debugging options enabled
  1:    00530000
    Segment at 00530000 to 00630000 (0003d000 bytes committed)
  2:    00010000
    Segment at 00010000 to 00020000 (00003000 bytes committed)
  3:    00520000
    Segment at 00520000 to 00530000 (00003000 bytes committed)
  4:    00b10000
    Segment at 00b10000 to 00b50000 (00001000 bytes committed)
  5:    001a0000
    Segment at 001a0000 to 001b0000 (00003000 bytes committed)
  6:    00170000
    Segment at 00170000 to 00180000 (00008000 bytes committed)
  7:    013b0000
    Segment at 013b0000 to 013c0000 (00003000 bytes committed)
```

그러나 GC힙, 릭과 System.Byte [] 객체의 수는 현저하게 증가한다.

```
Process Uptime: 0 days 0:00:04.000

0:000> !eeheap -gc
Number of GC Heaps: 1
generation 0 starts at 0x013c1018
generation 1 starts at 0x013c100c
generation 2 starts at 0x013c1000
ephemeral segment allocation context: (0x013cd804, 0x013cdff4)
 segment    begin    allocated    size
0055ee08 790d7ae4 790f7064 0x0001f580(128384)
013c0000 013c1000 013cdff4 0x0000cff4(53236)
Large object heap starts at 0x023c1000
 segment    begin    allocated    size
023c0000 023c1000 023c3250 0x00002250(8784)
Total Size       0x2e7c4(190404)
------------------------------
GC Heap Size     0x2e7c4(190404)
```

```
0:000> !dumpheap -stat
total 2176 objects
Statistics:
Count TotalSize Class Name
...
...
...
    46         736 CLRHeapLeak.Leak
     5        8816 System.Object[]
    46       47656 System.Byte[]
  2035      129604 System.String
Total 2176 objects
```

Process Uptime: 0 days 0:09:56.000

```
0:000> !eeheap -gc
Number of GC Heaps: 1
generation 0 starts at 0x018cddbc
generation 1 starts at 0x01541ec4
generation 2 starts at 0x013c1000
ephemeral segment allocation context: (0x0192d668, 0x0192ddc8)
 segment    begin    allocated       size
0055ee08 790d7ae4 790f7064 0x0001f580(128384)
013c0000 013c1000 0192ddc8 0x0056cdc8(5688776)
Large object heap starts at 0x023c1000
 segment    begin    allocated       size
023c0000 023c1000 023c3240 0x00002240(8768)
Total Size   0x58e588(5825928)
------------------------------
```
GC Heap Size   0x58e588(5825928)

```
0:000> !dumpheap -stat
total 12887 objects
Statistics:
Count    TotalSize Class Name
...
...
...
     5        8816 System.Object[]
```

```
   5403         86448 CLRHeapLeak.Leak
   2026        128632 System.String
   5403       5597508 System.Byte[]
Total 12887 objects
```

Process Uptime: 0 days 0:16:33.000

```
0:000> !eeheap -gc
Number of GC Heaps: 1
generation 0 starts at 0x01c59cb4
generation 1 starts at 0x0194fd20
generation 2 starts at 0x013c1000
ephemeral segment allocation context: (0x01cd3050, 0x01cd3cc0)
 segment    begin allocated    size
0055ee08 790d7ae4 790f7064 0x0001f580(128384)
013c0000 013c1000 01cd3cc0 0x00912cc0(9514176)
Large object heap starts at 0x023c1000
 segment    begin allocated    size
023c0000 023c1000 023c3240 0x00002240(8768)
Total Size   0x934480(9651328)
------------------------------
GC Heap Size    0x934480(9651328)


0:000> !dumpheap -stat
total 20164 objects
Statistics:
  Count    TotalSize Class Name
     5         8816 System.Object[]
  2026       128632 System.String
  9038       144608 CLRHeapLeak.Leak
  9038      9363368 System.Byte[]
Total 20164 objects
```

이것은 참조 체인reference chain이 있으므로 전통적인 메모리 누수가 아니다. 그렇지만 조잡한 애플리케이션 설계나 잘못된 입력 값 검증, 에러 처리 등에 의한 통제되지 않는 메모리 증가도 메모리 누수로 다뤄질 수 있다.

고객이 생각하기엔 메모리 누수가 있는데 실제론 그렇지 않은 경우가 있다.

멀티프로세서 서버에서 유별나게 큰 프로그램을 실행할 때가 그런 경우 중 하나
다. 로컬 워크스테이션에서 100Mb보다 적은 크기를 점유하는 전형적인 닷넷 어
셈블리 DLL을 호스팅하는 dllhost.exe가 프로세서를 4개 가진 서버에서는
300Mb 이상을 소비하기 시작한다면 서버 버전의 CLR이 프로세서당 GC 힙을
사용하는 경우일 수 있다.

```
0:000> .loadby sos mscorsvr

0:000> !EEHeap -gc
generation 0 starts at 0x05c80154
generation 1 starts at 0x05c7720c
generation 2 starts at 0x102d0030
generation 0 starts at 0x179a0444
generation 1 starts at 0x1799b7a4
generation 2 starts at 0x142d0030
generation 0 starts at 0x0999ac88
generation 1 starts at 0x09990cc4
generation 2 starts at 0x182d0030
generation 0 starts at 0x242eccb0
generation 1 starts at 0x242d0030
generation 2 starts at 0x1c2d0030
...
...
...
GC Heap Size 0x109702ec(278332140)
```

또는 CLR 1.x의 이전 익스텐션을 사용해도 동일한 결과를 얻을 수 있다.

```
0:000> !.\clr10\sos.eeheap -gc
Loaded Son of Strike data table version 5 from
"C:\WINDOWS\Microsoft.NET\Framework\v1.1.4322\mscorsvr.dll"
Number of GC Heaps: 4
------------------------------
Heap 0 (0x000f9af0)
generation 0 starts at 0x05c80154
generation 1 starts at 0x05c7720c
generation 2 starts at 0x102d0030
```

```
...
...
...
Heap Size 0x515ed60(85,323,104)
------------------------------
Heap 1 (0x000fa070)
generation 0 starts at 0x179a0444
generation 1 starts at 0x1799b7a4
generation 2 starts at 0x142d0030
...
...
...
Heap Size 0x37c7bf0(58,489,840)
------------------------------
Heap 2 (0x000fab80)
generation 0 starts at 0x0999ac88
generation 1 starts at 0x09990cc4
generation 2 starts at 0x182d0030
...
...
...
Heap Size 0x485de34(75,882,036)
------------------------------
Heap 3 (0x000fb448)
generation 0 starts at 0x242eccb0
generation 1 starts at 0x242d0030
generation 2 starts at 0x1c2d0030
...
...
...
Heap Size 0x41ea570(69,117,296)
------------------------------
Reserved segments:
------------------------------
GC Heap Size 0x1136ecf4(288,812,276)
```

더 많은 프로세서는 더 많은 힙을 가지므로 전체 VM 크기에 영향을 준다. 프로세스가 거의 400Mb를 점유하지만 실행되는 동안 지속적으로 증가하지 않는다면 그 값은 정상이다.

이중 해제(프로세스 힙)

이중 해제 버그double-free bug는 동적 메모리 훼손 패턴Dynamic Memory Corruption pattern으로 이어진다. 이중 해제Double Free가 고유의 패턴 이름을 가지는 이유는 디버그 런타임 라이브러리나 운영체제 자신이 이런 버그를 탐지하고 즉시 크래시 덤프를 저장하기 때문이다.

어떤 힙 구현heap implementation에선 이중 해제가 즉시 힙 훼손heap corruption과 충돌을 수반하지는 않는다. 예를 들어 한 줄에 세 블록을 할당한 후 가운데 블록을 두 번 해제해도 충돌이 발생하지 않는다. 두 번째 해제 호출에서 블록이 이미 해제됐음을 탐지할 수 있지만 아무것도 하지 않는다. 다음 프로그램의 루프는 영원히 지속되며 충돌은 절대로 발생하지 않는다.

```
#include "stdafx.h"
#include <windows.h>

int _tmain(int argc, _TCHAR* argv[])
{
   while (true)
   {
      puts("Allocate: p1");
      void *p1 = malloc(100);
      puts("Allocate: p2");
      void *p2 = malloc(100);
      puts("Allocate: p3");
      void *p3 = malloc(100);

      puts("Free: p2");
      free(p2);
      puts("Double-Free: p2");
      free(p2);
      puts("Free: p1");
      free(p1);
      puts(.Free: p3");
```

```
        free(p3);

        Sleep(100);
    }

    return 0;
}
```

프로그램의 출력 결과는 다음과 같다.

```
...
...
...
Allocate: p1
Allocate: p2
Allocate: p3
Free: p2
Double-Free: p2
Free: p1
Free: p3
Allocate: p1
Allocate: p2
Allocate: p3
Free: p2
Double-Free: p2
Free: p1
Free: p3
Allocate: p1
Allocate: p2
Allocate: p3
Free: p2
Double-Free: p2
...
...
...
```

그렇지만 해제 호출free call이 힙 병합heap coalescence을 일으키면(인접한 비어있는 블록이 더 큰 블록으로 합쳐진다) 다음번 이중 해제 호출에서 힙 훼손 크래시가 발생한다. 이전 해제 함수 호출에서 발생한 병합이 비어있는 블록 정보free block information를 삭제하기 때문이다.

```
#include "stdafx.h"
#include <windows.h>

int _tmain(int argc, _TCHAR* argv[])
{
    while (true)
    {
        puts("Allocate: p1");
        void *p1 = malloc(100);
        puts("Allocate: p2");
        void *p2 = malloc(100);
        puts("Allocate: p3");
        void *p3 = malloc(100);

        puts("Free: p3");
        free(p3);
        puts("Free: p1");
        free(p1);
        puts("Free: p2");
        free(p2);
        puts("Double-Free: p2");
        free(p2);

        Sleep(100);
    }

    return 0;
}
```

이 프로그램의 출력 결과는 다음과 같다.

```
Allocate: p1
Allocate: p2
Allocate: p3
Free: p3
Free: p1
Free: p2
Double-Free: p2
```
Crash!

크래시 덤프를 보면 다음과 같은 스택 트레이스를 볼 수 있다.

```
0:000> r
eax=00922130 ebx=00920000 ecx=10101010 edx=10101010 esi=00922128
edi=00921fc8
eip=76ee1ad5 esp=0012fd6c ebp=0012fd94 iopl=0  nv up ei pl zr na pe nc
cs=001b  ss=0023  ds=0023  es=0023  fs=003b  gs=0000             efl=00010246
ntdll!RtlpCoalesceFreeBlocks+0x6ef:
76ee1ad5 8b4904          mov     ecx,dword ptr [ecx+4]
ds:0023:10101014=????????

0:000> kL
ChildEBP RetAddr
0012fd94 76ee1d37 ntdll!RtlpCoalesceFreeBlocks+0x6ef
0012fe8c 76ee1c21 ntdll!RtlpFreeHeap+0x1e2
0012fea8 758d7a7e ntdll!RtlFreeHeap+0x14e
0012febc 6cff4c39 kernel32!HeapFree+0x14
0012ff08 0040107b msvcr80!free+0xcd
0012ff5c 004011f1 DoubleFree!wmain+0x7b
0012ffa0 758d3833 DoubleFree!__tmainCRTStartup+0x10f
0012ffac 76eba9bd kernel32!BaseThreadInitThunk+0xe
0012ffec 00000000 ntdll!_RtlUserThreadStart+0x23
```

다음 그림은 해제 함수 호출 결과로 힙 병합이 일어나는 것과 이중 해제 호출이 힙을 훼손하는 것을 설명한다.

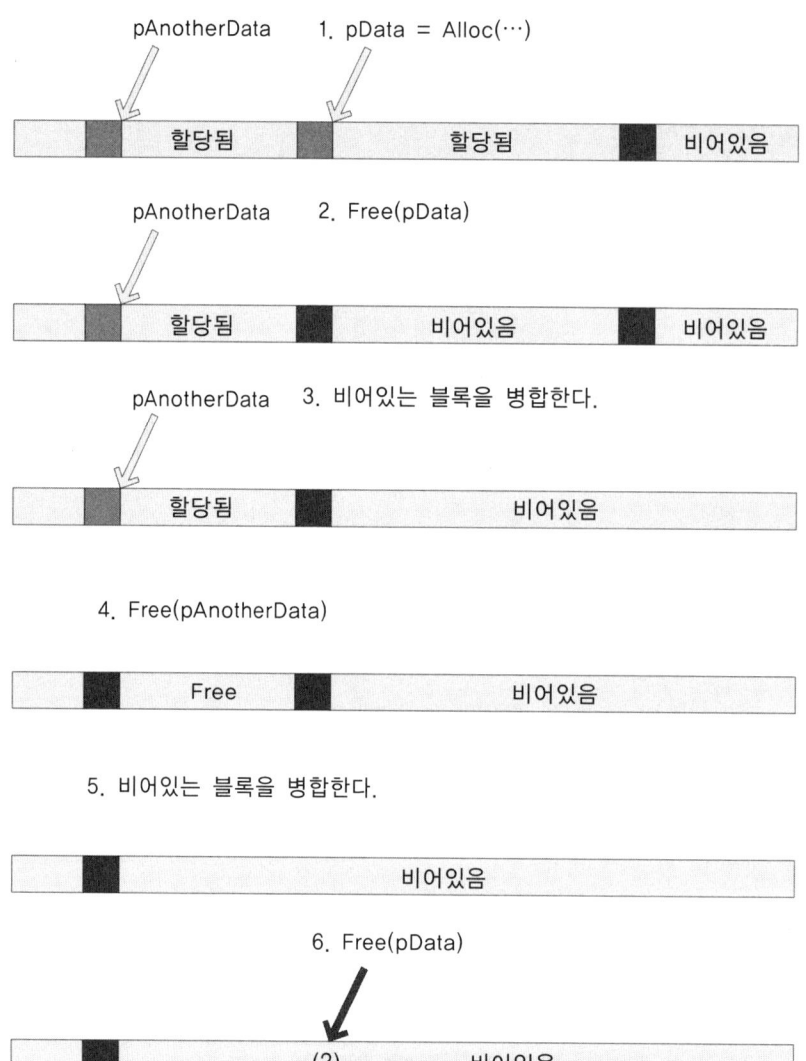

문제는 힙 병합이 몇 번의 이중 해제 이후에 발생할 수 있다는 점이다. 따라서 이중 해제 버그를 조기에(이상적으로는 첫 번째 이중 해제 호출에서) 진단할 수 있는 해법이 필요하다. 다음 예제 프로그램은 첫 번째 이중 해제가 발생하고 한참 지난 후 정상적인 해제 작업에서 충돌한다.

```
#include "stdafx.h"
#include <windows.h>
```

```
int _tmain(int argc, _TCHAR* argv[])
{
    while (true)
    {
        puts("Allocate: p1");
        void *p1 = malloc(100);
        puts("Allocate: p2");
        void *p2 = malloc(100);
        puts("Allocate: p3");
        void *p3 = malloc(100);

        puts("Free: p1");
        free(p1);
        puts("Free: p2");
        free(p2);
        puts("Double-Free: p2");
        free(p2);
        puts("Double-Free: p3");
        free(p3);

        Sleep(100);
    }

    return 0;
}
```

출력 결과는 다음과 같다.

```
Allocate: p1
Allocate: p2
Allocate: p3
Free: p1
Free: p2
Double-Free: p2
Free: p3
Allocate: p1
Allocate: p2
Allocate: p3
```

```
Free: p1
Free: p2
Double-Free: p2
Free: p3
Allocate: p1
Allocate: p2
Allocate: p3
Free: p1
Free: p2
Double-Free: p2
Free: p3
Allocate: p1
Allocate: p2
Allocate: p3
Free: p1
Free: p2
Double-Free: p2
Free: p3
Crash!
```

Debugging Tools for Windows의 gflags.exe를 사용해 전체 페이지 힙full page heap을 활성화했다면 이중 해제 호출 즉시 프로그램이 충돌한다.

Allocate: p1
Allocate: p2
Allocate: p3
Free: p1
Free: p2
Double-Free: p2
Crash!

크래시 덤프는 다음과 같은 스택 트레이스를 나타낸다.

```
0:000> kL
ChildEBP RetAddr
0012f810 71aa4ced ntdll!DbgBreakPoint+0x1
0012f834 71aa9fc2 verifier!VerifierStopMessage+0x1fd
0012f890 71aaa4da verifier!AVrfpDphReportCorruptedBlock+0x102
0012f8a4 71ab2c98 verifier!AVrfpDphCheckNormalHeapBlock+0x18a
0012f8b8 71ab2a0e verifier!_EH4_CallFilterFunc+0x12
0012f8e0 76ee1039 verifier!_except_handler4+0x8e
0012f904 76ee100b ntdll!ExecuteHandler2+0x26
0012f9ac 76ee0e97 ntdll!ExecuteHandler+0x24
0012f9ac 71aaa3ad ntdll!KiUserExceptionDispatcher+0xf
0012fcf0 71aaa920 verifier!AVrfpDphCheckNormalHeapBlock+0x5d
0012fd0c 71aa879b verifier!AVrfpDphNormalHeapFree+0x20
0012fd60 76f31c8f verifier!AVrfDebugPageHeapFree+0x1cb
0012fda8 76efd9fa ntdll!RtlDebugFreeHeap+0x2f
0012fe9c 76ee1c21 ntdll!RtlpFreeHeap+0x5f
0012feb8 758d7a7e ntdll!RtlFreeHeap+0x14e
0012fecc 6cff4c39 kernel32!HeapFree+0x14
0012ff18 0040105f msvcr80!free+0xcd
0012ff5c 004011f1 DoubleFree!wmain+0x5f
0012ffa0 758d3833 DoubleFree!__tmainCRTStartup+0x10f
0012ffac 76eba9bd kernel32!BaseThreadInitThunk+0xe

0:000> !gflag
Current NtGlobalFlag contents: 0x02000000
  hpa - Place heap allocations at ends of pages
```

페이지 힙 대신 힙 해제 검증heap free checking을 활성화해도 마찬가지로 첫 번째 이중 해제 호출 즉시 충돌이 발생한다.

```
Allocate: p1
Allocate: p2
Allocate: p3
Free: p1
Free: p2
Double-Free: p2
```
Crash!

크래시 덤프는 다음과 같은 스택 트레이스를 나타낸다.

```
0:000> r
eax=feeefcee ebx=001b2040 ecx=001b0000 edx=001b2040 esi=d4476047
```

```
edi=001b2038
eip=76ee2086 esp=0012fe68 ebp=0012fe9c iopl=0 nv up ei ng nz na pe nc
cs=001b ss=0023 ds=0023 es=0023 fs=003b gs=0000 efl=00010286
ntdll!RtlpLowFragHeapFree+0x31:
76ee2086 8b4604          mov     eax,dword ptr [esi+4]
ds:0023:d447604b=????????

0:000> kL
ChildEBP RetAddr
0012fe9c 76ee18c3 ntdll!RtlpLowFragHeapFree+0x31
0012feb0 758d7a7e ntdll!RtlFreeHeap+0x101
0012fec4 6cff4c39 kernel32!HeapFree+0x14
0012ff10 0040106d msvcr80!free+0xcd
0012ff5c 004011f1 DoubleFree!wmain+0x6d
0012ffa0 758d3833 DoubleFree!__tmainCRTStartup+0x10f
0012ffac 76eba9bd kernel32!BaseThreadInitThunk+0xe
0012ffec 00000000 ntdll!_RtlUserThreadStart+0x23

0:000> !gflag
Current NtGlobalFlag contents: 0x00000020
    hfc - Enable heap free checking
```

■ 이중 해제(커널 풀)

유저 모드 프로세스 힙user mode process heap의 이중 해제Double Free 패턴과는 반대로 커널 모드 풀kernel mode pool의 이중 해제는 문제의 원인이 되는 드라이버를 식별하려고 즉시 버그체크를 발생시킨다(BAD_POOL_CALLER bugcheck with Arg1 == 7).

```
2: kd> !analyze -v
...
...
...
BAD_POOL_CALLER (c2)
The current thread is making a bad pool request. Typically this is at a bad
IRQL level or double freeing the same allocation, etc.
```

Arguments:
Arg1: 00000007, Attempt to free pool which was already freed
Arg2: 0000121a, (reserved)
Arg3: 02140001, Memory contents of the pool block
Arg4: 89ba74f0, Address of the block of pool being deallocated

해제하려는 블록을 살펴보면 이미 'Free' 블록으로 표시돼 있는 것을 볼 수 있다.

```
2: kd> !pool 89ba74f0
Pool page 89ba74f0 region is Nonpaged pool
    89ba7000 size:  270 previous size:    0 (Allocated)  Thre (Protected)
    89ba7270 size:    8 previous size:  270 (Free)       ....
    89ba7278 size:   18 previous size:    8 (Allocated)  ReEv
    89ba7290 size:   80 previous size:   18 (Allocated)  Mdl
    89ba7310 size:   80 previous size:   80 (Allocated)  Mdl
    89ba7390 size:   30 previous size:   80 (Allocated)  Vad
    89ba73c0 size:   98 previous size:   30 (Allocated)  File (Protected)
    89ba7458 size:    8 previous size:   98 (Free)       Wait
    89ba7460 size:   28 previous size:    8 (Allocated)  FSfm
    89ba74a0 size:   40 previous size:   18 (Allocated)  Ntfr
    89ba74e0 size:    8 previous size:   40 (Free)       File
*89ba74e8 size:   a0 previous size:    8 (Free ) *ABCD
    Owning component : Unknown (update pooltag.txt)
    89ba7588 size:   38 previous size:   a0 (Allocated)  Sema (Protected)
    89ba75c0 size:   38 previous size:   38 (Allocated)  Sema (Protected)
    89ba75f8 size:   10 previous size:   38 (Free)       Nbtl
    89ba7608 size:   98 previous size:   10 (Allocated)  File (Protected)
    89ba76a0 size:   28 previous size:   98 (Allocated)  Ntfn
    89ba76c8 size:   40 previous size:   28 (Allocated)  Ntfr
    89ba7708 size:   28 previous size:   40 (Allocated)  NtFs
    89ba7730 size:   40 previous size:   28 (Allocated)  Ntfr
    89ba7770 size:   40 previous size:   40 (Allocated)  Ntfr
    89ba7a10 size:  270 previous size:  260 (Allocated)  Thre (Protected)
    89ba7c80 size:   20 previous size:  270 (Allocated)  VadS
```

풀 태그pool tag는 4바이트의 캐릭터 연속체character sequence로 드라이버와 풀 블록을 연관시키는 데 사용된다. 이는 드라이버가 블록을 할당했는지 해제했는지를 확인하는 데 유용하다. 커널 컴포넌트에 대응되는 모든 알려진 풀 태그는 WinDbg가 설치된 폴더 하위의 triage 폴더에 있는 pooltag.txt에서 찾을 수 있다. 그렇지만 문제의 ABCD 태그는 거기서 찾을 수 없다. findstr CMD 명령을 사용해 ABCD 태그에 대응하는 드라이버 찾기를 시도할 수 있다.

```
C:\Windows\System32\drivers>findstr /m /l hABCD *.sys
```

검색 결과는 블록을 처음 해제한 드라이버를 식별하는 데 도움을 줄 것이다. 같은 블록을 이중으로 해제한 드라이버는 콜 스택에서 찾을 수 있다. 그리고 이는 같은 드라이버일 수도 있고 다른 드라이버일 수도 있다.

```
2: kd> k
ChildEBP RetAddr
f78be910 8089c8f4 nt!KeBugCheckEx+0x1b
f78be978 8089c622 nt!ExFreePoolWithTag+0x477
f78be988 f503968b nt!ExFreePool+0xf
WARNING: Stack unwind information not available. Following frames may be wrong.
f78be990 f5024a6e driver+0x1768b
f78be9a0 f50249e7 driver+0x2a6e
f78be9a4 84b430e0 driver+0x29e7
```

driver.sys에 대한 심볼 파일이 없으므로 WinDbg는 경고를 나타낸다. 정확한 스택 트레이스를 확인하는 것이 불가능하고 driver.sys는 ExFreePool이나 ExFreePoolWithTag 함수를 호출하지 않았을지도 모른다. driver.sys가 ExFreePool 함수를 호출했는지 확인하려면 실제로 리턴 주소부터 거꾸로 디스어셈블해야 한다.

```
2: kd> ub f503968b
driver+0x1767b:
f503967b 90              nop
f503967c 90              nop
f503967d 90              nop
```

```
f503967e 90                          nop
f503967f 90                          nop
f5039680 8b442404                    mov     eax,dword ptr [esp+4]
f5039684 50                          push    eax
f5039685 ff15202302f5                call    dword ptr [driver+0x320 (f5022320)]
```

마지막으로 드라이버에서 약간의 정보를 얻을 수 있다.

```
2: kd> lmv m driver
start    end        module name
f5022000 f503e400   driver     (no symbols)
   Loaded symbol image file: driver.sys
   Image path: \SystemRoot\System32\drivers\driver.sys
   Image name: driver.sys
   Timestamp: Tue Aug 12 11:32:16 2007
```

드라이버를 개발한 회사 이름이 없다면 알려지지 않은 컴포넌트Unknown Component 패턴의 테크닉을 시도해볼 수 있다.

다음의 64비트 크래시 덤프에서 보듯이 심볼이 있다면 매우 쉽게 코드를 확인할 수 있다.

```
BAD_POOL_CALLER (c2)
The current thread is making a bad pool request. Typically this is at a
bad IRQL level or double freeing the same allocation, etc.
Arguments:
Arg1: 0000000000000007, Attempt to free pool which was already freed
Arg2: 000000000000121a, (reserved)
Arg3: 0000000000000080, Memory contents of the pool block
Arg4: fffffade6d54e270, Address of the block of pool being deallocated

0: kd> kL
fffffade`45517b08 fffff800`011ad905 nt!KeBugCheckEx
fffffade`45517b10 fffffade`5f5991ac nt!ExFreePoolWithTag+0x401
fffffade`45517bd0 fffffade`5f59a0b0 driver64!ProcessDataItem+0x198
fffffade`45517c70 fffffade`5f5885a6 driver64!OnDataArrival+0x2b4
fffffade`45517cd0 fffff800`01299cae driver64!ReaderThread+0x15a
fffffade`45517d70 fffff800`0102bbe6 nt!PspSystemThreadStartup+0x3e
```

```
fffffade`45517dd0 00000000`00000000 nt!KiStartSystemThread+0x16
```

우연히 일치하는 심볼 정보

로 스택 덤프raw stack dump는 문제를 일으켰을지도 모르는 의심스런 모듈을 찾는데 유용하다. 예를 들면 기존 애플리케이션에 어떤 가치를 더하는 서비스를 제공하는 프로그램들은 GUI 변화를 모니터하거나 윈도우 메시지를 가로채려고 일반적으로 훅hook을 설치한다. 이 훅은 DLL로 구현된다. 다른 용도는 전에 문제를 일으킨 프린터 드라이버의 로 스택 데이터를 검사하는 것이다. 사실 모듈이 로드돼 있다고 해서 사용됐음을 의미하지는 않는다. 이들 코드에 대한 참조를 찾았다면 이것은 이들이 사용됐을 수도 있다는 의미다.

그렇지만 심볼 정보로 로 스택 덤프를 살펴볼 때 우연히 일치하는 심볼 정보Coincidental Symbolic Information 패턴인지를 알고 있어야 한다. 다음 첫 번째 예제를 살펴보자. 크래시 덤프를 로드하고 문제 스레드의 스택을 나타내면 다음과 같은 참조를 볼 수 있다.

```
   ...
   ...
   ...
  00b1ed00  0063006f
  00b1ed04  006d0075
  00b1ed08  006e0065
  00b1ed0c  00200074
  00b1ed10  006f004c
  00b1ed14  00640061
  00b1ed18  00720065
  00b1ed1c  005b0020
  00b1ed20  00500055
  00b1ed24  003a0044
  00b1ed28  00430050 Application!Array::operator=+0x2f035
  00b1ed2c  0035004c
  00b1ed30  005d0063
  00b1ed34  00630000
```

```
00b1ed38    0000005d
...
...
...
```

심볼을 적용하면 좀 더 의미 있는 이름을 볼 수 있다.

```
...
...
...
00b1ed00    0063006f
00b1ed04    006d0075
00b1ed08    006e0065
00b1ed0c    00200074
00b1ed10    006f004c
00b1ed14    00640061
00b1ed18    00720065
00b1ed1c    005b0020
00b1ed20    00500055
00b1ed24    003a0044
00b1ed28    00430050 Application!Print::DocumentLoad+0x5f
00b1ed2c    0035004c
00b1ed30    005d0063
00b1ed34    00630000
...
...
...
```

그렇지만 이것은 완전하게 우연히 일치한 것이다. 데이터 패턴 00NN00NN은 확실히 유니코드 문자열이다.

```
0:020> du 00b1ed00
00b1ed00  "ocument Loader [UPD:PCL5c]"
```

00430050 값이 애플리케이션의 모듈 주소 범위와 코드 섹션에 해당해 주소로 해석된 것뿐이다.

```
0:020> lm
start    end       module name
00400000 0044d000  Application
```

두 번째 예제는 PDB 파일이 없는 `AppSql`을 호출한 어떤 서드파티 애플리케이션의 크래시 덤프다. 또 myhook.dll이 시스템 전역 훅system wide hook으로 설치돼 있고 과거에 어떤 문제를 갖고 있었다고 알려져 있다. 모듈이 임의의 주소 공간으로 로드되지만 꼭 사용되는 것은 아니다. 문제 스레드 스택에 이 모듈의 자취가 있는지 보기를 원할 때 스택을 덤프해보면 단 하나의 참조가 나타난다.

```
...
...
...
00118cb0  37302f38
00118cb4  00000000
00118cb8  10008e00 myhook!notify_me+0x22c
00118cbc  01400000
00118cc0  00118abc
00118cc4  06a129f0
00118cc8  00118d04
00118ccc  02bc57d0
00118cd0  04ba5d74
00118cd4  00118d30
00118cd8  0000001c
00118cdc  00000010
00118ce0  075922bc
00118ce4  04a732e0
00118ce8  075922bc
00118cec  04a732e0
00118cf0  0066a831 AppSql+0x26a831
00118cf4  04a732d0
00118cf8  02c43190
00118cfc  00000001
00118d00  0000001c
00118d04  00118d14
00118d08  0049e180 AppSql+0x9e180
```

```
00118d0c  02c43190
00118d10  0000001c
00118d14  00118d34
...
...
...

0:020> lm
start     end        module name
00400000  00ba8000   AppSql
...
...
...
10000000  100e0000   myhook
```

주소 10008e00은 매우 깔끔해보인다. 어쩌면 비트 플래그 설정일지도 모른다. 이 주소를 역으로 디스어셈블해봐도 스택에 해당 주소를 저장하는 콜call 인스트럭션을 볼 수 없다.

```
0:000> ub 10008e00
myhook!notify_me+0x211
10008de5 81c180000000    add     ecx,80h
10008deb 899578ffffff    mov     dword ptr [ebp-88h],edx
10008df1 89458c          mov     dword ptr [ebp-74h],eax
10008df4 894d98          mov     dword ptr [ebp-68h],ecx
10008df7 6a01            push    1
10008df9 8d45ec          lea     eax,[ebp-14h]
10008dfc 50              push    eax
10008dfd ff75e0          push    dword ptr [ebp-20h]
```

대조적으로 다른 두 주소는 스택에 저장된 리턴 주소다.

```
0:000> ub 0066a831
AppSql+0x26a81e:
0066a81e 8bfb            mov     edi,ebx
0066a820 f3a5            rep     movs dword ptr es:[edi],dword ptr [esi]
0066a822 8bca            mov     ecx,edx
```

```
0066a824 83e103              and     ecx,3
0066a827 f3a4 rep             movs    byte ptr es:[edi],byte ptr [esi]
0066a829 8b00                 mov     eax,dword ptr [eax]
0066a82b 50                   push    eax
0066a82c e8affeffff           call    AppSql+0x26a6e0 (0066a6e0)

0:000> ub 0049e180
AppSql+0x9e16f:
0049e16f cc                   int     3
0049e170 55                   push    ebp
0049e171 8bec                 mov     ebp,esp
0049e173 8b4510               mov     eax,dword ptr [ebp+10h]
0049e176 8b4d0c               mov     ecx,dword ptr [ebp+0Ch]
0049e179 50                   push    eax
0049e17a 51                   push    ecx
0049e17b e840c61c00           call    AppSql+0x26a7c0 (0066a7c0)
```

그러므로 myhook!notify_me+0x22c의 출현은 그것이 함수에 대한 포인터임에도 불구하고 우연한 일치일 뿐일 것 같다. 그렇지만 그것이 함수에 대한 포인터였다면 인자를 푸시push하는 함수 호출 시퀀스function call sequence의 중간 부분을 가리켜선 안 된다.

```
0:000> ub 10008e00
myhook!notify_me+0x211
10008de5 81c180000000         add     ecx,80h
10008deb 899578ffffff         mov     dword ptr [ebp-88h],edx
10008df1 89458c               mov     dword ptr [ebp-74h],eax
10008df4 894d98               mov     dword ptr [ebp-68h],ecx
10008df7 6a01                 push    1
10008df9 8d45ec               lea     eax,[ebp-14h]
10008dfc 50                   push    eax
10008dfd ff75e0               push    dword ptr [ebp-20h]

0:000> u 10008e00
myhook!notify_me+0x22c
10008e00 e82ff1ffff           call    myhook!copy_data (10007f34)
10008e05 8b8578ffffff         mov     eax,dword ptr [ebp-88h]
```

```
10008e0b 3945ac          cmp     dword ptr [ebp-54h],eax
10008e0e 731f            jae     myhook!notify_me+0x25b (10008e2f)
10008e10 8b4598          mov     eax,dword ptr [ebp-68h]
10008e13 0fbf00          movsx   eax,word ptr [eax]
10008e16 8945a8          mov     dword ptr [ebp-58h],eax
10008e19 8b45e0          mov     eax,dword ptr [ebp-20h]
```

또 소스코드와 프라이빗 심볼을 갖고 있으므로 그것이 함수 포인터라면 myhook!notify_me의 주소여야 하며 notify_me+0x22c의 주소가 돼서는 안 됨을 알고 있다.

이 모든 증거는 문제 스택에서 myhook의 출현이 단지 우연이고 무시해야만 한다는 가설을 지지한다.

게다가 내가 발견한 가장 우연히 일치한 심볼 정보는 노출된 _DebuggerHookData와 포스트모템 디버거 NTSD 주소 사이의 우연한 일치였다.

```
002dd434 003a0043
002dd438 0057005c
002dd43c 004e0049 LegacyApp!_DebuggerHookData+0xc4a5
002dd440 004f0044 LegacyApp!_DebuggerHookData+0x1c4a0
002dd444 00530057
002dd448 0073005c
002dd44c 00730079
002dd450 00650074
002dd454 0033006d
002dd458 005c0032
002dd45c 0074006e
002dd460 00640073
002dd464 0065002e
002dd468 00650078

0:000> du 002dd434
002dd434 "C:\WINDOWS\system32\ntsd.exe"
```

스택 트레이스

문제 확인과 해결을 하는 데 가장 중요한 패턴은 스택 트레이스다. 다음은 w3wp.exe 크래시 덤프에서의 !analyze- v 출력 결과 중 일부다.

```
STACK_TEXT:
WARNING: Frame IP not in any known module. Following frames may be wrong.
1824f90c 5a39f97e 01057b48 01057bd0 5a3215b4 0x0
1824fa50 5a32cf7c 01057b48 00000000 79e651c0
w3core!ISAPI_REQUEST::SendResponseHeaders+0x5d
1824fa78 5a3218ad 01057bd0 79e651c0 79e64d9c
w3isapi!SSFSendResponseHeader+0xe0
1824fae8 79e76127 01057bd0 00000003 79e651c0
w3isapi!ServerSupportFunction+0x351
1824fb0c 79e763a3 80000411 00000000 00000000
aspnet_isapi!HttpCompletion::ReportHttpError+0x3a
1824fd50 79e761c3 34df6cf8 79e8e42f 79e8e442
aspnet_isapi!HttpCompletion::ProcessRequestInManagedCode+0x1d1
1824fd5c 79e8e442 34df6cf8 00000000 00000000
aspnet_isapi!HttpCompletion::ProcessCompletion+0x24
1824fd70 791d6211 34df6cf8 18e60110 793ee0d8
aspnet_isapi!CorThreadPoolWorkitemCallback+0x13
1824fd84 791d616a 18e60110 00000000 791d60fa
mscorsvr!ThreadpoolMgr::ExecuteWorkRequest+0x19
1824fda4 791fe95c 00000000 8083d5c7 00000000
mscorsvr!ThreadpoolMgr::WorkerThreadStart+0x129
1824ffb8 77e64829 17bb9c18 00000000 00000000
mscorsvr!ThreadpoolMgr::intermediateThreadProc+0x44
1824ffec 00000000 791fe91b 17bb9c18 00000000 kernel32!BaseThreadStart+0x34
```

처음 5개의 숫자 열을 무시하면 다음과 같은 트레이스를 얻는다.

```
0x0
w3core!ISAPI_REQUEST::SendResponseHeaders+0x5d
w3isapi!SSFSendResponseHeader+0xe0
w3isapi!ServerSupportFunction+0x351
```

```
aspnet_isapi!HttpCompletion::ReportHttpError+0x3a
aspnet_isapi!HttpCompletion::ProcessRequestInManagedCode+0x1d1
aspnet_isapi!HttpCompletion::ProcessCompletion+0x24
aspnet_isapi!CorThreadPoolWorkitemCallback+0x13
mscorsvr!ThreadpoolMgr::ExecuteWorkRequest+0x19
mscorsvr!ThreadpoolMgr::WorkerThreadStart+0x129
mscorsvr!ThreadpoolMgr::intermediateThreadProc+0x44
kernel32!BaseThreadStart+0x34
```

일반적으로 다음과 같은 형태다.

```
moduleA!functionX+offsetN
moduleB!functionY+offsetM
...
...
...
```

가끔 함수 이름이 유효하지 않거나 옵셋이 `0x2380`처럼 매우 클 때가 있다. 이런 경우라면 `moduleA`와 `moduleB`의 심볼 파일을 갖고 있지 않을 것이다.

```
moduleA+offsetN
moduleB+offsetM
...
...
...
```

보통 이전 이슈에 대해 어떤 종류의 데이터베이스가 있고 `moduleA!functionX+offsetN`에 대해 검색해보는 데 사용할 수 있다. 검색되는 것이 없으면 `functionX+offsetN`나 `moduleA!functionX`, `functionX`만으로 시도해볼 수 있다. 그래도 없으면 다음 시그니처로 `moduleB!functionY+offsetM`과 `moduleB!functionY` 등을 시도해볼 수 있다. 보통 트레이스 아래로 내려갈수록 문제를 해결하는 데 덜 유용하다. 예를 들면 `mscorsvr!ThreadpoolMgr::WorkerThreadStart+0x129`에 대해서는 매우 많은 이슈가 검색될 텐데, 이는 이 시그니처가 많은 ASP 닷넷 애플리케이션에서 공통적이기 때문이다.

내부 데이터베이스에서 검색되지 않으면 구글을 시도해볼 수 있다. 예를 들어 구글에서 SendResponseHeaders+0x5d를 검색해보면 다음과 같은 결과를 얻을 수 있다.

검색 결과를 탐색해보면 다음 링크를 볼 수 있다.

http://groups.google.com/group/microsoft.public.inetserver.iis/browse_frm/thread/34bc2be635b26531?tvc=1

구글 그룹스 검색으로 바로 찾을 때도 있다.

다른 예는 BSOD에서의 컴플리트 덤프다. 분석(!analysis -v) 명령으로 다음과 같은 출력 결과를 얻을 수 있다.

```
MODE_EXCEPTION_NOT_HANDLED (1e)
This is a very common bugcheck. Usually the exception address pinpoints
the driver/function that caused the problem. Always note this address as
well as the link date of the driver/image that contains this address.
Arguments:
Arg1: c0000005, The exception code that was not handled
Arg2: bff90ca3, The address that the exception occurred at
Arg3: 00000000, Parameter 0 of the exception
Arg4: 00000000, Parameter 1 of the exception

TRAP_FRAME: bdf80834 -- (.trap ffffffffbdf80834)
ErrCode = 00000000
eax=00000000 ebx=bdf80c34 ecx=89031870 edx=88096928 esi=88096928
edi=8905e7f0
eip=bff90ca3 esp=bdf808a8 ebp=bdf80a44 iopl=0   nv up ei ng nz na po nc
cs=0008  ss=0010  ds=0023  es=0023  fs=0030  gs=0000    efl=00010282
tsmlvsa+0xfca3:
bff90ca3 8b08     mov ecx,dword ptr [eax] ds:0023:00000000=????????
Resetting default scope
```

STACK_TEXT:
bdf807c4 80467a15 bdf807e0 00000000 bdf80834 nt!KiDispatchException+0x30e
bdf8082c 804679c6 00000000 bdf80860 804d9f69 nt!CommonDispatchException+0x4d
bdf80838 804d9f69 00000000 00000005 e56c6946 nt!KiUnexpectedInterruptTail+0x207
00000000 00000000 00000000 00000000 00000000 nt!ObpAllocateObject+0xe1

충돌 지점 tsmlvsa+0xfca3이 스택 트레이스에 없으므로 .trap 명령을 사용한다.

```
1: kd> .trap ffffffffbdf80834
ErrCode = 00000000
eax=00000000 ebx=bdf80c34 ecx=89031870 edx=88096928 esi=88096928
edi=8905e7f0
eip=bff90ca3 esp=bdf808a8 ebp=bdf80a44 iopl=0 nv up ei ng nz na po nc
cs=0008  ss=0010  ds=0023  es=0023  fs=0030  gs=0000  efl=00010282
tsmlvsa+0xfca3:
bff90ca3 8b08   mov   ecx,dword ptr [eax] ds:0023:00000000=????????

1: kd> k
*** Stack trace for last set context - .thread/.cxr resets it
ChildEBP RetAddr
WARNING: Stack unwind information not available. Following frames may be wrong.
00000000 bdf80afc tsmlvsa+0xfca3
89080c00 00000040 nt!ObpLookupObjectName+0x504
00000000 00000001 nt!ObOpenObjectByName+0xc5
c0100080 0012b8d8 nt!IopCreateFile+0x407
c0100080 0012b8d8 nt!IoCreateFile+0x36
c0100080 0012b8d8 nt!NtCreateFile+0x2e
c0100080 0012b8d8 nt!KiSystemService+0xc9
c0100080 0012b8d8 ntdll!NtCreateFile+0xb
c0000000 00000000 KERNEL32!CreateFileW+0x343

1: kd> lmv m tsmlvsa
bff81000 bff987c0 tsmlvsa   (no symbols)
Loaded symbol image file: tsmlvsa.sys
```

```
Image path: tsmlvsa.sys
Image name: tsmlvsa.sys
Timestamp: Thu Mar 18 06:18:51 2004 (40593F4B)
CheckSum: 0002D102
ImageSize: 000177C0
Translations: 0000.04b0 0000.04e0 0409.04b0 0409.04e0
```

구글에서 `tsmlvsa+0xfca3`으로는 아무것도 검색되지 않지만 그냥 `tsmlvsa`를 검색해보면 문제 해결을 위한 링크를 바로 얻을 수 있다.

http://www-1.ibm.com/support/docview.wss?uid=swg1IC40964

가상화된 프로세스(WOW64)

가끔 x64 윈도우의 크래시 덤프를 얻는다. WinDbg에 로드해보면 WinDbg는 wow64.dll에서 예외나 중단점이 유래됐다고 나타낸다. 예를 들면 다음과 같다.

```
Loading Dump File [X:\ppid2088.dmp]
User Mini Dump File with Full Memory: Only application data is available

Comment: 'Userdump generated complete user-mode minidump with Exception
Monitor function on SERVER01'
Symbol search path is:
srv*c:\mss*http://msdl.microsoft.com/download/symbols
Executable search path is:
Windows Server 2003 Version 3790 (Service Pack 2) MP (4 procs) Free x64
Product: Server, suite: TerminalServer
Debug session time: Tue Sep 4 13:36:14.000 2007 (GMT+2)
System Uptime: 6 days 3:32:26.081
Process Uptime: 0 days 0:01:54.000
WARNING: tsappcmp overlaps ws2_32
WARNING: msvcp60 overlaps oleacc
WARNING: tapi32 overlaps rasapi32
WARNING: rtutils overlaps rasman
WARNING: dnsapi overlaps rasapi32
WARNING: wldap32 overlaps dnsapi
```

```
WARNING: ntshrui overlaps userenv
WARNING: wtsapi32 overlaps dnsapi
WARNING: winsta overlaps setupapi
WARNING: activeds overlaps rtutils
WARNING: activeds overlaps rasman
WARNING: adsldpc overlaps activeds
WARNING: drprov overlaps apphelp
WARNING: netui1 overlaps netui0
WARNING: davclnt overlaps apphelp
...
This dump file has an exception of interest stored in it.
The stored exception information can be accessed via .ecxr.
(2088.2fe4): Unknown exception - code 000006d9 (first/second chance not
available)
wow64!Wow64NotifyDebugger+0x9:
00000000`6b006369 b001            mov     al,1
```

분석은 런타임 예외가 발생했음을 나타낸다. 그러나 스택 트레이스는 모든 프로세스 스레드에서 WOW64 CPU 시뮬레이션 코드만을 나타낸다.

```
0:000> !analyze -v
*******************************************************
*                                                     *
* Exception Analysis                                  *
*                                                     *
*******************************************************

FAULTING_IP:
kernel32!RaiseException+53
00000000`7d4e2366 5e              pop     rsi

EXCEPTION_RECORD:  ffffffffffffffff -- (.exr 0xffffffffffffffff)
ExceptionAddress: 000000007d4e2366
   (kernel32!RaiseException+0x0000000000000053)
   ExceptionCode: 000006d9
  ExceptionFlags: 00000001
NumberParameters: 0
```

DEFAULT_BUCKET_ID: STACK_CORRUPTION

PROCESS_NAME: App.exe

ERROR_CODE: (NTSTATUS) 0x6d9 - There are no more endpoints available from the endpoint mapper.

NTGLOBALFLAG: 0

APPLICATION_VERIFIER_FLAGS: 0

LAST_CONTROL_TRANSFER: from 000000006b0064f2 to 000000006b006369

FOLLOWUP_IP:
wow64!Wow64NotifyDebugger+9
00000000`6b006369 b001   mov   al,1

SYMBOL_STACK_INDEX: 0

SYMBOL_NAME: wow64!Wow64NotifyDebugger+9

FOLLOWUP_NAME: MachineOwner

MODULE_NAME: **wow64**

IMAGE_NAME: **wow64.dll**

DEBUG_FLR_IMAGE_TIMESTAMP: 45d6943d

FAULTING_THREAD: 0000000000002fe4

PRIMARY_PROBLEM_CLASS: STACK_CORRUPTION

BUGCHECK_STR: APPLICATION_FAULT_STACK_CORRUPTION

STACK_COMMAND: ~0s; .ecxr ; dt ntdll!LdrpLastDllInitializer BaseDllName ; dt ntdll!LdrpFailureData ; kb

FAILURE_BUCKET_ID: X64_APPLICATION_FAULT_STACK_CORRUPTION_wow64!Wow64Noti fyDebugger+9

BUCKET_ID: X64_APPLICATION_FAULT_STACK_CORRUPTION_wow64!Wow64NotifyDebugger+9

Followup: MachineOwner

```
0:000> ~*k
.  0  Id: 2088.2fe4 Suspend: 1 Teb: 00000000`7efdb000 Unfrozen
Child-SP          RetAddr           Call Site
00000000`0016e190 00000000`6b0064f2 wow64!Wow64NotifyDebugger+0x9
00000000`0016e1c0 00000000`6b006866 wow64!Wow64KiRaiseException+0x172
00000000`0016e530 00000000`78b83c7d wow64!Wow64SystemServiceEx+0xd6
00000000`0016edf0 00000000`6b006a5a wow64cpu!ServiceNoTurbo+0x28
00000000`0016ee80 00000000`6b005e0d wow64!RunCpuSimulation+0xa
00000000`0016eeb0 00000000`77ed8030 wow64!Wow64LdrpInitialize+0x2ed
00000000`0016f3f0 00000000`77ed582f ntdll!LdrpInitializeProcess+0x1538
00000000`0016f6f0 00000000`77ef30a5 ntdll!LdrpInitialize+0x18f
00000000`0016f7d0 00000000`7d4d1510 ntdll!KiUserApcDispatcher+0x15
00000000`0016fcc8 00000000`00000000 kernel32!BaseProcessStartThunk
00000000`0016fcd0 00000000`00000000 0x0
00000000`0016fcd8 00000000`00000000 0x0
00000000`0016fce0 00000000`00000000 0x0
00000000`0016fce8 00000000`00000000 0x0
00000000`0016fcf0 00000000`00000000 0x0
00000000`0016fcf8 00000000`00000000 0x0
00000000`0016fd00 00010007`00000000 0x0
00000000`0016fd08 00000000`00000000 0x10007`00000000
00000000`0016fd10 00000000`00000000 0x0
00000000`0016fd18 00000000`00000000 0x0

   1  Id: 2088.280c Suspend: 1 Teb: 00000000`7efd8000 Unfrozen
Child-SP          RetAddr           Call Site
00000000`0200f0d8 00000000`6b006a5a wow64cpu!WaitForMultipleObjects32+0x3a
00000000`0200f180 00000000`6b005e0d wow64!RunCpuSimulation+0xa
00000000`0200f1b0 00000000`77f109f0 wow64!Wow64LdrpInitialize+0x2ed
00000000`0200f6f0 00000000`77ef30a5 ntdll!LdrpInitialize+0x2aa
00000000`0200f7d0 00000000`7d4d1504 ntdll!KiUserApcDispatcher+0x15
```

```
00000000`0200fcc8 00000000`00000000 kernel32!BaseThreadStartThunk
00000000`0200fcd0 00000000`00000000 0x0
00000000`0200fcd8 00000000`00000000 0x0
00000000`0200fce0 00000000`00000000 0x0
00000000`0200fce8 00000000`00000000 0x0
00000000`0200fcf0 00000000`00000000 0x0
00000000`0200fcf8 00000000`00000000 0x0
00000000`0200fd00 0001002f`00000000 0x0
00000000`0200fd08 00000000`00000000 0x1002f`00000000
00000000`0200fd10 00000000`00000000 0x0
00000000`0200fd18 00000000`00000000 0x0
00000000`0200fd20 00000000`00000000 0x0
00000000`0200fd28 00000000`00000000 0x0
00000000`0200fd30 00000000`00000000 0x0
00000000`0200fd38 00000000`00000000 0x0

   2 Id: 2088.1160 Suspend: 1 Teb: 00000000`7efd5000 Unfrozen
Child-SP          RetAddr           Call Site
00000000`0272e7c8 00000000`6b29c464 wow64win!ZwUserGetMessage+0xa
00000000`0272e7d0 00000000`6b006866 wow64win!whNtUserGetMessage+0x34
00000000`0272e830 00000000`78b83c7d wow64!Wow64SystemServiceEx+0xd6
00000000`0272f0f0 00000000`6b006a5a wow64cpu!ServiceNoTurbo+0x28
00000000`0272f180 00000000`6b005e0d wow64!RunCpuSimulation+0xa
00000000`0272f1b0 00000000`77f109f0 wow64!Wow64LdrpInitialize+0x2ed
00000000`0272f6f0 00000000`77ef30a5 ntdll!LdrpInitialize+0x2aa
00000000`0272f7d0 00000000`7d4d1504 ntdll!KiUserApcDispatcher+0x15
00000000`0272fcc8 00000000`00000000 kernel32!BaseThreadStartThunk
00000000`0272fcd0 00000000`00000000 0x0
00000000`0272fcd8 00000000`00000000 0x0
00000000`0272fce0 00000000`00000000 0x0
00000000`0272fce8 00000000`00000000 0x0
00000000`0272fcf0 00000000`00000000 0x0
00000000`0272fcf8 00000000`00000000 0x0
00000000`0272fd00 00010003`00000000 0x0
00000000`0272fd08 00000000`00000000 0x10003`00000000
00000000`0272fd10 00000000`00000000 0x0
00000000`0272fd18 00000000`00000000 0x0
00000000`0272fd20 00000000`00000000 0x0
```

```
   3  Id: 2088.2d04 Suspend: 1 Teb: 00000000`7efad000 Unfrozen
Child-SP          RetAddr           Call Site
00000000`0289f108 00000000`78b84191 wow64cpu!CpupSyscallStub+0x9
00000000`0289f110 00000000`6b006a5a wow64cpu!Thunk2ArgNSpNSpReloadState+0x21
00000000`0289f180 00000000`6b005e0d wow64!RunCpuSimulation+0xa
00000000`0289f1b0 00000000`77f109f0 wow64!Wow64LdrpInitialize+0x2ed
00000000`0289f6f0 00000000`77ef30a5 ntdll!LdrpInitialize+0x2aa
00000000`0289f7d0 00000000`7d4d1504 ntdll!KiUserApcDispatcher+0x15
00000000`0289fcc8 00000000`00000000 kernel32!BaseThreadStartThunk
00000000`0289fcd0 00000000`00000000 0x0
00000000`0289fcd8 00000000`00000000 0x0
00000000`0289fce0 00000000`00000000 0x0
00000000`0289fce8 00000000`00000000 0x0
00000000`0289fcf0 00000000`00000000 0x0
00000000`0289fcf8 00000000`00000000 0x0
00000000`0289fd00 0001002f`00000000 0x0
00000000`0289fd08 00000000`00000000 0x1002f`00000000
00000000`0289fd10 00000000`00000000 0x0
00000000`0289fd18 00000000`00000000 0x0
00000000`0289fd20 00000000`00000000 0x0
00000000`0289fd28 00000000`00000000 0x0
00000000`0289fd30 00000000`00000000 0x0

   4  Id: 2088.15c4 Suspend: 1 Teb: 00000000`7efa4000 Unfrozen
Child-SP          RetAddr           Call Site
00000000`02def0a8 00000000`6b006a5a wow64cpu!RemoveIoCompletionFault+0x41
00000000`02def180 00000000`6b005e0d wow64!RunCpuSimulation+0xa
00000000`02def1b0 00000000`77f109f0 wow64!Wow64LdrpInitialize+0x2ed
00000000`02def6f0 00000000`77ef30a5 ntdll!LdrpInitialize+0x2aa
00000000`02def7d0 00000000`7d4d1504 ntdll!KiUserApcDispatcher+0x15
00000000`02defcc8 00000000`00000000 kernel32!BaseThreadStartThunk
00000000`02defcd0 00000000`00000000 0x0
00000000`02defcd8 00000000`00000000 0x0
00000000`02defce0 00000000`00000000 0x0
00000000`02defce8 00000000`00000000 0x0
00000000`02defcf0 00000000`00000000 0x0
00000000`02defcf8 00000000`00000000 0x0
00000000`02defd00 0001002f`00000000 0x0
```

```
00000000`02defd08 00000000`00000000 0x1002f`00000000
00000000`02defd10 00000000`00000000 0x0
00000000`02defd18 00000000`00000000 0x0
00000000`02defd20 00000000`00000000 0x0
00000000`02defd28 00000000`00000000 0x0
00000000`02defd30 00000000`00000000 0x0
00000000`02defd38 00000000`00000000 0x0
```

이는 프로세스는 32비트지만 덤프는 64비트라는 확실한 징후다. 이런 상태는 6장의 '덤프, 디버거, 가상화' 절에서 설명한다. 그리고 가상화된 CPU 아키텍처를 이해하려면 디버거 플러그인이 필요하다.

이 크래시 덤프 패턴은 가상화된 프로세스Virtualized Process라 할 수 있다. 이 경우엔 wow64exts.dll WinDbg 익스텐션을 로드해야 할 필요가 있다. 그리고 .effmach 명령을 사용해 타겟 프로세스 모드를 x86으로 설정해야 한다.

```
0:000> .load wow64exts
0:000> .effmach x86
Effective machine: x86 compatible (x86)
```

그리고 나면 분석 결과는 좀 더 의미 있는 결과를 나타낸다.

```
0:000:x86> !analyze -v
*******************************************************
*                                                     *
* Exception Analysis                                  *
*                                                     *
*******************************************************

FAULTING_IP:
kernel32!RaiseException+53
00000000`7d4e2366 5e              pop     esi

EXCEPTION_RECORD:  ffffffffffffffff -- (.exr 0xffffffffffffffff)
ExceptionAddress: 000000007d4e2366
   (kernel32!RaiseException+0x0000000000000053)
   ExceptionCode: 000006d9
```

```
   ExceptionFlags: 00000001
NumberParameters: 0

   BUGCHECK_STR:    6d9

   DEFAULT_BUCKET_ID:    APPLICATION_FAULT

   PROCESS_NAME:   App.exe

   ERROR_CODE: (NTSTATUS) 0x6d9 - There are no more endpoints available from
   the endpoint mapper.

   NTGLOBALFLAG:    0

   APPLICATION_VERIFIER_FLAGS:      0

   LAST_CONTROL_TRANSFER:    from 000000007da4a631 to 000000007d4e2366

STACK_TEXT:
0012d98c 7da4a631 kernel32!RaiseException+0x53
0012d9a4 7da4a5f7 rpcrt4!RpcpRaiseException+0x24
0012d9b4 7dac0140 rpcrt4!NdrGetBuffer+0x46
0012dda0 5f2a2fba rpcrt4!NdrClientCall2+0x197
0012ddbc 5f29c6a6 hnetcfg!FwOpenDynamicFwPort+0x1d
0012de68 7db4291f hnetcfg!IcfOpenDynamicFwPort+0x6a
0012df00 71c043db mswsock!WSPBind+0x2e3
WARNING: Frame IP not in any known module. Following frames may be wrong.
0012df24 76ed91c8 ws2_32+0x43db
0012df6c 76ed9128 rasapi32+0x491c8
0012df98 76ed997c rasapi32+0x49128
0012dfc0 76ed8ac2 rasapi32+0x4997c
0012dfd4 76ed89cd rasapi32+0x48ac2
0012dff0 76ed82e5 rasapi32+0x489cd
0012e010 76ed827f rasapi32+0x482e5
0012e044 76ed8bf0 rasapi32+0x4827f
0012e0c8 76ed844d rasapi32+0x48bf0
0012e170 76ed74b5 rasapi32+0x4844d
0012e200 76ed544f rasapi32+0x474b5
0012e22c 76ed944d rasapi32+0x4544f
```

크래시 덤프 분석 패턴 ● 445

```
0012e24c 76ed93a4 rasapi32+0x4944d
0012e298 76ed505f rasapi32+0x493a4
0012e2bc 7db442bf rasapi32+0x4505f
0012e2ec 7db4418b mswsock!SaBlob_Query+0x2d
0012e330 7db4407c mswsock!Rnr_DoDnsLookup+0xf0
0012e5c8 71c06dc0 mswsock!Dns_NSPLookupServiceNext+0x24b
0012e5e0 71c06da0 ws2_32+0x6dc0
0012e5fc 71c06d6a ws2_32+0x6da0
0012e628 71c06d08 ws2_32+0x6d6a
0012e648 71c08282 ws2_32+0x6d08
0012ef00 71c07f68 ws2_32+0x8282
0012ef34 71c08433 ws2_32+0x7f68
0012efa0 71c03236 ws2_32+0x8433
0012f094 71c03340 ws2_32+0x3236
0012f0bc 7dab22fb ws2_32+0x3340
0012f11c 7dab3a0e rpcrt4!IP_ADDRESS_RESOLVER::NextAddress+0x13e
0012f238 7dab3c11 rpcrt4!TCPOrHTTP_Open+0xdb
0012f270 7da44c85 rpcrt4!TCP_Open+0x55
0012f2b8 7da44b53 rpcrt4!OSF_CCONNECTION::TransOpen+0x5e
0012f31c 7da447d7 rpcrt4!OSF_CCONNECTION::OpenConnectionAndBind+0xbe
0012f360 7da44720 rpcrt4!OSF_CCALL::BindToServer+0xfa
0012f378 7da3a9df rpcrt4!OSF_BINDING_HANDLE::InitCCallWithAssociation+0x63
0012f3f4 7da3a8dd rpcrt4!OSF_BINDING_HANDLE::AllocateCCall+0x49d
0012f428 7da37a1c rpcrt4!OSF_BINDING_HANDLE::NegotiateTransferSyntax+0x2e
0012f440 7da3642c rpcrt4!I_RpcGetBufferWithObject+0x5b
0012f450 7da37bff rpcrt4!I_RpcGetBuffer+0xf
0012f460 7dac0140 rpcrt4!NdrGetBuffer+0x2e
0012f84c 766f41f1 rpcrt4!NdrClientCall2+0x197
0012f864 766f40b8 ntdsapi!_IDL_DRSBind+0x1c
0012f930 7d8ecaa2 ntdsapi!DsBindWithSpnExW+0x223
0012f9b0 7d8ed028 secur32!SecpTranslateName+0x1f3
0012f9d0 00434aa0 secur32!TranslateNameW+0x2d
0012fab4 00419a7f App+0x34aa0
0012fb0c 0041a61b App+0x19a7f
0012fbc0 0045a293 App+0x1a61b
0012fbc8 0043682f App+0x5a293
0012fbcc 004188f3 App+0x3682f
0043682f 00000000 App+0x188f3
```

STACK_COMMAND: kb

FOLLOWUP_IP:
hnetcfg!FwOpenDynamicFwPort+1d
00000000`5f2a2fba 83c40c   add   esp,0Ch

SYMBOL_STACK_INDEX: 4

SYMBOL_NAME: hnetcfg!FwOpenDynamicFwPort+1d

FOLLOWUP_NAME: MachineOwner

MODULE_NAME: hnetcfg

IMAGE_NAME: hnetcfg.dll

DEBUG_FLR_IMAGE_TIMESTAMP: 45d6cc2a

FAULTING_THREAD: 0000000000002fe4

FAILURE_BUCKET_ID: X64_6d9_hnetcfg!FwOpenDynamicFwPort+1d

BUCKET_ID: X64_6d9_hnetcfg!FwOpenDynamicFwPort+1d

Followup: MachineOwner

0:000:x86> ~*k

. 0 Id: 2088.2fe4 Suspend: 1 Teb: 00000000`7efdb000 Unfrozen
ChildEBP   RetAddr
0012d98c 7da4a631 kernel32!RaiseException+0x53
0012d9a4 7da4a5f7 rpcrt4!RpcpRaiseException+0x24
0012d9b4 7dac0140 rpcrt4!NdrGetBuffer+0x46
0012dda0 5f2a2fba rpcrt4!NdrClientCall2+0x197
0012ddbc 5f29c6a6 hnetcfg!FwOpenDynamicFwPort+0x1d
0012de68 7db4291f hnetcfg!IcfOpenDynamicFwPort+0x6a
0012df00 71c043db mswsock!WSPBind+0x2e3
WARNING: Frame IP not in any known module. Following frames may be wrong.

```
0012df24 76ed91c8 ws2_32+0x43db
0012df6c 76ed9128 rasapi32+0x491c8
0012df98 76ed997c rasapi32+0x49128
0012dfc0 76ed8ac2 rasapi32+0x4997c
0012dfd4 76ed89cd rasapi32+0x48ac2
0012dff0 76ed82e5 rasapi32+0x489cd
0012e010 76ed827f rasapi32+0x482e5
0012e044 76ed8bf0 rasapi32+0x4827f
0012e0c8 76ed844d rasapi32+0x48bf0
0012e170 76ed74b5 rasapi32+0x4844d
0012e200 76ed544f rasapi32+0x474b5
0012e22c 76ed944d rasapi32+0x4544f
0012e24c 76ed93a4 rasapi32+0x4944d


   1 Id: 2088.280c Suspend: 1 Teb: 00000000`7efd8000 Unfrozen
ChildEBP          RetAddr
01fcfea4 7d63f501 ntdll_7d600000!NtWaitForMultipleObjects+0x15
01fcff48 7d63f988 ntdll_7d600000!EtwpWaitForMultipleObjectsEx+0xf7
01fcffb8 7d4dfe21 ntdll_7d600000!EtwpEventPump+0x27f
01fcffec 00000000 kernel32!BaseThreadStart+0x34

   2 Id: 2088.1160 Suspend: 1 Teb: 00000000`7efd5000 Unfrozen
ChildEBP          RetAddr
026eff50 0042f13b user32!NtUserGetMessage+0x15
WARNING: Stack unwind information not available. Following frames may be
wrong.
026effb8 7d4dfe21 App+0x2f13b
026effec 00000000 kernel32!BaseThreadStart+0x34

   3 Id: 2088.2d04 Suspend: 1 Teb: 00000000`7efad000 Unfrozen
ChildEBP          RetAddr
0285ffa0 7d634d69 ntdll_7d600000!ZwDelayExecution+0x15
0285ffb8 7d4dfe21 ntdll_7d600000!RtlpTimerThread+0x47
0285ffec 00000000 kernel32!BaseThreadStart+0x34

   4 Id: 2088.15c4 Suspend: 1 Teb: 00000000`7efa4000 Unfrozen
ChildEBP          RetAddr
02daff80 7db4b6c6 ntdll_7d600000!NtRemoveIoCompletion+0x15
02daffb8 7d4dfe21 mswsock!SockAsyncThread+0x69
```

```
02daffec 00000000 kernel32!BaseThreadStart+0x34
```

스택 트레이스 모음

가끔 문제가 단일 스택 트레이스 패턴이 아닌 스택 트레이스 모음에서 확인될 수 있다.

여기엔 결합된 프로세스Coupled Processes, 프로시저 호출 체인Procedure Call Chains, 블록된 스레드Blocked Threads가 포함된다. 여기선 스택 트레이스를 열거하는 다양한 방법만 설명한다.

- **다양한 프로세스 미니덤프를 포함한 프로세스 덤프**

    ○ ~*kv 명령은 모든 프로세스 스레드를 열거한다.

    ○ !findstack module[!symbol] 2 명령은 모든 스택 트레이스를 걸러내 module이나 module!symbol을 담고 있는 것만 나타낸다.

    ○ !uniqstack 명령

- **커널 미니덤프** 문제가 발생한 스레드 하나만 있다. kv 명령이나 그 변형으로 충분하다.

- **커널과 컴플리트 메모리 덤프**

    ○ !process 0 ff 명령은 컴플리트 메모리 덤프에서 모든 프로세스와 그에 속한 스레드를 유저 공간 프로세스 스택과 함께 열거한다. 이 명령은 윈도우 XP와 그 이후의 버전에서만 유효하다. 이전 시스템에선 WinDbg 스크립트를 사용할 수 있다.

    ○ !stacks 2 [module[!symbol]] 명령은 커널 모드 스택 트레이스를 나타낸다. 그리고 출력 결과에서 module이나 module!symbol에 기반해 필터링할 수 있다. 필터링은 윈도우 XP와 그 이후 시스템에서만 가능하다.

    ○ ~[ProcessorN]s;.reload /user;kv 명령 시퀀스는 지정된 프로세서에서 실행 중인 스레드의 스택 트레이스를 나타낸다.

다음은 프로세서 변경 명령의 예를 보여준다.

```
0: kd> ~2s

2: kd> k
ChildEBP RetAddr
eb42bd58 00000000 nt!KiIdleLoop+0x14

2: kd> ~1s;.reload /user;k
Loading User Symbols
...
ChildEBP RetAddr
be4f8c30 eb091f43 i8042prt!I8xProcessCrashDump+0x53
be4f8c8c 8046bfe2 i8042prt!I8042KeyboardInterruptService+0x15d
be4f8c8c 8049470f nt!KiInterruptDispatch+0x32
be4f8d54 80468389 nt!NtSetEvent+0x71
be4f8d54 77f8290a nt!KiSystemService+0xc9
081cfefc 77f88266 ntdll!ZwSetEvent+0xb
081cff0c 77f881b1 ntdll!RtlpUnWaitCriticalSection+0x1b
081cff14 1b00c7d1 ntdll!RtlLeaveCriticalSection+0x1d
081cff4c 1b0034da msjet40!Database::ReadPages+0x81
081cffb4 7c57b3bc msjet40!System::WorkerThread+0x115
081cffec 00000000 KERNEL32!BaseThreadStart+0x52
```

!findstack 명령의 예는 다음과 같다(프로세스 덤프).

```
0:000> !findstack kernel32!RaiseException 2
Thread 000, 1 frame(s) match
*   00 0013b3f8 72e8d3ef kernel32!RaiseException+0x53
    01 0013b418 72e9a26b msxml3!Exception::raiseException+0x5f
    02 0013b424 72e8ff00 msxml3!Exception::_throwError+0x22
    03 0013b46c 72e6abaa msxml3!COMSafeControlRoot::getBaseURL+0x3d
    04 0013b4bc 72e6a888 msxml3!Document::loadXML+0x82
    05 0013b510 64b73a9b msxml3!DOMDocumentWrapper::loadXML+0x5a
    06 0013b538 64b74eb6 iepeers!CPersistUserData::initXMLCache+0xa6
    07 0013b560 77d0516e iepeers!CPersistUserData::load+0xfc
    08 0013b57c 77d14abf oleaut32!DispCallFunc+0x16a
...
```

```
        ...
        ...
        66 0013fec8 0040243d shdocvw!IEWinMain+0x129
        67 0013ff1c 00402744 iexplore!WinMain+0x316
        68 0013ffc0 77e6f23b iexplore!WinMainCRTStartup+0x182
        69 0013fff0 00000000 kernel32!BaseProcessStart+0x23
```

!stacks 명령의 예(커널 덤프)는 다음과 같다.

```
2: kd> !stacks 2 nt!PspExitThread
Proc.Thread    .Thread    Ticks    ThreadState Blocker
                         [8a390818 System]
                         [8a1bbbf8 smss.exe]
                         [8a16cbf8 csrss.exe]
                         [89c14bf0 winlogon.exe]
                         [89dda630 services.exe]
                         [89c23af0 lsass.exe]
                         [8a227470 svchost.exe]
                         [89f03bb8 svchost.exe]
                         [89de3820 svchost.exe]
                         [89d09b60 svchost.exe]
                         [89c03530 ccEvtMgr.exe]
                         [89b8f4f0 ccSetMgr.exe]
                         [89dfe8c0 SPBBCSvc.exe]
                         [89c9db18 svchost.exe]
                         [89dfa268 spoolsv.exe]
                         [89dfa6b8 msdtc.exe]
                         [89df38f0 CpSvc.exe]
                         [89d97d88 DefWatch.exe]
                         [89e04020 IBMSPSVC.EXE]
                         [89b54710 IBMSPREM.EXE]
                         [89d9e4b0 IBMSPREM.EXE]
                         [89c2c4e8 svchost.exe]
                         [89d307c0 SavRoam.exe]
                         [89bfcd88 Rtvscan.exe]
                         [89b53b60 uphclean.exe]
                         [89c24020 AgentSVC.exe]
                         [89d75b60 sAginst.exe]
```

```
                            [89cf0d88 CdfSvc.exe]
                            [89d87020 cdmsvc.exe]
                            [89dafd88 ctxxmlss.exe]
                            [89d8dd88 encsvc.exe]
                            [89d06d88 ImaSrv.exe]
                            [89d37b60 mfcom.exe]
                            [89c8bb18 SmaService.exe]
                            [89d2ba80 svchost.exe]
                            [89ce8630 XTE.exe]
                            [89b64b60 XTE.exe]
                            [89b7c680 ctxcpusched.exe]
                            [88d94a88 ctxcpuusync.exe]
                            [89ba5418 unsecapp.exe]
                            [89d846e0 wmiprvse.exe]
                            [89cda9d8 ctxwmisvc.exe]
                            [88d6cb78 logon.scr]
                            [88ba0a70 csrss.exe]
                            [88961968 winlogon.exe]
                            [8865f740 rdpclip.exe]
                            [8858db20 wfshell.exe]
                            [88754020 explorer.exe]
                            [88846d88 BacsTray.exe]
                            [886b6180 ccApp.exe]
                            [884bc020 fppdis3a.exe]
                            [885cb350 ctfmon.exe]
                            [888bb918 cscript.exe]
                            [8880b3c8 cscript.exe]
                            [88ad2950 csrss.exe]
          b68.00215c 88930020 0000000 RUNNING nt!KeBugCheckEx+0x1b
                                      nt!MiCheckSessionPoolAllocations+0xe3
                                      nt!MiDereferenceSessionFinal+0x183
                                      nt!MmCleanProcessAddressSpace+0x6b
                                      nt!PspExitThread+0x5f1
                                      nt!PspTerminateThreadByPointer+0x4b
                                      nt!PspSystemThreadStartup+0x3c
                                      nt!KiThreadStartup+0x16
                            [88629310 winlogon.exe]
                            [88a4d9b0 csrss.exe]
                            [88d9f8b0 winlogon.exe]
```

```
                              [88cd5840 wfshell.exe]
                              [8a252440 OUTLOOK.EXE]
                              [8a194bf8 WINWORD.EXE]
                              [88aabd20 ctfmon.exe]
                              [889ef440 EXCEL.EXE]
                              [88bec838 HogiaGUI2.exe]
                              [88692020 csrss.exe]
                              [884dd508 winlogon.exe]
                              [88be1d88 wfshell.exe]
                              [886a7d88 OUTLOOK.EXE]
                              [889baa70 WINWORD.EXE]
                              [8861e3d0 ctfmon.exe]
                              [887bbb68 EXCEL.EXE]
                              [884e4020 csrss.exe]
                              [8889d218 winlogon.exe]
                              [887c8020 wfshell.exe]
Threads Processed: 1101
```

컴플리트 메모리 덤프에서 !process 0 0 명령으로 얻은 프로세스 리스트를 갖고 있을 때 특정한 프로세스를 조사하기 원한다면 어떻게 해야 할까? 이 경우 프로세스를 전환하고 유저 공간 심볼 파일을 리로드할 필요가 있다(.process /r /p 주소).

또 언제라도 유저 공간 심볼 파일을 리로드할 수 있는 명령이 있다(.reload /user).

전환 후에 스레드를 열거할 수 있고(!process 주소), 덤프나 프로세스 가상 메모리를 검색할 수도 있다. 예를 들면 다음과 같다.

```
1: kd> !process 0 0
**** NT ACTIVE PROCESS DUMP ****
PROCESS 890a3320  SessionId: 0   Cid: 0008   Peb: 00000000
ParentCid: 0000
    DirBase: 00030000  ObjectTable: 890a3e08   TableSize: 405.
    Image: System
PROCESS 889dfd60  SessionId: 0   Cid: 0144   Peb: 7ffdf000
ParentCid: 0008
    DirBase: 0b9e7000  ObjectTable: 889fdb48   TableSize: 212.
```

Image: SMSS.EXE
PROCESS 890af020   SessionId: 0   Cid: 0160   Peb: 7ffdf000
ParentCid: 0144
    DirBase: 0ce36000   ObjectTable: 8898e308   TableSize: 747.
    Image: CSRSS.EXE
PROCESS 8893d020   SessionId: 0   Cid: 0178   Peb: 7ffdf000
ParentCid: 0144
    DirBase: 0d33b000   ObjectTable: 890ab4c8   TableSize: 364.
    Image: WINLOGON.EXE
PROCESS 88936020   SessionId: 0   Cid: 0194   Peb: 7ffdf000
ParentCid: 0178
    DirBase: 0d7d5000   ObjectTable: 88980528   TableSize: 872.
    Image: SERVICES.EXE
PROCESS 8897f020   SessionId: 0   Cid: 01a0   Peb: 7ffdf000
ParentCid: 0178
    DirBase: 0d89d000   ObjectTable: 889367c8   TableSize: 623.
    Image: LSASS.EXE

1: kd> .process /r /p 8893d020
Implicit process is now 8893d020
Loading User Symbols
...

1: kd> !process 8893d020
PROCESS 8893d020   SessionId: 0   Cid: 0178   Peb: 7ffdf000
ParentCid: 0144
    DirBase: 0d33b000   ObjectTable: 890ab4c8   lableSize: 364.
    Image: WINLOGON.EXE
    VadRoot 8893a508 Clone 0 Private 1320. Modified 45178. Locked 0.
    DeviceMap 89072448
    Token   e392f8d0
    ElapsedTime   9:54:06.0882
    UserTime   0:00:00.0071
    KernelTime   0:00:00.0382
    QuotaPoolUsage[PagedPool]   34828
    QuotaPoolUsage[NonPagedPool]   43440
    Working Set Sizes (now,min,max)   (737, 50, 345) (2948KB, 200KB, 1380KB)
    PeakWorkingSetSize   2764

```
    VirtualSize                     46 Mb
    PeakVirtualSize                 52 Mb
    PageFaultCount                  117462
    MemoryPriority                  FOREGROUND
    BasePriority                    13
    CommitCharge                    1861

    THREAD 8893dda0  Cid 178.15c  Teb: 7ffde000  Win32Thread: a2034908
WAIT: (WrUserRequest) UserMode Non-Alertable
            8893bee0 SynchronizationEvent
    Not impersonating
    Owning Process 8893d020
    Wait Start TickCount    29932455     Elapsed Ticks: 7
    Context Switch Count    28087                LargeStack
    UserTime                             0:00:00.0023
    KernelTime                           0:00:00.0084
    Start Address winlogon!WinMainCRTStartup (0x0101cbb0)
    Stack Init eb1b0000 Current eb1afcc8 Base eb1b0000 Limit eb1ac000
Call 0
Priority 15 BasePriority 15 PriorityDecrement 0 DecrementCount 0

ChildEBP RetAddr
eb1afce0 8042d893 nt!KiSwapThread+0x1b1
eb1afd08 a00019c2 nt!KeWaitForSingleObject+0x1a3
eb1afd44 a0013993 win32k!xxxSleepThread+0x18a
eb1afd54 a001399f win32k!xxxWaitMessage+0xe
eb1afd5c 80468389 win32k!NtUserWaitMessage+0xb
eb1afd5c 77e58b53 nt!KiSystemService+0xc9
0006fdd0 77e33630 USER32!NtUserWaitMessage+0xb
0006fe04 77e44327 USER32!DialogBox2+0x216
0006fe28 77e38d37 USER32!InternalDialogBox+0xd1
0006fe48 77e39eba USER32!DialogBoxIndirectParamAorW+0x34
0006fe6c 01011749 USER32!DialogBoxParamW+0x3d
0006fea8 01018bd3 winlogon!TimeoutDialogBoxParam+0x27
0006fee0 76b93701 winlogon!WlxDialogBoxParam+0x7b
0006ff08 010164c6 3rdPartyGINA!WlxDisplaySASNotice+0x43
0006ff20 01014960 winlogon!MainLoop+0x96
0006ff58 0101cd06 winlogon!WinMain+0x37a
0006fff4 00000000 winlogon!WinMainCRTStartup+0x156
```

```
   THREAD 88980020  Cid 178.188  Teb: 7ffdc000  Win32Thread: 00000000
WAIT: (DelayExecution) UserMode Alertable
            88980108 NotificationTimer
   Not impersonating
   Owning Process 8893d020
   Wait Start TickCount    29930810         Elapsed Ticks: 1652
   Context Switch Count    15638
   UserTime                          0:00:00.0000
   KernelTime                        0:00:00.0000
   Start Address KERNEL32!BaseThreadStartThunk (0x7c57b740)
   Win32 Start Address ntdll!RtlpTimerThread (0x77faa02d)
   Stack Init bf6f7000 Current bf6f6cc4 Base bf6f7000 Limit bf6f4000
Call 0
Priority 13 BasePriority 13 PriorityDecrement 0 DecrementCount 0

ChildEBP RetAddr
bf6f6cdc 8042d340 nt!KiSwapThread+0x1b1
bf6f6d04 8052aac9 nt!KeDelayExecutionThread+0x182
bf6f6d54 80468389 nt!NtDelayExecution+0x7f
bf6f6d54 77f82831 nt!KiSystemService+0xc9
00bfff9c 77f842c4 ntdll!NtDelayExecution+0xb
00bfffb4 7c57b3bc ntdll!RtlpTimerThread+0x42
00bfffec 00000000 KERNEL32!BaseThreadStart+0x52

1: kd> dds 0006fee0
0006fee0   0006ff08
0006fee4   76b93701 3rdPartyGINA!WlxDisplaySASNotice+0x43
0006fee8   000755e8
0006feec   76b90000 3rdParty
0006fef0   00000578
0006fef4   00000000
0006fef8   76b9370b 3rdParty!WlxDisplaySASNotice+0x4d
0006fefc   0008d0e0
0006ff00   00000008
0006ff04   00000080
0006ff08   0006ff20
0006ff0c   010164c6 winlogon!MainLoop+0x96
0006ff10   0008d0e0
0006ff14   5ffa0000
```

```
0006ff18  000755e8
0006ff1c  00000000
0006ff20  0006ff58
0006ff24  01014960 winlogon!WinMain+0x37a
0006ff28  000755e8
0006ff2c  00000005
0006ff30  00072c9c
0006ff34  00000001
0006ff38  000001bc
0006ff3c  00000005
0006ff40  00000001
0006ff44  0000000d
0006ff48  00000000
0006ff4c  00000000
0006ff50  00000000
0006ff54  0000ffe4
0006ff58  0006fff4
0006ff5c  0101cd06 winlogon!WinMainCRTStartup+0x156
```

svchost.exe처럼 같은 모듈 이름을 갖는 프로세스에 속한 스택만을 필터링할 수도 있다(2장의 '필터링 프로세스' 절 참조).

때로 시스템에 있는 모든 스레드의 모든 스택 트레이스 모음은 반증하거나 어떤 모듈이 개입됐다는 가설을 깨는 데 사용할 수 있다. 예를 들어 고객이 서버가 멈추는 현상에 대해 특정 드라이버가 개입돼 있다고 항의했었다. 그렇지만 모든 스레드 스택에서 그런 모듈은 존재하지 않았다.

결합된 프로세스

어떤 기능이 동작하지 않거나 요청에 응답이 없을 때가 있다. 그러면 해당 기능을 구현한 프로세스가 충돌했거나 행hang일 것으로 가정할 수 있다. 프로세스 간의 관계를 알고 있다면 스택 트레이스를 살펴보는 것으로 프로세스 간의 의존관계를 분석하기 위해 몇 개의 유저 덤프를 한번에 요청하거나 컴플리트 메모리 덤프를 요청할 수 있다. 이것은 결합된 프로세스Coupled Processes라는 시스템 레벨의 크래시 덤프 분석 패턴의 한 예다.

프로세스 관계는 LPCLocal Procedure Call를 통한 원격 프로시저 호출Remote Procedure Call, RPC 같은 프로세스 간 통신 메커니즘(IPC)으로 구현될 수 있고 스택 트레이스에서 쉽게 확인할 수 있다.

내가 선호하는 사례는 몇 개의 애플리케이션이 프린트를 시도한 후 행hang이 돼버리는 것이다. 프린팅 API는 WINSPOOL.DLL에서 익스포트한다. 그리고 그것은 RPC를 통해 대개 윈도우 프린트 스풀러 서비스로 요청을 전달한다. 그러므로 이론적으로 하나는 애플리케이션으로부터, 다른 하나는 spoolsv.exe로부터 두 개의 덤프를 얻어야 한다. 비슷한 예로 시트릭스 프레젠테이션 서버 환경이 있다. 프린터 자동 생성과 연관된 것으로 시트릭스 프린팅 서비스 CpSvc.exe와 spoolsv.exe 간에 의존관계가 있다. 그러므로 새로운 사용자 연결이 행이고 양쪽 프린팅 서비스를 재시작하는 것으로 문제가 해결된다면 프로시저 호출 체인을 확인하고 서드파티 프린팅 컴포넌트나 드라이버의 문제를 찾기 위해 양쪽 서비스의 메모리 덤프를 함께 분석해야 할 필요가 있을 수도 있다.

내가 선호하는 사례로 돌아가 보자. 멈춘 애플리케이션에서 다음과 같은 스레드를 볼 수 있다.

```
  18 Id: 2130.6320 Suspend: 1 Teb: 7ffa8000 Unfrozen
ChildEBP RetAddr
01eae170 7c821c94 ntdll!KiFastSystemCallRet
01eae174 77c72700 ntdll!NtRequestWaitReplyPort+0xc
01eae1c8 77c713ba rpcrt4!LRPC_CCALL::SendReceive+0x230
01eae1d4 77c72c7f rpcrt4!I_RpcSendReceive+0x24
01eae1e8 77ce219b rpcrt4!NdrSendReceive+0x2b
01eae5d0 7307c9ef rpcrt4!NdrClientCall2+0x22e
01eae5e8 73082d8d winspool!RpcAddPrinter+0x1c
01eaea70 0040d81a winspool!AddPrinterW+0x102
01eaef58 0040ee7c App!AddNewPrinter+0x816
...
...
...
```

winspool과 rpcrt4 모듈을 주목하자. 애플리케이션은 새로운 프린터를 추가하고 응답을 대기하려고 RPC를 사용해 스풀러 서비스를 호출한다. 스풀러 서비스 덤프를 살펴보면 메시지 박스를 나타내고 사용자 입력을 기다리는 몇 개의 스레드를 보여준다.

```
   20 Id: 790.5950 Suspend: 1 Teb: 7ffa2000 Unfrozen
ChildEBP RetAddr Args to Child
03deea70 7739d02f 77392bf3 00000000 00000000 ntdll!KiFastSystemCallRet
03deeaa8 7738f122 03dd0058 00000000 00000001 user32!NtUserWaitMessage+0xc
03deead0 773a1722 77380000 00123690 00000000 user32!InternalDialogBox+0xd0
03deed90 773a1004 03deeeec 03dae378 03dae160
user32!SoftModalMessageBox+0x94b
03deeee0 773b1a28 03deeeec 00000028 00000000 user32!MessageBoxWorker+0x2ba
03deef38 773b19c4 00000000 03defb9c 03def39c user32!MessageBoxTimeoutW+0x7a
03deef58 773b19a0 00000000 03defb9c 03def39c user32!MessageBoxExW+0x1b
03deef74 021f265b 00000000 03defb9c **03def39c** user32!MessageBoxW+0x45
WARNING: Stack unwind information not available. Following frames may be
wrong.
03deef88 00000000 03dae160 03deffec 03dae16a
PrinterDriver!UninstallerInstall+0x2cb
```

WinDbg du 명령을 사용해 `MessageBoxW`의 세 번째 인자를 덤프해보면 다음과 같다.

당신의 프린터를 위한 소프트웨어의 설치가 완료됐습니다. 새로운 설정을 활성화하기 위해 컴퓨터를 재시작하세요.

다른 예는 한 프로세스가 다른 프로세스를 시작하고 종료되기를 기다릴 때의 것이다.

```
0 Id: 2a34.24d0 Suspend: 1 Teb: 7ffde000 Unfrozen
ChildEBP RetAddr
0007ec8c 7c822124 ntdll!KiFastSystemCallRet
0007ec90 77e6bad8 ntdll!NtWaitForSingleObject+0xc
0007ed00 77e6ba42 kernel32!WaitForSingleObjectEx+0xac
0007ed14 01002f4c kernel32!WaitForSingleObject+0x12
0007f79c 01003137 userinit!ExecApplication+0x2d3
0007f7dc 0100366b userinit!ExecProcesses+0x1bb
0007fe68 010041fd userinit!StartTheShell+0x132
0007ff1c 010056f1 userinit!WinMain+0x263
```

```
0007ffc0 77e523e5 userinit!WinMainCRTStartup+0x186
```

극심한 경쟁

익스큐티브 리소스와 크리티컬 섹션 같은 윈도우 동기화 객체는 ContentionCount 라는 구조체 멤버를 갖고 있다. 이는 리소스가 액세스된 횟수이다. 또는 다른 말로 하면 스레드가 객체를 대기한 누적된 횟수이다. 스레드가 객체를 얻으려 시도하면 대기 상태에 들어가고 해당 카운트가 하나 증가한다. 이번 패턴의 이름은 극심한 경쟁High Contention이다.

다음 커널 메모리 덤프엔 단 하나의 배타적으로 소유된 락이 있다. 그리고 덤프가 저장된 시점에 다른 스레드는 블록돼 있는 것으로 보인다. 그렇지만 극심한 경쟁 카운트high contention count는 CPU 스파이크CPU spike가 일어나게 한다.

```
3: kd> !locks
**** DUMP OF ALL RESOURCE OBJECTS ****
KD: Scanning for held locks...

Resource @ 0x8abc11f0    Exclusively owned
    Contention Count = 19648535
     Threads: 896395f8-01<*>
KD: Scanning for held locks...

Resource @ 0x896fab88    Shared 1 owning threads
     Threads: 88c78608-01<*>
KD: Scanning for held locks...
15464 total locks, 2 locks currently held

3: kd> !thread 896395f8
THREAD 896395f8  Cid 04c0.0138  Teb: 7ffde000 Win32Thread: bc922d20
RUNNING on processor 1
Not impersonating
DeviceMap             e3d4c008
Owning Process        8a035020      Image: MyApp.exe
Wait Start TickCount  36969283      Ticks: 0
```

```
Context Switch Count     1926423           LargeStack
UserTime                 00:00:53.843
KernelTime               00:13:10.703
Win32 Start Address 0x00401478
Start Address 0x77e617f8
Stack Init ba14b000 Current ba14abf8 Base ba14b000 Limit ba146000 Call 0
Priority 11 BasePriority 6 PriorityDecrement 5
ChildEBP RetAddr
ba14ac94 bf8c6505 001544c8 bf995948 000c000a nt!_wcsicmp+0x3a
ba14ace0 bf8c6682 00000000 00000000 00000000 win32k!_FindWindowEx+0xfb
ba14ad48 8088978c 00000000 00000000 0012f8d4
win32k!NtUserFindWindowEx+0xef
ba14ad48 7c8285ec 00000000 00000000 0012f8d4 nt!KiFastCallEntry+0xfc


3: kd> !process 8a035020
PROCESS 8a035020  SessionId: 9  Cid: 04c0  Peb: 7ffdf000  ParentCid: 10e8
  DirBase: cffaf7a0  ObjectTable: e4ba30a0  HandleCount: 73.
  Image: MyApp.exe
  VadRoot 88bc1bf8 Vads 82 Clone 0 Private 264. Modified 0. Locked 0.
  DeviceMap e3d4c008
  Token                              e5272028
  ElapsedTime                        00:14:19.360
  UserTime                           00:00:53.843
  KernelTime                         00:13:10.703
  QuotaPoolUsage[PagedPool]          40660
  QuotaPoolUsage[NonPagedPool]       3280
  Working Set Sizes (now,min,max)  (1139, 50, 345) (4556KB, 200KB, 1380KB)
  PeakWorkingSetSize                 1141
  VirtualSize                        25 Mb
  PeakVirtualSize                    27 Mb
  PageFaultCount                     1186
  MemoryPriority                     BACKGROUND
  BasePriority                       6
  CommitCharge                       315
```

우연한 락

시스템이 응답이 없는 것 같거나 느려졌을 때 데드락이나 극심한 리소스 경쟁High Resource Contention을 보려고 보통 커널이나 컴플리트 메모리 덤프의 _ERESOURCE 락을 점검한다. 그렇지만 보고된 락이 정말로 우연한 것이고 단지 그 시점에 발생했기 때문에 크래시 덤프에 나타났을 가능성이 있다. 우연한 락lock인지 알아보려면 블록한 스레드와 블록된 스레드 양쪽의 경쟁 카운트Contention Count와 틱Tick, 커널 시간(KernelTime)을 살펴볼 필요가 있다. 현재 버전의 WinDbg는 !analyze -v -hang 명령은 오래 끄는 락과 우연한 락을 구별하지 않는다. 그리고 단지 유사한 것 중에서 발견한 락 체인을 보고한다.

예를 하나 들어보자. 시스템에서 행hang이 보고됐고 커널 메모리 덤프가 저장됐다. WinDbg 분석 명령은 한 스레드가 다른 세 개의 스레드를 블록했고 블록된 스레드 스택의 최상단에 있는 드라이버가 AVDriver.sys라 보고한다. WinDbg가 특정한 이미지 이름을 가리키는 데 사용하는 알고리즘은 2장의 앞부분의 '미니 덤프 분석' 절에서 소개했다. 그리고 이 경우엔 AVDriver가 해당된다.

```
BLOCKED_THREAD: 8089d8c0

BLOCKING_THREAD: 8aab4700

LOCK_ADDRESS: 8859a570 -- (!locks 8859a570)

Resource @ 0x8859a570    Exclusively owned
    Contention Count = 3
    NumberOfExclusiveWaiters = 3
     Threads: 8aab4700-01<*>
    Threads Waiting On Exclusive Access:
              885d0020       88a7c020        8aafc7d8

1 total locks, 1 locks currently held

BUGCHECK_STR: LOCK_HELD

FAULTING_THREAD: 8aab4700
```

STACK_TEXT:
f592f698 80832f7a nt!KiSwapContext+0x26
f592f6c4 80828705 nt!KiSwapThread+0x284
f592f70c f720a394 nt!KeDelayExecutionThread+0x2ab
WARNING: Stack unwind information not available. Following frames may be wrong.
f592f734 f720ae35 **AVDriver+0x1394**
f592f750 f720b208 **AVDriver+0x1e35**
f592f794 f721945a **AVDriver+0x2208**
f592f7cc 8081dcdf **AVDriver+0x1045a**
f592f7e0 f5b9f76a nt!IofCallDriver+0x45
f592f7f0 f5b9c621 Driver!FS_Dispatch+0xa4
f592f7fc 8081dcdf Driver!Kernel_dispatch+0x53
f592f810 f5eb2856 nt!IofCallDriver+0x45
f592f874 8081dcdf AVFilter!QueryFullName+0x5c10
f592f888 f5e9eae3 nt!IofCallDriver+0x45
f592f8b8 f5e9eca4 DrvFilter!PassThrough+0x115
f592f8d4 8081dcdf DrvFilter!Create+0xda
f592f8e8 808f8275 nt!IofCallDriver+0x45
f592f9d0 808f86bc nt!IopParseDevice+0xa35
f592fa08 80936689 nt!IopParseFile+0x46
f592fa88 80932e04 nt!ObpLookupObjectName+0x11f
f592fadc 808ea231 nt!ObOpenObjectByName+0xea
f592fb58 808eb4cb nt!IopCreateFile+0x447
f592fbb4 f57c8efd nt!IoCreateFile+0xa3
f592fc24 f57c9f29 srv!SrvIoCreateFile+0x36d
f592fcf0 f57ca5e4 srv!SrvNtCreateFile+0x5cc
f592fd78 f57adbc6 srv!SrvSmbNtCreateAndX+0x15c
f592fd84 f57c3451 srv!SrvProcessSmb+0xb7
f592fdac 80948bd0 srv!WorkerThread+0x138
f592fddc 8088d4e2 nt!PspSystemThreadStartup+0x2e
00000000 00000000 nt!KiThreadStartup+0x16

STACK_COMMAND: .thread 0xffffffff8aab4700 ; kb

FOLLOWUP_IP:
AVDriver+1394
f720a394 eb85   jmp   AVDriver+0x131b (f720a31b)

MODULE_NAME: **AVDriver**

IMAGE_NAME: **AVDriver.sys**

그러므로 모든 락을 살펴볼 필요가 있다.

```
0: kd> !locks
**** DUMP OF ALL RESOURCE OBJECTS ****
KD: Scanning for held locks...

Resource @ 0x895a62d8    Shared 1 owning threads
    Threads: 89570520-01<*>

Resource @ 0x897ceba8    Shared 1 owning threads
    Threads: 89584020-01<*>

Resource @ 0x8958e020    Shared 1 owning threads
    Threads: 89555020-01<*>

Resource @ 0x89590608    Shared 1 owning threads
    Threads: 89666020-01<*>

Resource @ 0x89efc398    Shared 1 owning threads
    Threads: 89e277c0-01<*>

Resource @ 0x88d70820    Shared 1 owning threads
    Threads: 88e43948-01<*>

Resource @ 0x89f2fb00    Shared 1 owning threads
    Threads: 89674688-01<*>

Resource @ 0x89c80370    Shared 1 owning threads
    Threads: 888496b8-01<*>

Resource @ 0x89bfdf08    Shared 1 owning threads
    Threads: 88b62910-01<*>

Resource @ 0x888b5488    Shared 1 owning threads
```

```
                Threads: 88536730-01<*>

    Resource @ 0x89f2e348        Shared 1 owning threads
        Threads: 89295930-01<*>

    Resource @ 0x891a0838        Shared 1 owning threads
        Threads: 88949020-01<*>

    Resource @ 0x8825bf08        Shared 1 owning threads
        Threads: 882b9a08-01<*>

    Resource @ 0x881a6510        Shared 1 owning threads
        Threads: 88a88338-01<*>

    Resource @ 0x885c5890        Shared 1 owning threads
        Threads: 881ab020-01<*>

    Resource @ 0x886633a8        Shared 1 owning threads
        Threads: 89b5f8b0-01<*>

    Resource @ 0x88216390        Shared 1 owning threads
        Threads: 88820020-01<*>

    Resource @ 0x88524490        Shared 1 owning threads
        Threads: 88073020-01<*>

    Resource @ 0x88f6a020        Shared 1 owning threads
        Threads: 88e547b0-01<*>

    Resource @ 0x88cf2020        Shared 1 owning threads
        Threads: 89af32d8-01<*>

    Resource @ 0x889cea80        Shared 1 owning threads
        Threads: 88d18b40-01<*>

    Resource @ 0x88486298        Shared 1 owning threads
        Threads: 88af7db0-01<*>

    Resource @ 0x88b22270        Exclusively owned
```

```
   Contention Count = 4
   NumberOfExclusiveWaiters = 4
    Threads: 8aad07d8-01<*>
   Threads Waiting On Exclusive Access:
            8ad78020    887abdb0    88eb39a8    8aa1f668

Resource @ 0x88748c20      Exclusively owned
   Contention Count = 2
   NumberOfExclusiveWaiters = 2
    Threads: 8873c8d8-01<*>
   Threads Waiting On Exclusive Access:
            88477478    88db6020

Resource @ 0x8859a570      Exclusively owned
   Contention Count = 3
   NumberOfExclusiveWaiters = 3
    Threads: 8aab4700-01<*>
   Threads Waiting On Exclusive Access:
            885d0020    88a7c020    8aafc7d8

KD: Scanning for held locks...
18911 total locks, 25 locks currently held
```

공유된 락은 무시하고 마지막 3개의 배타적으로 소유된 리소스에 집중해보자. 경쟁 카운트Contention Count가 배타적 액세스를 기다리는 스레드의 수(NumberOfExclusiveWaiters)와 같은 것이 의심스러워 보인다. 이는 이 리소스들이 이전에 한 번도 사용된 적이 없음을 의미한다. 락을 상세하게 덤프해보면 블록된 스레드가 2초 이상 대기한 적이 없음을 알게 된다. 예를 들면 0x8859a570 리소스가 그렇다.

```
0: kd> !thread 885d0020; !thread 88a7c020; !thread 8aafc7d8
THREAD 885d0020  Cid 0004.1c34  Teb: 00000000 Win32Thread: 00000000 WAIT:
(Unknown) KernelMode Non-Alertable
   89908d50  SynchronizationEvent
   885d0098  NotificationTimer
Not impersonating
DeviceMap                 e10022c8
```

```
        Owning Process            8ad80648      Image:         System
        Wait Start TickCount      7689055       Ticks: 127 (0:00:00:01.984)
        Context Switch Count      248
        UserTime                  00:00:00.000
        KernelTime                00:00:00.000
        Start Address srv!WorkerThread (0xf57c3394)
        Stack Init b4136000 Current b4135b74 Base b4136000 Limit b4133000 Call 0
        Priority 9 BasePriority 9 PriorityDecrement 0
        ChildEBP RetAddr
        b4135b8c 80832f7a nt!KiSwapContext+0x26
        b4135bb8 8082925c nt!KiSwapThread+0x284
        b4135c00 8087c1ad nt!KeWaitForSingleObject+0x346
        b4135c3c 8087c3a1 nt!ExpWaitForResource+0xd5
        b4135c5c f57c9e95 nt!ExAcquireResourceExclusiveLite+0x8d
        b4135cf0 f57ca5e4 srv!SrvNtCreateFile+0x510
        b4135d78 f57adbc6 srv!SrvSmbNtCreateAndX+0x15c
        b4135d84 f57c3451 srv!SrvProcessSmb+0xb7
        b4135dac 80948bd0 srv!WorkerThread+0x138
        b4135ddc 8088d4e2 nt!PspSystemThreadStartup+0x2e
        00000000 00000000 nt!KiThreadStartup+0x16

        THREAD 88a7c020 Cid 0004.3448 Teb: 00000000 Win32Thread: 00000000 WAIT:
        (Unknown) KernelMode Non-Alertable
            89908d50 SynchronizationEvent
            88a7c098 NotificationTimer
        Not impersonating
        DeviceMap                 e10022c8
        Owning Process            8ad80648      Image:         System
        Wait Start TickCount      7689112       Ticks: 70 (0:00:00:01.093)
        Context Switch Count      210
        UserTime                  00:00:00.000
        KernelTime                00:00:00.000
        Start Address srv!WorkerThread (0xf57c3394)
        Stack Init b55dd000 Current b55dcb74 Base b55dd000 Limit b55da000 Call 0
        Priority 9 BasePriority 9 PriorityDecrement 0
        ChildEBP RetAddr
        b55dcb8c 80832f7a nt!KiSwapContext+0x26
        b55dcbb8 8082925c nt!KiSwapThread+0x284
        b55dcc00 8087c1ad nt!KeWaitForSingleObject+0x346
```

```
b55dcc3c 8087c3a1 nt!ExpWaitForResource+0xd5
b55dcc5c f57c9e95 nt!ExAcquireResourceExclusiveLite+0x8d
b55dccf0 f57ca5e4 srv!SrvNtCreateFile+0x510
b55dcd78 f57adbc6 srv!SrvSmbNtCreateAndX+0x15c
b55dcd84 f57c3451 srv!SrvProcessSmb+0xb7
b55dcdac 80948bd0 srv!WorkerThread+0x138
b55dcddc 8088d4e2 nt!PspSystemThreadStartup+0x2e
00000000 00000000 nt!KiThreadStartup+0x16
```

THREAD 8aafc7d8 Cid 0004.058c Teb: 00000000 Win32Thread: 00000000 WAIT: (Unknown) KernelMode Non-Alertable
    89908d50 SynchronizationEvent
    8aafc850 NotificationTimer
Not impersonating
DeviceMap   e10022c8
Owning Process   8ad80648   Image: System
Wait Start TickCount 7689171   **Ticks: 11 (0:00:00.171)**
Context Switch Count 310
UserTime   00:00:00.000
KernelTime   00:00:00.000
Start Address srv!WorkerThread (0xf57c3394)
Stack Init f592c000 Current f592bb18 Base f592c000 Limit f5929000 Call 0
Priority 9 BasePriority 9 PriorityDecrement 0

```
ChildEBP RetAddr
f592bb30 80832f7a nt!KiSwapContext+0x26
f592bb5c 8082925c nt!KiSwapThread+0x284
f592bba4 8087c1ad nt!KeWaitForSingleObject+0x346
f592bbe0 8087c3a1 nt!ExpWaitForResource+0xd5
f592bc00 f57c8267 nt!ExAcquireResourceExclusiveLite+0x8d
f592bc18 f57ff0ed srv!UnlinkRfcbFromLfcb+0x33
f592bc34 f57ff2ea srv!SrvCompleteRfcbClose+0x1df
f592bc54 f57b5e8f srv!CloseRfcbInternal+0xb6
f592bc78 f57ce8a9 srv!SrvCloseRfcbsOnSessionOrPid+0x74
f592bc94 f57e2b22 srv!SrvCloseSession+0xb0
f592bcb8 f57aeb12 srv!SrvCloseSessionsOnConnection+0xa9
f592bcd4 f57c79ed srv!SrvCloseConnection+0x143
f592bd04 f5808c50 srv!SrvCloseConnectionsFromClient+0x17f
f592bdac 80948bd0 srv!WorkerThread+0x138
f592bddc 8088d4e2 nt!PspSystemThreadStartup+0x2e
```

```
00000000 00000000 nt!KiThreadStartup+0x16
```

블록킹 스레드 자체는 블록되지 않았고 활성화돼 있다. 마지막으로 대기하거나 선점한 때로부터 지난 틱의 수가 0이다. 이것은 CPU 스파이킹 패턴의 징후다. 그렇지만 누적된 커널 시간이 1초 미만이다.

```
0: kd> !thread 8aad07d8
THREAD 8aad07d8 Cid 0004.0580 Teb: 00000000 Win32Thread: 00000000 WAIT:
(Unknown) KernelMode Non-Alertable
    8aad0850 NotificationTimer
IRP List:
    8927ade0: (0006,0220) Flags: 00000884 Mdl: 00000000
Impersonation token: eafdc030 (Level Impersonation)
DeviceMap              e5d69340
Owning Process         8ad80648      Image:         System
Wait Start TickCount   7689182       Ticks: 0
Context Switch Count   915582
UserTime               00:00:00.000
KernelTime             00:00:00.125
Start Address srv!WorkerThread (0xf57c3394)
Stack Init f59d8000 Current f59d7680 Base f59d8000 Limit f59d5000 Call 0
Priority 9 BasePriority 9 PriorityDecrement 0

0: kd> !thread 8873c8d8
THREAD 8873c8d8 Cid 0004.2898 Teb: 00000000 Win32Thread: 00000000 WAIT:
(Unknown) KernelMode Non-Alertable
    8873c950 NotificationTimer
IRP List:
    882a8de0: (0006,0220) Flags: 00000884 Mdl: 00000000
Impersonation token: eafdc030 (Level Impersonation)
DeviceMap              e5d69340
Owning Process         8ad80648      Image:         System
Wait Start TickCount   7689182       Ticks: 0
Context Switch Count   917832
UserTime               00:00:00.000
KernelTime             00:00:00.031
Start Address srv!WorkerThread (0xf57c3394)
Stack Init ac320000 Current ac31f680 Base ac320000 Limit ac31d000 Call 0
```

```
Priority 9 BasePriority 9 PriorityDecrement 0

0: kd> !thread 8aab4700
THREAD 8aab4700 Cid 0004.0588 Teb: 00000000 Win32Thread: 00000000 WAIT:
(Unknown) KernelMode Non-Alertable
    8aab4778 NotificationTimer
IRP List:
    88453008: (0006,0220) Flags: 00000884 Mdl: 00000000
Impersonation token: e9a82728 (Level Impersonation)
DeviceMap            eb45f108
Owning Process       8ad80648      Image:       System
Wait Start TickCount 7689182       Ticks: 0
Context Switch Count 1028220
UserTime             00:00:00.000
KernelTime           00:00:00.765
Start Address srv!WorkerThread (0xf57c3394)
Stack Init f5930000 Current f592f680 Base f5930000 Limit f592d000 Call 0
Priority 9 BasePriority 9 PriorityDecrement 0
```

이런 것들을 살펴볼 때 락은 우연한 것이라고 할 수 있다. 더욱이 문제가 다시 발생했을 때의 새로운 덤프에서는 이것들이 나타나지 않았었다.

수동적인 스레드(유저 공간)

특정 애플리케이션이나 서비스가 응답이 왜 없는지 이해하려 할 때 스택 트레이스 모음Stack Trace Collection 패턴을 살펴본다. 그리고 응답을 기다리는 의심스러운 스레드를 찾을 수 있길 기대한다. 이들은 활성화돼 있는 블록된 스레드다. 다른 스레드들은 대기 상태로 나타날 것이다. 그러나 그들은 실행 시간동안 올지 안 올지 모르는 어떤 통지나 데이터를 단지 기다리고 있다. 그러므로 정상이다. 바꿔 말하면 이들 스레드는 수동적이다. 따라서 이번 패턴의 이름은 수동적인 스레드Passive Thread로 한다. 다음은 유저 공간에서의 예들이다.

- 메인 서비스 스레드와 디스패치 스레드(유휴 상태일 때)
- 파일이나 레지스트리 통지를 대기하는 스레드

- 메시지를 대기하는 일반적인 RPC/LPC/COM 스레드
- 큐에 데이터가 나타나기를 기다리는 작업 스레드
- 윈도우 메시지 루프(유휴 상태일 때)
- 소켓과 네트워크 프로토콜 스레드(유휴 상태일 때)
- 스택 트레이스에 나타난 함수 이름이 통지notification나 수신자listener 스레드임을 나타내는 스레드

물론 때로 이들 수동적인 스레드는 애플리케이션이나 서비스 행service hang의 원인이 될 수도 있다. 그러나 경험상 이들이 블록하고 있는 다른 스레드가 있음에도 불구하고 대부분의 경우 그렇지 않았다. 다음의 스택 트레이스를 살펴보자.

> **참고** 다양한 요청에 대해 서비스를 제공하기 위해 데이터 도착을 기다리는 일반적인 스레드는 WinDbg !uniqstack 명령으로 걸러낼 수 있다. 개념적으로 이들 스레드는 스레드 풀 소프트웨어 설계 패턴의 일부다.

요청을 기다리는 LPC/RPC/COM 스레드

```
   70 Id: 8f8.1100 Suspend: 1 Teb: 7ff80000 Unfrozen
ChildEBP RetAddr
0d82fe18 7c82783b ntdll!KiFastSystemCallRet
0d82fe1c 77c885ac ntdll!NtReplyWaitReceivePortEx+0xc
0d82ff84 77c88792 rpcrt4!LRPC_ADDRESS::ReceiveLotsaCalls+0x198
0d82ff8c 77c8872d rpcrt4!RecvLotsaCallsWrapper+0xd
0d82ffac 77c7b110 rpcrt4!BaseCachedThreadRoutine+0x9d
0d82ffb8 77e64829 rpcrt4!ThreadStartRoutine+0x1b
0d82ffec 00000000 kernel32!BaseThreadStart+0x34

   71 Id: 8f8.1e44 Suspend: 1 Teb: 7ffde000 Unfrozen
ChildEBP RetAddr
0c01fe18 7c82783b ntdll!KiFastSystemCallRet
0c01fe1c 77c885ac ntdll!NtReplyWaitReceivePortEx+0xc
0c01ff84 77c88792 rpcrt4!LRPC_ADDRESS::ReceiveLotsaCalls+0x198
0c01ff8c 77c8872d rpcrt4!RecvLotsaCallsWrapper+0xd
```

```
0c01ffac 77c7b110 rpcrt4!BaseCachedThreadRoutine+0x9d
0c01ffb8 77e64829 rpcrt4!ThreadStartRoutine+0x1b
0c01ffec 00000000 kernel32!BaseThreadStart+0x34

  72  Id: 8f8.1804 Suspend: 1 Teb: 7ff90000 Unfrozen
ChildEBP RetAddr
0e22fe18 7c82783b ntdll!KiFastSystemCallRet
0e22fe1c 77c885ac ntdll!NtReplyWaitReceivePortEx+0xc
0e22ff84 77c88792 rpcrt4!LRPC_ADDRESS::ReceiveLotsaCalls+0x198
0e22ff8c 77c8872d rpcrt4!RecvLotsaCallsWrapper+0xd
0e22ffac 77c7b110 rpcrt4!BaseCachedThreadRoutine+0x9d
0e22ffb8 77e64829 rpcrt4!ThreadStartRoutine+0x1b
0e22ffec 00000000 kernel32!BaseThreadStart+0x34

  73  Id: 8f8.1860 Suspend: 1 Teb: 7ff79000 Unfrozen
ChildEBP RetAddr
0da2fe18 7c82783b ntdll!KiFastSystemCallRet
0da2fe1c 77c885ac ntdll!NtReplyWaitReceivePortEx+0xc
0da2ff84 77c88792 rpcrt4!LRPC_ADDRESS::ReceiveLotsaCalls+0x198
0da2ff8c 77c8872d rpcrt4!RecvLotsaCallsWrapper+0xd
0da2ffac 77c7b110 rpcrt4!BaseCachedThreadRoutine+0x9d
0da2ffb8 77e64829 rpcrt4!ThreadStartRoutine+0x1b
0da2ffec 00000000 kernel32!BaseThreadStart+0x34

  74  Id: 8f8.f24 Suspend: 1 Teb: 7ff7e000 Unfrozen
ChildEBP RetAddr
0d20feac 7c8277db ntdll!KiFastSystemCallRet
0d20feb0 77e5bea2 ntdll!ZwRemoveIoCompletion+0xc
0d20fedc 77c7b900 kernel32!GetQueuedCompletionStatus+0x29
0d20ff18 77c7b703 rpcrt4!COMMON_ProcessCalls+0xa1
0d20ff84 77c7b9b5 rpcrt4!LOADABLE_TRANSPORT::ProcessIOEvents+0x117
0d20ff8c 77c8872d rpcrt4!ProcessIOEventsWrapper+0xd
0d20ffac 77c7b110 rpcrt4!BaseCachedThreadRoutine+0x9d
0d20ffb8 77e64829 rpcrt4!ThreadStartRoutine+0x1b
0d20ffec 00000000 kernel32!BaseThreadStart+0x34

  75  Id: 8f8.11f8 Suspend: 1 Teb: 7ffa1000 Unfrozen
ChildEBP RetAddr
08e0feac 7c8277db ntdll!KiFastSystemCallRet
```

```
08e0feb0 77e5bea2 ntdll!ZwRemoveIoCompletion+0xc
08e0fedc 77c7b900 kernel32!GetQueuedCompletionStatus+0x29
08e0ff18 77c7b703 rpcrt4!COMMON_ProcessCalls+0xa1
08e0ff84 77c7b9b5 rpcrt4!LOADABLE_TRANSPORT::ProcessIOEvents+0x117
08e0ff8c 77c8872d rpcrt4!ProcessIOEventsWrapper+0xd
08e0ffac 77c7b110 rpcrt4!BaseCachedThreadRoutine+0x9d
08e0ffb8 77e64829 rpcrt4!ThreadStartRoutine+0x1b
08e0ffec 00000000 kernel32!BaseThreadStart+0x34

   2  Id: ecc.c94 Suspend: 1 Teb: 7efac000 Unfrozen
ChildEBP RetAddr
0382f760 76e31330 ntdll!NtDelayExecution+0x15
0382f7c8 76e30dac kernel32!SleepEx+0x62
0382f7d8 75ec40f4 kernel32!Sleep+0xf
0382f7e4 75eafc0d ole32!CROIDTable::WorkerThreadLoop+0x14
0382f800 75eafc73 ole32!CRpcThread::WorkerLoop+0x26
0382f80c 76ea19f1 ole32!CRpcThreadCache::RpcWorkerThreadEntry+0x20
0382f818 7797d109 kernel32!BaseThreadInitThunk+0xe
0382f858 00000000 ntdll!_RtlUserThreadStart+0x23
```

처리할 데이터 항목을 기다리는 작업 스레드

```
  43  Id: 8f8.17c0 Suspend: 1 Teb: 7ff8c000 Unfrozen
ChildEBP RetAddr
0c64ff20 7c8277db ntdll!KiFastSystemCallRet
0c64ff24 77e5bea2 ntdll!ZwRemoveIoCompletion+0xc
0c64ff50 67823549 kernel32!GetQueuedCompletionStatus+0x29
0c64ff84 77bcb530 component!WorkItemThread+0x1a9
0c64ffb8 77e64829 msvcrt!_endthreadex+0xa3
0c64ffec 00000000 kernel32!BaseThreadStart+0x34

  44  Id: 8f8.7b4 Suspend: 1 Teb: 7ff8b000 Unfrozen
ChildEBP RetAddr
0c77ff20 7c8277db ntdll!KiFastSystemCallRet
0c77ff24 77e5bea2 ntdll!ZwRemoveIoCompletion+0xc
0c77ff50 67823549 kernel32!GetQueuedCompletionStatus+0x29
0c77ff84 77bcb530 component!WorkItemThread+0x1a9
0c77ffb8 77e64829 msvcrt!_endthreadex+0xa3
```

```
0c77ffec 00000000 kernel32!BaseThreadStart+0x34

  45 Id: 8f8.1708 Suspend: 1 Teb: 7ff8a000 Unfrozen
ChildEBP RetAddr
0c87ff20 7c8277db ntdll!KiFastSystemCallRet
0c87ff24 77e5bea2 ntdll!ZwRemoveIoCompletion+0xc
0c87ff50 67823549 kernel32!GetQueuedCompletionStatus+0x29
0c87ff84 77bcb530 component!WorkItemThread+0x1a9
0c87ffb8 77e64829 msvcrt!_endthreadex+0xa3
0c87ffec 00000000 kernel32!BaseThreadStart+0x34

   5 Id: 11fc.16f4 Suspend: 1 Teb: 7ffd9000 Unfrozen
ChildEBP RetAddr
0109bf10 7c822124 ntdll!KiFastSystemCallRet
0109bf14 77e6baa8 ntdll!NtWaitForSingleObject+0xc
0109bf84 77e6ba12 kernel32!WaitForSingleObjectEx+0xac
0109bf98 66886519 kernel32!WaitForSingleObject+0x12
0109ff84 77bcb530 component!WorkerThread+0xe8
0109ffb8 77e66063 msvcrt!_endthreadex+0xa3
0109ffec 00000000 kernel32!BaseThreadStart+0x34
```

레지스트리 변경 통지를 기다리는 스레드

```
  1 Id: 13c4.350 Suspend: 1 Teb: 000007ff`fffde000 Unfrozen
Child-SP          RetAddr           Call Site
00000000`0012fdd8 000007fe`fd62c361 ntdll!ZwNotifyChangeKey+0xa
00000000`0012fde0 00000001`40001181 ADVAPI32!RegNotifyChangeKeyValue+0x115
00000000`0012ff30 00000000`76d9cdcd sample12!WaitForRegChange+0xe
00000000`0012ff60 00000000`76eec6e1 kernel32!BaseThreadInitThunk+0xd
00000000`0012ff90 00000000`00000000 ntdll!RtlUserThreadStart+0x1d
```

유휴 상태인 메인 서비스 스레드와 서비스 디스패치 스레드

```
.  0 Id: 65c.660 Suspend: 1 Teb: 000007ff`fffdc000 Unfrozen
Child-SP          RetAddr           Call Site
00000000`0011f2c8 00000000`76d926da ntdll!NtReadFile+0xa
00000000`0011f2d0 000007fe`fd6665aa kernel32!ReadFile+0x8a
```

```
00000000`0011f360 000007fe`fd6662e3 ADVAPI32!ScGetPipeInput+0x4a
00000000`0011f440 000007fe`fd6650f3 ADVAPI32!ScDispatcherLoop+0x9a
00000000`0011f540 00000000`ff0423a3
ADVAPI32!StartServiceCtrlDispatcherW+0x176
00000000`0011f7e0 00000000`ff042e66 spoolsv!main+0x23
00000000`0011f850 00000000`76eec6e1 kernel32!BaseThreadInitThunk+0xd
00000000`0011f880 00000000`00000000 ntdll!RtlUserThreadStart+0x1d

   1  Id: 65c.664  Suspend: 1  Teb: 000007ff`fffda000 Unfrozen
Child-SP          RetAddr           Call Site
00000000`0009f9c8 00000000`76d9d820 ntdll!NtWaitForSingleObject+0xa
00000000`0009f9d0 00000000`ff04307f kernel32!WaitForSingleObjectEx+0x9c
00000000`0009fa90 000007fe`fd664bf5 spoolsv!SPOOLER_main+0x80
00000000`0009fac0 00000000`76d9cdcd ADVAPI32!ScSvcctrlThreadW+0x25
00000000`0009faf0 00000000`76eec6e1 kernel32!BaseThreadInitThunk+0xd
00000000`0009fb20 00000000`00000000 ntdll!RtlUserThreadStart+0x1d
```

유휴 상태인 윈도우 메시지 루프

```
  10  Id: 65c.514  Suspend: 1  Teb: 000007ff`fffa2000 Unfrozen
Child-SP          RetAddr           Call Site
00000000`02c5fc18 00000000`76cae6ea USER32!ZwUserGetMessage+0xa
00000000`02c5fc20 000007fe`f88523f0 USER32!GetMessageW+0x34
00000000`02c5fc50 00000000`76d9cdcd
usbmon!CPNPNotifications::WindowMessageThread+0x1a0
00000000`02c5fd20 00000000`76eec6e1 kernel32!BaseThreadInitThunk+0xd
00000000`02c5fd50 00000000`00000000 ntdll!RtlUserThreadStart+0x1d

  11  Id: 65c.9bc  Suspend: 1  Teb: 000007ff`fffa0000 Unfrozen
Child-SP          RetAddr           Call Site
00000000`037cf798 00000000`76cae6ea USER32!ZwUserGetMessage+0xa
00000000`037cf7a0 000007fe`f7ea0d3a USER32!GetMessageW+0x34
00000000`037cf7d0 00000000`76d9cdcd
WSDMon!Ncd::TPower::WindowMessageThread+0xe6
00000000`037cf870 00000000`76eec6e1 kernel32!BaseThreadInitThunk+0xd
00000000`037cf8a0 00000000`00000000 ntdll!RtlUserThreadStart+0x1d

  13  Id: ecc.b34  Suspend: 1  Teb: 7ef85000 Unfrozen
```

```
ChildEBP RetAddr
0621fc18 75b86458 USER32!NtUserGetMessage+0x15
0621fc3c 74aa1404 USER32!GetMessageA+0xa2
0621fc74 76ea19f1 WINMM!mciwindow+0x102
0621fc80 7797d109 kernel32!BaseThreadInitThunk+0xe
0621fcc0 00000000 ntdll!_RtlUserThreadStart+0x23
```

유휴 상태인 소켓과 네트워크 프로토콜 스레드

```
   5  Id: ecc.920 Suspend: 1 Teb: 7efa3000 Unfrozen
ChildEBP RetAddr
0412f534 751b3b28 ntdll!ZwWaitForSingleObject+0x15
0412f574 751b2690 mswsock!SockWaitForSingleObject+0x19f
0412f660 771d3781 mswsock!WSPSelect+0x38c
0412f6dc 760f60fd ws2_32!select+0x456
0412fa34 760f2a78 WININET!ICAsyncThread::SelectThread+0x242
0412fa3c 76ea19f1 WININET!ICAsyncThread::SelectThreadWrapper+0xd
0412fa48 7797d109 kernel32!BaseThreadInitThunk+0xe
0412fa88 00000000 ntdll!_RtlUserThreadStart+0x23

   6  Id: ecc.b1c Suspend: 1 Teb: 7ef9d000 Unfrozen
ChildEBP RetAddr
047afa6c 751b1b25 ntdll!NtRemoveIoCompletion+0x15
047afaa4 76ea19f1 mswsock!SockAsyncThread+0x69
047afab0 7797d109 kernel32!BaseThreadInitThunk+0xe
047afaf0 00000000 ntdll!_RtlUserThreadStart+0x23

   7  Id: 820.f90 Suspend: 1 Teb: 7ffd9000 Unfrozen
ChildEBP RetAddr
018dff84 7c93e9ab ntdll!KiFastSystemCallRet
018dff88 60620e6c ntdll!ZwWaitForMultipleObjects+0xc
018dffb4 7c80b683 NETAPI32!NetbiosWaiter+0x73
018dffec 00000000 kernel32!BaseThreadStart+0x37
```

스레드의 수동적인 본성을 나타내는 함수 이름

```
   8  Id: 65c.b40 Suspend: 1 Teb: 000007ff`fffa6000 Unfrozen
```

```
Child-SP          RetAddr           Call Site
00000000`0259fdc8 00000000`76d9d820 ntdll!NtWaitForSingleObject+0xa
00000000`0259fdd0 000007fe`f8258084 kernel32!WaitForSingleObjectEx+0x9c
00000000`0259fe90 000007fe`fee994e7 wsnmp32!thrNotify+0x9c
00000000`0259fef0 000007fe`fee9967d msvcrt!endthreadex+0x47
00000000`0259ff20 00000000`76d9cdcd msvcrt!endthreadex+0x100
00000000`0259ff50 00000000`76eec6e1 kernel32!BaseThreadInitThunk+0xd
00000000`0259ff80 00000000`00000000 ntdll!RtlUserThreadStart+0x1d

  12 Id: 65c.908 Suspend: 1 Teb: 000007ff`fff9e000 Unfrozen
Child-SP          RetAddr           Call Site
00000000`0368fd48 00000000`76d9d820 ntdll!NtWaitForSingleObject+0xa
00000000`0368fd50 000007fe`fa49afd0 kernel32!WaitForSingleObjectEx+0x9c
00000000`0368fe10 00000000`76d9cdcd
FunDisc!CNotificationQueue::ThreadProc+0x2ec
00000000`0368fe70 00000000`76eec6e1 kernel32!BaseThreadInitThunk+0xd
00000000`0368fea0 00000000`00000000 ntdll!RtlUserThreadStart+0x1d

  13 Id: 65c.904 Suspend: 1 Teb: 000007ff`fff9c000 Unfrozen
Child-SP          RetAddr           Call Site
00000000`034af9f8 00000000`76d9ed73 ntdll!NtWaitForMultipleObjects+0xa
00000000`034afa00 00000000`76cae96d
kernel32!WaitForMultipleObjectsEx+0x10b
00000000`034afb10 00000000`76cae85e
USER32!RealMsgWaitForMultipleObjectsEx+0x129
00000000`034afbb0 00000000`76ca3680
USER32!MsgWaitForMultipleObjectsEx+0x46
00000000`034afbf0 000007fe`fa49b60a USER32!MsgWaitForMultipleObjects+0x20
00000000`034afc30 00000000`76d9cdcd FunDisc!ListenerThread+0x1a6
00000000`034afd20 00000000`76eec6e1 kernel32!BaseThreadInitThunk+0xd
00000000`034afd50 00000000`00000000 ntdll!RtlUserThreadStart+0x1d

  64 Id: 8f8.1050 Suspend: 1 Teb: 7ff74000 Unfrozen
ChildEBP RetAddr
0ef5fa48 7c82787b ntdll!KiFastSystemCallRet
0ef5fa4c 77c80a6e ntdll!NtRequestWaitReplyPort+0xc
0ef5fa98 77c7fcf0 rpcrt4!LRPC_CCALL::SendReceive+0x230
0ef5faa4 77c80673 rpcrt4!I_RpcSendReceive+0x24
0ef5fab8 77ce315a rpcrt4!NdrSendReceive+0x2b
```

```
0ef5fea0 771f4fbd rpcrt4!NdrClientCall2+0x22e
0ef5feb8 771f4f60 winsta!RpcWinStationWaitSystemEvent+0x1c
0ef5ff00 76f01422 winsta!WinStationWaitSystemEvent+0x51
0ef5ff24 0c922ace wtsapi32!WTSWaitSystemEvent+0x97
0ef5ff48 67823331 component!MonitorEvents+0xaf
0ef5ffb8 77e64829 msvcrt!_endthreadex+0xa3
0ef5ffec 00000000 kernel32!BaseThreadStart+0x34

  11 Id: 140c.e8c Suspend: 1 Teb: 7ffaf000 Unfrozen
ChildEBP RetAddr
01e3fec0 7c822114 ntdll!KiFastSystemCallRet
01e3fec4 77e6711b ntdll!NtWaitForMultipleObjects+0xc
01e3ff6c 77e61075 kernel32!WaitForMultipleObjectsEx+0x11a
01e3ff88 76928415 kernel32!WaitForMultipleObjects+0x18
01e3ffb8 77e66063 userenv!NotificationThread+0x5f
01e3ffec 00000000 kernel32!BaseThreadStart+0x34
```

정상적인 유휴 상태 스레드 스택을 보기 위해 행이 아닌 프로세스의 스레드를 조사해보는 것은 의심할 바 없는 좋은 아이디어다. '부록 A: 참조 스택 트레이스'를 참조하라.

메인 스레드

어떤 스레드를 살펴보고 있을 때 그 스레드가 수동적인 스레드 패턴Passive Thread pattern 리스트에 없고 블록된 스레드Blocked Thread에 좀 더 가깝다면 메인 스레드가 아닌지 생각해볼 수 있다. 모든 프로세스는 메인 스레드나 초기 스레드라 불리는 적어도 하나의 실행 스레드를 가진다. 대부분의 GUI 애플리케이션은 메인 프로세스 스레드 내에 윈도우 메시지 처리 루프를 갖는다. 메모리 덤프가 저장됐을 때 스레드가 윈도우나 사용자 정의 메시지 도착을 기다리고 있다면 수동적인 스레드로 간주할 수 있다. 블록돼 있거나 일정 시간 대기 중이라면 애플리케이션 행application hang을 고려해봐도 좋다.

다음은 커널 덤프에서 취한 정상적인 iexplore.exe 스레드 스택의 예다.

```
PROCESS 88de4140  SessionId: 3   Cid: 15a8   Peb: 7ffdf000   ParentCid: 0e28
    DirBase: 0a43df40 ObjectTable: 88efe008 TableSize: 852.
    Image: IEXPLORE.EXE
    VadRoot 88dbbca8 Clone 0 Private 6604. Modified 951. Locked 0.
    DeviceMap 88de6408
    Token                             e3f5ccf0
    ElapsedTime                       0:10:52.0281
    UserTime                          0:00:06.0250
    KernelTime                        0:00:10.0421
    QuotaPoolUsage[PagedPool]         126784
    QuotaPoolUsage[NonPagedPool]      197704
    Working Set Sizes (now,min,max)   (8347, 50, 345) (33388KB, 200KB, 1380KB)
    PeakWorkingSetSize                10000
    VirtualSize                       280 Mb
    PeakVirtualSize                   291 Mb
    PageFaultCount                    15627
    MemoryPriority                    FOREGROUND
    BasePriority                      8
    CommitCharge                      7440

    THREAD 88ee2b00  Cid 15a8.1654  Teb: 7ffde000  Win32Thread: a2242018  WAIT:
 (WrUserRequest) UserMode Non-Alertable
        88f82ee0 SynchronizationEvent
    Not impersonating
    Owning Process 88de4140
    Wait Start TickCount    104916       Elapsed Ticks: 0
    Context Switch Count    100208                   LargeStack
    UserTime                0:00:04.0484
    KernelTime              0:00:09.0859
    Start Address KERNEL32!BaseProcessStartThunk (0x7c57b70c)
    Stack Init be597000 Current be596cc8 Base be597000 Limit be58f000 Call 0
    Priority 12 BasePriority 8 PriorityDecrement 0 DecrementCount 0
    ChildEBP RetAddr
    be596ce0 8042d8d7 nt!KiSwapThread+0x1b1
    be596d08 a00019c2 nt!KeWaitForSingleObject+0x1a3
    be596d44 a00138c5 win32k!xxxSleepThread+0x18a
    be596d54 a00138d1 win32k!xxxWaitMessage+0xe
```

```
be596d5c 8046b2a9 win32k!NtUserWaitMessage+0xb
be596d5c 77e3c7cd nt!KiSystemService+0xc9
```

같은 커널 덤프에 다른 iexplore.exe 프로세스는 다음과 같이 31초 동안 블록돼 있는 메인 스레드 스택을 가진다.

```
PROCESS 8811ca00  SessionId: 21  Cid: 4d18  Peb: 7ffdf000  ParentCid: 34c8
   DirBase: 0a086ee0 ObjectTable: 87d07528 TableSize: 677.
   Image: IEXPLORE.EXE
   VadRoot 87a92ae8 Clone 0 Private 4600. Modified 227. Locked 0.
   DeviceMap 88b174e8
   Token                             e49508d0
   ElapsedTime                       0:08:03.0062
   UserTime                          0:00:01.0531
   KernelTime                        0:00:10.0375
   QuotaPoolUsage[PagedPool]         120792
   QuotaPoolUsage[NonPagedPool]      198376
   Working Set Sizes (now,min,max)   (7726, 50, 345) (30904KB, 200KB, 1380KB)
   PeakWorkingSetSize                7735
   VirtualSize                       272 Mb
   PeakVirtualSize                   275 Mb
   PageFaultCount                    11688
   MemoryPriority                    BACKGROUND
   BasePriority                      8
   CommitCharge                      6498

   THREAD 87ce6da0  Cid 4d18.4c68  Teb: 7ffde000 Win32Thread: a22157b8 WAIT:
   (Executive) KernelMode Non-Alertable
      b5bd6370       NotificationEvent
   IRP List:
      885d4808: (0006,00dc) Flags: 00000014 Mdl: 00000000
   Not impersonating
   Owning Process 8811ca00
   Wait Start TickCount    102908         Elapsed Ticks: 2008
   Context Switch Count    130138                     LargeStack
   UserTime                0:00:01.0125
   KernelTime              0:00:08.0843
```

```
Start Address KERNEL32!BaseProcessStartThunk (0x7c57b70c)
Stack Init b5bd7000 Current b5bd62f4 Base b5bd7000 Limit b5bcf000 Call 0
Priority 8 BasePriority 8 PriorityDecrement 0 DecrementCount 0
ChildEBP RetAddr
b5bd630c 8042d8d7 nt!KiSwapThread+0x1b1
b5bd6334 bf09342d nt!KeWaitForSingleObject+0x1a3
b5bd6380 bf08896f mrxsmb!SmbCeAssociateExchangeWithMid+0x24b
b5bd63b0 bf0aa0ef mrxsmb!SmbCeTranceive+0xff
b5bd6490 bf0a92df mrxsmb!SmbTransactExchangeStart+0x559
b5bd64a8 bf0a9987 mrxsmb!SmbCeInitiateExchange+0x2ac
b5bd64c4 bf0a96e2 mrxsmb!SmbCeSubmitTransactionRequest+0x124
b5bd6524 bf0ac7c3 mrxsmb!_SmbCeTransact+0x86
b5bd6608 bf104ea0 mrxsmb!MRxSmbQueryFileInformation+0x553
b5bd66b4 bf103aff rdbss!__RxInitializeTopLevelIrpContext+0x52
b5bd6784 bf10da73 rdbss!WPP_SF_ZL+0x4b
b5bd67b4 bf0a8b29 rdbss!RxCleanupPipeQueues+0x117
b5bd67d4 8041ef05 mrxsmb!MRxSmbFsdDispatch+0x118
b5bd67e8 eb833839 nt!IopfCallDriver+0x35
b5bd6890 804a8109 nt!IopQueryXxxInformation+0x164
b5bd68b0 804c7d63 nt!IoQueryFileInformation+0x19
b5bd6a4c 80456562 nt!IopParseDevice+0xe8f
b5bd6ac4 804de0c0 nt!ObpLookupObjectName+0x504
b5bd6bd4 804a929b nt!ObOpenObjectByName+0xc8
b5bd6d54 8046b2a9 nt!NtQueryFullAttributesFile+0xe7
b5bd6d54 77f88887 nt!KiSystemService+0xc9

0: kd> !whattime 0n2008
2008 Ticks in Standard Time: 31.375s
```

메인 스레드가 꼭 GUI 스레드여야 할 필요는 없다. 대부분의 입력 콘솔 애플리케이션은 정상 메인 프로세스 스레드 스택에 ReadConsole 호출이 있다.

```
0:000> kL
ChildEBP RetAddr
0012fc6c 77d20190 ntdll!KiFastSystemCallRet
0012fc70 77d27fdf ntdll!NtRequestWaitReplyPort+0xc
0012fc90 765d705c ntdll!CsrClientCallServer+0xc2
0012fd8c 76634674 kernel32!ReadConsoleInternal+0x1cd
```

```
0012fe14 765eaf6a kernel32!ReadConsoleA+0x40
0012fe7c 6ec35196 kernel32!ReadFile+0x84
0012fec0 6ec35616 MSVCR80!_read_nolock+0x201
0012ff04 6ec45928 MSVCR80!_read+0xc0
0012ff1c 6ec49e47 MSVCR80!_filbuf+0x78
0012ff54 0040100d MSVCR80!getc+0x113
0012ff5c 0040117c ConsoleTest!wmain+0xd
0012ffa0 765d3833 ConsoleTest!__tmainCRTStartup+0x10f
0012ffac 77cfa9bd kernel32!BaseThreadInitThunk+0xe
0012ffec 00000000 ntdll!_RtlUserThreadStart+0x23

0:000> kL
ChildEBP RetAddr
001cf594 77d20190 ntdll!KiFastSystemCallRet
001cf598 77d27fdf ntdll!NtRequestWaitReplyPort+0xc
001cf5b8 765d705c ntdll!CsrClientCallServer+0xc2
001cf6b4 765d6efe kernel32!ReadConsoleInternal+0x1cd
001cf740 49ecd538 kernel32!ReadConsoleW+0x47
001cf7a8 49ecd645 cmd!ReadBufFromConsole+0xb5
001cf7d4 49ec2247 cmd!FillBuf+0x175
001cf7d8 49ec2165 cmd!GetByte+0x11
001cf7f4 49ec20d8 cmd!Lex+0x75
001cf80c 49ec207f cmd!GeToken+0x27
001cf81c 49ec200a cmd!ParseStatement+0x36
001cf830 49ec6038 cmd!Parser+0x46
001cf878 49ecc703 cmd!main+0x1de
001cf8bc 765d3833 cmd!_initterm_e+0x163
001cf8c8 77cfa9bd kernel32!BaseThreadInitThunk+0xe
001cf908 00000000 ntdll!_RtlUserThreadStart+0x23
```

불충분한 메모리(커널 풀)

핸들 릭handle leak이 불충분한 풀 메모리insufficieint pool memory 상태를 가져오긴 하지만 많은 드라이버는 4바이트 문자로 이뤄진 아스키 태그를 지정해 고유한 프라이빗 메모리를 할당한다. 다음은 내 x64 비스타 워크스테이션의 넌페이지드 풀이다(명확히 보이게 작은 폰트를 사용했다).

```
lkd> !poolused 3
   Sorting by NonPaged Pool Consumed

   Pool Used:
              NonPaged
Tag      Allocs    Frees    Diff      Used
EtwB        304      134     170   6550080   Etw Buffer , Binary: nt!etw
File   32630649 32618671   11978   3752928   File objects
Pool         16       11       5   3363472   Pool tables, etc.
Ntfr     204791   187152   17639   2258704   ERESOURCE , Binary: ntfs.sys
FMsl     199039   187685   11354   2179968   STREAM_LIST_CTRL structure , Binary: fltmgr.sys
MmCa     250092   240351    9741   2134368   Mm control areas for mapped files , Binary: nt!mm
ViMm     135503   134021    1482   1783824   Video memory manager , Binary: dxgkrnl.sys
Cont         53       12      41   1567664   Contiguous physical memory allocations for
device drivers
Thre      72558    71527    1031   1234064   Thread objects , Binary: nt!ps
VoSm        872      851      21   1220544   Bitmap allocations , Binary: volsnap.sys
NtFs    8122505  8110933   11572   1190960   StrucSup.c , Binary: ntfs.sys
AmlH          1        0       1   1048576   ACPI AMLI Pooltags
SaSc      20281    14820    5461   1048512   UNKNOWN pooltag .SaSc', please update pooltag.txt
RaRS       1000        0    1000    960000   UNKNOWN pooltag .RaRS', please update pooltag.txt
...
...
...
```

마이크로소프트 사의 KB298102 글은 풀 태그가 알려져 있지 않을 때 어떻게 대응하는 드라이버를 밝혀낼 수 있는지 설명한다. 커널 공간 주소를 알아내고 어떤 모듈이 대응돼 있는지 알아보는 데 WinDbg에서 메모리 검색을 사용해 볼 수도 있다.

WinDbg는 실패한 풀 할당failed pool allocation의 개수를 보여준다. 그리고 풀 사용량이 거의 최대치일 때의 사용량을 보여준다. 다음은 몇 가지 샘플과 문제 해결에 대한 실마리다.

Session pool

```
3: kd> !vm
```

```
*** Virtual Memory Usage ***
        Physical Memory:     1572637 (    6290548 Kb)
        Page File: \??\C:\pagefile.sys
          Current:     3145728 Kb   Free Space:      3001132 Kb
          Minimum:     3145728 Kb   Maximum:         3145728 Kb
        Available Pages:     1317401 (    5269604 Kb)
        ResAvail Pages:      1478498 (    5913992 Kb)
        Locked IO Pages:         114 (        456 Kb)
        Free System PTEs:     194059 (     776236 Kb)
        Free NP PTEs:          32766 (     131064 Kb)
        Free Special NP:           0 (          0 Kb)
        Modified Pages:          443 (       1772 Kb)
        Modified PF Pages:       442 (       1768 Kb)
        NonPagedPool Usage:    13183 (      52732 Kb)
        NonPagedPool Max:      65215 (     260860 Kb)
        PagedPool 0 Usage:     11328 (      45312 Kb)
        PagedPool 1 Usage:      1473 (       5892 Kb)
        PagedPool 2 Usage:      1486 (       5944 Kb)
        PagedPool 3 Usage:      1458 (       5832 Kb)
        PagedPool 4 Usage:      1505 (       6020 Kb)
        PagedPool Usage:       17250 (      69000 Kb)
        PagedPool Maximum:     65536 (     262144 Kb)

********** 3441 pool allocations have failed **********
        Shared Commit:          8137 (      32548 Kb)
        Special Pool:              0 (          0 Kb)
        Shared Process:         8954 (      35816 Kb)
        PagedPool Commit:      17312 (      69248 Kb)
        Driver Commit:          2095 (       8380 Kb)
        Committed pages:      212476 (     849904 Kb)
        Commit limit:        2312654 (    9250616 Kb)
```

페이지드paged와 넌페이지드nonpaged 풀 사용량은 최대치까지 여유가 있다. 그러므로 세션 풀을 확인해본다.

```
3: kd> !vm 4

Terminal Server Memory Usage By Session:
```

```
        Session Paged Pool Maximum is 32768K
        Session View Space Maximum is 20480K

        Session ID 0 @ f79a1000:
        Paged Pool Usage:         9824K
        Commit Usage:            10148K

        Session ID 2 @ f7989000:
        Paged Pool Usage:         1212K
        Commit Usage:             2180K

        Session ID 9 @ f79b5000:
        Paged Pool Usage:        32552K

        *** 7837 Pool Allocation Failures ***

        Commit Usage:            33652K
```

마이크로소프트 사의 KB840342 글이 도움이 될 것이다.
직접적인 경고가 있을 수도 있다.

Paged Pool

```
1: kd> !vm
*** Virtual Memory Usage ***
  Physical Memory:    511881    ( 2047524 Kb)
  Page File: \??\S:\pagefile.sys
    Current:  2098176Kb Free Space:    1837740Kb
    Minimum:  2098176Kb Maximum:       2098176Kb
  Page File: \??\R:\pagefile.sys
    Current:  1048576Kb Free Space:     792360Kb
    Minimum:  1048576Kb Maximum:       1048576Kb
  Available Pages:         201353   (    805412 Kb)
  ResAvail Pages:          426839   (   1707356 Kb)
  Modified Pages:           45405   (    181620 Kb)
  NonPagedPool Usage:       10042   (     40168 Kb)
  NonPagedPool Max:         68537   (    274148 Kb)
  PagedPool 0 Usage:        26820   (    107280 Kb)
  PagedPool 1 Usage:         1491   (      5964 Kb)
```

```
PagedPool 2 Usage:         1521    (      6084 Kb)
PagedPool 3 Usage:         1502    (      6008 Kb)
PagedPool 4 Usage:         1516    (      6064 Kb)
********** Excessive Paged Pool Usage *****
PagedPool Usage:          32850    (    131400 Kb)
PagedPool Maximum:        40960    (    163840 Kb)
Shared Commit:            14479    (     57916 Kb)
Special Pool:                 0    (         0 Kb)
Free System PTEs:        135832    (    543328 Kb)
Shared Process:           15186    (     60744 Kb)
PagedPool Commit:         32850    (    131400 Kb)
Driver Commit:             1322    (      5288 Kb)
Committed pages:         426786    (   1707144 Kb)
Commit limit:           1259456    (   5037824 Kb)
```

또는 어떤 경고도 없다면 크기를 수동으로 확인할 수 있다. 그리고 페이지드 풀 사용량이 최대치에 접근하는데 넌페이지드 풀은 그렇지 않다면 대부분의 경우 페이지드 풀 할당 실패였다.

```
0: kd> !vm

*** Virtual Memory Usage ***
        Physical Memory:        4193696 (    16774784 Kb)
        Page File: \??\C:\pagefile.sys
          Current: 4193280 Kb Free Space: 3313120 Kb
          Minimum: 4193280 Kb Maximum:    4193280 Kb
        Available Pages:        3210617 (    12842468 Kb)
        ResAvail Pages:         4031978 (    16127912 Kb)
        Locked IO Pages:            120 (         480 Kb)
        Free System PTEs:         99633 (      398532 Kb)
        Free NP PTEs:             26875 (      107500 Kb)
        Free Special NP:              0 (           0 Kb)
        Modified Pages:             611 (        2444 Kb)
        Modified PF Pages:          590 (        2360 Kb)
        NonPagedPool 0 Used:       8271 (       33084 Kb)
        NonPagedPool 1 Used:      13828 (       55312 Kb)
        NonPagedPool Usage:       37846 (      151384 Kb)
        NonPagedPool Max:         65215 (      260860 Kb)
```

```
PagedPool 0 Usage:        82308 (      329232 Kb)
PagedPool 1 Usage:        12700 (       50800 Kb)
PagedPool 2 Usage:        25702 (      102808 Kb)
PagedPool Usage:         120710 (      482840 Kb)
PagedPool Maximum:       134144 (      536576 Kb)


********** 818 pool allocations have failed **********

Shared Commit:            80168 (      320672 Kb)
Special Pool:                 0 (           0 Kb)
Shared Process:           55654 (      222616 Kb)
PagedPool Commit:        120772 (      483088 Kb)
Driver Commit:             1890 (        7560 Kb)
Committed pages:        1344388 (     5377552 Kb)
Commit limit:           5177766 (    20711064 Kb)
```

WinDbg !poolused 4 명령은 페이지드 풀 소비량을 풀 태그로 정렬한다.

```
0: kd> !poolused 4
   Sorting by Paged Pool Consumed

 Pool Used:
            NonPaged            Paged
Tag     Allocs     Used     Allocs       Used
MmSt         0        0      85622   140642616   Mm section object
prototype ptes , Binary: nt!mm
Ntff         5     1040      63715    51991440   FCB_DATA , Binary:
ntfs.sys
```

마이크로소프트 사의 KB312362가 도움이 될 것이다.

넌페이지드 풀

```
0: kd> !vm

*** Virtual Memory Usage ***
    Physical Memory:      851775 (     3407100 Kb)
    Page File: \??\C:\pagefile.sys
```

```
      Current:      4190208 Kb   Free Space:     4175708 Kb
      Minimum:      4190208 Kb   Maximum:        4190208 Kb
    Available Pages:            147274 (      589096 Kb)
    ResAvail Pages:             769287 (     3077148 Kb)
    Locked IO Pages:               118 (         472 Kb)
    Free System PTEs:           184910 (      739640 Kb)
    Free NP PTEs:                  110 (         440 Kb)
    Free Special NP:                 0 (           0 Kb)
    Modified Pages:                168 (         672 Kb)
    Modified PF Pages:             168 (         672 Kb)
    NonPagedPool Usage:          64445 (      257780 Kb)
    NonPagedPool Max:            64640 (      258560 Kb)
    ********** Excessive NonPaged Pool Usage *****
    PagedPool 0 Usage:           21912 (       87648 Kb)
    PagedPool 1 Usage:             691 (        2764 Kb)
    PagedPool 2 Usage:             706 (        2824 Kb)
    PagedPool 3 Usage:             704 (        2816 Kb)
    PagedPool 4 Usage:             708 (        2832 Kb)
    PagedPool Usage:             24721 (       98884 Kb)
    PagedPool Maximum:          134144 (      536576 Kb)

    ********** 429 pool allocations have failed **********

    Shared Commit:                5274 (       21096 Kb)
    Special Pool:                    0 (           0 Kb)
    Shared Process:               3958 (       15832 Kb)
    PagedPool Commit:            24785 (       99140 Kb)
    Driver Commit:               19289 (       77156 Kb)
    Committed pages:            646282 (     2585128 Kb)
    Commit limit:              1860990 (     7443960 Kb)
```

WinDbg !poolused 3 명령은 넌페이지드 풀 소비량을 풀 태그로 정렬한다.

```
0: kd> !poolused 3
  Sorting by  NonPaged Pool Consumed

 Pool Used:
            NonPaged
```

```
Tag      Allocs    Frees    Diff
Ddk      9074558  3859522  5215036  Default for driver allocated memory (user's
of ntddk.h)
MmCm        43787    42677     1110  Calls made to MmAllocateContiguousMemory
, Binary: nt!mm
LSwi            1        0        1  initial work context
TCPt      3281838  3281808       30  TCP/IP network protocol , Binary: TCP
```

Ddk 태그는 2장의 '태그 검색' 절을 참조하라.

마이크로소프트 사의 글 KB293857은 윈도우 2003 덤프에서도 동작하는 예전 kdex2x86.dll 익스텐션의 xpool 명령을 어떻게 사용할 것인지 설명한다(명확히 보이게 작은 폰트를 사용했다).

```
0: kd> !w2kfre\kdex2x86.xpool -map
unable to get NT!MmSizeOfNonPagedMustSucceed location
unable to get NT!MmSubsectionTopPage location
unable to get NT!MmKseg2Frame location
unable to get NT!MmNonPagedMustSucceed location

Status Map of Pool Area Pages
=============================
 'O': one page in use                              ('P': paged out)
 '<': start page of contiguous pages in use        ('{': paged out)
 '>': last page of contiguous pages in use         ('}': paged out)
 '=': intermediate page of contiguous pages in use ('-': paged out)
 '.': one page not used

Non-Paged Pool Area Summary
---------------------------
Maximum Number of Pages  = 64640 pages
Number of Pages In Use   = 36721 pages (56.8%)

            +00000   +08000   +10000   +18000   +20000   +28000   +30000   +38000
82780000: ..OO.OO.OO..O.OO .O..OO.OO.OO...O. OO.O..OO.O..OO.. ..OO.O..OO.OO.OO
827c0000: .O..OO....OO...O. OO.OO.OO....OO.. O.....O...OO....OO .O..OO.O..OO...O.
82800000: ..O.............. ................ ................ ................
82840000: ................. ................ ................ ................
82880000: ......O.....O.... ...O.O.....O..... O.....O.....O... ..O.....O.......
828c0000: ..O.........O... .....OOO.....O.. ....O.....O..... O.....O.........
82900000: .O.........OO... O..O.O........O. ......OO........ OO.O..O.........
```

```
82940000: ................0 ..0.00........00 .................. ...0.....0......
82980000: 0.........0..0.. ....0..........0. ........0....0. ..0.........0..
829c0000: ........0....... ....0..........0. .0..0...0..0.... ..0........0...
82a00000: .....0..0...... 0.........0........ 0...........0......... 0.............
82a40000: ..........0... 0..0.0......00.. ......0.....0. ..0....0...0.00
...
...
...
893c0000: ................. .................. ................ ................
89400000: .........=..=.. ....=......=.=..... =..=..... =..=..... ....=..=......=.
89440000: ..=............. .............=... =..=......=.=... =...=.=......==..
89480000: ....==......=.=. ............=..... ====.=.=........ ................
894c0000: ................ .................. ................ .......=.=....==
89500000: ..=............. .........=....... ...=........ .....=..........
89540000: ..=............. .........=....... ......=. .....=.......=..=
89580000: ......=.=...... =..=......=.==== ==..==.=....=... ....=...=....=.==.
895c0000: =.....==........ ..=.............. =..=......=...=. ...............
89600000: ........=...=.. .....=....=..=. ==.=....=....... .........=.=....
89640000: ..=...===...=... ==........=..=.. ..=..=.......=.. ....=.=....=.
...
...
...
```

다른 예제를 하나 더 살펴보자.

```
0: kd> !vm
*** Virtual Memory Usage ***
        Physical Memory:        786299    (    3145196 Kb)
        Page File: \??\C:\pagefile.sys
          Current:    4193280Kb Free Space:   3407908Kb
          Minimum:    4193280Kb Maximum:      4193280Kb
        Available Pages:        200189    (     800756 Kb)
        ResAvail Pages:         657130    (    2628520 Kb)
        Modified Pages:            762    (       3048 Kb)
        NonPagedPool Usage:      22948    (      91792 Kb)
        NonPagedPool Max:        70145    (     280580 Kb)
        PagedPool 0 Usage:       19666    (      78664 Kb)
        PagedPool 1 Usage:        3358    (      13432 Kb)
        PagedPool 2 Usage:        3306    (      13224 Kb)
        PagedPool 3 Usage:        3312    (      13248 Kb)
```

```
PagedPool 4 Usage:        3309    (      13236 Kb)
********** Excessive Paged Pool Usage *****
PagedPool Usage:         32951    (     131804 Kb)
PagedPool Maximum:       40960    (     163840 Kb)
Shared Commit:            9664    (      38656 Kb)
Special Pool:                0    (          0 Kb)
Free System PTEs:       103335    (     413340 Kb)
Shared Process:          45024    (     180096 Kb)
PagedPool Commit:        32951    (     131804 Kb)
Driver Commit:            1398    (       5592 Kb)
Committed pages:        864175    (    3456700 Kb)
Commit limit:          1793827    (    7175308 Kb)
```

```
0: kd> !poolused 4
Sorting by Paged Pool Consumed

 Pool Used:
            NonPaged              Paged
 Tag    Allocs      Used     Allocs      Used
 CM         85      5440      11045  47915424
 MyAV        0         0        186  14391520
 MmSt        0         0      11795  13235744
 Obtb      709     90752       2712  11108352
 Ntff        5      1120       9886   8541504
 ...
 ...
 ...
```

MyAV 태그는 MyAVDrv 모듈의 접두어처럼 보인다. 그리고 이것은 우연의 일치인 것 같진 않다. 드라이버 리스트를 살펴보면 MyAVDrv.sys가 몇 차례 로드됐다가 언로드된 것을 알 수 있다. 혹시 이 드라이버가 넌페이지드 풀 할당을 해제하지 않은 것은 아닐까?

```
0: kd> lmv m MyAVDrv.sys
start    end        module name
Unloaded modules:
a5069000 a5084000   MyAVDrv.sys
```

```
        Timestamp: unavailable (00000000)
        Checksum:  00000000
a5069000 a5084000   MyAVDrv.sys
        Timestamp: unavailable (00000000)
        Checksum:  00000000
a5069000 a5084000   MyAVDrv.sys
        Timestamp: unavailable (00000000)
        Checksum:  00000000
b93e1000 b93fc000   MyAVDrv.sys
        Timestamp: unavailable (00000000)
        Checksum:  00000000
b9ae5000 b9b00000   MyAVDrv.sys
        Timestamp: unavailable (00000000)
        Checksum:  00000000
be775000 be790000   MyAVDrv.sys
        Timestamp: unavailable (00000000)
        Checksum:  00000000
```

또 CM 태그가 가장 많이 할당돼 있는 것을 볼 수 있다. 그리고 !locks 명령은 극심한 경쟁 패턴High Contention pattern의 한 사례인 수백 개의 스레드가 레지스트리를 기다리고 있음을 보여준다.

```
0: kd> !locks
Resource @ nt!CmpRegistryLock (0x80478b00)    Shared 10 owning threads
    Contention Count = 9149810
    NumberOfSharedWaiters = 718
    NumberOfExclusiveWaiters = 21
```

그러므로 이 메모리 덤프에서 적어도 두 개의 문제점을 볼 수 있다. 초과된 페이지드 풀 사용과 시스템 중단은 아니더라도 시스템을 느려지게 하는 레지스트리 리소스를 둘러싼 극심한 스레드 경쟁이다.

분주한 시스템

프로세스는 시스템에 CPU를 사용하는 스레드가 없다면 인터럽트가 발생하기를 기다리며 멈춰 있는(HLT instruction, http://www.asmpedia.org/index.php?title=HLT) 대신 대부분의 시간 동안 유휴 스레드idle thread에서 루프를 돈다. 인터럽트가 발생하면 DPC 리스트를 처리한 후 스레드 스케줄링을 수행한다. 그 증거로 다음의 스택 트레이스와 디스어셈블된 함수를 살펴보자. 메모리 덤프가 있다면 실행 중인 스레드 중 하나는 KeBugCheck(Ex) 함수를 호출했을 것이다.

```
3: kd> !running

System Processors f (affinity mask)
   Idle Processors d

      Prcb      Current   Next
  1   f7737120  8a3da020           ...............

3: kd> !thread 8a3da020 1f
THREAD 8a3da020 Cid 0ebc.0dec Teb: 7ffdf000 Win32Thread: bc002328
RUNNING on processor 1
Not impersonating
DeviceMap                 e3e3e080
Owning Process            8a0aea88    Image:     SystemDump.exe
Wait Start TickCount      17154       Ticks: 0
Context Switch Count      568                 LargeStack
UserTime                  00:00:00.046
KernelTime                00:00:00.375
Win32 Start Address 0x0040fe92
Start Address 0x77e6b5c7
Stack Init f4266000 Current f4265c08 Base f4266000 Limit f4261000 Call 0
Priority 11 BasePriority 10 PriorityDecrement 0
ChildEBP RetAddr
f4265bec f79c9743 nt!KeBugCheckEx+0x1b
WARNING: Stack unwind information not available. Following frames may be wrong.
f4265c38 8081dce5 SystemDump+0x743
```

```
f4265c4c 808f4797 nt!IofCallDriver+0x45
f4265c60 808f5515 nt!IopSynchronousServiceTail+0x10b
f4265d00 808ee0e4 nt!IopXxxControlFile+0x5db
f4265d34 80888c6c nt!NtDeviceIoControlFile+0x2a
f4265d34 7c82ed54 nt!KiFastCallEntry+0xfc


3: kd> !ready
Processor 0: No threads in READY state
Processor 1: No threads in READY state
Processor 2: No threads in READY state
Processor 3: No threads in READY state


3: kd> ~2s

2: kd> !thread -1 1f
THREAD f7742090  Cid 0000.0000  Teb: 00000000 Win32Thread: 00000000
RUNNING on processor 2
Not impersonating
Owning Process            8089db40       Image:         Idle
Wait Start TickCount      0              Ticks: 17154 (0:00:04:28.031)
Context Switch Count      193155
UserTime                  00:00:00.000
KernelTime                00:03:23.328
Stack Init f78b7000 Current f78b6d4c Base f78b7000 Limit f78b4000 Call 0
Priority 0 BasePriority 0 PriorityDecrement 0
ChildEBP RetAddr
f78b6d50 8088d262 intelppm!AcpiC1Idle+0x12
f78b6d54 00000000 nt!KiIdleLoop+0xa


2: kd> .asm no_code_bytes
Assembly options: no_code_bytes


2: kd> uf intelppm!AcpiC1Idle
intelppm!AcpiC1Idle:
f6e73c90 push    ecx
f6e73c91 push    0
f6e73c93 call    intelppm!KeQueryPerformanceCounter (f6e740c6)
f6e73c98 mov     ecx,dword ptr [esp]
f6e73c9b mov     dword ptr [ecx],eax
```

```
f6e73c9d mov     dword ptr [ecx+4],edx
f6e73ca0 sti
f6e73ca1 hlt
f6e73ca2 push    0
f6e73ca4 call    intelppm!KeQueryPerformanceCounter (f6e740c6)
f6e73ca9 pop     ecx
f6e73caa mov     dword ptr [ecx+8],eax
f6e73cad mov     dword ptr [ecx+0Ch],edx
f6e73cb0 xor     eax,eax
f6e73cb2 ret

2: kd> uf nt!KiIdleLoop
nt!KiIdleLoop:
8088d258 jmp     nt!KiIdleLoop+0xa (8088d262)

nt!KiIdleLoop+0x2:
8088d25a lea     ecx,[ebx+0EC0h]
8088d260 call    dword ptr [ecx]

nt!KiIdleLoop+0xa:
8088d262 pause   ; http://www.asmpedia.org/index.php?title=PAUSE
8088d264 sti
8088d265 nop
8088d266 nop
8088d267 cli
8088d268 mov     eax,dword ptr [ebx+0A4Ch]
8088d26e or      eax,dword ptr [ebx+0A88h]
8088d274 or      eax,dword ptr [ebx+0C10h]
8088d27a je      nt!KiIdleLoop+0x37 (8088d28f)

nt!KiIdleLoop+0x24:
8088d27c mov     cl,2
8088d27e call    dword ptr [nt!_imp_HalClearSoftwareInterrupt (808010a8)]
8088d284 lea     ecx,[ebx+120h]
8088d28a call    nt!KiRetireDpcList (80831be8)

nt!KiIdleLoop+0x37:
8088d28f cmp     dword ptr [ebx+128h],0
8088d296 je      nt!KiIdleLoop+0xca (8088d322)
```

```
nt!KiIdleLoop+0x44:
8088d29c mov     ecx,1Bh
8088d2a1 call    dword ptr [nt!_imp_KfRaiseIrql (80801100)]
8088d2a7 sti
8088d2a8 mov     edi,dword ptr [ebx+124h]
8088d2ae mov     byte ptr [edi+5Dh],1
8088d2b2 lock    bts dword ptr [ebx+0A7Ch],0
8088d2bb jae     nt!KiIdleLoop+0x70 (8088d2c8)

nt!KiIdleLoop+0x65:
8088d2bd lea     ecx,[ebx+0A7Ch]
8088d2c3 call    nt!KefAcquireSpinLockAtDpcLevel (80887fd0)

nt!KiIdleLoop+0x70:
8088d2c8 mov     esi,dword ptr [ebx+128h]
8088d2ce cmp     esi,edi
8088d2d0 je      nt!KiIdleLoop+0xb3 (8088d30b)

nt!KiIdleLoop+0x7a:
8088d2d2 and     dword ptr [ebx+128h],0
8088d2d9 mov     dword ptr [ebx+124h],esi
8088d2df mov     byte ptr [esi+4Ch],2
8088d2e3 and     byte ptr [ebx+0AA3h],0
8088d2ea and     dword ptr [ebx+0A7Ch],0

nt!KiIdleLoop+0x99:
8088d2f1 mov     ecx,1
8088d2f6 call    nt!SwapContext (8088d040)
8088d2fb mov     ecx,2
8088d300 call    dword ptr [nt!_imp_KfLowerIrql (80801104)]
8088d306 jmp     nt!KiIdleLoop+0xa (8088d262)

nt!KiIdleLoop+0xb3:
8088d30b and     dword ptr [ebx+128h],0
8088d312 and     dword ptr [ebx+0A7Ch],0
8088d319 and     byte ptr [edi+5Dh],0
8088d31d jmp     nt!KiIdleLoop+0xa (8088d262)

nt!KiIdleLoop+0xca:
```

```
8088d322 cmp     byte ptr [ebx+0AA3h],0
8088d329 je      nt!KiIdleLoop+0x2 (8088d25a)

nt!KiIdleLoop+0xd7:
8088d32f sti
8088d330 lea     ecx,[ebx+120h]
8088d336 call    nt!KiIdleSchedule (808343e6)
8088d33b test    eax,eax
8088d33d mov     esi,eax
8088d33f mov     edi,dword ptr [ebx+12Ch]
8088d345 jne     nt!KiIdleLoop+0x99 (8088d2f1)

nt!KiIdleLoop+0xef:
8088d347 jmp     nt!KiIdleLoop+0xa (8088d262)
```

가끔 시스템이나 세션이 응답이 없거나 매우 느릴 때 얻는 메모리 덤프에서 모든 프로세서가 유휴 상태가 아닌 스레드를 실행하고 준비 큐ready queue에 스레드가 스케줄되기를 기다리는 분주한 시스템Busy System 패턴을 보게 될 수도 있다.

```
3: kd> !running

System Processors f (affinity mask)
    Idle Processors 0

        Prcb      Current   Next
    0   ffdff120  88cef850            ................
    1   f7727120  8940b7a0            ................
    2   f772f120  8776f020            ................
    3   f7737120  87b25360            ................

3: kd> !ready
Processor 0: Ready Threads at priority 8
    THREAD 88161668  Cid 3d58.43a0  Teb: 7ffdf000  Win32Thread: bc1eba48
READY
    THREAD 882d0020  Cid 1004.0520  Teb: 7ffdf000  Win32Thread: bc230838
READY
    THREAD 88716b40  Cid 2034.241c  Teb: 7ffdd000  Win32Thread: bc11b388
READY
```

```
      THREAD 88bf7978    Cid 2444.2564   Teb: 7ffde000   Win32Thread: bc1ccc18
READY
      THREAD 876f7a28    Cid 2308.4bfc   Teb: 7ffdd000   Win32Thread: bc1f7b98
READY
Processor 0: Ready Threads at priority 0
      THREAD 8a3925a8    Cid 0004.0008   Teb: 00000000   Win32Thread: 00000000
READY
Processor 1: Ready Threads at priority 9
      THREAD 87e69db0    Cid 067c.3930   Teb: 7ffdb000   Win32Thread: bc180990
READY
Processor 1: Ready Threads at priority 8
      THREAD 88398c70    Cid 27cc.15b4   Teb: 7ffde000   Win32Thread: bc159ea8
READY
Processor 2: Ready Threads at priority 8
      THREAD 8873cdb0    Cid 4c24.4384   Teb: 7ffdd000   Win32Thread: bc1c9838
READY
      THREAD 89f331e0    Cid 453c.4c68   Teb: 7ffdf000   Win32Thread: bc21dbd0
READY
      THREAD 889a03f0    Cid 339c.2fcc   Teb: 7ffdf000   Win32Thread: bc1cdbe8
READY
      THREAD 87aacdb0    Cid 3b80.4ed0   Teb: 7ffde000   Win32Thread: bc1c5d10
READY
Processor 3: No threads in READY state
```

다음은 버그체크가 발생할 당시 단지 하나의 프로세서만 유휴 상태인 분주한 8-프로세서 시스템의 사례다.

```
5: kd> !ready
Processor 0: No threads in READY state
Processor 1: No threads in READY state
Processor 2: No threads in READY state
Processor 3: No threads in READY state
Processor 4: No threads in READY state
Processor 5: No threads in READY state
Processor 6: No threads in READY state
Processor 7: No threads in READY state

5: kd> !running
```

```
System Processors ff (affinity mask)
   Idle Processors 1
       Prcb        Current    Next
   1   f7727120    8713a5a0              ................
   2   f772f120    86214750              ................
   3   f7737120    86f87020              ................
   4   f773f120    86ffe700              ................
   5   f7747120    86803a90              ................
   6   f774f120    86043db0              ................
   7   f7757120    86bcbdb0              ................
```

5: kd> !thread 8713a5a0 1f

THREAD 8713a5a0 Cid 4ef4.4f04 Teb: 7ffdd000 Win32Thread: bc423920 RUNNING on processor 1
Not impersonating
DeviceMap   e44e9a40
Owning Process   864d1d88   Image: SomeExe.exe
Wait Start TickCount   1415535   Ticks: 0
Context Switch Count   7621092   LargeStack
UserTime   00:06:59.218
KernelTime   00:19:26.359
Win32 Start Address BROWSEUI!BrowserProtectedThreadProc (0x75ec1c3f)
Start Address kernel32!BaseThreadStartThunk (0x77e617ec)
Stack Init b68b8a70 Current b68b8c28 Base b68b9000 Limit b68b1000 Call b68b8a7c
Priority 13 BasePriority 13 PriorityDecrement 0
ChildEBP RetAddr
00c1f4fc 773dc4e4 USER32!DispatchHookA+0x35
00c1f528 7739c9c6 USER32!fnHkINLPCWPRETSTRUCTA+0x60
00c1f550 7c828536 USER32!__fnDWORD+0x24
00c1f550 808308f4 ntdll!KiUserCallbackDispatcher+0x2e
b68b8a94 8091d6d1 nt!KiCallUserMode+0x4
b68b8aec bf8a26d3 nt!KeUserModeCallback+0x8f
b68b8b70 bf89dd4d win32k!SfnDWORD+0xb4
b68b8be8 bf89d79d win32k!xxxHkCallHook+0x22c
b68b8c90 bf89da19 win32k!xxxCallHook2+0x245
b68b8cac bf8a137a win32k!xxxCallHook+0x26
b68b8cec bf85af67 win32k!xxxSendMessageTimeout+0x1e3
b68b8d10 bf8c182c win32k!xxxWrapSendMessage+0x1b

```
b68b8d40 8088978c win32k!NtUserMessageCall+0x9d
b68b8d40 7c8285ec nt!KiFastCallEntry+0xfc
00c1f550 7c828536 ntdll!KiFastSystemCallRet
00c1f57c 7739d1ec ntdll!KiUserCallbackDispatcher+0x2e
00c1f5b8 7738cee9 USER32!NtUserMessageCall+0xc
00c1f5d8 01438f73 USER32!SendMessageA+0x7f

5: kd> !thread 86214750
THREAD 86214750 Cid 0b94.1238 Teb: 7ffdb000 Win32Thread: bc2f5ea8 RUNNING on processor 2
Not impersonating
DeviceMap                e3482310
Owning Process           85790020       Image:          SomeExe.exe
Wait Start TickCount     1415535        Ticks: 0
Context Switch Count     1745682                        LargeStack
UserTime                 00:01:20.031
KernelTime               00:04:03.484
Win32 Start Address 0x75ec1c3f
Start Address kernel32!BaseThreadStartThunk (0x77e617ec)
Stack Init b4861000 Current b4860558 Base b4861000 Limit b4856000 Call 0
Priority 13 BasePriority 13 PriorityDecrement 0
ChildEBP RetAddr
b4860bd8 bf8da699 nt!PsGetThreadProcess
b4860bf4 bf89d6e6 win32k!IsRestricted+0x2f
b4860c90 bf89da19 win32k!xxxCallHook2+0x12d
b4860cac bf8a137a win32k!xxxCallHook+0x26
b4860cec bf85af67 win32k!xxxSendMessageTimeout+0x1e3
b4860d10 bf8c182c win32k!xxxWrapSendMessage+0x1b
b4860d40 8088978c win32k!NtUserMessageCall+0x9d
b4860d40 7c8285ec nt!KiFastCallEntry+0xfc
00c1f5fc 00000000 ntdll!KiFastSystemCallRet

5: kd> !thread 86f87020 1f
THREAD 86f87020 Cid 0238.0ae8 Teb: 7ffa5000 Win32Thread: 00000000 RUNNING on processor 3
IRP List:
    86869200: (0006,0094) Flags: 00000900 Mdl: 00000000
    85b2a7f0: (0006,0094) Flags: 00000900 Mdl: 00000000
    86f80a20: (0006,0094) Flags: 00000800 Mdl: 00000000
```

```
    85e6af68: (0006,0094) Flags: 00000900 Mdl: 00000000
    892a6c78: (0006,0094) Flags: 00000900 Mdl: 00000000
    85d06070: (0006,0094) Flags: 00000900 Mdl: 00000000
    85da35e0: (0006,0094) Flags: 00000900 Mdl: 00000000
    87216340: (0006,0094) Flags: 00000900 Mdl: 00000000
Not impersonating
DeviceMap                 e1003940
Owning Process            8850e020        Image:       lsass.exe
Wait Start TickCount      1415535         Ticks: 0
Context Switch Count      39608
UserTime                  00:00:01.625
KernelTime                00:00:05.437
Win32 Start Address RPCRT4!ThreadStartRoutine (0x77c7b0f5)
Start Address kernel32!BaseThreadStartThunk (0x77e617ec)
Stack Init f4925000 Current f4924c38 Base f4925000 Limit f4922000 Call 0
Priority 10 BasePriority 9 PriorityDecrement 0
ChildEBP RetAddr
f4924640 80972e8e nt!SePrivilegeCheck+0x24
f4924678 80944aa0 nt!SeSinglePrivilegeCheck+0x3a
f4924770 8088978c nt!NtOpenProcess+0x13a
f4924770 8082eff5 nt!KiFastCallEntry+0xfc
f49247f8 f6037bee nt!ZwOpenProcess+0x11
WARNING: Stack unwind information not available. Following frames may be
wrong.
f4924830 f6002996 SomeDrv+0x48bee

5: kd> !thread 86ffe700 1f
THREAD 86ffe700 Cid 1ba4.1ba8 Teb: 7ffdf000 Win32Thread: bc23cea8 RUNNING on
processor 4
Not impersonating
DeviceMap                 e44e9a40
Owning Process            87005708        Image:       WINWORD.EXE
Wait Start TickCount      1415535         Ticks: 0
Context Switch Count      1547251                      LargeStack
UserTime                  00:01:00.750
KernelTime                00:00:45.265
Win32 Start Address WINWORD (0x300019b0)
Start Address kernel32!BaseProcessStartThunk (0x77e617f8)
Stack Init f3465000 Current f3464c48 Base f3465000 Limit f345e000 Call 0
```

크래시 덤프 분석 패턴 • 501

```
Priority 8 BasePriority 8 PriorityDecrement 0
ChildEBP RetAddr
f3464d64 7c8285eb nt!KiFastCallEntry+0x91
f3464d68 badb0d00 ntdll!KiFastSystemCall+0x3


5: kd> !thread 86803a90 1f
THREAD 86803a90 Cid 3c20.29f8 Teb: 7ffdf000 Win32Thread: bc295480 RUNNING on
processor 5
Not impersonating
DeviceMap                  e518c6b8
Owning Process             857d5500       Image:         SystemDump.exe
Wait Start TickCount       1415535        Ticks: 0
Context Switch Count       310                           LargeStack
UserTime                   00:00:00.015
KernelTime                 00:00:00.046
*** ERROR: Module load completed but symbols could not be loaded for
SystemDump.exe
Win32 Start Address SystemDump_400000 (0x0040fe92)
Start Address kernel32!BaseProcessStartThunk (0x77e617f8)
Stack Init b38a4000 Current b38a3c08 Base b38a4000 Limit b389f000 Call 0
Priority 11 BasePriority 8 PriorityDecrement 2
ChildEBP RetAddr Args to Child
b38a3bf0 f79e3743 000000e2 cccccccc 866962b0 nt!KeBugCheckEx+0x1b
WARNING: Stack unwind information not available. Following frames may be
wrong.
b38a3c3c 8081df65 SystemDump+0x743
b38a3c50 808f5437 nt!IofCallDriver+0x45
b38a3c64 808f61bf nt!IopSynchronousServiceTail+0x10b
b38a3d00 808eed08 nt!IopXxxControlFile+0x5e5
b38a3d34 8088978c nt!NtDeviceIoControlFile+0x2a
b38a3d34 7c8285ec nt!KiFastCallEntry+0xfc
0012efc4 7c826fcb ntdll!KiFastSystemCallRet
0012efc8 77e416f5 ntdll!NtDeviceIoControlFile+0xc
0012f02c 00402208 kernel32!DeviceIoControl+0x137
0012f884 00404f8e SystemDump_400000+0x2208


5: kd> !thread 86043db0 1f
THREAD 86043db0 Cid 0610.55dc Teb: 7ffa1000 Win32Thread: 00000000 RUNNING on
processor 6
```

```
IRP List:
    86dc99a0: (0006,0094) Flags: 00000a00 Mdl: 00000000
Impersonation token: e7b30030 (Level Impersonation)
DeviceMap             e4e470a8
Owning Process        891374a8      Image:      SomeSvc.exe
Wait Start TickCount  1415215       Ticks: 320 (0:00:00:05.000)
Context Switch Count  11728
UserTime              00:00:02.546
KernelTime            00:02:57.765
Win32 Start Address 0x0082b983
LPC Server thread working on message Id 82b983
Start Address kernel32!BaseThreadStartThunk (0x77e617ec)
Stack Init b49c1000 Current b49c0a7c Base b49c1000 Limit b49be000 Call 0
Priority 8 BasePriority 8 PriorityDecrement 0
ChildEBP RetAddr
b49c0b80 8087c9c0 hal!KeReleaseQueuedSpinLock+0x2d
b49c0ba0 8087ca95 nt!ExReleaseResourceLite+0xac
b49c0ba4 f6faa5ae nt!ExReleaseResourceAndLeaveCriticalRegion+0x5
b49c0bb8 f6faad05 termdd!_IcaCallStack+0x60
b49c0bdc f6fa6bda termdd!IcaCallDriver+0x71
b49c0c34 f6fa86dc termdd!IcaWriteChannel+0xd8
b49c0c50 f6fa8cc6 termdd!IcaWrite+0x40
b49c0c68 8081df65 termdd!IcaDispatch+0xd0
b49c0c7c 808f5437 nt!IofCallDriver+0x45
b49c0c90 808f3157 nt!IopSynchronousServiceTail+0x10b
b49c0d38 8088978c nt!NtWriteFile+0x663
b49c0d38 7c8285ec nt!KiFastCallEntry+0xfc
0254d814 7c827d3b ntdll!KiFastSystemCallRet
0254d818 77e5b012 ntdll!NtWriteFile+0xc
0254d878 004389f2 kernel32!WriteFile+0xa9

5: kd> !thread 86bcbdb0 1f
THREAD 86bcbdb0 Cid 34ac.1b04 Teb: 7ffdd000 Win32Thread: bc3d9a48 RUNNING on
processor 7
IRP List:
    8581d900: (0006,01fc) Flags: 00000884 Mdl: 00000000
Not impersonating
DeviceMap             e153fc48
Owning Process        872fb708      Image:      SomeExe.exe
```

```
Wait Start TickCount    1415535     Ticks: 0
Context Switch Count    7655285                 LargeStack
UserTime                00:10:09.343
KernelTime              00:30:21.296
Win32 Start Address 0x75ec1c3f
Start Address 0x77e617ec
Stack Init b86cb000 Current b86ca58c Base b86cb000 Limit b86c2000 Call 0
Priority 13 BasePriority 13 PriorityDecrement 0
ChildEBP RetAddr
b86ca974 f724ffc2 fltmgr!FltpPerformPostCallbacks+0x260
b86ca988 f72504f1 fltmgr!FltpProcessIoCompletion+0x10
b86ca998 f7250b83 fltmgr!FltpPassThroughCompletion+0x89
b86ca9c8 f725e5de
fltmgr!FltpLegacyProcessingAfterPreCallbacksCompleted+0x269
b86caa04 8081df65 fltmgr!FltpCreate+0x26a
b86caa18 f75fa8c7 nt!IofCallDriver+0x45
b86caa40 f75faa5a SomeFlt!PassThrough+0xbb
b86caa5c 8081df65 SomeFlt!Create+0xda
b86caa70 808f8f71 nt!IofCallDriver+0x45
b86cab58 80937942 nt!IopParseDevice+0xa35
b86cabd8 80933a76 nt!ObpLookupObjectName+0x5b0
b86cac2c 808eae25 nt!ObOpenObjectByName+0xea
b86caca8 808ec0bf nt!IopCreateFile+0x447
b86cad04 808efc4f nt!IoCreateFile+0xa3
b86cad44 8088978c nt!NtOpenFile+0x27
b86cad44 7c8285ec nt!KiFastCallEntry+0xfc
```

실행 중인 스레드들은 스파이킹 스레드Spiking Thread가 될 가능성이 있다.

역사적 정보

크래시 덤프가 사실상 정적static이긴 하지만 문제에 대한 단서를 주고 문제 해결과 디버깅에 도움을 줄 수도 있는 과거 시스템 역학past system dynamics에 대한 역사적 정보historical information도 담고 있다.

예를 들면 유저 프로세스와 드라이버 간의 IRP 흐름은 어떤 커널이나 컴플리트 메모리 덤프에서도 쉽게 이용할 수 있다. WinDbg !irpfind 명령은 현존하는

I/O 요청 패킷의 리스트를 나타낼 것이다. !irp 명령은 개별 패킷의 상세 정보를 나타낸다.

최근에 개선된 드라이버 베리파이어driver verifier는 비스타와 윈도우 서버 2008에서 IRP 할당과 완료, 취소와 연결된 스택 트레이스를 내장하는 것을 허용한다. 좀 더 자세한 내용은 다음 링크의 문서를 살펴보라.

http://www.microsoft.com/whdc/devtools/tools/vistaverifier.mspx

프로세스, 커널, 컴플리트 메모리 덤프에 담겨있을 수 있는 다른 정보는 현재 스레드 스택의 스냅 샷을 넘어 함수 호출의 어떤 과거를 드러낼지도 모른다.

- 힙 할당 스택 트레이스heap allocation stack trace는 보통 메모리 누수 디버깅에 사용된다.
- 핸들 트레이스는 핸들 릭 디버깅에 사용된다(!htrace 명령).
- 로 스택 데이터는 심볼로 해석된다. 어떤 샘플은 덤프된 스택과 모든 프로세스 스레드의 데이터, 덤프된 커널 모드 스택 데이터를 포함한다.
- LPC 메시지(!lpc thread)
- 스레드 대기 시간 패턴Waiting Thread Time pattern

IRP 분포 이상

응답이 없거나 느린 워크스테이션이나 서버로부터의 커널이나 컴플리트 메모리 덤프에서 !irpfind 명령을 실행하면 어떤 드라이버가 보통 환경에서는 목격되지 않는 활성화된 IRP의 초과된 카운트를 갖고 있을 때 IRP 분포 이상IRP Distribution Anomaly 패턴을 드러낼 수도 있다. 나는 문제가 있는 두 개의 커널 덤프에서 두 개의 IRP 분포 그래프를 만들어냈다. 완료된 IRP를 제거하려고 비주얼 스튜디오 키보드 매크로를 사용해 명령 출력 결과를 사전 처리한 후 엑셀을 사용했다. 한 케이스에서 서드파티 안티바이러스 필터 드라이버로부터 수많은 I/O 요청 패킷이 있었다.

\Driver\3rdPartyAvFilter

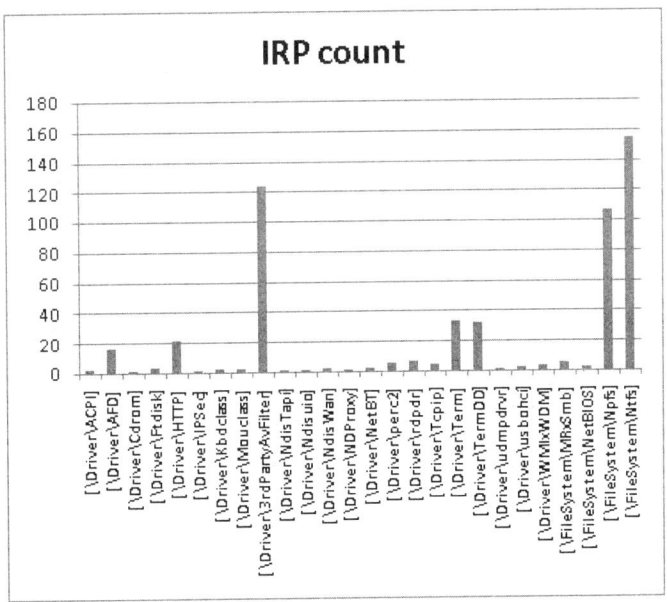

두번째 경우엔 커널 소켓 보조 펑션 드라이버kernel socket ancillary function driver를 타겟으로 하는 엄청난 수의 활성화된 IRP가 있었다.

\Driver\AFD

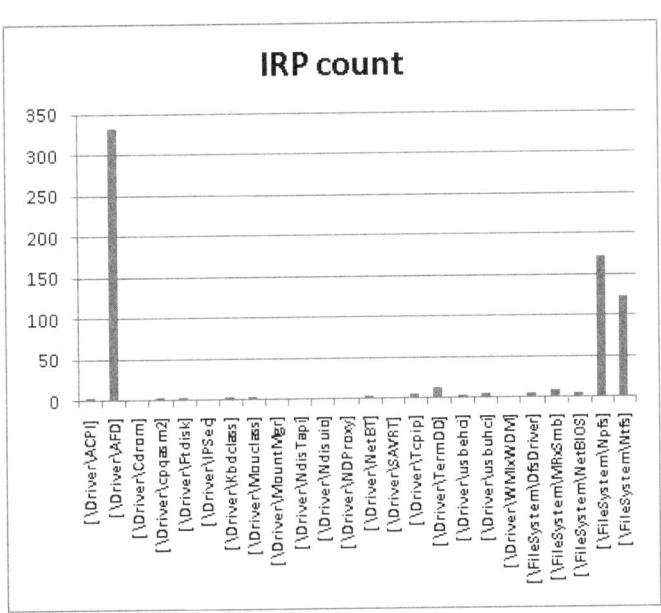

양쪽 그래프에 있는 두 개의 다른 봉우리는 NTPS, NTFS, 파이프, 파일 시스템과 관련된 것으로 보통 정상적이다. 다음은 이 글을 쓰는 동안 내 비스타 워크스테이션에서 캡처한 IRP 분포 그래프다.

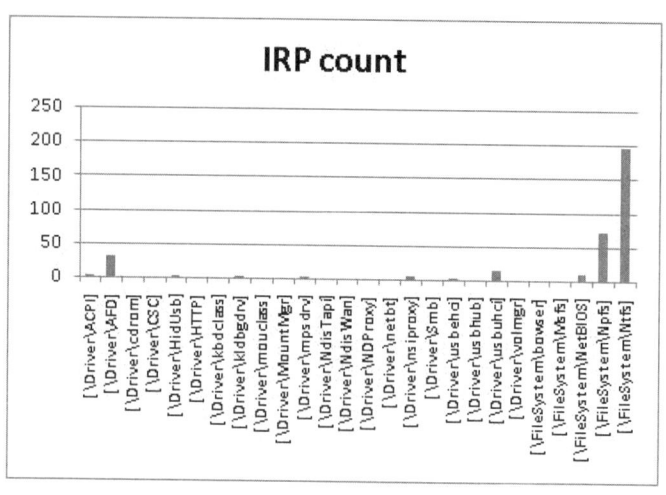

■ 지역 버퍼 오버플로우

지역 버퍼 오버플로우Local Buffer Overflow 패턴은 x86 플랫폼에서 지역변수와 함수 리턴 주소와(또는) 저장된 프레임 포인터 EBP가 어떤 데이터로 덮어써질 때 목격된다. 결과적으로 인스트럭션 포인터 EIP는 얼토당토않은 포인터Wild Pointer가 된다. 그리고 유저 모드에선 프로세스 크래시가, 커널 모드에선 버그체크가 발생한다. 가끔 이 패턴은 EBP와 ESP 값의 불일치를 살펴봄으로써 진단된다. 그리고 아스키나 유니코드 버퍼 오버플로우의 경우 EIP 레지스터가 4개의 캐릭터나 2개의 와이드 캐릭터 값을 갖고 있을 수도 있다. 그리고 ESP나 EBP 또는 양쪽 모두의 레지스터가 다음 예처럼 문자열 조각을 가리키고 있을 수도 있다.

```
0:000> r
eax=000fa101 ebx=0000c026 ecx=01010001 edx=bd43a010 esi=000003e0
edi=00000000
eip=0048004a esp=0012f158 ebp=00510044 iopl=0 nv up ei pl nz na po nc
cs=001b ss=0023 ds=0023 es=0023 fs=0038 gs=0000 efl=00000202
```

```
0048004a 0000 add       byte ptr [eax],al ds:0023:000fa101=??

0:000> kL
ChildEBP RetAddr
WARNING: Frame IP not in any known module. Following frames may be wrong.
0012f154 00420047 0x48004a
0012f158 00440077 0x420047
0012f15c 00420043 0x440077
0012f160 00510076 0x420043
0012f164 00420049 0x510076
0012f168 00540041 0x420049
0012f16c 00540041 0x540041
...
...
...
```

수동적인 시스템 스레드(커널 공간)

앞서 유저 공간에서의 수동적인 스레드 패턴Passive Thread pattern을 다뤘다. 이어서 어떤 유저 프로세스 컨택스트를 실행하지 않는 커널 공간의 수동적인 시스템 스레드Passive System Thread를 살펴보자. 이 스레드는 어떤 유저 공간 스택도 갖지 않는 시스템 프로세스에 속한다. 전체 스택 트레이스는 !process 명령의 출력 결과(완전히 페이지 아웃되지 않았다면)나 !stacks 2 명령 출력 결과의 [System] 부분에서 볼 수 있다.

```
1: kd> !process 0 ff System
```

리스트의 일부 스레드는 핵심 운영체제 기능에 속한다. 그리고 수동적이 아니다(함수 옵셋은 운영체제 버전과 서비스팩에 따라 다를 수 있다).

```
nt!KiSwapContext+0x84
nt!KiSwapThread+0x125
nt!KeWaitForSingleObject+0x5f5
```

nt!MmZeroPageThread+0x180
nt!Phase1Initialization+0xe
nt!PspSystemThreadStartup+0x5b
nt!KiStartSystemThread+0x16

nt!KiSwapContext+0x84
nt!KiSwapThread+0x125
nt!KeWaitForSingleObject+0x5f5
nt!MiModifiedPageWriter+0x59
nt!PspSystemThreadStartup+0x5b
nt!KiStartSystemThread+0x16

nt!KiSwapContext+0x84
nt!KiSwapThread+0x125
nt!KeWaitForMultipleObjects+0x703
nt!MiMappedPageWriter+0xad
nt!PspSystemThreadStartup+0x5b
nt!KiStartSystemThread+0x16

nt!KiSwapContext+0x84
nt!KiSwapThread+0x125
nt!KeWaitForMultipleObjects+0x703
nt!KeBalanceSetManager+0x101
nt!PspSystemThreadStartup+0x5b
nt!KiStartSystemThread+0x16

nt!KiSwapContext+0x84
nt!KiSwapThread+0x125
nt!KeWaitForSingleObject+0x5f5
nt!KeSwapProcessOrStack+0x44
nt!PspSystemThreadStartup+0x5b
nt!KiStartSystemThread+0x16

nt!KiSwapContext+0x84
nt!KiSwapThread+0x125
nt!KeWaitForSingleObject+0x5f5
nt!EtwpLogger+0xdd
nt!PspSystemThreadStartup+0x5b
nt!KiStartSystemThread+0x16

```
nt!KiSwapContext+0x84
nt!KiSwapThread+0x125
nt!KeWaitForSingleObject+0x5f5
nt!KiExecuteDpc+0x198
nt!PspSystemThreadStartup+0x5b
nt!KiStartSystemThread+0x16

nt!KiSwapContext+0x84
nt!KiSwapThread+0x125
nt!KeWaitForMultipleObjects+0x703
nt!CcQueueLazyWriteScanThread+0x73
nt!PspSystemThreadStartup+0x5b
nt!KiStartSystemThread+0x16

nt!KiSwapContext+0x84
nt!KiSwapThread+0x125
nt!KeWaitForMultipleObjects+0x703
nt!ExpWorkerThreadBalanceManager+0x85
nt!PspSystemThreadStartup+0x5b
nt!KiStartSystemThread+0x16
```

다른 스레드는 다양한 작업 큐worker queue(!exqueue ff 명령으로 볼 수 있다)에 속한다. 그리고 이들은 데이터 아이템이 도착하기를 기다린다(수동적인 스레드).

```
nt!KiSwapContext+0x84
nt!KiSwapThread+0x125
nt!KeRemoveQueueEx+0x848
nt!ExpWorkerThread+0x104
nt!PspSystemThreadStartup+0x5b
nt!KiStartSystemThread+0x16
```

또는

```
nt!KiSwapContext+0x26
nt!KiSwapThread+0x2e5
nt!KeRemoveQueue+0x417
nt!ExpWorkerThread+0xc8
```

nt!PspSystemThreadStartup+0x2e

nt!KiThreadStartup+0x16

함수 이름에 Worker나 Logging, Logger 부분 문자열을 갖는 Non-Exp 시스템 스레드는 수동적인 스레드다. 그리고 이들 역시 데이터를 기다린다. 다음 예를 살펴보자.

---

nt!KiSwapContext+0x84

nt!KiSwapThread+0x125

nt!KeWaitForMultipleObjects+0x703

nt!PfTLoggingWorker+0x81

nt!PspSystemThreadStartup+0x5b

nt!KiStartSystemThread+0x16

nt!KiSwapContext+0x84

nt!KiSwapThread+0x125

nt!KeWaitForSingleObject+0x5f5

nt!EtwpLogger+0xdd

nt!PspSystemThreadStartup+0x5b

nt!KiStartSystemThread+0x16

nt!KiSwapContext+0x84

nt!KiSwapThread+0x125

nt!KeRemoveQueueEx+0x848

nt!KeRemoveQueue+0x21

rdpdr!RxpWorkerThreadDispatcher+0x6f

nt!PspSystemThreadStartup+0x5b

nt!KiStartSystemThread+0x16

nt!KiSwapContext+0x84

nt!KiSwapThread+0x125

nt!KeWaitForSingleObject+0x5f5

HTTP!UlpThreadPoolWorker+0x26c

nt!PspSystemThreadStartup+0x5b

nt!KiStartSystemThread+0x16

nt!KiSwapContext+0x84

nt!KiSwapThread+0x125

nt!KeRemoveQueueEx+0x848

nt!KeRemoveQueue+0x21

srv2!SrvProcWorkerThread+0×74

nt!PspSystemThreadStartup+0×5b

nt!KiStartSystemThread+0×16

nt!KiSwapContext+0x84

nt!KiSwapThread+0x125

nt!KeRemoveQueueEx+0x848

nt!KeRemoveQueue+0x21

srv!WorkerThread+0×90

nt!PspSystemThreadStartup+0×5b

nt!KiStartSystemThread+0×16

driver.sys에 대한 다음 스택처럼 메모리 덤프에서의 어떤 일탈이라도 의심을 불러일으킬 수 있다.

nt!KiSwapContext+0x26

nt!KiSwapThread+0x284

nt!KeWaitForSingleObject+0×346

nt!ExpWaitForResource+0xd5

nt!ExAcquireResourceExclusiveLite+0×8d

nt!ExEnterCriticalRegionAndAcquireResourceExclusive+0×19

driver!ProcessItem+0×2f

driver!DelayedWorker+0×27

nt!ExpWorkerThread+0×104

nt!PspSystemThreadStartup+0×5b

nt!KiStartSystemThread+0×16

초기 크래시 덤프

어떤 버그는 접근 위반과 기타 다른 예외들을 예외 핸들러에 밀어 넣는 억지 기법 brute-force을 사용해 수정된다. 오래전 대략 N번째 힙 해제 런타임 함수가 호출된 후 충돌된 이미지 처리 애플리케이션에서 이런 믿기지 않는 수정을 봤다. 충돌을 무시하려고 SEH 처리기가 설치됐다. 그러나 애플리케이션은 다른 곳에서 충돌하기 시작했다. 그래서 N번째에 도달할 때 해제 함수 호출을 건너뛰고 실행을 계속하게 추가 수정했다. 애플리케이션은 좀 더 낮은 빈도로 충돌하기 시작했다.

첫 번째 예외first-chance exception가 발생했을 때 초기 크래시 덤프early crash dump를 얻는 것은 훼손이 데이터 전체에 퍼지기 전에 컴포넌트를 식별하는 데 도움이 된다. 유저 모드의 프로세스 스레드에서 액세스 위반이 발생할 때 시스템은 첫 번째 예외를 발생시킨다는 점을 상기하자. 이는 디버거를 붙임으로써 잡을 수 있다. 이런 디버거가 없다면 예외 핸들러를 찾고 예외 핸들러가 잡으면 예외를 해제하고 정상 실행 경로를 계속 실행한다. 이런 핸들러가 없다면 시스템은 붙어 있는 디버거에 알리려고 같은 예외 컨텍스트에 두 번째 예외second-chance exception를 발생시킨다. 붙어 있는 것이 없다면 기본 스레드 예외 핸들러는 보통 포스트 모템 유저 덤프를 저장한다.

다음과 같은 방법으로 첫 번째 예외 메모리 덤프를 얻을 수 있다.

- 디버그 진단

    (http://www.microsoft.com/downloads/details.aspx?FamilyID=28bd5941-c458-46f1-b24d-f60151d875a3&displaylang=en)

- Debugging Tools for Windows에 있는 크래시 모드의 ADPlus

- 유저 모드 프로세스 덤퍼 패키지의 예외 모니터

    (http://www.microsoft.com/downloads/details.aspx?FamilyID=e089ca41-6a87-40c8-bf69-28ac08570b7e&DisplayLang=en)

다음은 `TestDefaultDebugger` 프로세스를 대상으로 충돌에 대해 Debug Diagnostic 툴을 설정하는 예다(설정돼 있지 않은 첫 번째 예외 옵션을 Full Userdump로 설정).

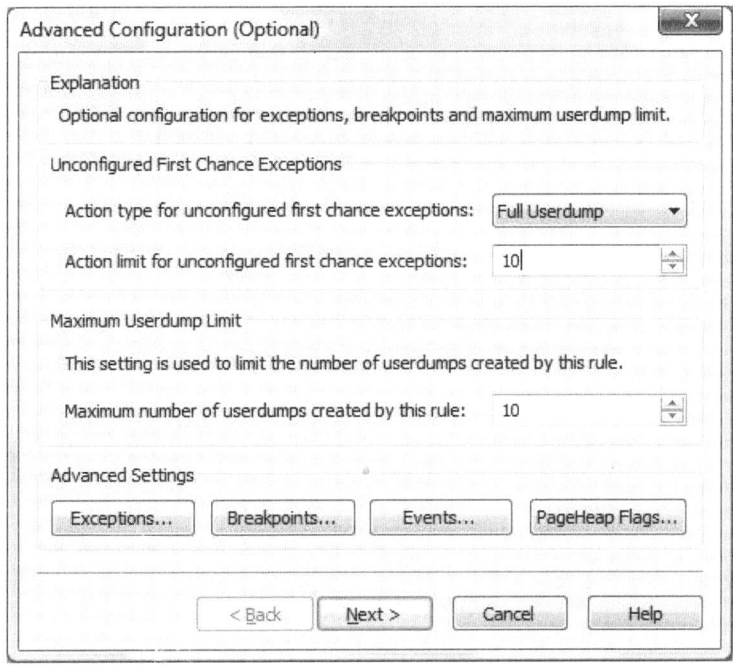

TestDefaultDebugger 대화상자의 커다란 크래시 버튼을 누르면 같은 코드를 가리키는 첫 번째, 두 번째 예외가 두 개의 크래시 덤프로 저장된다.

```
Loading Dump File [C:\Program Files (x86)\DebugDiag\Logs\Crash rule for
all instances of TestDefaultDebugger.exe\TestDefaultDebugger__PID__4316__
Date__11_21_2007__Time_04_28_27PM__2__First chance exception
0XC0000005.dmp]
User Mini Dump File with Full Memory: Only application data is available

Comment: 'Dump created by DbgHost. First chance exception 0XC0000005'
Symbol search path is:
srv*c:\mss*http://msdl.microsoft.com/download/symbols
Executable search path is:
Windows Vista Version 6000 MP (2 procs) Free x86 compatible
Product: WinNt, suite: SingleUserTS
Debug session time: Wed Nov 21 16:28:27.000 2007 (GMT+0)
System Uptime: 0 days 23:45:34.711
Process Uptime: 0 days 0:01:09.000

This dump file has an exception of interest stored in it.
```

```
The stored exception information can be accessed via .ecxr.
(10dc.590): Access violation - code c0000005 (first/second chance not
available)
eax=00000000 ebx=00000001 ecx=0017fe70 edx=00000000 esi=00425ae8
edi=0017fe70
eip=004014f0 esp=0017f898 ebp=0017f8a4 iopl=0         nv up ei ng nz ac pe cy
cs=0023 ss=002b ds=002b es=002b fs=0053 gs=002b             efl=00010297
TestDefaultDebugger!CTestDefaultDebuggerDlg::OnBnClickedButton1:
004014f0 c70500000000000000000 mov dword ptr
ds:[0],0 ds:002b:00000000=????????


Loading Dump File [C:\Program Files (x86)\DebugDiag\Logs\Crash rule for
all instances of TestDefaultDebugger.exe\TestDefaultDebugger__PID__4316__
Date__11_21_2007__Time_04_28_34PM__693__
Second_Chance_Exception_C0000005.dmp]
User Mini Dump File with Full Memory: Only application data is available


Comment: 'Dump created by DbgHost. Second_Chance_Exception_C0000005`
Symbol search path is:
srv*c:\mss*http://msdl.microsoft.com/download/symbols
Executable search path is:
Windows Vista Version 6000 MP (2 procs) Free x86 compatible
Product: WinNt, suite: SingleUserTS
Debug session time: Wed Nov 21 16:28:34.000 2007 (GMT+0)
System Uptime: 0 days 23:45:39.313
Process Uptime: 0 days 0:01:16.000


This dump file has an exception of interest stored in it.
The stored exception information can be accessed via .ecxr.
(10dc.590): Access violation - code c0000005 (first/second chance not
available)
eax=00000000 ebx=00000001 ecx=0017fe70 edx=00000000 esi=00425ae8
edi=0017fe70
eip=004014f0 esp=0017f898 ebp=0017f8a4 iopl=0         nv up ei ng nz ac pe cy
cs=0023 ss=002b ds=002b es=002b fs=0053 gs=002b             efl=00010297
TestDefaultDebugger!CTestDefaultDebuggerDlg::OnBnClickedButton1:
004014f0 c70500000000000000000 mov dword ptr
ds:[0],0 ds:002b:00000000=????????
```

후킹된 함수

윈도우에선 매우 일반적으로 트램펄린trampoline 방식으로 후킹된 함수를 사용한다. 가끔 특정 모듈 안의 후킹된 함수를 확인해야 할 필요가 있다. 그리고 문제 해결이나 메모리 포렌식 해석 요구를 위해 어떤 모듈이 후킹했는지 한정해야 할 필요가 있다. 후킹되지 않은 원본 모듈을 사용할 수 있다면(예를 들면 심볼 서버 등으로) 이는 WinDbg !chkimg 명령으로 확인할 수 있다.

```
0:002> !chkimg -lo 50 -d !kernel32 -v
Searching for module with expression: !kernel32
Will apply relocation fixups to file used for comparison
Will ignore NOP/LOCK errors
Will ignore patched instructions
Image specific ignores will be applied
Comparison image path:
c:\symdownstream\kernel32.dll\44C60F39102000\kernel32.dll
No range specified

Scanning section:    .text
Size: 564445
Range to scan: 77e41000-77ecacdd
    77e44004-77e44008 5 bytes - kernel32!GetDateFormatA
[ 8b ff 55 8b ec:e9 f7 bf 08 c0 ]
    77e4412e-77e44132 5 bytes - kernel32!GetTimeFormatA (+0x12a)
[ 8b ff 55 8b ec:e9 cd be 06 c0 ]
    77e4e857-77e4e85b 5 bytes - kernel32!FileTimeToLocalFileTime (+0xa729)
[ 8b ff 55 8b ec:e9 a4 17 00 c0 ]
    77e56b5f-77e56b63 5 bytes - kernel32!GetTimeZoneInformation (+0x8308)
[ 8b ff 55 8b ec:e9 9c 94 00 c0 ]
    77e579a9-77e579ad 5 bytes - kernel32!GetTimeFormatW (+0xe4a)
[ 8b ff 55 8b ec:e9 52 86 06 c0 ]
    77e57fc8-77e57fcc 5 bytes - kernel32!GetDateFormatW (+0x61f)
[ 8b ff 55 8b ec:e9 33 80 08 c0 ]
    77e6f32b-77e6f32f 5 bytes - kernel32!GetLocalTime (+0x17363)
[ 8b ff 55 8b ec:e9 d0 0c 00 c0 ]
    77e6f891-77e6f895 5 bytes - kernel32!LocalFileTimeToFileTime (+0x566)
```

```
[ 8b ff 55 8b ec:e9 6a 07 01 c0 ]
    77e83499-77e8349d 5 bytes - kernel32!SetLocalTime (+0x13c08)
[ 8b ff 55 8b ec:e9 62 cb 00 c0 ]
    77e88c32-77e88c36 5 bytes - kernel32!SetTimeZoneInformation (+0x5799)
[ 8b ff 55 8b ec:e9 c9 73 01 c0 ]
Total bytes compared: 564445(100%)
Number of errors: 50
50 errors : !kernel32 (77e44004-77e88c36)

0:002> u 77e44004
kernel32!GetDateFormatA:
77e44004 e9f7bf08c0      jmp     37ed0000
77e44009 81ec18020000    sub     esp,218h
77e4400f a148d1ec77      mov     eax,dword ptr [kernel32!__security_cookie (77ecd148)]
77e44014 53              push    ebx
77e44015 8b5d14          mov     ebx,dword ptr [ebp+14h]
77e44018 56              push    esi
77e44019 8b7518          mov     esi,dword ptr [ebp+18h]
77e4401c 57              push    edi

0:002> u 37ed0000
*** ERROR: Symbol file could not be found. Defaulted to export symbols for MyDateTimeHooks.dll -
37ed0000 e99b262f2d      jmp     MyDateTimeHooks+0x26a0 (651c26a0)
37ed0005 8bff            mov     edi,edi
37ed0007 55              push    ebp
37ed0008 8bec            mov     ebp,esp
37ed000a e9fa3ff73f      jmp     kernel32!GetDateFormatA+0x5 (77e44009)
37ed000f 0000            add     byte ptr [eax],al
37ed0011 0000            add     byte ptr [eax],al
37ed0013 0000            add     byte ptr [eax],al
```

사용자 정의 예외 핸들러

'초기 크래시 덤프Early Crash Dump' 절에서 설명했던 것처럼 첫 번째 예외에서 크래시 덤프를 저장하는 것은 액세스 위반 같은 비정상적인 예외를 무시함으로써 훼손을 일으키거나 나중에 충돌이나 CPU 스파이크spike를 일으켰을지도 모르는 컴포넌트를 진단하는 데 도움을 준다. 이런 경우에 애플리케이션이 고유한 사용자정의 예외 핸들러를 한 개나 그 이상 설치했는지 아닌지 알아야 할 필요가 있다. 런타임이나 윈도우 서브시스템이 제공하는 기본 핸들러만 사용한다면 첫 번째 액세스 위반 예외의 결과는 최종 예외last-chance exception와 포스트모템 덤프다. 예외 핸들러의 체인을 확인하는 데 WinDbg !exchain 명령을 사용할 수 있다. 다음 예를 살펴보자.

```
0:000> !exchain
0017f9d8: TestDefaultDebugger!AfxWinMain+3f5 (00420aa9)
0017fa60: TestDefaultDebugger!AfxWinMain+34c (00420a00)
0017fb20: user32!_except_handler4+0 (770780eb)
0017fcc0: user32!_except_handler4+0 (770780eb)
0017fd24: user32!_except_handler4+0 (770780eb)
0017fe40: TestDefaultDebugger!AfxWinMain+16e (00420822)
0017feec: TestDefaultDebugger!AfxWinMain+797 (00420e4b)
0017ff90: TestDefaultDebugger!_except_handler4+0 (00410e00)
0017ffdc: ntdll!_except_handler4+0 (77961c78)
```

TestDefaultDebugger는 정적으로 링크된 MFC와 C/C++ 런타임 라이브러리가 제공하는 것 외에는 고유한 예외 핸들러를 갖고 있지 않음을 알 수 있다. 다른 예를 살펴보자. 보고된 응답이 없고 스파이킹 CPU('스파이킹 스레드' 절 참조)인 서드 파티 애플리케이션이 있다. 따라서 유저 덤프는 커맨드라인 userdump.exe를 사용해 저장됐다.

```
0:000> vertarget
Windows Server 2003 Version 3790 (Service Pack 2) MP (4 procs) Free x86 compatible
Product: Server, suite: TerminalServer
kernel32.dll version: 5.2.3790.4062 (srv03_sp2_gdr.070417-0203)
```

```
Debug session time: Thu Nov 22 12:45:59.000 2007 (GMT+0)
System Uptime: 0 days 10:43:07.667
Process Uptime: 0 days 4:51:32.000
Kernel time: 0 days 0:08:04.000
User time: 0 days 0:23:09.000

0:000> !runaway 3
 User Mode Time
  Thread      Time
   0:1c1c     0 days 0:08:04.218
   1:2e04     0 days 0:00:00.015
 Kernel Mode Time
  Thread      Time
   0:1c1c     0 days 0:23:09.156
   1:2e04     0 days 0:00:00.031

0:000> kL
ChildEBP RetAddr
0012fb80 7739bf53 ntdll!KiFastSystemCallRet
0012fbb4 05ca73b0 user32!NtUserWaitMessage+0xc
WARNING: Stack unwind information not available. Following frames may be wrong.
0012fd20 05c8be3f 3rdPartyDLL+0x573b0
0012fd50 05c9e9ea 3rdPartyDLL+0x3be3f
0012fd68 7739b6e3 3rdPartyDLL+0x4e9ea
0012fd94 7739b874 user32!InternalCallWinProc+0x28
0012fe0c 7739c8b8 user32!UserCallWinProcCheckWow+0x151
0012fe68 7739c9c6 user32!DispatchClientMessage+0xd9
0012fe90 7c828536 user32!__fnDWORD+0x24
0012febc 7739d1ec ntdll!KiUserCallbackDispatcher+0x2e
0012fef8 7738cee9 user32!NtUserMessageCall+0xc
0012ff18 0050aea9 user32!SendMessageA+0x7f
0012ff70 00452ae4 3rdPartyApp+0x10aea9
0012ffac 00511941 3rdPartyApp+0x52ae4
0012ffc0 77e6f23b 3rdPartyApp+0x111941
0012fff0 00000000 kernel32!BaseProcessStart+0x23
```

예외 체인은 커스텀 예외 핸들러를 열거했다.

```
0:000> !exchain
0012fb8c: 3rdPartyDLL+57acb (05ca7acb)
0012fd28: 3rdPartyDLL+3be57 (05c8be57)
0012fd34: 3rdPartyDLL+3be68 (05c8be68)
0012fdfc: user32!_except_handler3+0 (773aaf18)
CRT scope 0, func: user32!UserCallWinProcCheckWow+156 (773ba9ad)
0012fe58: user32!_except_handler3+0 (773aaf18)
0012fea0: ntdll!KiUserCallbackExceptionHandler+0 (7c8284e8)
0012ff3c: 3rdPartyApp+53310 (00453310)
0012ff48: 3rdPartyApp+5334b (0045334b)
0012ff9c: 3rdPartyApp+52d06 (00452d06)
0012ffb4: 3rdPartyApp+38d4 (004038d4)
0012ffe0: kernel32!_except_handler3+0 (77e61a60)
CRT scope 0, filter: kernel32!BaseProcessStart+29 (77e76a10)
func: kernel32!BaseProcessStart+3a (77e81469)
```

그리고 나서 고객은 MS 예외 모니터를 활성화하고 긍정 오류 덤프False Positive Dump를 피하려고 접근 위반 예외만을 선택했다. 애플리케이션이 실행되는 동안 언로드된 모듈에 대한 함수 호출을 포함한 많은 접근 위반을 가리키는 다양한 첫 번째 예외 크래시 덤프가 저장됐다. 다음 사례를 살펴보자.

```
0:000> kL 100
ChildEBP RetAddr
WARNING: Frame IP not in any known module. Following frames may be wrong.
0012f910 7739b6e3 <Unloaded_Another3rdParty.dll>+0x4ce58
0012f93c 7739b874 user32!InternalCallWinProc+0x28
0012f9b4 7739c8b8 user32!UserCallWinProcCheckWow+0x151
0012fa10 7739c9c6 user32!DispatchClientMessage+0xd9
0012fa38 7c828536 user32!__fnDWORD+0x24
0012fa64 7739d1ec ntdll!KiUserCallbackDispatcher+0x2e
0012faa0 7738cee9 user32!NtUserMessageCall+0xc
0012fac0 0a0f2e01 user32!SendMessageA+0x7f
0012fae4 0a0f2ac7 3rdPartyDLL+0x52e01
0012fb60 7c81a352 3rdPartyDLL+0x52ac7
0012fb80 7c839dee ntdll!LdrpCallInitRoutine+0x14
0012fc94 77e6b1bb ntdll!LdrUnloadDll+0x41a
0012fca8 0050c9c1 kernel32!FreeLibrary+0x41
```

```
0012fdf4 004374af 3rdPartyApp+0x10c9c1
0012fe24 0044a076 3rdPartyApp+0x374af
0012fe3c 7739b6e3 3rdPartyApp+0x4a076
0012fe68 7739b874 user32!InternalCallWinProc+0x28
0012fee0 7739ba92 user32!UserCallWinProcCheckWow+0x151
0012ff48 773a16e5 user32!DispatchMessageWorker+0x327
0012ff58 00452aa0 user32!DispatchMessageA+0xf
0012ffac 00511941 3rdPartyApp+0x52aa0
0012ffc0 77e6f23b 3rdPartyApp+0x111941
0012fff0 00000000 kernel32!BaseProcessStart+0x23
```

데드락(LPC)

LPC가 개입돼 있는 좋은 데드락 패턴 사례를 살펴보자. 스택 트레이스에서 다음 svchost.exe 스레드(스레드A라 하자)는 LPC 호출을 받고 있다. 그리고 다른 LPC 호출(MessageId 000135b8)을 만들고 응답을 대기하는 컴포넌트component 모듈로 디스패치한다.

```
THREAD 89143020 Cid 09b4.10dc Teb: 7ff91000 Win32Thread: 00000000 WAIT:
(Unknown) UserMode Non-Alertable
    8914320c Semaphore Limit 0x1
Waiting for reply to LPC MessageId 000135b8:
Current LPC port d64a5328
Not impersonating
DeviceMap              d64028f0
Owning Process         891b8b80      Image:     svchost.exe
Wait Start TickCount   237408        Ticks: 1890 (0:00:00:29.531)
Context Switch Count   866
UserTime               00:00:00.031
KernelTime             00:00:00.015
Win32 Start Address 0x000135b2
LPC Server thread working on message Id 135b2
Start Address kernel32!BaseThreadStartThunk (0x7c82b5f3)
Stack Init b91f9000 Current b91f8c08 Base b91f9000 Limit b91f6000 Call 0
Priority 9 BasePriority 8 PriorityDecrement 0
```

```
ChildEBP RetAddr
b91f8c20 8083e6a2 nt!KiSwapContext+0x26
b91f8c4c 8083f164 nt!KiSwapThread+0x284
b91f8c94 8093983f nt!KeWaitForSingleObject+0x346
b91f8d50 80834d3f nt!NtRequestWaitReplyPort+0x776
b91f8d50 7c94ed54 nt!KiFastCallEntry+0xfc
02bae928 7c941c94 ntdll!KiFastSystemCallRet
02bae92c 77c42700 ntdll!NtRequestWaitReplyPort+0xc
02bae984 77c413ba RPCRT4!LRPC_CCALL::SendReceive+0x230
02bae990 77c42c7f RPCRT4!I_RpcSendReceive+0x24
02bae9a4 77cb5d63 RPCRT4!NdrSendReceive+0x2b
02baec48 674825b6 RPCRT4!NdrClientCall+0x334
02baec5c 67486776 componentA!bar+0x16
...
...
...
02baf8d4 77c40f3b componentA!foo+0x157
02baf8f8 77cb23f7 RPCRT4!Invoke+0x30
02bafcf8 77cb26ed RPCRT4!NdrStubCall2+0x299
02bafd14 77c409be RPCRT4!NdrServerCall2+0x19
02bafd48 77c4093f RPCRT4!DispatchToStubInCNoAvrf+0x38
02bafd9c 77c40865 RPCRT4!RPC_INTERFACE::DispatchToStubWorker+0x117
02bafdc0 77c434b1 RPCRT4!RPC_INTERFACE::DispatchToStub+0xa3
02bafdfc 77c41bb3 RPCRT4!LRPC_SCALL::DealWithRequestMessage+0x42c
02bafe20 77c45458 RPCRT4!LRPC_ADDRESS::DealWithLRPCRequest+0x127
02baff84 77c2778f RPCRT4!LRPC_ADDRESS::ReceiveLotsaCalls+0x430
02baff8c 77c2f7dd RPCRT4!RecvLotsaCallsWrapper+0xd
02baffac 77c2de88 RPCRT4!BaseCachedThreadRoutine+0x9d
02baffb8 7c82608b RPCRT4!ThreadStartRoutine+0x1b
02baffec 00000000 kernel32!BaseThreadStart+0x34
```

서버 스레드를 찾기 위해 앞의 LPC 메시지를 검색한다.

```
1: kd> !lpc message 000135b8
Searching message 135b8 in threads ...
    Server thread 89115db0 is working on message 135b8
Client thread 89143020 waiting a reply from 135b8
...
```

...
...

process.exe에 속해있다. 이것을 스레드B라 하자(다음의 출력 결과는 명확히 보이게 작은 폰트를 사용했다).

```
1: kd> !thread 89115db0 0x16
THREAD 89115db0 Cid 098c.0384 Teb: 7ff79000 Win32Thread: 00000000 WAIT: (Unknown) UserMode Non-Alertable
    8a114628 SynchronizationEvent
Not impersonating
DeviceMap          d64028f0
Owning Process     8a2c9d88       Image:        Process.exe
Wait Start TickCount   237408     Ticks: 1890 (0:00:00:29.531)
Context Switch Count   1590
UserTime           00:00:03.265
KernelTime         00:00:01.671
Win32 Start Address 0x000135b8
LPC Server thread working on message Id 135b8
Start Address kernel32!BaseThreadStartThunk (0x7c82b5f3)
Stack Init b952d000 Current b952cc60 Base b952d000 Limit b952a000 Call 0
Priority 9 BasePriority 8 PriorityDecrement 0
ChildEBP RetAddr Args to Child
b952cc78 8083e6a2 89115e28 89115db0 89115e58 nt!KiSwapContext+0x26
b952cca4 8083f164 00000000 00000000 00000000 nt!KiSwapThread+0x284
b952ccec 8092db70 8a114628 00000006 ffffff01 nt!KeWaitForSingleObject+0x346
b952cd50 80834d3f 00000a7c 00000000 00000000 nt!NtWaitForSingleObject+0x9a
b952cd50 7c94ed54 00000a7c 00000000 00000000 nt!KiFastCallEntry+0xfc
22aceb48 7c942124 7c95970f 00000a7c 00000000 ntdll!KiFastSystemCallRet
22aceb4c 7c95970f 00000a7c 00000000 00000000 ntdll!NtWaitForSingleObject+0xc
22aceb88 7c959620 00000000 00000004 00002000 ntdll!RtlpWaitOnCriticalSection+0x19c
22aceba8 1b005744 06d30940 1b05ea80 06d30940 ntdll!RtlEnterCriticalSection+0xa8
22acebb0 1b05ea80 06d30940 feffffff 0cd410c0 componentB!bar+0xb
...
...
...
22acf8b0 77c40f3b 00080002 000800e2 00000001 componentB!foo+0xeb
22acf8e0 77cb23f7 0de110dc 22acfac8 00000007 RPCRT4!Invoke+0x30
22acfce0 77cb26ed 00000000 00000000 19f38f94 RPCRT4!NdrStubCall2+0x299
22acfcfc 77c409be 19f38f94 17316ef0 19f38f94 RPCRT4!NdrServerCall2+0x19
22acfd30 77c75e41 0de1dc58 19f38f94 22acfdec RPCRT4!DispatchToStubInCNoAvrf+0x38
22acfd48 77c4093f 0de1dc58 19f38f94 22acfdec RPCRT4!DispatchToStubInCAvrf+0x14
```

```
22acfd9c 77c40865 00000041 00000000 0de2b398 RPCRT4!RPC_INTERFACE::DispatchToStubWorker+0x117
22acfdc0 77c434b1 19f38f94 00000000 0de2b398 RPCRT4!RPC_INTERFACE::DispatchToStub+0xa3
22acfdfc 77c41bb3 1beeaec8 16b96f50 1baeef00 RPCRT4!LRPC_SCALL::DealWithRequestMessage+0x42c
22acfe20 77c45458 16b96f88 22acfe38 1beeaec8 RPCRT4!LRPC_ADDRESS::DealWithLRPCRequest+0x127
```

!thread 익스텐션의 0x16 플래그는 프로세스 컨택스트를 소유한 프로세스에 임시로 설정하고 첫 세 개의 함수 호출 인자를 나타낸다. 스레드B가 크리티컬 섹션 06d30940을 기다리고 있음을 알 수 있다. 그리고 누가 그것을 소유했는지 찾으려 컨택스트를 전환한 후 유저 공간 !locks 익스텐션 명령을 수행한다.

```
1: kd> .process /r /p 8a2c9d88
Implicit process is now 8a2c9d88
Loading User Symbols

1: kd> !ntsdexts.locks

CritSec +6d30940 at 06d30940
WaiterWoken        No
LockCount          1
RecursionCount     1
OwningThread       d6c
EntryCount         0
ContentionCount    1
*** Locked
```

TID d6c를 가진 스레드(스레드C)를 찾아보자.

```
1: kd> !thread -t d6c
Looking for thread Cid = d6c ...
THREAD 890d8bb8 Cid 098c.0d6c Teb: 7ff71000 Win32Thread: bc23cc20 WAIT: (Unknown) UserMode Non-Alertable
    890d8da4 Semaphore Limit 0x1
Waiting for reply to LPC MessageId 000135ea:
Current LPC port d649a678
Not impersonating
DeviceMap          d64028f0
Owning Process     8a2c9d88       Image:      Process.exe
```

```
Wait Start TickCount    237641      Ticks: 1657 (0:00:00:25.890)
Context Switch Count    2102                    LargeStack
UserTime                00:00:00.734
KernelTime              00:00:00.234
Win32 Start Address msvcrt!_endthreadex (0x77b9b4bc)
Start Address kernel32!BaseThreadStartThunk (0x7c82b5f3)
Stack Init ba91d000 Current ba91cc08 Base ba91d000 Limit ba919000 Call 0
Priority 13 BasePriority 8 PriorityDecrement 0
ChildEBP RetAddr Args to Child
ba91cc20 8083e6a2 890d8c30 890d8bb8 890d8c60 nt!KiSwapContext+0x26
ba91cc4c 8083f164 890d8da4 890d8d78 890d8bb8 nt!KiSwapThread+0x284
ba91cc94 8093983f 890d8da4 00000011 8a2c9d01 nt!KeWaitForSingleObject+0x346
ba91cd50 80834d3f 000008bc 19c94f00 19c94f00 nt!NtRequestWaitReplyPort+0x776
ba91cd50 7c94ed54 000008bc 19c94f00 19c94f00 nt!KiFastCallEntry+0xfc
2709ebf4 7c941c94 77c42700 000008bc 19c94f00 ntdll!KiFastSystemCallRet
2709ebf8 77c42700 000008bc 19c94f00 19c94f00 ntdll!NtRequestWaitReplyPort+0xc
2709ec44 77c413ba 2709ec80 2709ec64 77c42c7f RPCRT4!LRPC_CCALL::SendReceive+0x230
2709ec50 77c42c7f 2709ec80 779b2770 2709f06c RPCRT4!I_RpcSendReceive+0x24
2709ec64 77cb219b 2709ecac 1957cfe4 1957ab38 RPCRT4!NdrSendReceive+0x2b
2709f04c 779b43a3 779b2770 779b1398 2709f06c RPCRT4!NdrClientCall2+0x22e
...
...
...
2709ff84 77b9b530 26658fb0 00000000 00000000 ComponentC!foo+0x18d
2709ffb8 7c82608b 26d9af70 00000000 00000000 msvcrt!_endthreadex+0xa3
2709ffec 00000000 77b9b4bc 26d9af70 00000000 kernel32!BaseThreadStart+0x34
```

스레드C가 다른 LPC 호출(MessageId 000135e)을 만들고 응답을 기다리는 것을 알 수 있다. 메시지를 처리하는 서버 스레드(스레드D)를 찾아보자.

```
1: kd> !lpc message 000135ea
Searching message 135ea in threads ...
Client thread 890d8bb8 waiting a reply from 135ea
    Server thread 89010020 is working on message 135ea
...
...
...

1: kd> !thread 89010020 16
THREAD 89010020 Cid 09b4.1530 Teb: 7ff93000 Win32Thread: 00000000 WAIT: (Unknown) UserMode Non-
Alertable
```

```
          8903ba28 Mutant - owning thread 89143020
Not impersonating
DeviceMap              d64028f0
Owning Process         891b8b80     Image: svchost.exe
Wait Start TickCount   237641       Ticks: 1657 (0:00:00:25.890)
Context Switch Count   8
UserTime               00:00:00.000
KernelTime             00:00:00.000
Win32 Start Address 0x000135ea
LPC Server thread working on message Id 135ea
Start Address kernel32!BaseThreadStartThunk (0x7c82b5f3)
Stack Init b9455000 Current b9454c60 Base b9455000 Limit b9452000 Call 0
Priority 9 BasePriority 8 PriorityDecrement 0
ChildEBP RetAddr Args to Child
b9454c78 8083e6a2 89010098 89010020 890100c8 nt!KiSwapContext+0x26
b9454ca4 8083f164 00000000 00000000 00000000 nt!KiSwapThread+0x284
b9454cec 8092db70 8903ba28 00000006 00000001 nt!KeWaitForSingleObject+0x346
b9454d50 80834d3f 00000514 00000000 00000000 nt!NtWaitForSingleObject+0x9a
b9454d50 7c94ed54 00000514 00000000 00000000 nt!KiFastCallEntry+0xfc
02b5f720 7c942124 75fdbe44 00000514 00000000 ntdll!KiFastSystemCallRet
02b5f724 75fdbe44 00000514 00000000 00000000 ntdll!NtWaitForSingleObject+0xc
02b5f744 75fdc57f 000e6014 000da62c 02b5fca0 ComponentD!bar+0x42
 ...
 ...
 ...
02b5f8c8 77c40f3b 000d0a48 02b5fc90 00000001 ComponentD!foo+0x49
02b5f8f8 77cb23f7 75fdf8f2 02b5fae0 00000007 RPCRT4!Invoke+0x30
02b5fcf8 77cb26ed 00000000 00000000 000d4f24 RPCRT4!NdrStubCall2+0x299
02b5fd14 77c409be 000d4f24 000b5d70 000d4f24 RPCRT4!NdrServerCall2+0x19
02b5fd48 77c4093f 75fff834 000d4f24 02b5fdec RPCRT4!DispatchToStubInCNoAvrf+0x38
02b5fd9c 77c40865 00000005 00000000 7600589c RPCRT4!RPC_INTERFACE::DispatchToStubWorker+0x117
02b5fdc0 77c434b1 000d4f24 00000000 7600589c RPCRT4!RPC_INTERFACE::DispatchToStub+0xa3
02b5fdfc 77c41bb3 000d3550 000a78d0 001054b8 RPCRT4!LRPC_SCALL::DealWithRequestMessage+0x42c
02b5fe20 77c45458 000a7908 02b5fe38 000d3550 RPCRT4!LRPC_ADDRESS::DealWithLRPCRequest+0x127
02b5ff84 77c2778f 02b5ffac 77c2f7dd 000a78d0 RPCRT4!LRPC_ADDRESS::ReceiveLotsaCalls+0x430
02b5ff8c 77c2f7dd 000a78d0 00000000 00000000 RPCRT4!RecvLotsaCallsWrapper+0xd
02b5ffac 77c2de88 0008ae00 02b5ffec 7c82608b RPCRT4!BaseCachedThreadRoutine+0x9d
02b5ffb8 7c82608b 000d5c20 00000000 00000000 RPCRT4!ThreadStartRoutine+0x1b
02b5ffec 00000000 77c2de6d 000d5c20 00000000 kernel32!BaseThreadStart+0x34
```

스레드D는 스레드A가 소유하고 있는 뮤턴트 객체를 기다리는 것을 알 수 있다. 그러므로 이 사례는 RPC/LPC를 통해 다음과 같은 의존 그래프를 갖는 두 개의 프로세스 경계에 걸친 데드락이다.

```
A (svchost.exe) LPC-> B (Process.exe) CritSec-> C (Process.exe) LPC-> D
(svchost.exe) Obj-> A (svchost.exe)
```

특별한 스택 트레이스

가끔 프로세스 종료와 모듈의 로드, 언로드 같은 디버거 이벤트와 관련된 스레드 스택을 보게 된다. 이들 스레드 스택은 건강한 프로세스 덤프에서는 보통 발견할 수 없다. 통계적으로 프로세스가 종료되거나 라이브러리를 언로드할 때 인터랙티브 디버거가 붙어 있거나 사전에 중단점이 설정돼 있지 않는 한 userdump.exe 나 비스타의 Task Manager 같은 프로세스 덤퍼를 사용해 수동으로 메모리 덤프를 저장할 가능성은 매우 낮다. 그러므로 크래시 덤프에 그런 스레드가 존재하면 보통 어떤 문제의 징조이거나 적어도 덤프를 저장할 때의 절차에 주의를 기울여야 한다. 이런 패턴은 이름을 붙일만한 가치가 있다. 나는 특별한 스택 트레이스 Special Stack Trace라 이름을 붙였다.

예를 들면 다음 프로세스 덤프는 닷넷 런타임에서 프로세스가 초기화되다가 종료되는 것을 보여준다.

```
STACK_TEXT:
0012fc2c 7c827c1b ntdll!KiFastSystemCallRet
0012fc30 77e668c3 ntdll!NtTerminateProcess+0xc
0012fd24 77e66905 KERNEL32!_ExitProcess+0x63
0012fd38 01256d9b KERNEL32!ExitProcess+0x14
0012ff60 01256dc7 mscorwks!SafeExitProcess+0x11a
0012ff6c 011c5fa4 mscorwks!DisableRuntime+0xd0
0012ffb0 79181b5f mscorwks!_CorExeMain+0x8c
0012ffc0 77e6f23b mscoree!_CorExeMain+0x2c
0012fff0 00000000 KERNEL32!BaseProcessStart+0x23
```

원래의 문제는 에러 대화상자다. 그리고 유저가 대화상자를 닫을 때 애플리케이션은 사라진다. 어떻게 덤프가 저장됐을까? 프로세스가 다시 디버거로 진입할 때 NTSD를 프로세스에 붙이고 'g'를 치고 메모리 덤프를 저장하라고 누군가가 알려줬다. 따라서 문제는 그 시점에 이미 사라졌다. 더 나은 방법은 에러 메시지가 출력되고 있을 때 프로세스를 수동으로 덤프하는 것이다.

수동 덤프(커널)

어떤 메모리 덤프는 프로세스와 시스템 행system hang 문제를 해결할 목적으로 생성한다. 이 경우 보통 수동 덤프나 수동 크래시 덤프, 수동 메모리 덤프라 한다. 커널과 컴플리트, 커널 미니 덤프는 다음 마이크로소프트 사의 글에서 설명된 잘 알려진 키보드 방법으로 생성할 수 있다. 이는 최근에 업데이트됐고 USB 키보드에 대한 수정 사항을 담고 있다.

http://support.microsoft.com/kb/244139

크래시 덤프는 E2 버그체크를 나타낼 것이다.

```
MANUALLY_INITIATED_CRASH (e2)
The user manually initiated this crash dump.
Arguments:
Arg1: 00000000
Arg2: 00000000
Arg3: 00000000
Arg4: 00000000
```

시트릭스 사의 SystemDump를 포함한 다양한 툴은 E2 버그체크 코드와 인자를 재사용한다. OSR의 BANG!이나 sysinternals의 NotMyFault 같은 많은 다른 서드 파티 툴은 윈도우 운영체제의 버그체크를 사용하곤 한다. 오래된 툴 중 하나는 crash.exe이다. 이는 crashdrv.sys를 로드하고 다음 버그체크를 사용한다.

```
Unknown bugcheck code (69696969)
Unknown bugcheck description
Arguments:
Arg1: 00000000
Arg2: 00000000
Arg3: 00000000
```

Arg4: 00000000

메모리 덤프에서 crashdrv 모듈이 나타나 있는 스택 트레이스를 볼 수 있다.

```
STACK_TEXT:
b5b3ebe0 f615888d nt!KeBugCheck+0xf
WARNING: Stack unwind information not available. Following frames may be wrong.
b5b3ebec f61584e3 crashdrv+0x88d
b5b3ec00 8041eec9 crashdrv+0x4e3
b5b3ec14 804b328a nt!IopfCallDriver+0x35
b5b3ec28 804b40de nt!IopSynchronousServiceTail+0x60
b5b3ed00 804abd0a nt!IopXxxControlFile+0x5d6
b5b3ed34 80468379 nt!NtDeviceIoControlFile+0x28
b5b3ed34 77f82ca0 nt!KiSystemService+0xc9
0006fed4 7c5794f4 ntdll!NtDeviceIoControlFile+0xb
0006ff38 01001a74 KERNEL32!DeviceIoControl+0xf8
0006ff70 01001981 crash+0x1a74
0006ff80 01001f93 crash+0x1981
0006ffc0 7c5989a5 crash+0x1f93
0006fff0 00000000 KERNEL32!BaseProcessStart+0x3d
```

때로 키보드가 없는 경우에 하드웨어 버튼이 NMI를 유발시키는 데 사용되고 크래시 덤프를 생성한다. 버그체크는 다음과 같을 것이다.

```
NMI_HARDWARE_FAILURE (80)
This is typically due to a hardware malfunction. The hardware supplier should be called.
Arguments:
Arg1: 004f4454
Arg2: 00000000
Arg3: 00000000
Arg4: 00000000
```

세션 0의 csrss.exe 같은 크리티컬 프로세스를 종료시키는 것도 강제로 메모리 덤프를 생성하는 데 사용될 수 있다.

```
CRITICAL_OBJECT_TERMINATION (f4)
A process or thread crucial to system operation has unexpectedly exited or
been terminated.
Several processes and threads are necessary for the operation of the
system; when they are terminated (for any reason), the system can no
longer function.
Arguments:
Arg1: 00000003, Process
Arg2: 8a090d88, Terminating object
Arg3: 8a090eec, Process image file name
Arg4: 80967b74, Explanatory message (ascii)
```

대기 체인(일반적인)

대기 체인Wait Chain 패턴은 단순히 이벤트 간 인과 관계의 연속이다. 스레드 A는 미래의 어떤 시점에 스레드 B나 C, D가 신호할 것으로 생각되는 이벤트 E가 발생하기를 기다린다. 그러나 이들은 크리티컬한 작업이 종료되자마자 스레드 G가 신호를 보낼 이벤트 F가 발생하기를 기다린다.

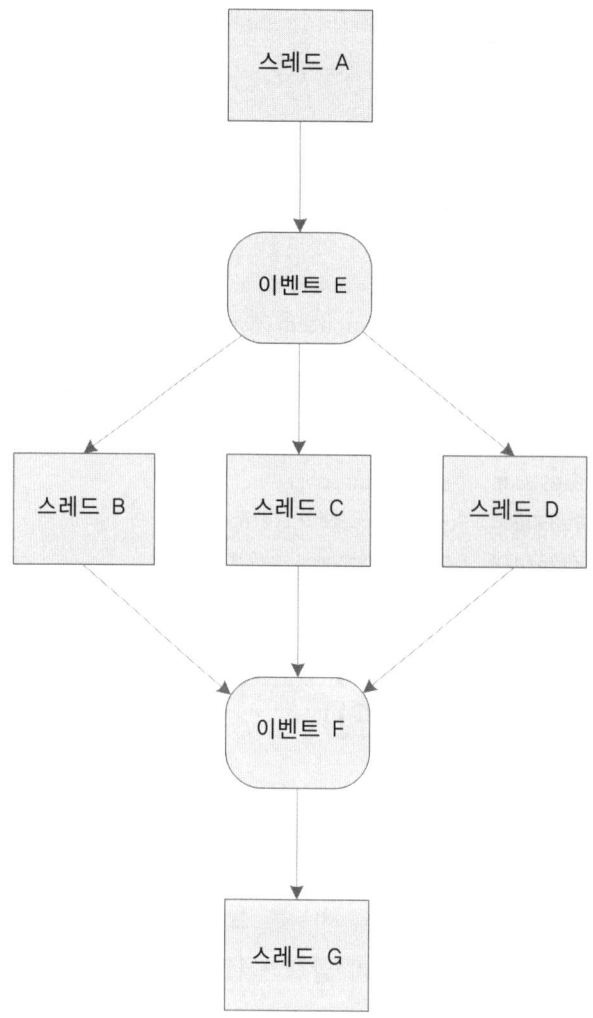

이것 역시 다음과 같은 다양한 데드락 패턴을 포함한다. 스레드 A는 스레드 B가 신호를 줄 이벤트 AB를 기다린다. 스레드 B는 스레드 A가 이벤트 BA에 신호를 주자마자 스레드 B가 대기 중인 이벤트 AB에 신호를 준다.

크래시 덤프 분석 패턴 ● 531

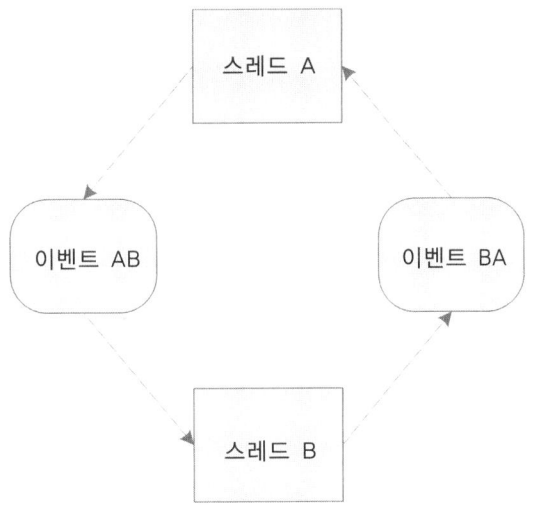

이 문맥에서 '이벤트'는 Win32 이벤트 객체나 커널 _KEVENT뿐만 아니라 어떤 유형의 동기화 객체나 크리티컬 섹션, LPC/RPC 응답, IPC 채널을 통한 데이터의 도착을 의미한다.

대기 체인 패턴의 첫 번째 예처럼 종료되고 있는 프로세스와 종료되기를 기다리는 다른 스레드를 보여준다. 다시 말하면 스레드 종료를 이벤트 자체로 간주하는 것이다. 메인 프로세스 스레드는 두 번째 스레드 객체가 시그널되기를 기다리고 있다. 두 번째 스레드는 어떤 디바이스에 직접 요청된 앞에서의 I/O 요청을 취소하려고 시도한다. 그렇지만 그 IRP는 취소할 수 없고 프로세스는 행hang이된다. 이것은 다음 다이어그램에 묘사돼 있다.

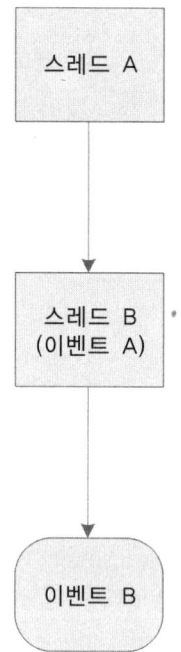

스레드 A는 이벤트 A를 기다리는 메인 스레드다. 이벤트 A는 I/O 취소(이벤트 B)를 기다리는 스레드 B 자체다. 이때의 스택 트레이스를 보자.

```
THREAD 8a3178d0 Cid 04bc.01cc Teb: 7ffdf000 Win32Thread: bc1b6e70 WAIT:
(Unknown) KernelMode Non-Alertable
    8af2c920 Thread
Not impersonating
DeviceMap              e1032530
Owning Process         89ff8d88    Image:        processA.exe
Wait Start TickCount   80444       Ticks: 873 (0:00:00:13.640)
Context Switch Count   122                       LargeStack
UserTime               00:00:00.015
KernelTime             00:00:00.156
Win32 Start Address 0x010148a4
Start Address 0x77e617f8
Stack Init f3f29000 Current f3f28be8 Base f3f29000 Limit f3f25000 Call 0
Priority 15 BasePriority 13 PriorityDecrement 0
ChildEBP RetAddr
f3f28c00 80833465 nt!KiSwapContext+0x26
f3f28c2c 80829a62 nt!KiSwapThread+0x2e5
```

```
f3f28c74 8094c0ea nt!KeWaitForSingleObject+0x346 ; stack trace
with arguments shows the first parameter as 8af2c920
f3f28d0c 8094c63f nt!PspExitThread+0x1f0
f3f28d24 8094c839 nt!PspTerminateThreadByPointer+0x4b
f3f28d54 8088978c nt!NtTerminateProcess+0x125
f3f28d54 7c8285ec nt!KiFastCallEntry+0xfc


THREAD 8af2c920 Cid 04bc.079c Teb: 7ffd7000 Win32Thread: 00000000 WAIT:
(Unknown) KernelMode Non-Alertable
    8af2c998 NotificationTimer
IRP List:
    8ad26260: (0006,0220) Flags: 00000000 Mdl: 00000000
Not impersonating
DeviceMap                e1032530
Owning Process           89ff8d88       Image:        processA.exe
Wait Start TickCount     81312          Ticks: 5 (0:00:00:00.078)
Context Switch Count     169                          LargeStack
UserTime                 00:00:00.000
KernelTime               00:00:00.000
Win32 Start Address 0x77da3ea5
Start Address 0x77e617ec
Stack Init f3e09000 Current f3e08bac Base f3e09000 Limit f3e05000 Call 0
Priority 13 BasePriority 13 PriorityDecrement 0
ChildEBP RetAddr
f3e08bc4 80833465 nt!KiSwapContext+0x26
f3e08bf0 80828f0b nt!KiSwapThread+0x2e5
f3e08c38 808ea7a4 nt!KeDelayExecutionThread+0x2ab
f3e08c68 8094c360 nt!IoCancelThreadIo+0x62
f3e08cf0 8094c569 nt!PspExitThread+0x466
f3e08cfc 8082e0b6 nt!PsExitSpecialApc+0x1d
f3e08d4c 80889837 nt!KiDeliverApc+0x1ae
f3e08d4c 7c8285ec nt!KiServiceExit+0x56
```

IRP를 조사하면 직접 연결된 디바이스를 볼 수 있다. 취소 비트는 있지만 취소 루틴은 존재하지 않음을 알 수 있다.

```
0: kd> !irp 8ad26260 1
Irp is active with 5 stacks 4 is current (= 0x8ad2633c)
```

```
No Mdl: No System Buffer: Thread 8af2c920: Irp stack trace.
Flags = 00000000
ThreadListEntry.Flink = 8af2cb28
ThreadListEntry.Blink = 8af2cb28
IoStatus.Status = 00000000
IoStatus.Information = 00000000
RequestorMode = 00000001
```
Cancel = 01
```
CancelIrql = 0
ApcEnvironment = 00
UserIosb = 77ecb700
UserEvent = 00000000
Overlay.AsynchronousParameters.UserApcRoutine = 00000000
Overlay.AsynchronousParameters.UserApcContext = 00000000
Overlay.AllocationSize = 00000000 - 00000000
```
CancelRoutine = 00000000
```
UserBuffer = 77ecb720
&Tail.Overlay.DeviceQueueEntry = 8ad262a0
Tail.Overlay.Thread = 8af2c920
Tail.Overlay.AuxiliaryBuffer = 00000000
Tail.Overlay.ListEntry.Flink = 00000000
Tail.Overlay.ListEntry.Blink = 00000000
Tail.Overlay.CurrentStackLocation = 8ad2633c
Tail.Overlay.OriginalFileObject = 89ff8920
Tail.Apc = 00000000
Tail.CompletionKey = 00000000
    cmd    flg    cl Device    File      Completion-Context
 [ 0, 0]    0     0 00000000 00000000  00000000-00000000

   Args: 00000000 00000000 00000000 00000000
 [ 0, 0]    0     0 00000000 00000000  00000000-00000000

   Args: 00000000 00000000 00000000 00000000
 [ 0, 0]    0     0 00000000 00000000  00000000-00000000

Args: 00000000 00000000 00000000 00000000
>[ c, 2]    0     1 8ab20388 89ff8920  00000000-00000000           pending
       \Device\DeviceA
```

```
    Args: 00000020 00000017 00000000 00000000
[ c, 2]    0    0 8affa4b8 89ff8920 00000000-00000000
       \Device\DeviceB
    Args: 00000020 00000017 00000000 00000000
```

수동 덤프(프로세스)

프로세스 메모리 덤프에서 본 수동 덤프Manual Dump 패턴을 알아보자. 디버거나 다른 프로세스 덤퍼가 프로세스에 비침습적으로 붙여지고 개입 흔적을 남기지 않았을지도 모르므로 수동 덤프라는 점을 확실하게 식별할 방법은 없다. 따라서 단지 다음 정보에 의존할 수만 있다.

코멘트 영역

```
Loading Dump File [C:\kktools\userdump8.1\x64\notepad.dmp]
User Mini Dump File with Full Memory: Only application data is available

Comment: 'Userdump generated complete user-mode minidump with Standalone
function on COMPUTER-NAME'
```

예외의 부재

```
Loading Dump File [C:\UserDumps\notepad.dmp]
User Mini Dump File with Full Memory: Only application data is available

Symbol search path is:
srv*c:\mss*http://msdl.microsoft.com/download/symbols
Executable search path is:
Windows Vista Version 6000 MP (2 procs) Free x64
Product: WinNt, suite: SingleUserTS
Debug session time: Mon Dec 17 16:31:31.000 2007 (GMT+0)
System Uptime: 0 days 0:45:11.148
Process Uptime: 0 days 0:00:36.000
....................
user32!ZwUserGetMessage+0xa:
```

```
00000000`76c8e6aa c3              ret
0:000> ~*kL
```

```
.  0  Id: 1b8.ed4 Suspend: 1 Teb: 000007ff`fffdc000 Unfrozen
Child-SP          RetAddr           Call Site
00000000`0029f618 00000000`76c8e6ea user32!ZwUserGetMessage+0xa
00000000`0029f620 00000000`ff2b6eca user32!GetMessageW+0x34
00000000`0029f650 00000000`ff2bcf8b notepad!WinMain+0x176
00000000`0029f6d0 00000000`76d7cdcd notepad!IsTextUTF8+0x24f
00000000`0029f790 00000000`76ecc6e1 kernel32!BaseThreadInitThunk+0xd
00000000`0029f7c0 00000000`00000000 ntdll!RtlUserThreadStart+0x1d
```

디버거 예외를 깨움(Wake debugger exception)

```
Loading Dump File [C:\UserDumps\notepad2.dmp]
User Mini Dump File with Full Memory: Only application data is available

Symbol search path is:
srv*c:\mss*http://msdl.microsoft.com/download/symbols
Executable search path is:
Windows Vista Version 6000 MP (2 procs) Free x64
Product: WinNt, suite: SingleUserTS
Debug session time: Mon Dec 17 16:35:37.000 2007 (GMT+0)
System Uptime: 0 days 0:49:13.806
Process Uptime: 0 days 0:02:54.000
....................
This dump file has an exception of interest stored in it.
The stored exception information can be accessed via .ecxr.
(314.1b4): Wake debugger - code 80000007 (first/second chance not
available)"
user32!ZwUserGetMessage+0xa:
00000000`76c8e6aa c3              ret
```

중단점 예외

```
Loading Dump File [C:\UserDumps\notepad3.dmp]
User Mini Dump File with Full Memory: Only application data is available
```

```
Symbol search path is:
srv*c:\mss*http://msdl.microsoft.com/download/symbols
Executable search path is:
Windows Vista Version 6000 MP (2 procs) Free x64
Product: WinNt, suite: SingleUserTS
Debug session time: Mon Dec 17 16:45:15.000 2007 (GMT+0)
System Uptime: 0 days 0:58:52.699
Process Uptime: 0 days 0:14:20.000
...................
This dump file has an exception of interest stored in it.
The stored exception information can be accessed via .ecxr.
ntdll!DbgBreakPoint:
00000000`76ecfdf0 cc              int     3


0:001> ~*kL

  0 Id: 1b8.ed4 Suspend: 1 Teb: 000007ff`fffdc000 Unfrozen
Child-SP          RetAddr           Call Site
00000000`0029f618 00000000`76c8e6ea user32!ZwUserGetMessage+0xa
00000000`0029f620 00000000`ff2b6eca user32!GetMessageW+0x34
00000000`0029f650 00000000`ff2bcf8b notepad!WinMain+0x176
00000000`0029f6d0 00000000`76d7cdcd notepad!IsTextUTF8+0x24f
00000000`0029f790 00000000`76ecc6e1 kernel32!BaseThreadInitThunk+0xd
00000000`0029f7c0 00000000`00000000 ntdll!RtlUserThreadStart+0x1d

# 1 Id: 1b8.ec4 Suspend: 1 Teb: 000007ff`fffda000 Unfrozen
Child-SP          RetAddr           Call Site
00000000`030df798 00000000`76f633e8 ntdll!DbgBreakPoint
00000000`030df7a0 00000000`76d7cdcd ntdll!DbgUiRemoteBreakin+0x38
00000000`030df7d0 00000000`76ecc6e1 kernel32!BaseThreadInitThunk+0xd
00000000`030df800 00000000`00000000 ntdll!RtlUserThreadStart+0x1d
```

후자는 다음의 동적 메모리 훼손Dynamic Memory Corruption 패턴(힙 훼손)처럼 프로세스 크래시를 이끄는 코드 내에 있는 어떤 ASSERT 문장일 수도 있다.

```
FAULTING_IP:
ntdll!DbgBreakPoint+0
77f813b1 cc              int 3
```

```
EXCEPTION_RECORD: ffffffff -- (.exr ffffffffffffffff)
ExceptionAddress: 77f813b1 (ntdll!DbgBreakPoint)
   ExceptionCode: 80000003 (Break instruction exception)
  ExceptionFlags: 00000000
NumberParameters: 3
   Parameter[0]: 00000000
   Parameter[1]: 09aef2ac
   Parameter[2]: 09aeeee8

STACK_TEXT:
09aef0bc 77fb76aa ntdll!DbgBreakPoint
09aef0c4 77fa65c2 ntdll!RtlpBreakPointHeap+0x26
09aef2bc 77fb5367 ntdll!RtlAllocateHeapSlowly+0x212
09aef340 77fa64f6 ntdll!RtlDebugAllocateHeap+0xcb
09aef540 77fcc9e3 ntdll!RtlAllocateHeapSlowly+0x5a
09aef720 786f3f11 ntdll!RtlAllocateHeap+0x954
09aef730 786fd10e rpcrt4!operator new+0x12
09aef748 786fc042 rpcrt4!OSF_CCONNECTION::OSF_CCONNECTION+0x174
09aef79c 786fbe0d rpcrt4!OSF_CASSOCIATION::AllocateCCall+0xfa
09aef808 786fbd53 rpcrt4!OSF_BINDING_HANDLE::AllocateCCall+0x1cd
09aef83c 786f1f2f rpcrt4!OSF_BINDING_HANDLE::GetBuffer+0x28
09aef854 786f1ee4 rpcrt4!I_RpcGetBufferWithObject+0x6e
09aef860 786f1ea4 rpcrt4!I_RpcGetBuffer+0xb
09aef86c 78754762 rpcrt4!NdrGetBuffer+0x2b
09aefab8 796d78b5 rpcrt4!NdrClientCall2+0x3f9
09aefac8 796d7821 advapi32!LsarOpenPolicy2+0x14
09aefb1c 796d8b04 advapi32!LsaOpenPolicy+0xaf
09aefb84 796d8aa9 advapi32!LookupAccountSidInternal+0x63
09aefbac 0aaf5d8b advapi32!LookupAccountSidW+0x1f
WARNING: Stack unwind information not available. Following frames may be wrong.
09aeff40 0aad1665 ComponentDLL+0x35d8b
09aeff5c 3f69264c ComponentDLL+0x11665
09aeff7c 780085bc ComponentDLL+0x264c
09aeffb4 77e5438b msvcrt!_endthreadex+0xc1
09aeffec 00000000 kernel32!BaseThreadStart+0x52
```

대기 체인(크리티컬 섹션)

객체가 크리티컬 섹션인 대기 체인 패턴Wait Chain pattern의 다른 예를 하나 살펴보자. 이는 !analyze -v -hang 명령을 사용해 WinDbg로 탐지해낼 수 있다. 그러나 하나만 탐지하고, 다중 대기 체인인 경우라면 탐지된 체인이 가장 길거나 넓은 체인이 아닐 수도 있다.

```
DERIVED_WAIT_CHAIN:

Dl Eid   Cid      WaitType
-- ---   -------  -------------------------
    2    8d8.90c  Critical Section     -->
    4    8d8.914  Critical Section     -->
   66    8d8.f9c  Unknown
```

이 체인의 스레드를 살펴보면 마지막 스레드가 소켓을 블록 상태로 기다리는 것을 알 수 있다(명확히 보이게 작은 폰트를 사용했다).

```
0:167> ~~[90c]kvL
ChildEBP RetAddr  Args to Child
00bbfd9c 7c942124 7c95970f 00000ea0 00000000 ntdll!KiFastSystemCallRet
00bbfda0 7c95970f 00000ea0 00000000 00000000 ntdll!NtWaitForSingleObject+0xc
00bbfddc 7c959620 00000000 00000004 00000000 ntdll!RtlpWaitOnCriticalSection+0x19c
00bbfdfc 6748d2f9 06018b50 00000000 00000000 ntdll!RtlEnterCriticalSection+0xa8
...
...
...
00bbffb8 7c82608b 00315218 00000000 00000000 msvcrt!_endthreadex+0xa3
00bbffec 00000000 77b9b4bc 00315218 00000000 kernel32!BaseThreadStart+0x34

0:167> ~~[914]kvL 100
ChildEBP RetAddr  Args to Child
00dbf1cc 7c942124 7c95970f 000004b0 00000000 ntdll!KiFastSystemCallRet
00dbf1d0 7c95970f 000004b0 00000000 00000000 ntdll!NtWaitForSingleObject+0xc
00dbf20c 7c959620 00000000 00000004 0031abcc ntdll!RtlpWaitOnCriticalSection+0x19c
00dbf22c 6748d244 0031abd8 003174e0 00dbf254 ntdll!RtlEnterCriticalSection+0xa8
...
```

```
...
...
00dbffb8 7c82608b 00315218 00000000 00000000 msvcrt!_endthreadex+0xa3
00dbffec 00000000 77b9b4bc 00315218 00000000 kernel32!BaseThreadStart+0x34

0:167> ~~[f9c]kvL 100
ChildEBP RetAddr Args to Child
0fe2a09c 7c942124 71933a09 00000b50 00000001 ntdll!KiFastSystemCallRet
0fe2a0a0 71933a09 00000b50 00000001 0fe2a0c8 ntdll!NtWaitForSingleObject+0xc
0fe2a0dc 7194576e 00000b50 00000234 00000000 mswsock!SockWaitForSingleObject+0x19d
0fe2a154 71a12679 00000234 0fe2a1b4 00000001 mswsock!WSPRecv+0x203
0fe2a190 62985408 00000234 0fe2a1b4 00000001 WS2_32!WSARecv+0x77
0fe2a1d0 6298326b 00000234 0274ebc6 00000810 component!wait+0x338
...
...
...
0fe2ffb8 7c82608b 060cfc70 00000000 00000000 msvcrt!_endthreadex+0xa3
0fe2ffec 00000000 77b9b4bc 060cfc70 00000000 kernel32!BaseThreadStart+0x34
```

모든 구속된held 크리티컬 섹션을 살펴보면 125개 이상의 블록된 다른 스레드를 볼 수 있다.

```
0:167> !locks

CritSec +31abd8 at 0031abd8
WaiterWoken        No
LockCount          6
RecursionCount     1
OwningThread       f9c
EntryCount         0
ContentionCount    17
*** Locked

CritSec +51e4bd8 at 051e4bd8
WaiterWoken        No
LockCount          125
RecursionCount     1
OwningThread       830
EntryCount         0
```

ContentionCount   7d
*** Locked

CritSec +5f40620 at 05f40620
WaiterWoken   No
LockCount   0
RecursionCount   1
OwningThread   920
EntryCount   0
ContentionCount   0
*** Locked

CritSec +60b6320 at 060b6320
WaiterWoken   No
LockCount   1
RecursionCount   1
OwningThread   8a8
EntryCount   0
ContentionCount   1
*** Locked

CritSec +6017c60 at 06017c60
WaiterWoken   No
LockCount   0
RecursionCount   1
OwningThread   914
EntryCount   0
ContentionCount   0
*** Locked

CritSec +6018b50 at 06018b50
WaiterWoken   No
LockCount   3
RecursionCount   1
OwningThread   914
EntryCount   0
ContentionCount   3
*** Locked
CritSec +6014658 at 06014658

```
WaiterWoken        No
LockCount          2
RecursionCount     1
OwningThread       928
EntryCount         0
ContentionCount    2
*** Locked

0:167> ~~[830]kvL 100
ChildEBP RetAddr Args to Child
0ff2f300 7c942124 7c95970f 000004b0 00000000 ntdll!KiFastSystemCallRet
0ff2f304 7c95970f 000004b0 00000000 00000000 ntdll!NtWaitForSingleObject+0xc
0ff2f340 7c959620 00000000 00000004 0031abcc ntdll!RtlpWaitOnCriticalSection+0x19c
0ff2f360 6748d244 0031abd8 003174e0 0ff2f388 ntdll!RtlEnterCriticalSection+0xa8
...
...
...
0ff2ffb8 7c82608b 060cf9a0 00000000 00000000 msvcrt!_endthreadex+0xa3
0ff2ffec 00000000 77b9b4bc 060cf9a0 00000000 kernel32!BaseThreadStart+0x34
```

크리티컬 섹션 **051e4bd8**을 기다리는 어떤 스레드를 검색해보면 다음과 같다.

```
   8  Id: 8d8.924 Suspend: 1 Teb: 7ffd5000 Unfrozen
ChildEBP RetAddr Args to Child
011ef8e0 7c942124 7c95970f 00000770 00000000 ntdll!KiFastSystemCallRet
011ef8e4 7c95970f 00000770 00000000 00000000 ntdll!NtWaitForSingleObject+0xc
011ef920 7c959620 00000000 00000004 00000000 ntdll!RtlpWaitOnCriticalSection+0x19c
011ef940 677b209d 051e4bd8 011efa0c 057bd36c ntdll!RtlEnterCriticalSection+0xa8
...
...
...
011effb8 7c82608b 00315510 00000000 00000000 msvcrt!_endthreadex+0xa3
011effec 00000000 77b9b4bc 00315510 00000000 kernel32!BaseThreadStart+0x34
```

그리고 아직도 다른 대기 체인을 구축할 수 있다.

```
 8  8d8.924 Critical Section        -->
67  8d8.830 Critical Section        -->
66  8d8.f9c Unknown
```

04 크래시 덤프 분석 안티 패턴

외래 컴포넌트

어떤 분야라도 패턴이 있다면 안티 패턴도 찾을 수 있다. 안티 패턴은 특정 상황에서 반복적으로 발생하는 문제에 대한 잘못된 해결 방법이다. 안티 패턴 중 하나인 외래 컴포넌트Alien Component는 모든 테크닉이 실패하거나 쓸 만한 WinDbg 명령을 모두 써본 후 이전에 본적이 없거나 심볼이 없다는 이유로 어떤 무해한 컴포넌트(드라이버이거나 혹이 될 수 있다)를 조사하는 것이다. 물론 이 무해한 컴포넌트는 당신의 회사에서 개발한 것이 아니다.

ZIPPOCRICY

ZIPPOCRICY는 소프트웨어 지원 환경 세계에서 광범위하게 발생하는 일반적인 잘못이다. 누군가 고객으로부터 무언가를 압축된 형태로 받은 후 내용물을 검증하지 않고 지원 체인support chain의 다른 사람에게 전달한다. 이 일이 반복되다가 어디선가 압축이 풀렸을 때에야 검증이 된다. 그리고 그때야 훼손되거나 엉뚱한 것이라는 점을 알아챈다. 일이 이렇게 진행되고 있는 동안 고객은 몇 시간이 아니라 며칠 동안 계속 고통을 받는다.

이는 크래시 덤프뿐만 아니라 모든 종류의 증거 자료에서도 발생한다.

입소문

교육 과정에서나 다른 사람의 크래시 덤프 분석을 본 후 많은 엔지니어가 "이 디버깅 명령을 모르고 있었어요, 한번 사용해봅시다!"라고 말한다. 1년 전에도 다른 디버깅 명령에 대해 같은 말을 하는 것을 들었다. 그들은 그동안 새로운 것을 듣게 될 때까지 계속 같은 명령 세트를 사용하고 있었다.

이것이 바로 입소문Word of Mouse 안티 패턴의 실 사례다.

- **일반적인 해법** 툴에 정통하라. 적극적으로 공부하라.
- **해법 사례** 주기적으로 WinDbg 도움말을 읽고 또 읽어라.

잘못된 덤프

고객이 application.exe가 충돌했다고 알려왔다. 그리고 우린 덤프 파일을 요청했다. 덤프 파일을 받아 열어 봤는데 우리의 application.exe의 덤프가 아니다. 또한 프린터 스풀러의 크래시 덤프를 요청했는데 mplayer.exe 크래시 덤프를 받았다. 처음엔 이것을 일반 패턴으로 분류하려 했다. 그러나 Zippocricy를 쓴 후 이것도 안티 패턴임을 확실히 알았다. 분석을 위해 덤프를 보내기 전에 덤프 파일 안의 프로세스 이름을 검증하는 것은 로켓 과학처럼 어려운 일이 아니다.

- WinDbg에서 유저 프로세스 덤프 파일을 로드한다.
- .symfix; .reload; !analyze -v를 입력하고 기다린다.

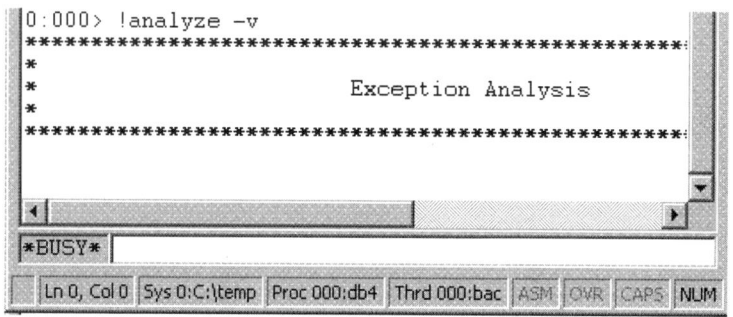

WinDbg가 분석을 마칠 때까지 기다린다.

- 출력 결과에서 PROCESS_NAME을 찾는다. 다음과 비슷할 것이다.

  PROCESS_NAME: spoolsv.exe

Debugging Tools for Windows에 있는 dumpchk.exe를 사용할 수도 있다.

http:/support.citrix.com/article/CTX108825

다른 예로 컴플리트 메모리 덤프를 요청했는데 커널 덤프나 기타 다른 미니덤프를 받는 경우가 있다. 다행히 시트릭스 사의 DumpCheck 탐색기 익스텐션은 유저가 잘못된 덤프 파일을 보내기 전에 경고 메시지를 나타낸다.

문제 기술서 무시

내가 봐온 바에 의하면 소프트웨어 개발자 출신 엔지니어는 고객이 보낸 문제에 대한 기술서는 대충 읽거나 심지어 보지도 않고 덤프부터 열어본다. 메모리 덤프 파일에서 문제가 즉시 명확하게 드러나지 않았을 때에야 문제에 대한 기술서를 주의 깊게 읽기 시작한다. 반대로 기술 지원이나 시스템 관리 출신 엔지니어는 문제에 대한 기술서부터 주의 깊게 읽는다. 후자의 경우에는 기술서가 분석 방향에 영향을 줄 수도 있다.

사례를 보자. 기술서엔 애플리케이션 실행이 느리다고 적혀 있다. 그리고 프로세스에 대한 메모리 덤프가 첨부돼 있다. 기술 지원 출신 엔지니어는 대부분 덤프에서 행hang 패턴을 찾을 것이다. C와 C++ 같은 관리되지 않는 애플리케이션을 개발한 경험이 있는 엔지니어는 메모리 덤프를 열고 예외를 검사할 것이다. 그리고 그것이 중단점이라면 행 프로세스hang process에서 수동으로 얻는 메모리 덤프가 아닐까 하고 의심할 것이다. 분석한 내용에 따라 엔지니어는 덤프에서 보이는 것과 유저가 인지한 것 사이의 모순을 설명하기 위해 문제에 대한 기술서를 고치거나 질문을 추가할 수도 있다.

크래시 덤프가 필요한데...

이것은 심볼 정보가 없는 스택 트레이스의 일부분만을 전달받은 엔지니어에게 들 수도 있는 생각이다. 이것은 보통 다음과 같은 가정에 기초한다.

> 후속 트러블슈팅 단계를 제안하려면 덤프 파일이 필요하다.

사실은 문제와 함께 관련된 스택 트레이스를 먼저 받았더라도 그렇지 않다. 고객이 심볼을 갖고 있지 않아 심볼 정보가 없는 다음 버그체크 커널 덤프를 살펴보자.

```
b90529f8 8085eced nt!KeBugCheckEx+0x1b
b9052a70 8088c798 nt!MmAccessFault+0xb25
b9052a70 bfabd940 nt!_KiTrap0E+0xdc
WARNING: Stack unwind information not available. Following frames may be
wrong.
b9052b14 bfabe452 MyDriver+0x27940
```

모듈의 타임스탬프 값을 알고 있다면 MAP 파일을 사용하거나 DIA SDK_{Debug Interface Access SDK}로 PDB 파일에 질의해 `module+offset` 정보를 `module!function+offset2`로 바꿀 수 있다. 지루한 과정으로 보일 수도 있다. 그러나 크래시 덤프를 분석할 때 데이터베이스에 로 스택 트레이스 시그니처_{raw stack trace signature}를 보존하고 있었다면 이 작업을 할 필요는 없다. 고유의 심볼 서버를 사용하고 있다면 참조를 제거하고 심볼을 리로드하고 싶을 것이다. 그러고 나서 앞의 스택 트레이스 명령을 다시 수행한다.

이와 유사한 버그체크 크래시 덤프가 몇 달 전에 분석됐었다. 엔지니어들이 심볼을 적용하기 전에 스택 트레이스를 저장했었다. 이 방법으로 스택 트레이스에 대한 크래시 덤프를 따로 요청하지 않고 해법을 찾을 수 있었다.

'~이다'의 사용

이 절은 '~이다'의 과도한 사용에 대한 것이다. 알프레드 코집스키_{Alfred Korzybski}의 '~이다'가 어떻게 세상을 이해하는 데 영향을 주는지에 대한 개념에서 영감을 받았다. 기술 지원 분야에서 동사의 사용은 때로 트러블슈팅이나 디버깅을 잘못된 방향으로 이끈다. 예를 들어 다음 구문을 살펴보자.

> 그것은 우리의 풀 태그pool tag다. 드라이버A와 드라이버B, 드라이버C에 의해 영향을 받았다.

드라이버A와 드라이버B, 드라이버C는 확실히 풀 태그 문제를 언급한 회사에서 개발한 것이 아니다(여기서 외래 컴포넌트 냄새가 난다). 명확한 증거가 없다면 다음과 같은 구문이 더 낫다.

> 그것은 우리의 풀 태그다. 드라이버A, 드라이버B, 드라이버C에 영향을 받았을 지도 모른다.

'~이다'를 아예 사용하지 말자는 의미는 아니다. 다만 좀 더 조심스럽게 사용하자.

■ 축약어에 속다

이 안티 패턴은 누군가 제한된 시간이나 이슈의 복잡성으로 인해 미리 추정하거나 외래 컴포넌트 식별에 착수했을 때 발생한다. 예를 들면 함수 이름에서 'Ctx' 축약어는 보통 'Context'를 의미한다. 그러나 비슷하게 들리는 이름을 가진 회사의 함수나 데이터 구조체 접두어일 수도 있다. 특별한 것 대신 일반적인 것이 미루어 짐작되는 반대의 경우도 발생할 수 있다. 예를 들면 'Mms' 접두어는 'Memory Management Subsystem'으로 읽힌다. 그러나 멀티미디어 시스템 벤더의 것이다.

05 과학적 접근

메모리 덤프 – 수학적 정의

이 절은 컴퓨터는 여러 상태의 직접 합direct sum으로 설명될 수 있다고 한 로버트 로젠Robert Rosen의 책 『Life Itself』에서 영감을 받았다. 책에서 볼 수 있는 것처럼 기계의 경우에 합성적 모델(직접 합)은 분석적 모델(관측치의 직접 곱, direct product)과 동등하다. Z_2 집합 {0, 1}의 값을 갖는 관측치로 모든 단일 비트를 취함으로써 이상적인 메모리 덤프를 주어진 시각에 순간적으로 저장된 비트의 직접 곱이나 직접 합으로 정의할 수 있다.

$$\Pi_i s_i = \sum{}_i s_i$$

관측치오 물론 Z_{256} 집합의 값을 갖는 8비트 바이트 값 등을 고려할 수도 있다.

우리의 경우 직접 합이나 직접 곱을 비트나 바이트, 워드, 더블워드 등의 리스트와 같이 다시 쓸 수 있다.

$$(\cdots, s_{i-1}, s_i, s_{i+1}, \cdots, s_{j-1}, s_j, s_{j+1}, \cdots)$$

로젠에 따르면 입력으로서 하드웨어 상태(예를 들면 레지스터)와 파티션 메모리, 특정 계산에 대한 출력 상태, 다른 상태들을 포함한다.

메모리 덤프를 저장하는 데엔 일정 시간이 소요된다. 세 번의 이산 타임 이벤트discrete time event(틱, ticks)가 걸린다고 가정하자. 첫 번째 틱에서 $(\ldots, s_{i-1}, s_i)$ 까지의 메모리를 저장한다. 그리고 해당 메모리는 s_j 상태까지 어떤 관계가 있다. 두 번째 틱에서 s_j 상태의 값이 변경됐다. 그리고 세 번째 틱에서 나머지 메모리 $(s_{i+1}, \ldots, s_{j-1}, s_j, s_{j+1}, \ldots)$를 저장한다. 자, 이제 최종 생성된 메모리 덤프는 일치하지 않는다.

$$(\cdots, s_{i-1}, s_i, s_{i+1}, \cdots, s_{j-1}, s_j, s_{j+1}, \cdots)$$

이 내용은 앞의 불일치하는 덤프Inconsistent Dump 패턴에서 문장으로 설명한 것이다. 그러므로 실제 메모리 덤프를 일정 시간 간격($t_0, \cdots, t_n$) 동안 취해진 분할된 메모리 영역 M_t의 직접 합으로 고려해야 할지도 모른다.

$$M = \sum_t M_t \text{ 에서 } M_t = \sum_k s_{tk} \text{ 또는 간단하게 } M = \sum_t \sum_k s_{tk}$$

■ 추상 공간에 꼬여있는 끈과 같은 스레드

예전에 실행되거나 블록된 스레드를 어떤 추상적인 n차원 공간(다면체), 즉 3차원 다면체에 여러 개의 끈이 있는 것처럼 시각적으로 표현할 방법을 찾았었다. 다면체에 대한 비공식적인 정의는 다음과 같다.

> 3차원 다면체는 지역적으로(작은 지역에서) 3차원 유클리드 공간처럼 보이는 3차원 공간이다. 따라서 3차원 공간에서 하는 것처럼 다면 공간을 탐색할 수 있다.

예를 들면 제 2차원 사각형처럼 보이는 작은 영역이 있는 구체sphere의 표면(지구 표면과 그 위에 있는 축구장과 비교해 보라)이 있다.

초창기의 시도는 만족스럽지 않지만 최근에 스레드를 n개의 꼬인 끈으로 그럴듯하게 표현할 수 있는 방법을 찾았다.

꼬인 끈은 역행하지 않고 단조롭게 증가한다. 계산하는 동안은 시간의 화살과 같다. 꼬인 끈 이론Braid Theory은 매듭 이론Kont Theory과 관계가 있다. 그리고 탐구함에 있어 좋은 은유가 될지도 모른다. 스레드 끈을 그리려면 공간에 대한 추상적인 좌표를 찾을 필요가 있다. 축 중 하나는 명백히 시간이다. 그리고 다른 축은 프로그램 카운터 축이다(예를 들면 EIP 레지스터 값).

다음은 점프나 루프, 스핀 락의 획득이나 해제 코드를 순차적으로 실행하고 있는 스레드다.

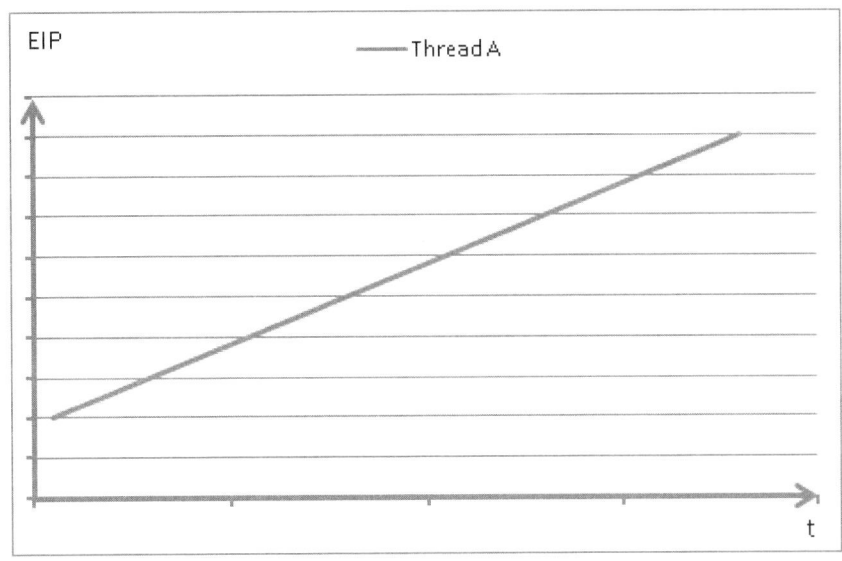

다음은 다른 스핀락을 획득하려고 시도하면서 루프를 돌고 있는 다른 스레드다. 그리고 마침내 소유권을 얻는다. 그리고 나서 같은 코드를 순차적으로 실행한다.

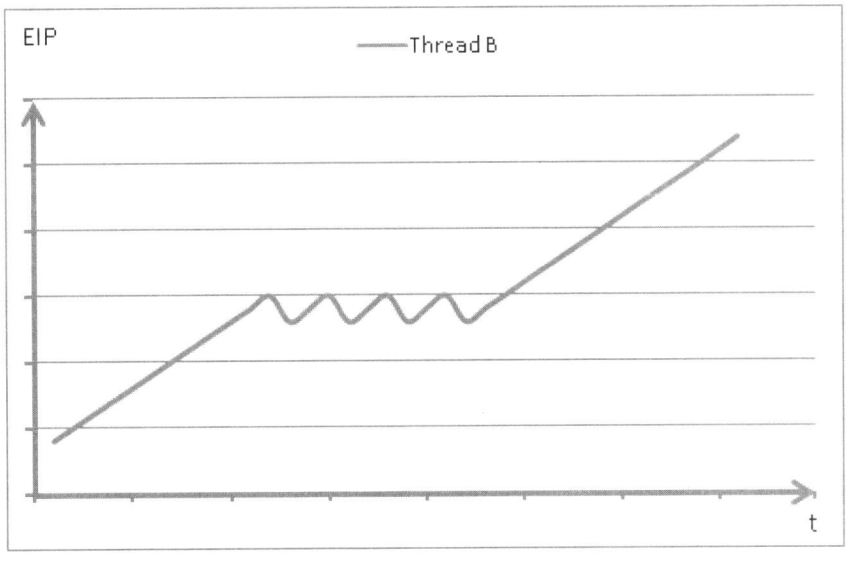

두 스레드가 같은 스핀락에 대해 경쟁한다고 가정하자. 그리고 세 번째 스레드

도 동일한 작업을 한다고 가정하자. 하나의 다이어그램에 중첩해 나타내면 다음과 같다.

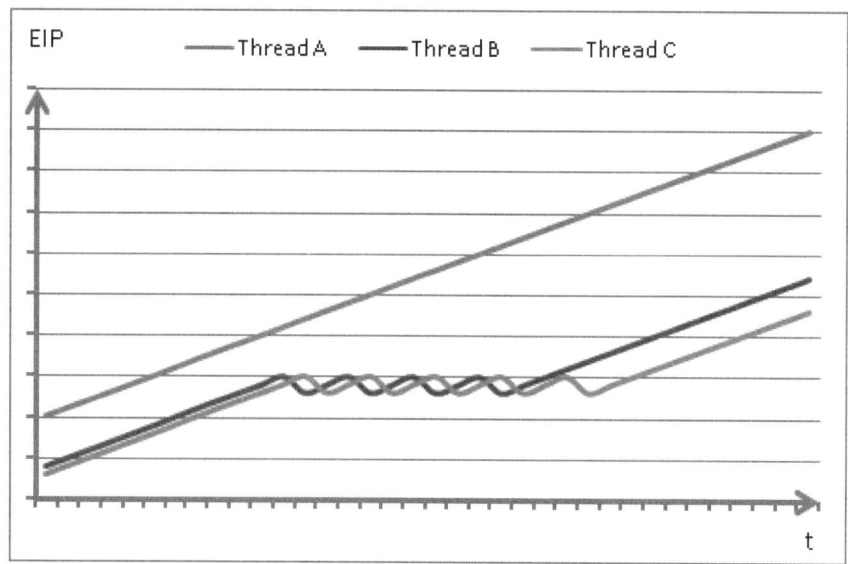

원근감을 주기 위해 스레드 번호나 ID로 세 번째 차원을 추가할 수 있다.

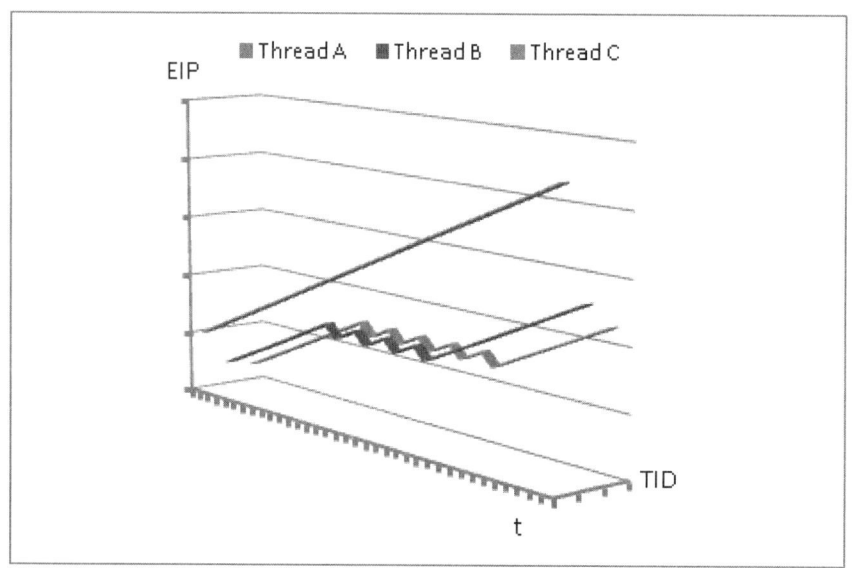

TID 축 대신이나 네 번째 축으로 데이터 주소 축(현재 명령이 접근하고 있는 데이터 주소)을 사용할 수 있다. 읽기 쓰기 주소를 구분하려 한다면 다섯 번째 축을 추가할 수 있다. 다음 장에서 한번 시도해보자.

메모리 덤프 분석이란?

컴퓨터 시스템에선 비트나 바이트 값이라는 고정된 크기의 관측된 값으로 구성된 메모리 덤프를 얻을 수 있다. 그리고 나서 스레드와 프로세스 같은 다양한 파생된 객체를 추출한다. 그리고 어떤 체계를 만들고 나서 어떤 일이 일어났는지 이해하려고 덤프에서 여러 구조체를 맞춰본다. 이런 활동을 모델링, 메모리, 충돌, 코어 덤프 분석이라 한다. 이는 메모리 조각에 기반한 동적 컴퓨터 시스템 모델링에 대한 것이다. 그 후 예측 가능한 트러블슈팅 어드바이스라는 통제된 실험을 통해 테스트할 수 있다. WinDbg나 GDB 같은 툴은 메모리 덤프를 입력으로 넣음으로써 다른 컴퓨터의 모형 역할을 하는 추상화된 컴퓨터로 간주될 수 있다.

메모릴리온과 쿼드메모릴리온

이 절의 제목인 메모릴리온memorillion과 쿼드메모릴리온quadrimemorillion은 주소 공간이 32비트와 64비트에 대해 각기 다음과 같을 때 발생 가능한 컴플리트 메모리 덤프 개수에 대한 이름이다.

$256^{2^{32}}$와 $256^{2^{64}}$

첫 번째 것은 대략 $10^{10^{10}}$이 될 수 있다.

왈터 앨새서Walter Elsasser가 쓴 '막대한 수immense number에 대해 알게 된 후 이들 수에 대한 이름이 떠올랐다. 이 숫자들은 자릿수로 열거하지 못할 정도로 매우 크다. 관측 가능한 우주에는 이들을 기록할 만큼 충분한 입자들이 없기 때문이다.

확실히 한 메모릴리언은 구골googol, 즉 10의 100제곱보다 크다. 그러나 이상적으로는 그 자릿수를 표시하게 위해 근사치로 10^{10} 입자만 필요할 뿐이다. 그러므로 거대한 수가 아니다. 그렇더라도 구골플렉스googolplex $10^{10^{100}}$보다 떨어져 있지 않다.

16진수 바이트로 써있는 컴플리트 메모리 덤프를 생각해보자.

0x50414745554d500f000000ce0e00000090...

이 수는 8백만보다 큰 자릿수를 갖는다. 그리고 가능한 수 하나는 메모릴리언을 벗어난다. 따라서 한 메모릴리언을 16진수로 표현하면 다음과 같을 뿐이다.

0xFFFFFFFFFFFFFFFFFFFF... + 1

$2*2^{32}$ 'F' 기호가 순차적으로 쓰여 있다. 한 쿼드릴리언은 $2*2^{64}$개의 'F' 기호를 갖는다.

크래시 덤프의 네 가지 원인

컴퓨터에서 크래시 덤프가 발생할 때는 분명히 어떤 원인이 있다. 버그나 오류, 결점, 기타 다른 어떤 것이 아닐까?

아리스토텔레스는 2천 년 전에 원인의 네 가지 유형을 제안했다.

- **질료인**material cause 어떤 물질substance의 존재, 보통 재료material 하나(하드웨어)지만 기계어(소프트웨어)도 될 수 있다. 오늘날 가상화로 인해 이런 하드웨어와 소프트웨어의 차이가 모호해졌다.
- **형상인**formal cause 어떤 방식이나 배치(알고리즘)
- **작용인**efficient cause 대리자(알고리즘으로 인해 실행되는 데이터 흐름이나 이벤트)
- **목적인**final cause 누군가(또는 무엇, 예를 들면 운영체제)의 열망

하드웨어나 소프트웨어는 항상 개입되므로 질료인은 제외한다. 목적인은 예상되던지 의도적이었던지 간에 분명히 크래시 덤프 원인 사이에 있어야 한다. 가능한 원인이 있는 다음 세 개의 예를 살펴보자.

버퍼 오버플로우

- **형상인** 불완전하거나 잘못된 모델에서 발생했을지도 모르는 코드의 결함
- **작용인** 버퍼보다 데이터가 훨씬 큰 경우

- **목적인** 운영체제와 런타임 라이브러리가 크래시 덤프를 저장하기로 한 경우

버그체크(NMI)

- **형상인** NMI 처리기
- **작용인** 하드웨어 패널의 버튼이나 KeBugCheckEx
- **목적인** "메모리 덤프가 필요해"라는 열망. 미래의 크래시 덤프를 예견한 커널 개발자에 의해 이전에 작성됐던 크래시 덤프 저장 함수

버그체크(A)

- **형상인** 다시 코드의 결함이나 스레드의 특별한 디스포지션disposition(파일의 배타적 사용이나 공용을 하는 기능)
- **작용인** 페이지 아웃된 데이터가 일으킨 드라이버 베리파이어
- **목적인** 고의적인 운영체제 버그체크(이것 또한 운영체제 개발자에 의해 예상됐다고 할 수 있다)

구체적인 원인은 사용하는 체계의 수준에 달려 있다. 예를 들면 소프트웨어/하드웨어 시스템/컴포넌트나 인간에 의한 모델링 활동이다.

■■ 복잡성과 메모리 덤프

올바른 질문을 적절한 계층적 조직 레벨appropriate hierarchical organization level에 던지는 것은 복잡성을 해결하는 알려진 솔루션이다. 메모리 덤프의 경우 비트와 바이트, 워드, 더블워드, 쿼드워드, 메모리 주소, 포인터, 런타임 구조체, API에 대해선 잊어버리고 경험에 근거해 컴포넌트 레벨에서 질문하는 것이 가끔 유용할 때가 있다. 가장 단순한 것은 컴포넌트 타임스탬프에 대한 질문으로 WinDbg에선 lm 명령의 변형을 사용한다. 예를 들면 다음과 같다.

```
0:008> lmt m ModuleA
start    end       module name
76290000 762ad000  ModuleA   Sat Feb 17 13:59:59 2007 (45D70A5F)
```

```
0:008> lmt m ModuleB
start end module name
66c50000 66c65000 ModuleB Fri Feb 02 22:30:03 2007 (45C3BB6B)
```

다음 단계는 명확하다. 새 버전으로 다시 테스트해보는 것이다. 다른 좋은 질문은 일관성에 대한 것으로 α 입자 충돌이 원인인 경우를 제거하기 위함이다. 이는 안드레스 질러Andreas Zeller의 훌륭하고 통찰력 있는 책에 언급돼 있다. 그리고 아리스토텔레스의 원인 분류에 따라 특정 크래시 덤프의 작용인으로 고려될 수 있다.

소프트웨어 결함이란?

소프트웨어는 스스로 모델이 될 수도 있는 실제나 상상 속의 시스템 모델로 생각될 수 있다.

모든 모델링 활동은 원인과 배열, 포함 관계를 유지하는 시스템과 모델 간의 매핑을 수반한다. 그리고 모델에서 시스템으로의 매핑은 새로 생긴 관계와 인과구조를 다시 시스템으로 변환한다.

나는 후자를 모델링 기대치라 부른다. 그리고 구조와 모델과 시스템 사이의 행위에서 발견된 모든 편차를 소프트웨어 결함이라고 하며, 함수 실패나 에러 메시지, 충돌, 행hang이 될 수 있다(다음 다이어그램 상에서 굵은 선).

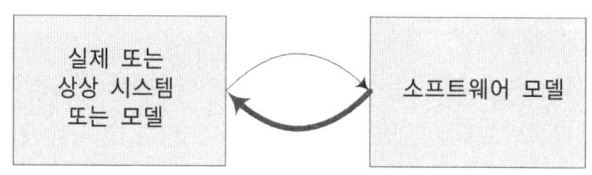

오래된 예제인 ATM 소프트웨어를 생각해보자. ATM 소프트웨어 요구사항이라는 ATM 트랜잭션의 상상된 세계를 모델링한다. 요구사항은 ACID(원자성atomic, 일관성consistent, 고립성isolated, 영속성durable) 트랜잭션 규칙을 명시한다. 규칙이 작성된 소프트웨어에 의해 깨지면 결함이 있는 것이다.

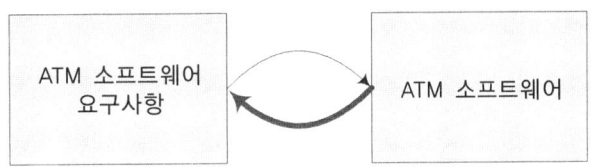

소프트웨어 요구사항이란 무엇인가? 실제 시스템이나 상상 시스템의 모델이거나 과거의 원인과 관계된 경험의 모델일 수 있다. 요구사항이 잘못되면 이전으로 되돌릴 수 없다. 그리고 소프트웨어는 여전히 결함이 있는 것으로 간주된다.

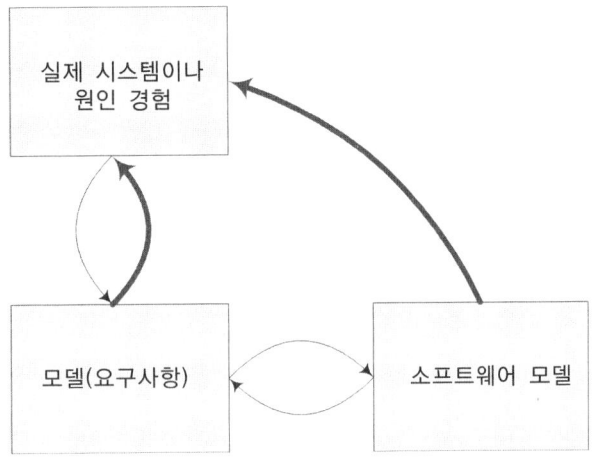

앞의 ATM 예제에 맞춰 보면 다음과 같다.

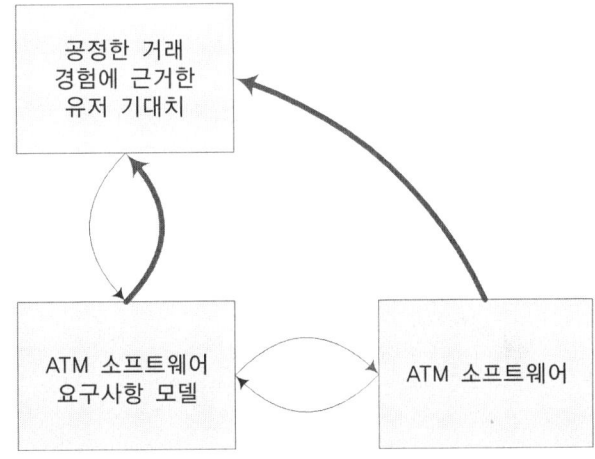

결함으로 간주될 수 있는 실패의 인지 부재에 대한 다른 예는 프로그램 소스코드 내의 결함으로 누수를 일으키지 않을 수도 있는 메모리 누수를 모델링하려고 설계된 프로그램이다.

06 재미있는 크래시 덤프

덤프 분석과 음성 인식

끝없이 !analyze -v를 치는 것이 지겨워진 어느 날 음성 인식을 사용해보면 어떨까 하는 생각이 들었다.

윈도우 플랫폼상의 첫 번째 초창기 음성 인식 시스템의 아키텍트이자 설계자/개발자로 1992년부터 7년간 그 분야에서 일했던 경험(코복스Covox와 보이스 블래스터Voice Blaster를 기억하는가? 거기서 일했었다)을 살려 보이스 마우스와 저스트보이스, 스피킹마우스, 최근의 내 프로젝트 오픈태스크까지 나는 음성인식을 덤프 분석에 사용하는 것을 진지하게 고려하고 있다.

좀 더 지난 후에...

이것이 나의 첫 블로그 포스트다. 그리고 지금 당신은 이 책으로 읽고 있다!

덤프와 함께 짧은 메시지 보내기

SystemDump 툴로 컴퓨터를 충돌시키고 메모리 덤프에 메시지를 내장할 수 있다. 덤프 파일은 고객과 기술지원 직원 사이에 소통의 매개가 된다.

계산기도 되는 WinDbg

WinDbg와 Calc(윈도우 계산기 프로그램) 사이를 빈번히 전환하던 한 엔지니어에게 알려준 적이 있다. 디버깅하는 동안 더 이상 calc.exe를 사용하지 않아도 된다. 그리고 소중한 시간도 절약할 수 있다. 다시 말하면 더 이상 멀티프로세스가 필요하지 않다. ?와 .formats 명령을 사용하면 된다.

```
0:000> ? 2 + 2
Evaluate expression: 4 = 00000004
0:000> .formats 4
Evaluate expression:
  Hex:      00000004
  Decimal:  4
  Octal:    00000000004
  Binary:   00000000 00000000 00000000 00000100
  Chars:    ....
  Time:     Thu Jan 01 00:00:04 1970
  Float:    low 5.60519e-045 high 0
  Double:   1.97626e-323
```

자, 이제 WinDbg로 재무 계산도 할 수 있다.

이것이 WinDbg 스타일이다!

덤프와 디버거, 가상화

지금은 누구나 가상화와 그 장점을 이야기한다. 새로운 식견이 여기저기서 싹튼다. 메모리 덤프 분석과 디버깅 측면에서 한마디 덧붙이고자 한다. 최근에 있었던 WOW64의 경험에 비춰보면 가상화는 좀 더 복잡한 디버깅 환경이 될 것이다.

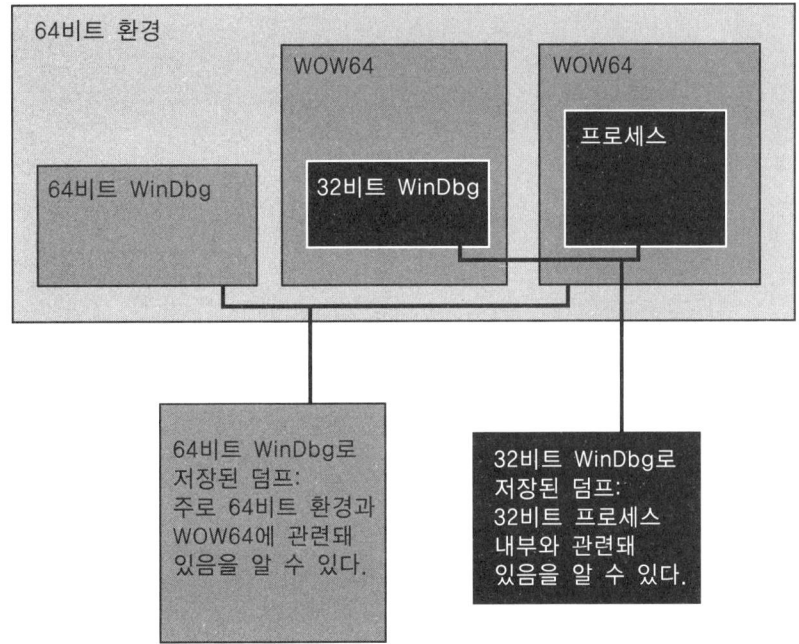

이것을 가상화 환경으로 일반화한다면 다음 그림과 같이 될 것이다.

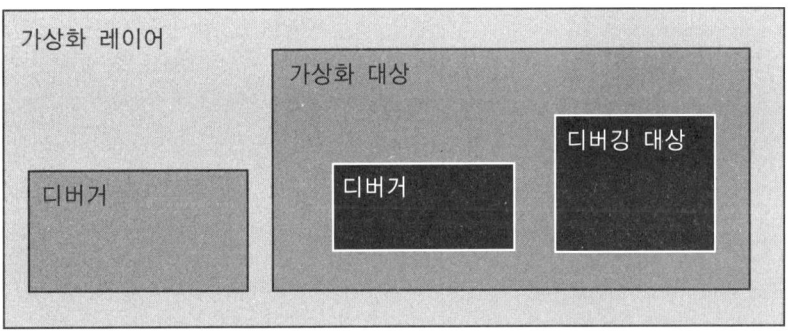

일반적인 DDV_{Dumps, Debudders and Wirtualization} 아키텍처 예제로 좀 더 생각해보면 다음 그림과 같다.

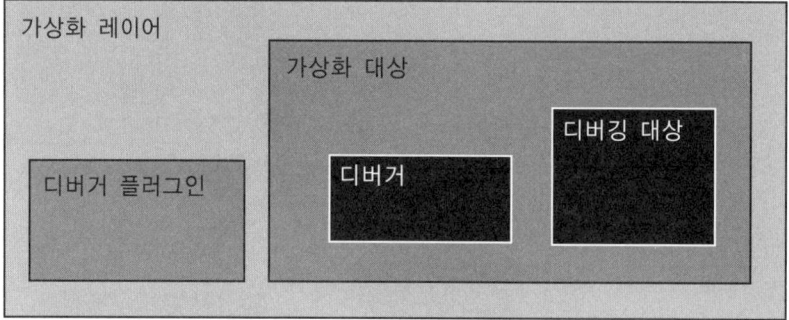

따라서 다음의 것들이 필요하다.

- 가상화 레이어를 디버깅할 '디버거'
- 가상화 대상을 이해하기 위해 디버거를 도울 '디버거 플러그인'
- 가상화된 대상을 디버깅할 다양한 가상화된 '디버거'

뮤지컬 덤프

'노이즈와 전자음악 명곡집An Anthology of Noise and Electronic Music'을 듣고 예전에 주식 차트를 음파로 변환하는 것을 요청받았던 생각이 났다. 적절한 헤더를 덧붙여 메모리 덤프 파일을 WAV 파일로 변환하는 아이디어가 하나 떠올랐다. 지정된 샘플링 주파수(Hz)와 양자화 레벨(비트), 모노/스테레오 설정에 따라 메모리 덤프 듣기를 즐길 수 있다.

디버거를 디버깅하기

디버거가 디버기를 디버그할 때 디버거를 디버그할 수 있을까? 좋은 질문이다. 스스로 질문해본 적이 없었는데 오늘 시도해봤다. 그리고 된다! 먼저 WinDbg.exe를 !analyze -v 명령을 실행 중인 WinDbg.exe의 인스턴스에 붙인다. 그리고 다음과 같은 스택을 얻었다.

```
0:002> ~*kL 100
0 Id: 1ff0.104c Suspend: 1 Teb: 7ffdf000 Unfrozen
ChildEBP RetAddr
0006df38 7739d02f ntdll!KiFastSystemCallRet
0006ff7c 01055e36 USER32!NtUserWaitMessage+0xc
0006ffc0 77e523e5 windbg!_initterm_e+0x170
0006fff0 00000000 kernel32!BaseProcessStart+0x23

1 Id: 1ff0.1af8 Suspend: 1 Teb: 7ffde000 Unfrozen
ChildEBP RetAddr
00ac3448 030a5677 dbghelp!CAllPubNameTrav::next+0x1b
00ac345c 0301e16e
dbghelp!CDiaEnumTraversalCSymRow::Next+0x48
00ac44fc 0301e452 dbghelp!diaGetGlobals+0x8fe
00ac4524 0304967a dbghelp!diaGetSymbols+0x42
00ac453c 03045ca3 dbghelp!diaEnumSymbols+0x1a
00ac4554 03031e5a dbghelp!modEnumSymbols+0x43
00ac459c 030338a5 dbghelp!ModLoop+0x10a
00ac6570 030391d8 dbghelp!EnumSymbols+0x155
00ac65a0 0220947b dbghelp!SymEnumSymbolsW+0x48
00ac7600 0220a53d dbgeng!FindTypeInfoInMod+0x18b
00aca5cc 0220caa2 dbgeng!TypeInfoFound+0xced
00acb62c 0220c95f dbgeng!SymbolTypeDumpNew+0xa2
00acb654 0220d36b dbgeng!FastSymbolTypeDump+0xef
00acb700 0213c753 dbgeng!SymbolTypeDump+0xbb
00acc25c 0147d632 dbgeng!ExtIoctl+0x1073
00acc2f4 0150e10e ext!GetFieldData+0xe2
00accc14 014f9f00 ext!UaThread::_Extract_UIThread+0x34e
00accc24 014fa1f9 ext!UaThread::CallExtractors+0x20
00accc34 01511126 ext!UaThread::ExtractAttributes+0x99
00accd78 015212e2 ext!UserAnalyze::ExtractAttributes+0x376
00acd02c 01521467 ext!UeFillAnalysis+0x462
00acd10c 01521650 ext!UeAnalyze+0x147
00acd208 0147c90c ext!AnalyzeUserException+0x1a0
00acd23c 02141299 ext!analyze+0x28c
00acd2c8 021414d9 dbgeng!ExtensionInfo::CallA+0x2e9
```

```
00acd458 021415a2 dbgeng!ExtensionInfo::Call+0x129
00acd474 0213feb1 dbgeng!ExtensionInfo::CallAny+0x72
00acd8ec 02181698 dbgeng!ParseBangCmd+0x661
00acd9dc 02182b29 dbgeng!ProcessCommands+0x508
00acda20 020c9049 dbgeng!ProcessCommandsAndCatch+0x49
00acdeb8 020c92aa dbgeng!Execute+0x2b9
00acdee8 010283bf dbgeng!DebugClient::ExecuteWide+0x6a
00acdf88 0102883b windbg!ProcessCommand+0xff
00acffa4 0102aabc windbg!ProcessEngineCommands+0x8b
00acffb8 77e6608b windbg!EngineLoop+0x3dc
00acffec 00000000 kernel32!BaseThreadStart+0x34

# 2 Id: 1ff0.116c Suspend: 1 Teb: 7ffdd000 Unfrozen
ChildEBP RetAddr
00fdffc8 7c845ea0 ntdll!DbgBreakPoint
00fdfff4 00000000 ntdll!DbgUiRemoteBreakin+0x36
```

그러고 나서 잠시 생각해봤다. 지금 크래시 덤프 분석 세션을 디버깅하고 있구나. 그렇다면 실행 중인 프로세스를 디버깅하는 디버거를 디버그할 수 있을까? 그래서 WinDbg.exe를 notepad.exe의 인스턴스에 붙어있는 WinDbg의 인스턴스에 붙였다. 그리고 다음과 같은 스택을 얻었다.

```
0:002> ~*kL
0 Id: 11f0.164c Suspend: 1 Teb: 7ffde000 Unfrozen
ChildEBP RetAddr
0006df38 7739d02f ntdll!KiFastSystemCallRet
0006ff7c 01055e36 USER32!NtUserWaitMessage+0xc
0006ffc0 77e523e5 windbg!_initterm_e+0x170
0006fff0 00000000 kernel32!BaseProcessStart+0x23

1 Id: 11f0.1bb0 Suspend: 1 Teb: 7ffdd000 Unfrozen
ChildEBP RetAddr
00adff0c 7c822124 ntdll!KiFastSystemCallRet
00adff10 77e6bad8 ntdll!NtWaitForSingleObject+0xc
00adff80 020bf8aa kernel32!WaitForSingleObjectEx+0xac
00adffa0 0102aa42 dbgeng!DebugClient::DispatchCallbacks+0x4a
00adffb8 77e6608b windbg!EngineLoop+0x362
```

```
00adffec 00000000 kernel32!BaseThreadStart+0x34

# 2 Id: 11f0.100c Suspend: 1 Teb: 7ffdc000 Unfrozen
ChildEBP RetAddr
00beffc8 7c845ea0 ntdll!DbgBreakPoint
00befff4 00000000 ntdll!DbgUiRemoteBreakin+0x36
```

Dbghelp.dll과 dbgeng.dll의 많은 함수가 WinDbg 도움말에 설명돼 있다. WinDbg.exe와 익스텐션을 고수준에서 이해하려면 빠르게 리버싱해볼 수도 있다.

뮤지컬 덤프: Dump2Wave

Dump2Wave 커맨드라인 도구는 다음 링크에서 무료로 다운로드할 수 있다.

http://www.dumpanalysis.org/downloads/Dump2Wave.zip

간단하게 명령 프롬프트에서 덤프 파일의 전체 경로를 지정해 실행하면 WAV 파일이 출력된다. 덤프 파일은 디폴트로 44.1KHz 16비트 스테레오 WAV 파일(CD 수준)로 변환된다. 초당 샘플 수(22050, 11025 등)와 샘플당 비트 수(8이나 16), 채널 수(1-모노, 2-스테레오) 같이 고유한 변환 인자를 지정할 수도 있다.

```
C:\Work\Dump2Wave\Release>Dump2Wave.exe
Dump2Wave version 1.1
Written by Dmitry Vostokov, 2006
Usage: Dump2Wave dumpfile wavefile [44100|22050|11025|8000 16|8 2|1]
```

예를 들어 다음과 같이 sndrec32.dmp를 sndrec.wav로 변환해봤다.

```
C:\>Dump2Wave.exe c:\sndrec32.dmp sndrec32.wav 22050 16 2
Dump2Wave version 1.1
Written by Dmitry Vostokov, 2006
C:\>
```

덤프는 sndrec32.exe로 Windows\Media 폴더에 있는 'Windows XP Logon Sound.wav'를 플레이한 후 얻은 것이다. 그리고 파일은 원래 22050Hz 16비트 스테레오로 샘플링된 것이다. sndrec32.dmp를 듣고 있을 때 로그온 소리를 조금 들을 수 있었다. sndrec32.exe 프로세스의 내부 버퍼에 로그온 소리가 저장돼 있기 때문이다.

> 참고   Dump2Wave는 4Gb보다 큰 덤프 파일은 변환하지 못한다.

덤프 토모그래피

프로세스나 시스템 덤프를 그림(거대한 WAV 파일로 변환하는 것과 유사하다)으로 기계적으로 변환하는 아이디어가 있다.

```
Dump2Wave: http://www.dumpanalysis.org/forum/viewtopic.php?t=41
```

이 아이디어를 확장해 덤프 토모그래피Dump Tomography(예를 들면 덤프에서 메모리와 리소스, 서브시스템 계층 같이 서로 다른 각도에서 살펴볼 때 얻는 이미지의 조합)를 제공하고 싶다.

덤프 분석은 의학과 예술 양쪽 모두에 해당한다. 우리는 마침내 훼손된 소리가 어떤지 들을 수 있고 어떻게 보이는지 살펴볼 수도 있다.

가장 작은 프로그램

크래시되지 않는 가장 작은 프로그램보다 크래시되는 가장 작은 프로그램이 더 작은 수 있을까? 이는 플랫폼과 컴파일러/링커 설정에 달려있다. x64와 MASM64로 해봤다. 먼저 동작하는 가장 작은 프로그램은 다음과 같다.

```
; ml64 /Zi TheSmallestProgram64.asm /link
;      /entry:main /SUBSYSTEM:CONSOLE
```

```
_text SEGMENT
main PROC
ret
main ENDP
_text ENDS
END
```

메인 함수에 단지 한 바이트 명령만 있는 실행 파일로 컴파일과 링크가 된다.

```
0:000> u main
TheSmallestProgram64!main:
00000000`00401010 c3 ret
00000000`00401011 cc int 3
00000000`00401012 cc int 3
00000000`00401013 cc int 3
00000000`00401014 cc int 3
00000000`00401015 cc int 3
00000000`00401016 cc int 3
00000000`00401017 cc int 3
```

그러고 나서 ret 인스트럭션을 제거하는 것에 대해 고민했다. 0바이트 프로그램을 컴파일하고 링크하고 실행을 시도한다고 가정해보면 즉시 int 3 인스트럭션을 만나게 되고 내 경우(디폴트 포스트모템 디버거로 NTSD를 설정해 뒀다) 덤프 파일이 저장될 것이다. 그렇게 해봤지만 불행하게도 프로시저 본문이 비어있으면 컴파일러가 ret 인스트럭션을 삽입하는 것을 발견했다. 따라서 nop 인스트럭션(이것 또한 한 바이트다)을 넣는 것으로 컴파일러를 속이고 덤프를 얻어냈다!

```
; ml64 /Zi TheSmallestProgramWithBug64.asm /link
;      /entry:main /SUBSYSTEM:CONSOLE
_text SEGMENT
main PROC
nop
main ENDP
_text ENDS

END
```

```
Loading Dump File [new_2006-10-25_12-40-06-500_076C.dmp]
...

0:000> kL
TheSmallestProgramWithBug64!main+0x1
kernel32!BaseProcessStart+0x29

0:000> u main
TheSmallestProgramWithBug64!main:
00000000`00401010 90              nop
00000000`00401011 cc              int     3
00000000`00401012 cc              int     3
00000000`00401013 cc              int     3
00000000`00401014 cc              int     3
00000000`00401015 cc              int     3
00000000`00401016 cc              int     3
00000000`00401017 cc              int     3
```

질문에 대한 답이 있다. 바이너리 에디터를 동원해도 가장 작은 동작하는 프로그램과 가장 작은 충돌하는 프로그램의 크기는 같다.

그리고 나서 마이크로소프트 비주얼 C++(이번엔 32비트 프로젝트)로 시도해봤다. 그리고 어떤 프롤로그나 에필로그도 없는 C나 C++ 프로그램의 작성을 시도했다.

```
__declspec(naked) void Main ()
{
}
```

진입점을 표준 메인 함수에서 대문자로 된 앞서의 Main 함수로 변경했다. 다음은 컴파일러/링커 옵션이다.

```
Compiler:

/Od /GL /D "WIN32" /D "NDEBUG" /D "_CONSOLE"
/D "_UNICODE" /D "UNICODE" /D "_AFXDLL"
/FD /MD /GS- /Fo"Release\"
/Fd"Releasevc80.pdb" /W3 /nologo /c
```

/Wp64 /Zi /TP /errorReport:prompt

Linker:

/OUT:"SmallestProgram.exe" /INCREMENTAL:NO
/NOLOGO /MANIFEST:NO /NODEFAULTLIB /DEBUG
/PDB:"SmallestProgram.pdb" /SUBSYSTEM:CONSOLE
/OPT:REF /OPT:ICF /LTCG /ENTRY:"Main"
/ERRORREPORT:PROMPT

본체가 비어있으므로 프로그램은 즉시 충돌한다.

```
Loading Dump File [new_2006-10-25_15-18-03-109_13B0.dmp]

0:000> u Main
SmallestProgram!Main:
00401000 cc              int     3
00401001 0000            add     byte ptr [eax],al
00401003 0000            add     byte ptr [eax],al
00401005 0000            add     byte ptr [eax],al
00401007 0000            add     byte ptr [eax],al
00401009 0000            add     byte ptr [eax],al
0040100b 0000            add     byte ptr [eax],al
0040100d 0000            add     byte ptr [eax],al

0:000> kL
ChildEBP RetAddr
002cfff0 00000000 SmallestProgram!Main

0:000> dds esp
002cffc4  7d4e992a kernel32!BaseProcessStart+0x28
002cffc8  00000000
002cffcc  00000000
002cffd0  7efdf000
002cffd4  80000003
002cffd8  002cffc8
002cffdc  002cfbbc
002cffe0  ffffffff
```

```
002cffe4  7d4d8998 kernel32!_except_handler3
002cffe8  7d4e9938 kernel32!`string'+0x28
002cffec  00000000
002cfff0  00000000
002cfff4  00000000
002cfff8  00401000 SmallestProgram!Main
002cfffc  00000000
```

따라서 여기에 내 질문에 대한 다른 대답이 있다. 가장 작은 충돌하는 프로그램은 가장 작은 동작하는 프로그램보다 작을 수 있다. 실제로 0바이트다.

프로세스 공간에서의 음성

Dump2Wave 툴을 배포한 후 시트릭스 사 커뮤니티의 몇 멤버가 덤프 파일에서 얻은 흥미로운 소리 조각을 제공할 것을 요청했다. 나 또한 과거에 내장된 음성 조각으로부터 음성을 잡아내는 것에 꽤 흥미가 있었다. 따라서 'Hello' 메시지를 녹음하고 미디어플레이어로 재생했다. 그런 후 프로세스 덤프를 저장하고 덤프를 CD 품질의 웨이브 파일로 변환했다. 그리고 거기서 들린 흥미 있는 소리 조각들을 저장했다(공간을 절약하기 위해 - 원본 웨이브 파일은 76Mb이다).

이들 조각은 다음 링크에서 웨이브 파일을 다운로드해 들어볼 수 있다.

DumpSounds.zip

8Mb, http://www.dumpanalysis.org/Dump2Wave/DumpSounds.zip

이들 웨이브 파일에서 무엇을 들었는지에 대한 설명이 있다.

- dump1.wav
  - 바이올린
  - 에어리언
  - 기차소리
  - 헬로우

- dump2.wav
  - 전자기타
  - 우주에서 온 신호
- dump3.wav
  - 모스부호 알파벳
- dump4.wav
  - 헬리콥터
- dump5.wav
  - 경적
  - 몇 가지 흥미 있는 노이즈와 전자음악 조각

물론 커널 공간으로부터의 목소리를 듣기 위해 커널 메모리 덤프를 웨이브 파일로 변환할 수도 있다.

크래시 덤프 분석 명함

내가 갖고 있어야 할 마케팅 명함으로 어떤 것이 좋을지 잠시 생각했었다. 그리고 최종적으로 다음의 디자인을 선택했다.

전면

```
A problem has been detected and Windows has been shut down to
prevent damage to your computer

Saving a dump file...


            DumpAnalysis.org


Project administrator: Dmitry Vostokov
E-mail: dmitry@opentask.com
Blog: dumpanalysis.org/blog
```

후면

```
Crash dump analysis commands reminder
Common commands:
!analyze -v | !locks | lmv | u/uf
db/da/du/dd/dp/dt | dds/dps/dpu/dpa/dpp

Kernel/Complete dump commands:        User dump commands:
!vm | !irpfind                         ~*
!exqueue f                             !peb
!poolused 3 | !poolused 4              !teb
!stacks | !lpc                         !gflag
~<p>s -> r | kv                        !heap
.process -> .reload -> !process        ~<t>r | ~<t>kv
!thread / .thread -> r | kv
!ntsdexts.locks

x86/x64 instructions: www.asmpedia.org
```

가장 많이 사용하는 명령(적어도 나는)을 넣은 명함의 뒷면이 유용하길 바란다. 개인적으로 날 만나면 이 명함(파란색이다)을 가질 수 있다.

■ 컴퓨터 메모리 듣기

메모리 덤프를 사운드 파일로 저장하는 다른 방법은 메모리 범위를 이진 파일로 저장한 후 웨이브 파일로 저장하는 것이다. 컴플리트 메모리 덤프의 경우 파일 크기가 수 기가바이트까지 될 수 있으므로 이 방법이 더 낫다.

메모리 범위를 파일로 저장하려면 WinDbg .writemem 명령을 사용할 수 있다.

```
.writemem d2w-range.bin 00400000 00433000
```

또는

```
.writemem d2w-range.bin 00400000 L200
```

지정된 메모리 범위를 저장하는 WinDbg 스크립트를 작성했다. 그러고 나서 저장된 이진 파일을 웨이브 파일로 자동 변환한 후 .wav 확장자에 등록된 사운드 프로그램을 실행하는 셸 스크립트를 호출한다. 많은 시스템에서 사운드 프로그램은 미디어플레이어다.

WinDbg 스크립트 코드(memsounds.txt)

```
.writemem d2w-range.bin ${$arg1} ${$arg2}
.if (${/d:$arg5})
{
    .shell -i- memsounds.cmd d2w-range ${$arg3} ${$arg4} ${$arg5}
}
.elsif (${/d:$arg4})
{
    .shell -i- memsounds.cmd d2w-range ${$arg3} ${$arg4}
}
.elsif (${/d:$arg3})
{
    .shell -i- memsounds.cmd d2w-range ${$arg3}
}
.else
{
    .shell -i- memsounds.cmd d2w-range
}
```

셸 스크립트(memsounds.cmd)

```
dump2wave %1.bin %1.wav %2 %3 %4
%1.wav
```

스크립트와 Dump2Wave.exe 모두 WinDbg 설치 폴더를 기본 디렉터리로 가정하므로 windbg.exe가 있는 폴더에 복사해야 한다. 내 시스템에선 다음과 같다.

```
C:\Program Files\Debugging Tools for Windows
```

두 스크립트는 다음 링크에서 무료로 다운로드할 수 있는 Dump2Wave 패키지에 포함돼 있다.

```
http://www.dumpanalysis.org/downloads/Dump2Wave.zip
```

WinDbg에서 스크립트를 호출하려면 다음과 같이 한다.

```
$$>a< memsounds.txt Range [Freq] [Bits] [Channels]
```

Range는 Address1 Address2나 Address Lxxx 형태로, Freq는 44100이나 22050, 11025, 8000으로, Bits는 8이나 16으로, Channel은 1이나 2가 될 수 있다. 기본 값은 44100, 16, 2이다.

라이브 디버깅 세션이 있거나 크래시 덤프를 로드했다면 메모리 범위를 즉시 들어볼 수 있다. 예를 들면 44.1KHz 16비트 스테레오로 해석된 00400000에서 00433000까지의 메모리 범위는 다음과 같다.

```
0:000> $$>a< memsounds.txt 00400000 00433000
Writing 33001 bytes...

C:\Program Files\Debugging Tools for Windows>dump2wave d2w-range.bin d2w-
range.wav

Dump2Wave version 1.2.1
Written by Dmitry Vostokov, 2006

d2w-range.wav
d2w-range.bin
      1 file(s) copied.

C:\Program Files\Debugging Tools for Windows>d2w-range.wav
.shell: Process exited
0:000>
```

또는 8KHz 8비트 모노로 해석된 같은 범위는 다음과 같다.

```
0:000> $$>a< memsounds.txt 00400000 00433000 8000 8 1
Writing 33001 bytes...

C:\Program Files\Debugging Tools for Windows>dump2wave d2w-range.bin d2w-
range.wav 8000 8 1

Dump2Wave version 1.2.1
Written by Dmitry Vostokov, 2006

d2w-range.wav
```

```
d2w-range.bin
    1 file(s) copied.

C:\Program Files\Debugging Tools for Windows>d2w-range.wav
.shell: Process exited
0:000>
```

스크립트는 시스템의 윈도우 미디어플레이어를 실행한다. 음악을 듣기 위해 재생 버튼을 누르기만 하면 된다.

메모리 덤프 가시화

메모리 덤프 토모그래피를 향한 첫걸음으로 메모리 덤프를 그림으로 해석하는 작은 프로그램을 만들었다. 이것으로 크래시 덤프를 가시화할 수 있다. 이 툴은 다음 링크에서 무료로 다운로드할 수 있다.

http://www.dumpanalysis.org/downloads/Dump2Picture.zip

명령 프롬프트에서 덤프 파일의 전체 경로를 지정하고 단순히 실행하면 BMP 파일을 출력한다. 메모리 덤프 파일은 트루컬러, 픽셀당 32비트 비트맵으로 변환될 것이다. 다른 값으로 8과 16, 24를 지정할 수 있다.

```
C:\Dump2Picture>Dump2Picture.exe

Dump2Picture version 1.0
Written by Dmitry Vostokov, 2007

Usage: Dump2Picture dumpfile bmpfile [8|16|24|32]
```

예를 들면 다음과 같다.

```
C:\Dump2Picture>Dump2Picture.exe MEMORY.DMP MEMORY.BMP 8

Dump2Picture version 1.0
Written by Dmitry Vostokov, 2007
```

```
MEMORY.BMP
MEMORY.DMP
    1 file(s) copied.
```

다음은 툴로 생성된 비트맵 파일의 스크린샷이다. 가시화된 커널이나 유저 주소 공간으로 생각해 볼 수 있다.

비스타 커널 메모리 덤프(픽셀당 8비트)

비스타 커널 메모리 덤프(픽셀당 16비트)

비스타 커널 메모리 덤프(픽셀당 24비트)

비스타 커널메모리 덤프(픽셀당 32비트)

Notepad 프로세스 유저 메모리 덤프(픽셀당 8비트)

Notepad 프로세스 유저 메모리 덤프(픽셀당 16비트)

Notepad 프로세스 유저 메모리 덤프(픽셀당 24비트)

Notepad 프로세스 유저 메모리 덤프(픽셀당 32비트)

Mspaint 프로세스 유저 메모리 덤프(픽셀당 32비트)

샘플 그림 폴더의 'Toco Toucan.jpg'를 로딩한 후의 Mspaint 프로세스 유저 메모리 덤프 (픽셀당 32비트)

시트릭스 ICA 클라이언트 프로세스(wfica32.exe) 유저 메모리 덤프(픽셀당 32비트)

메모리 누수 가시화

Dump2Picture는 가시적으로 메모리 누수를 탐색하는 데 사용될 수 있다. 비주얼 C++로 초당 64Kb씩 메모리가 새는 다음 프로그램을 작성했다.

```
#include "stdafx.h"
#include <windows.h>

int _tmain(int argc, _TCHAR* argv[])
{
    while (true)
```

```
    {
        printf("%x\n", (UINT_PTR)malloc(0xFFFF));
        Sleep(1000);
    }

    return 0;
}
```

그러고 나서 프로세스 가상 메모리 크기가 각기 7Mb와 17Mb, 32Mb일 때의 덤프를 얻었다. 그리고 픽셀당 16비트 비트맵으로 변환했다. 다음 그림들에서 중간의 검은 메모리 영역이 현저하게 증가하는 것을 볼 수 있다. 확실히 malloc 함수는 0으로 채워진 메모리를 할당한다. 그러므로 검은색으로 나타난다.

7Mb 프로세스 메모리 덤프

17Mb 프로세스 메모리 덤프

32Mb 프로세스 메모리 덤프

검은색 영역을 확대해보면 다음과 같은 패턴을 볼 수 있다.

색이 있는 라인은 할당된 메모리 블록마다 생성된 힙 제어 구조체다. 이것이 정확하다면 작은 메모리 블록을 할당하면 해치hatched 패턴을 만든다. 이것은 실제 사실이다. 다음 프로그램은 256바이트 메모리 블록을 누수한다.

```
#include "stdafx.h"
#include <windows.h>

int _tmain(int argc, _TCHAR* argv[])
{
    while (true)
    {
        printf("%x\n", (UINT_PTR)malloc(0xFF));
        Sleep(1000/0xFF);
    }
```

```
    return 0;
}
```

해당 프로세스 메모리 덤프 그림에서 힙 영역을 확대해보면 다음과 같다.

힙 제어 구조체에 의해 좀 더 조밀하게 압축된 그림을 보려고 1/4 크기로 할당해 힙 영역을 만들었다.

```
#include "stdafx.h"
#include <windows.h>

int _tmain(int argc, _TCHAR* argv[])
{
    while (true)
    {
        printf("%x\n", (UINT_PTR)malloc(0xFF/4));
        Sleep((1000/0xFF)/4);
    }

    return 0;
}
```

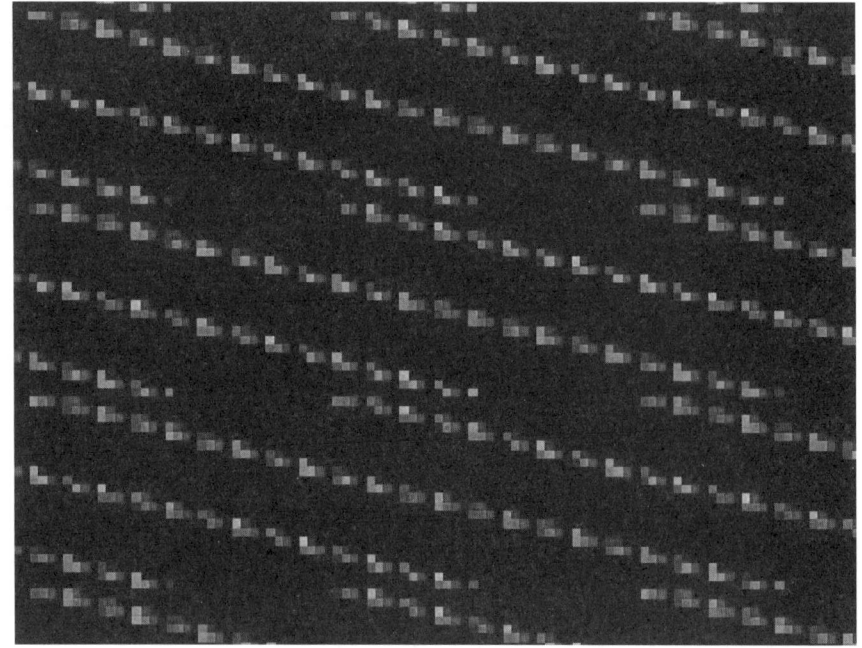

다른 예제를 보자. 메모리가 지속적으로 증가되는 서비스가 있다. 크래시 덤프 그림은 가운데에 거대한 해치된hatched 어두운 영역을 보여준다.

패턴과 할당 크기가 일정해보이므로 상수 크기 버퍼를 할당하는 어떤 동작에 대한 진짜 힙 메모리 누수일지도 모른다. 더욱이 덤프를 열고 가장 증가한 힙 세그먼트를 살펴보면 할당 크기가 동일함을 알 수 있다.

```
0:000> !.\w2kfre\ntsdexts.heap -h 5
HEAPEXT: Unable to get address of NTDLL!NtGlobalFlag.
    Index   Address  Name      Debugging options enabled
      1:   00140000
      2:   00240000
      3:   00310000
      4:   00330000
      5:   00370000
        Segment at 00370000 to 00380000 (00010000 bytes committed)
        Segment at 01680000 to 01780000 (00100000 bytes committed)
        Segment at 019C0000 to 01BC0000 (00200000 bytes committed)
        Segment at 01BC0000 to 01FC0000 (00400000 bytes committed)
        Segment at 01FC0000 to 027C0000 (00800000 bytes committed)
        Segment at 027C0000 to 037C0000 (01000000 bytes committed)
        Segment at 037C0000 to 057C0000 (02000000 bytes committed)
```

```
        Segment at 057C0000 to 097C0000 (00155000 bytes committed)
    ...
    ...
    ...
        057B96E0: 01048 . 01048 [07] - busy (1030), tail fill
        057BA728: 01048 . 01048 [07] - busy (1030), tail fill
        057BB770: 01048 . 01048 [07] - busy (1030), tail fill
        057BC7B8: 01048 . 01048 [07] - busy (1030), tail fill
        057BD800: 01048 . 01048 [07] - busy (1030), tail fill
        057BE848: 01048 . 01048 [07] - busy (1030), tail fill
        057BF890: 01048 . 00770 [14] free fill
    Heap entries for Segment07 in Heap 370000
        057C0040: 00040 . 01048 [07] - busy (1030), tail fill
        057C1088: 01048 . 01048 [07] - busy (1030), tail fill
        057C20D0: 01048 . 01048 [07] - busy (1030), tail fill
        057C3118: 01048 . 01048 [07] - busy (1030), tail fill
        057C4160: 01048 . 01048 [07] - busy (1030), tail fill
        057C51A8: 01048 . 01048 [07] - busy (1030), tail fill
    ...
    ...
    ...
```

컴퓨터 메모리 그리기

메모리 덤프를 그림 파일로 변환하는 다른 방법은 메모리 범위를 이진 파일로 저장한 후 BMP 파일로 변환하는 것이다. 따라서 주소 공간에 맵핑돼 있는 특정 DLL이나 드라이버, 힙, 풀 영역 등을 볼 수 있다.

메모리 범위를 파일로 저장하는 데 WinDbg .writemem 명령을 사용할 수 있다.

```
.writemem d2p-range.bin 00800000 0085e000
```

또는

```
.writemem d2p-range.bin 00400000 L20000
```

지정된 메모리 범위를 저장하는 WinDbg 스크립트를 작성했다. 그러고 나서 저장된 이진 파일을 웨이브 파일로 자동 변환한 후 .BMP 확장자에 등록된 사운드 프로그램을 실행하는 셸 스크립트를 호출한다.

WinDbg 스크립트 코드(mempicture.txt)

```
.writemem d2p-range.bin ${$arg1} ${$arg2}
.if (${/d:$arg3})
{
   .shell -i- mempicture.cmd d2p-range ${$arg3}
}
   .else
{
   .shell -i- mempicture.cmd d2p-range
}
```

셸 스크립트(mempicture.cmd):

```
dump2picture %1.bin %1.bmp %2
%1.bmp
```

스크립트와 Dump2Picture.exe 모두 WinDbg 설치 폴더를 기본 디렉터리로 가정하므로 windbg.exe가 있는 폴더에 복사해야 한다. 내 시스템에선 다음과 같다.

```
C:\Program Files\Debugging Tools for Windows
```

두 스크립트는 다음 링크에서 무료로 다운로드할 수 있는 Dump2Picture 패키지에 포함돼 있다.

http://www.dumpanalysis.org/downloads/Dump2Picture.zip

WinDbg에서 스크립트를 호출하려면 다음 명령을 사용할 수 있다.

```
$$>a< mempicture.txt Range [bits-per-pixel]
```

Range는 Address1 Address2나 Address Lxxx 형태로, 픽셀당 비트수는 8이나 16, 24, 32가 될 수 있다. 기본 값은 32다.

예를 들어 컴플리트 윈도우 x64 메모리 덤프를 로드하고 HAL_{hardware abstraction layer} 모듈을 가시화했다.

```
kd> lm
start             end               module name
fffff800`00800000 fffff800`0085e000 hal
fffff800`01000000 fffff800`0147b000 nt
fffff97f`ff000000 fffff97f`ff45d000 win32k
...
...
...

kd> $$>a< mempicture.txt fffff800`00800000 fffff800`0085e000
Writing 5e001 bytes...

C:\Program Files\Debugging Tools for Windows>dump2picture d2p-range.bin
d2p-range.bmp

Dump2Picture version 1.1
Written by Dmitry Vostokov, 2007

d2p-range.bmp
d2p-range.bin
      1 file(s) copied.

C:\Program Files\Debugging Tools for Windows>d2p-range.bmp
<.shell waiting 10 second(s) for process>
.shell: Process exited
kd>
```

그리고 윈도우 사진 및 팩스 뷰어가 실행되고 다음 그림을 나타냈다.

■ 유니코드 보기

문자열이 그림에서 어떻게 보이는지 보기 위해 다량의 유니코드와 아스키 문자열 "Hello World!"를 담은 메모리 덤프를 생성했다. 유니코드(UTF-16)의 와이드 문자는 두 바이트를 차지한다.

```
0:000> db 008c7420 l20
008c7420  48 00 65 00 6c 00 6c 00-6f 00 20 00 57 00 6f 00  H.e.l.l.o. .W.o.
008c7430  72 00 6c 00 64 00 21 00-00 00 00 00 00 00 00 00  r.l.d.!.........
```

그리고 아스키 인코딩 문자는 메모리 1바이트를 차지한다.

```
0:000> db 008c72b4 l10
008c72b4  48 65 6c 6c 6f 20 57 6f-72 6c 64 21 00 00 00 00  Hello World!....
```

유니코드 영문자의 두 번째 바이트가 0인 것을 볼 수 있다. Dump2Picture를 사용해 메모리 덤프를 픽셀당 8비트 비트맵으로 변환했다. 그리고 픽셀이 사각형이 될 때까지 비스타 포토 뷰어로 충분히 확대한 후 유니코드와 아스키 문자열의 차이를 보여주는 다음 그림을 얻었다.

덧붙이자면 같은 메모리 덤프를 픽셀당 32비트 비트맵으로 변환하면 유니코드 "Hello World!" 문자열은 녹색으로 나타난다.

2진에서 10진으로의 변환법 가르치기

가끔 2진 데이터를 10진으로 변환해야 할 때가 있다. 예를 들면 헤더 파일에서 어떤 상수 값을 찾아야 할 때가 그렇다. 예전엔 calc.exe로 변환했었는데 지금은 WinDbg .format 명령과 0y 이진 접두어를 사용한다.

```
0:000> .formats 0y111010
Evaluate expression:
  Hex:     0000003a
  Decimal: 58
  Octal:   00000000072
  Binary:  00000000 00000000 00000000 00111010
  Chars:   ...:
  Time:    Thu Jan 01 00:00:58 1970
  Float:   low 8.12753e-044 high 0
  Double:  2.86558e-322
```

예전에 스위스에 갔을 때 면세 카탈로그에서 2진 시계를 발견했다. 지금은 시간을 추정하는 데 사용한다.

2진 시계는 분을 나타내기 위해 6개의 2진 자릿수를 갖고 있다. 구글을 검색해보면 탁상용 2진 시계와 기타 다른 2진 시계가 있다. 그러나 그것들은 분minute을 위해 6개의 이진 자릿수를 갖고 있진 않다.

두 개의 행이나 열로 분을 나타낸다. 몇 십 분과 몇 분(2 + 4 이진 자릿수) 그리고 우리는 모두 4자리 이진수를 잘 다룬다. 우리 일이 16진 니블과 함께하기 때문이다. 그러나 한 줄에 5자리나 6자리수가 나오면 잘 다루지 못한다.

크래시 덤프와 글로벌 음모

우리가 컴퓨터 프로그램일지 모른다는 매트릭스 스타일의 음모론이 있다. 크래시 덤프와 디버깅 관점에서 보면 프로세스가 자신의 과거 크래시 덤프를 탐지해낼 수 있을지 질문해볼 수 있다. 코드가 그런 의도로 작성됐다면 확실히 가능하다. 코드가 그런 의도 없이 작성됐더라도 추가적인 코드를 생산할 만큼, 또는 기존의 것을 스스로 훈련해 재사용할 만큼 충분히 복잡하다면 그것 역시 과거의 크래시 덤프를 탐지할 수 있다. 그러므로 지나간 크래시 덤프를 볼 수 있다면 매트릭스 형태의 세상에 살고 있음 증명될 것이다.

음모론적 마음으로 더 많은 질문이 떠오른다. 거기 어디 비밀 소프트웨어 엔지니어링 단체 없나요? 혹시 메모리 덤프에서 외계인 코드와 연관된 패턴을 볼 수 있진 않나요?

07 GDB와 WinDbg

■■ AT&T와 인텔 구문

윈도우 유저는 AT&T 어셈블리 언어 구문이 불편하게 느껴질 수도 있다. 원본source과 목적destination 피연산자가 뒤집어져 있고 -4 같은 음의 옵셋이 0xfffffffc 같이 16진 형태로 표현된다. 작은 어셈블리 언어를 조작할 때는 괜찮다. 그러나 몇 페이지나 되는 코드를 살펴볼 때는 매우 혼란스럽다. 다음은 AT&T 구문의 예다.

```
C:\MinGW\bin>gdb a.exe
GNU gdb 5.2.1
Copyright 2002 Free Software Foundation, Inc.
GDB is free software, covered by the GNU General Public License, and you
are welcome to change it and/or distribute copies of it under certain
conditions.
Type "show copying" to see the conditions.
There is absolutely no warranty for GDB. Type "show warranty" for details.
This GDB was configured as "i686-pc-mingw32"...(no debugging symbols
found)...
(gdb) disas main
Dump of assembler code for function main:
0x4012f0 <main>:        push    %ebp
0x4012f1 <main+1>:      mov     %esp,%ebp
0x4012f3 <main+3>:      sub     $0x8,%esp
0x4012f6 <main+6>:      and     $0xfffffff0,%esp
0x4012f9 <main+9>:      mov     $0x0,%eax
0x4012fe <main+14>:     add     $0xf,%eax
0x401301 <main+17>:     add     $0xf,%eax
```

```
0x401304 <main+20>:     shr    $0x4,%eax
0x401307 <main+23>:     shl    $0x4,%eax
0x40130a <main+26>:     mov    %eax,0xfffffffc(%ebp)
0x40130d <main+29>:     mov    0xfffffffc(%ebp),%eax
0x401310 <main+32>:     call   0x401850 <_alloca>
0x401315 <main+37>:     call   0x4014f0 <__main>
0x40131a <main+42>:     leave
0x40131b <main+43>:     ret
0x40131c <main+44>:     nop
0x40131d <main+45>:     nop
0x40131e <main+46>:     nop
0x40131f <main+47>:     nop
End of assembler dump.
```

GDB에선 다음 명령을 사용해 AT&T 특징을 인텔로 바꿀 수 있다.

```
(gdb) set disassembly-flavor intel
```

다음은 같은 함수인데 훨씬 친숙하게 느껴진다.

```
(gdb) disas main
Dump of assembler code for function main:
0x4012f0 <main>:        push   ebp
0x4012f1 <main+1>:      mov    ebp,esp
0x4012f3 <main+3>:      sub    esp,0x8
0x4012f6 <main+6>:      and    esp,0xfffffff0
0x4012f9 <main+9>:      mov    eax,0x0
0x4012fe <main+14>:     add    eax,0xf
0x401301 <main+17>:     add    eax,0xf
0x401304 <main+20>:     shr    eax,0x4
0x401307 <main+23>:     shl    eax,0x4
0x40130a <main+26>:     mov    DWORD PTR [ebp-4],eax
0x40130d <main+29>:     mov    eax,DWORD PTR [ebp-4]
0x401310 <main+32>:     call   0x401850 <_alloca>
0x401315 <main+37>:     call   0x4014f0 <__main>
0x40131a <main+42>:     leave
0x40131b <main+43>:     ret
```

```
0x40131c <main+44>:    nop
0x40131d <main+45>:    nop
0x40131e <main+46>:    nop
0x40131f <main+47>:    nop
End of assembler dump.
```

불행하게도 WinDbg에선 인텔 구문을 AT&T의 것으로 바꿀 수 없다. 따라서 GDB에 익숙하다면 WinDbg로 옮겨오기 위해 새로운 특징에 익숙해져야만 한다.

설치

대부분의 디버깅과 크래시 덤프 분석 원리와 테크닉은 양쪽 모두에서 동일하므로 7장의 주목적은 FreeBSD나 리눅스의 코어 덤프 분석을 시작하는 WinDbg 유저가 GDB 디버거 명령을 빠르게 배울 수 있게 하거나 반대의 경우를 돕는 데 있다. 디스어셈블과 메모리 위치 덤프, 스레드 열거, 스택 트레이스 등이 필요하다. 윈도우 크래시 덤프 분석을 시작하는 GDB 유저 역시 WinDbg 명령을 배울 수 있다. WinDbg 명령과 GDB 명령을 비교해보자.

GDB가 주로 유닉스Unix 시스템에서 사용되긴 하지만 윈도우에서도 사용할 수 있다. 이를 위해 MinGWMinimalist GNU for Windows를 사용한다.

http://www.mingw.org

SourceForge에서 현재 버전의 MinGW 패키지를 다운로드하고 설치할 수 있다.

http://sourceforge.net/project/showfiles.php?group_id=2435

다음은 GDB 패키지를 다운로드하고 설치하는 것이다. 이 글을 쓰고 있을 때는 두 패키지(MinGW-5.1.3.exe와 gdb-5.2.1-1.exe) 모두 다음 링크에서 다운로드 가능했다.

http://sourceforge.net/project/showfiles.php?group_id=2435&package_id=82721

MinGW 패키지를 설치할 때 MinGW 기본 툴과 g++ 컴파일러를 선택해야 한다. GNU C/C++ 환경에 맞는 필수 컴포넌트를 다운로드할 것이다. GDB 패키지를 설치할 때 MinGW 패키지와 동일한 폴더에 설치될 수 있게 선택한다.

자, 이제 GDB와 WinDbg 명령 학습에 사용할 첫 번째 C 프로그램을 작성해 보자.

```c
#include <stdio.h>
int main()
{
   puts("Hello World!");
   return 0;
}
```

test.c로 저장하고 examples 폴더에 저장하고 test.exe로 컴파일하고 링크한다.

```
C:\MinGW>mkdir examples

C:\MinGW\examples>..\bin\gcc -o test.exe test.c

C:\MinGW\examples>test
Hello World!
```

자, 이제 GDB에서 실행할 수 있다.

```
C:\MinGW\examples>..\bin\gdb test.exe
GNU gdb 5.2.1
...
...
...
(gdb) run
Starting program: C:\MinGW\examples/test.exe

Program exited normally.
(gdb) q

C:\MinGW\examples>
```

GDB의 run 명령과 동일한 WinDbg 명령은 g다.

다음은 WinDbg를 실행하고 같은 프로그램을 로드하는 커맨드라인 명령이다.

```
C:\MinGW\examples>"c:\Program Files\Debugging Tools for Windows\WinDbg" -y
SRV*c:\symbols*http://msdl.microsoft.com/download/symbols test.exe
```

WinDbg는 초기 중단점에서 멈출 것이다. 그 후 g 명령으로 프로세스를 실행시킬 수 있다.

```
Microsoft (R) Windows Debugger Version 6.7.0005.0
Copyright (c) Microsoft Corporation. All rights reserved.

CommandLine: test.exe
Symbol search path is:
SRV*c:\symbols*http://msdl.microsoft.com/download/symbols
Executable search path is:
ModLoad: 00400000 00406000   image00400000
ModLoad: 7c900000 7c9b0000   ntdll.dll
ModLoad: 7c800000 7c8f4000   C:\WINDOWS\system32\kernel32.dll
ModLoad: 77c10000 77c68000   C:\WINDOWS\system32\msvcrt.dll
(220.fbc): Break instruction exception - code 80000003 (first chance)
eax=00341eb4 ebx=7ffde000 ecx=00000004 edx=00000010 esi=00341f48
edi=00341eb4
eip=7c901230 esp=0022fb20 ebp=0022fc94 iopl=0  nv up ei pl nz na po nc
cs=001b  ss=0023  ds=0023  es=0023  fs=003b  gs=0000             efl=00000202
ntdll!DbgBreakPoint:
7c901230 cc              int     3
0:000> g
eax=0022fe60 ebx=00000000 ecx=0022fe68 edx=7c90eb94 esi=7c90e88e
edi=00000000
eip=7c90eb94 esp=0022fe68 ebp=0022ff64 iopl=0  nv up ei pl zr na pe nc
cs=001b  ss=0023  ds=0023  es=0023  fs=003b  gs=0000             efl=00000246
ntdll!KiFastSystemCallRet:
7c90eb94 c3              ret
```

두 디버거 모두 q 명령으로 디버깅 세션을 종료할 수 있다.
따라서 GDB와 WinDbg 간의 첫 번째 명령 비교표는 다음과 같다.

동작	GDB	WinDbg
프로세스 시작	run	g
끝내기	(q)uit	q

디스어셈블러

크래시 덤프 분석에서 공통된 작업 중 하나는 다양한 함수를 디스어셈블하는 것이다. GDB에서 `disassemble`과 `x/i` 명령으로 디스어셈블할 수 있다.

첫 번째 명령은 함수 이름이나 주소, 주소 범위를 취하며 짧게 줄여 `disas`로 쓸 수도 있다.

```
(gdb) set disassembly-flavor intel

(gdb) disas main
Dump of assembler code for function main:
0x4012f0 <main>:        push    ebp
0x4012f1 <main+1>:      mov     ebp,esp
0x4012f3 <main+3>:      sub     esp,0x8
0x4012f6 <main+6>:      and     esp,0xfffffff0
0x4012f9 <main+9>:      mov     eax,0x0
0x4012fe <main+14>:     add     eax,0xf
0x401301 <main+17>:     add     eax,0xf
0x401304 <main+20>:     shr     eax,0x4
0x401307 <main+23>:     shl     eax,0x4
0x40130a <main+26>:     mov     DWORD PTR [ebp-4],eax
0x40130d <main+29>:     mov     eax,DWORD PTR [ebp-4]
0x401310 <main+32>:     call    0x401860 <_alloca>
0x401315 <main+37>:     call    0x401500 <__main>
0x40131a <main+42>:     mov     DWORD PTR [esp],0x403000
0x401321 <main+49>:     call    0x401950 <puts>
0x401326 <main+54>:     mov     eax,0x0
0x40132b <main+59>:     leave
0x40132c <main+60>:     ret
0x40132d <main+61>:     nop
```

```
0x40132e <main+62>:     nop
0x40132f <main+63>:     nop
End of assembler dump.

(gdb) disas 0x4012f0
Dump of assembler code for function main:
0x4012f0 <main>:        push   ebp
0x4012f1 <main+1>:      mov    ebp,esp
0x4012f3 <main+3>:      sub    esp,0x8
0x4012f6 <main+6>:      and    esp,0xfffffff0
0x4012f9 <main+9>:      mov    eax,0x0
0x4012fe <main+14>:     add    eax,0xf
0x401301 <main+17>:     add    eax,0xf
0x401304 <main+20>:     shr    eax,0x4
0x401307 <main+23>:     shl    eax,0x4
0x40130a <main+26>:     mov    DWORD PTR [ebp-4],eax
0x40130d <main+29>:     mov    eax,DWORD PTR [ebp-4]
0x401310 <main+32>:     call   0x401860 <_alloca>
0x401315 <main+37>:     call   0x401500 <__main>
0x40131a <main+42>:     mov    DWORD PTR [esp],0x403000
0x401321 <main+49>:     call   0x401950 <puts>
0x401326 <main+54>:     mov    eax,0x0
0x40132b <main+59>:     leave
0x40132c <main+60>:     ret
0x40132d <main+61>:     nop
0x40132e <main+62>:     nop
0x40132f <main+63>:     nop
End of assembler dump.

(gdb) disas 0x4012f0 0x40132d
Dump of assembler code from 0x4012f0 to 0x40132d:
0x4012f0 <main>:        push   ebp
0x4012f1 <main+1>:      mov    ebp,esp
0x4012f3 <main+3>:      sub    esp,0x8
0x4012f6 <main+6>:      and    esp,0xfffffff0
0x4012f9 <main+9>:      mov    eax,0x0
0x4012fe <main+14>:     add    eax,0xf
0x401301 <main+17>:     add    eax,0xf
0x401304 <main+20>:     shr    eax,0x4
```

```
0x401307 <main+23>:    shl    eax,0x4
0x40130a <main+26>:    mov    DWORD PTR [ebp-4],eax
0x40130d <main+29>:    mov    eax,DWORD PTR [ebp-4]
0x401310 <main+32>:    call   0x401860 <_alloca>
0x401315 <main+37>:    call   0x401500 <__main>
0x40131a <main+42>:    mov    DWORD PTR [esp],0x403000
0x401321 <main+49>:    call   0x401950 <puts>
0x401326 <main+54>:    mov    eax,0x0
0x40132b <main+59>:    leave
0x40132c <main+60>:    ret
End of assembler dump.
(gdb)
```

WinDbg에선 각기 uf(unassembled function)와 u(unassembled)다.

```
0:000> .asm no_code_bytes
Assembly options: no_code_bytes

0:000> uf main
test!main [test.cpp @ 3]:
00401000 push    offset test!`string' (004020f4)
00401005 call    dword ptr [test!_imp__puts (004020a0)]
0040100b add     esp,4
0040100e xor     eax,eax
00401010 ret

0:000> uf 00401000
test!main [test.cpp @ 3]:
00401000 push    offset test!`string' (004020f4)
00401005 call    dword ptr [test!_imp__puts (004020a0)]
0040100b add     esp,4
0040100e xor     eax,eax
00401010 ret

0:000> u 00401000
test!main [c:\dmitri\test\test\test.cpp @ 3]:
00401000 push    offset test!`string' (004020f4)
00401005 call    dword ptr [test!_imp__puts (004020a0)]
```

```
        0040100b add     esp,4
        0040100e xor     eax,eax
        00401010 ret
test!__security_check_cookie
[f:\sp\vctools\crt_bld\self_x86\crt\src\intel\secchk.c @ 52]:
        00401011 cmp     ecx,dword ptr [test!__security_cookie (00403000)]
        00401017 jne     test!__security_check_cookie+0xa (0040101b)
        00401019 rep     ret
0:000> u 00401000 00401011
test!main [test.cpp @ 3]:
        00401000 push    offset test!`string' (004020f4)
        00401005 call    dword ptr [test!_imp__puts (004020a0)]
        0040100b add     esp,4
        0040100e xor     eax,eax
        00401010 ret

0:000> u
test!__security_check_cookie
[f:\sp\vctools\crt_bld\self_x86\crt\src\intel\secchk.c @ 52]:
        00401011 cmp     ecx,dword ptr [test!__security_cookie (00403000)]
        00401017 jne     test!__security_check_cookie+0xa (0040101b)
        00401019 rep     ret
        0040101b jmp     test!__report_gsfailure (004012cd)
test!pre_cpp_init [f:\sp\vctools\crt_bld\self_x86\crt\src\crtexe.c @ 321]:
        00401020 push    offset test!_RTC_Terminate (004014fd)
        00401025 call    test!atexit (004014c7)
        0040102a mov     eax,dword ptr [test!_newmode (00403364)]
        0040102f mov     dword ptr [esp],offset test!startinfo (0040302c)

0:000> u eip
ntdll32!DbgBreakPoint:
        7d61002d int     3
        7d61002e ret
        7d61002f nop
        7d610030 mov     edi,edi
ntdll32!DbgUserBreakPoint:
        7d610032 int     3
        7d610033 ret
        7d610034 mov     edi,edi
```

```
ntdll32!DbgBreakPointWithStatus:
7d610036 mov     eax,dword ptr [esp+4]
```

두 번째 GDB 명령은 x/[N]i address이다. 여기서 N은 디스어셈블할 인스트럭션의 개수다.

```
(gdb) x/i 0x4012f0
0x4012f0 <main>:        push    ebp

(gdb) x/2i 0x4012f0
0x4012f0 <main>:        push    ebp
0x4012f1 <main+1>:      mov     ebp,esp

(gdb) x/3i 0x4012f0
0x4012f0 <main>:        push    ebp
0x4012f1 <main+1>:      mov     ebp,esp
0x4012f3 <main+3>:      sub     esp,0x8

(gdb) x/4i $pc
0x4012f6 <main+6>:      and     esp,0xfffffff0
0x4012f9 <main+9>:      mov     eax,0x0
0x4012fe <main+14>:     add     eax,0xf
0x401301 <main+17>:     add     eax,0xf
(gdb)
```

WinDbg에선 N개의 인스트럭션만 디스어셈블할 방법은 없는 것 같다. 하지만 WinDbg에선 역방향으로 디스어셈블disassemble backwards, ub할 수 있다. 예를 들어 리턴 주소가 있을 때 CALL 인스트럭션을 보길 원하면 다음과 같이 한다.

```
0:000> k
ChildEBP RetAddr
0012ff7c 0040117a test!main [test.cpp @ 3]
0012ffc0 7d4e992a test!__tmainCRTStartup+0x10f
[f:\sp\vctools\crt_bld\self_x86\crt\src\crtexe.c @ 597]
0012fff0 00000000 kernel32!BaseProcessStart+0x28

0:000> ub 7d4e992a
```

```
kernel32!BaseProcessStart+0×10:
7d4e9912 call    kernel32!BasepReport32bitAppLaunching (7d4e9949)
7d4e9917 push    4
7d4e9919 lea     eax,[ebp+8]
7d4e991c push    eax
7d4e991d push    9
7d4e991f push    0FFFFFFFEh
7d4e9921 call    dword ptr [kernel32!_imp__NtSetInformationThread
(7d4d032c)]
7d4e9927 call    dword ptr [ebp+8]
```

비교표에 새로운 명령이 추가됐다.

동작	GDB	WinDbg
프로세스 시작	run	g
끝내기	(q)uit	q
디스어셈블(순방향)	(disas)semble	uf, u
디스어셈블 N 인스트럭션	x/i	–
디스어셈블(역방향)	–	ub

■ 스택 트레이스(백 트레이스)

스레드 스택 트레이스 조회는 크래시나 코어 덤프 분석과 디버깅에서 가장 많이 사용된다. 다양한 GDB 명령을 보여주려고 다음 테스트 프로그램을 작성했다.

```
#include <stdio.h>

void func_1(int param_1, char param_2, int *param_3, char *param_4);
void func_2(int param_1, char param_2, int *param_3, char *param_4);
void func_3(int param_1, char param_2, int *param_3, char *param_4);
void func_4();
```

```c
int val_1;
char val_2;
int *pval_1 = &val_1;
char *pval_2 = &val_2;

int main()
{
   val_1 = 1;
   val_2 = '1';
   func_1(val_1, val_2, (int *)pval_1, (char *)pval_2);
   return 0;
}

void func_1(int param_1, char param_2, int *param_3, char *param_4)
{
   val_1 = 2;
   val_2 = '2';
   func_2(param_1, param_2, param_3, param_4);
}

void func_2(int param_1, char param_2, int *param_3, char *param_4)
{
   val_1 = 3;
   val_2 = '3';
   func_3(param_1, param_2, param_3, param_4);
}

void func_3(int param_1, char param_2, int *param_3, char *param_4)
{
   *pval_1 += param_1;
   *pval_2 += param_2;
   func_4();
}

void func_4()
{
   puts("Hello World!");
}
```

심볼 정보를 생성하기 위해 -g gcc 컴파일러 옵션을 지정하고 컴파일해야 한다. 이는 GDB에서 함수 인자와 지역변수를 나타내는 데 필요하다.

```
C:\MinGW\examples>..\bin\gcc -g -o test.exe test.c
```

func_4에서 충돌이 발생했다면 코어 덤프를 열어 스택 트레이스(백 트레이스)를 살펴볼 수 있다. 테스트 프로그램 코어 덤프가 없으므로 func_4에 중단점을 설정해 스택 트레이스를 시뮬레이션할 것이다. GDB에서는 break 명령으로 중단점을 설정할 수 있다.

```
C:\MinGW\examples>..\bin\gdb test.exe
...
...
...
(gdb) break func_4
Breakpoint 1 at 0x40141d

(gdb) run
Starting program: C:\MinGW\examples/test.exeBreakpoint 1, 0x0040141d in func_4 ()
(gdb)
```

WinDbg의 중단점 명령은 bp다.

```
CommandLine: C:\dmitri\test\release\test.exe
Symbol search path is:
SRV*c:\websymbols*http://msdl.microsoft.com/download/symbols
Executable search path is:
ModLoad: 00400000 0040f000   test.exe
ModLoad: 7d4c0000 7d5f0000   NOT_AN_IMAGE
ModLoad: 7d600000 7d6f0000   C:\W2K3\SysWOW64\ntdll32.dll
ModLoad: 7d4c0000 7d5f0000   C:\W2K3\syswow64\kernel32.dll
(103c.17d8): Break instruction exception - code 80000003 (first chance)
eax=7d600000 ebx=7efde000 ecx=00000005 edx=00000020 esi=7d6a01f4
edi=00221f38
eip=7d61002d esp=0012fb4c ebp=0012fcac iopl=0         nv up ei pl nz na po nc
```

```
cs=0023  ss=002b  ds=002b  es=002b  fs=0053  gs=002b  efl=00000202
ntdll32!DbgBreakPoint:
7d61002d cc              int       3

0:000> bp func_4

0:000> g
ModLoad: 71c20000 71c32000   C:\W2K3\SysWOW64\tsappcmp.dll
ModLoad: 77ba0000 77bfa000   C:\W2K3\syswow64\msvcrt.dll
ModLoad: 77f50000 77fec000   C:\W2K3\syswow64\ADVAPI32.dll
ModLoad: 7da20000 7db00000   C:\W2K3\syswow64\RPCRT4.dll
Breakpoint 0 hit
eax=0040c9d0 ebx=7d4d8dc9 ecx=0040c9d0 edx=00000064 esi=00000002
edi=00000ece
eip=00408be0 esp=0012ff24 ebp=0012ff28 iopl=0 nv up ei pl nz na po nc
cs=0023  ss=002b  ds=002b  es=002b  fs=0053  gs=002b  efl=00000202
test!func_4:
00408be0 55              push      ebp
```

프로젝트 속성에서 최적화를 비활성화해야 한다. 그렇지 않으면 비주얼 C++ 컴파일러가 최적화로 모든 함수 호출을 날려버리고 다음과 같은 짧은 코드를 생성한다.

```
0:000> uf main
00401000 push    offset test!`string' (004020f4)
00401005 mov     dword ptr [test!val_1 (0040337c)],4
0040100f mov     byte ptr [test!val_2 (00403378)],64h
00401016 call    dword ptr [test!_imp__puts (004020a0)]
0040101c add     esp,4
0040101f xor     eax,eax
00401021 ret
```

자, 이제 콜 스택을 평가하는 명령에 집중해보자. backtrace나 bt 명령은 스택 트레이스를 나타낸다. backtrace <N>이나 bt <N>은 가장 안쪽의 N개 스택 프레임만 보여준다. backtrace full이나 bt full은 추가로 지역변수를 보여준다. 변형으로 backtrace full <N>이나 bt full <N>과 backtrace full -<N>이나 bt full -<N>이 있다.

```
(gdb) backtrace
#0    func_4 () at test.c:48
#1    0x00401414 in func_3 (param_1=1, param_2=49 '1', param_3=0x404080,
      param_4=0x404070 "d") at test.c:43
#2    0x004013da in func_2 (param_1=1, param_2=49 '1', param_3=0x404080,
      param_4=0x404070 "d") at test.c:35
#3    0x0040139a in func_1 (param_1=1, param_2=49 '1', param_3=0x404080,
      param_4=0x404070 "d") at test.c:27
#4    0x00401355 in main () at test.c:18

(gdb) bt
#0    func_4 () at test.c:48
#1    0x00401414 in func_3 (param_1=1, param_2=49 '1', param_3=0x404080,
      param_4=0x404070 "d") at test.c:43
#2    0x004013da in func_2 (param_1=1, param_2=49 '1', param_3=0x404080,
      param_4=0x404070 "d") at test.c:35
#3    0x0040139a in func_1 (param_1=1, param_2=49 '1', param_3=0x404080,
      param_4=0x404070 "d") at test.c:27
#4    0x00401355 in main () at test.c:18

(gdb) bt 2
#0    func_4 () at test.c:48
#1    0x00401414 in func_3 (param_1=1, param_2=49 '1', param_3=0x404080,
      param_4=0x404070 "d") at test.c:43
(More stack frames follow...)

(gdb) bt -2
#3    0x0040139a in func_1 (param_1=1, param_2=49 '1', param_3=0x404080,
      param_4=0x404070 "d") at test.c:27
#4    0x00401355 in main () at test.c:18

(gdb) bt full
#0    func_4 () at test.c:48
No locals.
#1    0x00401414 in func_3 (param_1=1, param_2=49 '1', param_3=0x404080,
      param_4=0x404070 "d") at test.c:43
```

```
                   param_2 = 49 '1'
#2      0x004013da in func_2 (param_1=1, param_2=49 '1', param_3=0x404080,
        param_4=0x404070 "d") at test.c:35
                   param_2 = 49 '1'
#3      0x0040139a in func_1 (param_1=1, param_2=49 '1', param_3=0x404080,
        param_4=0x404070 "d") at test.c:27
                   param_2 = 49 '1'
#4      0x00401355 in main () at test.c:18
No locals.

(gdb) bt full 2
#0      func_4 () at test.c:48
No locals.
#1      0x00401414 in func_3 (param_1=1, param_2=49 '1', param_3=0x404080,
        param_4=0x404070 "d") at test.c:43
                   param_2 = 49 '1'
(More stack frames follow...)

(gdb) bt full -2
#3      0x0040139a in func_1 (param_1=1, param_2=49 '1', param_3=0x404080,
        param_4=0x404070 "d") at test.c:27
                   param_2 = 49 '1'
#4      0x00401355 in main () at test.c:18
No locals.

(gdb)
```

WinDbg에선 오직 k 명령만 있다. 그러나 인자가 많다. 다음 예를 살펴보자.

소스코드 라인이 표시되는 디폴트 스택 트레이스

```
0:000> k
ChildEBP RetAddr
0012ff20 00408c30 test!func_4 [c:\dmitri\test\test\test.cpp @ 47]
0012ff28 00408c69 test!func_3+0x30 [c:\dmitri\test\test\test.cpp @ 44]
0012ff40 00408c99 test!func_2+0x29 [c:\dmitri\test\test\test.cpp @ 35]
0012ff58 00408cd3 test!func_1+0x29 [c:\dmitri\test\test\test.cpp @ 27]
0012ff70 00401368 test!main+0x33 [c:\dmitri\test\test\test.cpp @ 18]
0012ffc0 7d4e992a test!__tmainCRTStartup+0x15f
```

[f:\sp\vctools\crt_bld\self_x86\crt\src\crt0.c @ 327]
0012fff0 00000000 kernel32!BaseProcessStart+0x28

소스코드 라인이 없는 스택 트레이스

```
0:000> kL
ChildEBP RetAddr
0012ff20 00408c30 test!func_4
0012ff28 00408c69 test!func_3+0x30
0012ff40 00408c99 test!func_2+0x29
0012ff58 00408cd3 test!func_1+0x29
0012ff70 00401368 test!main+0x33
0012ffc0 7d4e992a test!__tmainCRTStartup+0x15f
0012fff0 00000000 kernel32!BaseProcessStart+0x28
```

소스코드 라인 없이 스택 프레임별로 3개의 인자와 호출 규약, 최적화 정보를 나타내는 풀 스택 트레이스

```
0:000> kvL
ChildEBP RetAddr Args to Child
0012ff20 00408c30 0012ff40 00408c69 00000001 test!func_4 (CONV: cdecl)
0012ff28 00408c69 00000001 00000031 0040c9d4 test!func_3+0x30 (CONV: cdecl)
0012ff40 00408c99 00000001 00000031 0040c9d4 test!func_2+0x29 (CONV: cdecl)
0012ff58 00408cd3 00000001 00000031 0040c9d4 test!func_1+0x29 (CONV: cdecl)
0012ff70 00401368 00000001 004230e0 00423120 test!main+0x33 (CONV: cdecl)
0012ffc0 7d4e992a 00000000 00000000 7efde000 test!__tmainCRTStartup+0x15f (FPO: [Non-Fpo]) (CONV: cdecl)
0012fff0 00000000 004013bf 00000000 00000000 kernel32!BaseProcessStart+0x28 (FPO: [Non-Fpo])
```

소스코드 라인 없이 모든 함수 인자를 보여주는 스택 트레이스

```
0:000> kPL
ChildEBP RetAddr
0012ff20 00408c30 test!func_4(void)
0012ff28 00408c69 test!func_3(
   int param_1 = 1,
   char param_2 = 49 '1',
   int * param_3 = 0x0040c9d4,
   char * param_4 = 0x0040c9d0 "d")+0x30
0012ff40 00408c99 test!func_2(
   int param_1 = 1,
   char param_2 = 49 '1',
   int * param_3 = 0x0040c9d4,
   char * param_4 = 0x0040c9d0 "d")+0x29
0012ff58 00408cd3 test!func_1(
   int param_1 = 1,
   char param_2 = 49 '1',
   int * param_3 = 0x0040c9d4,
   char * param_4 = 0x0040c9d0 "d")+0x29
0012ff70 00401368 test!main(void)+0x33
0012ffc0 7d4e992a test!__tmainCRTStartup(void)+0x15f
0012fff0 00000000 kernel32!BaseProcessStart+0x28
```

소스코드 라인이 없이 스택 프레임 번호를 보여주는 스택 트레이스

```
0:000> knL
 # ChildEBP RetAddr
00 0012ff20 00408c30 test!func_4
01 0012ff28 00408c69 test!func_3+0x30
02 0012ff40 00408c99 test!func_2+0x29
03 0012ff58 00408cd3 test!func_1+0x29
04 0012ff70 00401368 test!main+0x33
05 0012ffc0 7d4e992a test!__tmainCRTStartup+0x15f
06 0012fff0 00000000 kernel32!BaseProcessStart+0x28
```

바이트 단위로 스택 프레임 간의 거리를 나타내는 소스코드 라인이 없는 스택 트레이스

```
0:000> knfL
 # Memory     ChildEBP RetAddr
 00           0012ff20 00408c30 test!func_4
 01        8  0012ff28 00408c69 test!func_3+0x30
 02       18  0012ff40 00408c99 test!func_2+0x29
 03       18  0012ff58 00408cd3 test!func_1+0x29
 04       18  0012ff70 00401368 test!main+0x33
 05       50  0012ffc0 7d4e992a test!__tmainCRTStartup+0x15f
 06       30  0012fff0 00000000 kernel32!BaseProcessStart+0x28
```

가장 안쪽 2개 프레임을 보여주는 소스코드 라인 없는 스택 트레이스

```
0:000> kL 2
ChildEBP RetAddr
0012ff20 00408c30 test!func_4
0012ff28 00408c69 test!func_3+0x30
```

프로세스의 모든 스레드의 스택 트레이스를 보려면 다음 명령을 사용할 수 있다.

```
(gdb) thread apply all bt

Thread 1 (thread 728.0xc0c):
#0      func_4 () at test.c:48
#1      0x00401414 in func_3 (param_1=1, param_2=49 '1', param_3=0x404080,
        param_4=0x404070 "d") at test.c:43
#2      0x004013da in func_2 (param_1=1, param_2=49 '1', param_3=0x404080,
        param_4=0x404070 "d") at test.c:35
#3      0x0040139a in func_1 (param_1=1, param_2=49 '1', param_3=0x404080,
        param_4=0x404070 "d") at test.c:27
#4      0x00401355 in main () at test.c:18
(gdb)
```

WinDbg에선 ~*k다. 앞서 살펴본 모든 인자를 사용할 수 있다. 다음 예를 살펴보자.

```
0:000> ~*kL
. 0 Id: 103c.17d8 Suspend: 1 Teb: 7efdd000 Unfrozen
ChildEBP RetAddr
0012ff20 00408c30 test!func_4
0012ff28 00408c69 test!func_3+0x30
0012ff40 00408c99 test!func_2+0x29
0012ff58 00408cd3 test!func_1+0x29
0012ff70 00401368 test!main+0x33
0012ffc0 7d4e992a test!__tmainCRTStartup+0x15f
0012fff0 00000000 kernel32!BaseProcessStart+0x28
```

새로운 명령이 추가된 표는 다음과 같다.

동작	GDB	WinDbg
프로세스 시작	run	g
끝내기	(q)uit	q
디스어셈블(순방향)	(disas)semble	uf, u
디스어셈블 N 인스트럭션	x/⟨N⟩i	-
디스어셈블(역방향)	-	ub
스택 트레이스	backtrace (bt)	k
풀 스택 트레이스	bt full	kv
부분 트레이스(가장 안쪽)	bt ⟨N⟩	k ⟨N⟩
부분 트레이스(바깥쪽)	bt -⟨N⟩	-
모든 스레드의 스택 트레이스	thread apply all bt	~*k
중단점	break	bp

지역변수

GDB에서 backtrace나 WinDbg에서 스택 트레이스를 얻었다. 구체적인 스택 프레임과 인자, 지역변수에 관심이 간다. 앞 절에서 사용한 프로그램에 몇 개의 지역변수를 넣으려고 약간 수정했다.

```c
#include <stdio.h>

void func_1(int param_1, char param_2, int *param_3, char *param_4);
void func_2(int param_1, char param_2, int *param_3, char *param_4);
void func_3(int param_1, char param_2, int *param_3, char *param_4);
void func_4();

int g_val_1;
char g_val_2;
int *g_pval_1 = &g_val_1;
char *g_pval_2 = &g_val_2;

int main()
{
   int local_0 = 0;
   char *hello = "Hello World!";

   g_val_1 = 1;
   g_val_2 = '1';

   func_1(g_val_1, g_val_2, (int *)g_pval_1, (char *)g_pval_2);
   return 0;
}

void func_1(int param_1, char param_2, int *param_3, char *param_4)
{
   int local_1 = 1;

   g_val_1 = 2;
   g_val_2 = '2';
```

```c
    param_3 = &local_1;

    func_2(g_val_1, g_val_2, param_3, param_4);
}

void func_2(int param_1, char param_2, int *param_3, char *param_4)
{
    int local_2 = 2;

    g_val_1 = 3;
    g_val_2 = '3';

    param_3 = &local_2;

    func_3(g_val_1, g_val_2, param_3, param_4);
}

void func_3(int param_1, char param_2, int *param_3, char *param_4)
{
    int local_3 = 3;

    *g_pval_1 += param_1;
    *g_pval_2 += param_2;

    func_4();
}

void func_4()
{
    puts("Hello World!");
}
```

GDB에서 frame 명령은 현재 스택 프레임을 설정하는 데 사용된다. 그리고 나서 info args 명령은 함수 인자를 열거하는 데 사용될 수 있고, info locals 명령은 지역변수를 열거하는 데 사용될 수 있다.

```
(gdb) break func_4
Breakpoint 1 at 0x401455: file test.c, line 61.
```

```
(gdb) run
Starting program: C:\MinGW\examples/test.exe

Breakpoint 1, func_4 () at test.c:61
61              puts("Hello World!");

(gdb) bt
#0      func_4 () at test.c:61
#1      0x0040144d in func_3 (param_1=3, param_2=51 '3', param_3=0x22ff10,
        param_4=0x404070 "f") at test.c:56
#2      0x0040140c in func_2 (param_1=2, param_2=50 '2', param_3=0x22ff10,
        param_4=0x404070 "f") at test.c:46
#3      0x004013ba in func_1 (param_1=1, param_2=49 '1', param_3=0x22ff30,
        param_4=0x404070 "f") at test.c:34
#4      0x00401363 in main () at test.c:21

(gdb) frame
#0      func_4 () at test.c:61
61              puts("Hello World!");

(gdb) frame 0
#0      func_4 () at test.c:61
61              puts("Hello World!");

(gdb) info args
No arguments.

(gdb) info locals
No locals.

(gdb) frame 1
#1      0x0040144d in func_3 (param_1=3, param_2=51 '3', param_3=0x22ff10,
        param_4=0x404070 "f") at test.c:56
56              func_4();

(gdb) info args
param_1 = 3
param_2 = 51 '3'
param_3 = (int *) 0x22ff10
```

```
        param_4 = 0x404070 "f"

(gdb) info locals
local_3 = 3
param_2 = 51 '3'

(gdb) frame 2
#2  0x0040140c in func_2 (param_1=2, param_2=50 '2', param_3=0x22ff10,
    param_4=0x404070 "f") at test.c:46
46              func_3(g_val_1, g_val_2, param_3, param_4);

(gdb) info args
param_1 = 2
param_2 = 50 '2'
param_3 = (int *) 0x22ff10
param_4 = 0x404070 "f"

(gdb) info locals
local_2 = 2
param_2 = 50 '2'

(gdb) frame 3
#3  0x004013ba in func_1 (param_1=1, param_2=49 '1', param_3=0x22ff30,
    param_4=0x404070 "f") at test.c:34
34              func_2(g_val_1, g_val_2, param_3, param_4);

(gdb) info args
param_1 = 1
param_2 = 49 '1'
param_3 = (int *) 0x22ff30
param_4 = 0x404070 "f"

(gdb) info locals
local_1 = 1
param_2 = 49 '1'

(gdb) frame 4
#4  0x00401363 in main () at test.c:21
21              func_1(g_val_1, g_val_2, (int *)g_pval_1, (char *)g_pval_2);
```

```
(gdb) info args
No arguments.

(gdb) info locals
local_0 = 0
hello = 0x403000 "Hello World!"

(gdb)
```

WinDbg에서 kn 명령은 프레임 번호와 함께 스택 트레이스를 보여준다. knL 명령은 추가로 소스코드 참조를 제거한다. .frame 명령은 특정 스택 프레임으로 전환하고, dv 명령은 인자와 지역변수를 함께 나타낸다. dv /i 명령은 인자인지 지역변수인지 구분하고, dv /V 명령은 그 주소와 베이스 프레임 레지스터(보통 EBP)에서의 상태 옵셋을 나타낸다. dv /t 명령은 타입 정보를 나타낸다.

```
Microsoft (R) Windows Debugger Version 6.7.0005.1
Copyright (c) Microsoft Corporation. All rights reserved.

CommandLine: C:\dmitri\test\release\test.exe
Symbol search path is:
SRV*c:\websymbols*http://msdl.microsoft.com/download/symbols
Executable search path is:
ModLoad: 00400000 0040f000   test.exe
ModLoad: 7d4c0000 7d5f0000   NOT_AN_IMAGE
ModLoad: 7d600000 7d6f0000   C:\W2K3\SysWOW64\ntdll32.dll
ModLoad: 7d4c0000 7d5f0000   C:\W2K3\syswow64\kernel32.dll
(e38.ac0): Break instruction exception - code 80000003 (first chance)
eax=7d600000 ebx=7efde000 ecx=00000005 edx=00000020 esi=7d6a01f4
edi=00221f38
eip=7d61002d esp=0012fb4c ebp=0012fcac iopl=0         nv up ei pl nz na po nc
cs=0023  ss=002b  ds=002b  es=002b  fs=0053  gs=002b             efl=00000202
ntdll32!DbgBreakPoint:
7d61002d cc              int     3

0:000> bp func_4
0:000> g
ModLoad: 71c20000 71c32000   C:\W2K3\SysWOW64\tsappcmp.dll
```

```
ModLoad: 77ba0000 77bfa000   C:\W2K3\syswow64\msvcrt.dll
ModLoad: 00410000 004ab000   C:\W2K3\syswow64\ADVAPI32.dll
ModLoad: 7da20000 7db00000   C:\W2K3\syswow64\RPCRT4.dll
ModLoad: 7d8d0000 7d920000   C:\W2K3\syswow64\Secur32.dll
Breakpoint 0 hit
eax=0040c9d4 ebx=7d4d8df9 ecx=0040c9d4 edx=00000066 esi=00000002
edi=00000ece
eip=00408be0 esp=0012ff10 ebp=0012ff18 iopl=0  nv up ei pl nz na pe nc
cs=0023  ss=002b  ds=002b  es=002b  fs=0053  gs=002b             efl=00000206
test!func_4:
00408be0 55              push    ebp

0:000> knL
 # ChildEBP RetAddr
00 0012ff0c 00408c38 test!func_4
01 0012ff18 00408c7c test!func_3+0x38
02 0012ff34 00408ccc test!func_2+0x3c
03 0012ff50 00408d24 test!func_1+0x3c
04 0012ff70 00401368 test!main+0x44
05 0012ffc0 7d4e7d2a test!__tmainCRTStartup+0x15f
06 0012fff0 00000000 kernel32!BaseProcessStart+0x28

0:000> .frame
00 0012ff0c 00408c38 test!func_4 [c:\dmitri\test\test\test.cpp @ 60]

0:000> .frame 0
00 0012ff0c 00408c38 test!func_4 [c:\dmitri\test\test\test.cpp @ 60]

0:000> dv

0:000> .frame 1
01 0012ff18 00408c7c test!func_3+0x38 [c:\dmitri\test\test\test.cpp @ 57]

0:000> dv
          param_1 = 3
          param_2 = 51 '3'
          param_3 = 0x0012ff30
          param_4 = 0x0040c9d4 "f"
          local_3 = 3
```

```
0:000> dv /i
prv param    param_1 = 3
prv param    param_2 = 51 '3'
prv param    param_3 = 0x0012ff30
prv param    param_4 = 0x0040c9d4 "f"
prv local    local_3 = 3

0:000> dv /i /V
prv param    0012ff20 @ebp+0x08 param_1 = 3
prv param    0012ff24 @ebp+0x0c param_2 = 51 '3'
prv param    0012ff28 @ebp+0x10 param_3 = 0x0012ff30
prv param    0012ff2c @ebp+0x14 param_4 = 0x0040c9d4 "f"
prv local    0012ff14 @ebp-0x04 local_3 = 3

0:000> .frame 4
04 0012ff70 00401368 test!main+0x44 [c:\dmitri\test\test\test.cpp @ 21]

0:000> dv
         local_0 = 0
             hello = 0x0040a274 "Hello World!"

0:000> dv /i
prv local        local_0 = 0
prv local        hello = 0x0040a274 "Hello World!"

0:000> dv /i /V
prv local 0012ff68 @ebp-0x08         local_0 = 0
prv local 0012ff6c @ebp-0x04             hello = 0x0040a274 "Hello World!"

0:000> dv /t
int local_0 = 0
char * hello = 0x0040a274 "Hello World!"
```

비교표가 좀 더 커졌다.

동작	GDB	WinDbg
프로세스 시작	run	g
끝내기	(q)uit	q
디스어셈블(순방향)	(disas)semble	uf, u
디스어셈블 N 인스트럭션	x/⟨N⟩i	–
디스어셈블(역방향)	–	ub
스택 트레이스	backtrace (bt)	k
풀 스택 트레이스	bt full	kv
부분 트레이스(가장 안쪽)	bt ⟨N⟩	k ⟨N⟩
부분 트레이스(바깥쪽)	bt -⟨N⟩	–
모든 스레드의 스택 트레이스	thread apply all bt	~*k
중단점	break	bp
프레임 번호	any bt command	kn
프레임 선택	frame	.frame
파라미터 표시	info args	dv /t /i /V
지역변수 표시	info locals	dv /t /i /V

08 소프트웨어 트러블슈팅

■ 네 개의 기둥

소프트웨어 트러블슈팅에서 중심이 되는 네 개의 기둥은 각기 다음과 같다(알파벳 순으로 정렬).

1. 크래시 덤프 분석Crash Dump Analysis(메모리 덤프 분석이나 코어 덤프 분석이라고도 함)
2. 문제 재현Problem Reproduction
3. 트레이스와 로그 분석Trace and Log Analysis
4. 가상 지원Virtual Assistance(원격 지원이라고도 함)

5개의 황금 룰

크래시 덤프나 다양한 툴에서 얻은 트레이스와 지원 정보가 불완전하거나 누락된 부분이 있을 때 문제를 분석하기 쉽지 않다. 트레이스와 메모리 덤프를 보내거나 요청할 때 사용할 수 있는 4WS 질문을 다음과 같이 외우기 쉽게 해봤다.

- **What** 어떤 일이 일어났는가? 또는 무엇이 관측됐는가? 예를 들면 충돌인가 행hang인가?
- **When** 트레이스가 몇 시간 동안 기록돼 있다면 문제가 언제 발생했는가?
- **Where** 트레이싱에 어떤 서버나 워크스테이션이 사용됐는가? 또는 메모리 덤프가 어디서 생성됐는가? 예를 들면 한 트레이스는 주primary 서버에서 생성됐고 다른 두 개는 백업 서버에서 생성됐다. 또는 한 트레이스는 클라이언트 워크스테이션에서 생성됐고 다른 것은 서버에서 생성됐다.
- **Why** 고객이나 기술 지원 엔지니어가 덤프 파일과 트레이스를 요청한 이유가 뭔가? 이 질문은 문제 기술서에 포함돼 있는 숨겨진 전제 조건을 포함한 다양한 가정을 분명하게 해줄 수도 있다.
- **Supporting information** 건초 더미에서 바늘을 찾기 위해 필요한 것, 프로세스 ID, 스레드 ID 등 다음 질문의 답도 중요하다. 메모리 덤프와 트레이스가 얼마나 많이 생성됐는가?

모든 트레이스와 메모리 덤프엔 4WS 답변이 수반돼야 한다.

문제기술서 자체가 일종의 트레이스이므로 4WS 규칙은 어떤 트러블슈팅에든 적용할 수 있다.

비판적인 사고

불완전한 사고는 기술 지원이란 상황에서 어느 정도는 늘 발생한다. 현업이 몹시 바쁘고 까다롭기 때문이다.

다음 링크는 오류를 분류학적으로 조직화해 놓은 흥미로운 웹사이트다.

http://www.fallacyfiles.org/taxonomy.html

예를 들어 거짓 원인의 오류False Cause fallacy를 보자. 기술적 예제는 트레이스 분석과 재현 단계를 포함한 문제 기술서 등에서 추론된 거짓 원인의 오류를 포함하고 있을지도 모른다. 이는 디버깅에도 적용된다. 그리고 비판적 사고의 중요성은 다음 책에서 강조됐다.

『사고에 의한 디버깅: 다양한 전문 분야에서의 접근Debugging by Thinking: A Multidisciplinary Approach』

'기초 크래시 덤프 분석의 표면 수준Surface-level of basic crash dump analysis'은 잘못된 원인 오류에 의한 영향을 덜 받는다. 스레드 대기 시간 분석과 다른 역사적 정보의 상세한 분석을 하는 동안 몇 가지 원인이 활용돼야 하지만 이벤트들을 명시적으로 기록하지 않았기 때문이다.

디버깅할 때의 트러블슈팅

이 절은 안드레아 질러의 "왜 프로그램은 실패하는가?"에서 소개된 TRAFFIC 단계에서 영감을 얻었다. 이 책은 훌륭하며 실용적인 디버깅 기술에 대해 조리 있고 견고한 시스템적 기반을 제공한다.

그렇지만 이 단계는 코드에서 결함을 수정하기 위한 것으로 고전적인 시각에서의 소프트웨어 디버깅 절차다. 나는 우리가 가진 심리학과 생물학, 화학, 물리학 같은 여러 가지 추상화 수준의 시스템 이론으로 유추한 사실에 기반해 시스템 레벨에서 실패가 있을 때 디버깅을 시작한다고 말할 것이다.

시스템과 애플리케이션, 트러블슈팅과 소스코드 디버깅을 비교해보면 좀 더 고차원의 질문은 비즈니스와 정치적인 풍미도 느껴지는 "누가 제품을 실패하게 했나?"이다. 따라서 다른 약어인 VERSION을 제안한다. 시스템 문제를 항상 코드 레벨에서 수정하려고 시도한다면 모든 감각기관에 거대한 'traffic'이 발생한다. 그러나 트러블슈팅을 먼저 한다면 다른 시스템/서브시스템/컴포넌트 버전을 얻을 수 있고 문제를 좀 더 빨리 풀 수 있다. 이것이 바로 조직에서 기술 지원 부서를 운영하는 이유이다.

TRAFFIC과 VERSION 사이엔 몇 가지 대응되는 것들이 있다.

Track(추적)	View the problem(문제 보기)
Reproduce(재현)	Environment/repro steps(환경/재현 스텝)
Automate(and simplify)(자동화와 단순화)	Relevant description(관련된 설명서)
Find origins(근원 찾기)	Subsystem/component identification (서브시스템/컴포넌트 식별)
Focus(집중)	Identify the origin(근원 식별) (서브시스템/컴포넌트)
Isolate(고립)(코드의 결함)	Obtain the solution(해결책 확보) (서브시스템이나 컴포넌트의 치환 또는 제거)
Correct(코드의 결함)	New case study(새로운 사례 학습) (문서, 포스트모텀 분석)

트러블슈팅이 소스코드를 살펴볼 필요성을 없애지는 않는다. 많은 경우에 기술지원 엔지니어는 트레이스와 소스코드 간 매핑을 할 수 있을 정도로 코드 읽기에 능숙해야 한다. 이는 컴포넌트 식별을 도울 것이다. 특히 제품이 광범위한 추적 기능을 갖고 있는 경우엔 더욱 그렇다.

09 시트릭스 사

▰ 풀 태그

시트릭스 사의 드라이버엔 각기 고유한 풀 태그pool tag가 있다. 다음 링크의 글을 참조하길 바란다.

http://support.citrix.com/article/ctx115257

WinDbg !poolused 명령을 사용할 때 다음과 같거나 유사한 출력이 나타나면 Debugging Tools for Windows 설치 폴더 아래의 triage 폴더에 있는 pooltag.txt 파일에 내용을 추가할 수 있다.

```
WD UNKNOWN pooltag 'WD ', please update pooltag.txt
```

> 참고 'ICA protocol'처럼 보이긴 하지만 'Ica' 풀 태그는 시트릭스 드라이버의 것이 아니다. 이는 마이크로소프트 사의 termdd.sys 드라이버에서 사용한다.

▰ 시트릭스 사의 서비스 목록

시스릭스 프리젠테이션 서버 4.x가 실행되는 윈도우 서버에서 얻은 커널이나 컴플리트 메모리 덤프에서는 세션 0에서 실행 중인 프로세스를 보게 될지도 모른다. 예를 들면 다음과 같다.

```
2: kd> !process 0 0

PROCESS 895c7380   SessionId: 0   Cid: 03f0   Peb: 7ffdf000   ParentCid: 01a8
  DirBase: 0a43d220 ObjectTable: 895c7628 HandleCount: 684.
  Image: CpSvc.exe

PROCESS 892e3320   SessionId: 0   Cid: 060c   Peb: 7ffdf000   ParentCid: 01a8
  DirBase: 0a43d440 ObjectTable: 892e76c8 HandleCount: 93.
  Image: cdmsvc.exe

PROCESS 892ed4a0   SessionId: 0   Cid: 05f8   Peb: 7ffdf000   ParentCid: 01a8
  DirBase: 0a43d420 ObjectTable: 892f1268 HandleCount: 107.
  Image: CdfSvc.exe

PROCESS 89297020   SessionId: 0   Cid: 06ac   Peb: 7ffdf000   ParentCid: 01a8
  DirBase: 0a43d520 ObjectTable: 892991c8 HandleCount: 62.
  Image: encsvc.exe

PROCESS 892a4020   SessionId: 0   Cid: 06d4   Peb: 7ffdf000   ParentCid: 01a8
  DirBase: 0a43d540 ObjectTable: 892b9a48 HandleCount: 1088.
  Image: ImaSrv.exe

PROCESS 892a5020   SessionId: 0   Cid: 070c   Peb: 7ffdf000   ParentCid: 01a8
  DirBase: 0a43d560 ObjectTable: 8927b568 HandleCount: 188.
  Image: mfcom.exe

PROCESS 890e8620   SessionId: 0   Cid: 0cc4   Peb: 7ffdf000   ParentCid: 01a8
  DirBase: 0a43d6e0 ObjectTable: 890e8948 HandleCount: 691.
  Image: SmaService.exe

PROCESS 8901bd60   SessionId: 0   Cid: 0d80   Peb: 7ffdf000   ParentCid: 01a8
  DirBase: 0a43d880 ObjectTable: 89021e88 HandleCount: 148.
  Image: XTE.exe
```

이것들은 시트릭스 서비스로 시트릭스 사의 다음 글에 간략하게 설명돼 있다.

시트릭스 프리젠테이션 서버 서비스 개요
http://support.citrix.com/article/CTX114669

시트릭스 사의 씬와이어 리버스 엔지니어링

크래시 덤프(그리고 라이브 디버깅)는 컴포넌트 간 의존관계를 리버스 엔지니어링할 때 매우 유용하다. 다음 마이크로소프트 사의 비디오 드라이버 아키텍처 UML 컴포넌트 다이어그램을 살펴보자.

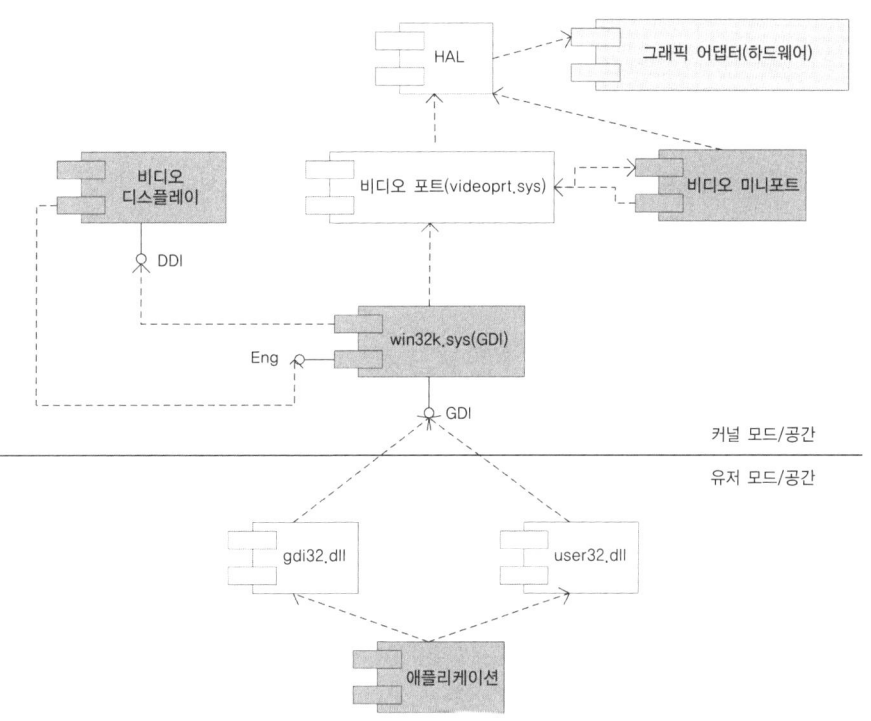

앞의 다이어그램을 이해하고 시트릭스 사의 심볼 파일(시트릭스 사의 기술 지원 페이지에서 다운로드할 수 있다)을 갖춘 후 다음의 스레드 스택과 다른 유사한 스택을 다음의 UML 컴포넌트 다이어그램으로 변환할 수 있었다(보기 쉽게 일부 함수는 module!xxx로 나타냈고 옵셋은 삭제했다).

```
nt!KiSwapContext
nt!KiSwapThread
nt!KeWaitForSingleObject
tcpip!xxx
tcpip!TCPDispatch
```

```
nt!IofCallDriver
nt!xxx
nt!xxx
TDTCP!xxx
TDTCP!xxx
TDTCP!TdIoctl
termdd!_IcaCallSd
termdd!IcaCallNextDriver
```
pdrframe!xxx
pdrframe!PdIoctl
```
termdd!_IcaCallSd
termdd!IcaCallNextDriver
```
pdcrypt1!xxx
pdcrypt1!PdIoctl
```
termdd!_IcaCallSd
termdd!IcaCallNextDriver
```
WDICA!xxx
WDICA!xxx
WDICA!xxx
WDICA!xxx
WDICA!xxx
WDICA!xxx
WDICA!WdIoctl
```
termdd!IcaCallStack
termdd!IcaCallDriver
termdd!IcaDeviceControlChannel
termdd!IcaDeviceControl
termdd!IcaDispatch
```
win32k!GreDeviceIoControl
win32k!EngDeviceIoControl
vdtw30!xxx
vdtw30!xxx
win32k!vMovePointer
win32k!GreMovePointer
win32k!xxxMoveEventAbsolute
win32k!ProcessMouseInput
```
win32k!InputApc
nt!KiDeliverApc
nt!KiSwapThread
```

nt!KeWaitForMultipleObjects
win32k!xxxMsgWaitForMultipleObjects
win32k!xxxDesktopThread
win32k!xxxCreateSystemThreads
win32k!NtUserCallOneParam
nt!KiSystemServiceCopyEnd
nt!KiSwapThread
nt!KeWaitForSingleObject
win32k!EngWaitForSingleObject
vdtw30!xxx
vdtw30!xxx
vdtw30!xxx
vdtw30!DrvTw2SaveScreenBits
win32k!GreSaveScreenBits
win32k!CreateSpb
win32k!zzzChangeStates
win32k!zzzBltValidBits
win32k!xxxEndDeferWindowPosEx
win32k!xxxSetWindowPos
win32k!xxxShowWindow
win32k!NtUserShowWindow
nt!KiSystemService
USER32!NtUserShowWindow
USER32!InternalDialogBox
USER32!DialogBoxIndirectParamAorW
USER32!DialogBoxParamW

그런 후 마이크로소프트 사의 컴포넌트를 시트릭스 사의 것으로 치환했다.

- 비디오 디스플레이를 vdtw30.dll로

- 비디오 미니포트를 icacdd.sys로

- 하드웨어와 HAL을 터미널서비스 스택 컴포넌트(마이크로소프트 termdd.sys, 시트릭스 wdica.sys 등)로

640 • 9장

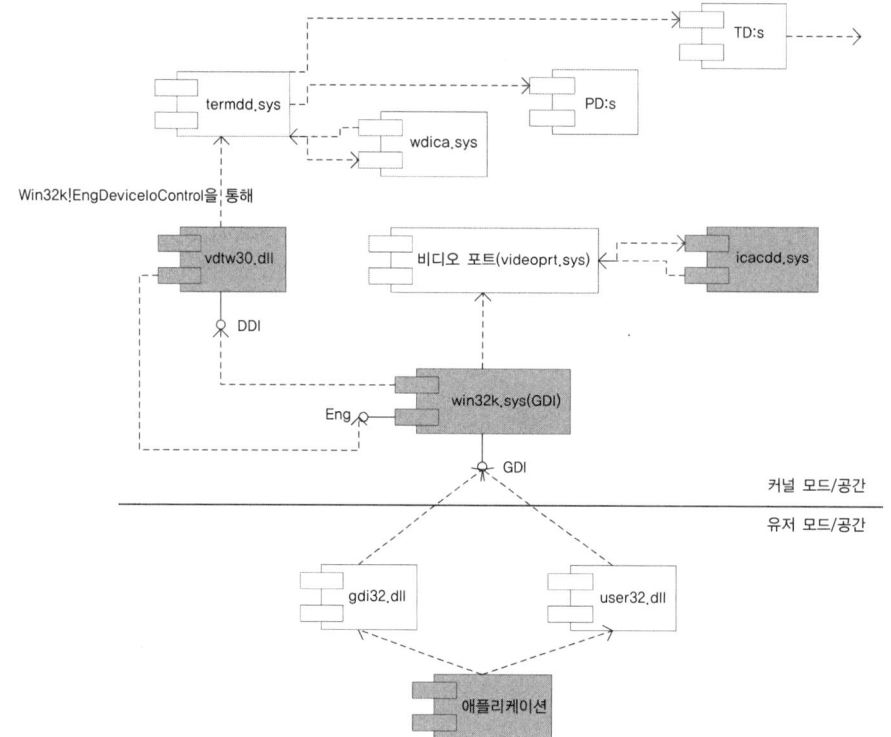

10 보안

메모리 시각화

이 보안 경고는 Dump2Wave와 Dump2Picture, WinDbg 스크립트로 생성한 소리 파일이나 그림과 관계가 있다.

이들 도구는 컴퓨터 메모리 데이터를 조작하지 않는다. 그리고 그 결과로 수정되지 않은 WAV와 BMP 파일을 출력한다. 생성된 파일을 인터넷에 공개하지 않는 게 좋다. 공개하면 개인적이거나 민감한 데이터를 노출하게 될지도 모른다.

MP3나 JPEG 같은 손실 압축을 사용하면 모든 컴퓨터 메모리 컨텐츠 원본은 훼손되고 다시 복구할 수 없다.

그러므로 Dump2Picture를 사용해 현대 미술품을 만들거나 전기적electronically으로 배포하길 바란다면 반드시 JPEG 등으로 변환하라.

WinDbg는 개인 정보 친화적

WinDbg는 .dump 명령에 민감할 가능성이 있는 유저 데이터를 삭제하는 두 가지 옵션을 제공한다(WinDbg 도움말로부터 발췌).

- r 스택을 재구성함에 있어 유용하지 않은 스택의 일부분과 저장된 메모리를 삭제한다. 지역변수와 다른 데이터 타입 값도 삭제한다. 이 옵션은 미니덤프를 좀 더 작게 만들지는 않는다(해당 영역을 단순히 0으로 채운다). 그러나 다른 애플리케이션의 프라이버시 보호에 유용하다.
- R 미니덤프에서 전체 모듈 경로를 삭제하고 모듈 이름만 남긴다. 이것은 사용자 디렉토리 구조상의 프라이버시 보호에 유용하다.

그러므로 CDB나 WinDbg를 기본 포스트모템 디버거로 설정하면 프로세스의 데이터가 포함지 않게 예방할 수 있다. 스택 트레이스 재구성에 사용되는 프레임 데이터 포인터와 리턴 주소를 제외한 대부분의 스택이 0으로 채워진다. 패스워드 같은 문자열 상수는 제거된다. 내 윈도우 x64 서버 2003에 CDB를 다음과 같이 기본 포스트모템 디버거로 설정하고 다음의 테스트를 수행했다.

```
HKEY_LOCAL_MACHINE\SOFTWARE\Wow6432Node\Microsoft\Windows NT\CurrentVersion\AeDebug
Debugger="C:\Program Files (x86)\Debugging Tools for Windows\cdb.exe" -p %ld -e %ld -g -c ".dump /o /mrR /u c:\temp\safedump.dmp; q"
```

TestDefaultDebugger에서 다음의 스택 트레이스를 얻었다. 명료하게 보이게 모듈 이름과 함수 옵셋은 삭제했다.

```
0:000> kvL 100
ChildEBP RetAddr Args to Child
002df868 00403263 00425ae8 00000000 002df8a8 OnBnClickedButton1
002df878 00403470 002dfe90 00000000 00000000 _AfxDispatchCmdMsg
002df8a8 00402a27 00000000 00000000 00000000 OnCmdMsg
002df8cc 00408e69 00000000 00000000 00000000 OnCmdMsg
002df91c 004098d9 00000000 00580a9e 00000000 OnCommand
002df9b8 00406258 00000000 00000000 00580a9e OnWndMsg
002df9d8 0040836d 00000000 00000000 00580a9e WindowProc
002dfa40 004083f4 00000000 00000000 00000000 AfxCallWndProc
002dfa60 7d9472d8 00000000 00000000 00000000 AfxWndProc
002dfa8c 7d9475c3 004083c0 00000000 00000000 InternalCallWinProc
002dfb04 7d948626 00000000 004083c0 00000000 UserCallWinProcCheckWow
002dfb48 7d94868d 00000000 00000000 00000000 SendMessageWorker
002dfb6c 7dbf87b3 00000000 00000000 00000000 SendMessageW
002dfb8c 7dbf8895 00000000 00000000 00000000 Button_NotifyParent
002dfba8 7dbfab9a 00000000 00000000 002dfcb0 Button_ReleaseCapture
002dfc38 7d9472d8 00580a9e 00000000 00000000 Button_WndProc
002dfc64 7d9475c3 7dbfa313 00580a9e 00000000 InternalCallWinProc
002dfcdc 7d9477f6 00000000 7dbfa313 00580a9e UserCallWinProcCheckWow
002dfd54 7d947838 00000000 00000000 002dfd90 DispatchMessageWorker
002dfd64 7d956ca0 00000000 00000000 002dfe90 DispatchMessageW
```

```
002dfd90 0040568b 00000000 00000000 002dfe90 IsDialogMessageW
002dfda0 004065d8 00000000 00402a07 00000000 IsDialogMessageW
002dfda8 00402a07 00000000 00000000 00000000 PreTranslateInput
002dfdb8 00408041 00000000 00000000 002dfe90 PreTranslateMessage
002dfdc8 00403ae3 00000000 00000000 00000000 WalkPreTranslateTree
002dfddc 00403c1e 00000000 00403b29 00000000
AfxInternalPreTranslateMessage
002dfde4 00403b29 00000000 00403c68 00000000 PreTranslateMessage
002dfdec 00403c68 00000000 00000000 002dfe90 AfxPreTranslateMessage
002dfdfc 00407920 00000000 002dfe90 002dfe6c AfxInternalPumpMessage
002dfe20 004030a1 00000000 00000000 0042ec18 CWnd::RunModalLoop
002dfe6c 0040110d 00000000 0042ec18 0042ec18 CDialog::DoModal
002dff18 004206fb 00000000 00000000 00000000 InitInstance
002dff28 0040e852 00400000 00000000 00000000 AfxWinMain
002dffc0 7d4e992a 00000000 00000000 00000000 __tmainCRTStartup
002dfff0 00000000 0040e8bb 00000000 00000000 BaseProcessStart
```

대부분의 인자가 0임을 알 수 있다. 이 인자들은 유효한 데이터를 가리키지도 않고 함수 리턴 주소와 프레임 포인터에 대응되지도 않는다. 이는 로 스택 데이터raw stack data에서도 마찬가지다.

```
0:000> dds esp
002df86c   00403263 TestDefaultDebugger!_AfxDispatchCmdMsg+0x43
002df870   00425ae8
TestDefaultDebugger!CTestDefaultDebuggerApp::`vftable'+0x154
002df874   00000000
002df878   002df8a8
002df87c   00403470 TestDefaultDebugger!CCmdTarget::OnCmdMsg+0x118
002df880   002dfe90
002df884   00000000
002df888   00000000
002df88c   004014f0
TestDefaultDebugger!CTestDefaultDebuggerDlg::OnBnClickedButton1
002df890   00000000
002df894   00000000
002df898   00000000
002df89c   002dfe90
002df8a0   00000000
```

```
002df8a4  00000000
002df8a8  002df8cc
002df8ac  00402a27 TestDefaultDebugger!CDialog::OnCmdMsg+0x1b
002df8b0  00000000
002df8b4  00000000
002df8b8  00000000
002df8bc  00000000
002df8c0  00000000
002df8c4  002dfe90
002df8c8  00000000
002df8cc  002df91c
002df8d0  00408e69 TestDefaultDebugger!CWnd::OnCommand+0x90
002df8d4  00000000
002df8d8  00000000
002df8dc  00000000
002df8e0  00000000
002df8e4  002dfe90
002df8e8  002dfe90
```

정상적인 풀 덤프나 /m 옵션으로 저장된 미니덤프와 비교해볼 수 있다. 다음에서 굵게 표시된 부분이 /mr 옵션에 의해 0으로 채워진 데이터다(명료하게 보이게 모듈 이름과 함수 옵셋을 삭제했다).

```
0:000> kvL 100
ChildEBP RetAddr  Args to Child
002df868 00403263 00425ae8 00000111 002df8a8 OnBnClickedButton1
002df878 00403470 002dfe90 000003e8 00000000 _AfxDispatchCmdMsg
002df8a8 00402a27 000003e8 00000000 00000000 OnCmdMsg
002df8cc 00408e69 000003e8 00000000 00000000 OnCmdMsg
002df91c 004098d9 00000000 00271876 d5b6c7f7 OnCommand
002df9b8 00406258 00000111 000003e8 00271876 OnWndMsg
002df9d8 0040836d 00000111 000003e8 00271876 WindowProc
002dfa40 004083f4 00000000 00561878 00000111 AfxCallWndProc
002dfa60 7d9472d8 00561878 00000111 000003e8 AfxWndProc
002dfa8c 7d9475c3 004083c0 00561878 00000111 InternalCallWinProc
002dfb04 7d948626 00000000 004083c0 00561878 UserCallWinProcCheckWow
002dfb48 7d94868d 00aec860 00000000 00000111 SendMessageWorker
002dfb6c 7dbf87b3 00561878 00000111 000003e8 SendMessageW
```

```
002dfb8c 7dbf8895 002ec9e0 00000000 0023002c Button_NotifyParent
002dfba8 7dbfab9a 002ec9e0 00000001 002dfcb0 Button_ReleaseCapture
002dfc38 7d9472d8 00271876 00000202 00000000 Button_WndProc
002dfc64 7d9475c3 7dbfa313 00271876 00000202 InternalCallWinProc
002dfcdc 7d9477f6 00000000 7dbfa313 00271876 UserCallWinProcCheckWow
002dfd54 7d947838 002e77f8 00000000 002dfd90 DispatchMessageWorker
002dfd64 7d956ca0 002e77f8 00000000 002dfe90 DispatchMessageW
002dfd90 0040568b 00561878 00000000 002dfe90 IsDialogMessageW
002dfda0 004065d8 002e77f8 00402a07 002e77f8 IsDialogMessageW
002dfda8 00402a07 002e77f8 002e77f8 00561878 PreTranslateInput
002dfdb8 00408041 002e77f8 002e77f8 002dfe90 PreTranslateMessage
002dfdc8 00403ae3 00561878 002e77f8 002e77f8 WalkPreTranslateTree
002dfddc 00403c1e 002e77f8 00403b29 002e77f8
AfxInternalPreTranslateMessage
002dfde4 00403b29 002e77f8 00403c68 002e77f8 PreTranslateMessage
002dfdec 00403c68 002e77f8 00000000 002dfe90 AfxPreTranslateMessage
002dfdfc 00407920 00000004 002dfe90 002dfe6c AfxInternalPumpMessage
002dfe20 004030a1 00000004 d5b6c023 0042ec18 RunModalLoop
002dfe6c 0040110d d5b6c037 0042ec18 0042ec18 DoModal
002dff18 004206fb 00000ece 00000002 00000001 InitInstance
002dff28 0040e852 00400000 00000000 001d083e AfxWinMain
002dffc0 7d4e992a 00000000 00000000 7efdf000 __tmainCRTStartup
002dfff0 00000000 0040e8bb 00000000 000000c8 BaseProcessStart

0:000> dds esp
002df86c 00403263 TestDefaultDebugger!_AfxDispatchCmdMsg+0x43
002df870 00425ae8
TestDefaultDebugger!CTestDefaultDebuggerApp::`vftable'+0x154
002df874 00000111
002df878 002df8a8
002df87c 00403470 TestDefaultDebugger!CCmdTarget::OnCmdMsg+0x118
002df880 002dfe90
002df884 000003e8
002df888 00000000
002df88c 004014f0
TestDefaultDebugger!CTestDefaultDebuggerDlg::OnBnClickedButton1
002df890 00000000
002df894 00000038
002df898 00000000
```

```
002df89c 002dfe90
002df8a0 000003e8
002df8a4 00000000
002df8a8 002df8cc
002df8ac 00402a27 TestDefaultDebugger!CDialog::OnCmdMsg+0x1b
002df8b0 000003e8
002df8b4 00000000
002df8b8 00000000
002df8bc 00000000
002df8c0 000003e8
002df8c4 002dfe90
002df8c8 00000000
002df8cc 002df91c
002df8d0 00408e69 TestDefaultDebugger!CWnd::OnCommand+0x90
002df8d4 000003e8
002df8d8 00000000
002df8dc 00000000
002df8e0 00000000
002df8e4 002dfe90
002df8e8 002dfe90
```

크래시 덤프와 보안

은행이나 민감한 정보를 다루는 회사에서 일한다고 가정해보자. 분석을 위해 크래시 덤프를 외부로 보내는 것이 안전할까? 준익명semi-anonymous의 한 사람이 크래시 덤프 분석 포럼에 질문을 했다. 크래시 덤프와 커널 레벨 개발 경험에 따른 내 대답은 다음과 같다.

> 신용 카드 거래 소프트웨어의 디자인과 아키텍처, 제어판에서 어떤 종류의 메모리 덤프가 설정됐는지에 따라 다르다(제어판\시스템\고급\시작 및 복구 애플릿: 스몰이나 커널, 컴플리트).
>
> 소프트웨어는 보통 TCP/IP 스택이나 다른 네트워크 프로토콜로 내려 보내기 전에 암호화한다. 신용카드 거래 소프트웨어가 커널 공간 암호화 드라이버를 갖고 있지 않고 데이터를 커널로 보내거나 KSECDD나 LPC/RPC를 통해

서 LSASS 같은 유저 공간 컴포넌트와 통신하는 마이크로소프트나 타사 암호화 API에도 의존하지 않는다면 커널 메모리 덤프에 암호화되지 않은 데이터는 없을 것이라 가정해도 좋을 것이다. 암호화가 유저 공간에서 완전히 완료된다면 스몰 메모리 덤프와 커널 메모리 덤프엔 단지 암호화된 조각만 존재하게 된다. 반대로 암호화 전이나 복호화 후나 보안 프로토콜이 처리되고 있을 때 BSOD가 발생할 가능성을 생각해볼 수 있다. BSOD가 커널 모드에서 민감한 정보를 다루는 스레드에서 발생했다면 오히려 스몰 메모리 덤프에서 노출이 발생할 수 있다.

소프트웨어가 신용 데이터를 어떤 매체에 저장할 때도 동일하게 적용된다. 암호화된 데이터만 저장하고 커널로의 어떤 천이(transition)없이 완전히 유저 모드에서 복호화한다면 커널 메모리 덤프를 활성화해도 안전하다.

완벽한 보안이 목표라면 스몰 메모리 덤프(64Kb)라도 허용돼서는 안 된다. 그러나 스몰 메모리 덤프를 보내는 것에서 실제로 발생 가능한 수준은 신용카드 번호나 비밀번호 한 개를 노출하는 정도보다 크지 않다.

제어판에서 컴플리트 메모리 덤프를 활성화하는 것은 어떤 대가를 치르더라도 피해야 한다. 이 경우엔 모든 신용카드 거래 소프트웨어 코드와 파일 시스템 캐시를 포함한 모든 데이터가 노출된다.

컴플리트 메모리 덤프와는 반대로 커널 메모리 덤프는 많은 데이터를 갖지 않는다. 충돌 시점에 중요 데이터의 일부가 통신 중이였더라도 그렇다.

흥미가 있다면 다음 링크에서 토론에 참가할 수 있다. 또는 WinDbg에서의 솔루션을 살펴보자.

http://www.dumpanalysis.org/forum/viewtopic.php?t=56

11 크래시 덤프의 근원

JIT 서비스 디버깅

네트워크 서비스 계정(비스타 이전에)으로 서비스가 실행되고 있을 때 충돌이 발생하면 NTSD를 사용해 덤프를 얻을 수 있다. 최신 Debugging Tools for Windows에 포함돼 있으며 다음 링크의 설명처럼 -noio 스위치를 지정해 사용할 수 있다.

닥터 왓슨Dr. Watson보다 좋은 NTSD
http://www.debuginfo.com/articles/ntsdwatson.html

제조설비에 Debugging Tools for Windows를 설치하고 싶지 않다면 최신의 ntsd.exe와 dbghelp.dll, dbgeng.dll을 임의의 폴더에 복사해 쓰면 된다.
64비트 JIT 디버깅을 위해 다음과 같이 AeDebug 키를 설정할 수 있다.

```
C:\ntsd\ntsd -p %ld -e %ld -g -noio -c ".dump /ma /u c:\TEMP\new.dmp; q"
```

설정이 올바르게 됐는지 TestDefaultDebugger 툴로 확인해본다.

비스타에서의 지역 크래시 덤프

마이크로소프트 사가 포스트모텀 분석을 위해 로컬에서 풀 유저 덤프를 저장하는 것을 돕기로 한 것 같다. MSDN에 따르면 비스타 SP1과 윈도우 서버 2008부터 LocalDumps 레지스트리 키를 사용해 이를 처리할 수 있다.

http://msdn2.microsoft.com/en-us/library/bb787181.aspx

다음은 위 링크의 글 중 일부다.

> […] 애플리케이션의 종료에 앞서 시스템은 지역 덤프를 수집할 것인지 아닌지 결정하기 위해 레지스트리 설정을 확인할 것이다. 레지스트리 설정은 미니 덤프 대신 풀 덤프를 수집할 것인지 조정한다. 사용자 정의 플래그 지정은 어떤 정보를 덤프로 수집할 것인지 결정한다. […] WER이 비활성화돼 있어도 지역 덤프 수집을 사용할 수 있다. 지역 덤프는 유저가 어떤 시점에 WER 보고를 취소하더라도 수집된다. […]

내가 이해하기론 AeDebug 레지스트리 키를 통한 기본 포스트모텀 디버거 설정과는 무관하다. 이것이 동작한다면 제조설비에서 풀 유저 덤프를 수집하는 것이 좀 더 간편해질 수도 있다. 포스트모텀 디버거를 설정하려고 Debugging Tools for Windows를 설치할 필요가 없기 때문이다.

COM+ 크래시 덤프

COM+ 컴포넌트에 문제가 있다면 제어판에서 크래시 덤프를 저장하게 컴포넌트 서비스를 설정할 수 있다.

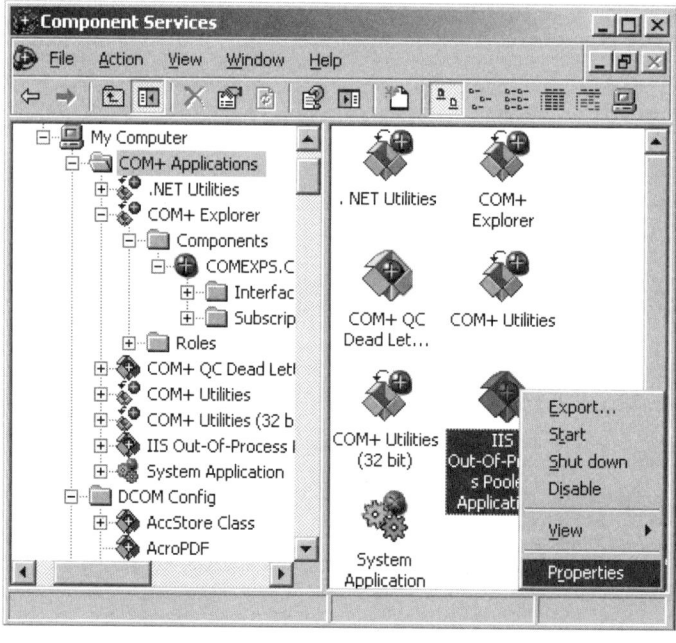

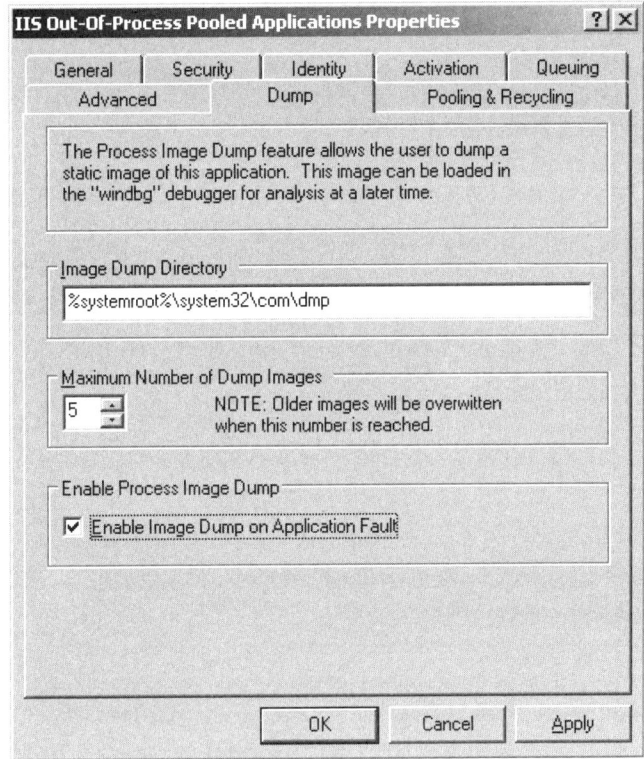

자세한 내용은 다음 링크의 글을 참조하자.

http://msdn.microsoft.com/msdnmag/issues/01/08/ComXP/

오류가 발생한 COM+ 애플리케이션이 에러 대화상자를 나타내고 있을 때 크래시 덤프를 저장하는 데 userdump.exe를 사용하길 원한다면 다음 링크의 글이 도움이 될 수 있다.

http://support.microsoft.com/kb/287643

특정 타임아웃 값 이후에 크래시 덤프가 자동으로 수집되기 원한다면 다음 링크의 글을 참조하라:

http://support.microsoft.com/kb/910904/

다음 링크의 글은 저장된 프로세스 덤프에서 스택 트레이스를 얻는 방법을 자세히 설명한다.

http://support.microsoft.com/kb/317317

다음 링크의 글은 COM+가 애플리케이션 오류를 어떻게 처리하는지 설명한다.

오류 격리Fault Isolation와 페일패스트Failfast 정책
http://msdn2.microsoft.com/en-us/library/ms679253.aspx

지금부터 COM+ 애플리케이션이 접근 위반이 아닌 다른 에러 코드에 의해 종료될 때 이벤트 로그에 기록된 에러 메시지를 얻는 방법을 살펴본다. COM+ 프로세스에서 크래시 덤프를 얻었다면 모든 스레드를 살펴보고 comsvcs.dll를 실행 중인 것 하나를 찾을 필요가 있다(명료하게 보이게 작은 폰트를 사용했다).

```
0:000> ~*kL
...
...
...
6 Id: 8d4.1254 Suspend: 0 Teb: 7ffd9000 Unfrozen
ChildEBP RetAddr Args to Child
0072ee30 7c822124 77e6baa8 00000394 00000000 ntdll!KiFastSystemCallRet
0072ee34 77e6baa8 00000394 00000000 00000000 ntdll!NtWaitForSingleObject+0xc
0072eea4 77e6ba12 00000394 ffffffff 00000000 kernel32!WaitForSingleObjectEx+0xac
0072eeb8 75c2b250 00000394 ffffffff 0072f640 kernel32!WaitForSingleObject+0x12
0072f340 75c2bb91 75b8e7fc 75b8e810 000008d4 comsvcs!FF_RunCmd+0xa2
0072f60c 75c2bc76 0072f640 75c6c5c0 0072fe44 comsvcs!FF_DumpProcess_MD+0x21a
0072f850 75c2be83 00000000 77ce21ce 0bd5f0f0 comsvcs!FF_DumpProcess+0x39
0072fdc0 75c2c351 75c6c5c0 75b8b008 00000142 comsvcs!FailFastStr+0x2ce
0072fe20 75bf31fa 0072fe44 75b8b008 00000142 comsvcs!CError::WriteToLog+0x198
0072fe8c 75bf3d48 0bcf5d0c 00000000 0bcf5cf8
comsvcs!CSurrogateServices::FireApplicationLaunch+0x13b
0072fee0 75bf3e19 75bf3e01 0072ff44 7c81a3c5
comsvcs!CApplication::AsyncApplicationLaunch+0x101
0072feec 7c81a3c5 0bcf5cf8 7c889880 0bcf5d50 comsvcs!CApplication::AppLaunchThreadProc+0x18
0072ff44 7c8200fc 75bf3e01 0bcf5cf8 00000000 ntdll!RtlpWorkerCallout+0x71
0072ff64 7c81a3fa 00000000 0bcf5cf8 0bcf5d50 ntdll!RtlpExecuteWorkerRequest+0x4f
0072ff78 7c82017f 7c8200bb 00000000 0bcf5cf8 ntdll!RtlpApcCallout+0x11
0072ffb8 77e66063 00000000 00000000 00000000 ntdll!RtlpWorkerThread+0x61
0072ffec 00000000 7c83ad38 00000000 00000000 kernel32!BaseThreadStart+0x34
...
...
...
```

FF_DumpProcess 함수는 프로세스가 덤프되고 있음을 나타낸다. 스택에 ComSvcsExceptionFilter가 없다. 그러나 FailFastStr 함수 인자를 살펴보면

에러 메시지를 얻을 수 있다.

```
0:000> du 75c6c5c0 75c6c5c0+400
75c6c5c0  "{646F1874-46B6-4149-BD55-8C317FB"
75c6c600  "71CC0}....Server Application ID:"
75c6c640  " {646F1874-46B6-4149-BD55-8C317F"
75c6c680  "B71CC0}..Server Application Inst"
75c6c6c0  "ance ID:..{7A39BC48-78DA-4FBB-A7"
75c6c700  "46-EEA7E42CDAC7}..Server Applica"
75c6c740  "tion Name: My Server"
75c6c780  "..The serious nature of this err"
75c6c7c0  "or has caused the process to ter"
75c6c800  "minate...Error Code = 0×80131600"
75c6c840  " : ..COM+ Services Internals Inf"
75c6c880  "ormation:..File: d:\nt\com\compl"
75c6c8c0  "us\src\comsvcs\srgtapi\csrgtserv"
75c6c900  ".cpp, Line: 322..Comsvcs.dll fil"
75c6c940  "e version: ENU 2001.12.4720.2517"
75c6c980  " shp"
```

FF_RunCmd 호출 인자를 조사해보면 프로세스를 덤프하는 데 어떤 애플리케이션이 사용됐는지 알 수 있다.

```
ChildEBP RetAddr Args to Child
0072f340 75c2bb91 75b8e7fc 75b8e810 000008d4
comsvcs!FF_RunCmd+0xa2

0:000> du 75b8e7fc
75b8e7fc  "%s %d %s"

0:000> du 75b8e810
75b8e810  "RunDll32 comsvcs.dll,MiniDump"
```

첫 번째 인자는 포맷 스트링이고, 두 번째 인자는 프로세스 덤퍼를 위한 커맨드 라인이고, 세 번째 인자는 PID, 네 번째 인자는 저장할 덤프 파일 이름이라 추측할 수 있다. 로 스택raw stack에서 다시 한번 체크할 수 있다.

```
ChildEBP RetAddr Args to Child
0072f340 75c2bb91 75b8e7fc 75b8e810 000008d4
comsvcs!FF_RunCmd+0xa2

0:000> dd 0072f340
0072f340 0072f60c 75c2bb91 75b8e7fc 75b8e810
       ; saved EBP, return EIP, 1st param, 2nd param
0072f350 000008d4 0072f640 0072f84a 00000000
       ; 3rd param, 4th param

0:000> du 0072f640
0072f640  "C:\WINDOWS\system32\com\dmp\{646"
0072f680  "F1874-46B6-4149-BD55-8C317FB71CC"
0072f6c0  "0}_2007_07_16_12_05_08.dmp"
```

실제로 로 스택에서 CreateProcess 호출 시 전달한 포맷된 명령을 찾을 수 있다.

```
0:006> du 0072ef2c
0072ef2c  "RunDll32 comsvcs.dll,MiniDump 22"
0072ef6c  "60 C:\WINDOWS\system32\com\dmp\{"
0072efac  "646F1874-46B6-4149-BD55-8C317FB7"
0072efec  "1CC0}_2007_07_16_12_05_08.dmp"
```

userdump.exe에 대한 마이크로소프트 사의 기사 정정

프로세스 덤프를 저장하는 데 userdump.exe를 사용하는 방법에 대해 마이크로소프트 사와 시트릭스 사의 고객 간에 많은 혼란이 있다. 마이크로소프트 사는 다음 제목으로 이 툴의 사용법에 대한 글을 배포했다.

덤프 파일을 생성하기 위해 userdump.exe를 사용하는 방법:
http://support.microsoft.com/kb/241215/

불행히도 글에서 언급된 모든 시나리오는 다음과 같이 시작한다.

1. 프로세서에 맞는 setup.exe 프로그램을 실행한다.

다음과 같은 내용도 쓰여 있다.

<...> 명령 프롬프트에서 프로세서에 맞는 버전의 userdump.exe로 이동한다.

여기서 링크의 글을 수정해보자. Setup.exe를 실행할 필요는 없다. 단지 userdump.exe와 dbghelp.dll을 복사하기만 하면 된다. dll을 복사하는 것이 중요한데, system32 폴더의 것이 userdump.exe보다 오래된 것이라면 userdump.exe가 실행되지 않을 것이기 때문이다.

```
C:\kktools\userdump8.1\x64>userdump.exe

!!!!!!!!!! Error !!!!!!!!!!
Unsupported DbgHelp.dll version.
Path     : C:\W2K3\system32\DbgHelp.dll
Version  : 5.2.3790.1830

C:\kktools\userdump8.1\x64>
```

Setup.exe를 실행하고 Exception Monitor에서 디폴트 규칙을 설정한 대부분의 고객은 상당한 양의 거짓 양성 덤프false positive dump를 만들어낸다. 수동으로 프로세스를 덤프할 것이라면 자동으로 메모리 덤프를 만들어내거나 덤프 파일의 개수를 줄이기 위해 Exception Monitor을 세세하게 설정할 필요가 없다.

> **참고** 프로그램에 예외가 있다는 에러 대화상자가 나타났다면 작업 관리자에서 프로세스를 찾고 수동으로 프로세스 덤프를 저장하는 데 userdump.exe를 사용할 수 있다. 그리고 나서 덤프에서 에러를 찾아볼 수 있다. 그러므로 기본 포스트모템 디버거가 레지스트리에 설정돼 있지 않았더라도 포스트모템 덤프 분석을 위해 메모리 덤프를 얻을 수 있다.

다음 예제를 살펴보자. 다음과 같이 포스트모템 디버거를 제거했다.

```
HKEY_LOCAL_MACHINE\SOFTWARE\Microsoft\Windows NT\CurrentVersion\AeDebug
Debugger=
```

TestDefaultDebugger 툴을 실행하고 커다란 충돌 버튼을 클릭하면 다음과 같은 대화상자가 나타난다.

앞의 대화상자가 나타났을 때 userdump.exe를 사용해 TestDefaultDebugger 프로세스의 덤프를 수동으로 저장한다.

```
C:\kktools\userdump8.1\x64>userdump.exe 5264 c:\tdd.dmp
User Mode Process Dumper (Version 8.1.2929.4)
Copyright (c) Microsoft Corp. All rights reserved.
Dumping process 5264 (TestDefaultDebugger64.exe) to
c:\tdd.dmp...
The process was dumped successfully.
```

WinDbg에서 열어보면 문제의 스택을 볼 수 있다(명료하게 보이게 작은 폰트를 사용했다).

```
0:000> kn
 # Child-SP          RetAddr           Call Site
00 00000000`0012dab8 00000000`77dbfb3b ntdll!ZwRaiseHardError+0xa
01 00000000`0012dac0 00000000`004148c6 kernel32!UnhandledExceptionFilter+0x6c8
02 00000000`0012e2f0 00000000`004165f6 TestDefaultDebugger64!__tmainCRTStartup$filt$0+0x16
03 00000000`0012e320 00000000`78ee4bdd TestDefaultDebugger64!__C_specific_handler+0xa6
04 00000000`0012e3b0 00000000`78ee685a ntdll!RtlpExecuteHandlerForException+0xd
05 00000000`0012e3e0 00000000`78ef3a5d ntdll!RtlDispatchException+0x1b4
06 00000000`0012ea90 00000000`00401570 ntdll!KiUserExceptionDispatch+0x2d
```

```
07 00000000`0012f028 00000000`00403d4d
TestDefaultDebugger64!CTestDefaultDebuggerDlg::OnBnClickedButton1
08 00000000`0012f030 00000000`00403f75 TestDefaultDebugger64!_AfxDispatchCmdMsg+0xc1
09 00000000`0012f070 00000000`004030cc TestDefaultDebugger64!CCmdTarget::OnCmdMsg+0x169
0a 00000000`0012f0f0 00000000`0040c18d TestDefaultDebugger64!CDialog::OnCmdMsg+0x28
0b 00000000`0012f150 00000000`0040cfbd TestDefaultDebugger64!CWnd::OnCommand+0xc9
0c 00000000`0012f200 00000000`0040818f TestDefaultDebugger64!CWnd::OnWndMsg+0x55
0d 00000000`0012f360 00000000`0040b2e5 TestDefaultDebugger64!CWnd::WindowProc+0x33
0e 00000000`0012f3c0 00000000`0040b3d2 TestDefaultDebugger64!AfxCallWndProc+0xf1
0f 00000000`0012f480 00000000`77c439fc TestDefaultDebugger64!AfxWndProc+0x4e
10 00000000`0012f4e0 00000000`77c432ba user32!UserCallWinProcCheckWow+0x1f9
11 00000000`0012f5b0 00000000`77c4335b user32!SendMessageWorker+0x68c
12 00000000`0012f650 000007ff`7f07c5af user32!SendMessageW+0x9d
13 00000000`0012f6a0 000007ff`7f07eb8e comctl32!Button_ReleaseCapture+0x14f
```

`RtlDispatchException`의 두 번째 인자는 예외 컨텍스트에 대한 포인터다. 따라서 스택 트레이스를 자세하게 덤프해보면 그 포인터를 얻을 수 있고 `.cxr` 명령의 인자로 사용할 수 있다.

```
0:000> kv
Child-SP          RetAddr           : Args to Child
...
...
...
00000000`0012e3e0 00000000`78ef3a5d : 00000000`0040c9ec 00000000`0012ea90
00000000`00000001 00000000`00000111 : ntdll!RtlDispatchException+0x1b4
...
...
...


0:000> .cxr 00000000`0012ea90
rax=0000000000000000 rbx=0000000000000001 rcx=000000000012fd70
rdx=00000000000003e8 rsi=000000000012fd70 rdi=0000000000432e90
rip=0000000000401570 rsp=000000000012f028 rbp=0000000000000111
 r8=0000000000000000  r9=0000000000401570 r10=0000000000401570
r11=000000000015abb0 r12=0000000000000000 r13=00000000000003e8
r14=0000000000000110 r15=0000000000000001
iopl=0 nv up ei pl zr na po nc
cs=0033 ss=002b ds=002b es=002b fs=0053 gs=002b efl=00010246
```

```
TestDefaultDebugger64!CTestDefaultDebuggerDlg::OnBnClickedButton1:
00000000`00401570 c7042500000000000000000 mov dword ptr [0],0
ds:00000000`00000000=????????
```

프로세스 종료의 원인이 NULL 포인터 역참조임을 알 수 있다. 충돌로 이끈 전체 스택 트레이스를 덤프할 수 있다(명료하게 보이게 작은 폰트를 사용했다).

```
0:000> kn 100
 # Child-SP          RetAddr           Call Site
00 00000000`0012f028 00000000`00403d4d TestDefaultDebugger64!CTestDefaultDebuggerDlg::OnBnClickedButton1
01 00000000`0012f030 00000000`00403f75 TestDefaultDebugger64!_AfxDispatchCmdMsg+0xc1
02 00000000`0012f070 00000000`004030cc TestDefaultDebugger64!CCmdTarget::OnCmdMsg+0x169
03 00000000`0012f0f0 00000000`0040c18d TestDefaultDebugger64!CDialog::OnCmdMsg+0x28
04 00000000`0012f150 00000000`0040cfbd TestDefaultDebugger64!CWnd::OnCommand+0xc9
05 00000000`0012f200 00000000`0040818f TestDefaultDebugger64!CWnd::OnWndMsg+0x55
06 00000000`0012f360 00000000`0040b2e5 TestDefaultDebugger64!CWnd::WindowProc+0x33
07 00000000`0012f3c0 00000000`0040b3d2 TestDefaultDebugger64!AfxCallWndProc+0xf1
08 00000000`0012f480 00000000`77c439fc TestDefaultDebugger64!AfxWndProc+0x4e
09 00000000`0012f4e0 00000000`77c432ba user32!UserCallWinProcCheckWow+0x1f9
0a 00000000`0012f5b0 00000000`77c4335b user32!SendMessageWorker+0x68c
0b 00000000`0012f650 000007ff`7f07c5af user32!SendMessageW+0x9d
0c 00000000`0012f6a0 000007ff`7f07eb8e comctl32!Button_ReleaseCapture+0x14f
0d 00000000`0012f6d0 00000000`77c439fc comctl32!Button_WndProc+0x8ee
0e 00000000`0012f830 00000000`77c43e9c user32!UserCallWinProcCheckWow+0x1f9
0f 00000000`0012f900 00000000`77c3965a user32!DispatchMessageWorker+0x3af
10 00000000`0012f970 00000000`0040706d user32!IsDialogMessageW+0x256
11 00000000`0012fa40 00000000`0040868c TestDefaultDebugger64!CWnd::IsDialogMessageW+0x35
12 00000000`0012fa80 00000000`0040309c TestDefaultDebugger64!CWnd::PreTranslateInput+0x28
13 00000000`0012fab0 00000000`0040ae73 TestDefaultDebugger64!CDialog::PreTranslateMessage+0xc0
14 00000000`0012faf0 00000000`004047fc TestDefaultDebugger64!CWnd::WalkPreTranslateTree+0x33
15 00000000`0012fb30 00000000`00404857 TestDefaultDebugger64!AfxInternalPreTranslateMessage+0x64233]
16 00000000`0012fb70 00000000`00404a17 TestDefaultDebugger64!AfxPreTranslateMessage+0x23
17 00000000`0012fba0 00000000`00404a57 TestDefaultDebugger64!AfxInternalPumpMessage+0x37
18 00000000`0012fbe0 00000000`0040a419 TestDefaultDebugger64!AfxPumpMessage+0x1b
19 00000000`0012fc10 00000000`00403a3a TestDefaultDebugger64!CWnd::RunModalLoop+0xe5
1a 00000000`0012fc90 00000000`00401139 TestDefaultDebugger64!CDialog::DoModal+0x1ce
1b 00000000`0012fd40 00000000`0042bbbd TestDefaultDebugger64!CTestDefaultDebuggerApp::InitInstance+0xe9
1c 00000000`0012fe70 00000000`00414848 TestDefaultDebugger64!AfxWinMain+0x69
```

```
1d 00000000`0012fed0 00000000`77d5966c TestDefaultDebugger64!__tmainCRTStartup+0x258
1e 00000000`0012ff80 00000000`00000000 kernel32!BaseProcessStart+0x29
```

어떤 에러 메시지 대화상자가 나타나더라도 같은 방법을 사용해 프로세스를 덤프할 수 있다. 예를 들면 닷넷 애플리케이션이 닷넷 예외 메시지 대화상자를 나타내거나 네이티브 애플리케이션이 런타임 에러 대화상자를 나타내는 경우에도 동일하다.

어디서 발생한 크래시 덤프인가?

고객이 어제 보내준 수정본이 동작하지 않는다고 항의하면 덤프에서 컴퓨터 이름을 확인해볼 수 있다. 보낸 수정본이 모든 컴퓨터에 설치되지 않는 경우일 수도 있다. 덤프 유형별로 간단히 요약하면 다음과 같다.

1. **컴플리트/커널 메모리 덤프**   dS srv!srvcomputername

```
1: kd> dS srv!srvcomputername
e17c9078  "COMPUTER-NAME"
```

2. **유저 덤프**   !peb와 출력 결과의 환경 변수 내에서 검색

```
0:000> !peb
PEB at 7ffde000
...
...
...
Environment: 0x10000
...
0:000> s-su 0x10000 0x20000
...
...
000123b2  "COMPUTERNAME=COMPUTER-NAME"
...
...
```

앞의 ds 명령은 주소를 UNICODE_STRING 구조체의 포인터로 해석해 유니코드 문자열을 나타내므로 윈도우 커널 공간에서 널리 사용한다.

```
1: kd> dt _UNICODE_STRING
+0x000 Length : Uint2B
+0x002 MaximumLength : Uint2B
+0x004 Buffer : Ptr32 Uint2B
```

DDK에는 다음과 같은 정의돼 있다.

```
typedef struct _UNICODE_STRING {
    USHORT Length;
    USHORT MaximumLength;
    PWSTR Buffer;
} UNICODE_STRING *PUNICODE_STRING;
```

dd 이름을 지정해보자.

```
1: kd> dd srv!srvcomputername l2
f5e8d1a0 0022001a e17c9078
```

주소를 이끄는 짧은 정수의 조합은 보통 UNICODE_STRING이 있음을 의미한다.

```
1: kd> du e17c9078
e17c9078 "COMPUTER-NAME "
```

dt 명령으로 더블 체크할 수 있다.

```
1: kd> dt _UNICODE_STRING f5e8d1a0
"COMPUTER-NAME"
+0x000 Length : 0x1a
+0x002 MaximumLength : 0x22
+0x004 Buffer : 0xe17c9078 "COMPUTER-NAME"
```

비스타의 사용자 정의 포스트모템 디버거

새로운 비스타 설치본에선 drwtsn32.exe나 NTSD가 필요 없다.

그럼에도 불구하고 어떤 애플리케이션은 포스트모템 디버거가 하듯이 PID로 프로세스에 붙일 수 있고 메모리 상태를 덤프 파일로 저장할 수 있다. 확실한 첫 번째 후보는 레지스트리를 스스로 적절히 설정할 수 있는 userdump.exe다. userdump.exe의 최신 버전을 갖고 있다면 앞의 두 단계를 건너뛸 수 있다.

1. 마이크로소프트 사 홈페이지에서 최신의 유저 모드 프로세스 덤퍼User Mode Process Dumper를 다운로드한다. 이 글을 쓰는 시점에선 버전 8.1이다.

2. 다운받은 실행 파일을 실행한다. 압축 해제 프롬프트가 나타난다. 현재 버전은 디폴트로 c:\kktools\userdump8.1 압축을 푼다. setup를 실행하지 않는다. 여기에선 필요 없다.

3. System32 폴더에 kktools 폴더를 생성한다.

4. Userdump가 덤프 파일을 저장할 폴더를 생성한다. 나는 c:\UserDumps로 했다.

5. 3단계에서 생성한 system32\kktools 폴더로 윈도우 버전에 따라 x86이나 x64 폴더에서 dbghelp.exe와 userdump.exe를 복사한다.

6. 권한 상승된 명령 프롬프트를 실행하고 다음 명령을 입력한다.

```
C:\Windows\System32\kktools>userdump -I -d c:\UserDumps
User Mode Process Dumper (Version 8.1.2929.5)
Copyright (c) Microsoft Corp. All rights reserved.
Userdump set up Aedebug registry key.
```

7. 다음 레지스트리 키를 확인한다.

```
HKEY_LOCAL_MACHINE\SOFTWARE\Microsoft\Windows NT\CurrentVersion\AeDebug
Debugger=C:\Windows\system32\kktools\userdump -E %ld %ld -D c:\UserDumps\
Auto=0
```

충돌이 발생할 때마다 다음 대화상자를 보길 원하면 Auto 값을 1로 설정할 수 있다.

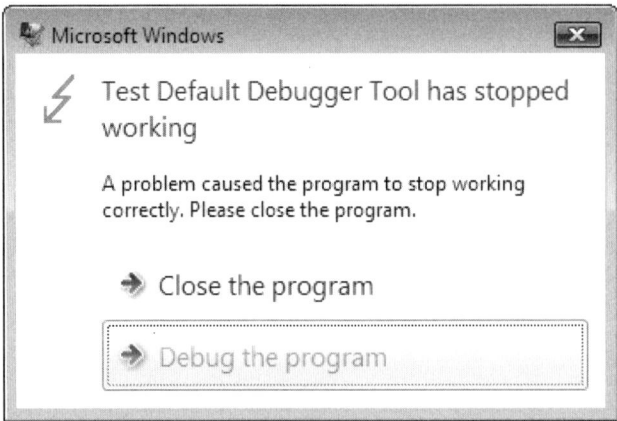

8. TestDefaultDebugger로 새로운 설정을 테스트한다.

9. 충돌이 발생하면 userdump.exe는 덤프 파일이 저장되는 동안 다음과 같은 윈도우를 나타낸다.

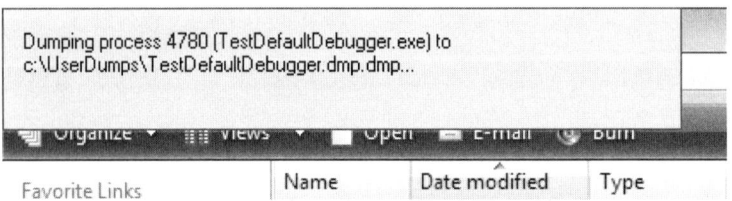

물론 다른 윈도우 플랫폼에서도 userdump.exe를 포스트모템 디버거로 설정할 수 있다. userdump.exe의 문제는 이전의 프로세스 덤프 파일을 덮어쓴다는 점이다. TestDefaultDebugger.dmp처럼 모듈 이름을 덤프 파일 이름으로 사용하기 때문이다. 따라서 같은 애플리케이션에 대해 다중 충돌이 있다면 다른 이름으로 변경해 덤프 파일을 저장해야 한다.

userdump.exe 대신 다른 프로그램을 설정할 수 있다. 그 중 하나는 WinDbg다. WinDbg에 대한 유용한 글이 있다(http://support.citrix.com/article/CTX107528). 따라서 비스타에서 테스트해본 레지스트리 키 외에는 여기서 반복하진 않겠다.

```
HKEY_LOCAL_MACHINE\SOFTWARE\Microsoft\Windows NT\CurrentVersion\AeDebug
Debugger="C:\Program Files\Debugging Tools for Windows\windbg.exe" -p %ld -e
%ld -g -c '.dump /o /ma /u c:\UserDumps\new.dmp; q' -Q -QS -QY -QSY
```

마지막으로 Debugging Tools for Windows의 커맨드라인 CDB 유저 모드 디버거를 사용할 수 있다. 다음은 해당하는 레지스트리 키다.

```
HKEY_LOCAL_MACHINE\SOFTWARE\Microsoft\Windows NT\CurrentVersion\AeDebug
Debugger="C:\Program Files\Debugging Tools for Windows\cdb.exe" -p %ld -e
%ld -g -c ".dump /o /ma /u c:\UserDumps\new.dmp; q"
```

충돌이 발생하면 cdb.exe가 실행되고 다음과 같은 콘솔 윈도우가 나타난다.

CDB나 WinDbg의 이점은 -c 명령 옵션에서 q를 제거하고 추가적인 프로세스 조사를 위해 디버거 윈도우를 남겨둘 수 있다는 점이다.

비스타에서 닥터 왓슨의 부활

비스타 이전 시절의 향수를 느끼기 위해 내 윈도우 XP를 비스타로 업그레이드하기 전에 닥터 왓슨Dr. Watson(drwtsn32.exe)의 사본을 따로 저장해뒀다. 물론 업그레이드가 진행되는 동안 drwtsn32.exe는 system32 폴더에서 제거됐다. 그러고 나서 다시 원위치에 복사하고 권한 상승된 명령 프롬프트에서 디폴트 포스트모텀 디버거로 설정했다.

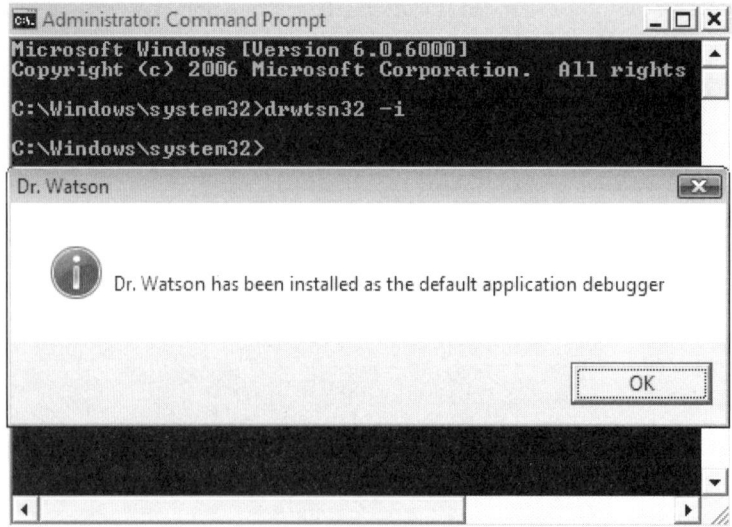

레지스트리를 살펴봤을 때 키 값이 올바르게 설정된 것을 발견했다.

```
HKEY_LOCAL_MACHINE\SOFTWARE\Microsoft\Windows NT\CurrentVersion\AeDebug
Debugger=drwtsn32 -p %ld -e %ld -g
Auto=1
```

Auto=1은 에러 대화상자를 나타내지 않고 진행해 프로세스를 덤프한다는 의미다. 사실 Auto=0으로 설정하면 닥터 왓슨은 내 비스타에서 동작하지 않는다.

또 같은 권한 상승된 명령 프롬프트에서 실행 중인 drwtsn32.exe로 c:\DrWatson에 로그와 풀 유저 덤프를 저장하도록 설정했다.

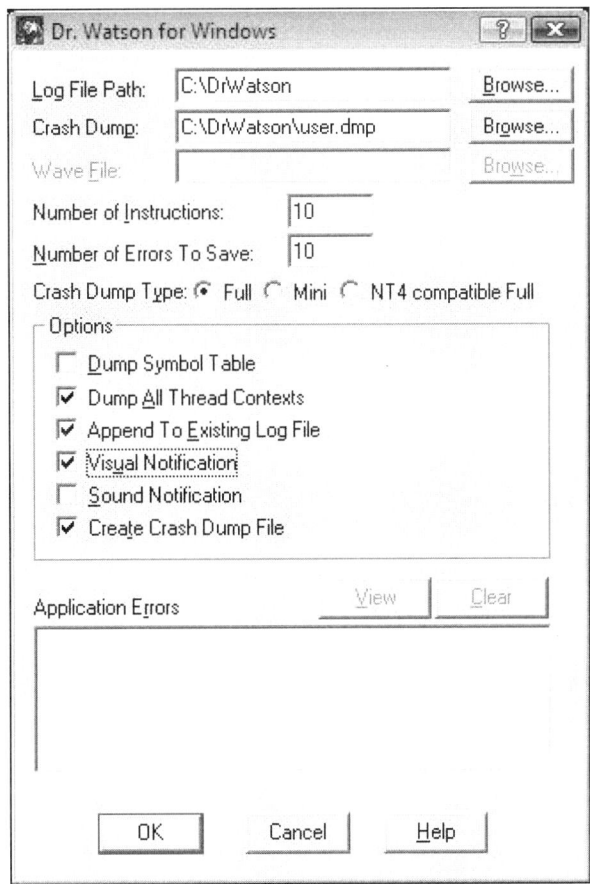

그 후 TestDefaultDebugger를 실행하고 커다란 크래시 버튼을 클릭했다. 접근 위반이 발생했고 친숙한 '프로그램 에러' 대화상자가 나타났다.

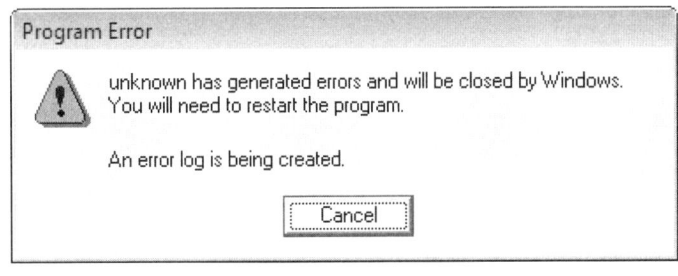

로그가 생성됐고 지정된 폴더에 유저 덤프가 저장됐다. 모든 이어지는 충돌에 로그가 추가됐고 user.dmp가 갱신됐다. WinDbg에서 덤프를 열었을 때 다음 출력을 얻었다.

```
Loading Dump File [C:DrWatsonuser.dmp]
User Mini Dump File with Full Memory: Only application data is available
Comment: 'Dr. Watson generated MiniDump'
Symbol search path is:
SRV*c:\websymbols*http://msdl.microsoft.com/download/symbols
Executable search path is:
Windows Vista Version 6000 UP Free x86 compatible
Product: WinNt, suite: SingleUserTS
Debug session time: Sat May 19 20:52:23.000 2007 (GMT+1)
System Uptime: 5 days 20:00:04.062
Process Uptime: 0 days 0:00:03.000
This dump file has an exception of interest stored in it.
The stored exception information can be accessed via .ecxr.
(1f70.1e0c). Access violation - code c0000005 (first/second chance not
available)
eax=00000000 ebx=00000001 ecx=0012fe70 edx=00000000 esi=00425ae8
edi=0012fe70
eip=004014f0 esp=0012f8a8 ebp=0012f8b4 iopl=0 nv up ei ng nz ac pe cy
cs=001b ss=0023 ds=0023 es=0023 fs=003b gs=0000 efl=00010297
TestDefaultDebugger!CTestDefaultDebuggerDlg::OnBnClickedButton1:
004014f0 c70500000000000000000 mov dword ptr ds:[0],0
ds:0023:00000000=???????
```

그러므로 비스타로 업그레이드하기 전에 ntsd.exe를 저장했다면 마찬가지로 디폴트 포스트모텀 디버거로 설정 가능할 것이다.

■ 프로세스 충돌 – 수동으로 덤프 얻기

가끔 프로세스가 충돌하고 예외 대화상자가 나타나지만 어떤 이유에서인지 메모리 덤프가 저장되지 않을 때가 있다. 예를 들면 닥터 왓슨의 제약 사항이 원인이거나 윈도우 2000이어서 NTDS가 덤프를 저장하지 않는 경우다. 유일한 해결방법은 에러 메시지가 나타나 있는 동안 수동으로 프로세스를 덤프하는 것이다. 고객과 기술 지원 엔지니어는 이 목적으로 마이크로소프트 사의 userdump.exe를 사용할 수 있다. 그런 후 덤프를 살펴보면 예외를 볼 수 있다. 에러 대화상자를 나타내거나 윈도우 에러 리포팅 프로세스를 생성하는 것이 예외 핸들러에서 처리되기 때문이다. 비대화적Non-interactive 서비스는 보통 NtRaiseHardError를 호출해 csrss.exe가 메시지를 나타내게 한다. 다음 스택 트레이스는 WER 에러 대화상자가 나타나 있을 때 저장된 IE 메모리 덤프에서 얻은 것이다.

```
0:000> k
ChildEBP RetAddr
0012973c 7c59a072 NTDLL!ZwWaitForSingleObject+0xb
00129764 7c57b3e9 KERNEL32!WaitForSingleObjectEx+0x71
00129774 00401b2f KERNEL32!WaitForSingleObject+0xf
0012a238 7918cd0e IEXPLORE!DwExceptionFilter+0x284
0012a244 03a3f0c3 mscoree!__CxxUnhandledExceptionFilter+0x46
0012a250 7c59bf8d msvcr71!__CxxUnhandledExceptionFilter+0x46
0012a984 715206e0 KERNEL32!UnhandledExceptionFilter+0x140
0012ee74 71520957 BROWSEUI!BrowserProtectedThreadProc+0x64
0012fef0 71762a0a BROWSEUI!SHOpenFolderWindow+0x1ec
0012ff10 00401ecd SHDOCVW!IEWinMain+0x108
0012ff60 00401f7d IEXPLORE!WinMainT+0x2dc
0012ffc0 7c5989a5 IEXPLORE!ModuleEntry+0x97
0012fff0 00000000 KERNEL32!BaseProcessStart+0x3d
```

DwExceptionFilter 함수를 디스어셈블하면 다음과 같은 CreateProcess를 호출하는 것을 볼 수 있다.

```
0:000> ub IEXPLORE!DwExceptionFilter+0x284
IEXPLORE!DwExceptionFilter+0x263:
00401b0e call    dword ptr [IEXPLORE!_imp__CreateProcessA (00401050)]
00401b14 test    eax,eax
00401b16 je      IEXPLORE!DwExceptionFilter+0x2f6 (00401ba1)
00401b1c mov     dword ptr [ebp+7Ch],edi
00401b1f mov     edi,dword ptr [IEXPLORE!_imp__WaitForSingleObject (0040104c)]
00401b25 push    4E20h
```

```
00401b2a push    dword ptr [ebp+68h]
00401b2d call    edi
```

!analyze -v 명령을 실행하면 WinDbg가 예외를 찾아준다.

```
...
...
...
CONTEXT: 0012aa94 -- (.cxr 12aa94)
eax=00000000 ebx=00000000 ecx=00000000 edx=7283e058 esi=0271a60c
edi=00000000
eip=35c5f973 esp=0012ad60 ebp=0012ad7c iopl=0  nv up ei pl zr na pe nc
cs=001b  ss=0023  ds=0023  es=0023  fs=0038  gs=0000             efl=00010246
componentA!InternalFoo+0x21:
35c5f973 8b01 mov eax,dword ptr [ecx] ds:0023:00000000=????????
...
...
...
STACK_TEXT:
0012ad7c 35c6042f 0012ae10 00000000 35c53390 componentA!InternalFoo+0x21
0012c350 779d7d5d 00000000 001ad114 00000000 componentA!InternalBar+0x157
0012c36c 77a2310e 02b23d5c 00000020 00000004 oleaut32!DispCallFunc+0x15d
0012c3fc 35cc8b60 024d2d94 02b23d5c 00000001
oleaut32!CTypeInfo2::Invoke+0x244
...
...
...
```

UnhandledExceptionFilter 다중 예외Multiple Exceptions 패턴이 포함된 일부 스레드가 있다. _EXCEPTION_POINTERS 구조체를 가리키는 포인터인 UnhandledExceptionFilter의 첫 번째 인자에 기초해 예외 컨텍스트를 개별적으로 설정할 수 있다. 그 후 .cxr 명령을 사용한다.

```
0:000> ~*kv
...
...
...
```

```
. 0  Id: 1568.68c Suspend: 1 Teb: 7ffde000 Unfrozen
ChildEBP RetAddr Args to Child
...
...
...
0012a984 715206e0 0012a9ac 7800bdb5 0012a9b4
KERNEL32!UnhandledExceptionFilter+0x140 (FPO: [Non-Fpo])
...
...
...


0:000> dt _EXCEPTION_POINTERS 0012a9ac
+0x000 ep_xrecord : 0x12aa78
+0x004 ep_context : 0x12aa94
0:000> .cxr 0012aa94
eax=00000000 ebx=00000000 ecx=00000000 edx=7283e058 esi=0271a60c
edi=00000000
eip=35c5f973 esp=0012ad60 ebp=0012ad7c iopl=0    nv up ei pl zr na pe nc
cs=001b  ss=0023  ds=0023  es=0023  fs=0038  gs=0000             efl=00010246
componentA!InternalFoo+0x21:
35c5f973 8b01      mov    eax,dword ptr [ecx]   ds:0023:00000000=????????
```

다음은 다른 윈도우 서비스에서 얻은 스택의 일부로, 스레드가 NtRaiseHardError를 호출하는 것을 볼 수 있다.

```
0:000> ~*k
...
...
...
13 Id: 3624.16cc Suspend: 1 Teb: 7ffad000 Unfrozen
ChildEBP RetAddr
0148ed40 7c821b74 ntdll!KiFastSystemCallRet
0148ed44 77e99af9 ntdll!NtRaiseHardError+0xc
0148f3dc 77e84259 kernel32!UnhandledExceptionFilter+0x54b
0148f40c 7c82eeb2 kernel32!_except_handler3+0x61
0148f430 7c82ee84 ntdll!ExecuteHandler2+0x26
0148f4d8 7c82ecc6 ntdll!ExecuteHandler+0x24
0148f4d8 7c81e215 ntdll!KiUserExceptionDispatcher+0xe
```

```
0148f7e0 76133437 ntdll!RtlLengthSecurityDescriptor+0x2a
0148f80c 7613f33d serviceA!GetObjectSize+0x1c3
0148f8d0 77c70f3b serviceA!RpcGetObjectSize+0x1b
0148f8f8 77ce23f7 rpcrt4!Invoke+0x30
0148fcf8 77ce26ed rpcrt4!NdrStubCall2+0x299
0148fd14 77c709be rpcrt4!NdrServerCall2+0x19
0148fd48 77c7093f rpcrt4!DispatchToStubInCNoAvrf+0x38
0148fd9c 77c70865 rpcrt4!RPC_INTERFACE::DispatchToStubWorker+0x117
0148fdc0 77c734b1 rpcrt4!RPC_INTERFACE::DispatchToStub+0xa3
...
...
...
```

닥터 왓슨 업그레이드

한동안 내 노트북에서 NTSD를 기본 디버거로 사용했다. 그리고 몇 개의 로그를 얻기 위해 닥터 왓슨Dr. Watson으로 되돌리기로 했다. 불행하게도 닥터 왓슨 자체가 충돌했다. 충돌은 dbghelp.dll 안에서 발생했다. drwtsn32.exe의 덤프 파일을 로딩했더니 dbghelp.dll과 dbgeng.dll 양쪽 모두에 의존적인 것으로 드러났다. 최신 Debugging Tools for Windows에서 얻는 새로운 버전의 dll로 교체하는 것을 시도했다. 그러나 system32 폴더에서 교체하는 즉시 원래 버전의 파일로 되돌려지는 것을 발견했다. 윈도우에 대항해 싸우는 대신 완전히 분리된 닥터 왓슨 폴더를 생성하고 drwtsn32.exe와 Debugging Tools for Windows의 최신 dbghelp.dll, dbgeng.dll을 복사하기로 했다. 그리고 나서 drwtsn32.exe에 전체 경로를 포함시키기 위해 다음 키 아래의 'Debugger' 값을 변경했다.

```
HKEY_LOCAL_MACHINE\SOFTWARE\Microsoft\Windows NT\CurrentVersion\AeDebug
Debugger=c:\drwatson\drwtsn32 -p %ld -e %ld -g
```

이것으로 문제가 해결됐다. 이제 닥터 왓슨은 덤프와 로그를 저장하기 위해 최신의 디버깅 엔진을 사용한다.

savedump.exe와 페이지 파일

savedump.exe가 어떤 일을 하는지 궁금했다. 얼마간의 연구 끝에 윈도우 2000에서 로그온 과정의 일부라는 점을 발견했다. 페이지 파일의 크래시 덤프 섹션을 메모리 덤프로 복사하고, 미니 덤프 파일도 생성한다. 다음 링크의 글을 참조하라.

http://support.microsoft.com/kb/257299

http://support.microsoft.com/kb/262077

윈도우 2003과 XP savedump.exe는 페이지 파일을 건드리지 않는다. 세션 관리자 smss.exe가 페이지 파일을 절단하고 dumpxxx.dmp로 이름을 변경한다(필요하다면 부트 볼륨으로 복사한다). 그 후 savedump.exe 프로세스가 파일을 올바른 위치에 복사하고 미니 덤프 파일을 생성한다. 다음 링크의 글을 참조하라.

http://support.microsoft.com/kb/886429

비스타에선 savedump.exe를 찾을 수 없었다. 결국 제거된 것 같다.

비스타 덤프하기

32비트 비스타

실행 중인 32비트 비스타 시스템의 덤프가 필요하다면 시트릭스 사의 SystemDump 툴로 할 수 있다. 권한 상승된 관리자 권한으로 실행하기만 하면 된다.

- 적절한 컴퓨터 탐색기 폴더에서 SystemDump.exe를 오른쪽 클릭하고 '관리자 권한으로 실행'을 선택한다.
- 권한 상승된 명령 프롬프트에서 SystemDump.exe를 커맨드라인 옵션으로 사용해 실행하려고 한다면(시작 > 모든 프로그램 > 보조프로그램, 명령 프롬프트 오른쪽 클릭, 그 후 '관리자 권한으로 실행' 선택)

다음은 비스타 시스템에서 덤프하기 전의 스크린샷과 저장된 커널 덤프의 WinDbg 출력 결과다.

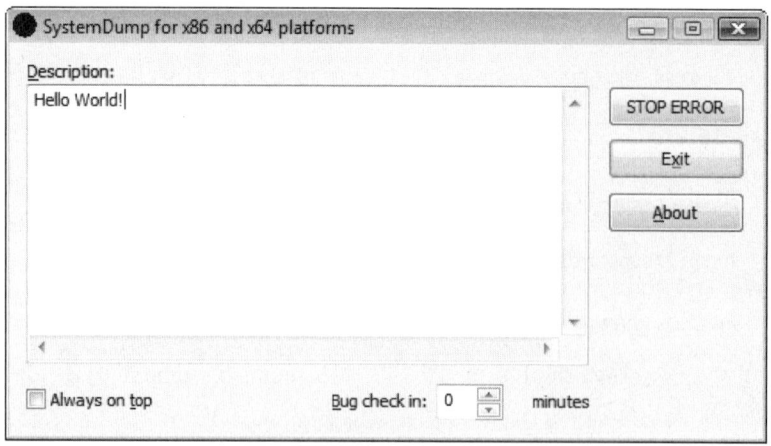

```
Loading Dump File [C:\Windows\MEMORY.DMP]
Kernel Summary Dump File: Only kernel address space is available
Windows Vista Kernel Version 6000 UP Free x86 compatible
Product: WinNt, suite: TerminalServer SingleUserTS
Built by: 6000.16386.x86fre.vista_rtm.061101-2205
Kernel base = 0x81800000 PsLoadedModuleList = 0x81908ab0
Debug session time: Sat Jan 27 20:13:10.917 2007 (GMT+0)
System Uptime: 0 days 1:33:13.589
Loading Kernel Symbols
Loading User Symbols
Loading unloaded module list
BugCheck E2, {cccccccc, 83286f08, 1a, 0}
Probably caused by : SystemDump.sys
```

64비트 비스타

현재 64비트 SystemDump를 사용하려면 다음 방법 중 하나를 사용해 '드라이버 서명 강제 적용'을 비활성화할 필요가 있다.

- F8 고급 부트 옵션
- 커맨드라인 툴 BCDedit
- Attacing 액티브 커널 디버거

그런 후 관리자 권한으로 SystemDump64.exe를 실행한다.

중단 없이 프로세스 덤프하기

윈도우 2000 이후의 윈도우 시스템에서는 userdump나 WinDbg 같은 추가적인 툴을 설치하지 않고도 중단 없이 프로세스를 덤프할 수 있다. 그리고 프로세스는 메모리 덤프가 저장되는 동안 방해 받지 않고 작업을 계속 수행할 것이다. 이를 위해 다음 명령을 사용할 수 있다.

```
ntsd -pvr -p 'PID' -c ".dump /ma /u process.dmp; q"
```

PID는 작업 관리자로 얻을 수 있는 10진 프로세스 ID이다.

> **참고** 64비트 시스템에서 32비트 프로세스(작업 관리자에서 *32로 나타나는)를 덤프하려면 \Windows\SysWOW64 폴더에 있는 NTSD를 사용해야만 한다. 비스타에서 NTSD는 더 이상 포함돼 있지 않지만 Debugging Tools for Windows에서 얻을 수 있다.

64비트에서의 userdump.exe

x64 윈도우에 최신 마이크로소프트 유저 모드 프로세스 덤퍼User Mode Process Dumper를 설치하면 x86과 x64 폴더를 볼 수 있다.

여기서 한 가지 조언을 한다면 x64 폴더의 usedump.exe로 32비트 애플리케이션이나 서비스(작업 관리자에서 *32로 표시된)를 덤프하지 말라. x86 폴더의 userdump.exe를 사용하라. x64 윈도우에서 32비트 애플리케이션은 WOW64 에뮬레이션 계층에서 실행된다. 그리고 에뮬레이션 계층 자체는 네이티브 64 프로세스다. 따라서 x64 userdump.exe는 32비트 애플리케이션이 아닌 에뮬레이션 계층을 저장한다. WinDbg에서 덤프 파일을 열어보면 32비트 애플리케이션이 아닌 WOW64의 스레드 스택을 보게 된다.

요약하면 x64 윈도우에서 64비트 애플리케이션의 메모리 덤프를 저장하려면 다음을 사용한다.

- X64\userdump.exe
- \Windows\System32\ntsd.exe
- 64비트 버전의 WinDbg.exe

32비트 애플리케이션의 메모리 덤프를 저장하려면 다음을 사용한다.

- X86\userdump.exe
- \Windows\SysWOW64\ntsd.exe
- 32비트 WinDbg.exe

X64 윈도우에서의 NTSD

x64 윈도우에서 NTSD를 프로세스에 붙이고 메모리를 저장해야 할 필요가 있다면 NTSD에는 x86(32비트)과 x64 두 가지 버전이 있다는 점을 기억해야 한다. 전자는 \Windows\SysWOW64 폴더에 있고 32비트 애플리케이션와 서비스에 사용돼야 한다. 각기 다른 NTSD 버전이 필요한 이유는 6장의 '덤프와 디버거, 가상화' 절의 첫 번째 그림을 참조하라.

같은 목적으로 WinDbg를 사용한다면 32비트와 64비트 버전을 모두 설치해야 한다. NTSD나 WinDbg를 디폴트 포스트모템 디버거로 설치하려 한다면 Wow6432Node 레지스트리 하이브를 사용해야 한다.

```
HKEY_LOCAL_MACHINE\SOFTWARE\Wow6432Node\Microsoft\Windows
NT\CurrentVersion\AeDebug

Debugger = ntsd -p %ld -e %ld -g -c ".dump /ma /u c:\TEMP\new.dmp; q"
```

NTSD와 WinDbg를 디폴트 포스트모템 디버거로 설정하는 방법은 다음 링크에 있는 시트릭스 사의 글을 참조하기 바란다.

- NTSD를 디폴트 윈도우 포스트모템 디버거로 설정하는 방법

    http://support.citrix.com/article/CTX105888

- WinDbg를 디폴트 윈도우 포스트모템 디버거로 설정하는 방법

    http://support.citrix.com/article/CTX107528

덤프가 필요한가요? 공통 유스케이스

덤프 파일을 생성할 필요가 있는 공통적인 시나리오는 다음과 같다.

- 힙 훼손 heap corruption

    http://support.citrix.com/article/CTX104633

    이 글은 어떤 프로세스에든 적용할 수 있다.

- CPU가 치솟는다.

    http://support.citrix.com/article/CTX106110

- 닥터 왓슨이 유저 덤프를 저장하지 못한다.

    http://support.citrix.com/article/CTX105888

- 메모리 누수

    http://support.citrix.com/article/CTX106970

    이 글은 어떤 프로세스에도 적용할 수 있다

- 리모트 세션에 시스템 덤프가 필요한가? SystemDump를 사용하라.

    http://support.citrix.com/article/CTX111072

- 올바른 덤프를 얻었는가? 시트릭스 DumpCheck를 사용하라.

    http://support.citrix.com/article/CTX108825(탐색기 익스텐션)

    http://support.citrix.com/article/CTX108890(커맨드라인 버전)

12 툴

■ 엑셀을 사용한 메모리 덤프 분석

어떤 WinDbg 명령은 표 형태로 데이터를 출력한다. 따라서 출력을 텍스트 파일로 저장하고 엑셀로 불러들여 정렬하고 필터링하고 시각적으로 그래프를 그릴 수 있다. 다음 WinDbg 명령을 살펴보자.

- !stacks 1 틱Ticks 열을 포함해 모든 스레드를 나열한다. 따라서 정렬 가능하고 100틱 이상 대기하지 않은 스레드를 걸러낼 수 있다.

- !irpfind 다양한 히스토그램을 만들 수 있다. 예를 들면 [Driver] 열을 기반으로 한 IRP 분산이 가능하다.

다음은 PID-TID 좌표계에서 스레드 분산을 나타낸다. 25개의 유저 세션과 3000개 이상의 스레드를 가진 바쁘게 돌아가는 멀티프로세서 시스템의 사례다.

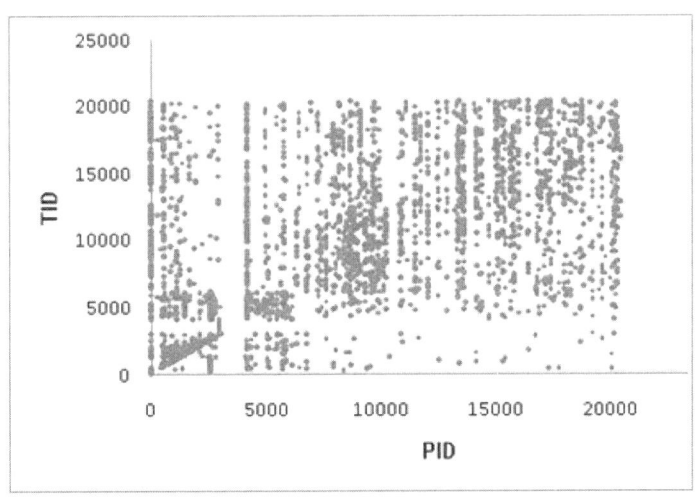

WinDbg 스크립트는 .PRINTF 명령으로 다양한 표 형태의 데이터 출력이 가능하다.

```
0:000> .printf "a\tb\tc"
a        b        c
```

■ testdefaultdebugger.net

가끔 잘 동작하는지, 어떻게 덤프나 로그를 얻을 수 있는지 알기 위해 예외 처리를 테스트할 필요가 있을 때가 있다. 예를 들어 고객이 아주 드물게 프로세스 충돌을 보고한다. 그러나 크래시 덤프가 저장되지 않았다면 이럴 때 몇 가지 애플리케이션을 사용해볼 수 있다. 즉시 충돌을 발생시키고 에러 메시지나 크래시 덤프를 저장하는지 확인할 수 있다. 이것이 바로 TestDefaultDebugger 패키지의 개발 동기였다. 불행히도 패키지엔 네이티브 애플리케이션만 있었다. 닷넷 CLR 예외 처리를 테스트하고, 닷넷 환경에서 어떤 메시지가 나타나는지 볼 필요가 있었다. 다음은 C#으로 작성된 간단한 프로그램으로 비어있는 Stack 객체를 생성하고 Pop 메소드를 호출해 'Stack empty' 예외를 일으킨 결과다.

지금은 갱신된 패키지에 TestDefaultDebugger.NET.exe가 들어있다. 그리고 다음 링크의 시트릭스 사 기술 지원 웹사이트에서 다운로드할 수 있다.

http://support.citrix.com/article/CTX111901

심볼 서버의 단점

심볼 서버는 대단하다. 그렇지만 가끔은 오히려 자동으로 심볼이 로드되지 않는 편이 문제를 식별하는 데 도움이 되거나 적어도 향후 연구에 대한 방향을 알려주는 경우가 있음을 발견했다. 또한 문제가 발생한 컴퓨터에 어떤 핫픽스나 서비스 팩이 설치돼 있는지 확인하는 데 도움이 된다. 제품A의 크래시 덤프를 분석할 때 가끔 사용하는 시나리오는 다음과 같다.

1. WinDbg가 마이크로소프트 사의 심볼 서버를 가리키게 설정한다.
2. 크래시 덤프를 로드하고 이슈에 따라 다양한 명령을 입력한다. 어떤 운영체제나 제품A의 컴포넌트가 보이지만 심볼이 로드되지 않았다.
3. 운영체제 심볼이 로드되지 않는 것을 보고 마이크로소프트의 최신 수정본이나 프라이빗 심볼이 있음을 알아챈다.
4. 제품A의 심볼이 로드 되지 않는 것과 PDBFinder 툴에서 기준 제품 레벨base product level을 결정한다. 그리고 이것은 이미 어떤 방향을 알려준다.
5. 기준 제품 심볼을 심볼 경로에 추가하고 분석을 계속한다.
6. 제품A에 찾을 수 없는 심볼이 계속 존재하면 PDBFinder 툴을 사용해 계속 추가한다. 이를 행하면서 제품A의 핫픽스나 서비스 팩 레벨을 알아챌 수 있다.
7. 또한 PDBFinder 툴에서 의문시 되는 컴포넌트에 어떤 업데이트가 있는지를 알 수 있다.

물론 이 모든 것은 모든 수정본과 서비스팩의 PDB 파일을 PRODUCTA\VER20\SP31\FIX01처럼 이름이나 축약어로 쉽게 확인할 수 있는 어딘가에 저장해뒀을 경우에만 해당된다. 심볼을 수동으로 추가하는 것은 컴포넌트에 초점을 두고 컴포넌트가 나타난 스레드에 주의를 기울이는 것을 돕는다. 시간 낭비라는 생각이 들 수도 있다. 그러나 전체적으로 봤을 때 아주 짧은 시간만 소비될 뿐이다. 특히 몇 시간 동안 메모리 덤프를 살펴볼 때 더욱 그렇다.

PDBFinder 툴은 무엇일까? 올바른 심볼(특히 미니 덤프)을 찾기 위해 내가 개발한 툴이다. 모든 위치에서 PDB나 DBG 파일을 스캔하고 2진 데이터베이스에 저장한다. 다음번에 PDBFinder 툴을 실행하면 데이터베이스를 로드한다. 그리고 모듈 이름과 날짜를 지정해 PDB나 DBG 파일의 위치를 찾을 수 있다. 또한 날짜 구간을 지정해 퍼지 검색을 할 수도 있다. -update 커맨드라인 옵션을 지정해 실행하면 데이터베이스를 자동으로 빌드한다. 정기적으로 주간 업데이트를 수행할 때 유용하다.

PDBFinder 툴은 다음 링크에서 다운로드할 수 있다.

http://support.citrix.com/article/CTX110629

StressPrinters: 강제 프린터 자동 생성

프린터 드라이버는 크래시 덤프를 양산한다. 특히 시트릭스 사와 마이크로소프트 사의 터미널 서비스 환경에서 그렇다. 저질 프린터 드라이버는 다중사용자가 서버에 접속할 때 스풀러 서비스(spoolsv.exe)를 충돌시키거나 행hang 상태로 만든다.

대다수의 저질 드라이버는 멀티스레딩에 대한 고려 없이 단일 유저 환경에서 사용되게 설계되고 구현됐다.

특정 저질 드라이버는 프린터가 생성될 때마다 대화상자를 나타낸다. 이 과정이 서버 쪽에서 이뤄지므로 스풀러 서비스가 데스크톱과 상호작용하게 설정돼 있고 관리자가 대화상자를 보고 있을 때를 제외하면 사용자가 대화상자를 닫을 수가 없다. 예를 들면 어떤 드라이버는 디버그 런타임 라이브러리와 연결돼 있다. 그리고 예외가 발생할 때마다 사실상 스레드를 행으로 만드는 대화상자를 나타낸다. 그리고 힙 훼손heap corruption이 발생하면 때로 전체 스풀러 서비스가 멈춘다.

그러므로 터미널 서비스 사용자에게 어떤 프린터 드라이버를 사용할 수 있게 허용하기 전에 저질 드라이버와 다른 프린터 컴포넌트를 확인하기 위해 다중 사용자가 개개의 프린터 생성을 시도하게 시뮬레이션해보는 것이 좋다. 원래 시트릭스 사는 이 목적으로 매우 인기 있는 커맨드라인 AddPrinter 툴을 제공한다. 그리고 이는 다양한 옵션을 설정하고 다중 AddPrinter 커맨드라인 툴을 동시에 다른 인자를 주고 실행을 조정하려고 내가 설계하고 GUI를 구현한 StressPrinters 툴로 바꿀 수 있다. 그리고 전체 로그 파일 관리, 심지어 설정 값을 파일로 내보낼 수도 있고 다른 서버에서 불러들일 수도 있다. 이 툴은 x64 윈도우에서 프린터 자동 생성을 테스트하기 위한 64비트 버전도 있다.

툴은 스풀러 충돌을 탐지한다(spoolsv.exe가 프로세스 리스트에서 갑자기 사라지면). 따라서 디폴트 포스트모템 디버거(닥터왓슨이나 NTSD)를 설정해놓았다면 크래시 덤프가 저장됐는지 확인할 수 있다. 오랜 시간 멈춰있는 진행 표시줄을 본다면 들러붙은 스레드와 리소스 경합을 검사하는 데 마이크로소프트 사의 userdump.exe를 사용해 스풀러 서비스를 덤프해볼 수 있다.

다음 링크에서 이 툴과 관련 문서를 다운로드할 수 있다.

32비트와 64비트 버전의 StreeePrinters 툴

http://support.citrix.com/article/CTX109374

인스턴트 덤프(JIT 프로세스 덤퍼)

프로세스를 덤프할 때 마이크로소프트 사의 userdump.exe나 NTSD 또는 Debugging Tools for Windows의 WinDbg와 CDB 같은 유저 모드 프로세스 덤퍼와 디버거를 이용하는 방법은 한 프로세스를 선택하고 덤프하는 데 있어 느리고 좀 거추장스럽다. 명령 프롬프트에서 실행하거나 작업 관리자로 전환해 수동으로 디버거를 붙이는 다른 방법이 필요하다. 이 비효율성이 내게 프로세스 덤퍼에 JIT_{Just-in-time} 기술을 사용하게 한 주요 동기다. 새로운 툴인 인스턴트 덤프는 필요한 그 순간에 프로세스를 즉시 그리고 비침습적으로 덤프 파일을 생성한다. 어떻게 동작할까? 어떤 윈도우든 가리키고 핫키를 누르면 된다.

인스턴트 덤프는 응답 없는 GUI 프로세스를 연구하거나 일정기간 동안(예를 들면 CPU가 치솟는 경우나 메모리 누수) 같은 프로세스에 몇 번의 덤프를 얻거나 호기심에서 그냥 덤프를 얻는 경우에도 유용하다. 이 툴은 동적으로 윈도우 정보를 나타내는 데 툴팁tooltip을 사용한다.

다음은 간단한 사용 방법이다.

1. InstantDump는 XP/W2K3/비스타에서만 동작한다(실제로 윈도우 2000에서는 로드 되지않는다).

2. 32비트 시스템에선 InstantDump.exe를 실행하고 64비트 윈도우에선

InstantDump64.exe를 실행한다. InstantDump.exe를 x64 윈도우에서 실행하면 다음과 같은 메시지가 나타나고 종료될 것이다.

3. InstantDump는 태스크바taskbar에 아이콘으로 나타난다.

4. 기본적으로 윈도우에 마우스 포인터를 올리면 커서 옆에 프로세스와 스레드 ID, 프로세스 이미지 경로가 툴팁으로 나타난다(옵션 대화상자에서 비활성화할 수 있다).

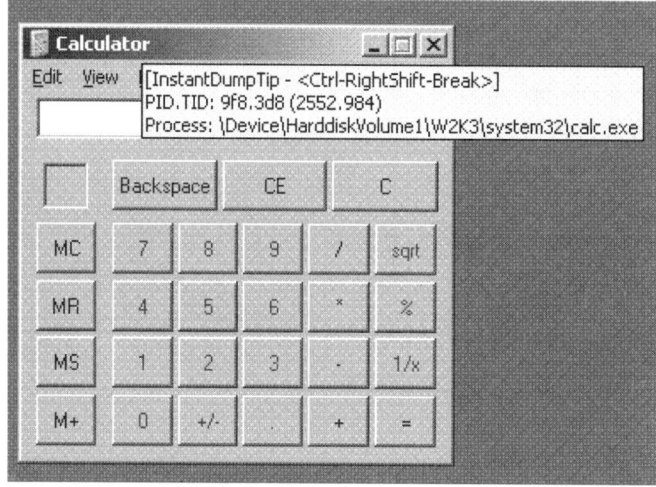

5. 컨트롤-오른쪽 쉬프트-브레이크 키를 잠시 누르고 있으면 옵션 대화상자
(태스크바 아이콘을 우클릭하면 접근할 수 있다)의 외부 프로세스 덤퍼 설정에 따라
프로세스(커서 아래의 윈도우에 해당하는)가 덤프된다.

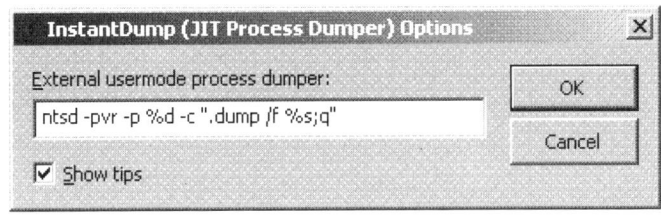

다음 이름으로 덤프가 저장될 것이다(앞서 그림의 계산기 경우).

calc.exe_9f8(2552)_22-17-56_18-Feb-2007.dmp

비스타에는 NTSD가 없다. 따라서 다른 유저 모드 덤퍼를 사용해야 한다. 예를 들면 마이크로소프트 사의 userdump.exe를 설치하고 옵션 대화상자에 다음 커맨드라인을 입력한다.

```
userdump.exe %d %s
```

또는 WinDbg나 CDB 커맨드라인을 사용할 수 있다.

툴은 다음 위치에서 다운로드할 수 있다.

http://www.dumpanalysis.org/downloads/InstantDump.zip

TestDefaultDebugger

기술 지원 엔지니어가 고객에게 디폴트 포스트모텀 디버거를 NTSD로 변경하라고 권고하는 일이 가끔 발생한다. 그러나 애플리케이션의 충돌이 다시 발생하지 않는 한 새로운 설정을 테스트할 방법이 없다. 그리고 어떤 고객이 새로운 설정을 적용했음에도 불구하고 덤프 파일이 생성되지 않았다고 다시 말한다. 그리고 우린 덤프 파일이 생성되지 않은 것이 충돌이 아직 발생하지 않아서인지 디폴트

디버거가 적절히 설정되지 않아서인지 아니면 다른 것이 발생해서인지 알지 못한다.

게다가 64비트 윈도우가 나오면서 다른 문제가 생겼다. 64비트 윈도우에는 디폴트 포스트모템 디버거가 두 개다. 하나는 32비트, 다른 하나는 64비트 애플리케이션용이다.

새로운 툴 TestDefaultDebugger는 기본 포스트모템 디버거(닥터왓슨, NTSD 등)의 존재 여부와 설정을 테스트하려고 강제로 스스로를 충돌시킨다. 그리고 나서 디폴트 포스트모템 디버거가 적절히 설정돼 있으면 운영체제는 디버거를 실행하고 TestDefaultDebugger.exe 프로세스의 메모리 덤프를 저장한다.

디폴트 포스트모템 디버거로 NTSD를 활성화하면(http://support.citrix.com/article/CTX105888) 단순히 다음과 같은 콘솔 윈도우가 나타난다.

포스트모텀 디버거는 1장에서 설명했다.

64비트 윈도우에서 32비트 TestDefaultDebugger.exe와 64비트 TestDefaultDebugger64.exe 애플리케이션을 모두 실행할 수 있다. 그 후 양쪽 포스트모텀 디버거가 적절히 설정돼 있는지 확인하려면 크래시 덤프를 열어 볼 수 있다. 또 툴이 다음과 같이 커맨드라인 인터페이스를 제공하므로 원격에서도 사용할 수 있다.

```
c:\>TestDefaultDebugger.exe now
```

다음 링크의 시트릭스 사 홈페이지에서 다운로드할 수 있다.

32비트와 64비트 플랫폼을 위한 TestDefaultDebugger v1.0

http://support.citrix.com/article/CTX111901

DumpAlerts

이 툴은 덤프가 저장되는 폴더를 모니터링한다. 닥터 왓슨과 NTSD를 기본 디버거로 설정할 때 지정된 폴더 등이 포함된다. 그리고 나서 새로운 덤프가 저장될 때마다 사용자나 관리자, 소프트웨어 벤더에게 경보를 발한다.

- 시스템 트레이의 아이콘의 색이 녹색에서 적색으로 바뀐다.
- 해제할 때까지 팝업 윈도우가 나타난다.
- 지정된 주소로 이메일이 발송된다.
- 소리가 난다.
- 사용자 지정 명령이 실행된다. 예를 들면 "자동으로 마지막으로 저장된 메모리 덤프로 WinDbg.exe를 실행하라" 또는 "ftp 서버에 덤프 파일을 복사하라" 같은 것을 설정할 수 있다.

모든 액션을 설정할 수 있고 활성화/비활성화 가능하다. 다음은 메인 윈도우의 스크린샷이다.

DumpDepends

몇 개의 프로세스를 동시에 덤프해야 하는데, 컴플리트 메모리 덤프는 사용할 수 없을 때가 있다. DumpDepends 툴은 여러 개의 프로세스를 덤프한다. 그리고 옵션 설정으로 CAB 파일로 묶을 수도 있는데, 다음과 같은 옵션이 있다.

- 모든 프로세스를 덤프
- 중요 서비스를 덤프(Terminal, IMA, CTXXMLSS, 프린팅, 스풀러, SVCHOST)
- 주어진 세션 ID에 속한 모든 프로세스를 덤프(필요하다면 자식 프로세스와 중요 서비스를 포함시킬 수 있다)
- 개별 프로세스를 덤프(부수적으로 자식 프로세스와 중요 서비스를 포함시킬 수 있다)

이 툴은 비침습적 방법으로 외부 프로세스 덤퍼를 사용할 것이다(기본으로 NTSD를 사용하며 userdump.exe 같은 것을 지정할 수도 있다). x64에서 32비트와 64비트 프로세스를 구분하고 그에 따라 덤프한다. 커맨드라인 옵션도 가능하다.

덤프 모니터 슈트

시트릭스 사의 기술 지원 팀에 있는 램지 맨소르는 시트릭스와 마이크로소프트 사의 관리자들을 위한 덤프 모니터 슈트Dump Monitor Suite와 두 가지 유용한 컴포넌트에 대한 눈부신 아이디어를 떠올렸다.

DumpStats

- 서비스와 프로세스가 충돌했는지 또는 응답이 없는지, 개별 서버에서 충돌 날짜와 시간, 덤프 위치, 덤프 유형, 충돌 시그니처와 덤프가 발생한 모듈을 모니터하고 그래픽 차트를 나타낸다.
- 전체 서버 팜server farm의 통계를 모아서 나타낸다.

DumpAlerts

- 충돌이나 행이 발생했을 때 이메일로 경고하거나 핸드폰으로 SMS 메시지를 발송한다.
- 심각성과 지정된 프로세스에 따라 경고를 설정한다.

추가로 덤프 모니터 슈트는 다음의 컴포넌트를 포함한다(일부는 이미 존재한다).

DumpCheck

- 시트릭스 DumpCheck의 탐색기 익스텐션 버전과 커맨드라인 버전의 향상되고 진보된 버전

DumpProperties

- 새로운 탐색기 익스텐션(특성 대화상자). 덤프에서 추출한 다양한 데이터를 나타낸다. 프로세스 이름, 모듈 리스트, 힙 검사(heap checking)의 활성화 여부, 충돌이 발생한 모듈 이름

DumpDepends

- 의존적인 프로세스의 덤프를 허용하는 SystemDump의 통합되고 향상된 버전

SystemDump

이전엔 CtxBSOD v2.1이란 이름이었다. 그러나 목적을 나타내기에 더 적절한 이름으로 변경됐다. 이름 변경과 함께 시스템을 원격에서 덤프하거나 로컬에서 GUI 인터페이스 없이 커맨드라인으로 덤프하기 위한 커맨드라인 옵션을 추가했다. 이 툴을 만든 주요 동기는 그 시점에 64비트 윈도우용으로는 비슷한 툴이 없었기 때문이다. SystemDump는 64비트 서버도 덤프할 수 있다.

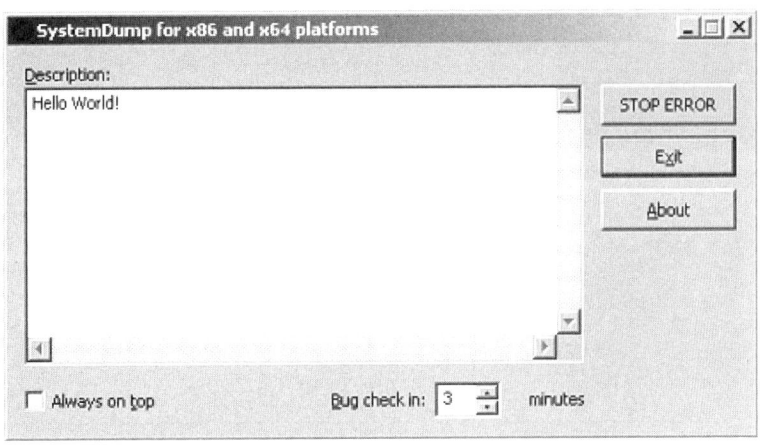

다음 시트릭스 사의 지원 홈페이지에서 다운로드할 수 있다.

http://support.citrix.com/article/CTX111072

주요 기능은 다음과 같다.

- 툴은 GUI와 커맨드라인을 모두 지원한다.

- 메모리 덤프를 강제 생성하기 전에 텍스트 메시지를 입력(또는 클립보드로부터 복사)할 수 있다. 이 메시지는 덤프 파일에 저장되고 WinDbg.exe에서 덤프 파일을 로드한 후 엔지니어가 읽을 수 있다. 이는 덤프를 왜 강제로 만들었는지에 대한 증상과 조건 입력을 촉진하려고 구현했다.

- 툴은 최상위 윈도우로 나타난다(재현된 후 또는 어떤 활동 중에 빠르게 덤프를 얻기 위해서 필요하다).

- 드라이버(32비트와 64비트)에 대한 PDB 심볼이 함께 제공된다. 버그체크 스레드상에 존재하는 모든 심볼을 갖기 원할 때 유용하다.

- 서버에 치명적 에러를 강제로 만들기 전 감수해야 할 잠재적인 손상에 대해 경고한다. 사용자의 연결은 끊어지고 저장되지 않은 모든 데이터는 소멸된다. 확인 과정이 있다.

- 메모리 덤프를 강제할 때 분 단위로 기간을 지정할 수 있다.

후자의 기능은 전체적으로 커널에서 구현됐다. 다음 명령은 커맨드라인 옵션으로 툴을 실행했다면 액션을 취소하는 것을 허용한다.

```
>SystemDump.exe abort
```

다음 UML 컴포넌트 다이어그램은 이 툴의 아키텍처를 나타낸다.

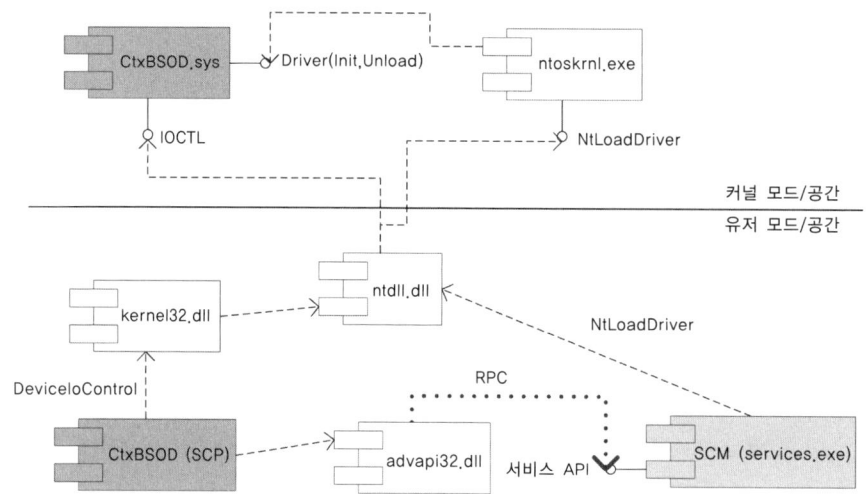

13 기타 여러 가지

■ KiFastSystemCallRet이란?

시스템 호출을 하기 위해 생성된 트랩 프레임의 리턴 함수 주소로 W2K 이후의 x86 시스템에서 사용된다.

펜티엄 II 이후 마이크로소프트는 운영체제 호출 디스패칭을 윈도우 NT와 윈도우 2000에서 사용하던 인터럽트 기반의 INT/IRETD 메커니즘에서 좀 더 빠르게 최적화된 인스트럭션 시퀀스로 바꿨다. 이것은 x86 32비트에서는 SYSENTER/SYSEXIT이고, x64 인텔과 AMD 플랫폼에서는 SYSCALL/SYSRET 이다.

INT 인스트럭션은 리턴 주소를 저장한다. 그러나 SYSENTER는 그렇지 않다. 다음은 일반적인 스레드 콜 스택으로 x86 윈도우 2003 시스템의 컴플리트 덤프 에서 얻은 것이다.

```
1: kd> kL
ChildEBP RetAddr
a5a2ac64 80502d26 nt!KiSwapContext+0x2f
a5a2ac70 804faf20 nt!KiSwapThread+0x8a
a5a2ac98 805a4d6c nt!KeWaitForSingleObject+0x1c2
a5a2ad48 8054086e nt!NtReplyWaitReceivePortEx+0x3dc
a5a2ad48 7c91eb94 nt!KiFastCallEntry+0xfc
00a0fe18 7c91e399 ntdll!KiFastSystemCallRet
00a0fe1c 77e56703 ntdll!NtReplyWaitReceivePortEx+0xc
00a0ff80 77e56c22 RPCRT4!LRPC_ADDRESS::ReceiveLotsaCalls+0xf4
00a0ff88 77e56a3b RPCRT4!RecvLotsaCallsWrapper+0xd
00a0ffa8 77e56c0a RPCRT4!BaseCachedThreadRoutine+0x79
00a0ffb4 7c80b683 RPCRT4!ThreadStartRoutine+0x1a
```

```
00a0ffec 00000000 kernel32!BaseThreadStart+0x37
```

RPC 모듈은 LPC 포트에서 응답을 기다리기 위해 네이티브 함수를 호출한다. 덧붙이면 OMAP 코드 최적화로 인해 심볼 주소 대신 리턴 주소를 디스어셈블 해야 한다.

```
1: kd> ub RPCRT4!LRPC_ADDRESS::ReceiveLotsaCalls+0xf4
                                                  ^ Unable to find valid
previous instruction for 'ub RPCRT4!LRPC_ADDRESS::ReceiveLotsaCalls+0xf4'

1: kd> ub 77e56703
RPCRT4!LRPC_ADDRESS::ReceiveLotsaCalls+0xd9:
77e566e8 e8edfeffff     call    RPCRT4!RpcpPurgeEEInfoFromThreadIfNecessary
(77e565da)
77e566ed ff75ec         push    dword ptr [ebp-14h]
77e566f0 8d45f0         lea     eax,[ebp-10h]
77e566f3 ff75f4         push    dword ptr [ebp-0Ch]
77e566f6 ff75fc         push    dword ptr [ebp-4]
77e566f9 50             push    eax
77e566fa ff7658         push    dword ptr [esi+58h]
77e566fd ff15b010e577   call    dword ptr
[RPCRT4!_imp__NtReplyWaitReceivePortEx (77e510b0)]

1: kd> dps 77e510b0 l1
77e510b0 7c91e38d ntdll!ZwReplyWaitReceivePortEx
```

네이티브 함수 호출에 대한 NTDLL 스텁의 크기는 작다. 그리고 공유된 SystemCallSub를 통해 즉시 레벨 0으로 천이한다.

```
1: kd> uf ntdll!NtReplyWaitReceivePortEx
ntdll!ZwReplyWaitReceivePortEx:
7c91e38d mov     eax,0C4h
7c91e392 mov     edx,offset SharedUserData!SystemCallStub (7ffe0300)
7c91e397 call    dword ptr [edx]
7c91e399 ret     14h

1: kd> dps 7ffe0300 l3
```

```
7ffe0300  7c91eb8b ntdll!KiFastSystemCall
7ffe0304  7c91eb94 ntdll!KiFastSystemCallRet
7ffe0308  00000000


1: kd> uf ntdll!KiFastSystemCall
ntdll!KiFastSystemCall:
7c91eb8b mov     edx,esp
7c91eb8d sysenter
7c91eb8f nop
7c91eb90 nop
7c91eb91 nop
7c91eb92 nop
7c91eb93 nop
7c91eb94 ret
```

SYSENTER를 실행하기 전에 ESP는 다음 리턴 주소를 가리킨다.

```
1: kd> u 7c91e399
ntdll!NtReplyWaitReceivePortEx+0xc:
7c91e399 ret     14h
```

SYSENTER 인스트럭션은 ESP와 EIP를 머신 특정 레지스터machine specific register, MSR에 담겨있는 새 값으로 변경한다. 결과적으로 EIP는 nt!KiFastCallEntry를 가리킨다. 트랩 프레임을 저장하고 인자를 체크한 뒤 시스템 함수 테이블에서 nt!NtReplyWaitReceivePortEx 주소를 호출한다. 함수가 리턴될 때 KiFastCallEntry는 KiServiceExit와 KiSystemCallExit2로 진행한다.

```
1: kd> ub 8054086c
nt!KiFastCallEntry+0xe2:
80540852 mov     ebx,dword ptr [edi+eax*4]
80540855 sub     esp,ecx
80540857 shr     ecx,2
8054085a mov     edi,esp
8054085c cmp     esi,dword ptr [nt!MmUserProbeAddress (80561114)]
80540862 jae     nt!KiSystemCallExit2+0x9f (80540a10)
80540868 rep     movs dword ptr es:[edi],dword ptr [esi]
```

```
8054086a call    ebx
```

```
1: kd> u
nt!KiFastCallEntry+0x105:
80540875 mov     edx,dword ptr [ebp+3Ch]
80540878 mov     dword ptr [ecx+134h],edx
nt!KiServiceExit:
8054087e cli
8054087f test    dword ptr [ebp+70h],20000h
80540886 jne     nt!KiServiceExit+0x10 (8054088e)
80540888 test    byte ptr [ebp+6Ch],1
8054088c je      nt!KiServiceExit+0x66 (805408e4)
8054088e mov     ebx,dword ptr fs:[124h]
```

```
1: kd> u
nt!KiSystemCallExit2+0x12:
80540983 sti
80540984 sysexit
```

트랩 프레임을 살펴보자.

```
1: kd> kv5
ChildEBP RetAddr Args to Child
a5a2ac64 80502d26 82ffc090 82ffc020 804faf20 nt!KiSwapContext+0x2f
a5a2ac70 804faf20 e12424b0 8055c0a0 e12424b0 nt!KiSwapThread+0x8a
a5a2ac98 805a4d6c 00000001 00000010 00000001 nt!KeWaitForSingleObject+0x1c2
a5a2ad48 8054086c 000000c8 00a0ff70 00000000
nt!NtReplyWaitReceivePortEx+0x3dc
a5a2ad48 7c91eb94 000000c8 00a0ff70 00000000 nt!KiFastCallEntry+0xfc
(TrapFrame @ a5a2ad64)
```

```
1: kd> .trap a5a2ad64
ErrCode = 00000000
eax=00000000 ebx=00000000 ecx=00a0fd6c edx=7c91eb94 esi=00159b38
edi=00000100
eip=7c91eb94 esp=00a0fe1c ebp=00a0ff80 iopl=0  nv up ei pl zr na pe nc
cs=001b ss=0023 ds=0023 es=0023 fs=003b gs=0000 efl=00000246
ntdll!KiFastSystemCallRet:
```

```
001b:7c91eb94 ret
```

```
1: kd> kL
*** Stack trace for last set context - .thread/.cxr resets it
ChildEBP RetAddr
00a0fe18  7c91e399 ntdll!KiFastSystemCallRet
00a0fe1c  77e56703 ntdll!NtReplyWaitReceivePortEx+0xc
00a0ff80  77e56c22 RPCRT4!LRPC_ADDRESS::ReceiveLotsaCalls+0xf4
00a0ff88  77e56a3b RPCRT4!RecvLotsaCallsWrapper+0xd
00a0ffa8  77e56c0a RPCRT4!BaseCachedThreadRoutine+0x79
00a0ffb4  7c80b683 RPCRT4!ThreadStartRoutine+0x1a
00a0ffec  00000000 kernel32!BaseThreadStart+0x37
```

따라서 단 하나의 RET 인스트럭션을 가진 더미dummy인 ntdll!KiFastSystemCallRet 함수는 시스템 호출 시에 일관된 트랩 프레임을 생성하려고 사용된 것으로 보인다. 이렇게 구현되지 않았다면 개별 네이티브 API 호출을 위한 트랩 프레임은 개별 리턴 주소를 갖고 있었어야 했을 것이다.

I/O 컴플리션 포트의 이해

많은 글과 책에서 윈도우 I/O 컴플리션 포트를 고성능 서버 소프트웨어를 개발할 때 고려해야 하는 고차원적 설계 고려 사항 측면에서 설명한다. 그러나 나중에 누군가 설명을 부탁할 때 이를 떠올리기란 힘든 일이다. 그리고 모두가 그런 소프트웨어를 개발하지도 않는다. 컴플리트 메모리 덤프를 살펴보는 것은 서버 소프트웨어의 내부를 이해하거나 어떤 아키텍처나 디자인 결정의 구현을 파악함에 있어서 상향식이나 리버스 엔지니어링적 접근을 하는 것과 같은 장점을 갖는다.

다음 스레드 스택 트레이스를 잘 살펴보면 어떤 서비스나 네트워크 애플리케이션의 실행 절차를 대체로 알 수 있다.

```
THREAD 86cf09c0  Cid 05cc.2030  Teb: 7ffd7000 Win32Thread: 00000000 WAIT:
(Unknown) UserMode Non-Alertable
    8a3bb970  QueueObject
    86cf0a38  NotificationTimer
Not impersonating
```

```
DeviceMap              e15af5a8
Owning Process         8a3803d8    Image:      svchost.exe
Wait Start TickCount   2131621     Ticks: 1264 (0:00:00:19.750)
Context Switch Count   6
UserTime               00:00:00.000
KernelTime             00:00:00.000
Win32 Start Address RPCRT4!ThreadStartRoutine (0x77c5de6d)
Start Address kernel32!BaseThreadStartThunk (0x77e6b5f3)
Stack Init ba276000 Current ba275c38 Base ba276000 Limit ba273000 Call 0
Priority 8 BasePriority 8 PriorityDecrement 0
ChildEBP RetAddr
ba275c50 8083d3b1 nt!KiSwapContext+0x26
ba275c7c 8083dea2 nt!KiSwapThread+0x2e5
ba275cc4 8092b205 nt!KeRemoveQueue+0x417
ba275d48 80833a6f nt!NtRemoveIoCompletion+0xdc
ba275d48 7c82ed54 nt!KiFastCallEntry+0xfc
0093feac 7c821bf4 ntdll!KiFastSystemCallRet
0093feb0 77e66142 ntdll!NtRemoveIoCompletion+0xc
0093fedc 77c604c3 kernel32!GetQueuedCompletionStatus+0x29
0093ff18 77c60655 RPCRT4!COMMON_ProcessCalls+0xa1
0093ff84 77c5f9f1 RPCRT4!LOADABLE_TRANSPORT::ProcessIOEvents+0x117
0093ff8c 77c5f7dd RPCRT4!ProcessIOEventsWrapper+0xd
0093ffac 77c5de88 RPCRT4!BaseCachedThreadRoutine+0x9d
0093ffb8 77e6608b RPCRT4!ThreadStartRoutine+0x1b
0093ffec 00000000 kernel32!BaseThreadStart+0x34
```

I/O 컴플리션 포트가 커널 큐 객체kernel queue object로 구현돼 있는 것을 알 수 있다. 따라서 요청(작업 아이템, 완료 통지 등)은 이후의 작업을 위해 스레드에 의해 큐에 저장된다. 요청을 처리하기 위해 활성화될 스레드의 수는 보통 프로세서 개수에 대응되는 특정 최댓값에 의해 제한된다.

```
0: kd> dt _KQUEUE 8a3bb970
ntdll!_KQUEUE
   +0x000 Header         : _DISPATCHER_HEADER
   +0x010 EntryListHead  : _LIST_ENTRY [ 0x8a3bb980 - 0x8a3bb980 ]
   +0x018 CurrentCount   : 0
   +0x01c MaximumCount   : 2
```

```
    +0x020 ThreadListHead : _LIST_ENTRY [ 0x86cf0ac8 - 0x89ff9520 ]


0: kd> !smt
SMT Summary:
------------
    KeActiveProcessors: **------------------------------ (00000003)
       KiIdleSummary: **------------------------------ (00000003)
 No PRCB     Set Master SMT Set                              IAID
  0 ffdff120 Master     **.......... (00000003)  00
  1 f772f120 ffdff120   **.......... (00000003)  01
```

이미 예상했을 수도 있겠지만 커널 작업 큐kernel work queue도 같은 큐 객체로 구현된다.

```
THREAD 8a777660 Cid 0004.00d0 Teb: 00000000 Win32Thread: 00000000 WAIT:
(Unknown) UserMode Non-Alertable
    808b707c  QueueObject
Not impersonating
DeviceMap              e1000928
Owning Process         8a780818    Image:      System
Wait Start TickCount   2615        Ticks: 2130270 (0:09:14:45.468)
Context Switch Count   301
UserTime               00:00:00.000
KernelTime             00:00:00.000
Start Address nt!ExpWorkerThread (0x8082d92b)
Stack Init f71e0000 Current f71dfcec Base f71e0000 Limit f71dd000 Call 0
Priority 12 BasePriority 12 PriorityDecrement 0
Kernel stack not resident.
ChildEBP RetAddr
f71dfd04 8083d3b1 nt!KiSwapContext+0x26
f71dfd30 8083dea2 nt!KiSwapThread+0x2e5
f71dfd78 8082d9c1 nt!KeRemoveQueue+0x417
f71dfdac 809208fc nt!ExpWorkerThread+0xc8
f71dfddc 8083fc9f nt!PspSystemThreadStartup+0x2e
00000000 00000000 nt!KiThreadStartup+0x16


0: kd> dt _KQUEUE 808b707c
ntdll!_KQUEUE
```

```
+0x000 Header           : _DISPATCHER_HEADER
+0x010 EntryListHead    : _LIST_ENTRY [ 0x808b708c - 0x808b708c ]
+0x018 CurrentCount     : 0
+0x01c MaximumCount     : 2
+0x020 ThreadListHead   : _LIST_ENTRY [ 0x8a77a128 - 0x8a777768 ]
```

크래시 덤프에서 보이는 다양한 객체에 대해 고차원적 관계를 나타내는 간단한 UML 다이어그램을 그려봤다.

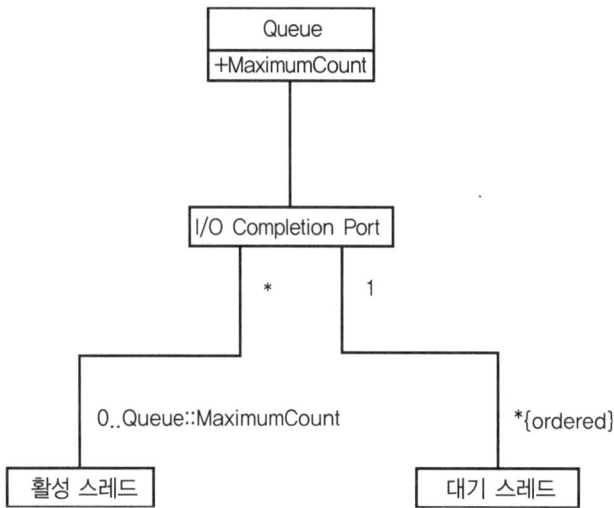

■ 심볼 파일 경고문

새로운 WinDbg 버전 6.8.4.0을 사용하기 시작했다. 그리고 프로세스 덤프나 현재 컨텍스트가 어떤 유저 모드 프로세스인 컴플리트 덤프를 열었을 때 다음과 같은 메시지가 두 번 나타나는 것을 발견했다.

```
0:000> !analyze -v
***
***     Your debugger is not using the correct symbols
***
***     In order for this command to work properly, your symbol path
***     must point to .pdb files that have full type information.
```

```
***
***         Certain .pdb files (such as the public OS symbols) do not
***         contain the required information. Contact the group that
***         provided you with these symbols if you need this command to
***         work.
***
***         Type referenced: kernel32!pNlsUserInfo
***
```

다행히 경고 메시지에도 불구하고 kernel32.dll 심볼은 제대로 로드됐다.

```
0:000> lmv m kernel32
start       end         module name
77e40000    77f42000    kernel32   (pdb
symbols)          c:\mssymbols\kernel32.pdb\DF4F569C743446809ACD3DFD1E9FA2AF2\
kernel32.pdb
Loaded symbol image file: kernel32.dll
Image path: C:\WINDOWS\system32\kernel32.dll
Image name: kernel32.dll
Timestamp:          Tue Jul 25 13:31:53 2006 (44C60F39)
CheckSum:           001059A9
ImageSize:          00102000
File version:       5.2.3790.2756
Product version:    5.2.3790.2756
File flags:         0 (Mask 3F)
File OS:            40004 NT Win32
File type:          2.0 Dll
File date:          00000000.00000000
Translations:       0409.04b0
CompanyName:        Microsoft Corporation
ProductName:        Microsoft® Windows® Operating System
InternalName:       kernel32
OriginalFilename:   kernel32
ProductVersion:     5.2.3790.2756
FileVersion:        5.2.3790.2756 (srv03_sp1_gdr.060725-0040)
FileDescription:    Windows NT BASE API Client DLL
LegalCopyright:     ⓒ Microsoft Corporation. All rights reserved.
```

스택 트레이스의 리턴 주소로 다시 확인해보면 심볼이 제대로 매핑됐음을 알 수 있다.

```
kd> dpu kernel32!pNlsUserInfo l1
77ecb0a8 77ecb760 "ENU"

kd> kv
ChildEBP RetAddr Args to Child
f552bbec f79e1743 000000e2 cccccccc 858a0470 nt!KeBugCheckEx+0x1b
WARNING: Stack unwind information not available. Following frames may be wrong.
f552bc38 8081d39d 85699390 8596fe78 860515f8 SystemDump+0x743
f552bc4c 808ec789 8596fee8 860515f8 8596fe78 nt!IofCallDriver+0x45
f552bc60 808ed507 85699390 8596fe78 860515f8 nt!IopSynchronousServiceTail+0x10b
f552bd00 808e60be 00000090 00000000 00000000 nt!IopXxxControlFile+0x5db
f552bd34 80882fa8 00000090 00000000 00000000 nt!NtDeviceIoControlFile+0x2a
f552bd34 7c82ed54 00000090 00000000 00000000 nt!KiFastCallEntry+0xf8
0012efc4 7c8213e4 77e416f1 00000090 00000000 ntdll!KiFastSystemCallRet
0012efc8 77e416f1 00000090 00000000 00000000 ntdll!NtDeviceIoControlFile+0xc
0012f02c 00402208 00000090 9c400004 00947eb8 kernel32!DeviceIoControl+0×137
0012f884 00404f8e 0012fe80 00000001 00000000 SystemDump_400000+0×2208

kd> ub 77e416f1
kernel32!DeviceIoControl+0x11d:
77e416db lea     eax,[ebp-28h]
77e416de push    eax
77e416df push    ebx
77e416e0 push    ebx
77e416e1 push    ebx
77e416e2 push    dword ptr [ebp+8]
77e416e5 je      kernel32!DeviceIoControl+0x131 (77e417f3)
77e416eb call    dword ptr [kernel32!_imp__NtDeviceIoControlFile (77e4103c)]
```

따라서 모든 것이 올바로 돼 있다. 그러므로 위의 메시지는 무시해도 된다.

비스타에서 윈도우 서비스 크래시 덤프

작은 네이티브 윈도우 서비스를 개발하려고 비스타 플랫폼 SDK를 살펴보고 있었다. 다양한 포스트모템 디버거 설정과 윈도우 에러 리포팅(WER) 옵션, 크래시 덤프가 가능한 상태들을 테스트하기 위해서였다. 처음엔 NULL 포인터 역참조 dereference를 서비스 중지 명령을 처리하는 서비스 컨트롤 핸들러에 설치했다. 서비스에 WinDbg를 붙인 상태에서 크래시되긴 하지만 자동으로 크래시 덤프를 저장하기 위해 CDB나 NTSD를 기본 포스트모템 디버거로 설정하는 방법을 찾을 순 없었다. x64 비스타와 윈도우 서버 2003 x64에서 개발한 서비스의 32비트 버전과 64비트 버전을 모두 테스트해봤다.

다음은 소스코드와 스택 트레이스다. 실행 중인 서비스에 WinDbg를 붙이고 서비스 중지를 시도했다.

```
//
// FUNCTION: service_ctrl
//
// PURPOSE: 이 서비스에 대해 ControlService()가 호출될 때마다
// SCM에 의해 이 함수가 호출된다.
//
// PARAMETERS:
// dwCtrlCode ? 요청된 컨트롤 유형
//
// RETURN VALUE:
// none
//
// COMMENTS:
//
VOID WINAPI service_ctrl(DWORD dwCtrlCode)
{
   // 요청된 컨트롤 코드를 처리한다.
   //
   switch (dwCtrlCode)
   {
   case SERVICE_CONTROL_STOP:
      *(int *)NULL = 0;
```

```
        ReportStatusToSCMgr(SERVICE_STOP_PENDING, NO_ERROR, 0);
        ServiceStop();
        return;

     // 서비스 상태를 갱신한다.
     //
     case SERVICE_CONTROL_INTERROGATE:
        break;
     // 유효하지 않은 컨트롤 코드
     //
     default:
        break;
   }

   ReportStatusToSCMgr(ssStatus.dwCurrentState, NO_ERROR, 0);
}


0:000> r
rax=0000000000000001 rbx=00000000001e36d0 rcx=0000000000000001
rdx=000000000a9ff32c rsi=0000000000000000 rdi=0000000000401aa0
rip=0000000000401ab9 rsp=000000000012fab0 rbp=00000000001e36d0
 r8=0000000000400000  r9=0000000077b3f990 r10=00000000004000d8
r11=00000000004000d8 r12=0000000000000000 r13=000000000a9ff32c
r14=00000000001e36e8 r15=000000000012fc20
iopl=0         nv up ei pl zr na po nc
cs=0033  ss=002b  ds=002b  es=002b  fs=0053  gs=002b             efl=00010246
simple!service_ctrl+0x19:
00000000`00401ab9 c704250000000000000000 mov dword ptr [0],0
ds:00000000`00000000=????????

0:000> k
Child-SP          RetAddr           Call Site
00000000`0012fab0 000007fe`fe276cee simple!service_ctrl+0x19
00000000`0012faf0 000007fe`fe2cea5d ADVAPI32!ScDispatcherLoop+0x54c
00000000`0012fbf0 00000000`004019f5 ADVAPI32!StartServiceCtrlDispatcherA+0x8d
00000000`0012fe70 00000000`00408b8c simple!main+0x155
00000000`0012fec0 00000000`0040895e simple!__tmainCRTStartup+0x21c
00000000`0012ff30 00000000`7792cdcd simple!mainCRTStartup+0xe
```

```
00000000`0012ff60 00000000`77a7c6e1 kernel32!BaseThreadInitThunk+0xd
00000000`0012ff90 00000000`00000000 ntdll!RtlUserThreadStart+0x1d
```

NULL 포인터 역참조 대신 while(1);을 두면 프로세스는 중단점을 통해 가로채진 후 종료될 것이다. 그리고 마찬가지로 포스트모텀 덤프도 저장되지 않는다. 그러므로 언핸들드 예외 필터unhandled exception filter의 잠재적인 블로킹 작업을 실행하기 위해 서비스 메인 스레드에서는 어떤 오류도 허용되지 않은 것 같다. 아마도 서비스 디스패처 코드와 통신하는 서비스 컨트롤 매니저가 블로킹되는 것을 피하기 위해서인 것 같다.

비스타에서 윈도우 에러 리포팅Windows Error Reporting 서비스가 실행 중이고 WER이 제어판에서 리포팅 설정을 선택할 수 있게 설정돼 있다면 다음의 익숙한 대화상자를 볼 수 있다. 그러나 디버그 옵션 없이 포스트모텀 디버거를 붙이고 크래시 덤프를 저장한다.

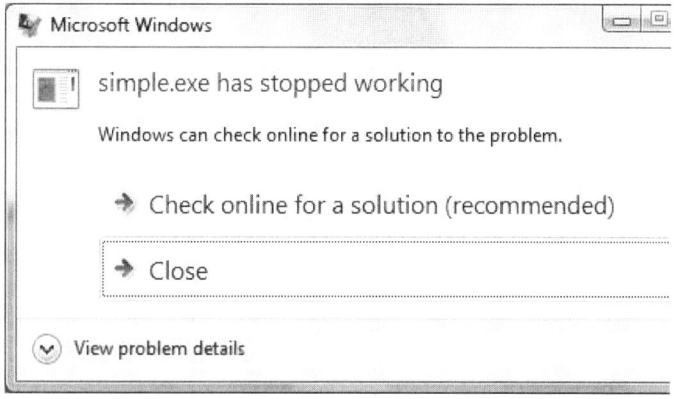

추천 옵션을 선택하면 다음과 같은 미니덤프 파일이 임시로 저장된 경로가 있는 대화상자가 나타난다.

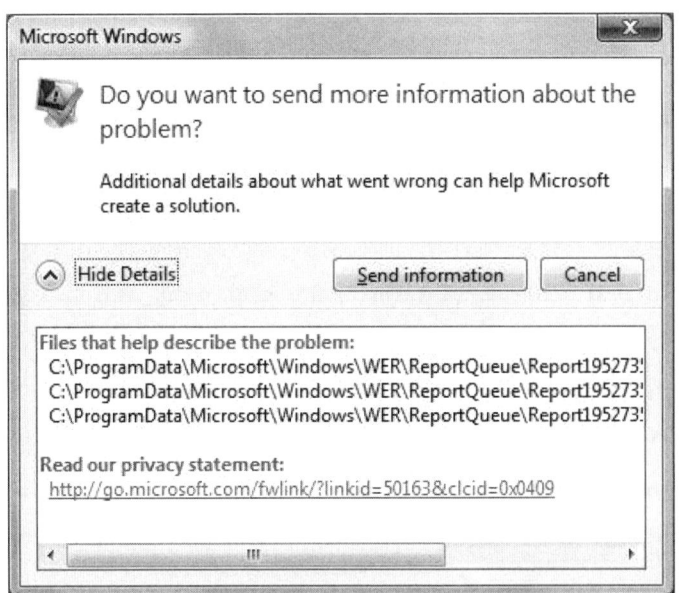

크래시 덤프를 열거나 다른 장소에 복사하려 한다면 앞의 대화상자를 남겨둘 필요가 있다. 그렇지 않으면 대화상자를 해제하자마자 보고되는 파일이 삭제될 것이다. 다른 장소에 임시로 저장될 수도 있다. 이 경우엔 제어판의 문제 찾기 및 해결 ➤ 문제 해결 기록을 확인해볼 수 있다. WinDbg로 크래시 덤프를 열면 앞에서 라이브 디버깅 중에 봤던 것과 같은 스택 트레이스를 얻을 수 있다.

```
Loading Dump File
[C:\ProgramData\Microsoft\Windows\WER\ReportQueue\Report19527353
\WER7346.tmp.mdmp]
User Mini Dump File: Only registers, stack and portions of memory are
available

Symbol search path is:
srv*c:\mss*http://msdl.microsoft.com/download/symbols
Executable search path is:
Windows Vista Version 6000 MP (2 procs) Free x64
Product: WinNt, suite: SingleUserTS
Debug session time: Fri Sep 28 16:36:38.000 2007 (GMT+1)
System Uptime: 2 days 1:42:22.810
Process Uptime: 0 days 0:00:10.000
```

```
.....
This dump file has an exception of interest stored in it.
The stored exception information can be accessed via .ecxr.
(13b0.d54): Access violation - code c0000005 (first/second chance not
available)
simple!service_ctrl+0x19:
00000000`00401ab9 c70425000000000000000000 mov dword ptr [0],0
ds:00000000`00000000=????????

0:000> k
Child-SP          RetAddr           Call Site
00000000`0012fab0 000007fe`fe276cee simple!service_ctrl+0x19
00000000`0012faf0 000007fe`fe2cea5d advapi32!ScDispatcherLoop+0x54c
00000000`0012fbf0 00000000`004019f5
advapi32!StartServiceCtrlDispatcherA+0x8d
00000000`0012fe70 00000000`00408b8c simple!main+0x155
00000000`0012fec0 00000000`0040895e simple!__tmainCRTStartup+0x21c
00000000`0012ff30 00000000`7792cdcd simple!mainCRTStartup+0xe
00000000`0012ff60 00000000`77a7c6e1 kernel32!BaseThreadInitThunk+0xd
00000000`0012ff90 00000000`00000000 ntdll!RtlUserThreadStart+0x1d
```

윈도우 서버 2003 x64에서는 서비스의 어떤 다른 스레드의 오류, 예를 들어 SCM이 디스패치 테이블의 SERVICE_TABLE_ENTRY마다 실행시킨 스레드의 오류는 기본 포스트모텀 디버거가 크래시 덤프로 저장한다. 그러나 비스타 x64와 비스타 x86(32비트)에서는 그렇지 않다.

```
void __cdecl main(int argc, char **argv)
{
    SERVICE_TABLE_ENTRY dispatchTable[] =
    {
        { TEXT(SZSERVICENAME),
            (LPSERVICE_MAIN_FUNCTION)service_main},
        { NULL, NULL}
    };
    ...
    ...
    ...
```

```
        if (!StartServiceCtrlDispatcher(dispatchTable))
            AddToMessageLog(TEXT("StartServiceCtrlDispatcher failed."));
}

void WINAPI service_main(DWORD dwArgc, LPSTR *lpszArgv)
{
    // 서비스 컨트롤 핸들러를 등록한다.
    //
    sshStatusHandle = RegisterServiceCtrlHandler(
                                    TEXT(SZSERVICENAME), service_ctrl);
    if (!sshStatusHandle)
        goto cleanup;

    // 예제에서 SERVICE_STATUS 멤버는 변경하지 않는다.
    //
    ssStatus.dwServiceType = SERVICE_WIN32_OWN_PROCESS;
    ssStatus.dwServiceSpecificExitCode = 0;

    // 서비스 컨트롤 관리자에게 상태를 보고한다.
    //
    if (!ReportStatusToSCMgr(
            SERVICE_START_PENDING, // service state
            NO_ERROR,     // exit code
            3000))    // wait hint
        goto cleanup;
    *(int *)NULL = 0;
    ...
    ...
    ...
}
```

분석을 위해 크래시 미니 덤프를 얻는 유일한 방법은 앞에서 설명한 것처럼 리포팅 데이터에서 복사하는 방법밖에 없는 것 같다.

```
Loading Dump File
[C:\ProgramData\Microsoft\Windows\WER\ReportQueue\Report0fa05f9d
\WER5F42.tmp.mdmp]
User Mini Dump File: Only registers, stack and portions of memory are
```

available

Symbol search path is:
srv*c:\mss*http://msdl.microsoft.com/download/symbols
Executable search path is:
Windows Vista Version 6000 MP (2 procs) Free x64
Product: WinNt, suite: SingleUserTS
Debug session time: Fri Sep 28 17:50:06.000 2007 (GMT+1)
System Uptime: 0 days 0:30:59.495
Process Uptime: 0 days 0:00:04.000
.....
This dump file has an exception of interest stored in it.
The stored exception information can be accessed via .ecxr.
(d6c.fcc): Access violation - code c0000005 (first/second chance not available)
simple!service_main+0x60:
00000000`00401aa0 c704250000000000000000 mov dword ptr [0],0 ds:00000000`00000000=????????

0:001> ~*k
0 Id: d6c.cf4 Suspend: 0 Teb: 000007ff`fffdd000 Unfrozen
Child-SP   RetAddr   Call Site
00000000`0012f978 00000000`777026da ntdll!NtReadFile+0xa
00000000`0012f980 000007fe`feb265aa kernel32!ReadFile+0x8a
00000000`0012fa10 000007fe`feb262e3 advapi32!ScGetPipeInput+0x4a
00000000`0012faf0 000007fe`feb7ea5d advapi32!ScDispatcherLoop+0x9a
00000000`0012fbf0 00000000`004019f5 advapi32!StartServiceCtrlDispatcherA+0x8d
00000000`0012fe70 00000000`00408bac simple!main+0x155
00000000`0012fec0 00000000`0040897e simple!__tmainCRTStartup+0x21c
00000000`0012ff30 00000000`7770cdcd simple!mainCRTStartup+0xe
00000000`0012ff60 00000000`7792c6e1 kernel32!BaseThreadInitThunk+0xd
00000000`0012ff90 00000000`00000000 ntdll!RtlUserThreadStart+0x1d

1 Id: d6c.fcc Suspend: 0 Teb: 000007ff`fffdb000 Unfrozen
Child-SP   RetAddr   Call Site
00000000`008eff00 000007fe`feb24bf5 simple!service_main+0x60
00000000`008eff30 00000000`7770cdcd advapi32!ScSvcctrlThreadW+0x25
00000000`008eff60 00000000`7792c6e1 kernel32!BaseThreadInitThunk+0xd

```
00000000`008eff90 00000000`00000000 ntdll!RtlUserThreadStart+0x1d
```

NULL 포인터 접근 위반을 가진 사용자 정의 스레드를 생성하는 것도 나의 비스타 x86과 x64에서 크래시 덤프를 생성하지 않았다. 따라서 내가 놓친 어떤 설정이 없다면 비스타에서 네이티브 윈도우 서비스에 대해 자동으로 포스트모텀 크래시 덤프가 저장되게 할 방법은 없는 것 같다. 이것은 전통적인 서드파티 기술 지원 절차에 문제를 일으킬지도 모른다. 그러나 비스타 SP1과 윈도우 서버 2003에서는 가능한 어떤 솔루션이 있을 것 같다.

커널 공간으로 가는 길

유저 공간 애플리케이션을 개발하거나 디버깅하고 있다면(또는 유저 공간에서 크래시 덤프를 분석하고 있다면) 그리고 윈도우 커널 덤프와 디바이스 드라이버를 좀 더 잘 이해하기 원한다면 아래에 가장 효과적인 읽을거리 목록이 있다.

0. 다른 모든 책을 읽는 중에 윈도우 인터널스 책을 병행해 읽고 또 읽어라. 큰 그림과 몇 가지 유용한 WinDbg 명령과 기법을 알려준다. 그러나 부족한 부분을 채우고 커널 공간에 대한 자신감을 갖으려면 디바이스 드라이버 책을 몇 권 읽을 필요가 있다.

1. 『The Windows 2000 Device Driver Book: A Guide for Programmers(2nd Edition)』부터 시작하라. 이 얇은 책은 기본적인 것을 소개한다. 그리고 즉시 드라이버와 커널 툴을 개발해볼 수 있다.

2. 다음으로 지식을 더욱 견고하게 하기 위해 『Windows NT Device Driver Development』를 읽어라.

3. 여기서 멈추지 말고 『Developing Windows NT Device Drivers: A Programmer's Handbook』을 읽어라. 매우 훌륭한 이 책은 굉장히 자세하고 좋은 그림으로 모든 것을 설명한다.

4. 『Programming the Microsoft Windows Driver Model, Second Edition』으로 WDM 드라이버와 현대적인 표현에 대해 이어가라. 자신의 드라이버가 WDM이 아니어도 반드시 읽어야 한다.

5. 끝으로 『Developing Drivers with the Windows Driver Foundation』을 읽어라. 이것은 미래에 대한 것이다. 그리고 ETW(event tracing for Windows)와 WinDbg 익스텐션, PREfast, 정적 드라이버 베리파이어static driver verifier를 다룬다.

『Developing Drivers with the Windows Driver Foundation』을 읽은 후에 다음의 추가적인 읽을 거리(항상 사용하게 될 DDK 도움말은 포함시키지 않았다)를 병행할 수 있다.

1. OSR NT Insider의 글: http://www.osronline.com
2. 『Windows NT File System Internals』
3. 『Rootkits: Subverting the Windows Kernel』 이 책은 해커의 관점에서 윈도우 커널을 설명한다.

메모리 덤프 분석가 면접용 질문

다음의 면접용 질문은 윈도우 플랫폼에서 크래시 덤프 분석 능력을 평가하는 데 유용할 수 있다. 마찬가지로 디버깅에 대한 면접에도 유용할 수 있다.

1. FPO란 무엇인가?
2. 크래시 덤프에서 얼마나 많은 예외가 발견될 수 있는가?
3. WinDbg에서 다음 메시지를 봤다.

    WARNING: Stack unwind information not available. Following frames may be wrong.

    무엇을 해야 하는가?

4. 커널 덤프가 있다면 스핀락 구현을 어떻게 찾을 수 있는가?
5. OMAP이란 무엇인가?
6. 풀 페이지 힙이란 무엇인가?
7. 모듈 정보에 회사 이름이 없다. 어떻게 찾아볼 것인가?
8. IDT란 무엇인가?

9. 포스트모텀 디버거는 어떻게 동작하는가?
10. 애플리케이션의 미니 덤프가 있다. 어떻게 하면 코드를 디스어셈블해볼 수 있는가?
11. 애플리케이션의 메모리 소비량이 증가하고 있다. 누수하고 있는 컴포넌트를 어떻게 찾을 것인가?
12. IRQL이란 무엇인가?
13. TEB를 언제 사용할 것인가?
14. 서버에서 200개의 프로세스 덤프를 얻었다. 데드락을 찾을 필요가 있다. 어떻게 할 것인가?
15. 서버에서 컴플리트 메모리 덤프를 얻었다. 데드락을 찾을 필요가 있다. 어떻게 할 것인가?
16. GC 힙이란 무엇인가?
17. 당신의 고객이 보안 정책으로 인해 덤프 파일을 보내는 것을 주저하고 있다. 당신의 다음 단계는 무엇인가?
18. 첫 번째 예외First chance exception란 무엇인가?

디버깅할 때 듣기 좋은 음악

멀티스레드 프로그램에 대한 디버깅과 이해는 어렵다. 그리고 때로 몇 가지 실행 경로를 머릿속으로 실행할 것을 요구한다. 멀티스레딩을 음악에 사용한 작곡가들이 도움이 될 수 있다. 나는 J.S. 바흐의 곡을 선호한다. 협주곡과 교향곡은 라이브 디버깅에도 도움이 되는데, 쇼팽과 리스트, 베토벤의 곡을 추천한다.

많은 소프트웨어 엔지니어가 코드를 작성할 때 음악을 듣는다. 나도 예외는 아니다. 그렇지만 디버깅하는 동안 도움이 됐던 모든 음악이 프로그래밍에도 적절하지는 않음을 알았다.

내 경우 기분 전환을 위한 음악이나 꽤 클래식한 현대 음악이 프로그램 디자인과 견고한 코드를 어떻게 작성할지 생각하는 데 도움이 된다. 몇 가지 멜로디가

동시에 연주되는 음악과 교향곡, 협주곡은 깨달음을 얻고 버그를 찾는 데 도움이 된다. 나에게 있어선 크래시 덤프를 분석하거나 문제 트러블슈팅을 할 때 후자 유형의 음악을 듣는 것이 잘 맞는다.

PDBFinder

버전 3.5는 새로운 바이너리 데이터베이스 포맷을 사용한다. 그리고 이전 버전 3.0.1에 비해서 다음과 같은 점이 개선됐다.

- 데이터베이스 크기가 절반이 됐다.
- 시작할 때 데이터베이스 로드 시간이 5배 빨라졌다!

3.0.1 버전과 2.x 데이터베이스 포맷과 완전히 호환되며, 처음 로드할 때 예전의 데이터베이스를 새 포맷으로 조용히 변환한다.

추가로 새 버전은 3.0.1 버전의 버그를 수정했다. 새로운 데이터베이스를 빌드하기 전에 폴더를 추가하거나 삭제하면 가끔씩 잘못된 데이터베이스가 생성되곤 했다.

현재 개발 중인 차기 4.0 버전은 다음 기능을 가질 것이다.

- 다중 데이터베이스 열기
- 과도한 검색 결과 출력을 피하기 위한 빌드 중 특정 폴더 제거
- 완전히 설정 가능한 운영체제와 언어 검색 조건(현재 공개 버전에서는 비활성화돼 있다)

PDBFinder의 업그레이드는 다음 시트릭스 사의 기술 지원 링크에서 다운로드 가능하다.

http://support.citrix.com/article/CTX110629

프로세스가 조용히 죽는 경우

포스트모텀 디버거가 덤프 파일을 저장하지 않는 경우는 몇 가지가 있다. 비스타 이전 윈도우의 경우 충돌이 발생한 애플리케이션의 스레드가 디폴트 포스트모텀 디버거를 호출하므로 발생하는 문제다. 스레드 스택이 소진됐거나 중요한 스레드 데이터가 훼손됐다면 유저 덤프가 남지 않는다. 비스타에서 디폴트 포스트모텀 디버거는 WER_{Windows Error Reporting} 프로세스인 WerFault.exe가 호출한다. 따라서 유저 덤프를 저장할 기회가 항상 있다. 오늘 윈도우 2003(x64)에서 경험한 바로는 64비트 프로세스에서 스택 오버플로우가 발생하면 프로세스가 조용히 죽는다. 이는 같은 서버의 32비트 프로세스에서와 네이티브 32비트 운영체제에서는 발생하지 않는다. 비주얼 스튜디오 2005에서 생성한 기본 Win32 API 프로젝트를 수정한 다음 코드를 살펴보자.

```
...
volatile DWORD dwSupressOptimization;
...
void SoFunction();
...
LRESULT CALLBACK WndProc(HWND hWnd, UINT message, WPARAM
wParam, LPARAM lParam)
{
...
    case WM_PAINT:
        hdc = BeginPaint(hWnd, &ps);
        SoFunction();
        EndPaint(hWnd, &ps);
        break;
...
}
...
void SoFunction()
{
    if (++dwSupressOptimization)
    {
        SoFunction();
```

```
        WndProc(0,0,0,0);
    }
}
```

SoFunction에 WndProc 호출을 추가함으로써 릴리즈 빌드의 최적화로 인해 재귀적 호출이 루프로 변형되지 않게 한다.

```
void SoFunction()
{
    if (++dwSupressOptimization)
    {
        SoFunction();
    }
}
```

```
0:001> uf SoFunction
00401300 mov     eax,1
00401305 jmp     StackOverflow!SoFunction+0x10 (00401310)
00401310 add     dword ptr [StackOverflow!dwSupressOptimization
(00403374)],eax
00401316 mov     ecx,dword ptr [StackOverflow!dwSupressOptimization
(00403374)]
0040131c jne     StackOverflow!SoFunction+0x10 (00401310)
0040131e ret
```

따라서 WndProc를 추가하지 않거나 SoFunction을 좀 더 복잡하게 만들지 않으면 스택 오버플로우가 발생하지 않는다. 루프가 4294967295(0xFFFFFFFF)번 반복될 뿐이다.

SoFunction에 WndProc가 포함된 x64 프로젝트를 컴파일하고 실행해보면 기본 포스트모텀 디버거로는 절대로 덤프 파일을 얻지 못한다. TestDefaultDebugger64 툴을 충돌시켰을 때 기본 포스트모텀 디버거가 정상적으로 덤프 파일을 생성하는 것을 확인했더라도 그렇다. 또한 이상한 행동을 목격할 수 있다. 두 번째 윈도우가 리페인트repaint되는 동안에만 애플리케이션이 사라진다. 실행했을 때와 메인 윈도우가 나타날 때 즉시 충돌시키려고 해도 그렇다. 예를 들어 최소화한 후 최대화함으로써 강제로 리페인트할 때에야 화면과 프로세스 목록에서 사라진다.

64비트 WinDbg를 실행해 애플리케이션을 로드하고 실행해보면 첫 번째 예외가 잡히는 것을 알 수 있다.

```
0:000> g
(159c.fc4): Stack overflow - code c00000fd (first chance)
First chance exceptions are reported before any exception handling.
This exception may be expected and handled.
StackOverflow!SoFunction+0x22:
00000001`40001322 e8d9ffffff call StackOverflow!SoFunction
(00000001`40001300)
```

스택 트레이스는 일반적인 스택 오버플로우처럼 보인다.

```
0:000> k
Child-SP          RetAddr           Call Site
00000000`00033fe0 00000001`40001327 StackOverflow!SoFunction+0x22
00000000`00034020 00000001`40001327 StackOverflow!SoFunction+0x27
00000000`00034060 00000001`40001327 StackOverflow!SoFunction+0x27
00000000`000340a0 00000001`40001327 StackOverflow!SoFunction+0x27
00000000`000340e0 00000001`40001327 StackOverflow!SoFunction+0x27
00000000`00034120 00000001`40001327 StackOverflow!SoFunction+0x27
00000000`00034160 00000001`40001327 StackOverflow!SoFunction+0x27
00000000`000341a0 00000001`40001327 StackOverflow!SoFunction+0x27
00000000`000341e0 00000001`40001327 StackOverflow!SoFunction+0x27
00000000`00034220 00000001`40001327 StackOverflow!SoFunction+0x27
00000000`00034260 00000001`40001327 StackOverflow!SoFunction+0x27
00000000`000342a0 00000001`40001327 StackOverflow!SoFunction+0x27
00000000`000342e0 00000001`40001327 StackOverflow!SoFunction+0x27
00000000`00034320 00000001`40001327 StackOverflow!SoFunction+0x27
00000000`00034360 00000001`40001327 StackOverflow!SoFunction+0x27
00000000`000343a0 00000001`40001327 StackOverflow!SoFunction+0x27
00000000`000343e0 00000001`40001327 StackOverflow!SoFunction+0x27
00000000`00034420 00000001`40001327 StackOverflow!SoFunction+0x27
00000000`00034460 00000001`40001327 StackOverflow!SoFunction+0x27
00000000`000344a0 00000001`40001327 StackOverflow!SoFunction+0x27
```

CALL 인스트럭션이 진행되는 동안 RSP는 스택 보호 페이지 내에 있다.

```
0:000> r
rax=0000000000003eed rbx=00000000000f26fe rcx=0000000077c4080a
rdx=0000000000000000 rsi=000000000000000f rdi=0000000000000000
rip=0000000140001322 rsp=0000000000033fe0 rbp=00000001400035f0
 r8=000000000012fb18  r9=00000001400035f0 r10=0000000000000000
r11=0000000000000246 r12=000000000012fdd8 r13=000000000012fd50
r14=00000000000f26fe r15=0000000000000000
iopl=0         nv up ei pl nz na po nc
cs=0033  ss=002b  ds=002b  es=002b  fs=0053  gs=002b             efl=00010206
StackOverflow!SoFunction+0x22:
00000001`40001322 e8d9ffffff call StackOverflow!SoFunction
(00000001`40001300)

0:000> uf StackOverflow!SoFunction
00000001`40001300 sub     rsp,38h
00000001`40001304 mov     rax,qword ptr [StackOverflow!__security_cookie
(00000001`40003000)]
00000001`4000130b xor     rax,rsp
00000001`4000130e mov     qword ptr [rsp+20h],rax
00000001`40001313 add     dword ptr [StackOverflow!dwSupressOptimization
(00000001`400035e4)],1
00000001`4000131a mov     eax,dword ptr
[StackOverflow!dwSupressOptimization (00000001`400035e4)]
00000001`40001320 je      StackOverflow!SoFunction+0x37
(00000001`40001337)
00000001`40001322 call    StackOverflow!SoFunction (00000001`40001300)
00000001`40001327 xor     r9d,r9d
00000001`4000132a xor     r8d,r8d
00000001`4000132d xor     edx,edx
00000001`4000132f xor     ecx,ecx
00000001`40001331 call    qword ptr [StackOverflow!_imp_DefWindowProcW
(00000001`40002198)]
00000001`40001337 mov     rcx,qword ptr [rsp+20h]
00000001`4000133c xor     rcx,rsp
00000001`4000133f call    StackOverflow!__security_check_cookie
(00000001`40001360)
00000001`40001344 add     rsp,38h
00000001`40001348 ret
```

그렇지만 이 보호 페이지는 TEB와 현재 RSP 주소(0x33fe0)에서 보여지는 것처럼 마지막 스택 페이지가 아니다.

```
0:000> !teb
TEB at 000007fffffde000
    ExceptionList:        0000000000000000
    StackBase:            0000000000130000
    StackLimit:           0000000000031000
    SubSystemTib:         0000000000000000
    FiberData:            0000000000001e00
    ArbitraryUserPointer: 0000000000000000
    Self:                 000007fffffde000
    EnvironmentPointer:   0000000000000000
    ClientId:             000000000000159c . 0000000000000fc4
    RpcHandle:            0000000000000000
    Tls Storage:          0000000000000000
    PEB Address:          000007fffffd5000
    LastErrorValue:       0
    LastStatusValue:      c0000135
    Count Owned Locks:    0
    HardErrorMode:        0
```

실행을 계속하고 강제로 메인 윈도우를 갱신repaint하면 두 번째 예외second chance exception 대신 다른 첫 번째 예외를 얻게 된다.

```
0:000> g
(159c.fc4): Access violation - code c0000005 (first chance)
First chance exceptions are reported before any exception handling.
This exception may be expected and handled.
StackOverflow!SoFunction+0x22:
00000001`40001322 call StackOverflow!SoFunction (00000001`40001300)
```

이제 RSP가 유효한 스택 영역(스택 한계) 0x31000 바깥에 있음을 알 수 있다.

```
0:000> k
Child-SP          RetAddr           Call Site
```

```
00000000`00030ff0 00000001`40001327 StackOverflow!SoFunction+0x22
00000000`00031030 00000001`40001327 StackOverflow!SoFunction+0x27
00000000`00031070 00000001`40001327 StackOverflow!SoFunction+0x27
00000000`000310b0 00000001`40001327 StackOverflow!SoFunction+0x27
00000000`000310f0 00000001`40001327 StackOverflow!SoFunction+0x27
00000000`00031130 00000001`40001327 StackOverflow!SoFunction+0x27
00000000`00031170 00000001`40001327 StackOverflow!SoFunction+0x27
00000000`000311b0 00000001`40001327 StackOverflow!SoFunction+0x27
00000000`000311f0 00000001`40001327 StackOverflow!SoFunction+0x27
00000000`00031230 00000001`40001327 StackOverflow!SoFunction+0x27
00000000`00031270 00000001`40001327 StackOverflow!SoFunction+0x27
00000000`000312b0 00000001`40001327 StackOverflow!SoFunction+0x27
00000000`000312f0 00000001`40001327 StackOverflow!SoFunction+0x27
00000000`00031330 00000001`40001327 StackOverflow!SoFunction+0x27
00000000`00031370 00000001`40001327 StackOverflow!SoFunction+0x27
00000000`000313b0 00000001`40001327 StackOverflow!SoFunction+0x27
00000000`000313f0 00000001`40001327 StackOverflow!SoFunction+0x27
00000000`00031430 00000001`40001327 StackOverflow!SoFunction+0x27
00000000`00031470 00000001`40001327 StackOverflow!SoFunction+0x27
00000000`000314b0 00000001`40001327 StackOverflow!SoFunction+0x27

0:000> r
rax=0000000000007e98 rbx=00000000000f26fe rcx=0000000077c4080a
rdx=0000000000000000 rsi=000000000000000f rdi=0000000000000000
rip=0000000140001322 rsp=0000000000030ff0 rbp=00000001400035f0
 r8=000000000012faa8  r9=00000001400035f0 r10=0000000000000000
r11=0000000000000246 r12=000000000012fd68 r13=000000000012fce0
r14=00000000000f26fe r15=0000000000000000
iopl=0         nv up ei pl nz na pe nc
cs=0033  ss=002b  ds=002b  es=002b  fs=0053  gs=002b             efl=00010202
StackOverflow!SoFunction+0x22:
00000001`40001322 call    StackOverflow!SoFunction (00000001`40001300)
```

그러므로 같은 주소에서 두 번째 예외가 발생할 것이 기대된다. 그리고 실행을 계속하면 실제로 예외가 발생한다.

```
0:000> g
(159c.fc4): Access violation - code c0000005 (!!! second chance !!!)
StackOverflow!SoFunction+0x22:
00000001`40001322 call    StackOverflow!SoFunction (00000001`40001300)
```

자, 이제 왜 프로세스가 소리 없이 죽는지 알았다. 예외 디스패치 핸들러 함수와 프로세스 덤프를 저장하기 위한 디폴트 포스트모텀 디버거를 실행할 '처리되지 않은 예외 기본 필터default unhandled exception filter'를 위한 스택 공간이 없다. x64 윈도우에서는 프로세스에 첫 번째 스택 오버플로우 예외가 발생하면 이후 두 번째 예외가 발생하지 않는 것처럼 보인다. 그리고 첫 번째 스택 오버플로우 예외를 처리한 후 프로세스 실행을 계속하면 결국 스택 제한에 걸린다. 이것은 x64 윈도우라고 해도 32비트 프로세스에서는 발생하지 않는다. 처리되지 않은 첫 번째 스택 오버플로우 예외가 같은 스택 주소에서 즉시 두 번째 스택 오버플로우 예외를 발생시키기 때문이다. 그리고 스택에는 예외 핸들러와 필터 함수의 지역변수를 위한 충분한 공간이 남아 있다.

이것은 예외 처리 방식이 비스타에서 바뀌기 전까지 어떤 일이 발생했었는지에 대한 사례다.

ASLR: 주소 공간 레이아웃 랜덤화

비스타엔 새로운 ASLRAddress Space layout Randomization 기능이 있다.

- 로드 주소 랜덤화(/dynamicbase 링커 옵션)
- 스택 주소 랜덤화(/dynamicbase 링커 옵션)
- 힙 랜덤화

첫 번째 랜덤화는 비스타가 재부팅될 때마다 주소를 변경한다. 두 번째 랜덤화는 /dynamicbase 옵션으로 링크된 애플리케이션으로 실행할 때마다 발생한다. 세 번째 랜덤화는 다음에서 보는 것처럼 /dynamicbase 옵션과 상관없이 발생한다.

WinDbg를 calc와 notepad, 비스타 이전 애플리케이션인 TestDefaultDebugger

에 붙여 ASLR 기능을 확인해보자. 확실히 네이티브 비스타 애플리케이션은 ASLR을 사용한다.

재부팅 전과 후에 각기 조사된 두 개의 calc.exe 프로세스를 비교해보면 메인 모듈과 시스템 dll들이 각기 다른 로드 주소를 가짐을 알 수 있다.

```
0:000> lm
start    end      module name
009f0000 00a1e000 calc
74710000 748a4000 comctl32
75b10000 75bba000 msvcrt
...
...
76f00000 76fbf000 ADVAPI32
770d0000 771a8000 kernel32
771b0000 7724e000 USER32
77250000 7736e000 ntdll

0:000> lm
start    end      module name
00470000 0049e000 calc
...
...
743e0000 74574000 comctl32
...
75730000 757da000 msvcrt
757e0000 7589f000 ADVAPI32
...
75e20000 75ebe000 USER32
...
76cf0000 76dc8000 kernel32
76dd0000 76eee000 ntdll
...
```

재부팅 후의 메인 모듈 주소의 세 번째 바이트가 다르다. 0x00은 허용되지 않는다고 믿는다. 그렇지 않으면 0x00000000을 로드 주소로 갖게 된다. 따라서 255개의 고유한 로드 주소가 랜덤하게 선택될 수 있다.

스택 주소가 다르다.

```
0:000> k
ChildEBP RetAddr
000ffc8c 771d199a ntdll!KiFastSystemCallRet
000ffc90 771d19cd USER32!NtUserGetMessage+0xc
000ffcac 009f24e8 USER32!GetMessageW+0x33
000ffd08 00a02588 calc!WinMain+0x278
000ffd98 77113833 calc!_initterm_e+0x1a1
000ffda4 7728a9bd kernel32!BaseThreadInitThunk+0xe
000ffde4 00000000 ntdll!_RtlUserThreadStart+0x23

0:000> k
ChildEBP RetAddr
0007fbe4 75e4199a ntdll!KiFastSystemCallRet
0007fbe8 75e419cd USER32!NtUserGetMessage+0xc
0007fc04 004724e8 USER32!GetMessageW+0x33
0007fc60 00482588 calc!WinMain+0x278
0007fcf0 76d33833 calc!_initterm_e+0x1a1
0007fcfc 76e0a9bd kernel32!BaseThreadInitThunk+0xe
0007fd3c 00000000 ntdll!_RtlUserThreadStart+0x23
```

모듈 베이스 주소가 다르므로 콜 스택상의 리턴 주소도 역시 다르다.
힙 베이스 주소도 다르다.

```
0:000> !heap
Index Address
  1: 00120000
  2: 00010000
  3: 00760000
  4: 00990000
  5: 00700000
  6: 00670000
  7: 01320000

0:000> !heap
Index Address
```

```
1: 001b0000
2: 00010000
3: 00a00000
4: 009c0000
5: 00400000
6: 00900000
7: 01260000
```

PEB와 환경 주소도 다르다.

notepad.exe(PID 1248)

```
0:000> !peb
PEB at 7ffd4000
...
Environment: 000507e8
```

notepad.exe (PID 1370)

```
0:000> !peb
PEB at 7ffd9000
...
Environment: 003a07e8
```

TEB 내부를 보면 예외 핸들러 목록의 포인터와 스택 베이스도 다른 것을 알 수 있다.

notepad.exe(PID 1248)

```
TEB at 7ffdf000
ExceptionList:        0023ff34
StackBase:            00240000
StackLimit:           0022f000
SubSystemTib:         00000000
FiberData:            00001e00
ArbitraryUserPointer: 00000000
Self:                 7ffdf000
EnvironmentPointer:   00000000
```

```
ClientId:              00001248 . 000004e0
RpcHandle:             00000000
Tls Storage:           7ffdf02c
PEB Address:           7ffd4000
LastErrorValue:        0
LastStatusValue:       c0000034
Count Owned Locks:     0
HardErrorMode:         0
```

notepad.exe(PID 1370)

```
0:000> !teb
TEB at 7ffdf000
ExceptionList:         001ffa00
StackBase:             00200000
StackLimit:            001ef000
SubSystemTib:          00000000
FiberData:             00001e00
ArbitraryUserPointer:  00000000
Self:                  7ffdf000
EnvironmentPointer:    00000000
ClientId:              00001370 . 00001454
RpcHandle:             00000000
Tls Storage:           7ffdf02c
PEB Address:           7ffd9000
LastErrorValue:        5
LastStatusValue:       c0000008
Count Owned Locks:     0
HardErrorMode:         0
```

그렇지만 /dynamicbase 옵션으로 링크되지 않은 예전의 애플리케이션을 살펴보면 메인 모듈과 예전 dll 베이스 주소가 같음을 알 수 있다.

```
0:000> lm
start    end      module name
00400000 00435000 TestDefaultDebugger
20000000 2000d000 LvHook
```

각기 다른 선택적 사항에 대해 다음과 같이 요약했다.

- New 열   /dynamicbase 옵션으로 링크된 프로세스, 재부팅 없음
- New/Reboot 열   /dynamicbase 옵션으로 링크된 프로세스, 재부팅
- Old 열   예전 프로세스, 재부팅 없음
- Old/Reboot 열   예전 프로세스, 재부팅

Randomization	New/Reboot	New	Old/Reboot	Old
Module	+	−	−	−
System DLLs	+	−	+	−
Stack	+	+	−	−
Heap	+	+	+	+
PEB	+	+	+	+
Environment	+	+	+	+
ExceptionList	+	+	−	−

PEB와 프로세스 힙 베이스 주소에서 환경 주소가 항상 힙과 관련돼 있음을 알 수 있다.

```
0:000> !heap
Index    Address     Name    Debugging options enabled
1:       005f0000
0:000> !peb
PEB at 7ffd7000
...
...
...
   ProcessHeap:         005f0000
   ProcessParameters:   005f1540
   Environment:         005f07e8
```

내 생각엔 마이크로소프트 사가 ASLR을 기본적으로 활성화하지 않은 이유가 변화된 환경Changed Enviroment 패턴을 막기 위해서인 것 같다.

비스타에서 프로세스와 스레드의 시작

비스타에서 프로세스 덤프를 살펴봤거나 라이브 디버깅을 해봤었다면 스레드 스택이 뭔가 달라진 것 같다는 느낌을 받았을 것이다. 메인 스레드 스택에 kernel32 함수 BaseProcessStart가, 뒤따르는 스레드 스택에는 BaseThreadStart 함수가 더 이상 존재하지 않는다. 비스타에서는 kernel32!BaseThreadInitThunk를 호출하는 ntdll!_RtlUserThreadStart가 메인과 종속된 스레드 양쪽에 동일하게 사용된다.

```
0:002> ~*k

0 Id: 13e8.1348 Suspend: 1 Teb: 7ffdf000 Unfrozen
ChildEBP RetAddr
0009f8d8 77b7199a ntdll!KiFastSystemCallRet
0009f8dc 77b719cd USER32!NtUserGetMessage+0xc
0009f8f8 006b24e8 USER32!GetMessageW+0x33
0009f954 006c2588 calc!WinMain+0x278
0009f9e4 77603833 calc!_initterm_e+0x1a1
0009f9f0 779ea9bd kernel32!BaseThreadInitThunk+0xe
0009fa30 00000000 ntdll!_RtlUserThreadStart+0x23

1 Id: 13e8.534 Suspend: 1 Teb: 7ffde000 Unfrozen
ChildEBP RetAddr
0236f9d8 77a106a0 ntdll!KiFastSystemCallRet
0236f9dc 776077d4 ntdll!NtWaitForSingleObject+0xc
0236fa4c 77607742 kernel32!WaitForSingleObjectEx+0xbe
0236fa60 006b4958 kernel32!WaitForSingleObject+0x12
0236fa78 77603833 calc!WatchDogThread+0x21
0236fa84 779ea9bd kernel32!BaseThreadInitThunk+0xe
0236fac4 00000000 ntdll!_RtlUserThreadStart+0x23

# 2 Id: 13e8.1188 Suspend: 1 Teb: 7ffdd000 Unfrozen
```

```
ChildEBP RetAddr
0078fec8 77a3f0a9 ntdll!DbgBreakPoint
0078fef8 77603833 ntdll!DbgUiRemoteBreakin+0x3c
0078ff04 779ea9bd kernel32!BaseThreadInitThunk+0xe
0078ff44 00000000 ntdll!_RtlUserThreadStart+0x23

0:000> .asm no_code_bytes
Assembly options: no_code_bytes
0:000> uf ntdll!_RtlUserThreadStart
...
...
...
ntdll!_RtlUserThreadStart:
779ea996 push 14h
779ea998 push offset ntdll! ?? ::FNODOBFM::`string'+0xb6e (779ff108)
779ea99d call ntdll!_SEH_prolog4 (779f47d8)
779ea9a2 and dword ptr [ebp-4],0
779ea9a6 mov eax,dword ptr [ntdll!Kernel32ThreadInitThunkFunction (77a752a0)]
779ea9ab push dword ptr [ebp+0Ch]
779ea9ae test eax,eax
779ea9b0 je ntdll!_RtlUserThreadStart+0x32 (779c6326)
...
...
...
0:000> dds ntdll!Kernel32ThreadInitThunkFunction l1
77a752a0 77603821 kernel32!BaseThreadInitThunk
```

단일 프로세서 머신에서의 경쟁 조건

단일 프로세서 머신에서보다 멀티프로세서 머신에서 코드에 숨겨진 경쟁 조건이 좀 더 빈번하게 드러난다는 점은 잘 알려진 사실이다. 이를 설명하기 위해 다음과 같이 예제 코드를 만들어봤다.

```
volatile bool b;
void thread_true(void *)
{
   while(true)
   {
      b = true;
   }
}
void thread_false(void *)
{
   while(true)
   {
      b = false;
   }
}
int _tmain(int argc, _TCHAR* argv[])
{
   _beginthread(thread_true, 0, NULL);
   _beginthread(thread_false, 0, NULL);
   while(true)
   {
      assert (b == false || b == true);
   }
   return 0;
}
```

프로그램은 세 개의 스레드를 갖는다. 두 개는 같은 부울bool 변수 b에 다른 값을 설정하려고 시도한다. 그리고 메인 스레드는 그 값이 참인지 거짓인지 체크한다. 다음은 어설션assertion이 실패하는 시나리오다. 첫 번째 스레드(thread_true)가 b 변수를 true 값으로 설정하다. 따라서 어설션에서의 첫 번째 비교는 실패한다. 그리고 두 번째 비교가 참일 것을 기대한다. 그러나 메인 스레드는 값을 false로 바꾸는 두 번째 스레드(thread_false)에 의해 선점됐다. 그러므로 두 번째 비교도 실패한다. 디버그 빌드에서 부울 변수 b가 true도 false도 아니라는 어설션 대화상자가 나타난다!

프로그램을 컴파일하고 실행했다. 그리고 프로그램은 내 단일 프로세서 노트북에서 몇 시간 동안 실패하지 않았다. 멀티프로세서 머신에서는 몇 분만에 실패했다. 어설션의 어셈블리 언어 코드를 살펴보면 매우 짧음을 알 수 있다. 따라서 통계적으로 메인 스레드가 어설션 코드 중간에 선점될 가능성이 매우 낮다. 이는 단일 프로세서 머신에서 퀀텀이 소멸될 때까지 두 스레드가 나란히 실행되지 않기 때문이다. 따라서 어설션 코드를 퀀텀이 초과되게 길게 만들 필요가 있다. 이것을 시뮬레이션하려고 SwitchToThread 함수 호출을 추가했다. 어설션 코드가 실행을 다른 스레드에게 양도하면 그 다른 스레드는 아마도 thread_false가 될 것이다 그리고 메인 스레드에 의해 다시 선점되자마자 어설션 실패를 얻게 된다.

```
volatile bool b;
bool SlowOp()
{
    SwitchToThread();
    return false;
}
void thread_true(void *)
{
    while(true)
    {
        b = true;
    }
}
void thread_false(void *)
{
    while(true)
    {
        b = false;
    }
}
int _tmain(int argc, _TCHAR* argv[])
{
    _beginthread(thread_true, 0, NULL);
    _beginthread(thread_false, 0, NULL);
    while(true)
    {
        assert (b == false || SlowOp() || b == true);
    }
```

```
    return 0;
}
```

프로그램을 컴파일하고 다시 실행했다. 그러나 오랜 시간 동안 어떤 실패도 볼 수 없었다. thread_flase가 메인 스레드 이전에 항상 실행되는 것 같다. 그리고 메인 스레드가 실행될 때 단축 논리 연산자 ||가 규칙을 평가한다. SlowOp()가 실행될 기회가 없는 것이다. 그래서 b 변수를 false 값으로 설정하는 스레드 개수보다 b 변수를 true 값으로 설정하는 스레드의 개수가 두 배(2 to 1)가 되게 만들려고 thread_true_2라는 4번 째 스레드를 추가했다. 따라서 어설션이 실행되기 전에 b 변수가 true 값으로 설정될 기회를 더 많이 갖게 됐다.

```
volatile bool b;
bool SlowOp()
{
    SwitchToThread();
    return false;
}
void thread_true(void *)
{
    while(true)
    {
        b = true;
    }
}
void thread_true_2(void *)
{
    while(true)
    {
        b = true;
    }
}
void thread_false(void *)
{
    while(true)
    {
        b = false;
    }
```

```
}
int _tmain(int argc, _TCHAR* argv[])
{
   _beginthread(thread_true, 0, NULL);
   _beginthread(thread_false, 0, NULL);
   _beginthread(thread_true_2, 0, NULL);
   while(true)
   {
      assert (b == false || SlowOp() || b == true);
   }
   return 0;
}
```

새로운 프로그램을 실행했을 때 몇 분만에 어설션이 실패했다! 단일 프로세서 머신에서 경쟁 조건이 나타나게 하는 것은 이처럼 쉽지 않다.

ZW*와 NT* 함수 다시 보기

어떤 책에서 다음과 같은 시스템 서비스 테이블의 함수 인덱스를 구하는 매크로 정의를 본적이 있다.

```
#define HOOK_INDEX(func2hook) *(PULONG)((PUCHAR)func2hook+1)
```

전형적인 ntdll!Zw와 nt!Zw 함수(x86 윈도우 서비 2003)의 디스어셈블리를 살펴보기 전까진 코드를 이해할 수 없었다.

```
lkd> u ntdll!ZwCreateProcess
ntdll!NtCreateProcess:
7c821298 b831000000      mov     eax,31h
7c82129d ba0003fe7f      mov     edx,offset SharedUserData!SystemCallStub
(7ffe0300)
7c8212a2 ff12            call    dword ptr [edx]
7c8212a4 c22000          ret     20h
7c8212a7 90              nop
ntdll!ZwCreateProcessEx:
```

```
7c8212a8 b832000000        mov    eax,32h
7c8212ad ba0003fe7f        mov    edx,offset SharedUserData!SystemCallStub
(7ffe0300)
7c8212b2 ff12              call   dword ptr [edx]

lkd> u nt!ZwCreateProcess
nt!ZwCreateProcess:
8083c2a3 b831000000        mov    eax,31h
8083c2a8 8d542404          lea    edx,[esp+4]
8083c2ac 9c                pushfd
8083c2ad 6a08              push   8
8083c2af e8c688ffff        call   nt!KiSystemService (80834b7a)
8083c2b4 c22000            ret    20h
nt!ZwCreateProcessEx:
8083c2b7 b832000000        mov    eax,32h
8083c2bc 8d542404          lea    edx,[esp+4]
```

유저 공간에선 ntdll!Nt와 ntdll!Zw 변형이 같음을 알 수 있다. 그러나 커널 공간에선 다르다.

```
lkd> u nt!NtCreateProcess
nt!NtCreateProcess:
808f80ea 8bff              mov    edi,edi
808f80ec 55                push   ebp
808f80ed 8bec              mov    ebp,esp
808f80ef 33c0              xor    eax,eax
808f80f1 f6451c01          test   byte ptr [ebp+1Ch],1
808f80f5 0f8549d10600      jne    nt!NtCreateProcess+0xd (80965244)
808f80fb f6452001          test   byte ptr [ebp+20h],1
808f80ff 0f8545d10600      jne    nt!NtCreateProcess+0x14 (8096524a)
```

nt!Zw 함수는 서비스 테이블을 통해 디스패치된다. nt!Nt 함수가 실제 코드다. 확실하게 보려면 AMD x64 윈도우 서버 2003을 살펴보자.

유저 공간 x64 호출

```
0:001> u ntdll!ZwCreateProcess
```

```
ntdll!NtCreateProcess:
00000000`78ef1ab0 4c8bd1           mov     r10,rcx
00000000`78ef1ab3 b882000000       mov     eax,82h
00000000`78ef1ab8 0f05             syscall
00000000`78ef1aba c3               ret
00000000`78ef1abb 666690           xchg    ax,ax
00000000`78ef1abe 6690             xchg    ax,ax
ntdll!NtCreateProfile:
00000000`78ef1ac0 4c8bd1           mov     r10,rcx
00000000`78ef1ac3 b883000000       mov     eax,83h
```

x64 윈도우 서버 2003에서 유저 공간 x86 호출

```
0:001> u ntdll!ZwCreateProcess
ntdll!ZwCreateProcess:
7d61d428 b882000000      mov     eax,82h
7d61d42d 33c9            xor     ecx,ecx
7d61d42f 8d542404        lea     edx,[esp+4]
7d61d433 64ff15c0000000  call    dword ptr fs:[0C0h]
7d61d43a c22000          ret     20h
7d61d43d 8d4900          lea     ecx,[ecx]
ntdll!ZwCreateProfile:
7d61d440 b883000000      mov     eax,83h
```

x64 윈도우 서버 2003에서 커널 공간 호출

```
kd> u nt!ZwCreateProcess nt!ZwCreateProcess+20
nt!ZwCreateProcess:
fffff800`0103dd70 488bc4          mov     rax,rsp
fffff800`0103dd73 fa              cli
fffff800`0103dd74 4883ec10        sub     rsp,10h
fffff800`0103dd78 50              push    rax
fffff800`0103dd79 9c              pushfq
fffff800`0103dd7a 6a10            push    10h
fffff800`0103dd7c 488d057d380000  lea     rax,[nt!KiServiceLinkage
(fffff800`01041600)]
fffff800`0103dd83 50              push    rax
```

```
fffff800`0103dd84 b882000000           mov      eax,82h
fffff800`0103dd89 e972310000           jmp      nt!KiServiceInternal
(fffff800`01040f00)
fffff800`0103dd8e 6690                 xchg     ax,ax

kd> u nt!NtCreateProcess
nt!NtCreateProcess:
fffff800`01245832 53                       push     rbx
fffff800`01245833 4883ec50                 sub      rsp,50h
fffff800`01245837 4c8b9c2488000000         mov      r11,qword ptr [rsp+88h]
fffff800`0124583f b801000000               mov      eax,1
fffff800`01245844 488bd9                   mov      rbx,rcx
fffff800`01245847 488b8c2490000000         mov      rcx,qword ptr [rsp+90h]
fffff800`0124584f 41f6c301                 test     r11b,1
fffff800`01245853 41ba00000000             mov      r10d,0
```

코드가 커널 x86에서와 같다. Zw 함수는 디스패치된다. 그러나 Nt 함수는 실제 코드다. 어떤 함수 형태가 디스패치되는지 어떤 것이 실제 코드인지 기억하라. 'Z-디스패치'로 기억하는 것을 추천한다.

프로그래머 유니버설리스

잠시 동안의 경험은 GUI부터 기계어 명령까지 아래로 또는 위로 모든 것을 개발해보는 것은 깨달음을 얻기 위해 매우 좋은 방법이다. 모든 레벨에서 소프트웨어가 어떻게 동작하는지 이해하는 것은 메모리 덤프 분석에 확실히 많은 도움이 된다. 메모리 덤프의 스레드 스택을 살펴봄으로써 소프트웨어를 이해하는 데 도움이 된다. 많이 알수록 덤프 분석이나 디버깅을 더 잘 할 수 있다. 디버깅은 소스코드를 헤집어 보는 것이 아니다. 이것은 프로그래머 스페셜리스트의 매우 좁은 시각이다. 프로그래머 유니버설리스universalis는 모든 가능한 레벨에서 디버깅을 할 수 있다. 그리고 모든 가능한 소프트웨어 계층을 개발할 수 있다.

닥터 왓슨 로그 분석

닥터 왓슨Dr. Watson 로그의 주된 문제는 심볼 정보가 없다는 점이다. 그러나 이것은 크래시에서 로그 엔트리를 생성한 것과 같은 바이너리를 갖고 있다면 WinDbg를 사용해 어느 정도 해결할 수 있다. TestDefaultDebugger 툴을 사용해 이를 설명할 것이다. 이 툴의 주목적은 스스로를 충돌시키는 것이다. 여기선 단지 어떻게 스택을 재구성하는지 보여주기 위해서만 툴을 사용한다.

프로그램을 실행하고 닥터 왓슨을 기본 포스트모텀 디버거로 설정하면 다음과 같은 이벤트가 기록된 닥터 왓슨 로그를 얻을 수 있다.

```
*** ERROR: Module load completed but symbols could not be loaded for
C:\Work\TestDefaultDebugger.exe
function: TestDefaultDebugger
        004014e6 cc              int     3
        004014e7 cc              int     3
        004014e8 cc              int     3
        004014e9 cc              int     3
        004014ea cc              int     3
        004014eb cc              int     3
        004014ec cc              int     3
        004014ed cc              int     3
        004014ee cc              int     3
        004014ef cc              int     3
FAULT ->004014f0 c70500000000000000000 mov dword ptr ds:[0],0
ds:0023:00000000=????????
        004014fa c3              ret
        004014fb cc              int     3
        004014fc cc              int     3
        004014fd cc              int     3
        004014fe cc              int     3
        004014ff cc              int     3
        00401500 0fb7542404      movzx   edx,word ptr [esp+4]
        00401505 89542404        mov     dword ptr [esp+4],edx
        00401509 e98e1c0000      jmp     TestDefaultDebugger+0x319c
   (0040319c)
        0040150e cc              int     3
```

```
*.-> Stack Back Trace <----*
*** ERROR: Symbol file could not be found. Defaulted to export symbols
for C:\WINDOWS\system32\ntdll.dll -
ChildEBP RetAddr Args to Child
WARNING: Stack unwind information not available. Following frames may be
wrong.
TestDefaultDebugger+0x14f0
TestDefaultDebugger+0x3470
TestDefaultDebugger+0x2a27
TestDefaultDebugger+0x8e69
TestDefaultDebugger+0x98d9
```

로그 엔트리가 저장될 때 심볼이 없었던 것을 알 수 있다. 대부분의 경우 이렇다. 이런 로그 파일이 있는데 대응되는 유저 덤프가 없을 때(아마도 덮어 쓰여졌을 것이다)에도 스택 트레이스를 재구성할 수 있다. 재구성하려면 먼저 WinDbg를 실행한다. 그리고 애플리케이션에 대한 심볼 파일 경로를 설정하고 크래시 덤프처럼 애플리케이션을 로드한다.

```
Microsoft (R) Windows Debugger Version 6.6.0007.5
Copyright (c) Microsoft Corporation. All rights reserved.
Loading Dump File [C:\Work\TestDefaultDebugger.exe]
Symbol search path is:
SRV*c:\websymbols*http://msdl.microsoft.com/download/symbols;c:\work
Executable search path is:
ModLoad: 00400000 00435000    C:\Work\TestDefaultDebugger.exe
eax=00000000 ebx=00000000 ecx=00000000 edx=00000000 esi=00000000
edi=00000000
eip=0040e8bb esp=00000000 ebp=00000000 iopl=0 nv up di pl nz na po nc
cs=0000 ss=0000 ds=0000 es=0000 fs=0000 gs=0000 efl=00000000
TestDefaultDebugger!wWinMainCRTStartup:
0040e8bb
e876440000     call  TestDefaultDebugger!__security_init_cookie
(00412d36)
```

이제 ln 명령을 사용해 가장 가까이 있는 심볼을 얻을 수 있다(명확하게 보이게 작은 폰트를 사용했다).

```
0:000> ln TestDefaultDebugger+0x14f0
c:\testdefaultdebugger\testdefaultdebuggerdlg.cpp(155)
(004014f0) TestDefaultDebugger!CTestDefaultDebuggerDlg::OnBnClickedButton1 | (00401500) Test
DefaultDebugger!CDialog::Create
Exact matches:
    TestDefaultDebugger!CTestDefaultDebuggerDlg::OnBnClickedButton1 (void)
0:000> ln TestDefaultDebugger+0x3470
f:\rtm\vctools\vc7libs\ship\atlmfc\src\mfc\cmdtarg.cpp(381)+0x18
(00403358) TestDefaultDebugger!CCmdTarget::OnCmdMsg+0x118 | (00403472) TestDefaultDebugger!C
CmdTarget::IsInvokeAllowed
0:000> ln TestDefaultDebugger+0x2a27
f:\rtm\vctools\vc7libs\ship\atlmfc\src\mfc\dlgcore.cpp(85)+0x17
(00402a0c) TestDefaultDebugger!CDialog::OnCmdMsg+0x1b | (00402a91) TestDefaultDebugger!CDial
og::`scalar deleting destructor'
0:000> ln TestDefaultDebugger+0x8e69
f:\rtm\vctools\vc7libs\ship\atlmfc\src\mfc\wincore.cpp(2299)+0xd
(00408dd9) TestDefaultDebugger!CWnd::OnCommand+0x90 | (00408e70) TestDefaultDebugger!CWnd::O
nNotify
0:000> ln TestDefaultDebugger+0x98d9
f:\rtm\vctools\vc7libs\ship\atlmfc\src\mfc\wincore.cpp(1755)+0xe
(004098a3) TestDefaultDebugger!CWnd::OnWndMsg+0x36 | (00409ecf) TestDefaultDebugger!CWnd::Re
flectChildNotify
0:000> ln TestDefaultDebugger+0x6258
f:\rtm\vctools\vc7libs\ship\atlmfc\src\mfc\wincore.cpp(1741)+0x17
(00406236) TestDefaultDebugger!CWnd::WindowProc+0x22 | (0040627a) TestDefaultDebugger!CTestC
mdUI::CTestCmdUI
0:000> ln TestDefaultDebugger+0x836d
f:\rtm\vctools\vc7libs\ship\atlmfc\src\mfc\wincore.cpp(243)
(004082d3)  TestDefaultDebugger!AfxCallWndProc+0x9a | (004083c0) TestDefaultDebugger!AfxWndProc
```

이런 식으로 스택 트레이스를 재구성했다.

```
TestDefaultDebugger!CTestDefaultDebuggerDlg::OnBnClickedButton1
TestDefaultDebugger!CCmdTarget::OnCmdMsg+0x118
TestDefaultDebugger!CDialog::OnCmdMsg+0x1b
TestDefaultDebugger!CWnd::OnCommand+0x90
TestDefaultDebugger!CWnd::OnWndMsg+0x36
TestDefaultDebugger!CWnd::WindowProc+0x22
TestDefaultDebugger!AfxCallWndProc+0x9a
```

검증해보기 위해 최상단을 디스어셈블한다. 그리고 닥터 왓슨 로그의 충돌 지점과 대응되는지 확인한다.

```
0:000> u TestDefaultDebugger!CTestDefaultDebuggerDlg::OnBnClickedButton1
TestDefaultDebugger!CTestDefaultDebuggerDlg::OnBnClickedButton1
[c:\testdefaultdebugger\testdefaultdebuggerdlg.cpp @ 155]:
004014f0 c70500000000000000000 mov     dword ptr ds:[0],0
004014fa c3                     ret
004014fb cc                     int     3
004014fc cc                     int     3
004014fd cc                     int     3
004014fe cc                     int     3
004014ff cc                     int     3
```

디버깅 이후의 난제

실제 사례 개발된 애플리케이션이 갑자기 메모리를 초당 100Mb씩 엄청난 양을 매우 빠른 속도로 누수하기 시작했다. 애플리케이션이 메모리 누수가 있는 것으로 알려진 DLL을 사용하고 있긴 하지만 이전에는 누수되는 양이 매우 적었다. 이 문제를 하루 종일 디버깅하던 개발자는 현재 버전을 그대로 두고 애플리케이션의 파일명을 변경해서 다시 실행해봤다. 그러자 파일명만 다른 같은 실행 파일이 이전과 같이 훨씬 적은 양의 메모리만을 소비했다. 이름을 다시 되돌렸더니 애플리케이션은 다시 엄청난 양의 메모리를 소비하기 시작했다. 개발자는 머리를 긁적이면서 3주 전에 풀 페이지 힙full page heap을 활성화(페이지의 마지막 부분에 할당한다)한 것을 기억해 냈다.

이 이야기의 교훈은 디버깅을 목적으로 만든 변화는 디버깅을 마치자마자 항상 되돌리거나 매번 초기화돼 있는 분리된 디버깅 환경을 사용하라는 것이다. 분리된 디버깅 환경의 경우 요즘엔 VMWare나 Virtual PC, Xen을 사용해 쉽게 만들 수 있다.

크래시 덤프 분석 스타일

각기 다른 회사와 엔지니어들로부터 받은 많은 크래시 덤프 분석 보고를 살펴본 후 그것들을 좀 더 읽기 좋게 할 몇 가지 규칙을 강조하고자 한다.

- 디버거 출력 포맷에 고정 크기 폰트를 사용하라(Courier New나 Lucida Console). 가독성에 있어서 매우 중요하다.
- 중요한 주소나 데이터는 굵게 하고 강조 표시(다른 색을 사용)한다.
- 같은 주소나 데이터는 일관성 있게 같은 색을 유지한다.
- 버그의 조짐이 있는 지점은 붉은색을 사용한다.
- 덤프 파일을 참조한다면 링크를 설치한다.

좋지 않은 크래시 덤프 분석 스타일은 다음과 같다

- 가변 크기 폰트(디버거 출력 결과를 아웃룩 이메일에 있는 그대로 복사한다. 그리고 아웃룩은 기본 폰트를 사용한다)를 사용한다.
- 전체 데이터 세트(예를 들어 스택 트레이스)를 붉은 색으로 강조한다.
- 너무 많은 무의미한 정보를 포함한다.

비주얼 스튜디오에서 크래시 덤프 분석하기

파일이 아니라 솔루션/프로젝트로 유저 크래시 덤프를 열면 비주얼 스튜디오 디버그 윈도우, 예를 들면 막강한 감시 윈도우Watch window를 사용해 크래시 덤프 분석을 할 수 있다. 다음 그림에서 보는 것처럼 NTSD로 저장한 테스트 프로그램의 크래시 덤프를 비주얼 스튜디오에서 로드했다. 그리고 어셈블리 코드와 소스 코드가 멋지게 상호 배치됐다.

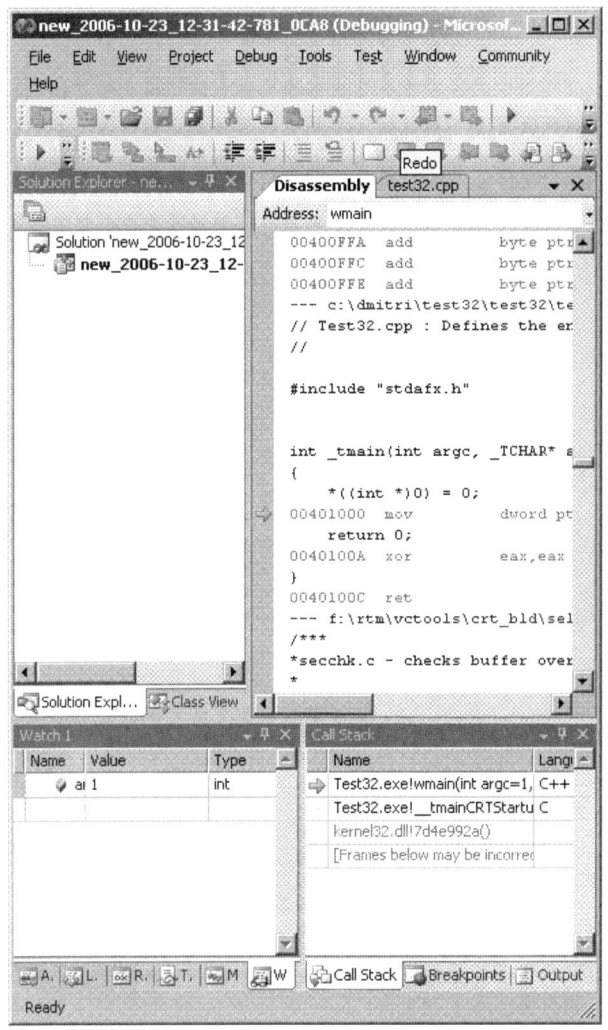

　추가적인 심볼 경로나 심볼 서버를 설정할 필요가 있다면 Tools/Options/Debugging/Symbols 메뉴의 대화상자를 사용할 수 있다.

　비주얼 스튜디오에서 라이브 디버깅을 하는 엔지니어나 WinDbg 사용 경험이 없는 엔지니어가 고객에게 받은 애플리케이션의 크래시 덤프를 살펴봐야 할 때 유용할 것이다.

64비트 덤프에 있는 32비트 스택

x64 윈도우에서 32비트 프로세스의 64비트 덤프를 갖고 있을 때 유용할 수도 있는 간단한 지침이 있다. 32비트와 64비트 프로세스의 분리된 덤프 유형과 도구에 대해선 이미 언급했다.

64비트 덤프 파일이 있고 32비트 스레드 스택을 살펴보기 원하는 등의 경우에 사용할 수 있는 간단한 솔루션이 있다. 64비트 WinDbg의 wow64exts.dll을 사용하면 된다.

전체적인 설명과 솔루션은 다음 링크의 크래시 덤프 분석 포럼에서 찾을 수 있다.

http://www.dumpanalysis.org/forum/viewtopic.php?t=39

고객이 우연하게 32비트 프로세스의 64비트 덤프를 보내와도 새로운 덤프를 요청하지 않고 스레드를 살펴볼 수 있다. 따라서 빙빙돌지 않고 짧은 시간 안에 문제를 결정할 수 있다.

어셈피디아

내 석사 논문의 일부분과 같은 윈텔 어셈블리어 대백과사전을 발견했다. http://www.asmpedia.org/ 덤프 분석과 리버스 엔지니어링 관점의 정보가 제공된다.

테스트하고 코멘트를 수집하기 위해 거침없이 몇 개의 엔트리를 만들었다. 예를 들면 다음과 같다.

MOV 인스트럭션

http://www.asmpedia.org/index.php?title=MOV

인스트럭션 설명엔 다음과 같은 것들이 포함될 것이다.

- 정의와 예제
- x86과 x64의 차이
- C 스타일 의사코드

- 주석이 달린 WinDbg 디스어셈블리

- C/C++ 컴파일러 translation 예제

Op 코드와 니모닉은 상호 참조된다. 예를 들면 다음과 같다.

0xBB

http://www.asmpedia.org/index.php?title=0xBB I

나는 인텔과 AMD 매뉴얼과 WinDbg의 디스어셈블리 출력 결과를 참조로 사용한다.

마침내 모든 x86 인스트럭션을 배우려는 내 욕망을 채울 수 있다.

향후 계획은 윈텔 부분의 대부분을 끝내자마자 ARM 어셈블리어를 시작하는 것이다. 윈도우 모바일 분야에서 개발 중이고 거기서 저수준의 것들에 관심이 있기 때문이다.

WINE이 크래시 덤프 분석에 도움이 되는 이유

프로젝트 WINEWindows API on top of X and Unix에 대해 이미 알고 있거나 들어본 적이 있을 것이다.

winehq.com

나는 10년 전 이것이 시작됐을 때 들어본 적이 있다. 그리고 지금 다시 재발견했다. 그리고 매우 놀랐다. 어떤 NT 상태 코드를 찾고 있었는데 마이크로소프트 공식 문서에서는 찾을 수 없었다. 그런데 다음 링크에서 찾을 수 있었다.

http://cvs.winehq.com/cvsweb/wine/dlls/ntdll/error.c

Win32 프로그램을 실행하기 위해 WINE는 OLE32, USER32, GDI32, KERNEL32, ADVAPI, 물론 NTDLL을 포함한 모든 API 호출을 에뮬레이션한다.

http://cvs.winehq.com/cvsweb/wine/dlls/ntdll/

http://cvs.winehq.com/cvsweb/wine/dlls/ole32/

http://cvs.winehq.com/cvsweb/wine/dlls/user32/

http://cvs.winehq.com/cvsweb/wine/dlls/kernel32/

http://cvs.winehq.com/cvsweb/wine/dlls/gdi32/

http://cvs.winehq.com/cvsweb/wine/dlls/advapi32/

수백 개의 다른 컴포넌트가 더 있다. 모든 소스코드는 다음 링크에서 얻을 수 있다.

http://cvs.winehq.com/cvsweb/wine/

윈도우 운영체제 디자이너에 의해 특정 함수나 프로토콜이 어떻게 구현됐는지 알고 싶다면 시작 지점으로 안성맞춤이다.

레거시 디버깅의 공포

C와 C++의 매크로 정의가 흉악함을 우리 모두 알고 있다. 미묘한 버그들을 만들어내 유지 보수 악몽의 원인이 된다. 15년 전에 작성된 매크로를 사용하는 10년 전에 작성한 내 옛날 코드가 디버깅된 다음에야 비로소 매크로를 사용할 것이다.

나의 윈도우 모바일 5.0 애플리케이션이 POOM_{Pocket Outlook Object Model} COM 인터페이스를 사용하고 있을 때 충돌했다. 충돌은 확실히 내 코드를 가리키고 있지 않았다. 충돌은 항상 pimstore.dll과 로드된 다른 마이크로소프트 사 모듈 이후에 발생했다. 그리고 COM 인터페이스는 에러를 리턴하기 시작했다. 나는 먼저 내가 POOM을 잘못 사용한 것은 아닌지 의심했다. 그리고 모든 코드를 각기 다른 방법을 재작성했다. 잘 되지 않았다. 그래서 윈도우 모바일 5.0 SDK에 있는 PoomMaster 샘플로 시도해봤다. 잘 동작했다. 그래서 내 코드를 샘플에 있는 것과 정확히 똑같이 다시 작성했다. 잘 안 됐다. 마지막 희망은 크래시가 사라지길 바라고 코드를 내 DLL에서 EXE로 옮기는 것이다(샘플 SDK처럼). 그러나 역시 도움이 되지 않았다. 그때서야 문제가 내 예전 코드에 있을 수도 있다는 것을 서서히 깨닫기 시작했다. 그리고 오래된 한 조각의 코드가 이전에는 전혀 사용되지 않았다는 것을 알아챘다. 그래서 어떤 매크로를 찾을 때까지 제거에 의한 디버깅(조금씩 코멘트 아웃해 나감)을 시작했다. 한 쌍의 괄호를 놓친 것을 알아차릴 때까지 한동안 노려보고 있어야만 했다. 이것이 원래 의도보다 적은 메모리를 할당하고 더욱 나쁘게도 리턴되는 포인터에 2를 곱하는 원인이었다! 결과적으로 포인터는 다른 모듈을 가리키고 있었고, 이어지는 문자열 복사는 마이크로소프트 사의 dll에서 충돌이 발생하게 그들의 메모리를 효과적으로 덮어쓰고 있었다.

다음은 문제의 레거시 매크로다.

```
#define ALLOC(t, p, s)
((p)=(t)GlobalLock(GlobalAlloc(GHND, (s))))
```

메모리를 할당하고 포인터를 리턴한다. 이것은 다음과 같이 호출돼야 한다(크기 인자를 굵게 강조했다).

```
if (ALLOC(LPWSTR,lpm->lpszEvents,
(lstrlen(lpszMacro)+1)*sizeof(WCHAR)))
{
    lstrcpy(lpm->lpszEvents, lpszMacro);
    lpm->nEvents=lstrlen(lpm->lpszEvents)+1;
}
```

Lstrlen 함수 앞의 괄호와 마지막 닫는 괄호가 없는 것을 발견했다(size 인자를 굵게 강조했다).

```
if (ALLOC(LPWSTR,lpm->lpszEvents,
lstrlen(lpszMacro)+1)*sizeof(WCHAR))
{
    lstrcpy(lpm->lpszEvents, lpszMacro);
    lpm->nEvents=lstrlen(lpm->lpszEvents)+1;
}
```

결과적으로 매크로가 확장되면 다음과 같이 된다.

```
if (lpm->lpszEvents=(LPWSTR)GlobalLock(GlobalAlloc(GHND,
lstrlen(lpszMacro)+1))*sizeof(WCHAR))
```

할당된 메모리에 대한 포인터에 2가 곱해지고 문자열 복사는 다른 로드된 dll

의 주소 공간의 임의의 장소에 수행돼 그들의 데이터를 훼손하고 나중에 프로세스를 충돌시키는 원인이 된다.

UML과 디바이스 드라이버

디바이스 드라이버에 대한 여러 권의 책과 글에서 영감을 받았다. 커널과 디바이스 드라이버 설계와 아키텍처를 설명함에 있어 UML이 거의 사용되지 않고 있었다. 모든 것이 단어나 고유한 표기법에 의해 설명되고 있었다.

최근 나는 UML을 사용했던 과거의 경험에 기초해 아키텍처와 디자인을 설명하고 의사소통하기 위한 몇 가지 다이어그램을 만들고 있다.

0. 메이저 드라이버 인터페이스를 묘사하는 컴포넌트 다이어그램

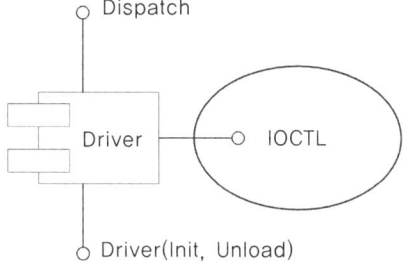

1. 드라이버와 디바이스 간의 관계를 묘사하는 클래스와 객체 다이어그램

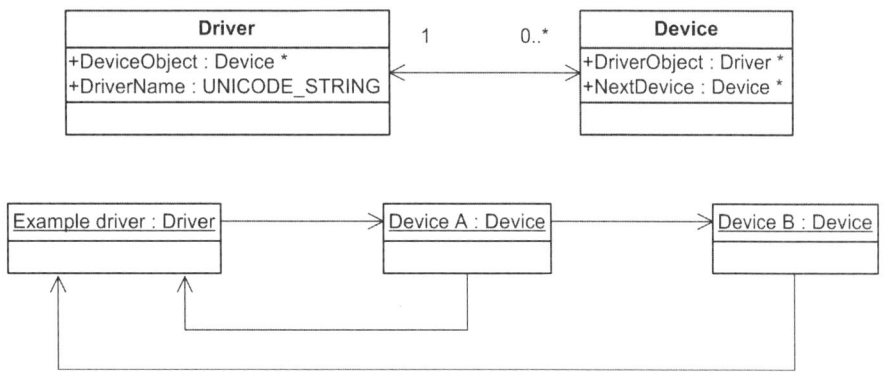

2. Win32 API 함수 ReadFile을 호출할 때의 의존관계와 인터페이스를 나타내는 컴포넌트 다이어그램

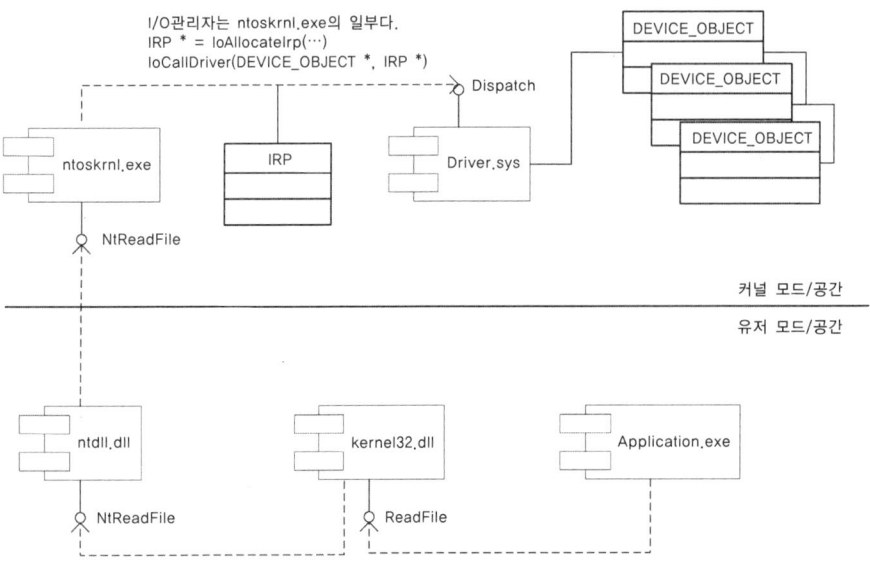

3. 드라이버 스택(드라이버와 드라이버 간의 통신)에서 IRP 흐름을 나타내는 컴포넌트 다이어그램

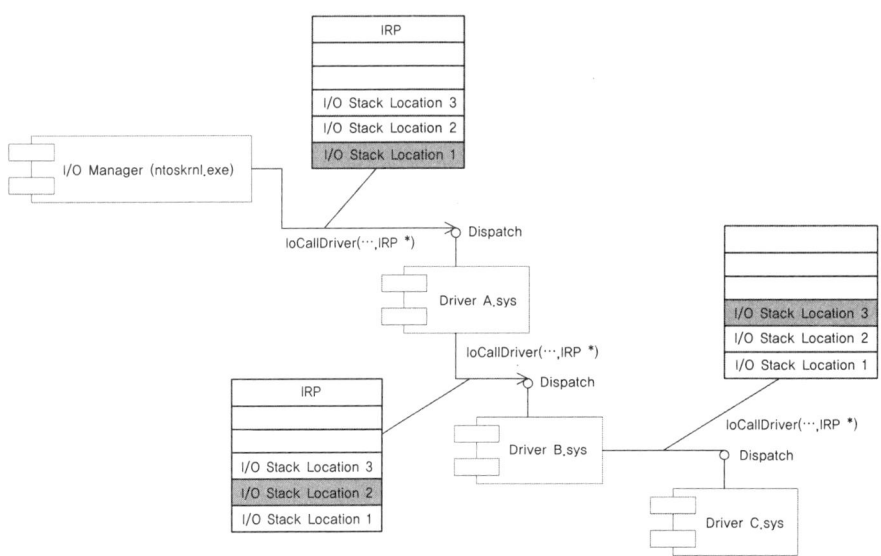

실제로 일부 드라이버 책에서 드라이버나 디바이스 스택에 대응하는 IRP 스택

에서 I/O 스택 로케이션의 순서를 잘못 묘사하고 있음을 발견했다. 올바른 레이아웃은 위에 묘사돼 있다. IRP I/O 스택 로케이션은 메모리에서 다른 모든 윈텔 스택처럼 아래로 자란다(낮은 주소 쪽으로). 커널 덤프나 DDK 헤더 파일 wdm.h에 있는 다음 IRP I/O 스택 로케이션이 메모리에서 아래쪽이라는 것을 보여주는 다음 매크로(현재 스택 로케이션 포인터에서 1을 뺀다)에서 알 수 있다.

```
#define IoGetNextIrpStackLocation( Irp ) (\
(Irp)->Tail.Overlay.CurrentStackLocation - 1 )
```

메모리 덤프(그리고 라이브 디버깅)은 컴포넌트 관계 연구와 시퀀스 다이어그램 재구성에 좋다. 예를 들면 다음의 크래시 덤프에서 편집된 조각은 누가 누구를 호출하는지 나타낸다. 그리고 컴포넌트 의존관계는 Win32 API 함수 GetDriveType로 재구성할 수 있다. SHELL32(calls it) ➤ kernel32 ➤ ntdll ➤ nt(ntoskrnl.exe). 또한 다양한 시트릭스 사의 훅hook과 필터 드라이버(CtxSbxXXX)를 볼 수 있다.

```
kd> kL
CtxSbx!xxx
nt!IovCallDriver
nt!IofCallDriver
CtxAltStr!xxx
nt!IovCallDriver
nt!IofCallDriver
nt!IopParseDevice
nt!ObpLookupObjectName
nt!ObOpenObjectByName
nt!IopCreateFile
nt!IoCreateFile
nt!NtOpenFile
nt!KiSystemService
SharedUserData!SystemCallStub
ntdll!ZwOpenFile
CtxSbxHook!xxx
kernel32!GetDriveTypeW
SHELL32!CMountPoint::_EnumMountPoints
```

통계학: 모든 프로세스에 걸쳐서 CPU가 100%인 경우

어떤 이벤트나 사용자 액션 뒤에 이 일이 발생하면 분명히 어떤 '통지 훅notification hook'이 개입된 것이다. 현재 프로세서상에서의 WinDbg !thread 명령은 IdleLoop 스레드가 아닌 현재 실행 중인 스레드를 잡아낼 것이다. 그리고 !process 명령은 현재 프로세스 컨텍스트를 나타낼 것이다. 그러고 나서 스레드 스택에서 어떤 컴포넌트가 책임이 있는지 근거를 갖고 추측할 수 있다.

멀티프로세서 플랫폼에서 생성된 메모리 덤프 파일을 살펴볼 때 현재 프로세서를 변경하는 데 ~"p"s 명령을 사용할 수 있다. "p"는 0부터 시작하는 프로세스 번호이다. 예를 들면 ~1s는 현재 프로세서를 두 번째 프로세서로 바꾸라는 의미다. 모든 프로세서는 고유한 스레드와 프로세스 컨텍스트를 가진다는 점을 기억하라. 프로세서가 아무것도 하고 있지 않다면 유휴 프로세스에 속한 KiIdleLoop 스레드에서 루프를 돌고 있는 것이다.

부록 A

크래시 덤프 분석 포털

다음은 상호간 견고하게 통합된 올인원 사이트의 기능이다.

- 이 책의 업데이트와 정오표
- 크래시 덤프 분석 블로그
- 크래시 덤프 분석 포럼
- 크래시 덤프 분석 패턴
- 디버깅과 소프트웨어 엔지니어링 책의 리뷰
- 다양한 트러블슈팅과 디버깅 블로그와 리소스와 툴에 대한 링크
- 지금 그리고 향후 오픈 태스크 타이틀로 올 것에 대한 정보
- 참조 스택 트레이스
- 어셈피디아
- 뉴스
- 일자리 광고
- WinDbg 퀵 링크
- 크래시 덤프 분석 체크리스트와 포스터
- E-zine

등록이 필요 없다. 다양한 포럼에 참석하거나 이메일 통지를 신청하더라도 그렇다.

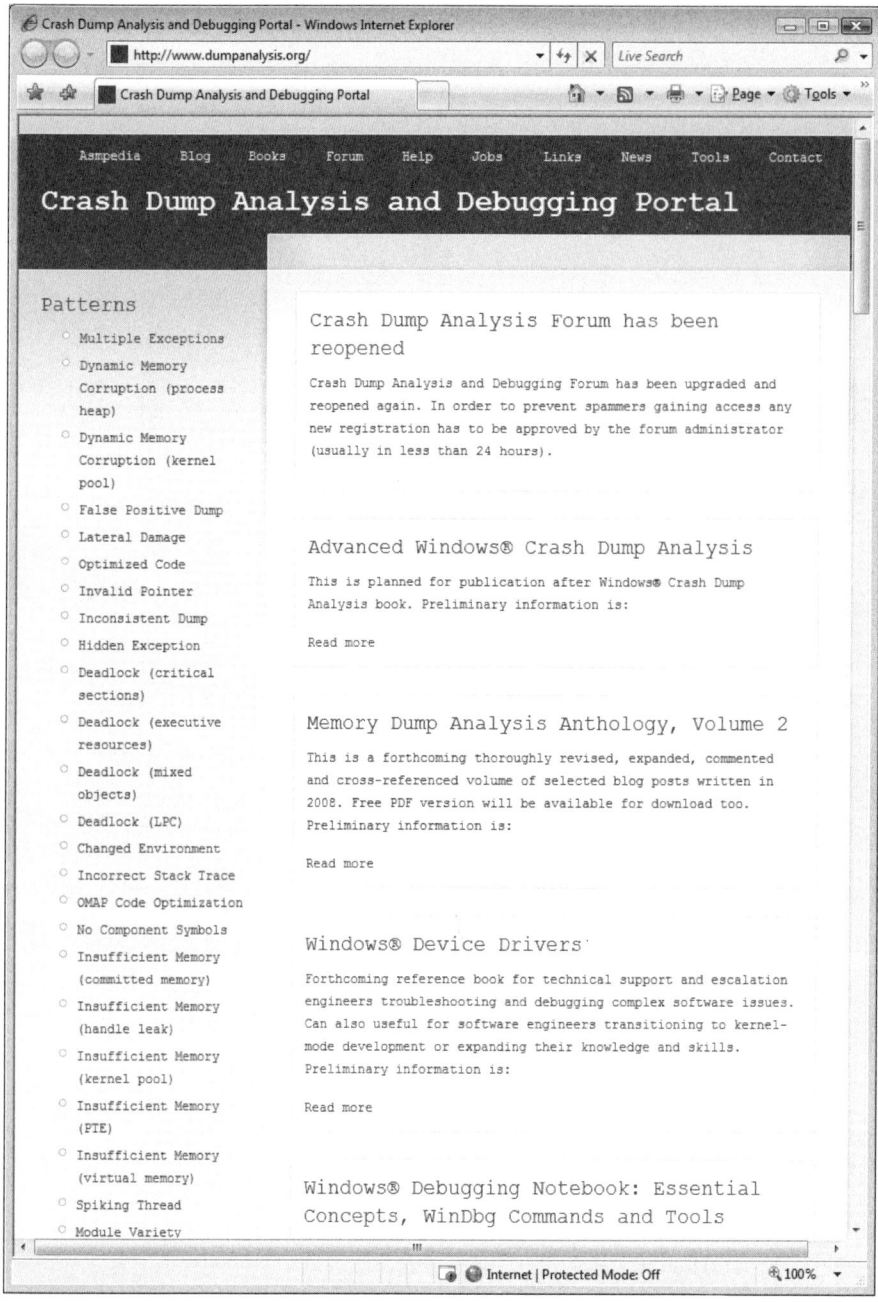

부록 B

참조 스택 트레이스

다음 문헌은 윈도우 컴플리트 메모리 덤프의 정상적인 스레드 스택과 기타 다른 정보를 담고 있다.

http://www.dumpanalysis.org/reference/ReferenceStackTraces_Vista_x86.pdf

http://www.dumpanalysis.org/reference/ReferenceStackTraces_Vista_x64.pdf

http://www.dumpanalysis.org/reference/ReferenceStackTraces_Windows2003_x86.pdf

서버와 워크스테이션에서 가져온 컴플리트 메모리 덤프와 커널 메모리 덤프에서 특이점 탐지를 시도할 때 유용하다. 업데이트와 향후 서적에 대해서는 DumpAnalysis.org를 확인하라.

찾아보기

[기호/숫자]

!analyze -v   37, 40, 435
!chkimg   515
!CLRStack   360
!cs   295
!dh   221, 317, 401
!dml_proc   195
!dumpheap   405
!dumpstack   357
!eeheap   404
!EEStack   357
!exchain 명령   517
!exqueue   509
!findstack   448
!for_each_thread   251
!gflag   388
!handle   352
!heap   193, 720
!help 명령   362
!htrace 명령   504
!idt 명령   71
!irp 명령   504
!irpfind 명령   503, 504
!list 익스텐션 명령   200
!lock 명령   376
!locks   284, 293, 346, 459, 523
!lpc   504
!ntsdexts.locks   295
!object   229
!pcr   68, 73, 336

!peb   721
!poolused   486, 487
!PrintException   360
!process   83, 227, 448, 636
!pte 명령   139
!runaway 명령   324, 327
!running 명령   330, 492
!smt   697
!stacks 명령   225, 330, 374, 448
!sym   217
!teb   112, 210
!thread   354, 370, 492, 523, 746
!uniqstack   201, 448
!vm   323, 366
!whattime   374, 480
.catch 블록   199
.chain   357
.cxr   289, 657
.dump 명령   641
.effmach 명령   443
.exepath WinDbg 명령   63
.for 루프   199
.formats   560
.frame 명령   627
.loadby   357, 404
.logopen   390
.process   83
.reload   30, 211, 217
.symfix 명령   29
.sympath   29, 211

.trap   92, 94, 101, 436, 694
.tss   338
.wav 확장자   572
/m 옵션   644
/mr 옵션   644
?   560
__try/__except 핸들   147
_KIDTENTRY형   69
_KTRAP_FRAME 구조체   99
_KTRAP_FRAME   104
~*kL   563
~*kv   448
~e 명령   248
0으로 나눔 예외   69
0x1E   146
0x7E   147
0x8E   146
17Mb 프로세스 메모리 덤프   588
2진 데이터   601
32비트 스택   739
32Mb 프로세스 메모리 덤프   589
3rd-party   37
3rdPartyAVDrv.sys   42
4WS 질문   632
64비트 덤프   739
64비트 애플리케이션   674
7E   148
7F   335
7Mb 프로세스 메모리 덤프   587
85efb848 이벤트   229

[ㄱ]

가비지 컬렉트   403
가상 메모리   321, 376
가상 영역   322
가상 이미지에서의 메모리 덤프   234
가상 지원   631
가상화   30, 560
가상화된 프로세스   443
가시화   575
간단한 리스트 탐색   189
강제 생성   689
객체 구조체   262
객체 이름   227
거짓 원인의 오류   633
건초 더미에서 바늘 찾기   201
결함   556
경과 시간   374
경쟁 조건   725
경쟁 조건 이슈   192
경쟁 카운트   465
계산기   560
계층적 조직 레벨   555
고급 시스템 설정   32
고성능 서버 소프트웨어   695
공통 시스템 모듈   331
공통 언어 런타임   355
공통 유스케이스   675
관리된 코드 스택   355
관리된 코드 예외   355
관측치   549
구문 강조   194
구조체   189
그래프   677
긍정 오류   519
긍정 오류 덤프   275

기밀 정보 238
꼬인 끈 이론 550

[ㄴ]

넌페이지드 풀 322, 350
네이티브 예외 65
노출 238

[ㄷ]

다중 예외 271, 286
닥터 왓슨 733
닥터 왓슨 포스트모텀 디버거 119
단일 프로세서 머신 725
닷넷 CLR 런타임 364
대기 중인 스레드 227
대기 체인 529
댕글링 305
더블워드 값 216
덤프 모니터 슈트 687
덤프 분석 보고 737
덤프 점검 22
덤프 파일을 생성 675
덤프 형식 21
덤프에서 문자열 찾기 174
데드락 27, 238, 292, 296, 346
데스크톱 힙 322
데이터 출력 678
동기화 객체 227, 459
동기화 원형 292
동기화 프리미티브 376
동적 메모리 훼손 537
동적 메모리 훼손 패턴 412
드라이버 47
드라이버 베리파이어 275, 504

디바이스 드라이버 708
디버거 마크업 랭귀지 195
디버깅 익스텐션 175
디버깅 환경 736
디스어셈블 38
디스어셈블된 핸들러 144
디스어셈블리 257
디스패치 520, 730
디스플레이 드라이버 47, 157
디폴트 포스트모텀 디버거 114

[ㄹ]

라이브 메모리 덤프 25
라이브 커널 디버깅 세션 192
락 체인 461
레거시 C++/Win32 코드 256
로 스택 38
로 스택 단편화 88
로 스택 덤프 48
로 스택 데이터 38, 48
로 주소 315
로그 파일 251
로베르토 알렉시스 파라의 블로그 244
루프 260
루프 인덱스 258
리버스 엔지니어링 637
리소스 경쟁 461
리소스 섹션 400
리턴 주소 64
리틀 엔디안 220
릭 클래스 404
링크드 리스트 189

[ㅁ]

마크 루시노비치 138
막대한 수 553
매개변수 244
매듭 이론 550
매크로 정의 741
머신 특정 레지스터 38
머신 ID 38
멀티스레딩 680
멀티프로세서 머신 725
메모리 누수 219, 324, 385, 586
메모리 덤프 27
메모리 덤프 분석 631
메모리 덤프 처리 239
메모리 레이아웃 옵셋 313
메모리 리소스 321
메모리 위치 23
메모리 훼손 45, 273
메모릴리온 553
메시지를 내장 559
메인 스레드 477
면접용 질문 709
명명된 동기화 객체 229
명함 571
모노/스테레오 설정 562
모듈 다양성 330
모듈 리소스 섹션 398
모듈 베이스 주소 720
모든 스레드 245
목적인 554
무해한 컴포넌트 543
문자열 174
문제 기술서 545

문제 재현 631
물리적 메모리 322
뮤지컬 덤프 565
미니 덤프 37
민감한 데이터 641

[ㅂ]

배타적 액세스 465
버그체크 94
버그체크 0x8E 145
버그체크 A 140, 144
버그체크(A) 555
버그체크(NMI) 555
버퍼 오버런 258
버퍼 오버플로우 274, 554
벤더 37
변화된 환경 304
보안 문제 238
보안 이슈 244
부분 문자열 85
부팅 과정 67
분석적 모델 549
분주한 시스템 패턴 496
불일치하는 덤프 550
불충분한 메모리 350
불충분한 메모리 패턴 321
블록 정보 414
블록된 스레드 477
블루스크린 24
비가상 메소드 호출 260
비스타 에러 리포팅의 구조 120
비스타 유저 157

비스타 커널 메모리 덤프(픽셀당 16비트) 577
비스타 커널 메모리 덤프(픽셀당 24비트) 578
비스타 커널 메모리 덤프(픽셀당 8비트) 576
비스타 커널메모리 덤프(픽셀당 32비트) 579
비액세스 페이지 275
비정적 클래스 메소드 260
비주얼 스튜디오 188, 737
비주얼 C++ 디버그 대화상자 273
비트 0 클리어 111
비트맵 575

[ㅅ]

사용자 정의 후속 메시지 45
사운드 파일 572
사중 메모리 역참조 199
삼중 역참조 198
새로운 익스텐션 225
샘플링 주파수 562
서드파티 37
서드파티 모듈 331
서드파티 안티바이러스 드라이버 42
서비스 메인 스레드 703
서비스 테이블 730
선행적 크래시 덤프 32
설치 605
세션 공간 157
세션 풀 322
셸 스크립트 242
소프트웨어 요구사항 557
소프트웨어 인터럽트 핸들러 81

소프트웨어 지원 환경 543
손실 압축 641
수동 덤프 535
수동 메모리 덤프 527
수동적인 스레드 469
수백 개의 크래시 덤프 242
스레드 끈 550
스레드 대기 시간 368
스레드 디스패처 143
스레드 레지스터 컨텍스트 94
스레드 스케줄링 143
스레드 스케줄링과 인터럽트 141
스레드 스케줄링과 DISPATCH_LEVEL 143
스레드 일시 중지 192
스레드 컨텍스트 92, 101
스레드 환경 블록 171, 280
스몰 메모리 덤프 37
스크립트 37
스크립트와 WinDbg 명령 37
스택 46
스택 로케이션 745
스택 베이스 주소 172
스택 보호 페이지 714
스택 언와인딩 153
스택 오버플로우 335, 712
스택 오버플로우 패턴 210
스택 재구성 81, 149
스택 트레이스 37, 48, 432, 526
스택 트레이스 추정하기 203
스택 트레이스 패턴 161
스택 한계 210
스택 한계치 172

스택의 바닥　172
스파이킹 스레드　324
스페셜 풀 기능　275
스페셜리스트　732
스풀러 서비스　24, 680
스핀락　551
시스템 덤프　28
시스템 레벨　244
시스템 모델　556
시스템 스레드　147, 149
시스템 실패　48
시스템 역학　503
시스템 전역 훅　428
시스템 행　28, 527
시트릭스 인디펜던트 매니지먼트 아키텍처　274
시트릭스 ICA 유저　157
신용 데이터　647
신용카드　647
실행 대기 큐　368
실행 컨텍스트　37
심볼 검색 경로　62
심볼 메시지 해결　217
심볼 서버　679
심볼 정보　199, 615
심볼 파일　28
심볼 파일 경고문　698
심볼과 이미지　60
싱글 리스트 전위 포인터　191

[ㅇ]

아스키 문자　600
아키텍처 정의 인터럽트 프로시저　73
안티 패턴　280
알 수 없음　159
알려지지 않은 컴포넌트　398, 425
알프레드 코집스키　546
압축　543
애플리케이션 모듈　331
양자화 레벨　562
어설션　726
어셈블리 언어　603
어셈블리어 대백과사전　739
억지 기법　512
언핸들드 예외 필터　703
없는 심볼 정보 복사　210
에러 리포팅 메커니즘　120
에러 리포팅 프로세스　130
에러 메시지　273
에러 메시지 박스　32
엑셀　677
엔티티　271
역방향으로 디스어셈블　612
역참조　282
예외　65
예외 디스패치 핸들러 함수　718
예외 사용자 정의 필터　396
예외 처리 경로　290
예외 처리 흐름　106
예외 코드　112
예외 핸들러　130, 517, 667, 718
오래된 덤프　225
오류　101
온디맨드　140
와일드카드　177
외측 손상　280

우연히 일치하는 심볼 정보　426
운영체제 컴포넌트　26
원격 지원　631
윈도우 2000 컴플리트 메모리 덤프　225
윈도우 2000 크래시 덤프　225
윈도우 2003 서버　76
윈도우 메시지 처리 루프　477
윈도우 서비스　701
윈도우 에러 리포팅　120
윈도우 에러 리포팅 서비스　131
윈도우 커널 트랩 프레임　93
유니버설리스　732
유니코드　600
유니코드 문자열　38
유비쿼터스　273
유저 공간　322
유저 공간 스레드 스택　112
유저 공간 주소　282
유저 공간 x64 호출　730
유저 공간 x86 호출　731
유저 덤프　24
유저 모드　81
유저 모드 스택 트레이스 DB　193
유저 모드 스택 트레이스 데이터베이스　388
유저 모드 프로세스 덤퍼　277, 673
유저 모드의 예외　106
유효하지 않은 포인터 패턴　146
유휴 스레드　492
음모론　602
음성 인식　559
음악　710
의사 레지스터　198
의사코드　67

이미지 파일 헤더　400
이벤트　227
이중 역참조　198
이중 해제　422
이중 해제 버그　412
이진 접두어　601
익스큐티브 리소스　292, 346
인덱스　258
인터럽트　65
인터럽트 디스크립터 테이블　67
인터럽트 마스킹　142
인터럽트 벡터　65
인터럽트 프레임　81, 85, 94
인터럽트 핸들러　92
인터럽트 핸들링 프로시저　69
인터미디엇 드라이버　48
일시 중지　192
일치하지 않는 덤프　284
잃어버린 스레드　393
임포트 주소 테이블 디렉토리　319
임포트 테이블　176
입소문　544

[ㅈ]

작업 관리자　35
작업 큐　509
작용인　554
잘려진 덤프　365
재구성　161
재부팅　26
전체 페이지 힙　418
점프 명령　260
접두어　547

제어판 32
조건 점프 명령 260
존재하지 않는 페이지로 인한 오류 111
주기판 38
준비 큐 496
중단점 118, 615
중단점 명령 615
중복되지 않은 콜 스택 201
지역 버퍼 오버플로우 506
지역변수 623
지원 체인 543
직접 곱 549
직접 합 549
질료인 554

[ㅊ]

참조 체인 409
처리되지 않은 예외 83
처리되지 않은 예외 사용자 정의 필터 396
천이 160
첫 번째 스크립트 236
첫 번째 예외 106
체크리스트 267
초기 크래시 덤프 512
초기 크래시 덤프 패턴 112
최적화 280
최종 예외 517
축약어 547
충돌 지점 62
침습적 301

[ㅋ]

캐릭터 연속체 423
커널 공간 210, 708

커널 공간 주소 282
커널 공간 호출 731
커널 메모리 덤프 24, 28
커널 스택 크기 336
커널 큐 객체 696
커맨드라인 명령 607
커밋된 메모리 321
커밋된 메모리 소진 322
컴포넌트 서비스 650
컴포넌트 식별 40
컴포넌트 심볼 없음 317
컴퓨터 이름 659
컴플리트 메모리 덤프 24, 65
코드 관점 378
코드 디스어셈블리 38
코드 옵셋 61
코어 덤프 605
코어 덤프 분석 631
콘솔 유저 157
콜 스택 149, 196, 616
쿼드메모릴리온 553
퀀텀 727
크래시 21, 23, 30
크래시 덤프 분석 631
크래시 덤프 분석 포스터 270
크래시 덤프 원인 554
크래시 미니 덤프 706
크래시 지점 47
크리티컬 섹션 238, 292

[ㅌ]

타임스탬프 47, 555
태그 검색 218

터미널 서비스 157
터미널서비스 스택 컴포넌트 639
테스트 678
트램펄린 515
트랩 24
트랩 명령 92
트랩 프레임 81, 694
트랩 핸들러 144
트러블슈팅 631
트레이스와 로그 분석 631
특정 시스템 모듈 331
틱 370
틱 카운트 370

[ㅍ]

패닉 31
패스워드 642
페이지 아웃 139
페이지 파일 671
페이지 폴트 138
페이지 폴트 에러 코드 비트 80
페이지된 풀 321
포스트모텀 655
포스트모텀 덤프 24
포스트모텀 디버거 24, 116, 130, 661
표준 오류 처리 로직 127
푸시 70
풀 메모리 481
풀 사용량 483
풀 유저 덤프 649
풀 태그 423, 482, 547, 635
풀 페이지 힙 23, 274
풀 할당 482

풀 할당 오류 218
프라이버시 보호 641
프레임 기반 예외 처리 145
프로세서 상태 정보 93
프로세서 컨텍스트 37, 106
프로세서 탐색기 130
프로세서 트랩 148
프로세스 덤프 654
프로세스 덤퍼 애플릿 277
프로세스 탐색기 324
프로세스 필터링 235
프로세스 힙 322
프로세스 ID 33
프린터 드라이버 680
플랫 메모리 모델 82
플랫폼 독립적 199
필터 함수 718
핑 26

[ㅎ]

하이퍼링크 194
하이퍼텍스트 명령 194
함수 옵셋 313
함수 호출 시퀀스 430
합성적 모델 549
해제 호출 414
해치 590
핸들 릭 350, 481
행 26, 30
행 분석을 빠르게 198
행 조건 198
행 프로세스 545
헤비 힙 유저 393

형상인 554
호출 인자 653
호출자 264
후위 디스어셈블리 169
훅 트레이스 245
훼손된 덤프 280
휴리스틱 스택 워커 210
힙 구현 412
힙 메모리 누수 385
힙 베이스 주소 720
힙 병합 414
힙 세그먼트 390, 406
힙 스택 트레이스 193
힙 점검 활성화 274
힙 제어 구조체 592
힙 할당 스택 트레이스 504
힙 해제 검증 420
힙 훼손 307, 412

[A]

ACID 556
ActiveX 컨트롤 330
AddPrinter 커맨드라인 툴 680
Address Space layout Randomization 718
ADPlus 28, 512
Alfred Korzybski 546
Alien Component anti-pattern 280
API 호출 175
appropriate hierarchical organization level 555
ASCII 문자열 38
ASCII zero-terminated string 38
ASLR 718

assertion 726
AT&T 어셈블리 603
ATI 디스플레이 드라이버 160
Attacing 액티브 커널 디버거 673

[B]

backtrace 616
BAD_POOL_CALLER 버그체크 45
BANG! 527
BaseProcessStart 90, 724
BaseThreadStart 90, 172, 724
BaseThreadStart+0×34 307
BCDedit 673
block information 414
Blocked Thread 477
Blue Screen Of Death 24
BMP 파일 597
bp 127, 615
Braid Theory 550
breakpoint 118
brute-force 512
BSOD 24
bt 616
buffer overflow 274
buffer overrun 258
Bugcheck A 144
Busy System 패턴 496

[C]

CAFF 154
call 명령 167
CALL 인스트럭션 612, 714
call stack 196
CDB 유저 모드 디버거 663

Central Processing Unit   23
CF   156
Changed Environment   304
character sequence   423
Citrix Independent Management Architecture   274
CLR   355
CLR 1.x   410
code perspective   378
CodePatchCycle   104
Coincidental Symbolic Information   426
COM+ 애플리케이션   651
Committed memory   321
Common Language Runtime   355
Contention Count   465
CPU   23
CPU 상태   81
CPU 스파이크   459
CPU spike   459
CPU가 100%   746
Crash Dump Analysis   631
CreateProcess   117
custom unhandled exception filter   396

[D]

dangling   305
Ddk   218
dds   70, 164, 569
Deadlock   27
Debug Interface Access SDK   188, 546
Desktop heap   322
DIA SDK   188, 546
DIA2Dump   188

direct product   549
DirectX   58
disas   608
disassemble backwards   612
Display   58
DisplayDriver   58
DLL 다양성   330
DLL 지옥   334
DLL을 주입   304
DML   195
double dereference   198
double-free bug   412
dpa   174
dpp   174
dps   49, 319
dpu   174
Dr. Watson   664
Dr. Watson 로그   733
Driver Verifier   275, 504
driver.sys   63
dt   73, 189
Dump Monitor Suite   687
Dump2Picture   575
Dump2Wave   565
DumpAlerts   685, 688
DumpCheck   22, 545, 688
DumpDepends   686, 688
DumpProperties   688
DumpStats   687
dv 명령   627
dwwin.exe   116
Dynamic Memory Corruption   273, 537
Dynamic Memory Corruption pattern   412

[E]

E2   527
Early Crash Dump pattern   112
early crash dump   512
EBP 체인   149
efficient cause   554
enable heap checking   274
enoN   220
entity   271
ERESOURCE   346
ESP   48
ESP 레지스터   149
ExAllocatePoolWithTag   221
EXCEPTION_DOUBLE_FAULT   335
exception   65
Executive resource   292

[F]

failed pool allocation   482
False Cause fallacy   633
False Positive   519
false positive dump   275
fault   101
FAULTING_IP   47
final cause   554
findstr   219
findstr CMD 명령   424
first chance exception   106
flat memory model   82
formal cause   554
frame 명령   624
frame-based exception handling   145
free block information   414

free call   414
full page heap   23, 274, 418
function call sequence   430

[G]

GDB   604
GDI   58
GDI limits   322
GetDirectory 함수   265
gflags.exe   418
GNU C/C++   605
Graphics Device Interface   58

[H]

handle leak   350, 481
Hang   26
hang condition   198
hang process   545
hatched   590
heap allocation stack trace   504
heap coalescence   414
heap corruption   307, 412
heap free checking   420
heap implementation   412
High Resource Contention   461

[I]

I/O 컴플리션 포트   695
idle thread   492
IDT   67, 72
IDT 엔트리   336
IDT의 주소   68
IDTR   72
IMA   274

Import Address Table Directory 319
import table 176
Inconsistent Dump 284, 550
info args 명령 624
insufficieint pool memory 481
Insufficient Memory 321, 350
int 3 명령 151
INT/IRETD 메커니즘 691
intermediate driver 48
interrupt 65
Interrupt Descriptor Table 67
interrupt masking 142
intrusive 301
IRP 분포 이상 504
IRP Distribution Anomaly 504
IRQL 144
IRQL_NOT_LESS_OR_EQUAL 140, 144
IRQL과 인터럽트 마스킹 142
IsDebugPortPresent 127

[J]

JIT 프로세스 덤퍼 681
JMP 260
Just-in-time 기술 681

[K]

k 명령 168, 618
kdex2x86 203
kernel queue object 696
KERNEL_MODE_EXCEPTION_NOT_
    HANDLED 145, 146, 147
kernel32!UnhandledExceptionFilter 127
KernelTime 327
KiDispatchException 65, 83, 85, 153

KiFastSystemCallRet 691
KiThreadStartup 149
KiTrap 85
KiTrap00 69
KiUserExceptionDispatcher 287
kL 569, 619
KMODE_EXCEPTION_NOT_HANDLED
    버그체크 79
KMODE_EXCEPTION_NOT_HANDLED
    146, 147
kn 명령 627
knL 명령 627
Kont Theory 550
kvL 619

[L]

last-chance exception 517
Lateral Damage 280
leak 324
linked list 탐색 189
LIST_ENTRY 190
listener 470
LiveKd.exe 284
lm 명령 211
lmt 331
lmtD 명령 334
lmv 명령 42, 58
lmv m 699
ln 명령 320
Local Buffer Overflow 506
Local Procedure Call 457
logexts 175
LPC 457

[M]

machine-specific registers 38
manifestation 280
Manual Dump 535
MAP 파일 546
Mark Russinovich 138
MASM64 566
material cause 554
memcpy 호출 163
memorillion 553
Memory Leak 385
MinGW 605
Minimalist GNU for Windows 605
Missing Thread 393
Mn 함수 접두어 45
Module Variety 330
motherboard 38
MS RDP 유저 157
Mspaint 프로세스 유저 메모리 덤프(픽셀당 32비트) 584
Multiple Exception 271, 286
MultiUserLogonAttempt 316

[N]

Named 동기화 객체 229
native exception 65
new 연산자 259
NMI 140, 528
NMI_HARDWARE_FAILURE 140
No Component Symbols 317
Non Maskable Interrupt 140
nonaccessible pages 275
None 220

Non-paged pool 322
non-static 클래스 메소드 260
non-virtual method call 260
not NULL 160
Notepad 프로세스 유저 메모리 덤프(픽셀당 16비트) 581
Notepad 프로세스 유저 메모리 덤프(픽셀당 24비트) 582
Notepad 프로세스 유저 메모리 덤프(픽셀당 32비트) 583
Notepad 프로세스 유저 메모리 덤프(픽셀당 8비트) 580
notification 470
NotMyFault 527
Nt 함수 732
NT 상태 코드 740
nt!Zw 729
ntdll!Zw 729
ntdll.dll 212
NtRaiseHardError 273
ntsd.exe 25
NTSD 25, 28, 649
NULL 158

[O]

OLE 자동화 DLL 334
OMAP 282
OMAP 코드 최적화 88, 313, 692
OMAP Code Optimization 313
on demand 140
Optimized Code 280

[P]

Page Fault Error Code bits 80

Paged pool 321
panic 31
Passive Thread 469
PDB 파일 28, 210, 546
PDBFinder 679, 711
Ping 26
pool allocation failure 218
pool tag 423, 547, 635
postmortem 덤프 24
Problem Reproduction 631
Process Dumper 154
Process Dumper applet 277
Process Explorer 130, 324
Process heap 322
process heap memory leak 385
PROCESS_NAME 항목 47
ProcessBytes 주소 63
ProcessObject 함수 63
processor trap 148
pseudo-code 67
PTE 한계 322
PTE limits 322
push 70

[Q]
QSlice 324
quadrimemorillion 553

[R]
r 63
race condition issue 192
raw address 315
raw stack data 48
raw stack dump 48

raw stack fragment 88
ready queue 496
ready-to-run queue 368
reference chain 409
repaint 716
RichEdit 커맨드 윈도우 194
RPC 서버 스레드 372
RtlDispatchException 287, 657

[S]
second-chance 112
second chance exception 716
SegSs 옵셋 105
SEH 예외 394
SEH 처리기 512
Session Pool 322
SIDT 명령 67
SMBIOS 38
software interrupt handler 81
Son of Strike 356
SOS 356
SOS 익스텐션 명령 362
special pool feature 275
spiking Thread 324
spoolsv.exe 24
stack base address 172
stack limit 172, 210
Stack Overflow 패턴 335
Stack Trace Collection 469
stack unwinding 153
StartDWException 117
step over 130
StressPrinters 툴 680

support chain 543
Supporting information 632
synchronization primitive 292, 376
syntax highlighting 194
SYSENTER/SYSEXIT 691
system dynamics 503
system failure 48
system hang 527
system wide hook 428
SYSTEM_THREAD_EXCEPTION_NOT_
    HANDLED 147
System32 폴더 334
SystemDump 28, 284, 527, 559, 671, 688

[T]

TCP/IP 포트 26
TEB 171, 395
TEB 주소 212
TestDefaultDebugger 684
TestDefaultDebugger 패키지 678
thread dispatcher 143
thread environment block 280
Tick 370
Tick Count 370
Timestamp 47
Trace and Log Analysis 631
trace of hooks 245
TRAFFIC 단계 633
trampoline 515
transition 160
trap frame 81
triage 44
triage 폴더 635
Truncated Dump 365

[U]

u 610
ub 63, 612
uf 63, 610
UML 743
UML 다이어그램 698
UML 시퀀스 다이어그램 140
unassembled 610
unassembled function 610
unhandled exception 83
unhandled exception filter 703
UnhandledExceptionFilter 119, 127, 668
Unicode zero-terminated string 38
universalis 732
Unknown Component 398, 425
User Mode Process Dumper 277, 673
userdump.exe 28, 32, 661
UserTime 327
UTF-16 600

[V]

VB스크립트 39
vender 37
VERSION 633
Virtual Assistance 631
Virtual regions 322
Virtualized Process 443
VMware Tools 234

[W]

Wait Chain 529
WaitForMultipleObjects 117
Waiting Thread Time 368
WaitTime 필드 368

WAV 파일 562
WER 650, 712
WerpReportExceptionInProcessContext 129
What 632
When 632
Where 632
Why 632
Win32 API 추적 175
WinDbg 28, 662
WinDbg 스크립트 198
WINDBG 팁과 트릭 174
WindowHistory 194
Windows API on top of X and Unix 740
Windows Error Reporting 712
Windows Error Reporting Service 131
WINE 740
Word of Mouse 544
worker queue 509
WOW64 560
wow64.dll 437

[X]

x 317
x64 101
x64 윈도우 673
x64 인터럽트 72
x64 트랩 명령 101
X86 인터럽트 65
X86 트랩 명령 92
xpool 명령 488

[Z]

Zw 함수 732

에이콘 윈도우 시스템 프로그래밍 시리즈

series editor 김점갑

윈도우즈 드라이버 모델 WDM
윈도우즈용 최신드라이버 모델의 모든 것

Chris Cant 지음 | 박햇님 옮김
8989975069 | 633페이지 | 2002-07-05 | 35,000원

Windows 98과 Windows 2000에서 구현 가능한 새로운 WDM Device Driver에 관한 포괄적인 개요와 이론을 접할 수 있다.
아울러 새로운 WDM을 정복하는데 필요한 연습을 할 수 있다.
또한, 2개의 WDM 시스템 클래스 드라이버를 상세하게 기술하고 있다.

루트킷 윈도우 커널 조작의 미학

그렉 호글런드, 제임스 버틀러 지음 | 윤근용 옮김
9788960770256 | 360페이지 | 2007-11-30 | 33,000원

루트킷은 해커들이 공격하고자 하는 시스템에 지속적이면서 탐지되지 않은 채로 교묘히 접근할 수 있는 최고의 백도어라고 할 수 있다. 루트킷에 관한 최고의 전문가 두 명이 최초로 종합적인 루트킷 가이드를 집필했다. rootkit.com을 만들고 블랙햇에서 루트킷과 관련한 교육과 명강의를 진행해오고 있는 저자 그렉 호글런드와 제임스 버틀러는 이 책에서 그들이 지금까지 공개한 적 없는 루트킷 기술을 다루고 있다.

WDF
윈도우를 위한 차세대 통합 드라이버 개발 모델

Penny Orwick, Guy Smith, Carol Buchmiller, Annie Pearson 지음
김점갑, 최장욱 옮김 | 9788960770294 | 936페이지 | 2008-01-07 | 45,000원

차세대 통합 드라이버 모델, 윈도우 드라이버 파운데이션 WDF! 이 책은 윈도우 드라이버 개발에 필요한 심층적이고도 전문적인 가이드북이다. WDF 개발 팀이 직접 저술한 전문 가이드를 통해 견고한 드라이버를 개발해보자. WDF에 관한 최고의 프랙티스와 기법을 갖춘 지침을 얻을 수 있으며, 광범위한 코드 샘플을 통해 차세대 드라이버 모델의 난해함을 극복하고 드라이버 개발을 단순화하는 방법을 배울 수 있다.

실전 윈도우 디버깅
애플리케이션에서 시스템 프로그래밍까지
윈도우 프로그래밍 오류 분석과 툴 활용 기법

Mario Hewardt, Daniel Pravat 지음 | 김점갑 옮김
9788960770614 | 840페이지 | 2008-10-07 | 46,000원

윈도우 애플리케이션부터 시스템 프로그래밍까지 메모리(스택, 힙) 손상과 자원 누수, 크래시 분석, 보안 문제, 서버/클라이언트, 동기화 문제 등의 근본 원인을 파악하는 기법과 문제 탐지에 사용할 수 있는 강력한 디버깅 툴의 활용법과 전용 디버깅 명령 작성법을 소개한다. 또한 회사에 디버깅이 가능한 시스템(소스 서버와 심볼 서버)을 구축하고, 윈도우 오류 보고와 기업 오류 보고 시스템을 구축해 자동으로 오류를 전달받고 패치하는 메커니즘까지 다루는 실전 윈도우 디버깅에 대한 체계적이고 심도 있는 완벽 가이드다.

윈도우 시스템 관리자를 위한 커맨드라인 활용 가이드

파완 바드와지 지음 | 김경곤, 김기남 옮김
9788960770775 | 552페이지 | 2009-03-30 | 35,000원

바쁜 관리자가 커맨드라인 유틸리티를 사용해 효율적으로 시스템을 관리할 수 있도록 깔끔하고 명료하게 설명하는 윈도우 시스템 관리자의 필독서다. 윈도우에 있는 명령 창의 기능을 잘 모르는 사람들이나 명령 창에서 몇 가지 명령을 사용해보기는 했지만 좀 더 고급스러운 명령을 익히려는 사람에게 다양한 예시를 통해 원하는 지식을 알려줌으로써 좀 더 멋지게 작업할 수 있도록 도움을 준다. 이 책을 통해 윈도우 명령에 대한 지식을 습득하고 업무상으로나 개인적으로 윈도우를 상당히 효율적으로 사용하는 방법을 익히게 될 것이다.

WinDbg로 쉽게 배우는 Windows Debugging

김성현, 이태화, 김희준 지음
9788960770867 | 564페이지 | 2009-07-17 | 35,000원

국내 윈도우 디버깅 전문가들이 현장에서 우러난 실전 경험을 바탕으로 한 예제로 가득 찬 WinDbg 완벽 가이드와 윈도우 디버깅 실전 매뉴얼을 완성했다. 초보자부터 고급 개발자까지 쉽게 읽을 수 있도록 WinDbg 설치법부터 구체적인 디버깅 사례와 해결책, 툴의 기능 확장과 고급 디버깅 팁까지 완벽히 녹여냈다. 이 책 한 권이면 윈도우 디버깅과 WinDbg를 정복하는 건 시간 문제다.

메모리 덤프 분석과 활용 제1권
윈도우 디버깅 대가의 비법 노트

드미트리 보스토코프 지음 | 황용석 옮김
9788960771284 | 772페이지 | 2010-03-31 | 40,000원

국내외에 많은 디버깅 관련 출판물이 있지만 대부분 내용이 입문서 수준이거나 아니면 매우 포괄적인 주제를 다루는 개념서에 그치고 있다. 반면에 이 책은 디버깅을 할 때 직면하는 일반적인 사항은 물론, 손상된 덤프와 메모리에서부터 단계적으로 원인 분석을 위한 다양한 기법에 이르기까지, 개발자가 쉽게 경험할 수 없었던 디버깅 관련 내용을 주제 별로 심도 있게 때로는 흥미진진하게 다룬다. 윈도우 프로그래밍이나 시스템 프로그래밍 등에 관심 있거나 관련 일을 하는 개발자라면 누구에게나 가장 실용적이며 실무적인 안내서 역할을 해주는 길잡이가 될 것이다.

에이콘출판의 기틀을 마련하신 故 정완재 선생님 (1935-2004)

메모리 덤프 분석과 활용 제1권
윈도우 디버깅 대가의 비법 노트

초판 인쇄 | 2010년 3월 23일
1쇄 발행 | 2016년 4월 22일

지은이 | 드미트리 보스토코프
옮긴이 | 황 용 석

펴낸이 | 권 성 준
편집장 | 황 영 주
편 집 | 오 원 영
　　　　전 진 태
디자인 | 이 승 미

에이콘출판주식회사
서울특별시 양천구 국회대로 287 (목동 802-7) 2층 (07967)
전화 02-2653-7600, 팩스 02-2653-0433
www.acornpub.co.kr / editor@acornpub.co.kr

Copyright ⓒ 에이콘출판주식회사, 2010
ISBN 978-89-6077-128-4
ISBN 978-89-6077-085-0 (세트)
http://www.acornpub.co.kr/book/memorydump1

이 도서의 국립중앙도서관 출판시도서목록(CIP)은 서지정보유통지원시스템 홈페이지(http://seoji.nl.go.kr)와
국가자료공동목록시스템(http://www.nl.go.kr/kolisnet)에서 이용하실 수 있습니다.(CIP제어번호: CIP2010001046)

책값은 뒤표지에 있습니다.